Ex Libris
R. Hensel

Friedrich Nietzsche

FRIEDRICH
NIETZSCHE

ALSO SPRACH ZARATHUSTRA

GONDROM

Der Text folgt der Gesamtausgabe von Nietzsches Werken in Großoktav. Leipzig 1894 ff.
In der Zeichensetzung wurden Nietzsches Eigentümlichkeiten nach Möglichkeit gewahrt, die Rechtschreibung ist heutigen Regeln weitgehend angeglichen.

Lizenzausgabe für Gondrom Verlag GmbH & Co. KG, Bindlach 1995

ISBN 3-8112-1309-1

INHALT

Also sprach Zarathustra

Ein Buch
für Alle und Keinen

ZARATHUSTRAS VORREDE

1

Als Zarathustra dreißig Jahre alt war, verließ er seine Heimat und den See seiner Heimat und ging in das Gebirge. Hier genoß er seines Geistes und seiner Einsamkeit und wurde dessen zehn Jahre nicht müde. Endlich aber verwandelte sich sein Herz, – und eines Morgens stand er mit der Morgenröte auf, trat vor die Sonne hin und sprach zu ihr also:

„Du großes Gestirn! Was wäre dein Glück, wenn du nicht die hättest, welchen du leuchtest!

Zehn Jahre kamst du hier herauf zu meiner Höhle: du würdest deines Lichtes und dieses Weges satt geworden sein, ohne mich, meinen Adler und meine Schlange.

Aber wir warteten deiner an jedem Morgen, nahmen dir deinen Überfluß ab und segneten dich dafür.

Siehe! Ich bin meiner Weisheit überdrüssig, wie die Biene, die des Honigs zu viel gesammelt hat, ich bedarf der Hände, die sich ausstrecken.

Ich möchte verschenken und austeilen, bis die Weisen unter den Menschen wieder einmal ihrer Torheit und die Armen wieder einmal ihres Reichtums froh geworden sind.

Dazu muß ich in die Tiefe steigen: wie du des Abends tust, wenn du hinter das Meer gehst und noch der Unterwelt Licht bringst, du überreiches Gestirn!

Ich muß, gleich dir, *untergehen,* wie die Menschen es nennen, zu denen ich hinab will.

So segne mich denn, du ruhiges Auge, das ohne Neid auch ein allzugroßes Glück sehen kann!

Segne den Becher, welcher überfließen will, daß das Wasser golden aus ihm fließe und überallhin den Abglanz deiner Wonne trage!

Siehe! Dieser Becher will wieder leer werden, und Zarathustra will wieder Mensch werden."

– Also begann Zarathustras Untergang.

2

Zarathustra stieg allein das Gebirge abwärts, und niemand begegnete ihm. Als er aber in die Wälder kam, stand auf einmal ein Greis vor ihm, der seine heilige Hütte verlassen hatte, um Wurzeln im Walde zu suchen. Und also sprach der Greis zu Zarathustra:

„Nicht fremd ist mir dieser Wanderer: vor manchem Jahre ging er hier vorbei. Zarathustra hieß er; aber er hat sich verwandelt.

Damals trugst du deine Asche zu Berge: willst du heute dein Feuer in die Täler tragen? Fürchtest du nicht des Brandstifters Strafen?

Ja, ich erkenne Zarathustra. Rein ist sein Auge, und an seinem Munde birgt sich kein Ekel. Geht er nicht daher wie ein Tänzer?

Verwandelt ist Zarathustra, zum Kind ward Zarathustra, ein Erwachter ist Zarathustra: was willst du nun bei den Schlafenden?

Wie im Meere lebtest du in der Einsamkeit, und das Meer trug dich. Wehe, du willst ans Land steigen? Wehe, du willst deinen Leib wieder selber schleppen?"

Zarathustra antwortete: „Ich liebe die Menschen."

„Warum," sagte der Heilige, „ging ich doch in den Wald und die Einöde? War es nicht, weil ich die Menschen allzusehr liebte?

Jetzt liebe ich Gott: die Menschen liebe ich nicht. Der Mensch ist mir eine zu unvollkommene Sache. Liebe zum Menschen würde mich umbringen."

Zarathustra antwortete: „Was sprach ich von Liebe! Ich bringe den Menschen ein Geschenk."

„Gib ihnen nichts", sagte der Heilige. „Nimm ihnen lieber etwas ab und trage es mit ihnen – das wird ihnen am wohlsten tun: wenn es dir nur wohltut!

Und willst du ihnen geben, so gib nicht mehr als ein Almosen, und laß sie noch darum betteln!"

„Nein," antwortete Zarathustra, „ich gebe kein Almosen. Dazu bin ich nicht arm genug."

Der Heilige lachte über Zarathustra und sprach also: „So sieh zu, daß sie deine Schätze annehmen! Sie sind mißtrauisch gegen die Einsiedler und glauben nicht, daß wir kommen, um zu schenken.

Unsre Schritte klingen ihnen zu einsam durch die Gassen. Und wie wenn sie nachts in ihren Betten einen Mann gehen hören, lange bevor die Sonne aufsteht, so fragen sie sich wohl: wohin will der Dieb?

Gehe nicht zu den Menschen und bleibe im Walde! Gehe lieber noch zu den Tieren! Warum willst du nicht sein wie ich, – ein Bär unter Bären, ein Vogel unter Vögeln?"

„Und was macht der Heilige im Walde?" fragte Zarathustra.

Der Heilige antwortete: „Ich mache Lieder und singe sie, und wenn ich Lieder mache, lache, weine und brumme ich: also lobe ich Gott.

Mit Singen, Weinen, Lachen und Brummen lobe ich den Gott, der mein Gott ist. Doch was bringst du uns zum Geschenke?"

Als Zarathustra diese Worte gehört hatte, grüßte er den Heiligen und sprach: „Was hätte ich euch zu geben! Aber laßt mich schnell davon, daß ich euch nichts nehme!" – Und so trennten sie sich voneinander, der Greis und der Mann, lachend, gleichwie zwei Knaben lachen.

Als Zarathustra aber allein war, sprach er also zu seinem Herzen: „Sollte es denn möglich sein! Dieser alte Heilige hat in seinem Walde noch nichts davon gehört, daß *Gott tot* ist."

3

Als Zarathustra in die nächste Stadt kam, die an den Wäldern liegt, fand er daselbst viel Volk versammelt auf dem Markte: denn es war verheißen worden, daß man einen Seiltänzer sehen solle. Und Zarathustra sprach also zum Volke:

Ich lehre euch den Übermenschen. Der Mensch ist etwas, das überwunden werden soll. Was habt ihr getan, ihn zu überwinden?

Alle Wesen bisher schufen etwas über sich hinaus: und ihr wollt die Ebbe dieser großen Flut sein und lieber noch zum Tiere zurückgehn, als den Menschen überwinden?

Was ist der Affe für den Menschen? Ein Gelächter oder eine schmerzliche Scham. Und ebendas soll der Mensch für den Übermenschen sein: ein Gelächter oder eine schmerzliche Scham.

Ihr habt den Weg vom Wurme zum Menschen gemacht, und vieles ist in euch noch Wurm. Einst wart ihr Affen, und auch jetzt ist der Mensch mehr Affe, als irgend ein Affe.

Wer aber der Weiseste von euch ist, der ist auch nur ein Zwiespalt und Zwitter von Pflanze und von Gespenst. Aber heiße ich euch zu Gespenstern oder Pflanzen werden?

Seht, ich lehre euch den Übermenschen! Der Übermensch ist der Sinn der Erde. Euer Wille sage: der Übermensch *sei* der Sinn der Erde!

Ich beschwöre euch, meine Brüder, *bleibt der Erde treu* und glaubt denen nicht, welche euch von überirdischen Hoffnungen reden! Giftmischer sind es, ob sie es wissen oder nicht.

Verächter des Lebens sind es, Absterbende und selber Vergiftete, deren die Erde müde ist: so mögen sie dahinfahren!

Einst war der Frevel an Gott der größte Frevel, aber Gott starb, und damit starben auch diese Frevelhaften. An der Erde zu freveln, ist jetzt das Furchtbarste, und die Eingeweide des Unerforschlichen höher zu achten, als den Sinn der Erde!

Einst blickte die Seele verächtlich auf den Leib: und damals war diese Verachtung das Höchste: – sie wollte ihn mager, gräßlich, verhungert. So dachte sie ihm und der Erde zu entschlüpfen.

O diese Seele war selber noch mager, gräßlich und verhungert: und Grausamkeit war die Wollust dieser Seele!

Aber auch ihr noch, meine Brüder, sprecht mir: was kündet euer Leib von eurer Seele? Ist eure Seele nicht Armut und Schmutz und ein erbärmliches Behagen? Wahrlich, ein schmutziger Strom ist der Mensch. Man muß schon ein Meer sein, um einen schmutzigen Strom aufnehmen zu können, ohne unrein zu werden.

Seht, ich lehre euch den Übermenschen: der ist dies Meer, in ihm kann eure große Verachtung untergehn.

Was ist das Größte, das ihr erleben könnt? Das ist die Stunde der großen Verachtung. Die Stunde, in der euch auch euer Glück zum Ekel wird und ebenso eure Vernunft und eure Tugend.

Die Stunde, wo ihr sagt: „Was liegt an meinem Glücke! Es ist Armut und Schmutz und ein erbärmliches Behagen. Aber mein Glück sollte das Dasein selber rechtfertigen!“

Die Stunde, wo ihr sagt: „Was liegt an meiner Vernunft! Begehrt sie nach Wissen wie der Löwe nach seiner Nahrung? Sie ist Armut und Schmutz und ein erbärmliches Behagen!“

Die Stunde, wo ihr sagt: „Was liegt an meiner Tugend! Noch hat sie mich nicht rasen gemacht. Wie müde bin ich meines Guten und meines Bösen! Alles das ist Armut und Schmutz und ein erbärmliches Behagen!“

Die Stunde, wo ihr sagt: „Was liegt an meiner Gerechtigkeit! Ich sehe nicht, daß ich Glut und Kohle wäre. Aber der Gerechte ist Glut und Kohle!“

Die Stunde, wo ihr sagt: „Was liegt an meinem Mitleiden! Ist nicht Mitleid das Kreuz, an das der genagelt wird, der die Menschen liebt? Aber mein Mitleiden ist keine Kreuzigung.“

Spracht ihr schon so? Schriet ihr schon so? Ach, daß ich euch schon so schreien gehört hätte!

Nicht eure Sünde – eure Genügsamkeit schreit gen Himmel, euer Geiz selbst in eurer Sünde schreit gen Himmel!

Wo ist doch der Blitz, der euch mit seiner Zunge lecke? Wo ist der Wahnsinn, mit dem ihr geimpft werden müßtet?

Seht, ich lehre euch den Übermenschen: der ist dieser Blitz, der ist dieser Wahnsinn! –

Als Zarathustra so gesprochen hatte, schrie einer aus dem Volke: „Wir hörten nun genug von dem Seiltänzer; nun laßt uns ihn auch sehen!“ Und alles Volk lachte über Zarathustra. Der Seiltänzer aber, welcher glaubte, daß das Wort ihm gälte, machte sich an sein Werk.

4

Zarathustra aber sah das Volk an und wunderte sich. Dann sprach er also:

Der Mensch ist ein Seil, geknüpft zwischen Tier und Übermensch, – ein Seil über einem Abgrunde.

Ein gefährliches Hinüber, ein gefährliches Auf-dem-Wege, ein gefährliches Zurückblicken, ein gefährliches Schaudern und Stehenbleiben.

Was groß ist am Menschen, das ist, daß er eine Brücke und kein Zweck ist: was geliebt werden kann am Menschen, das ist, daß er ein *Übergang* und ein *Untergang* ist.

Ich liebe die, welche nicht zu leben wissen, es sei denn als Untergehende, denn es sind die Hinübergehenden.

Ich liebe die großen Verachtenden, weil sie die großen Verehrenden sind und Pfeile der Sehnsucht nach dem andern Ufer.

Ich liebe die, welche nicht erst hinter den Sternen einen Grund suchen, unterzugehen und Opfer zu sein: sondern die sich der Erde opfern, daß die Erde einst des Übermenschen werde.

Ich liebe den, welcher lebt, damit er erkenne, und welcher erkennen will, damit einst der Übermensch lebe. Und so will er seinen Untergang.

Ich liebe den, welcher arbeitet und erfindet, daß er dem Übermenschen das Haus baue und zu ihm Erde, Tier und Pflanze vorbereite: denn so will er seinen Untergang.

Ich liebe den, welcher seine Tugend liebt: denn Tugend ist Wille zum Untergang und ein Pfeil der Sehnsucht.

Ich liebe den, welcher nicht einen Tropfen Geist für sich zurückbehält, sondern ganz der Geist seiner Tugend sein will: so schreitet er als Geist über die Brücke.

Ich liebe den, welcher aus seiner Tugend seinen Hang und sein Verhängnis macht: so will er um seiner Tugend willen noch leben und nicht mehr leben.

Ich liebe den, welcher nicht zu viele Tugenden haben will. Eine Tugend ist mehr Tugend als zwei, weil sie mehr Knoten ist, an den sich das Verhängnis hängt.

Ich liebe den, dessen Seele sich verschwendet, der nicht Dank haben will und nicht zurückgibt: denn er schenkt immer und will sich nicht bewahren.

Ich liebe den, welcher sich schämt, wenn der Würfel zu seinem Glücke fällt, und der dann fragt: bin ich denn ein falscher Spieler? – denn er will zugrunde gehen.

Ich liebe den, welcher goldne Worte seinen Taten voraus wirft und immer noch mehr hält, als er verspricht: denn er will seinen Untergang.

Ich liebe den, welcher die Zukünftigen rechtfertigt und die Vergangenen erlöst: denn er will an den Gegenwärtigen zugrunde gehen.

Ich liebe den, welcher seinen Gott züchtigt, weil er seinen Gott liebt: denn er muß am Zorne seines Gottes zugrunde gehen.

Ich liebe den, dessen Seele tief ist auch in der Verwundung, und der an einem kleinen Erlebnisse zugrunde gehen kann: so geht er gerne über die Brücke.

Ich liebe den, dessen Seele übervoll ist, so daß er sich selber vergißt, und alle Dinge in ihm sind: so werden alle Dinge sein Untergang.

Ich liebe den, der freien Geistes und freien Herzens ist: so ist sein Kopf nur das Eingeweide seines Herzens, sein Herz aber treibt ihn zum Untergang.

Ich liebe alle die, welche wie schwere Tropfen sind, einzeln fallend aus der dunklen Wolke, die über den Menschen hängt: sie verkündigen, daß der Blitz kommt, und gehn als Verkündiger zugrunde.

Seht, ich bin ein Verkündiger des Blitzes, und ein schwerer Tropfen aus der Wolke: dieser Blitz aber heißt *Übermensch.* –

5

Als Zarathustra diese Worte gesprochen hatte, sah er wieder das Volk an und schwieg. „Da stehen sie," sprach er zu seinem Herzen, „da lachen sie: sie verstehen mich nicht, ich bin nicht der Mund für diese Ohren.

Muß man ihnen erst die Ohren zerschlagen, daß sie lernen, mit den Augen hören? Muß man rasseln gleich Pauken und Bußpredigern? Oder glauben sie nur dem Stammelnden?

Sie haben etwas, worauf sie stolz sind. Wie nennen sie es doch, was sie stolz macht? Bildung nennen sie's, es zeichnet sie aus vor den Ziegenhirten.

Drum hören sie ungern von sich das Wort ‚Verachtung'. So will ich denn zu ihrem Stolze reden.

So will ich ihnen vom Verächtlichsten sprechen: das aber ist der *letzte Mensch.*“

Und also sprach Zarathustra zum Volke:

Es ist an der Zeit, daß der Mensch sich sein Ziel stecke. Es ist an der Zeit, daß der Mensch den Keim seiner höchsten Hoffnung pflanze.

Noch ist sein Boden dazu reich genug. Aber dieser Boden wird einst arm und zahm sein, und kein hoher Baum wird mehr aus ihm wachsen können.

Wehe! Es kommt die Zeit, wo der Mensch nicht mehr den Pfeil seiner Sehnsucht über den Menschen hinaus wirft, und die Sehne seines Bogens verlernt hat, zu schwirren!

Ich sage euch: man muß noch Chaos in sich haben, um einen tanzenden Stern gebären zu können. Ich sage euch: ihr habt noch Chaos in euch.

Wehe! Es kommt die Zeit, wo der Mensch keinen Stern mehr gebären wird.

Wehe! Es kommt die Zeit des verächtlichsten Menschen, der sich selber nicht mehr verachten kann.

Seht! Ich zeige euch den *letzten Menschen.*

„Was ist Liebe? Was ist Schöpfung? Was ist Sehnsucht? Was ist Stern?“ – so fragt der letzte Mensch und blinzelt.

Die Erde ist dann klein geworden, und auf ihr hüpft der letzte Mensch, der alles klein macht. Sein Geschlecht ist unaustilgbar wie der Erdfloh; der letzte Mensch lebt am längsten.

„Wir haben das Glück erfunden“ – sagen die letzten Menschen und blinzeln.

Sie haben die Gegenden verlassen, wo es hart war zu leben: denn man braucht Wärme. Man liebt noch den Nachbar und reibt sich an ihm: denn man braucht Wärme.

Krank-werden und Mißtrauen-haben gilt ihnen sündhaft: man geht achtsam einher. Ein Tor, der noch über Steine oder Menschen stolpert!

Ein wenig Gift ab und zu: das macht angenehme Träume. Und viel Gift zuletzt, zu einem angenehmen Sterben.

Man arbeitet noch, denn Arbeit ist eine Unterhaltung. Aber man sorgt, daß die Unterhaltung nicht angreife.

Man wird nicht mehr arm und reich: beides ist zu beschwerlich. Wer will noch regieren? Wer noch gehorchen? Beides ist zu beschwerlich.

Kein Hirt und eine Herde! Jeder will das gleiche, jeder ist gleich: wer anders fühlt, geht freiwillig ins Irrenhaus.

„Ehemals war alle Welt irre" – sagen die Feinsten und blinzeln.

Man ist klug und weiß alles, was geschehen ist: so hat man kein Ende zu spotten. Man zankt sich noch, aber man versöhnt sich bald – sonst verdirbt es den Magen.

Man hat sein Lüstchen für den Tag und sein Lüstchen für die Nacht: aber man ehrt die Gesundheit.

„Wir haben das Glück erfunden" – sagen die letzten Menschen und blinzeln. –

Und hier endete die erste Rede Zarathustras, welche man auch „die Vorrede" heißt: denn an dieser Stelle unterbrach ihn das Geschrei und die Lust der Menge. „Gib uns diesen letzten Menschen, o Zarathustra, – so riefen sie – mache uns zu diesen letzten Menschen! So schenken wir dir den Übermenschen!" Und alles Volk jubelte und schnalzte mit der Zunge. Zarathustra aber wurde traurig und sagte zu seinem Herzen:

„Sie verstehen mich nicht: ich bin nicht der Mund für diese Ohren.

Zu lange wohl lebte ich im Gebirge, zu viel horchte ich auf Bäche und Bäume: nun rede ich ihnen gleich den Ziegenhirten.

Unbewegt ist meine Seele und hell wie das Gebirge am Vormittag. Aber sie meinen, ich sei kalt und ein Spötter in furchtbaren Späßen.

Und nun blicken sie mich an und lachen: und indem sie lachen, hassen sie mich noch. Es ist Eis in ihrem Lachen."

6

Da aber geschah etwas, das jeden Mund stumm und jedes Auge starr machte. Inzwischen nämlich hatte der Seiltänzer sein Werk begonnen: er war aus einer kleinen Tür hinausgetreten und ging über das Seil, welches zwischen zwei Türmen gespannt war, also, daß es über dem Markte und dem Volke hing. Als er eben in der Mitte seines Weges war, öffnete sich die kleine Tür noch einmal, und ein bunter Gesell, einem Possenreißer gleich, sprang heraus und ging mit schnellen Schritten dem Ersten nach. „Vorwärts, Lahmfuß," rief seine fürchterliche Stimme, „vorwärts, Faultier, Schleichhändler, Bleichgesicht! Daß ich dich nicht mit meiner Ferse kitzle! Was treibst du hier zwischen Türmen? In den Turm gehörst du, einsperren sollte man dich, einem Bessern, als du bist, sperrst du die freie Bahn!" – Und mit jedem Worte kam er ihm näher und näher: als er aber nur noch einen Schritt hinter ihm war, da geschah das Erschreckliche, das jeden Mund stumm und jedes Auge starr machte: – er stieß ein Geschrei aus wie ein Teufel und sprang über den hinweg, der ihm im Wege war. Dieser aber, als er so seinen Nebenbuhler siegen sah, verlor dabei den Kopf und das Seil; er warf seine Stange weg und schoß schneller als diese, wie ein Wirbel von Armen und Beinen, in die Tiefe. Der Markt und das Volk glich dem Meere, wenn der Sturm hineinfährt: Alles floh auseinander und übereinander, und am meisten dort, wo der Körper niederschlagen mußte.

Zarathustra aber blieb stehen, und gerade neben ihn fiel der Körper hin, übel zugerichtet und zerbrochen, aber noch nicht tot. Nach einer Weile kam dem Zerschmetterten das Bewußtsein zurück, und er sah Zarathustra neben sich knien. „Was machst du da?" sagte er endlich, „ich wußte es lange, daß mir der Teufel ein Bein stellen werde. Nun schleppt er mich zur Hölle: willst du's ihm wehren?"

„Bei meiner Ehre, Freund," antwortete Zarathustra, „das gibt es alles nicht, wovon du sprichst: es gibt keinen Teufel und keine Hölle. Deine Seele wird noch schneller tot sein als dein Leib: fürchte nun nichts mehr!"

Der Mann blickte mißtrauisch auf. „Wenn du die Wahrheit sprichst," sagte er dann, „so verliere ich nichts, wenn ich das Leben verliere. Ich bin nicht viel mehr als ein Tier, das man tanzen gelehrt hat, durch Schläge und schmale Bissen."

„Nicht doch," sprach Zarathustra; „du hast aus der Gefahr deinen Beruf gemacht, daran ist nichts zu verachten. Nun gehst du an deinem Beruf zugrunde: dafür will ich dich mit meinen Händen begraben."

Als Zarathustra dies gesagt hatte, antwortete der Sterbende nicht mehr; aber er bewegte die Hand, wie als ob er die Hand Zarathustras zum Danke suche. –

7

Inzwischen kam der Abend, und der Markt barg sich in Dunkelheit: da verlief sich das Volk, denn selbst Neugierde und Schrecken werden müde. Zarathustra aber saß neben dem Toten auf der Erde und war in Gedanken versunken: so vergaß er die Zeit. Endlich aber wurde es Nacht, und ein kalter Wind blies über den Einsamen. Da erhob sich Zarathustra und sagte zu seinem Herzen:

„Wahrlich, einen schönen Fischfang tat heute Zarathustra! Keinen Menschen fing er, wohl aber einen Leichnam.

Unheimlich ist das menschliche Dasein und immer noch ohne Sinn: ein Possenreißer kann ihm zum Verhängnis werden.

Ich will die Menschen den Sinn ihres Seins lehren: welcher ist der Übermensch, der Blitz aus der dunklen Wolke Mensch.

Aber noch bin ich ihnen ferne, und mein Sinn redet nicht zu ihren Sinnen. Eine Mitte bin ich noch den Menschen zwischen einem Narren und einem Leichnam.

Dunkel ist die Nacht, dunkel sind die Wege Zarathustras. Komm, du kalter und steifer Gefährte! Ich trage dich dorthin, wo ich dich mit meinen Händen begrabe."

8

Als Zarathustra dies zu seinem Herzen gesagt hatte, lud er den Leichnam auf seinen Rücken und machte sich auf den Weg. Und noch nicht war er hundert Schritte gegangen, da schlich ein Mensch an ihn heran und flüsterte ihm ins Ohr – und siehe! Der, welcher redete, war der Possenreißer vom Turme. „Geh weg von dieser Stadt, o Zarathustra," sprach er; „es hassen dich hier zu viele. Es hassen dich die Guten und Gerechten, und sie nennen dich ihren Feind und Verächter; es hassen dich die Gläubigen des rechten Glaubens, und sie nennen dich die Gefahr der Menge. Dein Glück war es, daß man über dich lachte: und wahrlich, du redetest gleich einem Possenreißer. Dein Glück war es, daß du dich dem toten Hunde geselltest; als du dich so erniedrigtest, hast du dich selber für heute errettet. Geh aber fort aus dieser Stadt – oder morgen springe ich über dich hinweg, ein Lebendiger über einen Toten." Und als er dies gesagt hatte, verschwand der Mensch; Zarathustra aber ging weiter durch die dunklen Gassen.

Am Tore der Stadt begegneten ihm die Totengräber: sie leuchteten ihm mit der Fackel ins Gesicht, erkannten Zarathustra und spotteten sehr über ihn. „Zarathustra trägt den toten Hund davon: brav, daß Zarathustra zum Totengräber wurde! Denn unsere Hände sind zu reinlich für diesen Braten. Will Zarathustra wohl dem Teufel seinen Bissen stehlen? Nun wohlan! Und gut Glück zur Mahlzeit! Wenn nur nicht der Teufel ein besserer Dieb ist, als Zarathustra! – er stiehlt sie beide, er frißt sie beide!" Und sie lachten miteinander und steckten die Köpfe zusammen.

Zarathustra sagte dazu kein Wort und ging seines Weges. Als er zwei Stunden gegangen war, an Wäldern und Sümpfen vorbei, da hatte er zuviel das hungrige Geheul der Wölfe gehört, und ihm selber kam der Hunger. So blieb er an einem einsamen Hause stehn, in dem ein Licht brannte.

„Der Hunger überfällt mich," sagte Zarathustra, „wie ein Räuber. In Wäldern und Sümpfen überfällt mich mein Hunger und in tiefer Nacht.

Wunderliche Launen hat mein Hunger. Oft kommt er mir erst nach der Mahlzeit, und heute kam er den ganzen Tag nicht: wo weilte er doch?"

Und damit schlug Zarathustra an das Tor das Hauses. Ein alter Mann erschien; er trug das Licht und fragte: „Wer kommt zu mir und zu meinem schlimmen Schlafe?"

„Ein Lebendiger und ein Toter," sagte Zarathustra. „Gebt mir zu essen und zu trinken, ich vergaß es am Tage. Der, welcher den Hungrigen speiset, erquickt seine eigene Seele: so spricht die Weisheit."

Der Alte ging fort, kam aber gleich zurück und bot Zarathustra Brot und Wein. „Eine böse Gegend ist's für Hungernde," sagte er; „darum wohne ich hier. Tier und Mensch kommen zu mir, dem Einsiedler. Aber heiße auch deinen Gefährten essen und trinken, er ist müder als du." Zarathustra antwortete: „Tot ist mein Gefährte, ich werde ihn schwerlich dazu überreden." „Das geht mich nichts an," sagte der Alte mürrisch; „wer an meinem Hause anklopft, muß auch nehmen, was ich ihm biete. Eßt und gehabt euch wohl!" –

Darauf ging Zarathustra wieder zwei Stunden und vertraute dem Wege und dem Lichte der Sterne: denn er war ein gewohnter Nachtgänger und liebte es, allem Schlafenden ins Gesicht zu sehn. Als aber der Morgen graute, fand sich Zarathustra in einem tiefen Walde, und kein Weg zeigte sich ihm mehr. Da legte er den Toten in einen hohlen Baum sich zu Häupten – denn er wollte ihn vor den Wölfen schützen – und sich selber auf den Boden und das Moos. Und alsbald schlief er ein, müden Leibes, aber mit einer unbewegten Seele.

9

Lange schlief Zarathustra, und nicht nur die Morgenröte ging über sein Antlitz, sondern auch der Vormittag. Endlich aber tat er sein Auge auf: verwundert sah Zarathustra in den Wald und die Stille, verwundert sah er in sich hinein. Dann erhob er sich schnell, wie ein Seefahrer, der mit einem Male Land sieht, und jauchzte: denn er sah eine neue Wahrheit. Und also redete er dann zu seinem Herzen:

„Ein Licht ging mir auf: Gefährten brauche ich, und lebendige, – nicht tote Gefährten und Leichname, die ich mit mir trage, wohin ich will.

Sondern lebendige Gefährten brauche ich, die mir folgen, weil sie sich selber folgen wollen – und dorthin, wohin ich will.

Ein Licht ging mir auf: nicht zum Volke rede Zarathustra, sondern zu Gefährten! Nicht soll Zarathustra einer Herde Hirt und Hund werden!

Viele wegzulocken von der Herde – dazu kam ich. Zürnen soll mir Volk und Herde: Räuber will Zarathustra den Hirten heißen.

Hirten sage ich, aber sie nennen sich die Guten und Gerechten. Hirten sage ich: aber sie nennen sich die Gläubigen des rechten Glaubens.

Siehe die Guten und Gerechten! Wen hassen sie am meisten? Den, der zerbricht ihre Tafeln der Werte, den Brecher, den Verbrecher: – das aber ist der Schaffende.

Siehe die Gläubigen aller Glauben! Wen hassen sie am meisten? Den, der zerbricht ihre Tafeln der Werte, den Brecher, den Verbrecher: – das aber ist der Schaffende.

Gefährten sucht der Schaffende und nicht Leichname, und auch nicht Herden und Gläubige. Die Mitschaffenden sucht der Schaffende, die, welche neue Werte auf neue Tafeln schreiben.

Gefährten sucht der Schaffende, und Miterntende: denn alles steht bei ihm reif zur Ernte. Aber ihm fehlen die hundert Sicheln: so rauft er Ähren aus und ist ärgerlich.

Gefährten sucht der Schaffende, und solche, die ihre Sicheln zu wetzen wissen. Vernichter wird man sie heißen und Verächter des Guten und Bösen. Aber die Erntenden sind es und die Feiernden.

Mitschaffende sucht Zarathustra, Miterntende und Mitfeiernde sucht Zarathustra: was hat er mit Herden und Hirten und Leichnamen zu schaffen!

Und du, mein erster Gefährte, gehab dich wohl! Gut begrub ich dich in deinem hohlen Baume, gut barg ich dich vor den Wölfen.

Aber ich scheide von dir, die Zeit ist um. Zwischen Morgenröte und Morgenröte kam mir eine neue Wahrheit.

Nicht Hirt soll ich sein, nicht Totengräber. Nicht reden einmal will ich wieder mit dem Volke: zum letzten Male sprach ich zu einem Toten.

Den Schaffenden, den Erntenden, den Feiernden will ich mich zugesellen: den Regenbogen will ich ihnen zeigen und alle die Treppen des Übermenschen.

Den Einsiedlern werde ich mein Lied singen und den Zweisiedlern; und wer noch Ohren hat für Unerhörtes, dem will ich sein Herz schwer machen mit meinem Glücke.

Zu meinem Ziele will ich, ich gehe meinen Gang; über die Zögernden und Saumseligen werde ich hinwegspringen. Also sei mein Gang ihr Untergang!“

10

Dies hatte Zarathustra zu seinem Herzen gesprochen, als die Sonne im Mittag stand: da blickte er fragend in die Höhe – denn er hörte über sich den scharfen Ruf eines Vogels. Und siehe! Ein Adler zog in weiten Kreisen durch die Luft, und an ihm hing eine Schlange, nicht einer Beute gleich, sondern einer Freundin: denn sie hielt sich um seinen Hals geringelt.

„Es sind meine Tiere!“ sagte Zarathustra und freute sich von Herzen.

„Das stolzeste Tier unter der Sonne und das klügste Tier unter der Sonne – sie sind ausgezogen auf Kundschaft.

Erkunden wollen sie, ob Zarathustra noch lebe. Wahrlich, lebe ich noch?

Gefährlicher fand ich's unter Menschen als unter Tieren, gefährliche Wege geht Zarathustra. Mögen mich meine Tiere führen!“

Als Zarathustra dies gesagt hatte, gedachte er der Worte des Heiligen im Walde, seufzte und sprach also zu seinem Herzen:

„Möchte ich klüger sein! Möchte ich klug von Grund aus sein, gleich meiner Schlange!

Aber Unmögliches bitte ich da: so bitte ich denn meinen Stolz, daß er immer mit meiner Klugheit gehe!

Und wenn mich einst meine Klugheit verläßt: – ach, sie liebt es, davonzufliegen! – möge mein Stolz dann noch mit meiner Torheit fliegen!“ –

– Also begann Zarathustras Untergang.

DIE REDEN ZARATHUSTRAS

VON DEN DREI VERWANDLUNGEN

Drei Verwandlungen nenne ich euch des Geistes: wie der Geist zum Kamele wird, und zum Löwen das Kamel, und zum Kinde zuletzt der Löwe.

Vieles Schwere gibt es dem Geiste, dem starken, tragsamen Geiste, dem Ehrfurcht innewohnt: nach dem Schweren und Schwersten verlangt seine Stärke.

Was ist schwer? so fragt der tragsame Geist, so kniet er nieder, dem Kamele gleich, und will gut beladen sein.

Was ist das Schwerste, ihr Helden? so fragt der tragsame Geist, daß ich es auf mich nehme und meiner Stärke froh werde.

Ist es nicht das: sich erniedrigen, um seinem Hochmut wehe zu tun? Seine Torheit leuchten zu lassen, um seiner Weisheit zu spotten?

Oder ist es das: von unserer Sache scheiden, wenn sie ihren Sieg feiert? Auf hohe Berge steigen, um den Versucher zu versuchen?

Oder ist es das: sich von Eicheln und Gras der Erkenntnis nähren und um der Wahrheit willen an der Seele Hunger leiden?

Oder ist es das: krank sein und die Tröster heimschicken und mit Tauben Freundschaft schließen, die niemals hören, was du willst?

Oder ist es das: in schmutziges Wasser steigen, wenn es das Wasser der Wahrheit ist, und kalte Frösche und heiße Kröten nicht von sich weisen?

Oder ist es das: die lieben, die uns verachten, und dem Gespenste die Hand reichen, wenn es uns fürchten machen will?

Alles dies Schwerste nimmt der tragsame Geist auf sich: dem Kamele gleich, das beladen in die Wüste eilt, also eilt er in seine Wüste.

Aber in der einsamsten Wüste geschieht die zweite Verwandlung: zum Löwen wird hier der Geist, Freiheit will er sich erbeuten und Herr sein in seiner eignen Wüste.

Seinen letzten Herrn sucht er sich hier: feind will er ihm werden und seinem letzten Gotte, um Sieg will er mit dem großen Drachen ringen.

Welches ist der große Drache, den der Geist nicht mehr Herr und Gott heißen mag? „Du-sollst" heißt der große Drache. Aber der Geist des Löwen sagt „ich will".

„Du-sollst" liegt ihm am Wege, goldfunkelnd, ein Schuppentier, und auf jeder Schuppe glänzt golden „Du sollst!"

Tausendjährige Werte glänzen an diesen Schuppen, und also spricht der mächtigste aller Drachen: „Aller Wert der Dinge – der glänzt an mir."

„Aller Wert ward schon geschaffen, und aller geschaffene Wert – das bin ich. Wahrlich, es soll kein ‚Ich will' mehr geben!" Also spricht der Drache. Meine Brüder, wozu bedarf es des Löwen im Geiste? Was genügt nicht das lastbare Tier, das entsagt und ehrfürchtig ist?

Neue Werte schaffen – das vermag auch der Löwe noch nicht: aber Freiheit sich schaffen zu neuem Schaffen – das vermag die Macht des Löwen. Freiheit sich schaffen und ein heiliges Nein auch vor der Pflicht: dazu, meine Brüder, bedarf es des Löwen.

Recht sich nehmen zu neuen Werten – das ist das furchtbarste Nehmen für einen tragsamen und ehrfürchtigen Geist. Wahrlich, ein Rauben ist es ihm und eines raubenden Tieres Sache.

Als sein Heiligstes liebte er einst das „Du-sollst": nun muß er Wahn und Willkür auch noch im Heiligsten finden, daß er sich Freiheit raube von seiner Liebe: des Löwen bedarf es zu diesem Raube.

Aber sagt, meine Brüder, was vermag noch das Kind, das auch der Löwe nicht vermochte? Was muß der raubende Löwe auch noch zum Kinde werden?

Unschuld ist das Kind und Vergessen, ein Neubeginnen, ein Spiel, ein aus sich rollendes Rad, eine erste Bewegung, ein heiliges Ja-sagen.

Ja, zum Spiele des Schaffens, meine Brüder, bedarf es eines heiligen Ja-sagens: *seinen* Willen will nun der Geist, *seine* Welt gewinnt sich der Weltverlorene.

Drei Verwandlungen nannte ich euch des Geistes: wie der Geist zum Kamele ward, und zum Löwen das Kamel, und der Löwe zuletzt zum Kinde. –

Also sprach Zarathustra. Und damals weilte er in der Stadt, welche genannt wird: Die bunte Kuh.

VON DEN LEHRSTÜHLEN DER TUGEND

Man rühmte Zarathustra einen Weisen, der gut vom Schlafe und von der Tugend zu reden wisse: sehr werde er geehrt und gelohnt dafür, und alle Jünglinge säßen vor seinem Lehrstuhle. Zu ihm ging Zarathustra, und mit allen Jünglingen saß er vor seinem Lehrstuhle. Und also sprach der Weise:

Ehre und Scham vor dem Schlafe! Das ist das Erste! Und allen aus dem Wege gehn, die schlecht schlafen und nachts wachen!

Schamhaft ist noch der Dieb vor dem Schlafe; stets stiehlt er sich leise durch die Nacht. Schamlos aber ist der Wächter der Nacht, schamlos trägt er sein Horn.

Keine geringe Kunst ist schlafen: es tut schon not, den ganzen Tag daraufhin zu wachen.

Zehnmal mußt du des Tages dich selber überwinden: das macht eine gute Müdigkeit und ist Mohn der Seele.

Zehnmal mußt du dich wieder mit dir selber versöhnen; denn Überwindung ist Bitternis, und schlecht schläft der Unversöhnte.

Zehn Wahrheiten mußt du des Tages finden; sonst suchst du noch des Nachts nach Wahrheit, und deine Seele blieb hungrig.

Zehnmal mußt du lachen am Tage und heiter sein: sonst stört dich der Magen in der Nacht, dieser Vater der Trübsal.

Wenige wissen das: aber man muß alle Tugenden haben, um gut zu schlafen. Werde ich falsch Zeugnis reden? Werde ich ehebrechen? Werde ich mich gelüsten lassen meines Nächsten Magd? Das alles vertrüge sich schlecht mit gutem Schlafe.

Und selbst wenn man alle Tugenden hat, muß man sich noch auf eins verstehen: selber die Tugenden zur rechten Zeit schlafen schicken.

Daß sie sich nicht miteinander zanken, die artigen Weiblein! Und über dich, du Unglückseliger!

Friede mit Gott und dem Nachbar: so will es der gute Schlaf. Und Friede auch noch mit des Nachbars Teufel! Sonst geht er bei dir des Nachts um.

Ehre der Obrigkeit und Gehorsam, und auch der krummen Obrigkeit! So will es der gute Schlaf. Was kann ich dafür, daß die Macht gerne auf krummen Beinen wandelt?

Der soll mir immer der beste Hirt heißen, der sein Schaf auf die grünste Aue führt: so verträgt es sich mit gutem Schlafe.

Viel Ehren will ich nicht, noch große Schätze: das entzündet die Milz. Aber schlecht schläft es sich ohne einen guten Namen und einen kleinen Schatz.

Eine kleine Gesellschaft ist mir willkommener als eine böse: doch muß sie gehn und kommen zur rechten Zeit. So verträgt es sich mit gutem Schlafe.

Sehr gefallen mir auch die Geistig-Armen: sie fördern den Schlaf. Selig sind die, sonderlich wenn man ihnen immer Recht gibt.

Also läuft der Tag dem Tugendsamen. Kommt nun die Nacht, so hüte ich mich wohl, den Schlaf zu rufen! Nicht will er gerufen sein, der Schlaf, der der Herr der Tugenden ist!

Sondern ich denke, was ich des Tages getan und gedacht. Wiederkäuend frage ich mich, geduldsam gleich einer Kuh: welches waren doch deine zehn Überwindungen?

Und welches waren die zehn Versöhnungen und die zehn Wahrheiten und die zehn Gelächter, mit denen sich mein Herz gütlich tat?

Solcherlei erwägend und gewiegt von vierzig Gedanken, überfällt mich auf einmal der Schlaf, der Ungerufene, der Herr der Tugenden.

Der Schlaf klopft mir auf mein Auge: da wird es schwer. Der Schlaf berührt mir den Mund: da bleibt er offen.

Wahrlich, auf weichen Sohlen kommt er mir, der liebste der Diebe, und stiehlt mir meine Gedanken: dumm stehe ich da wie dieser Lehrstuhl.

Aber nicht lange mehr stehe ich dann: da liege ich schon. –

Als Zarathustra den Weisen also sprechen hörte, lachte er bei sich im Herzen: denn ihm war dabei ein Licht aufgegangen. Und also sprach er zu seinem Herzen:

Ein Narr ist mir dieser Weise da mit seinen vierzig Gedanken: aber ich glaube, daß er sich wohl auf das Schlafen versteht.

Glücklich schon, wer in der Nähe dieses Weisen wohnt! Solch ein Schlaf steckt an, noch durch eine dicke Wand hindurch steckt er an.

Ein Zauber wohnt selbst in seinem Lehrstuhle. Und nicht vergebens saßen die Jünglinge vor dem Prediger der Tugend.

Seine Weisheit heißt: wachen, um gut zu schlafen. Und wahrlich, hätte das Leben keinen Sinn, und müßte ich Unsinn wählen, so wäre auch mir dies der wählenswürdigste Unsinn.

Jetzo verstehe ich klar, was einst man vor allem suchte, wenn man Lehrer der Tugend suchte. Guten Schlaf suchte man sich und mohnblumige Tugenden dazu!

Allen diesen gelobten Weisen der Lehrstühle war Weisheit der Schlaf ohne Träume: sie kannten keinen bessern Sinn des Lebens.

Auch noch heute wohl gibt es einige, wie diesen Prediger der Tugend, und nicht immer so Ehrliche: aber ihre Zeit ist um. Und nicht mehr lange stehen sie noch: da liegen sie schon.

Selig sind die Schläfrigen: denn sie sollen bald einnicken. –

Also sprach Zarathustra.

VON DEN HINTERWELTLERN

Einst warf auch Zarathustra seinen Wahn jenseits des Menschen, gleich allen Hinterweltlern. Eines leidenden und zerquälten Gottes Werk schien mir da die Welt.

Traum schien mir da die Welt, und Dichtung eines Gottes; farbiger Rauch vor den Augen eines göttlich Unzufriednen.

Gut und Böse und Lust und Leid und Ich und Du – farbiger Rauch dünkte mich's vor schöpferischen Augen. Wegsehn wollte der Schöpfer von sich, – da schuf er die Welt.

Trunkne Lust ist's dem Leidenden, wegzusehn von seinem Leiden und sich zu verlieren. Trunkne Lust und Selbst-sich-Verlieren dünkte mich einst die Welt.

Diese Welt, die ewig unvollkommene, eines ewigen Widerspruches Abbild und unvollkommnes Abbild – eine trunkne Lust ihrem unvollkommnen Schöpfer: – also dünkte mich einst die Welt.

Also warf auch ich einst meinen Wahn jenseits des Menschen, gleich allen Hinterweltlern. Jenseits des Menschen in Wahrheit?

Ach, ihr Brüder, dieser Gott, den ich schuf, war Menschen-Werk und -Wahnsinn, gleich allen Göttern!

Mensch war er, und nur ein armes Stück Mensch und Ich: aus der eigenen Asche und Glut kam es mir, dieses Gespenst, und wahrlich! Nicht kam es mir von jenseits!

Was geschah, meine Brüder? Ich überwand mich, den Leidenden, ich trug meine eigne Asche zu Berge, eine hellere Flamme erfand ich mir. Und siehe! Da *wich* das Gespenst von mir!

Leiden wäre es mir jetzt und Qual dem Genesenen, solche Gespenster zu glauben: Leiden wäre es mir jetzt und Erniedrigung. Also rede ich zu den Hinterweltlern.

Leiden war's und Unvermögen – das schuf alle Hinterwelten; und jener kurze Wahnsinn des Glücks, den nur der Leidendste erfährt.

Müdigkeit, die mit Einem Sprunge zum Letzten will, mit einem Todessprunge, eine arme unwissende Müdigkeit, die nicht einmal mehr wollen will: die schuf alle Götter- und Hinterwelten.

Glaubt es mir, meine Brüder! Der Leib war's, der am Leibe verzweifelte, – der tastete mit den Fingern des betörten Geistes an die letzten Wände.

Glaubt es mir, meine Brüder! Der Leib war's, der an der Erde verzweifelte, – der hörte den Bauch des Seins zu sich reden.

Und da wollte er mit dem Kopfe durch die letzten Wände, und nicht nur mit dem Kopfe, – hinüber zu „jener Welt".

Aber „jene Welt" ist gut verborgen vor dem Menschen, jene entmenschte unmenschliche Welt, die ein himmlisches Nichts ist; und der Bauch des Seins redet gar nicht zum Menschen, es sei denn als Mensch.

Wahrlich, schwer zu beweisen ist alles Sein und schwer zum Reden zu bringen. Sagt mir, ihr Brüder, ist nicht das Wunderlichste aller Dinge noch am besten bewiesen?

Ja, dies Ich und des Ichs Widerspruch und Wirrsal redet noch am redlichsten von seinem Sein, dieses schaffende, wollende, wertende Ich, welches das Maß und der Wert der Dinge ist.

Und dies redlichste Sein, das Ich – das redet vom Leibe, und es will noch den Leib, selbst wenn es dichtet und schwärmt und mit zerbrochnen Flügeln flattert.

Immer redlicher lernt es reden, das Ich: und je mehr es lernt, um so mehr findet es Worte und Ehren für Leib und Erde.

Einen neuen Stolz lehrte mich mein Ich, den lehre ich die Menschen: nicht mehr den Kopf in den Sand der himmlischen Dinge zu stecken, sondern frei ihn zu tragen, einen Erden-Kopf, der der Erde Sinn schafft!

Einen neuen Willen lehre ich die Menschen: diesen Weg wollen, den blindlings der Mensch gegangen, und gut ihn heißen und nicht mehr von ihm beiseite schleichen, gleich den Kranken und Absterbenden!

Kranke und Absterbende waren es, die verachteten Leib und Erde und erfanden das Himmlische und die erlösenden Blutstropfen: aber auch noch diese süßen und düstern Gifte nahmen sie von Leib und Erde!

Ihrem Elende wollten sie entlaufen, und die Sterne waren ihnen zu weit. Da seufzten sie: „O daß es doch himmlische Wege gäbe, sich in ein andres Sein und Glück zu schleichen!“ – da erfanden sie sich ihre Schliche und blutigen Tränklein!

Ihrem Leibe und dieser Erde nun entrückt wähnten sie sich, diese Undankbaren. Doch wem dankten sie ihrer Entrückung Krampf und Wonne? Ihrem Leibe und dieser Erde.

Milde ist Zarathustra den Kranken. Wahrlich, er zürnt nicht ihren Arten des Trostes und Undanks. Mögen sie Genesende werden und Überwindende und einen höheren Leib sich schaffen!

Nicht auch zürnt Zarathustra dem Genesenden, wenn er zärtlich nach seinem Wahne blickt und mitternachts um das Grab seines Gottes schleicht: aber Krankheit und kranker Leib bleiben mir auch seine Tränen noch.

Vieles krankhafte Volk gab es immer unter denen, welche dichten und gottsüchtig sind; wütend hassen sie den Erkennenden und jene jüngste der Tugenden, welche heißt: Redlichkeit.

Rückwärts blicken sie immer nach dunklen Zeiten: da freilich war Wahn und Glaube ein ander Ding; Raserei der Vernunft war Gottähnlichkeit, und Zweifel Sünde.

Allzugut kenne ich diese Gottähnlichen: sie wollen, daß an sie geglaubt werde, und Zweifel Sünde sei. Allzugut weiß ich auch, woran sie selber am besten glauben.

Wahrlich nicht an Hinterwelten und erlösende Blutstropfen: sondern an den Leib glauben auch sie am besten, und ihr eigener Leib ist ihnen ihr Ding an sich.

Aber ein krankhaftes Ding ist er ihnen: und gerne möchten sie aus der Haut fahren. Darum horchen sie nach den Predigern des Todes und predigen selber Hinterwelten.

Hört mir lieber, meine Brüder, auf die Stimme des gesunden Leibes: eine redlichere und reinere Stimme ist dies.

Redlicher redet und reiner der gesunde Leib, der vollkommene und rechtwinklige: und er redet vom Sinn der Erde. –

Also sprach Zarathustra.

VON DEN VERÄCHTERN DES LEIBES

Den Verächtern des Leibes will ich mein Wort sagen. Nicht umlernen und umlehren sollen sie mir, sondern nur ihrem eignen Leibe Lebewohl sagen – und also stumm werden. „Leib bin ich und Seele“ – so redet das Kind. Und warum sollte man nicht wie die Kinder reden?

Aber der Erwachte, der Wissende sagt: Leib bin ich ganz und gar, und nichts außerdem; und Seele ist nur ein Wort für ein Etwas am Leibe.

Der Leib ist eine große Vernunft, eine Vielheit mit Einem Sinn, ein Krieg und ein Frieden, eine Herde und ein Hirt.

Werkzeug deines Leibes ist auch deine kleine Vernunft, mein Bruder, die du „Geist“ nennst, ein kleines Werk- und Spielzeug deiner großen Vernunft.

„Ich“, sagst du und bist stolz auf dies Wort. Aber das Größere ist – woran du nicht glauben willst – dein Leib und seine große Vernunft: die sagt nicht Ich, aber tut Ich.

Was der Sinn fühlt, was der Geist erkennt, das hat niemals in sich sein Ende. Aber Sinn und Geist möchten dich überreden, sie seien aller Dinge Ende: so eitel sind sie.

Werk- und Spielzeuge sind Sinn und Geist: hinter ihnen liegt noch das Selbst. Das Selbst sucht auch mit den Augen der Sinne, es horcht auch mit den Ohren des Geistes.

Immer horcht das Selbst und sucht: es vergleicht, bezwingt, erobert, zerstört. Es herrscht und ist auch des Ichs Beherrscher.

Hinter deinen Gedanken und Gefühlen, mein Bruder, steht ein mächtiger Gebieter, ein unbekannter Weiser – der heißt Selbst. In deinem Leibe wohnt er, dein Leib ist er.

Es ist mehr Vernunft in deinem Leibe, als in deiner besten Weisheit. Und wer weiß denn, wozu dein Leib gerade deine beste Weisheit nötig hat?

Dein Selbst lacht über dein Ich und seine stolzen Sprünge. „Was sind mir diese Sprünge und Flüge des Gedankens?“ sagt es sich. „Ein Umweg zu meinem Zwecke. Ich bin das Gängelband des Ichs und der Einbläser seiner Begriffe.“

Das Selbst sagt zum Ich: „hier fühle Schmerz!“ Und da leidet es und denkt nach, wie es nicht mehr leide – und dazu eben *soll* es denken.

Das Selbst sagt zum Ich: „hier fühle Lust!“ Da freut es sich und denkt nach, wie es noch oft sich freue – und dazu eben *soll* es denken.

Den Verächtern des Leibes will ich ein Wort sagen. Daß sie verachten, das macht ihr Achten. Was ist es, das Achten und Verachten und Wert und Willen schuf?

Das schaffende Selbst schuf sich Achten und Verachten, es schuf sich Lust und Weh. Der schaffende Leib schuf sich den Geist als eine Hand seines Willens.

Noch in eurer Torheit und Verachtung, ihr Verächter des Leibes, dient ihr eurem Selbst. Ich sage euch: euer Selbst selber will sterben und kehrt sich vom Leben ab.

Nicht mehr vermag es das, was es am liebsten will: – über sich hinaus zu schaffen. Das will es am liebsten, das ist seine ganze Inbrunst.

Aber zu spät ward es ihm jetzt dafür: – so will euer Selbst untergehn, ihr Verächter des Leibes.

Untergehn will euer Selbst, und darum wurdet ihr zu Verächtern des Leibes! Denn nicht mehr vermögt ihr über euch hinaus zu schaffen.

Und darum zürnt ihr nun dem Leben und der Erde. Ein ungewußter Neid ist im scheelen Blick eurer Verachtung.

Ich gehe nicht euren Weg, ihr Verächter des Leibes! Ihr seid mir keine Brücken zum Übermenschen! –

Also sprach Zarathustra.

VON DEN FREUDEN- UND LEIDENSCHAFTEN

Mein Bruder, wenn du eine Tugend hast, und es deine Tugend ist, so hast du sie mit niemandem gemeinsam.

Freilich, du willst sie bei Namen nennen und liebkosen; du willst sie am Ohre zupfen und Kurzweil mit ihr treiben.

Und siehe! Nun hast du ihren Namen mit dem Volke gemeinsam und bist Volk und Herde geworden mit deiner Tugend!

Besser tätest du, zu sagen: „Unaussprechbar ist und namenlos, was meiner Seele Qual und Süße macht und auch noch der Hunger meiner Eingeweide ist."

Deine Tugend sei zu hoch für die Vertraulichkeit der Namen: und mußt du von ihr reden, so schäme dich nicht, von ihr zu stammeln.

So sprich und stammle: „Das ist *mein* Gutes, das liebe ich, so gefällt es mir ganz, so allein will *ich* das Gute.

Nicht will ich es als eines Gottes Gesetz, nicht will ich es als eine Menschen-Satzung und -Notdurft: kein Wegweiser sei es mir für Über-Erden und Paradiese.

Eine irdische Tugend ist es, die ich liebe: wenig Klugheit ist darin, und am wenigsten die Vernunft aller.

Aber dieser Vogel baute bei mir sich das Nest: darum liebe und herze ich ihn, – nun sitzt er bei mir auf seinen goldnen Eiern."

So sollst du stammeln und deine Tugend loben.

Einst hattest du Leidenschaften und nanntest sie böse. Aber jetzt hast du nur noch deine Tugenden: die wuchsen aus deinen Leidenschaften.

Du legtest dein höchstes Ziel diesen Leidenschaften ans Herz: da wurden sie deine Tugenden und Freudenschaften.

Und ob du aus dem Geschlechte der Jähzornigen wärest oder aus dem der Wollüstigen oder der Glaubens-Wütigen oder der Rachsüchtigen:

Am Ende wurden alle deine Leidenschaften zu Tugenden und alle deine Teufel zu Engeln.

Einst hattest du wilde Hunde in deinem Keller: aber am Ende verwandelten sie sich zu Vögeln und lieblichen Sängerinnen.

Aus deinen Giften brautest du dir deinen Balsam; deine Kuh Trübsal melktest du, – nun trinkst du die süße Milch ihres Euters.

Und nichts Böses wächst mehr fürderhin aus dir, es sei denn das Böse, das aus dem Kampfe deiner Tugenden wächst.

Mein Bruder, wenn du Glück hast, so hast du Eine Tugend und nicht mehr: so gehst du leichter über die Brücke.

Auszeichnend ist es, viele Tugenden zu haben, aber ein schweres Los; und mancher ging in die Wüste und tötete sich, weil er müde war, Schlacht und Schlachtfeld von Tugenden zu sein.

Mein Bruder, ist Krieg und Schlacht böse? Aber notwendig ist dies Böse, notwendig ist der Neid und das Mißtrauen und die Verleumdung unter deinen Tugenden.

Siehe, wie jede deiner Tugenden begehrlich ist nach dem Höchsten: sie will deinen ganzen Geist, daß er *ihr* Herold sei, sie will deine ganze Kraft in Zorn, Haß und Liebe.

Eifersüchtig ist jede Tugend auf die andre, und ein furchtbares Ding ist Eifersucht. Auch Tugenden können an der Eifersucht zugrunde gehn.

Wen die Flamme der Eifersucht umringt, der wendet zuletzt, gleich dem Skorpione, gegen sich selber den vergifteten Stachel.

Ach, mein Bruder, sahst du noch nie eine Tugend sich selber verleumden und erstechen?

Der Mensch ist etwas, das überwunden werden muß: und darum sollst du deine Tugenden lieben –: denn du wirst an ihnen zugrunde gehn. –

Also sprach Zarathustra.

VOM BLEICHEN VERBRECHER

Ihr wollt nicht töten, ihr Richter und Opferer, bevor das Tier nicht genickt hat? Seht, der bleiche Verbrecher hat genickt: aus seinem Auge redet die große Verachtung.

„Mein Ich ist etwas, das überwunden werden soll: mein Ich ist mir die große Verachtung des Menschen“: so redet es aus diesem Auge.

Daß er sich selber richtete, war sein höchster Augenblick: laßt den Erhabenen nicht wieder zurück in sein Niederes!

Es gibt keine Erlösung für den, der so an sich selber leidet, es sei denn der schnelle Tod.

Euer Töten, ihr Richter, soll ein Mitleid sein und keine Rache. Und indem ihr tötet, seht zu, daß ihr selber das Leben rechtfertiget!

Es ist nicht genug, daß ihr euch mit dem versöhnt, den ihr tötet. Eure Traurigkeit sei Liebe zum Übermenschen: so rechtfertigt ihr euer Noch-Leben!

„Feind“ sollt ihr sagen, aber nicht „Bösewicht“; „Kranker“ sollt ihr sagen, aber nicht „Schuft“; „Tor“ sollt ihr sagen, aber nicht „Sünder“.

Und du, roter Richter, wenn du laut sagen wolltest, was du alles schon in Gedanken getan hast: so würde jedermann schreien: „Weg mit diesem Unflat und Giftwurm!“

Aber ein anderes ist der Gedanke, ein anderes die Tat, ein anderes das Bild der Tat. Das Rad des Grundes rollt nicht zwischen ihnen.

Ein Bild macht diesen bleichen Menschen bleich. Gleichwüchsig war er seiner Tat, als er sie tat: aber ihr Bild ertrug er nicht, als sie getan war.

Immer sah er sich nun als Einer Tat Täter. Wahnsinn heiße ich dies: die Ausnahme verkehrte sich ihm zum Wesen.

Der Strich bannt die Henne; der Streich, den er führte, bannte seine arme Vernunft – den Wahnsinn *nach* der Tat heiße ich dies.

Hört, ihr Richter! Einen anderen Wahnsinn gibt es noch: und der ist *vor* der Tat. Ach, ihr krocht mir nicht tief genug in diese Seele!

So spricht der rote Richter: „Was mordete doch dieser Verbrecher? Er wollte rauben.“

Aber ich sage euch: seine Seele wollte Blut, nicht Raub: er dürstete nach dem Glück des Messers!

Seine arme Vernunft aber begriff diesen Wahnsinn nicht und überredete ihn. „Was liegt an Blut!" sprach sie; „willst du nicht zum mindesten einen Raub dabei machen? Eine Rache nehmen?"

Und er horchte auf seine arme Vernunft: wie Blei lag ihre Rede auf ihm, – da raubte er, als er mordete. Er wollte sich nicht seines Wahnsinns schämen.

Und nun wieder liegt das Blei seiner Schuld auf ihm, und wieder ist seine arme Vernunft so steif, so gelähmt, so schwer.

Wenn er nur den Kopf schütteln könnte, so würde seine Last herabrollen: aber wer schüttelt diesen Kopf?

Was ist dieser Mensch? Ein Haufen von Krankheiten, welche durch den Geist in die Welt hinausgreifen: da wollen sie ihre Beute machen.

Was ist dieser Mensch? Ein Knäuel wilder Schlangen, welche selten beieinander Ruhe haben, – da gehen sie für sich fort und suchen Beute in der Welt.

Seht diesen armen Leib! Was er litt und begehrte, das deutete sich diese arme Seele, – sie deutete es als mörderische Lust und Gier nach dem Glück des Messers.

Wer jetzt krank wird, den überfällt das Böse, das jetzt böse ist: wehe will er tun, mit dem, was ihm wehe tut. Aber es gab andre Zeiten und ein andres Böses und Gutes.

Einst war der Zweifel böse und der Wille zum Selbst. Damals wurde der Kranke zum Ketzer und zur Hexe: als Ketzer und Hexe litt er und wollte leiden machen.

Aber dies will nicht in eure Ohren: euren Guten schade es, sagt ihr mir. Aber was liegt mir an euren Guten!

Vieles an euren Guten macht mir Ekel, und wahrlich nicht ihr Böses. Wollte ich doch, sie hätten einen Wahnsinn, an dem sie zugrunde gingen, gleich diesem bleichen Verbrecher!

Wahrlich, ich wollte, ihr Wahnsinn hieße Wahrheit oder Treue oder Gerechtigkeit: aber sie haben ihre Tugend, um lange zu leben, und in einem erbärmlichen Behagen.

Ich bin ein Geländer am Strome: fasse mich, wer mich fassen kann! Eure Krücke aber bin ich nicht. –

Also sprach Zarathustra.

VOM LESEN UND SCHREIBEN

Von allem Geschriebenen liebe ich nur das, was einer mit seinem Blute schreibt. Schreibe mit Blut: und du wirst erfahren, daß Blut Geist ist.

Es ist nicht leicht möglich, fremdes Blut zu verstehen: ich hasse die lesenden Müßiggänger.

Wer den Leser kennt, der tut nichts mehr für den Leser. Noch ein Jahrhundert Leser – und der Geist selber wird stinken.

Daß jedermann lesen lernen darf, verdirbt auf die Dauer nicht allein das Schreiben, sondern auch das Denken.

Einst war der Geist Gott, dann wurde er zum Menschen, und jetzt wird er gar noch Pöbel.

Wer in Blut und Sprüchen schreibt, der will nicht gelesen, sondern auswendig gelernt werden.

Im Gebirge ist der nächste Weg von Gipfel zu Gipfel: aber dazu mußt du lange Beine haben. Sprüche sollen Gipfel sein: und die, zu denen gesprochen wird, Große und Hochwüchsige.

Die Luft dünn und rein, die Gefahr nahe und der Geist voll einer fröhlichen Bosheit: so paßt es gut zueinander.

Ich will Kobolde um mich haben, denn ich bin mutig. Mut, der die Gespenster verscheucht, schafft sich selber Kobolde, – der Mut will lachen.

Ich empfinde nicht mehr mit euch: diese Wolke, die ich unter mir sehe, diese Schwärze und Schwere, über die ich lache, – gerade das ist eure Gewitterwolke.

Ihr seht nach oben, wenn ihr nach Erhebung verlangt. Und ich sehe hinab, weil ich erhoben bin.

Wer von euch kann zugleich lachen und erhoben sein?

Wer auf den höchsten Bergen steigt, der lacht über alle Trauer-Spiele und Trauer-Ernste.

Unbekümmert, spöttisch, gewalttätig – so will *uns* die Weisheit: sie ist ein Weib und liebt immer nur einen Kriegsmann.

Ihr sagt mir: „Das Leben ist schwer zu tragen.“ Aber wozu hättet ihr vormittags euren Stolz und abends eure Ergebung?

Das Leben ist schwer zu tragen: aber so tut mir doch nicht so zärtlich! Wir sind allesamt hübsche lastbare Esel und Eselinnen.

Was haben wir gemein mit der Rosenknospe, welche zittert, weil ihr ein Tropfen Tau auf dem Leibe liegt?

Es ist wahr: wir lieben das Leben, nicht, weil wir ans Leben, sondern weil wir ans Lieben gewöhnt sind.

Es ist immer etwas Wahnsinn in der Liebe. Es ist aber immer auch etwas Vernunft im Wahnsinn.

Und auch mir, der ich dem Leben gut bin, scheinen Schmetterlinge und Seifenblasen und was ihrer Art unter Menschen ist, am meisten vom Glücke zu wissen.

Diese leichten, törichten, zierlichen, beweglichen Seelchen flattern zu sehen – das verführt Zarathustra zu Tränen und Liedern.

Ich würde nur an einen Gott glauben, der zu tanzen verstünde.

Und als ich meinen Teufel sah, da fand ich ihn ernst, gründlich, tief, feierlich: es war der Geist der Schwere, – durch ihn fallen alle Dinge.

Nicht durch Zorn, sondern durch Lachen tötet man. Auf, laßt uns den Geist der Schwere töten!

Ich habe gehen gelernt: seitdem lasse ich mich laufen. Ich habe fliegen gelernt: seitdem will ich nicht erst gestoßen sein, um von der Stelle zu kommen.

Jetzt bin ich leicht, jetzt fliege ich, jetzt sehe ich mich unter mir, jetzt tanzt ein Gott durch mich.

Also sprach Zarathustra.

VOM BAUM AM BERGE

Zarathustras Auge hatte gesehn, daß ein Jüngling ihm auswich. Und als er eines Abends allein durch die Berge ging, welche die Stadt umschließen, die genannt wird „Die bunte Kuh“: siehe: da fand er im Gehen diesen Jüngling, wie er an einen Baum gelehnt saß und müden Blickes in das Tal schaute. Zarathustra faßte den Baum an, bei welchem der Jüngling saß, und sprach also:

„Wenn ich diesen Baum da mit meinen Händen schütteln wollte, ich würde es nicht vermögen.

Aber der Wind, den wir nicht sehen, der quält und biegt ihn, wohin er will. Wir werden am schlimmsten von unsichtbaren Händen gebogen und gequält."

Da erhob sich der Jüngling bestürzt und sagte: „Ich höre Zarathustra, und eben dachte ich an ihn." Zarathustra entgegnete:

„Was erschrickst du deshalb? – Aber es ist mit dem Menschen wie mit dem Baume.

Je mehr er hinauf in die Höhe und Helle will, um so stärker streben seine Wurzeln erdwärts, abwärts, ins Dunkle, Tiefe, – ins Böse."

„Ja, ins Böse!" rief der Jüngling. „Wie ist es möglich, daß du meine Seele entdecktest?"

Zarathustra lächelte und sprach: „Manche Seele wird man nie entdecken, es sei denn, daß man sie zuerst erfindet."

„Ja, ins Böse!" rief der Jüngling nochmals.

„Du sagtest die Wahrheit, Zarathustra. Ich traue mir selber nicht mehr, seitdem ich in die Höhe will, und niemand traut mir mehr, – wie geschieht dies doch?

Ich verwandele mich zu schnell: mein Heute widerlegt mein Gestern. Ich überspringe oft die Stufen, wenn ich steige, – das verzeiht mir keine Stufe.

Bin ich oben, so finde ich mich immer allein. Niemand redet mit mir, der Frost der Einsamkeit macht mich zittern. Was will ich doch in der Höhe?

Meine Verachtung und meine Sehnsucht wachsen miteinander; je höher ich steige, um so mehr verachte ich den, der steigt. Was will er doch in der Höhe?

Wie schäme ich mich meines Steigens und Stolperns! Wie spotte ich meines heftigen Schnaubens! Wie hasse ich den Fliehenden! Wie müde bin ich in der Höhe!"

Hier schwieg der Jüngling. Und Zarathustra betrachtete den Baum, an dem sie standen, und sprach also:

„Dieser Baum steht einsam hier am Gebirge; er wuchs hoch hinweg über Mensch und Tier.

Und wenn er reden wollte, er würde niemanden haben, der ihn verstünde: so hoch wuchs er.

Nun wartet er und wartet, – worauf wartet er doch? Er wohnt dem Sitze der Wolken zu nahe: er wartet wohl auf den ersten Blitz?"

Als Zarathustra dies gesagt hatte, rief der Jüngling mit heftigen Gebärden: „Ja, Zarathustra, du sprichst die Wahrheit. Nach meinem Untergange verlangte ich, als ich in die Höhe wollte, und du bist der Blitz, auf den ich wartete! Siehe, was bin ich noch, seitdem du uns erschienen bist? Der *Neid* auf dich ist's, der mich zerstört hat!" – So sprach der Jüngling und weinte bitterlich. Zarathustra aber legte seinen Arm um ihn und führte ihn mit sich fort.

Und als sie eine Weile miteinander gegangen waren; hob Zarathustra also an zu sprechen:

Es zerreißt mir das Herz. Besser als deine Worte es sagen, sagt mir dein Auge alle deine Gefahr. Noch bist du nicht frei, du *suchst* noch nach Freiheit. Übernächtig machte dich dein Suchen und überwach.

In die freie Höhe willst du, nach Sternen dürstet deine Seele. Aber auch deine schlimmen Triebe dürsten nach Freiheit.

Deine wilden Hunde wollen in die Freiheit; sie bellen vor Lust in ihrem Keller, wenn dein Geist alle Gefängnisse zu lösen trachtet.

Noch bist du mir ein Gefangner, der sich Freiheit ersinnt: ach, klug wird solchen Gefangnen die Seele, aber auch arglistig und schlecht.

Reinigen muß sich auch noch der Befreite des Geistes. Viel Gefängnis und Moder ist noch in ihm zurück: rein muß noch sein Auge werden.

Ja, ich kenne deine Gefahr. Aber bei meiner Liebe und Hoffnung beschwöre ich dich: wirf deine Liebe und Hoffnung nicht weg!

Edel fühlst du dich noch, und edel fühlen dich auch die andern noch, die dir gram sind und böse Blicke senden. Wisse, daß allen ein Edler im Wege steht.

Auch den Guten steht ein Edler im Wege: und selbst wenn sie ihn einen Guten nennen, so wollen sie ihn damit beiseite bringen.

Neues will der Edle schaffen und eine neue Tugend. Altes will der Gute, und daß Altes erhalten bleibe.

Aber nicht das ist die Gefahr des Edlen, daß er ein Guter werde, sondern ein Frecher, ein Höhnender, ein Vernichter.

Ach, ich kannte Edle, die verloren ihre höchste Hoffnung. Und nun verleumdeten sie alle hohen Hoffnungen.

Nun lebten sie frech in kurzen Lüsten, und über den Tag hin warfen sie kaum noch Ziele.

„Geist ist auch Wollust" – so sagten sie. Da zerbrachen ihrem Geiste die Flügel: nun kriecht er herum und beschmutzt im Nagen.

Einst dachten sie Helden zu werden: Lüstlinge sind es jetzt. Ein Gram und ein Grauen ist ihnen der Held.

Aber bei meiner Liebe und Hoffnung beschwöre ich dich: wirf den Helden in deiner Seele nicht weg! Halte heilig deine höchste Hoffnung! –

Also sprach Zarathustra.

VON DEN PREDIGERN DES TODES

Es gibt Prediger des Todes: und die Erde ist voll von solchen, denen Abkehr gepredigt werden muß vom Leben.

Voll ist die Erde von Überflüssigen, verdorben ist das Leben durch die Viel-zu-Vielen. Möge man sie mit dem „ewigen Leben" aus diesem Leben weglocken!

„Gelbe": so nennt man die Prediger des Todes, oder „Schwarze". Aber ich will sie euch noch in andern Farben zeigen.

Da sind die Fürchterlichen, welche in sich das Raubtier herumtragen und keine Wahl haben, es sei denn Lüste oder Selbstzerfleischung. Und auch ihre Lüste sind noch Selbstzerfleischung.

Sie sind noch nicht einmal Menschen geworden, diese Fürchterlichen: mögen sie Abkehr predigen vom Leben und selber dahinfahren!

Da sind die Schwindsüchtigen der Seele: kaum sind sie geboren, so fangen sie schon an zu sterben und sehnen sich nach Lehren der Müdigkeit und Entsagung.

Sie wollen gerne tot sein, und wir sollten ihren Willen gutheißen! Hüten wir uns, diese Toten zu erwecken und diese lebendigen Särge zu versehren!

Ihnen begegnet ein Kranker oder ein Greis oder ein Leichnam; und gleich sagen sie: „Das Leben ist widerlegt!"

Aber nur sie sind widerlegt und ihr Auge, welches nur das Eine Gesicht sieht am Dasein.

Eingehüllt in dicke Schwermut und begierig auf die kleinen Zufälle, welche den Tod bringen: so warten sie und beißen die Zähne aufeinander. Oder aber: sie greifen nach Zuckerwerk und spotten ihrer Kinderei dabei: sie hängen an ihrem Strohhalm Leben und spotten, daß sie noch an einem Strohhalm hängen.

Ihre Weisheit lautet: „Ein Tor, der leben bleibt, aber so sehr sind wir Toren! Und das eben ist das Törichtste am Leben!" –

„Das Leben ist nur Leiden" – so sagen andre und lügen nicht: so sorgt doch, daß *ihr* aufhört! So sorgt doch, daß das Leben aufhört, welches nur Leiden ist!

Und also laute die Lehre eurer Tugend: „Du sollst dich selber töten! Du sollst dich selber davonstehlen!" –

„Wollust ist Sünde", – so sagen die einen, welche den Tod predigen –, „laßt uns beiseite gehn und keine Kinder zeugen!"

„Gebären ist mühsam", – sagen die andern – „wozu noch gebären? Man gebiert nur Unglückliche!" Und auch sie sind Prediger des Todes.

„Mitleid tut not" – so sagen die Dritten. „Nehmt hin, was ich habe! Nehmt hin, was ich bin! Um so weniger bindet mich das Leben!"

Wären sie Mitleidige von Grund aus, so würden sie ihren Nächsten das Leben verleiden. Böse sein – das wäre ihre rechte Güte.

Aber sie wollen loskommen vom Leben: was schiert es sie, daß sie andre mit ihren Ketten und Geschenken noch fester binden! –

Und auch ihr, denen das Leben wilde Arbeit und Unruhe ist: seid ihr nicht sehr müde des Lebens? Seid ihr nicht sehr reif für die Predigt des Todes?

Ihr alle, denen die wilde Arbeit lieb ist und das Schnelle, Neue, Fremde, – ihr ertragt euch schlecht, euer Fleiß ist Fluch und Wille, sich selber zu vergessen.

Wenn ihr mehr an das Leben glaubtet, würdet ihr weniger euch dem Augenblick hinwerfen. Aber ihr habt zum Warten nicht Inhalt genug in euch – und selbst zur Faulheit nicht!

Überall ertönt die Stimme derer, welche den Tod predigen: und die Erde ist voll von solchen, welchen der Tod gepredigt werden muß.

Oder „das ewige Leben“: das gilt mir gleich, – wofern sie nur schnell dahinfahren!

Also sprach Zarathustra.

VOM KRIEG UND KRIEGSVOLKE

Von unsern besten Feinden wollen wir nicht geschont sein, und auch von denen nicht, welche wir von Grund aus lieben. So laßt mich denn euch die Wahrheit sagen!

Meine Brüder im Kriege! Ich liebe euch von Grund aus, ich bin und war euresgleichen. Und ich bin auch euer bester Feind. So laßt mich denn euch die Wahrheit sagen!

Ich weiß um den Haß und Neid eures Herzens. Ihr seid nicht groß genug, um Haß und Neid nicht zu kennen. So seid denn groß genug, euch ihrer nicht zu schämen!

Und wenn ihr nicht Heilige der Erkenntnis sein könnt, so seid mir wenigstens deren Kriegsmänner. Das sind die Gefährten und Vorläufer solcher Heiligkeit.

Ich sehe viel Soldaten: möchte ich viel Kriegsmänner sehn! „Einform“ nennt man’s, was sie tragen: möge es nicht Ein-form sein, was sie damit verstecken!

Ihr sollt mir solche sein, deren Auge immer nach einem Feinde sucht – nach *eurem* Feinde. Und bei einigen von euch gibt es einen Haß auf den ersten Blick.

Euren Feind sollt ihr suchen, euren Krieg sollt ihr führen und für eure Gedanken! Und wenn euer Gedanke unterliegt, so soll eure Redlichkeit darüber noch Triumph rufen!

Ihr sollt den Frieden lieben als Mittel zu neuen Kriegen. Und den kurzen Frieden mehr als den langen.

Euch rate ich nicht zur Arbeit, sondern zum Kampfe. Euch rate ich nicht zum Frieden, sondern zum Siege. Eure Arbeit sei ein Kampf, euer Friede sei ein Sieg!

Man kann nur schweigen und stillsitzen, wenn man Pfeil und Bogen hat: sonst schwätzt und zankt man. Euer Friede sei ein Sieg!

Ihr sagt, die gute Sache sei es, die sogar den Krieg heilige? Ich sage euch: der gute Krieg ist es, der jede Sache heiligt.

Der Krieg und der Mut haben mehr große Dinge getan als die Nächstenliebe. Nicht euer Mitleiden, sondern eure Tapferkeit rettete bisher die Verunglückten.

„Was ist gut?“ fragt ihr. Tapfer sein ist gut. Laßt die kleinen Mädchen reden: „Gut sein ist, was hübsch zugleich und rührend ist.“

Man nennt euch herzlos: aber euer Herz ist echt, und ich liebe die Scham eurer Herzlichkeit. Ihr schämt euch eurer Flut, und andre schämen sich ihrer Ebbe.

Ihr seid häßlich? Nun wohlan, meine Brüder! So nehmt das Erhabne um euch, den Mantel des Häßlichen!

Und wenn eure Seele groß wird, so wird sie übermütig, und in eurer Erhabenheit ist Bosheit. Ich kenne euch.

In der Bosheit begegnet sich der Übermütige mit dem Schwächlinge. Aber sie mißverstehen einander. Ich kenne euch.

Ihr dürft nur Feinde haben, die zu hassen sind, aber nicht Feinde zum Verachten. Ihr müßt stolz auf euern Feind sein: dann sind die Erfolge eures Feindes auch eure Erfolge.

Auflehnung – das ist die Vornehmheit am Sklaven. Eure Vornehmheit sei Gehorsam! Euer Befehlen selber sei ein Gehorchen!

Einem guten Kriegsmanne klingt „du sollst“ angenehmer als „ich will“. Und alles, was euch lieb ist, sollt ihr euch erst noch befehlen lassen.

Eure Liebe zum Leben sei Liebe zu eurer höchsten Hoffnung: und eure höchste Hoffnung sei der höchste Gedanke des Lebens!

Euren höchsten Gedanken aber sollt ihr euch von mir befehlen lassen – und er lautet: der Mensch ist etwas, das überwunden werden soll.

So lebt euer Leben des Gehorsams und des Krieges! Was liegt am Lang-Leben! Welcher Krieger will geschont sein!

Ich schone euch nicht, ich liebe euch von Grund aus, meine Brüder im Kriege! –

Also sprach Zarathustra.

VOM NEUEN GÖTZEN

Irgendwo gibt es noch Völker und Herden, doch nicht bei uns, meine Brüder: da gibt es Staaten.

Staat? Was ist das? Wohlan! Jetzt tut mir die Ohren auf, denn jetzt sage ich euch mein Wort vom Tode der Völker.

Staat heißt das kälteste aller kalten Ungeheuer. Kalt lügt es auch; und diese Lüge kriecht aus seinem Munde: „Ich, der Staat, bin das Volk."

Lüge ist's! Schaffende waren es, die schufen die Völker und hängten einen Glauben und eine Liebe über sie hin: also dienten sie dem Leben.

Vernichter sind es, die stellen Fallen auf für viele und heißen sie Staat: sie hängen ein Schwert und hundert Begierden über sie hin.

Wo es noch Volk gibt, da versteht es den Staat nicht und haßt ihn als bösen Blick und Sünde an Sitten und Rechten.

Dieses Zeichen gebe ich euch: jedes Volk spricht seine Zunge des Guten und Bösen: die versteht der Nachbar nicht. Seine Sprache erfand es sich in Sitten und Rechten.

Aber der Staat lügt in allen Zungen des Guten und Bösen; und was er auch redet, er lügt – und was er auch hat, gestohlen hat er's.

Falsch ist alles an ihm; mit gestohlenen Zähnen beißt er, der Bissige. Falsch sind selbst seine Eingeweide.

Sprachverwirrung des Guten und Bösen: dieses Zeichen gebe ich euch als Zeichen des Staates. Wahrlich, den Willen zum Tode deutet dieses Zeichen! Wahrlich, es winkt den Predigern des Todes!

Viel zu viele werden geboren: für die Überflüssigen ward der Staat erfunden!

Seht mir doch, wie er sie an sich lockt, die Viel-zu-vielen! Wie er sie schlingt und kaut und wiederkäut!

„Auf der Erde ist nichts Größeres als ich: der ordnende Finger bin ich Gottes" – also brüllt das Untier. Und nicht nur Langgeohrte und Kurzgeäugte sinken auf die Kniee!

Ach, auch in euch, ihr großen Seelen, raunt er seine düsteren Lügen! Ach, er errät die reichen Herzen, die gerne sich verschwenden!

Ja, auch euch errät er, ihr Besieger des alten Gottes! Müde wurdet ihr im Kampfe, und nun dient eure Müdigkeit noch dem neuen Götzen!

Helden und Ehrenhafte möchte er um sich aufstellen, der neue Götze! Gerne sonnt er sich im Sonnenschein guter Gewissen, – das kalte Untier!

Alles will er *euch* geben, wenn *ihr* ihn anbetet, der neue Götze: also kauft er sich den Glanz eurer Tugend und den Blick eurer stolzen Augen.

Ködern will er mit euch die Viel-zu-vielen! Ja, ein Höllenkunststück ward da erfunden, ein Pferd des Todes, klirrend im Putz göttlicher Ehren!

Ja, ein Sterben für viele ward da erfunden, das sich selber als Leben preist: wahrlich, ein Herzensdienst allen Predigern des Todes!

Staat nenne ich's, wo alle Gifttrinker sind, Gute und Schlimme: Staat, wo alle sich selber verlieren, Gute und Schlimme: Staat, wo der langsame Selbstmord aller – „das Leben" heißt.

Seht mir doch diese Überflüssigen! Sie stehlen sich die Werke der Erfinder und die Schätze der Weisen: Bildung nennen sie ihren Diebstahl – und alles wird ihnen zu Krankheit und Ungemach!

Seht mir doch diese Überflüssigen! Krank sind sie immer, sie erbrechen ihre Galle und nennen es Zeitung. Sie verschlingen einander und können sich nicht einmal verdauen.

Seht mir doch diese Überflüssigen! Reichtümer erwerben sie und werden ärmer damit. Macht wollen sie und zuerst das Brecheisen der Macht, viel Geld, – diese Unvermögenden!

Seht sie klettern, diese geschwinden Affen! Sie klettern übereinander hinweg und zerren sich also in den Schlamm und die Tiefe.

Hin zum Throne wollen sie alle: ihr Wahnsinn ist es, – als ob das Glück auf dem Throne säße! Oft sitzt der Schlamm auf dem Thron – und oft auch der Thron auf dem Schlamme.

Wahnsinnige sind sie mir alle und kletternde Affen und Überheiße. Übel riecht mir ihr Götze, das kalte Untier: übel riechen sie mir alle zusammen, diese Götzendiener.

Meine Brüder, wollt ihr denn ersticken im Dunste ihrer Mäuler und Begierden? Lieber zerbrecht doch die Fenster und springt ins Freie.

Geht doch dem schlechten Geruche aus dem Wege! Geht fort von der Götzendienerei der Überflüssigen!

Geht doch dem schlechten Geruche aus dem Wege! Geht fort von dem Dampfe dieser Menschenopfer!

Frei steht großen Seelen auch jetzt noch die Erde. Leer sind noch viele Sitze für Einsame und Zweisame, um die der Geruch stiller Meere weht.

Frei steht noch großen Seelen ein freies Leben. Wahrlich, wer wenig besitzt, wird um so weniger besessen: gelobt sei die kleine Armut!

Dort, wo der Staat aufhört, da beginnt erst der Mensch, der nicht überflüssig ist: da beginnt das Lied des Notwendigen, die einmalige und unersetzliche Weise.

Dort, wo der Staat *aufhört,* – so seht mir doch hin, meine Brüder! Seht ihr ihn nicht, den Regenbogen und die Brücken des Übermenschen? –

Also sprach Zarathustra.

VON DEN FLIEGEN DES MARKTES

Fliehe, mein Freund, in deine Einsamkeit! Ich sehe dich betäubt vom Lärme der großen Männer und zerstochen von den Stacheln der kleinen.

Würdig wissen Wald und Fels mit dir zu schweigen. Gleiche wieder dem Baume, den du liebst, dem breitästigen: still und aufhorchend hängt er über dem Meere.

Wo die Einsamkeit aufhört, da beginnt der Markt; und wo der Markt beginnt, da beginnt auch der Lärm der großen Schauspieler und das Geschwirr der giftigen Fliegen.

In der Welt taugen die besten Dinge noch nichts, ohne Einen, der sie erst aufführt: große Männer heißt das Volk diese Aufführer.

Wenig begreift das Volk das Große, das ist: das Schaffende. Aber Sinne hat es für alle Aufführer und Schauspieler großer Sachen.

Um die Erfinder von neuen Werten dreht sich die Welt: – unsichtbar dreht sie sich. Doch um die Schauspieler dreht sich das Volk und der Ruhm: so ist es „der Welt Lauf“.

Geist hat der Schauspieler, doch wenig Gewissen des Geistes. Immer glaubt er an das, womit er am stärksten glauben macht, – glauben an *sich* macht!

Morgen hat er einen neuen Glauben und übermorgen einen neueren. Rasche Sinne hat er, gleich dem Volke, und veränderliche Witterungen.

Umwerfen – das heißt ihm: beweisen. Toll machen – das heißt ihm: überzeugen. Und Blut gilt ihm als aller Gründe bester.

Eine Wahrheit, die nur in feine Ohren schlüpft, nennt er Lüge und Nichts. Wahrlich, er glaubt nur an Götter, die großen Lärm in der Welt machen!

Voll von feierlichen Possenreißern ist der Markt – und das Volk rühmt sich seiner großen Männer: das sind ihm die Herrn der Stunde.

Aber die Stunde drängt sie: so drängen sie dich. Und auch von dir wollen sie Ja oder Nein. Wehe, du willst zwischen Für und Wider deinen Stuhl setzen?

Dieser Unbedingten und Drängenden halber sei ohne Eifersucht, du Liebhaber der Wahrheit! Niemals noch hängte sich die Wahrheit an den Arm eines Unbedingten.

Dieser Plötzlichen halber gehe zurück in deine Sicherheit: nur auf dem Markt wird man mit Ja? oder Nein? überfallen.

Langsam ist das Erleben allen tiefen Brunnen: lange müssen sie warten, bis sie wissen, was in ihre Tiefe fiel.

Abseits vom Markte und Ruhme begibt sich alles Große: abseits vom Markte und Ruhme wohnten von je die Erfinder neuer Werte.

Fliehe, mein Freund, in deine Einsamkeit: ich sehe dich von giftigen Fliegen zerstochen. Fliehe dorthin, wo rauhe, starke Luft weht!

Fliehe in deine Einsamkeit! Du lebtest den Kleinen und Erbärmlichen zu nahe. Fliehe vor ihrer unsichtbaren Rache! Gegen dich sind sie nichts als Rache. Hebe nicht mehr den Arm gegen sie! Unzählbar sind sie, und es ist nicht dein Los, Fliegenwedel zu sein.

Unzählbar sind diese Kleinen und Erbärmlichen; und manchem stolzen Baue gereichten schon Regentropfen und Unkraut zum Untergange.

Du bist kein Stein, aber schon wurdest du hohl von vielen Tropfen. Zerbrechen und zerbersten wirst du mir noch von vielen Tropfen.

Ermüdet sehe ich dich durch giftige Fliegen, blutig geritzt sehe ich dich an hundert Stellen; und dein Stolz will nicht einmal zürnen.

Blut möchten sie von dir in aller Unschuld, Blut begehren ihre blutlosen Seelen – und sie stechen daher in aller Unschuld.

Aber du Tiefer, du leidest zu tief auch an kleinen Wunden; und ehe du dich noch geheilt hast, kroch dir der gleiche Giftwurm über die Hand.

Zu stolz bist du mir dafür, diese Naschhaften zu töten. Hüte dich aber, daß es nicht dein Verhängnis werde, all ihr giftiges Unrecht zu tragen! Sie summen um dich auch mit ihrem Lobe: Zudringlichkeit ist ihr Loben. Sie wollen die Nähe deiner Haut und deines Blutes.

Sie schmeicheln dir wie einem Gotte oder Teufel; sie winseln vor dir wie vor einem Gotte oder Teufel. Was macht es! Schmeichler sind es und Winsler, und nicht mehr.

Auch geben sie sich dir oft als Liebenswürdige. Aber das war immer die Klugheit der Feigen. Ja, die Feigen sind klug!

Sie denken viel über dich mit ihrer engen Seele, – bedenklich bist du ihnen stets! Alles, was viel bedacht wird, wird bedenklich.

Sie bestrafen dich für alle deine Tugenden. Sie verzeihen dir von Grund aus nur – deine Fehlgriffe.

Weil du milde bist und gerechten Sinnes, sagst du: „Unschuldig sind sie an ihrem kleinen Dasein." Aber ihre enge Seele denkt: „Schuld ist alles große Dasein."

Auch wenn du ihnen milde bist, fühlen sie sich noch von dir verachtet; und sie geben dir deine Wohltat zurück mit versteckten Wehtaten.

Dein wortloser Stolz geht immer wider ihren Geschmack; sie frohlokken, wenn du einmal bescheiden genug bist, eitel zu sein.

Das, was wir an einem Menschen erkennen, das entzünden wir an ihm auch. Also hüte dich vor den Kleinen!

Vor dir fühlen sie sich klein, und ihre Niedrigkeit glimmt und glüht gegen dich in unsichtbarer Rache.

Merktest du nicht, wie oft sie stumm wurden, wenn du zu ihnen tratest, und wie ihre Kraft von ihnen ging, wie der Rauch von einem erlöschenden Feuer?

Ja, mein Freund, das böse Gewissen bist du deinen Nächsten: denn sie sind deiner unwert. Also hassen sie dich und möchten gerne an deinem Blute saugen.

Deine Nächsten werden immer giftige Fliegen sein; das, was groß an dir ist, – das selber muß sie giftiger machen und immer fliegenhafter.

Fliehe, mein Freund, in deine Einsamkeit und dorthin, wo eine rauhe, starke Luft weht! Nicht ist es dein Los, Fliegenwedel zu sein. –

Also sprach Zarathustra.

VON DER KEUSCHHEIT

Ich liebe den Wald. In den Städten ist schlecht zu leben: da gibt es zu viele der Brünstigen.

Ist es nicht besser, in die Hände eines Mörders zu geraten, als in die Träume eines brünstigen Weibes?

Und seht mir doch diese Männer an: ihr Auge sagt es – sie wissen nichts Besseres auf Erden, als bei einem Weibe zu liegen.

Schlamm ist auf dem Grunde ihrer Seele; und wehe, wenn ihr Schlamm gar noch Geist hat!

Daß ihr doch wenigstens als Tiere vollkommen wäret! Aber zum Tiere gehört die Unschuld.

Rate ich euch, eure Sinne zu töten? Ich rate euch zur Unschuld der Sinne.

Rate ich euch zur Keuschheit? Die Keuschheit ist bei einigen eine Tugend, aber bei vielen beinahe ein Laster. Diese enthalten sich wohl: aber die Hündin Sinnlichkeit blickt mit Neid aus allem, was sie tun.

Noch in die Höhen ihrer Tugend und bis in den kalten Geist hinein folgt ihnen dies Getier und sein Unfrieden.

Und wie artig weiß die Hündin Sinnlichkeit um ein Stück Geist zu betteln, wenn ihr ein Stück Fleisch versagt wird.

Ihr liebt Trauerspiele und alles, was das Herz zerbricht? Aber ich bin mißtrauisch gegen eure Hündin.

Ihr habt mir zu grausame Augen und blickt lüstern nach Leidenden. Hat sich nicht nur eure Wollust verkleidet und heißt sich Mitleiden?

Und auch dies Gleichnis gebe ich euch: nicht wenige, die ihren Teufel austreiben wollten, fuhren dabei selber in die Säue.

Wem die Keuschheit schwerfällt, dem ist sie zu widerraten; daß sie nicht der Weg zur Hölle werde – das ist zu Schlamm und Brunst der Seele.

Rede ich von schmutzigen Dingen? Das ist mir nicht das Schlimmste.

Nicht, wenn die Wahrheit schmutzig ist, sondern wenn sie seicht ist, steigt der Erkennende ungern in ihr Wasser.

Wahrlich, es gibt Keusche von Grund aus: sie sind milder von Herzen, sie lachen lieber und reichlicher als ihr.

Sie lachen auch über die Keuschheit und fragen: „Was ist Keuschheit!

Ist Keuschheit nicht Torheit? Aber diese Torheit kam zu uns, und nicht wir zu ihr.

Wir boten diesem Gaste Herberge und Herz: nun wohnt er bei uns, – mag er bleiben, wie lange er will!"

Also sprach Zarathustra.

VOM FREUNDE

Einer ist immer zu viel um mich" – also denkt der Einsiedler. „Immer einmal Eins – das gibt auf die Dauer Zwei!"

Ich und Mich sind immer zu eifrig im Gespräche: wie wäre es auszuhalten, wenn es nicht einen Freund gäbe?

Immer ist für den Einsiedler der Freund der Dritte: der Dritte ist der Kork, der verhindert, daß das Gespräch der Zweie in die Tiefe sinkt.

Ach, es gibt zu viele Tiefen für alle Einsiedler. Darum sehnen sie sich so nach einem Freunde und nach seiner Höhe.

Unser Glaube an andre verrät, worin wir gerne an uns selber glauben möchten. Unsre Sehnsucht nach einem Freunde ist unser Verräter.

Und oft will man mit der Liebe nur den Neid überspringen. Und oft greift man an und macht sich einen Feind, um zu verbergen, daß man angreifbar ist.

„Sei wenigstens mein Feind!" – so spricht die wahre Ehrfurcht, die nicht um Freundschaft zu bitten wagt.

Will man einen Freund haben, so muß man auch für ihn Krieg führen wollen: und um Krieg zu führen, muß man Feind sein *können*.

Man soll in seinem Freunde noch den Feind ehren. Kannst du an deinen Freund dicht herantreten, ohne zu ihm überzutreten?

In seinem Freunde soll man seinen besten Feind haben. Du sollst ihm am nächsten mit dem Herzen sein, wenn du ihm widerstrebst.

Du willst vor deinem Freunde kein Kleid tragen? Es soll deines Freundes Ehre sein, daß du dich ihm gibst, wie du bist? Aber er wünscht dich darum zum Teufel!

Wer aus sich kein Hehl macht, empört: so sehr habt ihr Grund, die Nacktheit zu fürchten! Ja, wenn ihr Götter wäret, da dürftet ihr euch eurer Kleider schämen!

Du kannst dich für deinen Freund nicht schön genug putzen: denn du sollst ihm ein Pfeil und eine Sehnsucht nach dem Übermenschen sein.

Sahst du deinen Freund schon schlafen, – damit du erfahrest, wie er aussieht? Was ist doch sonst das Gesicht deines Freundes? Es ist dein eignes Gesicht, auf einem rauhen und unvollkommnen Spiegel.

Sahst du deinen Freund schon schlafen? Erschrakst du nicht, daß dein Freund so aussieht? O, mein Freund, der Mensch ist etwas, das überwunden werden muß.

Im Erraten und Stillschweigen soll der Freund Meister sein: nicht alles mußt du sehn wollen. Dein Traum soll dir verraten, was dein Freund im Wachen tut.

Ein Erraten sei dein Mitleiden: daß du erst wissest, ob dein Freund Mitleiden wolle. Vielleicht liebt er an dir das ungebrochne Auge und den Blick der Ewigkeit.

Das Mitleiden mit dem Freunde berge sich unter einer harten Schale, an ihm sollst du dir einen Zahn ausbeißen. So wird es seine Feinheit und Süße haben.

Bist du reine Luft und Einsamkeit und Brot und Arznei deinem Freunde? Mancher kann seine eignen Ketten nicht lösen, und doch ist er dem Freunde ein Erlöser.

Bist du ein Sklave? So kannst du nicht Freund sein. Bist du ein Tyrann? So kannst du nicht Freunde haben.

Allzulange war im Weibe ein Sklave und ein Tyrann versteckt. Deshalb ist das Weib noch nicht der Freundschaft fähig: es kennt nur die Liebe.

In der Liebe des Weibes ist Ungerechtigkeit und Blindheit gegen alles, was es nicht liebt. Und auch in der wissenden Liebe des Weibes ist immer noch Überfall und Blitz und Nacht neben dem Lichte.

Noch ist das Weib nicht der Freundschaft fähig: Katzen sind immer noch die Weiber, und Vögel. Oder, besten Falles, Kühe.

Noch ist das Weib nicht der Freundschaft fähig. Aber sagt mir, ihr Männer, wer von euch ist denn fähig der Freundschaft?

O über eure Armut, ihr Männer, und euren Geiz der Seele! Wieviel ihr dem Freunde gebt, das will ich noch meinem Feinde geben, und will auch nicht ärmer damit geworden sein.

Es gibt Kameradschaft: möge es Freundschaft geben!

Also sprach Zarathustra.

VON TAUSEND UND EINEM ZIELE

Viele Länder sah Zarathustra und viele Völker: so entdeckte er vieler Völker Gutes und Böses. Keine größere Macht fand Zarathustra auf Erden als Gut und Böse.

Leben könnte kein Volk, das nicht erst schätzte; will es sich aber erhalten, so darf es nicht schätzen, wie der Nachbar schätzt.

Vieles, das diesem Volke gut hieß, hieß einem andern Hohn und Schmach: also fand ich's. Vieles fand ich hier böse genannt und dort mit purpurnen Ehren geputzt.

Nie verstand ein Nachbar den andern: stets verwunderte sich seine Seele ob des Nachbarn Wahn und Bosheit.

Eine Tafel der Güter hängt über jedem Volke. Siehe, es ist seiner Überwindungen Tafel; siehe, es ist die Stimme seines Willens zur Macht.

Löblich ist; was ihm schwer gilt; was unerläßlich und schwer, heißt gut; und was aus der höchsten Not noch befreit, das Seltene, Schwerste, – das preist es heilig.

Was da macht, daß es herrscht und siegt und glänzt, seinem Nachbarn zu Grauen und Neide: das gilt ihm das Hohe, das Erste, das Messende, der Sinn aller Dinge.

Wahrlich, mein Bruder, erkanntest du erst eines Volkes Not und Land und Himmel und Nachbar: so errätst du wohl das Gesetz seiner Überwindungen, und warum es auf dieser Leiter zu seiner Hoffnung steigt.

„Immer sollst du der Erste sein und den andern vorragen: Niemanden soll deine eifersüchtige Seele lieben, es sei denn den Freund" – dies machte einem Griechen die Seele zittern: dabei ging er seinen Pfad der Größe.

„Wahrheit reden und gut mit Bogen und Pfeil verkehren" – so dünkte es jenem Volke zugleich lieb und schwer, aus dem mein Name kommt – der Name, welcher mir zugleich lieb und schwer ist.

„Vater und Mutter ehren und bis in die Wurzel der Seele hinein ihnen zu Willen sein": diese Tafel der Überwindung hängte ein andres Volk über sich auf und wurde mächtig und ewig damit.

„Treue üben und um der Treue willen Ehre und Blut auch an böse und gefährliche Sachen setzen": also sich lehrend bezwang sich ein anderes Volk, und also sich bezwingend wurde es schwanger und schwer von großen Hoffnungen.

Wahrlich, die Menschen gaben sich alles ihr Gutes und Böses. Wahrlich, sie nahmen es nicht, sie fanden es nicht, nicht fiel es ihnen als Stimme vom Himmel.

Werte legte erst der Mensch in die Dinge, sich zu erhalten, – er schuf erst den Dingen Sinn, einen Menschen-Sinn! Darum nennt er sich „Mensch", das ist: der Schätzende.

Schätzen ist Schaffen: hört es, ihr Schaffenden! Schätzen selber ist aller geschätzten Dinge Schatz und Kleinod.

Durch das Schätzen erst gibt es Wert: und ohne das Schätzen wäre die Nuß des Daseins hohl. Hört es, ihr Schaffenden!

Wandel der Werte, – das ist Wandel der Schaffenden. Immer vernichtet, wer ein Schöpfer sein muß.

Schaffende waren erst Völker, und spät erst Einzelne; wahrlich, der Einzelne selber ist noch die jüngste Schöpfung. Völker hängten sich einst eine Tafel des Guten über sich. Liebe, die herrschen will, und Liebe, die gehorchen will, erschufen sich zusammen solche Tafeln.

Älter ist an der Herde die Lust, als die Lust am Ich: und solange das gute Gewissen Herde heißt, sagt nur das schlechte Gewissen: Ich.

Wahrlich, das schlaue Ich, das lieblose, das seinen Nutzen im Nutzen vieler will: das ist nicht der Herde Ursprung, sondern ihr Untergang.

Liebende waren es stets und Schaffende, die schufen Gut und Böse. Feuer der Liebe glüht in aller Tugenden Namen und Feuer des Zorns.

Viele Länder sah Zarathustra und viele Völker: keine größere Macht fand Zarathustra auf Erden, als die Werke der Liebenden: „gut" und „böse" ist ihr Name.

Wahrlich, ein Ungetüm ist die Macht dieses Lobens und Tadelns. Sagt, wer bezwingt es mir, ihr Brüder? Sagt, wer wirft diesem Tier die Fessel über die tausend Nacken?

Tausend Ziele gab es bisher, denn tausend Völker gab es. Nur die Fessel der tausend Nacken fehlt noch, es fehlt das Eine Ziel. Noch hat die Menschheit kein Ziel.

Aber sagt mir doch, meine Brüder: wenn der Menschheit das Ziel noch fehlt, fehlt da nicht auch – sie selber noch? –

Also sprach Zarathustra.

VON DER NÄCHSTENLIEBE

Ihr drängt euch um den Nächsten und habt schöne Worte dafür. Aber ich sage euch: eure Nächstenliebe ist eure schlechte Liebe zu euch selber. Ihr flüchtet zum Nächsten vor euch selber und möchtet euch daraus eine Tugend machen: aber ich durchschaue euer „Selbstloses".

Das Du ist älter als das Ich; das Du ist heilig gesprochen, aber noch nicht das Ich: so drängt sich der Mensch hin zum Nächsten.

Rate ich euch zur Nächstenliebe? Lieber noch rate ich euch zur Nächsten-Flucht und zur Fernsten-Liebe!

Höher als die Liebe zum Nächsten steht die Liebe zum Fernsten und Künftigen; höher noch als die Liebe zu Menschen gilt mir die Liebe zu Sachen und Gespenstern.

Dies Gespenst, das vor dir herläuft, mein Bruder, ist schöner als du; warum gibst du ihm nicht dein Fleisch und deine Knochen? Aber du fürchtest dich und läufst zu deinem Nächsten.

Ihr haltet es mit euch selber nicht aus und liebt euch nicht genug: nun wollt ihr den Nächsten zur Liebe verführen und euch mit seinem Irrtum vergolden. Ich wollte, ihr hieltet es nicht aus mit allerlei Nächsten und deren Nachbarn; so müßtet ihr aus euch selber euren Freund und sein überwallendes Herz schaffen.

Ihr ladet euch einen Zeugen ein, wenn ihr von euch gut reden wollt; und wenn ihr ihn verführt habt, gut von euch zu denken, denkt ihr selber gut von euch.

Nicht nur der lügt, welcher wider sein Wissen redet, sondern erst recht der, welcher wider sein Nichtwissen redet. Und so redet ihr von euch im Verkehre und belügt mit euch den Nachbar.

Also spricht der Narr: „Der Umgang mit Menschen verdirbt den Charakter, sonderlich wenn man keinen hat.“

Der eine geht zum Nächsten, weil er sich sucht, und der andre, weil er sich verlieren möchte. Eure schlechte Liebe zu euch selber macht euch aus der Einsamkeit ein Gefängnis.

Die Ferneren sind es, welche eure Liebe zum Nächsten bezahlen; und schon wenn ihr zu fünfen miteinander seid, muß immer ein sechster sterben.

Ich liebe auch eure Feste nicht: zu viel Schauspieler fand ich dabei, und auch die Zuschauer gebärdeten sich oft gleich Schauspielern.

Nicht den Nächsten lehre ich euch, sondern den Freund. Der Freund sei euch das Fest der Erde und ein Vorgefühl des Übermenschen.

Ich lehre euch den Freund und sein übervolles Herz. Aber man muß verstehn, ein Schwamm zu sein, wenn man von übervollen Herzen geliebt sein will.

Ich lehre euch den Freund, in dem die Welt fertig dasteht, eine Schale des Guten, – den schaffenden Freund, der immer eine fertige Welt zu verschenken hat.

Und wie ihm die Welt auseinander rollte, so rollt sie ihm wieder in Ringen zusammen, als das Werden des Guten durch das Böse, als das Werden der Zwecke aus dem Zufalle.

Die Zukunft und das Fernste sei dir die Ursache deines Heute: in deinem Freunde sollst du den Übermenschen als deine Ursache lieben.

Meine Brüder, zur Nächstenliebe rate ich euch nicht: ich rate euch zur Fernsten-Liebe.

Also sprach Zarathustra.

VOM WEGE DES SCHAFFENDEN

Willst du, mein Bruder, in die Vereinsamung gehen? Willst du den Weg zu dir selber suchen? Zaudere noch ein wenig und höre mich.

„Wer sucht, der geht leicht selber verloren. Alle Vereinsamung ist Schuld": also spricht die Herde. Und du gehörtest lange zur Herde.

Die Stimme der Herde wird auch in dir noch tönen. Und wenn du sagen wirst: „Ich habe nicht mehr Ein Gewissen mit euch", so wird es eine Klage und ein Schmerz sein.

Siehe, diesen Schmerz selber gebar noch das Eine Gewissen: und dieses Gewissens letzter Schimmer glüht noch auf deiner Trübsal.

Aber du willst den Weg deiner Trübsal gehen, welches ist der Weg zu dir selber? So zeige mir dein Recht und deine Kraft dazu!

Bist du eine neue Kraft und ein neues Recht? Eine erste Bewegung? Ein aus sich rollendes Rad? Kannst du auch Sterne zwingen, daß sie um dich sich drehen?

Ach, es gibt so viel Lüsternheit nach Höhe! Es gibt so viel Krämpfe der Ehrgeizigen! Zeige mir, daß du keiner der Lüsternen und Ehrgeizigen bist! Ach, es gibt so viel große Gedanken, die tun nicht mehr als ein Blasebalg: sie blasen auf und machen leerer.

Frei nennst du dich? Deinen herrschenden Gedanken will ich hören und nicht, daß du einem Joche entronnen bist.

Bist du ein solcher, der einem Joche entrinnen *durfte?* Es gibt manchen, der seinen letzten Wert wegwarf, als er seine Dienstbarkeit wegwarf.

Frei wovon? Was schiert das Zarathustra! Hell aber soll mir dein Auge künden: frei *wozu?*

Kannst du dir selber dein Böses und dein Gutes geben und deinen Willen über dich aufhängen wie ein Gesetz? Kannst du dir selber Richter sein und Rächer deines Gesetzes?

Furchtbar ist das Alleinsein mit dem Richter und Rächer des eignen Gesetzes. Also wird ein Stern hinausgeworfen in den öden Raum und in den eisigen Atem des Alleinseins.

Heute noch leidest du an den Vielen, du Einer: heute noch hast du deinen Mut ganz und deine Hoffnungen.

Aber einst wird dich die Einsamkeit müde machen, einst wird dein Stolz sich krümmen und dein Mut knirschen. Schreien wirst du einst: „Ich bin allein!"

Einst wirst du dein Hohes nicht mehr sehn und dein Niedriges allzunahe; dein Erhabnes selbst wird dich fürchten machen wie ein Gespenst. Schreien wirst du einst: „Alles ist falsch!"

Es gibt Gefühle, die den Einsamen töten wollen; gelingt es ihnen nicht, nun, so müssen sie selber sterben! Aber vermagst du das, Mörder zu sein?

Kennst du, mein Bruder, schon das Wort „Verachtung"? Und die Qual deiner Gerechtigkeit, solchen gerecht zu sein, die dich verachten?

Du zwingst viele, über dich umzulernen; das rechnen sie dir hart an. Du kamst ihnen nahe und gingst doch vorüber: das verzeihen sie dir niemals.

Du gehst über sie hinaus: aber je höher du steigst, um so kleiner sieht dich das Auge des Neides. Am meisten aber wird der Fliegende gehaßt.

„Wie wolltet ihr gegen mich gerecht sein!" – mußt du sprechen – „ich erwähle mir eure Ungerechtigkeit als den mir zugemeßnen Teil."

Ungerechtigkeit und Schmutz werfen sie nach dem Einsamen: aber, mein Bruder, wenn du ein Stern sein willst, so mußt du ihnen deshalb nicht weniger leuchten!

Und hüte dich vor den Guten und Gerechten! Sie kreuzigen gerne die, welche sich ihre eigne Tugend erfinden, – sie hassen den Einsamen.

Hüte dich auch vor der heiligen Einfalt! Alles ist ihr unheilig, was nicht einfältig ist; sie spielt auch gerne mit dem Feuer – der Scheiterhaufen. Und hüte dich auch vor den Anfällen deiner Liebe! Zu schnell streckt der Einsame dem die Hand entgegen, der ihm begegnet.

Manchem Menschen darfst du nicht die Hand geben, sondern nur die Tatze: und ich will, daß deine Tatze auch Krallen habe.

Aber der schlimmste Feind, dem du begegnen kannst, wirst du immer dir selber sein; du selber lauerst dir auf in Höhlen und Wäldern.

Einsamer, du gehst den Weg zu dir selber! Und an dir selber führt dein Weg vorbei, und an deinen sieben Teufeln!

Ketzer wirst du dir selber sein und Hexe und Wahrsager und Narr und Zweifler und Unheiliger und Bösewicht.

Verbrennen mußt du dich wollen in deiner eignen Flamme: wie wolltest du neu werden, wenn du nicht erst Asche geworden bist!

Einsamer, du gehst den Weg des Schaffenden: einen Gott willst du dir schaffen aus deinen sieben Teufeln!

Einsamer, du gehst den Weg des Liebenden: dich selber liebst du und deshalb verachtest du dich, wie nur Liebende verachten.

Schaffen will der Liebende, weil er verachtet! Was weiß der von Liebe, der nicht gerade verachten mußte, was er liebte!

Mit deiner Liebe gehe in deine Vereinsamung und mit deinem Schaffen, mein Bruder; und spät erst wird die Gerechtigkeit dir nachhinken.

Mit meinen Tränen gehe in deine Vereinsamung, mein Bruder. Ich liebe den, der über sich selber hinaus schaffen will und so zugrunde geht. –

Also sprach Zarathustra.

VON ALTEN UND JUNGEN WEIBLEIN

Was schleichst du so scheu durch die Dämmerung, Zarathustra? Und was birgst du behutsam unter deinem Mantel?

Ist es ein Schatz, der dir geschenkt? Oder ein Kind, das dir geboren wurde? Oder gehst du jetzt selber auf den Wegen der Diebe, du Freund der Bösen?" –

Wahrlich, mein Bruder! sprach Zarathustra, es ist ein Schatz, der mir geschenkt wurde: eine kleine Wahrheit ist's, die ich trage.

Aber sie ist ungebärdig wie ein junges Kind, und wenn ich ihr nicht den Mund halte, so schreit sie überlaut.

Als ich heute allein meines Weges ging, zur Stunde, wo die Sonne sinkt, begegnete mir ein altes Weiblein und redete also zu meiner Seele:

„Vieles sprach Zarathustra auch zu uns Weibern, doch nie sprach er uns über das Weib."

Und ich entgegnete ihr: „Über das Weib soll man nur zu Männern reden."

„Rede auch zu mir vom Weibe", sprach sie; „ich bin alt genug, um es gleich wieder zu vergessen."

Und ich willfahrte dem alten Weiblein und sprach also zu ihm:

Alles am Weibe ist ein Rätsel, und alles am Weibe hat Eine Lösung: sie heißt Schwangerschaft.

Der Mann ist für das Weib ein Mittel: der Zweck ist immer das Kind. Aber was ist das Weib für den Mann?

Zweierlei will der echte Mann: Gefahr und Spiel. Deshalb will er das Weib als das gefährlichste Spielzeug.

Der Mann soll zum Kriege erzogen werden und das Weib zur Erholung des Kriegers: alles andre ist Torheit.

Allzu süße Früchte – die mag der Krieger nicht. Darum mag er das Weib; bitter ist auch noch das süßeste Weib.

Besser als ein Mann versteht das Weib die Kinder, aber der Mann ist kindlicher als das Weib.

Im echten Manne ist ein Kind versteckt: das will spielen. Auf, ihr Frauen, so entdeckt mir doch das Kind im Manne!

Ein Spielzeug sei das Weib, rein und fein, dem Edelsteine gleich, bestrahlt von den Tugenden einer Welt, welche noch nicht da ist.

Der Strahl eines Sternes glänze in eurer Liebe! Eure Hoffnung heiße: „Möge ich den Übermenschen gebären!"

In eurer Liebe sei Tapferkeit! Mit eurer Liebe sollt ihr auf den losgehn, der euch Furcht einflößt.

In eurer Liebe sei eure Ehre! Wenig versteht sich sonst das Weib auf Ehre. Aber dies sei eure Ehre: immer mehr zu lieben, als ihr geliebt werdet, und nie die Zweiten zu sein.

Der Mann fürchte sich vor dem Weibe, wenn es liebt: da bringt es jedes Opfer, und jedes andre Ding gilt ihm ohne Wert.

Der Mann fürchte sich vor dem Weibe, wenn es haßt: denn der Mann ist im Grunde der Seele nur böse, das Weib aber ist dort schlecht.

Wen haßt das Weib am meisten? – Also sprach das Eisen zum Magneten: „Ich hasse dich am meisten, weil du anziehst, aber nicht stark genug bist, an dich zu ziehen."

Das Glück des Mannes heißt: ich will. Das Glück des Weibes heißt: er will.

„Siehe, jetzt eben ward die Welt vollkommen!" – also denkt ein jedes Weib, wenn es aus ganzer Liebe gehorcht.

Und gehorchen muß das Weib und eine Tiefe finden zu seiner Oberfläche. Oberfläche ist des Weibes Gemüt, eine bewegliche, stürmische Haut auf einem seichten Gewässer.

Des Mannes Gemüt aber ist tief, sein Strom rauscht in unterirdischen Höhlen: das Weib ahnt seine Kraft, aber begreift sie nicht. –

Da entgegnete mir das alte Weiblein: „Vieles Artige sagte Zarathustra und sonderlich für die, welche jung genug dazu sind.

Seltsam ist's, Zarathustra kennt wenig die Weiber, und doch hat er über sie Recht! Geschieht dies deshalb, weil beim Weibe kein Ding unmöglich ist?

Und nun nimm zum Danke eine kleine Wahrheit! Bin ich doch alt genug für sie!

Wickle sie ein und halte ihr den Mund: sonst schreit sie überlaut, diese kleine Wahrheit."

„Gib mir, Weib, deine kleine Wahrheit!" sagte ich. Und also sprach das alte Weiblein:

„Du gehst zu Frauen? Vergiß die Peitsche nicht!" –

Also sprach Zarathustra.

VOM BISS DER NATTER

Eines Tages war Zarathustra unter einem Feigenbaume eingeschlafen, da es heiß war, und hatte seine Arme über das Gesicht gelegt. Da kam eine Natter und biß ihn in den Hals, so daß Zarathustra vor Schmerz aufschrie. Als er den Arm vom Gesicht genommen hatte, sah er die Schlange an: da erkannte sie die Augen Zarathustras, wand sich ungeschickt und wollte davon. „Nicht doch," sprach Zarathustra; „noch nahmst du meinen Dank nicht an! Du wecktest mich zur Zeit, mein Weg ist noch lang." „Dein Weg ist noch kurz," sagte die Natter traurig; „mein Gift tötet." Zarathustra lächelte. „Wann starb wohl je ein Drache am Gift einer Schlange?" – sagte er. „Aber nimm dein Gift zurück! Du bist nicht reich genug, es mir zu schenken." Da fiel ihm die Natter von neuem um den Hals und leckte ihm seine Wunde.

Als Zarathustra dies einmal seinen Jüngern erzählte, fragten sie: „Und was, o Zarathustra, ist die Moral deiner Geschichte?“ Zarathustra antwortete darauf also:

Den Vernichter der Moral heißen mich die Guten und Gerechten: meine Geschichte ist unmoralisch.

So ihr aber einen Feind habt, so vergeltet ihm nicht Böses mit Gutem: denn das würde beschämen. Sondern beweist, daß er euch etwas Gutes angetan hat. Und lieber zürnt noch, als daß ihr beschämt! Und wenn euch geflucht wird, so gefällt es mir nicht, daß ihr dann segnen wollt. Lieber ein wenig mitfluchen!

Und geschah euch ein großes Unrecht, so tut mir geschwind fünf kleine dazu! Gräßlich ist der anzusehn, den allein das Unrecht drückt.

Wußtet ihr dies schon? Geteiltes Unrecht ist halbes Recht. Und der soll das Unrecht auf sich nehmen, der es tragen kann!

Eine kleine Rache ist menschlicher als gar keine Rache. Und wenn die Strafe nicht auch ein Recht und eine Ehre ist für den Übertretenden, so mag ich auch euer Strafen nicht.

Vornehmer ist's, sich Unrecht zu geben, als Recht zu behalten, sonderlich wenn man Recht hat. Nur muß man reich genug dazu sein.

Ich mag eure kalte Gerechtigkeit nicht; und aus dem Auge eurer Richter blickt mir immer der Henker und sein kaltes Eisen.

Sagt, wo findet sich die Gerechtigkeit, welche Liebe mit sehenden Augen ist?

So erfindet mir doch die Liebe, welche nicht nur alle Strafe, sondern auch alle Schuld trägt! So erfindet mir doch die Gerechtigkeit, die jeden freispricht, ausgenommen den Richtenden!

Wollt ihr auch dies noch hören? An dem, der von Grund aus gerecht sein will, wird auch noch die Lüge zur Menschen-Freundlichkeit.

Aber wie wollte ich gerecht sein von Grund aus! Wie kann ich jedem das Seine geben! Dies sei mir genug: ich gebe jedem das Meine.

Endlich, meine Brüder, hütet euch Unrecht zu tun allen Einsiedlern! Wie könnte ein Einsiedler vergessen! Wie könnte er vergelten!

Wie ein tiefer Brunnen ist ein Einsiedler. Leicht ist es, einen Stein hineinzuwerfen; sank er aber bis zum Grunde, sagt, wer will ihn wieder hinausbringen?

Hütet euch, den Einsiedler zu beleidigen! Tatet ihr's aber, nun, so tötet ihn auch noch!

Also sprach Zarathustra.

VON KIND UND EHE

Ich habe eine Frage für dich allein, mein Bruder: wie ein Senkblei werfe ich diese Frage in deine Seele, daß ich wisse, wie tief sie sei.

Du bist jung und wünschest dir Kind und Ehe. Aber ich frage dich: bist du ein Mensch, der ein Kind sich wünschen *darf*?

Bist du der Siegreiche, der Selbstbezwinger, der Gebieter der Sinne, der Herr deiner Tugenden? Also frage ich dich.

Oder redet aus deinem Wunsche das Tier und die Notdurft? Oder Vereinsamung? Oder Unfriede mit dir?

Ich will, daß dein Sieg und deine Freiheit sich nach einem Kinde sehne. Lebendige Denkmale sollst du bauen deinem Siege und deiner Befreiung.

Über dich sollst du hinausbauen. Aber erst mußt du mir selber gebaut sein, rechtwinklig an Leib und Seele.

Nicht nur fort sollst du dich pflanzen, sondern hinauf! Dazu helfe dir der Garten der Ehe!

Einen höheren Leib sollst du schaffen, eine erste Bewegung, ein aus sich rollendes Rad, – einen Schaffenden sollst du schaffen.

Ehe: so heiße ich den Willen zu zweien, das Eine zu schaffen, das mehr ist, als die es schufen. Ehrfurcht vor einander nenne ich Ehe als vor den Wollenden eines solchen Willens.

Dies sei der Sinn und die Wahrheit deiner Ehe. Aber das, was die Viel-zu-vielen Ehe nenne, diese Überflüssigen, – ach, wie nenne ich das?

Ach, diese Armut der Seele zu zweien! Ach, dieser Schmutz der Seele zu zweien! Ach, dies erbärmliche Behagen zu zweien!

Ehe nennen sie dies alles; und sie sagen, ihre Ehen seien im Himmel geschlossen.

Nun, ich mag ihn nicht, diesen Himmel der Überflüssigen! Nein, ich mag sie nicht, diese im himmlischen Netz verschlungenen Tiere!

Ferne bleibe mir auch der Gott, der heranhinkt, zu segnen, was er nicht zusammenfügte!

Lacht mir nicht über solche Ehen! Welches Kind hätte nicht Grund, über seine Eltern zu weinen?

Würdig schien mir dieser Mann und reif für den Sinn der Erde: aber als ich sein Weib sah, schien mir die Erde ein Haus für Unsinnige.

Ja, ich wollte, daß die Erde in Krämpfen bebte, wenn sich ein Heiliger und eine Gans miteinander paaren.

Dieser ging wie ein Held auf Wahrheiten aus und endlich erbeutete er sich eine kleine geputzte Lüge. Seine Ehe nennt er's.

Jener war spröde im Verkehre und wählte wählerisch. Aber mit einem Male verdarb er für alle Male seine Gesellschaft: seine Ehe nennt er's.

Jener suchte eine Magd mit den Tugenden eines Engels. Aber mit einem Male wurde er die Magd eines Weibes, und nun täte es not, daß er darüber noch zum Engel werde.

Sorgsam fand ich jetzt alle Käufer, und alle haben listige Augen. Aber seine Frau kauft auch der Listigste noch im Sack.

Viele kurze Torheiten – das heißt bei euch Liebe. Und eure Ehe macht vielen kurzen Torheiten ein Ende, als Eine lange Dummheit.

Eure Liebe zum Weibe und des Weibes Liebe zum Manne: ach, möchte sie doch Mitleiden sein mit leidenden und verhüllten Göttern! Aber zumeist erraten zwei Tiere einander.

Aber auch noch eure beste Liebe ist nur ein verzücktes Gleichnis und eine schmerzhafte Glut. Eine Fackel ist sie, die euch zu höheren Wegen leuchten soll.

Über euch hinaus sollt ihr einst lieben! So *lernt* erst lieben! Und darum mußtet ihr den bittern Kelch eurer Liebe trinken.

Bitternis ist im Kelch auch der besten Liebe: so macht sie Sehnsucht zum Übermenschen, so macht sie Durst dir, dem Schaffenden!

Durst dem Schaffenden, Pfeil und Sehnsucht zum Übermenschen: sprich, mein Bruder, ist dies dein Wille zur Ehe?

Heilig heißt mir solch ein Wille und solche Ehe. –

Also sprach Zarathustra.

VOM FREIEN TODE

Viele sterben zu spät, und einige sterben zu früh. Noch klingt fremd die Lehre: „Stirb zur rechten Zeit!" Stirb zur rechten Zeit; also lehrt es Zarathustra. Freilich, wer nie zur rechten Zeit lebt, wie sollte der je zur rechten Zeit sterben? Möchte er doch nie geboren sein! – Also rate ich den Überflüssigen.

Aber auch die Überflüssigen tun noch wichtig mit ihrem Sterben, und auch die hohlste Nuß will noch geknackt sein.

Wichtig nehmen alle das Sterben: aber noch ist der Tod kein Fest. Noch erlernten die Menschen nicht, wie man die schönsten Feste weiht.

Den vollbringenden Tod zeige ich euch, der den Lebenden ein Stachel und ein Gelöbnis wird.

Seinen Tod stirbt der Vollbringende, siegreich, umringt von Hoffenden und Gelobenden.

Also sollte man sterben lernen; und es sollte kein Fest geben, wo ein solcher Sterbender nicht der Lebenden Schwüre weihte!

Also zu sterben ist das Beste; das Zweite aber ist: im Kampfe zu sterben und eine große Seele zu verschwenden.

Aber dem Kämpfenden gleich verhaßt wie dem Sieger ist euer grinsender Tod, der heranschleicht wie ein Dieb – und doch als Herr kommt.

Meinen Tod lobe ich euch, den freien Tod, der mir kommt, weil *ich* will.

Und wann werde ich wollen? – Wer ein Ziel hat und einen Erben, der will den Tod zur rechten Zeit für Ziel und Erben.

Und aus Ehrfurcht vor Ziel und Erben wird er keine dürren Kränze mehr im Heiligtum des Lebens aufhängen.

Wahrlich, nicht will ich den Seildrehern gleichen: sie ziehen ihren Faden in die Länge und gehen dabei selber immer rückwärts.

Mancher wird auch für seine Wahrheiten und Siege zu alt; ein zahnloser Mund hat nicht mehr das Recht zu jeder Wahrheit.

Und jeder, der Ruhm haben will, muß sich beizeiten von der Ehre verabschieden und die schwere Kunst üben, zur rechten Zeit zu – gehn.

Man muß aufhören, sich essen zu lassen, wenn man am besten schmeckt: das wissen die, welche lange geliebt werden wollen.

Saure Äpfel gibt es freilich, deren Los will, daß sie bis auf den letzten Tag des Herbstes warten: und zugleich werden sie reif, gelb und runzelig.

Andern altert das Herz zuerst und andern der Geist. Und einige sind greis in der Jugend: aber spät jung erhält lang jung.

Manchem mißrät das Leben: ein Giftwurm frißt sich ihm ans Herz. So möge er zusehn, daß ihm das Sterben um so mehr gerate.

Mancher wird nie süß, er fault im Sommer schon. Feigheit ist es, die ihn an seinem Aste festhält.

Viel zu viele leben und viel zu lange hängen sie an ihren Ästen. Möchte ein Sturm kommen, der all dies Faule und Wurmfreßne vom Baume schüttelt!

Möchten Prediger kommen des *schnellen* Todes! Das wären mir die rechten Stürme und Schüttler an Lebensbäumen! Aber ich höre nur den langsamen Tod predigen und Geduld mit allem „Irdischen".

Ach, ihr predigt Geduld mit dem Irdischen? Dieses Irdische ist es, das zu viel Geduld mit euch hat, ihr Lästermäuler!

Wahrlich, zu früh starb jener Hebräer, den die Prediger des langsamen Todes ehren: und vielen ward es seitdem zum Verhängnis, daß er zu früh starb.

Noch kannte er nur Tränen und die Schwermut des Hebräers, samt dem Hasse der Guten und Gerechten, – der Hebräer Jesus: da überfiel ihn die Sehnsucht zum Tode.

Wäre er doch in der Wüste geblieben und ferne von den Guten und Gerechten! Vielleicht hätte er leben gelernt und die Erde lieben gelernt – und das Lachen dazu!

Glaubt es mir, meine Brüder! Er starb zu früh: er selber hätte seine Lehre widerrufen, wäre er bis zu meinem Alter gekommen! Edel genug war er zum Widerrufen!

Aber ungereift war er noch. Unreif liebt der Jüngling, und unreif haßt er auch Mensch und Erde. Angebunden und schwer ist ihm noch Gemüt und Geistesflügel.

Aber im Manne ist mehr Kind als im Jünglinge, und weniger Schwermut: besser versteht er sich auf Tod und Leben.

Frei zum Tode und frei im Tode, ein heiliger Neinsager, wenn es nicht Zeit mehr ist zum Ja: also versteht er sich auf Tod und Leben.

Daß euer Sterben keine Lästerung sei auf Mensch und Erde, meine Freunde: das erbitte ich mir von dem Honig eurer Seele. In eurem Sterben soll noch euer Geist und eure Tugend glühn, gleich einem Abendrot um die Erde: oder aber das Sterben ist euch schlecht geraten.

Also will ich selber sterben, daß ihr Freunde um meinetwillen die Erde mehr liebt; und zur Erde will ich wieder werden, daß ich in Der Ruhe habe, die mich gebar.

Wahrlich, ein Ziel hatte Zarathustra, er warf seinen Ball: nun seid ihr Freunde meines Zieles Erbe, euch werfe ich den goldenen Ball zu.

Lieber als alles sehe ich euch, meine Freunde, den goldenen Ball werfen! Und so verziehe ich noch ein wenig auf Erden: verzeiht es mir!

Also sprach Zarathustra.

VON DER SCHENKENDEN TUGEND

1

Als Zarathustra von der Stadt Abschied genommen hatte, welcher sein Herz zugetan war und deren Name lautet: „die bunte Kuh" – folgten ihm viele, die sich seine Jünger nannten, und gaben ihm das Geleit. Also kamen sie an einen Kreuzweg: da sagte ihnen Zarathustra, daß er nunmehr allein gehen wolle; denn er war ein Freund des Alleingehens. Seine Jünger aber reichten ihm zum Abschiede einen Stab, an dessen goldnem Griffe sich eine Schlange um die Sonne ringelte. Zarathustra freute sich des Stabes und stützte sich darauf; dann sprach er also zu seinen Jüngern:

Sagt mir doch: wie kam Gold zum höchsten Werte? Darum, daß es ungemein ist und unnützlich und leuchtend und mild im Glanze; es schenkt sich immer.

Nur als Abbild der höchsten Tugend kam Gold zum höchsten Werte. Goldgleich leuchtet der Blick dem Schenkenden. Goldes-Glanz schließt Friede zwischen Mond und Sonne.

Ungemein ist die höchste Tugend und unnützlich, leuchtend ist sie und mild im Glanze: eine schenkende Tugend ist die höchste Tugend.

Wahrlich, ich errate euch wohl, meine Jünger; ihr trachtet, gleich mir, nach der schenkenden Tugend. Was hättet ihr mit Katzen und Wölfen gemeinsam?

Das ist euer Durst, selber zu Opfern und Geschenken zu werden: und darum habt ihr den Durst, alle Reichtümer in eure Seele zu häufen.

Unersättlich trachtet eure Seele nach Schätzen und Kleinodien, weil eure Tugend unersättlich ist im Verschenken-Wollen.

Ihr zwingt alle Dinge zu euch und in euch, daß sie aus eurem Borne zurückströmen sollen als die Gaben eurer Liebe.

Wahrlich, zum Räuber an allen Werten muß solche schenkende Liebe werden; aber heil und heilig heiße ich diese Selbstsucht. –

Eine andre Selbstsucht gibt es, eine allzu arme, eine hungernde, die immer stehlen will, jene Selbstsucht der Kranken, die kranke Selbstsucht. Mit dem Auge des Diebes blickt sie auf alles Glänzende; mit der Gier des Hungers mißt sie den, der reich zu essen hat; und immer schleicht sie um den Tisch der Schenkenden.

Krankheit redet aus solcher Begierde und unsichtbare Entartung; von siechem Leibe redet die diebische Gier dieser Selbstsucht.

Sagt mir, meine Brüder: was gilt uns als Schlechtes und Schlechtestes? Ist es nicht *Entartung*? – Und auf Entartung raten wir immer, wo die schenkende Seele fehlt.

Aufwärts geht unser Weg, von der Art hinüber zur Über-Art. Aber ein Grauen ist uns der entartende Sinn, welcher spricht: „Alles für mich."

Aufwärts fliegt unser Sinn: so ist er ein Gleichnis unsres Leibes, einer Erhöhung Gleichnis. Solcher Erhöhungen Gleichnisse sind die Namen der Tugenden.

Also geht der Leib durch die Geschichte, ein Werdender und ein Kämpfender. Und der Geist – was ist er ihm? Seiner Kämpfe und Siege Herold, Genoß und Widerhall.

Gleichnisse sind alle Namen von Gut und Böse: sie sprechen nicht aus, sie winken nur. Ein Tor, welcher von ihnen Wissen will.

Achtet mir, meine Brüder, auf jede Stunde, wo euer Geist in Gleichnissen reden will: da ist der Ursprung eurer Tugend. Erhöht ist da euer Leib und auferstanden; mit seiner Wonne entzückt er den Geist, daß er Schöpfer wird und Schätzer und Liebender und aller Dinge Wohltäter.

Wenn euer Herz breit und voll wallt, dem Strome gleich, ein Segen und eine Gefahr den Anwohnenden: da ist der Ursprung eurer Tugend.

Wenn ihr erhaben seid über Lob und Tadel, und euer Wille allen Dingen befehlen will, als eines Liebenden Wille: da ist der Ursprung eurer Tugend.

Wenn ihr das Angenehme verachtet und das weiche Bett, und von den Weichlichen euch nicht weit genug betten könnt: da ist der Ursprung eurer Tugend.

Wenn ihr Eines Willens Wollende seid, und diese Wende aller Not euch Notwendigkeit heißt; da ist der Ursprung eurer Tugend.

Wahrlich, ein neues Gutes und Böses ist sie! Wahrlich, ein neues tiefes Rauschen und eines neuen Quelles Stimme!

Macht ist sie, diese neue Tugend; ein herrschender Gedanke ist sie, und um ihn eine kluge Seele: eine goldene Sonne, und um sie die Schlange der Erkenntnis.

2

Hier schwieg Zarathustra eine Weile und sah mit Liebe auf seine Jünger. Dann fuhr er also fort zu reden: – und seine Stimme hatte sich verwandelt.

Bleibt mir der Erde treu, meine Brüder, mit der Macht eurer Tugend! Eure schenkende Liebe und eure Erkenntnis diene dem Sinn der Erde! Also bitte und beschwöre ich euch.

Laßt sie nicht davonfliegen vom Irdischen und mit den Flügeln gegen ewige Wände schlagen! Ach, es gab immer so viel verflogene Tugend!

Führt, gleich mir, die verflogene Tugend zur Erde zurück – ja, zurück zu Leib und Leben: daß sie der Erde ihren Sinn gebe, einen Menschen-Sinn!

Hundertfältig verflog und vergriff sich bisher so Geist wie Tugend. Ach, in unserm Leibe wohnt jetzt noch all dieser Wahn und Fehlgriff: Leib und Wille ist er da geworden.

Hundertfältig versuchte und verirrte sich bisher so Geist wie Tugend. Ja, ein Versuch war der Mensch. Ach, viel Unwissen und Irrtum ist an uns Leib geworden!

Nicht nur die Vernunft von Jahrtausenden – auch ihr Wahnsinn bricht an uns aus. Gefährlich ist es, Erbe zu sein.

Noch kämpfen wir Schritt um Schritt mit dem Riesen Zufall, und über der ganzen Menschheit waltete bisher noch der Unsinn, der Ohne-Sinn.

Euer Geist und eure Tugend diene dem Sinn der Erde, meine Brüder: und aller Dinge Wert werde neu von euch gesetzt! Darum sollt ihr Kämpfende sein! Darum sollt ihr Schaffende sein!

Wissend reinigt sich der Leib; mit Wissen versuchend erhöht er sich; dem Erkennenden heiligen sich alle Triebe; dem Erhöhten wird die Seele fröhlich.

Arzt, hilf dir selber: so hilfst du auch deinem Kranken noch. Das sei seine beste Hilfe, daß er den mit Augen sehe, der sich selber heil macht.

Tausend Pfade gibt es, die nie noch gegangen sind, tausend Gesundheiten und verborgene Eilande des Lebens. Unerschöpft und unentdeckt ist immer noch Mensch und Menschen-Erde.

Wachet und horcht, ihr Einsamen! Von der Zukunft her kommen Winde mit heimlichem Flügelschlagen; und an feine Ohren ergeht gute Botschaft.

Ihr Einsamen von heute, ihr Ausscheidenden, ihr sollt einst ein Volk sein: aus euch, die ihr euch selber auswähltet, soll ein auserwähltes Volk erwachsen: – und aus ihm der Übermensch.

Wahrlich, eine Stätte der Genesung soll noch die Erde werden! Und schon liegt ein neuer Geruch um sie, ein Heil bringender, – und eine neue Hoffnung!

3

Als Zarathustra diese Worte gesagt hatte, schwieg er, wie einer, der nicht sein letztes Wort gesagt hat; lange wog er den Stab zweifelnd in seiner Hand. Endlich sprach er also: – und seine Stimme hatte sich verwandelt.

Allein gehe ich nun, meine Jünger! Auch ihr geht nun davon und allein! So will ich es. Wahrlich, ich rate euch: geht fort von mir und wehrt euch gegen Zarathustra! Und besser noch: schämt euch seiner! Vielleicht betrog er euch.

Der Mensch der Erkenntnis muß nicht nur seine Feinde lieben, sondern auch seine Freunde hassen können.

Man vergilt einem Lehrer schlecht, wenn man immer nur der Schüler bleibt. Und warum wollt ihr nicht an meinem Kranze rupfen?

Ihr verehrt mich; aber wie, wenn eure Verehrung eines Tages umfällt? Hütet euch, daß euch nicht eine Bildsäule erschlage!

Ihr sagt, ihr glaubt an Zarathustra? Aber was liegt an Zarathustra! Ihr seid meine Gläubigen: aber was liegt an allen Gläubigen!

Ihr hattet euch noch nicht gesucht: da fandet ihr mich. So tun alle Gläubigen; darum ist es so wenig mit allem Glauben.

Nun heiße ich euch, mich verlieren und euch finden; und erst, wenn ihr mich alle verleugnet habt, will ich euch wiederkehren.

Wahrlich, mit andern Augen, meine Brüder, werde ich mir dann meine Verlorenen suchen; mit einer andern Liebe werde ich euch dann lieben.

Und einst noch sollt ihr mir Freunde geworden sein und Kinder Einer Hoffnung: dann will ich zum dritten Male bei euch sein, daß ich den großen Mittag mit euch feiere.

Und das ist der große Mittag, da der Mensch auf der Mitte seiner Bahn steht zwischen Tier und Übermensch und seinen Weg zum Abende als seine höchste Hoffnung feiert: denn es ist der Weg zu einem neuen Morgen.

Alsda wird sich der Untergehende selber segnen, daß er ein Hinübergehender sei; und die Sonne seiner Erkenntnis wird ihm im Mittage stehn.

„Tot sind alle Götter; nun wollen wir, daß der Übermensch lebe" – dies sei einst am großen Mittage unser letzter Wille! –

Also sprach Zarathustra.

ZWEITER TEIL

„– und erst, wenn ihr mich alle verleugnet habt, will ich euch wiederkehren.

Wahrlich, mit andern Augen, meine Brüder, werde ich mir dann meine Verlorenen suchen; mit einer andern Liebe werde ich euch dann lieben.“

Zarathustra,
von der schenkenden Tugend

DAS KIND MIT DEM SPIEGEL

Hierauf ging Zarathustra wieder zurück in das Gebirge und in die Einsamkeit seiner Höhle und entzog sich den Menschen: wartend gleich einem Säemann, der seinen Samen ausgeworfen hat. Seine Seele aber wurde voll von Ungeduld und Begierde nach denen, welche er liebte: denn er hatte ihnen noch viel zu geben. Dies nämlich ist das Schwerste: aus Liebe die offne Hand schließen und als Schenkender die Scham bewahren.

Also vergingen dem Einsamen Monde und Jahre; seine Weisheit aber wuchs und machte ihm Schmerzen durch ihre Fülle.

Eines Morgens aber wachte er schon vor der Morgenröte auf, besann sich lange auf seinem Lager und sprach endlich zu seinem Herzen:

„Was erschrak ich doch so in meinem Traume, daß ich aufwachte? Trat nicht ein Kind zu mir, das einen Spiegel trug?

‚O Zarathustra,' – sprach das Kind zu mir – ‚schaue dich an im Spiegel!'

Aber als ich in den Spiegel schaute, da schrie ich auf, und mein Herz war erschüttert: denn nicht mich sah ich darin, sondern eines Teufels Fratze und Hohnlachen.

Wahrlich, allzugut verstehe ich des Traumes Zeichen und Mahnung: meine *Lehre* ist in Gefahr, Unkraut will Weizen heißen!

Meine Feinde sind mächtig worden und haben meiner Lehre Bildnis entstellt, also, daß meine Liebsten sich der Gaben schämen müssen, die ich ihnen gab.

Verloren gingen mir meine Freunde; die Stunde kam mir, meine Verlornen zu suchen!" –

Mit diesen Worten sprang Zarathustra auf, aber nicht wie ein Geängstigter, der nach Luft sucht, sondern eher wie ein Seher und Sänger, welchen der Geist anfällt. Verwundert sahen sein Adler und seine

Schlange auf ihn hin: denn gleich dem Morgenrote lag ein kommendes Glück auf seinem Antlitze.

Was geschah mir doch, meine Tiere? – sagte Zarathustra. Bin ich nicht verwandelt? Kam mir nicht die Seligkeit wie ein Sturmwind?

Töricht ist mein Glück und Törichtes wird es reden: zu jung noch ist es – so habt Geduld mit ihm!

Verwundet bin ich von meinem Glücke: alle Leidenden sollen mir Ärzte sein!

Zu meinen Freunden darf ich wieder hinab und auch zu meinen Feinden! Zarathustra darf wieder reden und schenken und Lieben das Liebste tun! Meine ungeduldige Liebe fließt über in Strömen, abwärts, nach Aufgang und Niedergang. Aus schweigsamem Gebirge und Gewittern des Schmerzes rauscht meine Seele in die Täler.

Zu lange sehnte ich mich und schaute in die Ferne. Zu lange gehörte ich der Einsamkeit: so verlernte ich das Schweigen.

Mund bin ich worden ganz und gar, und Brausen eines Bachs aus hohen Felsen: hinab will ich meine Rede stürzen in die Täler.

Und mag mein Strom der Liebe in Unwegsames stürzen! Wie sollte ein Strom nicht endlich den Weg zum Meere finden!

Wohl ist ein See in mir, ein einsiedlerischer, selbstgenugsamer; aber mein Strom der Liebe reißt ihn mit sich hinab – zum Meere!

Neue Wege gehe ich, eine neue Rede kommt mir; müde wurde ich, gleich allen Schaffenden, der alten Zungen. Nicht will mein Geist mehr auf abgelaufnen Sohlen wandeln.

Zu langsam läuft mir alles Reden: – in deinen Wagen springe ich, Sturm! Und auch dich will ich noch peitschen mit meiner Bosheit!

Wie ein Schrei und ein Jauchzen will ich über weite Meere hinfahren, bis ich die glückseligen Inseln finde, wo meine Freunde weilen: –

Und meine Feinde unter ihnen! Wie liebe ich nun jeden, zu dem ich nur reden darf! Auch meine Feinde gehören zu meiner Seligkeit.

Und wenn ich auf mein wildestes Pferd steigen will, so hilft mir mein Speer immer am besten hinauf: der ist meines Fußes allzeit bereiter Diener: –

Der Speer, den ich gegen meine Feinde schleudere! Wie danke ich es meinen Feinden, daß ich endlich ihn schleudern darf!

Zu groß war die Spannung meiner Wolke: zwischen Gelächtern der Blitze will ich Hagelschauer in die Tiefe werfen.

Gewaltig wird sich da meine Brust heben, gewaltig wird sie ihren Sturm über die Berge hinblasen: so kommt ihr Erleichterung.

Wahrlich, einem Sturme gleich kommt mein Glück und meine Freiheit! Aber meine Feinde sollen glauben, *der Böse* rase über ihren Häuptern.

Ja, auch ihr werdet erschreckt sein, meine Freunde, ob meiner wilden Weisheit; und vielleicht flieht ihr davon samt meinen Feinden.

Ach, daß ich's verstünde, euch mit Hirtenflöten zurück zu locken! Ach, daß meine Löwin Weisheit zärtlich brüllen lernte! Und vieles lernten wir schon miteinander!

Meine wilde Weisheit wurde trächtig auf einsamen Bergen; auf rauhen Steinen gebar sie ihr Junges, Jüngstes.

Nun läuft sie närrisch durch die harte Wüste und sucht und sucht nach sanftem Rasen – meine alte wilde Weisheit!

Auf eurer Herzen sanften Rasen, meine Freunde! – auf eure Liebe möchte sie ihr Liebstes betten! –

Also sprach Zarathustra.

AUF DEN GLÜCKSELIGEN INSELN

Die Feigen fallen von den Bäumen, sie sind gut und süß; und indem sie fallen, reißt ihnen die rote Haut. Ein Nordwind bin ich reifen Feigen.

Also, gleich Feigen, fallen euch diese Lehren zu, meine Freunde: nun trinkt ihren Saft und ihr süßes Fleisch! Herbst ist es umher und reiner Himmel und Nachmittag.

Seht, welche Fülle ist um uns! Und aus dem Überflusse heraus ist es schön, hinaus zu blicken auf ferne Meere.

Einst sagte man Gott, wenn man auf ferne Meere blickte; nun aber lehrte ich euch sagen: Übermensch.

Gott ist eine Mutmaßung; aber ich will, daß euer Mutmaßen nicht weiter reiche, als euer schaffender Wille.

Könntet ihr einen Gott *schaffen*? – So schweigt mir doch von allen Göttern! Wohl aber könntet ihr den Übermenschen schaffen.

Nicht ihr vielleicht selber, meine Brüder! Aber zu Vätern und Vorfahren könntet ihr euch umschaffen des Übermenschen: und dies sei euer bestes Schaffen! –

Gott ist eine Mutmaßung: aber ich will, daß euer Mutmaßen begrenzt sei in der Denkbarkeit.

Könntet ihr einen Gott *denken*? – Aber dies bedeute euch Wille zur Wahrheit, daß alles verwandelt werde in Menschen-Denkbares, Menschen-Sichtbares, Menschen-Fühlbares! Eure eignen Sinne sollt ihr zu Ende denken!

Und was ihr Welt nanntet, das soll erst von euch geschaffen werden: eure Vernunft, euer Bild, euer Wille, eure Liebe soll es selber werden! Und wahrlich, zu eurer Seligkeit, ihr Erkennenden!

Und wie wolltet ihr das Leben ertragen ohne diese Hoffnung, ihr Erkennenden? Weder ins Unbegreifliche dürftet ihr eingeboren sein, noch ins Unvernünftige.

Aber daß ich euch ganz mein Herz offenbare, ihr Freunde: *wenn* es Götter gäbe, wie hielte ich's aus, kein Gott zu sein! *Also* gibt es keine Götter.

Wohl zog ich den Schluß; nun aber zieht er mich. –

Gott ist eine Mutmaßung: aber wer tränke alle Qual dieser Mutmaßung, ohne zu sterben? Soll dem Schaffenden sein Glaube genommen sein und dem Adler sein Schweben in Adler-Fernen?

Gott ist ein Gedanke, der macht alles Gerade krumm, und alles, was steht, drehend. Wie? Die Zeit wäre hinweg, und alles Vergängliche nur Lüge? Dies zu denken ist Wirbel und Schwindel menschlichen Gebeinen, und noch dem Magen ein Erbrechen: wahrlich, die drehende Krankheit heiße ich's, solches zu mutmaßen.

Böse heiße ich's und menschenfeindlich: all dies Lehren vom Einen und Vollen und Unbewegten und Satten und Unvergänglichen!

Alles Unvergängliche – das ist nur ein Gleichnis! Und die Dichter lügen zu viel. –

Aber von Zeit und Werden sollen die besten Gleichnisse reden: ein Lob sollen sie sein und eine Rechtfertigung aller Vergänglichkeit!

Schaffen – das ist die große Erlösung vom Leiden, und des Lebens Leichtwerden. Aber daß der Schaffende sei, dazu selber tut Leid not und viel Verwandelung.

Ja, viel bitteres Sterben muß in eurem Leben sein, ihr Schaffenden! Also seid ihr Fürsprecher und Rechtfertiger aller Vergänglichkeit.

Daß der Schaffende selber das Kind sei, das neu geboren werde, dazu muß er auch die Gebärerin sein wollen und der Schmerz der Gebärerin.

Wahrlich, durch hundert Seelen ging ich meinen Weg und durch hundert Wiegen und Geburtswehen. Manchen Abschied nahm ich schon, ich kenne die herzbrechenden letzten Stunden.

Aber so will's mein schaffender Wille, mein Schicksal. Oder, daß ich's euch redlicher sage: solches Schicksal gerade – will mein Wille.

Alles Fühlende leidet an mir und ist in Gefängnissen: aber mein Wollen kommt mir stets als mein Befreier und Freudebringer.

Wollen befreit: das ist die wahre Lehre von Wille und Freiheit – so lehrt sie euch Zarathustra.

Nicht-mehr-wollen und Nicht-mehr-schätzen und Nicht-mehr-schaffen! ach, daß diese große Müdigkeit mir stets fern bleibe!

Auch im Erkennen fühle ich nur meines Willens Zeuge- und Werde-Lust; und wenn Unschuld in meiner Erkenntnis ist, so geschieht dies, weil Wille zur Zeugung in ihr ist.

Hinweg von Gott und Göttern lockte mich dieser Wille; was wäre denn zu schaffen, wenn Götter – da wären!

Aber zum Menschen treibt er mich stets von neuem, mein inbrünstiger Schaffens-Wille; so treibt's den Hammer hin zum Steine.

Ach, ihr Menschen, im Steine schläft mir ein Bild, das Bild meiner Bilder! Ach, daß es im härtesten, häßlichsten Steine schlafen muß!

Nun wütet mein Hammer grausam gegen sein Gefängnis. Vom Steine stäuben Stücke: was schiert mich das?

Vollenden will ich's: denn ein Schatten kam zu mir – aller Dinge Stillstes und Leichtestes kam einst zu mir!

Des Übermenschen Schönheit kam zu mir als Schatten. Ach, meine Brüder! Was gehen mich noch – die Götter an! –

Also sprach Zarathustra.

VON DEN MITLEIDIGEN

Meine Freunde, es kam eine Spottrede zu eurem Freunde: „seht nur Zarathustra! Wandelt er nicht unter uns wie unter Tieren?“

Aber so ist es besser geredet: „der Erkennende wandelt unter Menschen *als* unter Tieren.“

Der Mensch selber aber heißt dem Erkennenden: das Tier, das rote Backen hat. Wie geschah ihm das? Ist es nicht, weil er sich zu oft hat schämen müssen?

O meine Freunde! So spricht der Erkennende: Scham, Scham, Scham – das ist die Geschichte des Menschen! Und darum gebeut sich der Edle, nicht zu beschämen: Scham gebeut er sich vor allem Leidenden.

Wahrlich, ich mag sie nicht, die Barmherzigen, die selig sind in ihrem Mitleiden: zu sehr gebricht es ihnen an Scham.

Muß ich mitleidig sein, so will ich's doch nicht heißen; und wenn ich's bin, dann gern aus der Ferne.

Gerne verhülle ich auch das Haupt und fliehe davon, bevor ich noch erkannt bin: und also heiße ich euch tun, meine Freunde!

Möge mein Schicksal mir immer Leidlose, gleich euch, über den Weg führen, und solche, mit denen mir Hoffnung und Mahl und Honig gemein sein *darf*!

Wahrlich, ich tat wohl das und jenes an Leidenden: aber Besseres schien ich mir stets zu tun, wenn ich lernte, mich besser freuen.

Seit es Menschen gibt, hat der Mensch sich zu wenig gefreut: Das allein, meine Brüder, ist unsre Erbsünde!

Und lernen wir besser uns freuen, so verlernen wir am besten, andern wehe zu tun und Wehes auszudenken.

Darum wasche ich mir die Hand, die dem Leidenden half, darum wische ich mir auch noch die Seele ab.

Denn daß ich den Leidenden leidend sah, dessen schämte ich mich um seiner Scham willen; und als ich ihm half, da verging ich mich hart an seinem Stolze.

Große Verbindlichkeiten machen nicht dankbar, sondern rachsüchtig; und wenn die kleine Wohltat nicht vergessen wird, so wird noch ein Nage-Wurm daraus.

„Seid spröde im Annehmen! Zeichnet aus damit, daß ihr annehmt!" – also rate ich denen, die nichts zu verschenken haben.

Ich aber bin ein Schenkender: gerne schenke ich, als Freund den Freunden. Fremde aber und Arme mögen sich die Frucht selber von meinem Baume pflücken: so beschämt es weniger.

Bettler aber sollte man ganz abschaffen! Wahrlich, man ärgert sich, ihnen zu geben und ärgert sich, ihnen nicht zu geben.

Und insgleichen die Sünder und bösen Gewissen! Glaubt mir, meine Freunde: Gewissensbisse erziehn zum Beißen.

Das Schlimmste aber sind die kleinen Gedanken. Wahrlich, besser noch bös getan, als klein gedacht!

Zwar ihr sagt: „Die Lust an kleinen Bosheiten erspart uns manche große böse Tat." Aber hier sollte man nicht sparen wollen.

Wie ein Geschwür ist die böse Tat: sie juckt und kratzt und bricht heraus, – sie redet ehrlich.

„Siehe, ich bin Krankheit" – so redet die böse Tat; das ist ihre Ehrlichkeit. Aber dem Pilze gleich ist der kleine Gedanke: er kriecht und duckt sich und will nirgendwo sein – bis der ganze Leib morsch und welk ist vor kleinen Pilzen.

Dem aber, der vom Teufel besessen ist, sage ich dies Wort ins Ohr: „besser noch, du ziehest deinen Teufel groß! Auch für dich gibt es noch einen Weg der Größe!" –

Ach, meine Brüder! Man weiß von jedermann etwas zu viel! Und mancher wird uns durchsichtig, aber deshalb können wir noch lange nicht durch ihn hindurch.

Es ist schwer mit Menschen zu leben, weil Schweigen so schwer ist.

Und nicht gegen den, der uns zuwider ist, sind wir am unbilligsten, sondern gegen den, welcher uns gar nichts angeht.

Hast du aber einen leidenden Freund, so sei seinem Leiden eine Ruhestätte, doch gleichsam ein hartes Bett, ein Feldbett: so wirst du ihm am besten nützen.

Und tut dir ein Freund Übles, so sprich: „Ich vergebe dir, was du mir tatest; daß du es aber *dir* tatest, – wie könnte ich das vergeben!"

Also redet alle große Liebe: die überwindet auch noch Vergebung und Mitleiden.

Man soll sein Herz festhalten; denn läßt man es gehn, wie bald geht einem da der Kopf durch!

Ach, wo in der Welt geschahen größere Torheiten, als bei den Mitleidigen? Und was in der Welt stiftete mehr Leid als die Torheiten der Mitleidigen? Wehe allen Liebenden, die nicht noch eine Höhe haben, welche über ihrem Mitleiden ist!

Also sprach der Teufel einst zu mir: „Auch Gott hat seine Hölle: das ist seine Liebe zu den Menschen."

Und jüngst hörte ich ihn dies Wort sagen: „Gott ist tot; an seinem Mitleiden mit den Menschen ist Gott gestorben." –

So seid mir gewarnt vor dem Mitleiden: *daher* kommt noch den Menschen eine schwere Wolke! Wahrlich, ich verstehe mich auf Wetterzeichen! Merket aber auch dies Wort: alle große Liebe ist noch über all ihrem Mitleiden: denn sie will das Geliebte noch – schaffen!

„Mich selber bringe ich meiner Liebe dar, *und meinen Nächsten gleich mir*" – so geht die Rede allen Schaffenden. Alle Schaffenden aber sind hart. –

Also sprach Zarathustra.

VON DEN PRIESTERN

Und einstmals gab Zarathustra seinen Jüngern ein Zeichen und sprach diese Worte zu ihnen:

„Hier sind Priester: und wenn es auch meine Feinde sind, geht mir still an ihnen vorüber und mit schlafendem Schwerte!

Auch unter ihnen sind Helden; viele von ihnen litten zu viel –: so wollen sie andre leiden machen.

Böse Feinde sind sie: nichts ist rachsüchtiger als ihre Demut. Und leicht besudelt sich der, welcher sie angreift.

Aber mein Blut ist mit dem ihren verwandt: und ich will mein Blut auch noch in dem ihren geehrt wissen." –

Und als sie vorüber gegangen waren, fiel Zarathustra der Schmerz an; und nicht lange hatte er mit seinem Schmerze gerungen, da hub er also an zu reden:

Es jammert mich dieser Priester. Sie gehen mir auch wider den Geschmack; aber das ist mir das Geringste, seit ich unter Menschen bin.

Aber ich leide und litt mit ihnen: Gefangene sind es mir und Abgezeichnete. Der, welchen **sie** Erlöser nennen, schlug sie in Banden: –

In Banden falscher Werte und Wahn-Worte! Ach, daß einer sie noch von ihrem Erlöser erlöste!

Auf einem Eilande glaubten sie einst zu landen, als das Meer sie herumriß; aber siehe, es war ein schlafendes Ungeheuer!

Falsche Werte und Wahn-Worte: das sind die schlimmsten Ungeheuer für Sterbliche, – lange schläft und wartet in ihnen das Verhängnis.

Aber endlich kommt es und wacht und frißt und schlingt, was auf ihm sich Hütten baute.

O seht mir doch diese Hütten an, die sich diese Priester bauten! Kirchen heißen sie ihre süßduftenden Höhlen!

O über dies verfälschte Licht, diese verdumpfte Luft! Hier wo die Seele zu ihrer Höhe hinauf – nicht fliegen darf!

Sondern also gebietet ihr Glaube: „Auf den Knien die Treppe hinan, ihr Sünder!"

Wahrlich, lieber sehe ich noch den Schamlosen, als die verrenkten Augen ihrer Scham und Andacht!

Wer schuf sich solche Höhlen und Buß-Treppen? Waren es nicht solche, die sich verbergen wollten und sich vor dem reinen Himmel schämten?

Und erst wenn der reine Himmel wieder durch zerbrochne Decken blickt, und hinab auf Gras und roten Mohn an zerbrochnen Mauern, – will ich den Stätten dieses Gottes wieder mein Herz zuwenden.

Sie nannten Gott, was ihnen widersprach und wehe tat: und wahrlich, es war viel Helden-Art in ihrer Anbetung!

Und nicht anders wußten sie ihren Gott zu lieben, als indem sie den Menschen ans Kreuz schlugen!

Als Leichname gedachten sie zu leben, schwarz schlugen sie ihren Leichnam aus; auch aus ihren Reden rieche ich noch die üble Würze von Totenkammern.

Und wer ihnen nahe lebt, der lebt schwarzen Teichen nahe, aus denen heraus die Unke ihr Lied mit süßem Tiefsinne singt.

Bessere Lieder müßten sie mir singen, daß ich an ihren Erlöser glauben lerne: erlöster müßten mir seine Jünger aussehen!

Nackt möchte ich sie sehn: denn allein die Schönheit sollte Buße predigen. Aber wen überredet wohl diese vermummte Trübsal!

Wahrlich, ihre Erlöser selber kamen nicht aus der Freiheit und der Freiheit siebentem Himmel! Wahrlich, sie selber wandelten niemals auf den Teppichen der Erkenntnis!

Aus Lücken bestand der Geist dieser Erlöser; aber in jede Lücke hatten sie ihren *Wahn* gestellt, ihren Lückenbüßer, den sie Gott nannten.

In ihrem Mitleiden war ihr Geist ertrunken, und wenn sie schwollen und überschwollen von Mitleiden, schwamm immer obenauf eine große Torheit.

Eifrig trieben sie und mit Geschrei ihre Herde über ihren Steg; wie als ob es zur Zukunft nur Einen Steg gäbe! Wahrlich, auch diese Hirten gehörten noch zu den Schafen!

Kleine Geister und umfängliche Seelen hatten diese Hirten: aber, meine Brüder, was für kleine Länder waren bisher auch die umfänglichsten Seelen!

Blutzeichen schrieben sie auf den Weg, den sie gingen, und ihre Torheit lehrte, daß man mit Blut die Wahrheit beweise.

Aber Blut ist der schlechteste Zeuge der Wahrheit; Blut vergiftet die reinste Lehre noch zu Wahn und Haß der Herzen.

Und wenn einer durchs Feuer geht für seine Lehre, – was beweist dies! Mehr ist's wahrlich, daß aus eignem Brande die eigne Lehre kommt!

Schwüles Herz und kalter Kopf: wo dies zusammentrifft, da entsteht der Brausewind, der „Erlöser".

Größere gab es wahrlich und Höher-Geborene, als die, welche das Volk Erlöser nennt, diese hinreißenden Brausewinde!

Und noch von Größeren, als alle Erlöser waren, müßt ihr, meine Brüder, erlöst werden, wollt ihr zur Freiheit den Weg finden!

Niemals noch gab es einen Übermenschen. Nackt sah ich beide, den größten und den kleinsten Menschen: –

Allzuähnlich sind sie noch einander. Wahrlich, auch den Größten fand ich – allzumenschlich! –

Also sprach Zarathustra.

VON DEN TUGENDHAFTEN

Mit Donnern und himmlischen Feuerwerken muß man zu schlaffen und schlafenden Sinnen reden.

Aber der Schönheit Stimme redet leise: sie schleicht sich nur in die aufgewecktesten Seelen.

Leise erbebte und lachte mir heut mein Schild; das ist der Schönheit heiliges Lachen und Beben.

Über euch, ihr Tugendhaften, lachte heut meine Schönheit. Und also kam ihre Stimme zu mir: „Sie wollen noch – bezahlt sein!"

Ihr wollt noch bezahlt sein, ihr Tugendhaften! Wollt Lohn für Tugend und Himmel für Erden und Ewiges für euer Heute haben?

Und nun zürnt ihr mir, daß ich lehre, es gibt keinen Lohn- und Zahlmeister? Und wahrlich, ich lehre nicht einmal, daß Tugend ihr eigner Lohn ist.

Ach, das ist meine Trauer: in den Grund der Dinge hat man Lohn und Strafe hineingelogen – und nun auch noch in den Grund eurer Seelen, ihr Tugendhaften!

Aber dem Rüssel des Ebers gleich soll mein Wort den Grund eurer Seelen aufreißen; Pflugschar will ich euch heißen.

Alle Heimlichkeiten eures Grundes sollen ans Licht; und wenn ihr aufgewühlt und zerbrochen in der Sonne liegt, wird auch eure Lüge von eurer Wahrheit ausgeschieden sein.

Denn dies ist eure Wahrheit: ihr seid zu *reinlich* für den Schmutz der Worte: Rache, Strafe, Lohn, Vergeltung.

Ihr liebt eure Tugend, wie die Mutter ihr Kind; aber wann hörte man, daß eine Mutter bezahlt sein wollte für ihre Liebe?

Es ist euer Liebstes selbst, eure Tugend. Des Ringes Durst ist in euch: sich selber wieder zu erreichen, dazu ringt und dreht sich jeder Ring.

Und dem Sterne gleich, der erlischt, ist jedes Werk eurer Tugend: immer ist sein Licht noch unterwegs und wandert – und wann wird es nicht mehr unterwegs sein?

Also ist das Licht eurer Tugend noch unterwegs, auch wenn das Werk getan ist. Mag es nun vergessen und tot sein: sein Strahl von Licht lebt noch und wandert.

Daß eure Tugend euer Selbst sei, und nicht ein Fremdes, eine Haut, eine Bemäntelung: das ist die Wahrheit aus dem Grunde eurer Seele, ihr Tugendhaften! –

Aber wohl gibt es solche, denen Tugend der Krampf unter einer Peitsche heißt: und ihr habt mir zuviel auf deren Geschrei gehört!

Und andre gibt es, die heißen Tugend das Faulwerden ihrer Laster; und wenn ihr Haß und ihre Eifersucht einmal die Glieder strecken, wird ihre „Gerechtigkeit" munter und reibt sich die verschlafenen Augen.

Und andre gibt es, die werden abwärts gezogen: ihre Teufel ziehn sie. Aber je mehr sie sinken, um so glühender leuchtet ihr Auge und die Begierde nach ihrem Gotte.

Ach, auch deren Geschrei drang zu euren Ohren, ihr Tugendhaften: „Was ich *nicht* bin, das, das ist mir Gott und Tugend!"

Und andre gibt es, die kommen schwer und knarrend daher, gleich Wagen, die Steine abwärts fahren: die reden viel von Würde und Tugend, – ihren Hemmschuh heißen sie Tugend!

Und andre gibt es, die sind gleich Alltags-Uhren, die aufgezogen wurden; sie machen ihr Ticktack und wollen, das man Ticktack – Tugend heiße.

Wahrlich, an diesen habe ich meine Lust: wo ich solche Uhren finde, werde ich sie mit meinem Spotte aufziehn; und sie sollen mir dabei noch schnurren!

Und andre sind stolz über ihre Handvoll Gerechtigkeit und begehen um ihrer willen Frevel an allen Dingen: also daß die Welt in ihrer Ungerechtigkeit ertränkt wird.

Ach, wie übel ihnen das Wort „Tugend" aus dem Munde läuft! Und wenn sie sagen: „ich bin gerecht", so klingt es immer gleich wie: „ich bin gerächt!" Mit ihrer Tugend wollen sie ihren Feinden die Augen auskratzen; und sie erheben sich nur, um andre zu erniedrigen.

Und wiederum gibt es solche, die sitzen in ihrem Sumpfe und reden also heraus aus dem Schilfrohr: „Tugend – das ist still im Sumpfe sitzen.

Wir beißen niemanden und gehen dem aus dem Wege, der beißen will; und in allem haben wir die Meinung, die man uns gibt."

Und wiederum gibt es solche, die lieben Gebärden und denken: Tugend ist eine Art Gebärde.

Ihre Knie beten immer an, und ihre Hände sind Lobpreisungen der Tugend, aber ihr Herz weiß nichts davon.

Und wiederum gibt es solche, die halten es für Tugend, zu sagen: „Tugend ist notwendig“; aber sie glauben im Grunde nur daran, daß Polizei notwendig ist.

Und mancher, der das Hohe an den Menschen nicht sehen kann, nennt es Tugend, daß er ihr Niedriges allzunahe sieht: also heißt er seinen bösen Blick Tugend.

Und einige wollen erbaut und aufgerichtet sein und heißen es Tugend; und andre wollen umgeworfen sein – und heißen es auch Tugend.

Und derart glauben fast alle daran, Anteil zu haben an der Tugend; und zum mindesten will ein jeder Kenner sein über „Gut“ und „Böse“.

Aber nicht dazu kam Zarathustra, allen diesen Lügnern und Narren zu sagen: „Was wißt *ihr* von Tugend! Was *könntet* ihr von Tugend wissen!“ –

Sondern, daß ihr, meine Freunde, der alten Worte müde würdet, welche ihr von den Narren und Lügnern gelernt habt:

Müde würdet der Worte „Lohn“, „Vergeltung“, „Strafe“, „Rache in der Gerechtigkeit“ –

Müde würdet zu sagen: „Daß eine Handlung gut ist, das macht, sie ist selbstlos.“

Ach, meine Freunde! Daß *euer* Selbst in der Handlung sei, wie die Mutter im Kinde ist: das sei mir *euer* Wort von Tugend!

Wahrlich, ich nahm euch wohl hundert Worte und eurer Tugend liebste Spielwerke; und nun zürnt ihr mir, wie Kinder zürnen.

Sie spielten am Meere, – da kam die Welle und riß ihnen ihr Spielwerk in die Tiefe: nun weinen sie.

Aber dieselbe Welle soll ihnen neue Spielwerke bringen und neue bunte Muscheln vor sie hin ausschütten!

So werden sie getröstet sein; und gleich ihnen sollt auch ihr, meine Freunde, eure Tröstungen haben – und neue bunte Muscheln! –

Also sprach Zarathustra.

VOM GESINDEL

Das Leben ist ein Born der Lust; aber wo das Gesindel mit trinkt, da sind alle Brunnen vergiftet.

Allem Reinlichen bin ich hold; aber ich mag die grinsenden Mäuler nicht sehn und den Durst der Unreinen.

Sie warfen ihr Auge hinab in den Brunnen: nun glänzt mir ihr widriges Lächeln herauf aus dem Brunnen.

Das heilige Wasser haben sie vergiftet mit ihrer Lüsternheit; und als sie ihre schmutzigen Träume Lust nannten, vergifteten sie auch noch die Worte.

Unwillig wird die Flamme, wenn sie ihre feuchten Herzen ans Feuer legen; der Geist selber brodelt und raucht, wo das Gesindel ans Feuer tritt.

Süßlich und übermürbe wird in ihrer Hand die Frucht: windfällig und wipfeldürr macht ihr Blick den Fruchtbaum.

Und mancher, der sich vom Leben abkehrte, kehrte sich nur vom Gesindel ab: er wollte nicht Brunnen und Flamme und Frucht mit dem Gesindel teilen.

Und mancher, der in die Wüste ging und mit Raubtieren Durst litt, wollte nur nicht mit schmutzigen Kameltreibern um die Zisterne sitzen.

Und mancher, der wie ein Vernichter daher kam und wie ein Hagelschlag allen Fruchtfeldern, wollte nur seinen Fuß dem Gesindel in den Rachen setzen und also seinen Schlund stopfen.

Und nicht das ist der Bissen, an dem ich am meisten würgte, zu wissen, daß das Leben selber Feindschaft nötig hat und Sterben und Marterkreuze: –

Sondern ich fragte einst und erstickte fast an meiner Frage: wie? hat das Leben auch das Gesindel *nötig*? Sind vergiftete Brunnen nötig und stinkende Feuer und beschmutzte Träume und Maden im Lebensbrote?

Nicht mein Haß, sondern mein Ekel fraß mir hungrig am Leben! Ach, des Geistes wurde ich oft müde, als ich auch das Gesindel geistreich fand!

Und den Herrschenden wandt' ich den Rücken, als ich sah, was sie jetzt Herrschen nennen: Schachern und Markten um Macht – mit dem Gesindel!

Unter Völkern wohnte ich fremder Zunge, mit verschlossenen Ohren: daß mir ihres Schacherns Zunge fremd bliebe und ihr Markten um Macht.

Und die Nase mir haltend, ging ich unmutig durch alles Gestern und Heute: wahrlich, übel riecht alles Gestern und Heute nach dem schreibenden Gesindel!

Einem Krüppel gleich, der taub und blind und stumm wurde: also lebte ich lange, daß ich nicht mit Macht- und Schreib- und Lust-Gesindel lebte.

Mühsam stieg mein Geist Treppen, und vorsichtig; Almosen der Lust waren sein Labsal; am Stabe schlich dem Blinden das Leben.

Was geschah mir doch? Wie erlöste ich mich vom Ekel? Wer verjüngte mein Auge? Wie erflog ich die Höhe, wo kein Gesindel mehr am Brunnen sitzt?

Schuf mein Ekel selber mir Flügel und quellenahnende Kräfte? Wahrlich, ins Höchste mußte ich fliegen, daß ich den Born der Lust wiederfände!

O, ich fand ihn, meine Brüder! Hier im Höchsten quillt mir der Born der Lust! Und es gibt ein Leben, an dem kein Gesindel mit trinkt!

Fast zu heftig strömst du mir, Quell der Lust! Und oft leerst du den Becher wieder, dadurch daß du ihn füllen willst!

Und noch muß ich lernen, bescheidener dir zu nahen: allzuheftig strömt dir noch mein Herz entgegen: –

Mein Herz, auf dem mein Sommer brennt, der kurze, heiße, schwermütige, überselige: wie verlangt mein Sommer-Herz nach deiner Kühle!

Vorbei die zögernde Trübsal meines Frühlings! Vorüber die Bosheit meiner Schneeflocken im Juni! Sommer wurde ich ganz und Sommer-Mittag!

Ein Sommer im Höchsten mit kalten Quellen und seliger Stille: o kommt, meine Freunde, daß die Stille noch seliger werde!

Denn dies ist *unsre* Höhe und unsre Heimat: zu hoch und steil wohnen wir hier allen Unreinen und ihrem Durste.

Werft nur eure reinen Augen in den Born meiner Lust, ihre Freunde! Wie sollte er darob trübe werden! Entgegenlachen soll er euch mit *seiner* Reinheit.

Auf dem Baume Zukunft bauen wir unser Nest; Adler sollen uns Einsamen Speise bringen in ihren Schnäbeln!

Wahrlich, keine Speise, an der Unsaubere mitessen dürften! Feuer würden sie zu fressen wähnen und sich die Mäuler verbrennen!

Wahrlich, keine Heimstätten halten wir hier bereit für Unsaubere! Eishöhle würde ihren Leibern unser Glück heißen und ihren Geistern!

Und wie starke Winde wollen wir über ihnen leben, Nachbarn den Adlern, Nachbarn dem Schnee, Nachbarn der Sonne: also leben starke Winde. Und einem Winde gleich will ich einst noch zwischen sie blasen und mit meinem Geiste ihrem Geiste den Atem nehmen: so will es meine Zukunft. Wahrlich, ein starker Wind ist Zarathustra allen Niederungen; und solchen Rat rät er seinen Feinden und allem, was spuckt und speit: „hütet euch, *gegen* den Wind zu speien!“ –

Also sprach Zarathustra.

VON DEN TARANTELN

Siehe, das ist der Tarantel Höhle! Willst du sie selber sehn? Hier hängt ihr Netz: rühre daran, daß es erzittert.

Da kommt sie willig: willkommen, Tarantel! Schwarz sitzt auf deinem Rücken dein Dreieck und Wahrzeichen; und ich weiß auch, was in deiner Seele sitzt.

Rache sitzt in deiner Seele: wohin du beißest, da wächst schwarzer Schorf; mit Rache macht dein Gift die Seele drehend!

Also rede ich zu euch im Gleichnis, die ihr die Seelen drehend macht, ihr Prediger der *Gleichheit*! Taranteln seid ihr mir und versteckte Rachsüchtige!

Aber ich will eure Verstecke schon ans Licht bringen: darum lache ich euch ins Antlitz mein Gelächter der Höhe.

Darum reiße ich an eurem Netze, daß eure Wut euch aus eurer Lügen-Höhle locke, und eure Rache hervorspringe hinter eurem Wort „Gerechtigkeit“.

Denn *daß der Mensch erlöst werde von der Rache:* das ist mir die Brücke zur höchsten Hoffnung und ein Regenbogen nach langen Unwettern.

Aber anders wollen es freilich die Taranteln. „Das gerade heiße uns Gerechtigkeit, daß die Welt voll werde von den Unwettern unsrer Rache“ – also reden sie miteinander.

„Rache wollen wir üben und Beschimpfung an allen, die uns nicht gleich sind“ – so geloben sich die Tarantel-Herzen.

„Und ‚Wille zur Gleichheit‘ – das selber soll fürderhin der Name der Tugend werden; und gegen alles, was Macht hat, wollen wir unser Geschrei erheben!“

Ihr Prediger der Gleichheit, der Tyrannen-Wahnsinn der Ohnmacht schreit also aus euch nach „Gleichheit“: eure heimlichsten Tyrannen-Gelüste vermummen sich also in Tugend-Worte!

Vergrämter Dünkel, verhaltener Neid, vielleicht eurer Väter Dünkel und Neid: aus euch bricht's als Flamme heraus und Wahnsinn der Rache.

Was der Vater schwieg, das kommt im Sohne zum Reden; und oft fand ich den Sohn als des Vaters entblößtes Geheimnis.

Den Begeisterten gleichen sie: aber nicht das Herz ist es, was sie begeistert, – sondern die Rache. Und wenn sie fein und kalt werden, ist's nicht der Geist, sondern der Neid, der sie fein und kalt macht.

Ihre Eifersucht führt sie auch auf der Denker Pfade; und dies ist das Merkmal ihrer Eifersucht – immer gehn sie zu weit: daß ihre Müdigkeit sich zuletzt noch auf Schnee schlafen legen muß.

Aus jeder ihrer Klagen tönt Rache, in jedem ihrer Lobsprüche ist ein Wehetun; und Richter-sein scheint ihnen Seligkeit.

Also aber rate ich euch, meine Freunde: mißtraut allen, in welchen der Trieb, zu strafen, mächtig ist!

Das ist Volk schlechter Art und Abkunft; aus ihren Gesichtern blickt der Henker und der Spürhund.

Mißtraut allen denen, die viel von ihrer Gerechtigkeit reden! Wahrlich, ihren Seelen fehlt es nicht nur an Honig.

Und wenn sie sich selber „die Guten und Gerechten“ nennen, so vergeßt nicht, daß ihnen zum Pharisäer nichts fehlt als – Macht!

Meine Freunde, ich will nicht vermischt und verwechselt werden.

Es gibt solche, die predigen meine Lehre vom Leben: und zugleich sind sie Prediger der Gleichheit und Taranteln.

Daß sie dem Leben zu Willen reden, ob sie gleich in ihrer Höhle sitzen, diese Giftspinnen, und abgekehrt vom Leben: das macht, sie wollen damit wehe tun.

Solchen wollen sie damit wehe tun, die jetzt die Macht haben: denn bei diesen ist noch die Predigt vom Tode am besten zu Hause.

Wäre es anders, so würden die Taranteln anders lehren: und gerade sie waren ehemals die besten Welt-Verleumder und Ketzer-Brenner.

Mit diesen Predigern der Gleichheit will ich nicht vermischt und verwechselt sein. Denn so redet *mir* die Gerechtigkeit: „die Menschen sind nicht gleich".

Und sie sollen es auch nicht werden! Was wäre denn meine Liebe zum Übermenschen, wenn ich anders spräche?

Auf tausend Brücken und Stegen sollen sie sich drängen zur Zukunft, und immer mehr Krieg und Ungleichheit soll zwischen sie gesetzt sein: so läßt mich meine große Liebe reden!

Erfinder von Bildern und Gespenstern sollen sie werden in ihren Feindschaften, und mit ihren Bildern und Gespenstern sollen sie noch gegeneinander den höchsten Kampf kämpfen!

Gut und Böse, und Reich und Arm, und Hoch und Gering, und alle Namen der Werte: Waffen sollen es sein und klirrende Merkmale davon, daß das Leben sich immer wieder selber überwinden muß!

In die Höhe will es sich bauen mit Pfeilern und Stufen, das Leben selber: in weite Fernen will es blicken und hinaus nach seligen Schönheiten, – *darum* braucht es Höhe!

Und weil es Höhe braucht, braucht es Stufen und Widerspruch der Stufen und Steigenden! Steigen will das Leben und steigend sich überwinden.

Und seht mir doch, meine Freunde! Hier wo der Tarantel Höhle ist, heben sich eines alten Tempels Trümmer aufwärts, – seht mir doch mit erleuchteten Augen hin!

Wahrlich, wer hier einst seine Gedanken in Stein nach oben türmte, um das Geheimnis alles Lebens wußte er gleich dem Weisesten!

Daß Kampf und Ungleiches auch noch in der Schönheit sei, und Krieg um Macht und Übermacht: das lehrt er uns hier im deutlichsten Gleichnis.

Wie sich göttlich hier Gewölbe und Bogen brechen, im Ringkampfe: wie mit Licht und Schatten sie wider einander streben, die göttlich-Strebenden –

Also sicher und schön laßt uns auch Feinde sein, meine Freunde! Göttlich wollen wir *wider* einander streben! –

Wehe! Da biß mich selber die Tarantel, meine alte Feindin! Göttlich sicher und schön biß sie mich in den Finger!

„Strafe muß sein und Gerechtigkeit" – so denkt sie: „nicht umsonst soll er hier der Feindschaft zu Ehren Lieder singen!"

Ja, sie hat sich gerächt! Und wehe! nun wird sie mit Rache auch noch meine Seele drehend machen!

Daß ich mich aber *nicht* drehe, meine Freunde, bindet mich fest hier an diese Säule! Lieber noch Säulen-Heiliger will ich sein, als Wirbel der Rachsucht!

Wahrlich, kein Dreh- und Wirbelwind ist Zarathustra; und wenn er ein Tänzer ist, nimmermehr doch ein Tarantel-Tänzer! –

Also sprach Zarathustra!

VON DEN BERÜHMTEN WEISEN

Dem Volke habt ihr gedient und des Volkes Aberglauben, ihr berühmten Weisen alle! – und *nicht* der Wahrheit! Und gerade darum zollte man euch Ehrfurcht.

Und darum auch ertrug man euren Unglauben, weil er ein Witz und Umweg war zum Volke. So läßt der Herr seine Sklaven gewähren und ergötzt sich noch an ihrem Übermute.

Aber wer dem Volke verhaßt ist wie ein Wolf den Hunden: das ist der freie Geist, der Fessel-Feind, der Nicht-Anbeter, der in Wäldern Hausende.

Ihn zu jagen aus seinem Schlupfe – das hieß immer dem Volke „Sinn für das Rechte": gegen ihn hetzt es noch immer seine scharfzahnigsten Hunde.

Denn „die Wahrheit ist da: ist das Volk doch da! Wehe, wehe den Suchenden!" also scholl es von jeher.

Eurem Volke wolltet ihr Recht schaffen in seiner Verehrung: das hießet ihr „Wille zur Wahrheit", ihr berühmten Weisen!

Und euer Herz sprach immer zu sich: „Vom Volke kam ich: von dort her kam mir auch Gottes Stimme".

Hart-nackig und klug, dem Esel gleich, wart ihr immer als des Volkes Fürsprecher.

Und mancher Mächtige, der gut fahren wollte mit dem Volke, spannte vor seine Rosse noch – ein Eselein, einen berühmten Weisen.

Und nun wollte ich, ihr berühmten Weisen, ihr würfet endlich das Fell des Löwen ganz von euch!

Das Fell des Raubtiers, das buntgefleckte, und die Zotten des Forschenden, Suchenden, Erobernden!

Ach, daß ich an eure „Wahrhaftigkeit" glauben lerne, dazu müßtet ihr mir erst euren verehrenden Willen zerbrechen.

Wahrhaftig – so heiße ich den, der in götterlose Wüsten geht und sein verehrendes Herz zerbrochen hat.

Im gelben Sande und verbrannt von der Sonne schielt er wohl durstig nach den quellenreichen Eilanden, wo Lebendiges unter dunkeln Bäumen ruht.

Aber sein Durst überredet ihn nicht, diesen Behaglichen gleich zu werden: denn wo Oasen sind, da sind auch Götzenbilder.

Hungernd, gewalttätig, einsam, gottlos: so will sich selber der Löwen-Wille.

Frei von dem Glück der Knechte, erlöst von Göttern und Anbetungen, furchtlos und fürchterlich, groß und einsam: so ist der Wille des Wahrhaftigen.

In der Wüste wohnten von je die Wahrhaftigen, die freien Geister, als der Wüste Herren; aber in den Städten wohnen die gutgefütterten, berühmten Weisen, – die Zugtiere.

Immer nämlich ziehen sie, als Esel – des *Volkes* Karren!

Nicht daß ich ihnen darob zürne: aber Dienende bleiben sie mir und Angeschirrte, auch wenn sie von goldnem Geschirre glänzen.

Und oft waren sie gute Diener und preiswürdige. Denn so spricht die Tugend: „Mußt du Diener sein, so suche den, welchem dein Dienst am besten nützt!

Der Geist und die Tugend deines Herrn sollen wachsen, dadurch, daß du sein Diener bist: so wächsest du selber mit seinem Geiste und seiner Tugend!“

Und wahrlich, ihr berühmten Weisen, ihr Diener des Volkes! Ihr selber wuchset mit des Volkes Geist und Tugend – und das Volk durch euch! Zu euren Ehren sage ich das!

Aber Volk bleibt ihr mir auch noch in euren Tugenden, Volk mit blöden Augen, – Volk, das nicht weiß, was *Geist* ist!

Geist ist das Leben, das selber ins Leben schneidet: an der eignen Qual mehrt es sich das eigne Wissen, – wußtet ihr das schon?

Und des Geistes Glück ist dies: gesalbt zu sein und durch Tränen geweiht zum Opfertier, – wußtet ihr das schon?

Und die Blindheit des Blinden und sein Suchen und Tappen soll noch von der Macht der Sonne zeugen, in die er schaute, – wußtet ihr das schon? Und mit Bergen soll der Erkennende *bauen* lernen! Wenig ist es, daß der Geist Berge versetzt, – wußtet ihr das schon?

Ihr kennt nur des Geistes Funken: aber ihr seht den Amboß nicht, der er ist, und nicht die Grausamkeit seines Hammers!

Wahrlich, ihr kennt des Geistes Stolz nicht! Aber noch weniger würdet ihr des Geistes Bescheidenheit ertragen, wenn sie einmal reden wollte!

Und niemals noch durftet ihr euren Geist in eine Grube von Schnee werfen: ihr seid nicht heiß genug dazu! So kennt ihr auch die Entzückungen seiner Kälte nicht.

In allem aber tut ihr mir zu vertraulich mit dem Geiste; und aus der Weisheit machtet ihr oft ein Armen- und Krankenhaus für schlechte Dichter.

Ihr seid keine Adler: so erfuhrt ihr auch das Glück im Schrecken des Geistes nicht. Und wer kein Vogel ist, soll sich nicht über Abgründen lagern.

Ihr seid mir Laue: aber kalt strömt jede tiefe Erkenntnis. Eiskalt sind die innersten Brunnen des Geistes: ein Labsal heißen Händen und Handelnden.

Ehrbar steht ihr mir da und steif und mit geradem Rücken, ihr berühmten Weisen! – euch treibt kein starker Wind und Wille.

Saht ihr nie ein Segel über das Meer gehn, geründet und gebläht und zitternd vor dem Ungestüm des Windes?

Dem Segel gleich, zitternd vor dem Ungestüm des Geistes, geht meine Weisheit über das Meer – meine wilde Weisheit!

Aber ihr Diener des Volkes, ihr berühmten Weisen, – wie *könntet* ihr mit mir gehn! –

Also sprach Zarathustra.

DAS NACHTLIED

Nacht ist es: nun reden lauter alle springenden Brunnen. Und auch meine Seele ist ein springender Brunnen.

Nacht ist es: nun erst erwachen alle Lieder der Liebenden. Und auch meine Seele ist das Lied eines Liebenden.

Ein Ungestilltes, Unstillbares ist in mir; das will laut werden. Eine Begierde nach Liebe ist in mir, die redet selber die Sprache der Liebe.

Licht bin ich: ach, daß ich Nacht wäre! Aber dies ist meine Einsamkeit, daß ich von Licht umgürtet bin.

Ach, daß ich dunkel wäre und nächtig! Wie wollte ich an den Brüsten des Lichts saugen!

Und euch selber wollte ich noch segnen, ihr kleinen Funkelsterne und Leuchtwürmer droben! – und selig sein ob eurer Licht-Geschenke.

Aber ich lebe in meinem eignen Lichte, ich trinke die Flammen in mich zurück, die aus mir brechen.

Ich kenne das Glück des Nehmenden nicht; und oft träumte mir davon, daß Stehlen noch seliger sein müsse als Nehmen.

Das ist meine Armut, daß meine Hand niemals ausruht vom Schenken; das ist mein Neid, daß ich wartende Augen sehe und die erhellten Nächte der Sehnsucht.

O Unseligkeit aller Schenkenden! O Verfinsterung meiner Sonne! O Begierde nach Begehren! O Heißhunger in der Sättigung!

Sie nehmen von mir: aber rühre ich noch an ihre Seele? Eine Kluft ist zwischen Geben und Nehmen; und die kleinste Kluft ist am letzten zu überbrücken.

Ein Hunger wächst aus meiner Schönheit: wehe tun möchte ich denen, welchen ich leuchte, berauben möchte ich meine Beschenkten: – also hungere ich nach Bosheit.

Die Hand zurückziehend, wenn sich schon ihr die Hand entgegenstreckt; dem Wasserfalle gleich zögernd, der noch im Sturze zögert: – also hungere ich nach Bosheit.

Solche Rache sinnt meine Fülle aus: solche Tücke quillt aus meiner Einsamkeit.

Mein Glück im Schenken erstarb im Schenken, meine Tugend wurde ihrer selber müde an ihrem Überflusse!

Wer immer schenkt, dessen Gefahr ist, daß er die Scham verliere; wer immer austeilt, dessen Hand und Herz hat Schwielen vor lauter Austeilen.

Mein Auge quillt nicht mehr über vor der Scham der Bittenden; meine Hand wurde zu hart für das Zittern gefüllter Hände.

Wohin kam die Träne meinem Auge und der Flaum meinem Herzen? O Einsamkeit aller Schenkenden! O Schweigsamkeit aller Leuchtenden!

Viel Sonnen kreisen im öden Raume: zu allem, was dunkel ist, reden sie mit ihrem Lichte, – mir schweigen sie.

O dies ist die Feindschaft des Lichts gegen Leuchtendes: erbarmungslos wandelt es seine Bahnen. Unbillig gegen Leuchtendes im tiefsten Herzen, kalt gegen Sonnen – also wandelt jede Sonne.

Einem Sturme gleich fliegen die Sonnen ihre Bahnen, das ist ihr Wandeln. Ihrem unerbittlichen Willen folgen sie, das ist ihre Kälte.

O, ihr erst seid es, ihr Dunklen, ihr Nächtigen, die ihr Wärme schafft aus Leuchtendem! O, ihr erst trinkt euch Milch und Labsal aus des Lichtes Eutern!

Ach, Eis ist um mich, meine Hand verbrennt sich an Eisigem! Ach, Durst ist in mir, der schmachtet nach eurem Durste!

Nacht ist es: ach daß ich Licht sein muß! Und Durst nach Nächtigem! Und Einsamkeit!

Nacht ist es: nun bricht wie ein Born aus mir mein Verlangen, – nach Rede verlangt mich.

Nacht ist es: nun reden lauter alle springenden Brunnen. Und auch meine Seele ist ein springender Brunnen.

Nacht ist es: nun erst erwachen alle Lieder der Liebenden. Und auch meine Seele ist das Lied eines Liebenden. –

Also sang Zarathustra.

DAS TANZLIED

Eines Abends ging Zarathustra mit seinen Jüngern durch den Wald; und als er nach einem Brunnen suchte, siehe, da kam er auf eine grüne Wiese, die von Bäumen und Gebüsch still umstanden war: auf der tanzten Mädchen miteinander. Sobald die Mädchen Zarathustra erkannten, ließen sie vom Tanze ab; Zarathustra aber trat mit freundlicher Gebärde zu ihnen und sprach diese Worte:

„Laßt vom Tanze nicht ab, ihr lieblichen Mädchen! Kein Spielverderber kam zu euch mit bösem Blick, kein Mädchen-Feind.

Gottes Fürsprecher bin ich vor dem Teufel: der aber ist der Geist der Schwere. Wie sollte ich, ihr Leichten, göttlichen Tänzen feind sein? Oder Mädchen-Füßen mit schönen Knöcheln?

Wohl bin ich ein Wald und eine Nacht dunkler Bäume: doch wer sich vor meinem Dunkel nicht scheut, der findet auch Rosenhänge unter meinen Zypressen.

Und auch den kleinen Gott findet er wohl, der den Mädchen der liebste ist: neben dem Brunnen liegt er, still, mit geschlossenen Augen.

Wahrlich, am hellen Tage schlief er mir ein, der Tagedieb! Haschte er wohl zu viel nach Schmetterlingen?

Zürnt mir nicht, ihr schönen Tanzenden, wenn ich den kleinen Gott ein wenig züchtige! Schreien wird er wohl und weinen, – aber zum Lachen ist er noch im Weinen!

Und mit Tränen im Auge soll er euch um einen Tanz bitten; und ich selber will ein Lied zu seinem Tanze singen:

Ein Tanz- und Spottlied auf den Geist der Schwere, meinen allerhöchsten großmächtigsten Teufel, von dem sie sagen, daß er ‚der Herr der Welt' sei." –

Und dies ist das Lied, welches Zarathustra sang, als Cupido und die Mädchen zusammen tanzten:

In dein Auge schaute ich jüngst, o Leben! Und ins Unergründliche schien ich mir da zu sinken.

Aber du zogst mich mit goldner Angel heraus; spöttisch lachtest du, als ich dich unergründlich nannte.

„So geht die Rede aller Fische", sprachst du; „was *sie* nicht ergründen, ist unergründlich." Aber veränderlich bin ich nur und wild und in allem ein Weib, und kein tugendhaftes:

Ob ich schon euch Männern „die Tiefe" heiße oder „die Treue", „die Ewige", „die Geheimnisvolle". Doch ihr Männer beschenkt uns stets mit den eignen Tugenden – ach, ihr Tugendhaften!"

Also lachte sie, die Unglaubliche; aber ich glaube ihr niemals und ihrem Lachen, wenn sie bös von sich selber spricht.

Und als ich unter vier Augen mit meiner wilden Weisheit redete, sagte sie mir zornig: „Du willst, du begehrst, du liebst, darum allein *lobst* du das Leben!"

Fast hätte ich da bös geantwortet und der Zornigen die Wahrheit gesagt; und man kann nicht böser antworten, als wenn man seiner Weisheit „die Wahrheit sagt".

So nämlich steht es zwischen uns Dreien. Von Grund aus liebe ich nur das Leben – und, wahrlich, am meisten dann, wenn ich es hasse!

Daß ich aber der Weisheit gut bin und oft zu gut: das macht, sie erinnert mich gar sehr an das Leben!

Sie hat ihr Auge, ihr Lachen und sogar ihr goldnes Angelrütchen: was kann ich dafür, daß die beiden sich so ähnlich sehn?

Und als mich einmal das Leben fragte: Wer ist denn das, die Weisheit? – da sagte ich eifrig: „Ach ja! die Weisheit!

Man dürstet um sie und wird nicht satt, man blickt durch Schleier, man hascht durch Netze.

Ist sie schön? Was weiß ich! Aber die ältesten Karpfen werden noch mit ihr geködert.

Veränderlich ist sie und trotzig; oft sah ich sie sich die Lippe beißen und den Kamm wider ihres Haares Strich führen.

Vielleicht ist sie böse und falsch, und in allem ein Frauenzimmer; aber wenn sie von sich selber schlecht spricht, da gerade verführt sie am meisten."

Als ich dies zu dem Leben sagte, da lachte es boshaft und machte die Augen zu. „Von wem redest du doch? sagte es, wohl von mir?

Und wenn du Recht hättest, – sagt man das mir so ins Gesicht! Aber nun sprich doch auch von deiner Weisheit!"

Ach, und nun machtest du wieder dein Auge auf, o geliebtes Leben! Und ins Unergründliche schien ich mir wieder zu sinken. –

Also sang Zarathustra. Als aber der Tanz zu Ende und die Mädchen fortgegangen waren, wurde er traurig.

„Die Sonne ist lange schon hinunter," sagte er endlich; „die Wiese ist feucht, von den Wäldern her kommt Kühle.

Ein Unbekanntes ist um mich und blickt nachdenklich. Was! Du lebst noch, Zarathustra?

Warum? Wofür? Wodurch? Wohin? Wo? Wie?

Ist es nicht Torheit, noch zu leben? –

Ach, meine Freunde, der Abend ist es, der so aus mir fragt. Vergebt mir meine Traurigkeit! Abend ward es: vergebt mir, daß es Abend ward!"

Also sprach Zarathustra.

DAS GRABLIED

„Dort ist die Gräberinsel, die schweigsame; dort sind auch die Gräber meiner Jugend. Dahin will ich einen immergrünen Kranz des Lebens tragen."

Also im Herzen beschließend fuhr ich über das Meer. –

O ihr, meiner Jugend Gesichte und Erscheinungen! O, ihr Blicke der Liebe alle, ihr göttlichen Augenblicke! Wie starbt ihr mir so schnell! Ich gedenke eurer heute wie meiner Toten.

Von euch her, meinen liebsten Toten, kommt mir ein süßer Geruch, ein herz- und tränenlösender. Wahrlich, er erschüttert und löst das Herz dem einsam Schiffenden.

Immer noch bin ich der Reichste und Bestzubeneidende – ich der Einsamste! Denn ich *hatte* euch doch, und ihr habt mich noch: sagt, wem fielen, wie mir, solche Rosenäpfel vom Baume?

Immer noch bin ich eurer Liebe Erbe und Erdreich, blühend zu eurem Gedächtnisse von bunten wildwachsenen Tugenden, o ihr Geliebtesten!

Ach, wir waren gemacht, einander nahe zu bleiben, ihr holden fremden Wunder; und nicht schüchternen Vögeln gleich kamt ihr zu mir und meiner Begierde – nein als Trauende zu dem Trauenden!

Ja, zur Treue gemacht, gleich mir, und zu zärtlichen Ewigkeiten: *muß* ich nun euch nach eurer Untreue heißen, ihr göttlichen Blicke und Augenblicke: keinen andern Namen lernte ich noch.

Wahrlich, zu schnell starbt ihr mir, ihr Flüchtlinge. Doch floht ihr mich nicht, noch floh ich euch: unschuldig sind wir einander in unsrer Untreue.

Mich zu töten, erwürgte man euch, ihr Singvögel meiner Hoffnungen! Ja, nach euch, ihr Liebsten, schoß immer die Bosheit Pfeile – mein Herz zu treffen!

Und sie traf! Wart ihr doch stets mein Herzlichstes, mein Besitz und mein Besessen-sein: *darum* mußtet ihr jung sterben und allzu frühe!

Nach dem Verwundbarsten, das ich besaß, schoß man den Pfeil: das waret ihr, denen die Haut einem Flaume gleich ist und mehr noch dem Lächeln, das an einem Blick erstirbt!

Aber dies Wort will ich zu meinen Feinden reden: was ist alles Menschen-Morden gegen das, was ihr mir tatet!

Böseres tatet ihr mir, als aller Menschen-Mord ist; Unwiederbringliches nahmt ihr mir: – also rede ich zu euch, meine Feinde!

Mordetet ihr doch meiner Jugend Gesichte und liebste Wunder! Meine Gespielen nahmt ihr mir, die seligen Geister! Ihrem Gedächtnisse lege ich diesen Kranz und diesen Fluch nieder.

Diesen Fluch gegen euch, meine Feinde! Machtet ihr doch mein Ewiges kurz, wie ein Ton zerbricht in kalter Nacht! Kaum als Aufblinken göttlicher Augen kam es mir nur, – als Augenblick!

Also sprach zur guten Stunde einst meine Reinheit: „Göttlich sollen mir alle Wesen sein."

Da überfielt ihr mich mit schmutzigen Gespenstern; ach, wohin floh nun jene gute Stunde! „Alle Tage sollen mir heilig sein" – so redete einst die Weisheit meiner Jugend: wahrlich, einer fröhlichen Weisheit Rede!

Aber da stahlt ihr Feinde mir meine Nächte und verkauftet sie zu schlafloser Qual: ach, wohin floh nun jene fröhliche Weisheit?

Einst begehrte ich nach glücklichen Vogelzeichen: da führtet ihr mir ein Eulen-Untier über den Weg, ein widriges. Ach, wohin floh da meine zärtliche Begierde?

Allem Ekel gelobte ich einst zu entsagen: da verwandeltet ihr meine Nahen und Nächsten in Eiterbeulen. Ach, wohin floh da mein edelstes Gelöbnis?

Als Blinder ging ich einst selige Wege: da warft ihr Unflat auf den Weg des Blinden: und nun ekelt ihn des alten Blinden-Fußsteigs.

Und als ich mein Schwerstes tat und meiner Überwindungen Sieg feierte: da machtet ihr die, welche mich liebten, schrein, ich tue ihnen am wehesten.

Wahrlich, das war immer euer Tun: ihr vergälltet mir meinen besten Honig und den Fleiß meiner besten Bienen.

Meiner Mildtätigkeit sandtet ihr immer die frechsten Bettler zu; um mein Mitleiden drängtet ihr immer die unheilbar Schamlosen. So verwundetet ihr meine Tugenden in ihrem Glauben.

Und legte ich noch mein Heiligstes zum Opfer hin: flugs stellte eure „Frömmigkeit" ihre fetteren Gaben dazu: also daß im Dampfe eures Fettes noch mein Heiligstes erstickte.

Und einst wollte ich tanzen, wie nie ich noch tanzte: über alle Himmel weg wollte ich tanzen. Da überredetet ihr meinen liebsten Sänger.

Und nun stimmte er eine schaurige dumpfe Weise an; ach, er tutete mir wie ein düsteres Horn zu Ohren! Mörderischer Sänger, Werkzeug der Bosheit, Unschuldigster! Schon stand ich bereit zum besten Tanze: da mordetest du mit deinen Tönen meine Verzückung!

Nur im Tanze weiß ich der höchsten Dinge Gleichnis zu reden: – und nun blieb mir mein höchstes Gleichnis ungeredet in meinen Gliedern!

Ungeredet und unerlöst blieb mir die höchste Hoffnung! Und es starben mir alle Gesichte und Tröstungen meiner Jugend!

Wie ertrug ich's nur? Wie verwand und überwand ich solche Wunden? Wie erstand meine Seele wieder aus diesen Gräbern? Ja, ein Unverwundbares, Unbegrabbares ist an mir, ein Felsensprengendes: das heißt *mein Wille*. Schweigsam schreitet es und unverändert durch die Jahre.

Seinen Gang will er gehn auf meinen Füßen, mein alter Wille; herzenshart ist ihm der Sinn und unverwundbar.

Unverwundbar bin ich allein an meiner Ferse. Immer noch lebst du da und bist dir gleich, Geduldigster! Immer noch brachst du dich durch alle Gräber!

In dir lebt auch noch das Unerlöste meiner Jugend; und als Leben und Jugend sitzest du hoffend hier auf gelben Grab-Trümmern.

Ja, noch bist du mir aller Gräber Zertrümmerer: Heil dir, mein Wille! Und nur wo Gräber sind, gibt es Auferstehungen. –

Also sang Zarathustra.

VON DER SELBSTÜBERWINDUNG

„Wille zur Wahrheit“ heißt ihr's, ihr Weisesten, was euch treibt und brünstig macht?

Wille zur Denkbarkeit alles Seienden: also heiße *ich* euren Willen! Alles Seiende wollt ihr erst denkbar *machen:* denn ihr zweifelt mit gutem Mißtrauen, ob es schon denkbar ist.

Aber es soll sich euch fügen und biegen! So will's euer Wille. Glatt soll es werden und dem Geiste untertan, als sein Spiegel und Widerbild.

Das ist euer ganzer Wille, ihr Weisesten, als ein Wille zur Macht; und auch wenn ihr vom Guten und Bösen redet und von den Wertschätzungen.

Schaffen wollt ihr noch die Welt, vor der ihr knien könnt: so ist es eure letzte Hoffnung und Trunkenheit.

Die Unweisen freilich, das Volk, – die sind gleich dem Flusse, auf dem ein Nachen weiter schwimmt: und im Nachen sitzen feierlich und vermummt die Wertschätzungen.

Euren Willen und eure Werte setztet ihr auf den Fluß des Werdens; einen alten Willen zur Macht verrät mir, was vom Volke als Gut und Böse geglaubt wird.

Ihr wart es, ihr Weisesten, die solche Gäste in diesen Nachen setztet und ihnen Prunk und stolze Namen gabt, – ihr und euer herrschender Wille!

Weiter trägt nun der Fluß euren Nachen: er *muß* ihn tragen. Wenig tut's, ob die gebrochene Welle schäumt und zornig dem Kiele widerspricht!

Nicht der Fluß ist eure Gefahr und das Ende eures Guten und Bösen, ihr Weisesten: sondern jener Wille selber, der Wille zur Macht, – der unerschöpfte zeugende Lebens-Wille.

Aber damit ihr mein Wort versteht vom Guten und Bösen: dazu will ich euch noch mein Wort vom Leben sagen und von der Art alles Lebendigen.

Dem Lebendigen ging ich nach, ich ging die größten und kleinsten Wege, daß ich seine Art erkenne.

Mit hundertfachem Spiegel fing ich noch seinen Blick auf, wenn ihm der Mund geschlossen war: daß sein Auge mir rede. Und sein Auge redete mir. Aber, wo ich nur Lebendiges fand, da hörte ich auch die Rede vom Gehorsam. Alles Lebendige ist ein Gehorchendes.

Und dies ist das Zweite: Dem wird befohlen, der sich nicht selber gehorchen kann. So ist es des Lebendigen Art.

Dies aber ist das Dritte, was ich hörte: daß Befehlen schwerer ist als Gehorchen. Und nicht nur, daß der Befehlende die Last aller Gehorchenden trägt, und daß leicht ihn diese Last zerdrückt: –

Ein Versuch und Wagnis erschien mir in allem Befehlen; und stets, wenn es befiehlt, wagt das Lebendige sich selber dran.

Ja noch, wenn es sich selber befiehlt: auch da noch muß es sein Befehlen büßen. Seinem eigenen Gesetze muß es Richter und Rächer und Opfer werden.

Wie geschieht dies doch! so fragte ich mich. Was überredet das Lebendige, daß es gehorcht und befiehlt und befehlend noch Gehorsam übt?

Hört mir nun mein Wort, ihr Weisesten! Prüft es ernstlich, ob ich dem Leben selber ins Herz kroch, und bis in die Wurzeln seines Herzens!

Wo ich Lebendiges fand, da fand ich Willen zur Macht; und noch im Willen des Dienenden fand ich den Willen, Herr zu sein.

Daß dem Stärkeren diene das Schwächere, dazu überredet es sein Wille, der über noch Schwächeres Herr sein will: dieser Lust allein mag es nicht entraten.

Und wie das Kleinere sich dem Größeren hingibt, daß es Lust und Macht am Kleinsten habe: also gibt sich auch das Größte noch hin und setzt um der Macht willen – das Leben dran.

Das ist die Hingebung des Größten, daß es Wagnis ist und Gefahr, und um den Tod ein Würfelspielen.

Und wo Opferung und Dienste und Liebesblicke sind: auch da ist Wille, Herr zu sein. Auf Schleichwegen schleicht sich da der Schwächere in die Burg und bis ins Herz dem Mächtigeren – und stiehlt da Macht.

Und dies Geheimnis redete das Leben selber zu mir: „Siehe“, sprach es, „ich bin das, *was sich immer selber überwinden muß*.

Freilich ihr heißt es Wille zur Zeugung oder Trieb zum Zwecke, zum Höheren, Ferneren, Vielfacheren: aber all dies ist Eins und Ein Geheimnis. Lieber noch gehe ich unter, als daß ich diesem Einen absagte; und wahrlich, wo es Untergang gibt und Blätterfallen, siehe, da opfert sich Leben – um Macht!

Daß ich Kampf sein muß und Werden und Zweck und der Zwecke Widerspruch: ach, wer meinen Willen errät, errät wohl auch, auf welchen *krummen* Wegen er gehen *muß*!

Was ich auch schaffe und wie ich's auch liebe, – bald muß ich Gegner ihm sein und meiner Liebe: so will es mein Wille.

Und auch du, Erkennender, bist nur ein Pfad und Fußtapfen meines Willens: wahrlich, mein Wille zur Macht wandelt auch auf den Füßen deines Willens zur Wahrheit!

Der traf freilich die Wahrheit nicht, der das Wort nach ihr schoß vom ‚Willen zum Dasein‘: diesen Willen – gibt es nicht!

Denn: was nicht ist, das kann nicht wollen; was aber im Dasein ist, wie könnte das noch zum Dasein wollen!

Nur, wo Leben ist, da ist auch Wille: aber nicht Wille zum Leben, sondern – so lehre ich's dich – Wille zur Macht!

Vieles ist dem Lebenden höher geschätzt, als Leben selber; doch aus dem Schätzen selber heraus redet – der Wille zur Macht!“

Also lehrte mich einst das Leben: und daraus löse ich euch, ihr Weisesten, noch das Rätsel eures Herzens.

Wahrlich, ich sage euch: Gutes und Böses, das unvergänglich wäre – das gibt es nicht! Aus sich selber muß es sich immer wieder überwinden.

Mit euren Werten und Worten von Gut und Böse übt ihr Gewalt, ihr Wertschätzenden; und dies ist eure verborgene Liebe und eurer Seele Glänzen, Zittern und Überwallen.

Aber eine stärkere Gewalt wächst aus euren Werten und eine neue Überwindung: an der zerbricht Ei und Eierschale.

Und wer ein Schöpfer sein muß im Guten und Bösen: wahrlich, der muß ein Vernichter erst sein und Werte zerbrechen.

Also gehört das höchste Böse zur höchsten Güte: diese aber ist die schöpferische. –

Reden wir nur davon, ihr Weisesten, ob es gleich schlimm ist. Schweigen ist schlimmer; alle verschwiegenen Wahrheiten werden giftig.

Und mag doch alles zerbrechen, was an unseren Wahrheiten zerbrechen – kann! Manches Haus gibt es noch zu bauen! –

Also sprach Zarathustra.

VON DEN ERHABENEN

Still ist der Grund meines Meeres: wer erriete wohl, daß er scherzhafte Ungeheuer birgt!

Unerschütterlich ist meine Tiefe: aber sie glänzt von schwimmenden Rätseln und Gelächtern.

Einen Erhabenen sah ich heute, einen Feierlichen, einen Büßer des Geistes: o wie lachte meine Seele ob seiner Häßlichkeit!

Mit erhobener Brust und denen gleich, welche den Atem an sich ziehn: also stand er da, der Erhabene, und schweigsam:

Behängt mit häßlichen Wahrheiten, seiner Jagdbeute, und reich an zerrissenen Kleidern; auch viele Dornen hingen an ihm – aber noch sah ich keine Rose. Noch lernte er das Lachen nicht und die Schönheit. Finster kam dieser Jäger zurück aus dem Walde der Erkenntnis.

Vom Kampfe kehrte er heim mit wilden Tieren: aber aus seinem Ernste blickt auch noch ein wildes Tier – ein unüberwundenes!

Wie ein Tiger steht er immer noch da, der springen will; aber ich mag diese gespannten Seelen nicht, unhold ist mein Geschmack allen diesen Zurückgezogenen.

Und ihr sagt mir, Freunde, daß nicht zu streiten sei über Geschmack und Schmecken? Aber alles Leben ist Streit um Geschmack und Schmecken!

Geschmack: das ist Gewicht zugleich und Wagschale und Wägender; und wehe allem Lebendigen, das ohne Streit und Gewicht und Wagschale und Wägende leben wollte!

Wenn er seiner Erhabenheit müde würde, dieser Erhabene: dann erst würde seine Schönheit anheben, – und dann erst will ich ihn schmecken und schmackhaft finden.

Und erst, wenn er sich von sich selber abwendet, wird er über seinen eigenen Schatten springen – und, wahrlich! hinein in *seine* Sonne.

Allzulange saß er im Schatten, die Wangen bleichten dem Büßer des Geistes; fast verhungerte er an seinen Erwartungen.

Verachtung ist noch in seinem Auge; und Ekel birgt sich an seinem Munde. Zwar ruht er jetzt, aber seine Ruhe hat sich noch nicht in die Sonne gelegt.

Dem Stiere gleich sollte er tun; und sein Glück sollte nach Erde riechen, und nicht nach Verachtung der Erde.

Als weißen Stier möchte ich ihn sehn, wie er schnaubend und brüllend der Pflugschar vorangeht: und sein Gebrüll sollte noch alles Irdische preisen!

Dunkel noch ist sein Antlitz; der Hand Schatten spielt auf ihm. Verschattet ist noch der Sinn seines Auges.

Seine Tat selber ist noch der Schatten auf ihm: die Hand verdunkelt den Handelnden. Noch hat er seine Tat nicht überwunden.

Wohl liebe ich an ihm den Nacken des Stiers: aber nun will ich auch noch das Auge des Engels sehn.

Auch seinen Helden-Willen muß er noch verlernen: ein Gehobener soll er mir sein und nicht nur ein Erhabener: – der Äther selber sollte ihn heben, den Willenlosen!

Er bezwang Untiere, er löste Rätsel: aber erlösen sollte er auch noch seine Untiere und Rätsel, zu himmlischen Kindern sollte er sie noch verwandeln. Noch hat seine Erkenntnis nicht lächeln gelernt und ohne Eifersucht sein; noch ist seine strömende Leidenschaft nicht stille geworden in der Schönheit!

Wahrlich, nicht in der Sattheit soll sein Verlangen schweigen und untertauchen, sondern in der Schönheit! Die Anmut gehört zur Großmut des Großgesinnten.

Den Arm über das Haupt gelegt: so sollte der Held ausruhn, so sollte er auch noch sein Ausruhen überwinden.

Aber gerade dem Helden ist das *Schöne* aller Dinge Schwerstes. Unerringbar ist das Schöne allem heftigen Willen.

Ein wenig mehr, ein wenig weniger: das gerade ist hier viel, das ist hier das meiste.

Mit lässigen Muskeln stehn und mit abgeschirrtem Willen: das ist das Schwerste euch allen, ihr Erhabenen!

Wenn die Macht gnädig wird und herabkommt ins Sichtbare: Schönheit heiße ich solches Herabkommen.

Und von niemandem will ich so als von dir gerade Schönheit, du Gewaltiger: deine Güte sei deine letzte Selbst-Überwältigung.

Alles Böse traue ich dir zu: darum will ich von dir das Gute.

Wahrlich, ich lachte oft der Schwächlinge, welche sich gut glauben, weil sie lahme Tatzen haben!

Der Säule Tugend sollst du nachstreben: schöner wird sie immer und zarter, aber inwendig härter und tragsamer, je mehr sie aufsteigt.

Ja, du Erhabener, einst sollst du noch schön sein und deiner eignen Schönheit den Spiegel vorhalten.

Dann wird deine Seele vor göttlichen Begierden schaudern; und Anbetung wird noch in deiner Eitelkeit sein!

Dies nämlich ist das Geheimnis der Seele: erst, wenn sie der Held verlassen hat, naht ihr, im Traume, – der Über-Held. –

Also sprach Zarathustra.

VOM LANDE DER BILDUNG

Zu weit hinein flog ich in die Zukunft: ein Grauen überfiel mich. Und als ich um mich sah, siehe! da war die Zeit mein einziger Zeitgenosse.

Da floh ich rückwärts, heimwärts – und immer eilender: so kam ich zu euch, ihr Gegenwärtigen, und ins Land der Bildung.

Zum ersten Male brachte ich ein Auge mit für euch, und gute Begierde: wahrlich, mit Sehnsucht im Herzen kam ich.

Aber wie geschah mir? So angst mir auch war, – ich mußte lachen! Nie sah mein Auge etwas so Buntgesprenkeltes!

Ich lachte und lachte, während der Fuß mir noch zitterte und das Herz dazu: „hier ist ja die Heimat aller Farbentöpfe!" – sagte ich.

Mit fünfzig Klecksen bemalt an Gesicht und Gliedern: so saßet ihr da zu meinem Staunen, ihr Gegenwärtigen!

Und mit fünfzig Spiegeln um euch, die eurem Farbenspiele schmeichelten und nachredeten!

Wahrlich, ihr könntet gar keine bessere Maske tragen, ihr Gegenwärtigen, als euer eignes Gesicht ist! Wer könnte euch – *erkennen*!

Vollgeschrieben mit den Zeichen der Vergangenheit, und auch diese Zeichen überpinselt mit neuen Zeichen: also habt ihr euch gut versteckt vor allen Zeichendeutern!

Und wenn man auch Nierenprüfer ist: wer glaubt wohl noch, daß ihr Nieren habt! Aus Farben scheint ihr gebacken und aus geleimten Zetteln.

Alle Zeiten und Völker blicken bunt aus euren Schleiern; alle Sitten und Glauben reden bunt aus euren Gebärden.

Wer von euch Schleier und Überwürfe und Farben und Gebärden abzöge: gerade genug würde er übrig behalten, um die Vögel damit zu erschrecken.

Wahrlich, ich selber bin der erschreckte Vogel, der euch einmal nackt sah und ohne Farbe; und ich flog davon, als das Gerippe mir Liebe zuwinkte.

Lieber wollte ich doch noch Tagelöhner sein in der Unterwelt und bei den Schatten des Ehemals! – Feister und voller als ihr sind ja noch die Unterweltlichen!

Dies, ja dies ist Bitternis meinen Gedärmen, daß ich euch weder nackt noch bekleidet aushalte, ihr Gegenwärtigen!

Alles Unheimliche der Zukunft, und was je verflogenen Vögeln Schauder machte, ist wahrlich heimlicher noch und traulicher als eure „Wirklichkeit".

Denn so sprecht ihr: „Wirkliche sind wir ganz, und ohne Glauben und Aberglauben": also brüstet ihr euch – ach, auch noch ohne Brüste!

Ja, wie solltet ihr glauben *können*, ihr Buntgesprenkelten! – die ihr Gemälde seid von allem, was je geglaubt wurde!

Wandelnde Widerlegungen seid ihr des Glaubens selber, und aller Gedanken Gliederbrechen. *Unglaubwürdige:* also heiße ich euch, ihr Wirklichen!

Alle Zeiten schwätzen wider einander in euren Geistern: und aller Zeiten Träume und Geschwätz waren wirklicher noch, als euer Wachsein ist!

Unfruchtbare seid ihr: *darum* fehlt es euch an Glauben. Aber wer schaffen mußte, der hatte auch immer seine Wahr-Träume und Stern-Zeichen – und glaubte an Glauben! –

Halboffene Tore seid ihr, an denen Totengräber warten. Und das ist *eure* Wirklichkeit: „Alles ist wert, daß es zugrunde geht."

Ach, wie ihr mir dasteht, ihr Unfruchtbaren, wie mager in den Rippen! Und mancher von euch hatte wohl dessen selber ein Einsehen.

Und er sprach: „Es hat wohl da ein Gott, als ich schlief, mir heimlich etwas entwendet? Wahrlich, genug, sich ein Weibchen daraus zu bilden!

Wundersam ist die Armut meiner Rippen!" also sprach schon mancher Gegenwärtige.

Ja, zum Lachen seid ihr mir, ihr Gegenwärtigen! Und sonderlich, wenn ihr euch über euch selber wundert!

Und wehe mir, wenn ich nicht lachen könnte über eure Verwunderung, und alles Widrige aus euren Näpfen hinunter trinken müßte!

So aber will ich's mit euch leichter nehmen, da ich *Schweres* zu tragen habe; und was tut's mir, wenn sich Käfer und Flügelwürmer noch auf mein Bündel setzen!

Wahrlich, es soll mir darob nicht schwerer werden! Und nicht aus euch, ihr Gegenwärtigen, soll mir die große Müdigkeit kommen. –

Ach, wohin soll ich nun noch steigen mit meiner Sehnsucht! Von allen Bergen schaue ich aus nach Vater- und Mutterländern.

Aber Heimat fand ich nirgends; unstet bin ich in allen Städten und ein Aufbruch an allen Toren.

Fremd sind mir und ein Spott die Gegenwärtigen, zu denen mich jüngst das Herz trieb; und vertrieben bin ich aus Vater- und Mutterländern. So liebe ich allein noch meiner *Kinder Land*, das unentdeckte, im fernsten Meere: nach ihm heiße ich meine Segel suchen und suchen.

An meinen Kindern will ich es gut machen, daß ich meiner Väter Kind bin: und an aller Zukunft – *diese* Gegenwart! –

Also sprach Zarathustra.

VON DER UNBEFLECKTEN ERKENNTNIS

Als gestern der Mond aufging, wähnte ich, daß er eine Sonne gebären wolle: so breit und trächtig lag er am Horizonte.

Aber ein Lügner war er mir mit seiner Schwangerschaft; und eher noch will ich an den Mann im Monde glauben als an das Weib.

Freilich, wenig Mann ist er auch, dieser schüchterne Nachtschwärmer. Wahrlich, mit schlechtem Gewissen wandelt er über Dächer.

Denn er ist lüstern und eifersüchtig, der Mönch im Monde, lüstern nach der Erde und nach allen Freuden der Liebenden.

Nein, ich mag ihn nicht, diesen Kater auf den Dächern! Widerlich sind mir alle, die um halbverschlossne Fenster schleichen!

Fromm und schweigsam wandelt er hin auf Sternen-Teppichen: – aber ich mag alle leisetretenden Mannsfüße nicht, an denen auch nicht ein Sporn klirrt.

Jedes Redlichen Schritt redet; die Katze aber stiehlt sich über den Boden weg. Siehe, katzenhaft kommt der Mond daher und unredlich. –

Dieses Gleichnis gebe ich euch empfindsamen Heuchlern, euch, den „Rein-Erkennenden"! Euch heiße ich – Lüsterne!

Auch ihr liebt die Erde und das Irdische: ich erriet euch wohl! – aber Scham ist in eurer Liebe und schlechtes Gewissen, – dem Monde gleicht ihr!

Zur Verachtung des Irdischen hat man euren Geist überredet, aber nicht eure Eingeweide: *die* aber sind das Stärkste an euch!

Und nun schämt sich euer Geist, daß er euren Eingeweiden zu Willen ist, und geht vor seiner eignen Scham Schleich- und Lügenwege.

„Das wäre mir das Höchste" – also redet euer verlogener Geist zu sich – „auf das Leben ohne Begierde zu schaun und nicht, gleich dem Hunde, mit hängender Zunge:

Glücklich zu sein im Schauen, mit erstorbenem Willen, ohne Griff und Gier der Selbstsucht – kalt und aschgrau am ganzen Leibe, aber mit trunkenen Mondesaugen!

Das wäre mir das Liebste, – also verführt sich selber der Verführte – die Erde zu lieben, wie der Mond sie liebt, und nur mit dem Auge allein ihre Schönheit zu betasten.

Und das heiße mir aller Dinge *unbefleckte* Erkenntnis, daß ich von den Dingen nichts will: außer daß ich vor ihnen da liegen darf wie ein Spiegel mit hundert Augen." –

O, ihr empfindsamen Heuchler, ihr Lüsternen! Euch fehlt die Unschuld in der Begierde: und nun verleumdet ihr drum das Begehren!

Wahrlich, nicht als Schaffende, Zeugende, Werdelustige liebt ihr die Erde!

Wo ist Unschuld? Wo der Wille zur Zeugung ist. Und wer über sich hinaus schaffen will, der hat mir den reinsten Willen.

Wo ist Schönheit? Wo ich mit allem Willen *wollen muß*; wo ich lieben und untergehn will, daß ein Bild nicht nur Bild bleibe.

Lieben und Untergehn: das reimt sich seit Ewigkeiten. Wille zur Liebe: das ist, willig auch sein zum Tode. Also rede ich zu euch Feiglingen!

Aber nun will euer entmanntes Schielen „Beschaulichkeit" heißen! Und was mit feigen Augen sich tasten läßt, soll „schön" getauft werden! O ihr Beschmutzer edler Namen!

Aber das soll euer Fluch sein, ihr Unbefleckten, ihr Rein-Erkennenden, daß ihr nie gebären werdet: und wenn ihr auch breit und trächtig am Horizonte liegt!

Wahrlich, ihr nehmt den Mund voll mit edlen Worten: und wir sollen glauben, daß euch das Herz übergehe, ihr Lügenbolde?

Aber *meine* Worte sind geringe, verachtete, krumme Worte: gerne nehme ich auf, was bei eurer Mahlzeit unter den Tisch fällt.

Immer noch kann ich mit ihnen – Heuchlern die Wahrheit sagen! Ja, meine Gräten, Muscheln und Stachelblätter sollen – Heuchlern die Nase kitzeln!

Schlechte Luft ist immer um euch und eure Mahlzeiten: eure lüsternen Gedanken, eure Lügen und Heimlichkeiten sind ja in der Luft!

Wagt es doch erst, euch selber zu glauben – euch und euren Eingeweiden! Wer sich selber nicht glaubt, lügt immer.

Eines Gottes Larve hängtet ihr um vor euch selber, ihr „Reinen": in eines Gottes Larve verkroch sich euer greulicher Ringelwurm.

Wahrlich, ihr täuscht, ihr „Beschaulichen"! Auch Zarathustra war einst der Narr eurer göttlichen Häute; nicht erriet er das Schlangengeringel, mit dem sie gestopft waren.

Eines Gottes Seele wähnte ich einst spielen zu sehn in euren Spielen, ihr Rein-Erkennenden! Keine bessere Kunst wähnte ich einst als eure Künste!

Schlangen-Unflat und schlimmen Geruch verhehlte mir die Ferne: und daß einer Eidechse List lüstern hier herumschlich.

Aber ich kam euch *nah*: da kam mir der Tag – und nun kommt er euch, – zu Ende ging des Mondes Liebschaft!

Seht doch hin! Ertappt und bleich steht er da – vor der Morgenröte!

Denn schon kommt sie, die Glühende, – *ihre* Liebe zur Erde kommt! Unschuld und Schöpfer-Begier ist alle Sonnen-Liebe!

Seht doch hin, wie sie ungeduldig über das Meer kommt! Fühlt ihr den Durst und den heißen Atem ihrer Liebe nicht?

Am Meere will sie saugen und seine Tiefe zu sich in die Höhe trinken: da hebt sich die Begierde des Meeres mit tausend Brüsten.

Geküßt und gesaugt *will* es sein vom Durste der Sonne; Luft *will* es werden und Höhe und Fußpfad des Lichts und selber Licht!

Wahrlich, der Sonne gleich liebe ich das Leben und alle tiefen Meere.

Und dies heißt mir Erkenntnis: alles Tiefe soll hinauf – zu meiner Höhe! –

Also sprach Zarathustra!

VON DEN GELEHRTEN

Als ich im Schlafe lag, da fraß ein Schaf am Efeukranze meines Hauptes, – fraß und sprach dazu: „Zarathustra ist kein Gelehrter mehr".

Sprach's und ging stotzig davon und stolz. Ein Kind erzählte mir's.

Gerne liege ich hier, wo die Kinder spielen, an der zerbrochnen Mauer, unter Disteln und roten Mohnblumen.

Ein Gelehrter bin ich den Kindern noch und auch den Disteln und roten Mohnblumen. Unschuldig sind sie, selbst noch in ihrer Bosheit.

Aber den Schafen bin ich's nicht mehr: so will es mein Los – gesegnet sei es! Denn dies ist die Wahrheit: ausgezogen bin ich aus dem Hause der Gelehrten, und die Tür habe ich noch hinter mir zugeworfen.

Zu lange saß meine Seele hungrig an ihrem Tische; nicht, gleich ihnen, bin ich auf das Erkennen abgerichtet wie auf das Nüsseknacken.

Freiheit liebe ich und die Luft über frischer Erde; lieber noch will ich auf Ochsenhäuten schlafen, als auf ihren Würden und Achtbarkeiten.

Ich bin zu heiß und verbrannt von eigenen Gedanken: oft will es mir den Atem nehmen. Da muß ich ins Freie und weg aus allen verstaubten Stuben.

Aber sie sitzen kühl in kühlem Schatten: sie wollen in allem nur Zuschauer sein und hüten sich, dort zu sitzen, wo die Sonne auf die Stufen brennt.

Gleich solchen, die auf der Straße stehn und die Leute angaffen, welche vorübergehn: also warten sie auch und gaffen Gedanken an, die andre gedacht haben.

Greift man sie mit Händen, so stäuben sie um sich gleich Mehlsäcken, und unfreiwillig; aber wer erriete wohl, daß ihr Staub vom Korne stammt und von der gelben Wonne der Sommerfelder?

Geben sie sich weise, so fröstelt mich ihrer kleinen Sprüche und Wahrheiten: ein Geruch ist oft an ihrer Weisheit, als ob sie aus dem Sumpfe stamme: und wahrlich, ich hörte auch schon den Frosch aus ihr quaken! Geschickt sind sie, sie haben kluge Finger: was will *meine* Einfalt bei ihrer Vielfalt! Alles Fädeln und Knüpfen und Weben verstehn ihre Finger: also wirken sie die Strümpfe des Geistes!

Gute Uhrwerke sind sie: nur sorge man, sie richtig aufzuziehn! Dann zeigen sie ohne Falsch die Stunde an und machen einen bescheidnen Lärm dabei.

Gleich Mühlwerken arbeiten sie und Stampfen: man werfe ihnen nur seine Fruchtkörner zu! – sie wissen schon, Korn klein zu mahlen und weißen Staub daraus zu machen.

Sie sehen einander gut auf die Finger und trauen sich nicht zum Besten. Erfinderisch in kleinen Schlauheiten, warten sie auf solche, deren Wissen auf lahmen Füßen geht, – gleich Spinnen warten sie.

Ich sah sie immer mit Vorsicht Gift bereiten; und immer zogen sie gläserne Handschuhe dabei an ihre Finger.

Auch mit falschen Würfeln wissen sie zu spielen; und so eifrig fand ich sie spielen, daß sie dabei schwitzten.

Wir sind einander fremd, und ihre Tugenden gehn mir noch mehr wider den Geschmack als ihre Falschheiten und falschen Würfel.

Und als ich bei ihnen wohnte, da wohnte ich über ihnen. Darüber wurden sie mir gram.

Sie wollen nichts davon hören, daß einer über ihren Köpfen wandelt; und so legten sie Holz und Erde und Unrat zwischen mich und ihre Köpfe.

Also dämpften sie den Schall meiner Schritte: und am schlechtesten wurde ich bisher von den Gelehrtesten gehört.

Aller Menschen Fehl und Schwäche legten sie zwischen sich und mich: – „Fehlboden" heißen sie das in ihren Häusern.

Aber trotzdem wandle ich mit meinen Gedanken *über* ihren Köpfen; und selbst, wenn ich auf meinen eignen Fehlern wandeln wollte, würde ich noch über ihnen sein und ihren Köpfen.

Denn die Menschen sind *nicht* gleich: so spricht die Gerechtigkeit. Und was ich will, dürften *sie* nicht wollen!

Also sprach Zarathustra.

VON DEN DICHTERN

„Seit ich den Leib besser kenne", – sagte Zarathustra zu einem seiner Jünger – „ist mir der Geist nur noch gleichsam Geist; und alles das ‚Unvergängliche' – das ist auch nur ein Gleichnis."

„So hörte ich dich schon einmal sagen", antwortete der Jünger; „und damals fügtest du hinzu: „aber die Dichter lügen zuviel." Warum sagtest du doch, daß die Dichter zuviel lügen?"

„Warum?" sagte Zarathustra. „Du fragst warum? Ich gehöre nicht zu denen, welche man nach ihrem Warum fragen darf.

Ist denn mein Erleben von gestern? Das ist lange her, daß ich die Gründe meiner Meinungen erlebte.

Müßte ich nicht ein Faß sein von Gedächtnis, wenn ich auch meine Gründe bei mir haben wollte?

Schon zu viel ist mir's, meine Meinungen selber zu behalten; und mancher Vogel fliegt davon.

Und mitunter finde ich auch ein zugeflogenes Tier in meinem Taubenschlage, das mir fremd ist, und das zittert, wenn ich meine Hand darauf lege.

Doch was sagte dir einst Zarathustra? Daß die Dichter zuviel lügen? – Aber auch Zarathustra ist ein Dichter.

Glaubst du nun, daß er hier die Wahrheit redete? Warum glaubst du das?"

Der Jünger antwortete: „Ich glaube an Zarathustra." Aber Zarathustra schüttelte den Kopf und lächelte.

Der Glaube macht mich nicht selig, sagte er, zumal nicht der Glaube an mich.

Aber gesetzt, daß jemand allen Ernstes sagte, die Dichter lügen zuviel: so hat er Recht, – *wir* lügen zuviel.

Wir wissen auch zu wenig und sind schlechte Lerner: so müssen wir schon lügen. Und wer von uns Dichtern hätte nicht seinen Wein verfälscht? Manch giftiger Mischmasch geschah in unsern Kellern, manches Unbeschreibliche ward da getan.

Und weil wir wenig wissen, so gefallen uns von Herzen die geistig Armen, sonderlich wenn es junge Weibchen sind.

Und selbst nach den Dingen sind wir noch begehrlich, die sich die alten Weibchen abends erzählen. Das heißen wir selber an uns das Ewig-Weibliche.

Und als ob es einen besondren geheimen Zugang zum Wissen gäbe, der sich denen *verschütte*, welche etwas lernen: so glauben wir an das Volk und seine „Weisheit".

Das aber glauben alle Dichter: daß wer im Grase oder an einsamen Gehängen liegend die Ohren spitze, etwas von den Dingen erfahre, die zwischen Himmel und Erde sind.

Und kommen ihnen zärtliche Regungen, so meinen die Dichter immer, die Natur selber sei in sie verliebt:

Und sie schleiche zu ihrem Ohre, Heimliches hinein zu sagen und verliebte Schmeichelreden: dessen brüsten und blähen sie sich vor allen Sterblichen!

Ach, es gibt so viel Dinge zwischen Himmel und Erde, von denen sich nur die Dichter etwas haben träumen lassen!

Und zumal über dem Himmel: denn alle Götter sind Dichter-Gleichnis, Dichter-Erschleichnis!

Wahrlich, immer zieht es uns hinan – nämlich zum Reich der Wolken: auf diese setzen wir unsre bunten Bälge und heißen sie dann Götter und Übermenschen: –

Sind sie doch gerade leicht genug für diese Stühle! – alle diese Götter und Übermenschen.

Ach, wie bin ich all des Unzulänglichen müde, das durchaus Ereignis sein soll! Ach, wie bin ich der Dichter müde!

Als Zarathustra so sprach, zürnte ihm sein Jünger, aber er schwieg. Und auch Zarathustra schwieg; und sein Auge hatte sich nach innen gekehrt, gleich als ob es in weite Fernen sähe. Endlich seufzte er und holte Atem.

Ich bin von heute und ehedem, sagte er dann; aber etwas ist in mir, das ist von morgen und übermorgen und einstmals.

Ich wurde der Dichter müde, der alten und der neuen: Oberflächliche sind sie mir alle und seichte Meere.

Sie dachten nicht genug in die Tiefe: darum sank ihr Gefühl nicht bis zu den Gründen.

Etwas Wollust und etwas Langeweile: das ist noch ihr bestes Nachdenken gewesen.

Gespenster-Hauch und -Huschen gilt mir all ihr Harfen-Klingklang; was wußten sie bisher von der Inbrunst der Töne! –

Sie sind mir auch nicht reinlich genug: sie trüben alle ihr Gewässer, daß es tief scheine.

Und gerne geben sie sich damit als Versöhner: aber Mittler und Mischer bleiben sie mir, und Halb-und-Halbe und Unreinliche! –

Ach, ich warf wohl mein Netz in ihre Meere und wollte gute Fische fangen; aber immer zog ich eines alten Gottes Kopf herauf.

So gab dem Hungrigen das Meer einen Stein. Und sie selber mögen wohl aus dem Meere stammen.

Gewiß, man findet Perlen in ihnen: um so ähnlicher sind sie selber harten Schaltieren. Und statt der Seele fand ich oft bei ihnen gesalzenen Schleim.

Sie lernten vom Meere auch noch seine Eitelkeit: ist nicht das Meer der Pfau der Pfauen?

Noch vor dem häßlichsten aller Büffel rollt es seinen Schweif hin, nimmer wird es seines Spitzenfächers von Silber und Seide müde.

Trutzig blickt der Büffel dazu, dem Sande nahe in seiner Seele, näher noch dem Dickicht, am nächsten aber dem Sumpfe.

Was ist ihm Schönheit und Meer und Pfauen-Zierat! Dieses Gleichnis sage ich den Dichtern.

Wahrlich, ihr Geist selber ist der Pfau der Pfauen und ein Meer von Eitelkeit!

Zuschauer will der Geist des Dichters: sollten's auch Büffel sein! –

Aber dieses Geistes wurde ich müde: und ich sehe kommen, daß er seiner selber müde wird.

Verwandelt sah ich schon die Dichter und gegen sich selber den Blick gerichtet.

Büßer des Geistes sah ich kommen: die wuchsen aus ihnen. –

Also sprach Zarathustra.

VON GROSSEN EREIGNISSEN

Es gibt eine Insel im Meere – unweit den glückseligen Inseln Zarathustras –, auf welcher beständig ein Feuerberg raucht; von der sagt das Volk, und sonderlich sagen es die alten Weibchen aus dem Volke, daß sie wie ein Felsblock vor das Tor der Unterwelt gestellt sei: durch den Feuerberg selber aber führe der schmale Weg abwärts, der zu diesem Tore der Unterwelt geleite.

Um jene Zeit nun, als Zarathustra auf den glückseligen Inseln weilte, geschah es, daß ein Schiff an der Insel Anker warf, auf welcher der rauchende Berg steht; und seine Mannschaft ging ans Land, um Kaninchen zu schießen. Gegen die Stunde des Mittags aber, da der Kapitän und seine Leute wieder beisammen waren, sahen sie plötzlich durch die Luft einen Mann auf sich zukommen, und eine Stimme sagte deutlich: „Es ist Zeit! Es ist die höchste Zeit!“ Wie die Gestalt ihnen aber am nächsten war – sie flog aber schnell gleich einem Schatten vorbei, in der Richtung, wo der Feuerberg lag –, da erkannten sie mit größter Bestürzung, daß es Zarathustra sei; denn sie hatten ihn alle schon gesehn, ausgenommen der Kapitän selber, und sie liebten ihn, wie das Volk liebt: also daß zu gleichen Teilen Liebe und Scheu beisammen sind.

„Seht mir an!“ sagte der alte Steuermann, „da fährt Zarathustra zur Hölle!“ –

Um die gleiche Zeit, als diese Schiffer an der Feuerinsel landeten, lief das Gerücht umher, daß Zarathustra verschwunden sei; und als man seine Freunde fragte, erzählten sie, er sei bei Nacht zu Schiff gegangen, ohne zu sagen, wohin er reisen wolle.

Also entstand eine Unruhe; nach drei Tagen aber kam zu dieser Unruhe die Geschichte der Schiffsleute hinzu – und nun sagte alles Volk, daß der Teufel Zarathustra geholt habe. Seine Jünger lachten zwar ob dieses Geredes; und einer von ihnen sagte sogar: „Eher glaube ich noch, daß Zarathustra sich den Teufel geholt hat.“ Aber im Grunde der Seele waren sie alle voll Besorgnis und Sehnsucht: so war ihre Freude groß, als am fünften Tage Zarathustra unter ihnen erschien.

Und dies ist die Erzählung von Zarathustras Gespräch mit dem Feuerhunde:

Die Erde, sagte er, hat eine Haut; und diese Haut hat Krankheiten. Eine dieser Krankheiten heißt zum Beispiel: „Mensch“.

Und eine andere dieser Krankheiten heißt „Feuerhund“: über den haben sich die Menschen viel vorgelogen und vorlügen lassen.

Dies Geheimnis zu ergründen ging ich über das Meer: und ich habe die Wahrheit nackt gesehn, wahrlich! barfuß bis zum Halse.

Was es mit dem Feuerhund auf sich hat, weiß ich nun; und insgleichen mit all den Auswurf- und Umsturz-Teufeln, vor denen sich nicht nur alte Weibchen fürchten.

„Heraus mit dir, Feuerhund, aus deiner Tiefe!“ rief ich, „und bekenne, wie tief diese Tiefe ist! Woher ist das, was du da heraufschnaubst?

Du trinkst reichlich am Meere: das verrät deine versalzte Beredsamkeit! Fürwahr, für einen Hund der Tiefe nimmst du deine Nahrung zu sehr von der Oberfläche!

Höchstens für den Bauchredner der Erde halt’ ich dich: und immer, wenn ich Umsturz- und Auswurf-Teufel reden hörte, fand ich sie gleich dir: gesalzen, lügnerisch und flach.

Ihr versteht zu brüllen und mit Asche zu verdunkeln! Ihr seid die besten Großmäuler und lerntet sattsam die Kunst, Schlamm heiß zu sieden.

Wo ihr seid, da muß stets Schlamm in der Nähe sein, und viel Schwammichtes, Höhlichtes, Eingezwängtes: das will in die Freiheit.

‚Freiheit‘ brüllt ihr alle am liebsten: aber ich verlernte den Glauben an ‚große Ereignisse‘, sobald viel Gebrüll und Rauch um sie herum ist.

Und glaube mir nur, Freund Höllenlärm! Die größten Ereignisse – das sind nicht unsre lautesten, sondern unsre stillsten Stunden.

Nicht um die Erfinder von neuem Lärme: um die Erfinder von neuen Werten dreht sich die Welt; *unhörbar* dreht sie sich.

Und gesteh es nur! Wenig war immer nur geschehn, wenn dein Lärm und Rauch sich verzog. Was liegt daran, daß eine Stadt zur Mumie wurde, und eine Bildsäule im Schlamme liegt!

Und dies Wort sage ich noch den Umstürzern von Bildsäulen. Das ist wohl die größte Torheit, Salz ins Meer und Bildsäulen in den Schlamm zu werfen.

Im Schlamme eurer Verachtung lag die Bildsäule: aber das ist gerade ihr Gesetz, daß ihr aus der Verachtung wieder Leben und lebende Schönheit wächst!

Mit göttlicheren Zügen steht sie nun auf, und leidend-verführerisch; und wahrlich! sie wird euch noch Dank sagen, daß ihr sie umstürztet, ihr Umstürzer!

Diesen Rat aber rate ich Königen und Kirchen und allem, was alters- und tugendschwach ist – laßt euch nur umstürzen! Daß ihr wieder zum Leben kommt, und zu euch – die Tugend! –"

Also redete ich vor dem Feuerhunde: da unterbrach er mich mürrisch und fragte: „Kirche? Was ist denn das?"

„Kirche?" antwortete ich, „das ist eine Art von Staat, und zwar die verlogenste. Doch schweig still, du Heuchelhund! Du kennst deine Art wohl am besten schon!

Gleich dir selber ist der Staat ein Heuchelhund; gleich dir redet er gern mit Rauch und Gebrülle, – daß er glauben mache, gleich dir, er rede aus dem Bauch der Dinge.

Denn er will durchaus das wichtigste Tier auf Erden sein, der Staat; und man glaubt's ihm auch." –

Als ich das gesagt hatte, gebärdete sich der Feuerhund wie unsinnig vor Neid. „Wie?" schrie er, „das wichtigste Tier auf Erden? Und man glaubt's ihm auch?" Und so viel Dampf und gräßliche Stimmen kamen ihm aus dem Schlunde, daß ich meinte, er werde vor Ärger und Neid ersticken.

Endlich wurde er stiller, und sein Keuchen ließ nach; sobald er aber stille war, sagte ich lachend:

„Du ärgerst dich, Feuerhund: also habe ich über dich Recht!

Und daß ich auch noch Recht behalte, so höre von einem andern Feuerhunde: der spricht wirklich aus dem Herzen der Erde.

Gold haucht sein Atem und goldigen Regen: so will's das Herz ihm. Was ist ihm Asche und Rauch und heißer Schleim noch!

Lachen flattert aus ihm wie ein buntes Gewölke; abgünstig ist er deinem Gurgeln und Speien und Grimmen der Eingeweide!

Das Gold aber und das Lachen – das nimmt er aus dem Herzen der Erde: denn daß du's nur weißt, – *das Herz der Erde ist von Gold.*"

Als dies der Feuerhund vernahm, hielt er's nicht mehr aus, mir zuzuhören. Beschämt zog er seinen Schwanz ein, sagte auf eine kleinlaute Weise Wau! Wau! und kroch hinab in seine Höhle. –

Also erzählte Zarathustra. Seine Jünger aber hörten ihm kaum zu: so groß war ihre Begierde, ihm von den Schiffsleuten, den Kaninchen und dem fliegenden Manne zu erzählen.

„Was soll ich davon denken!" sagte Zarathustra. „Bin ich denn ein Gespenst?

Aber es wird mein Schatten gewesen sein. Ihr hörtet wohl schon einiges vom Wanderer und seinem Schatten?

Sicher aber ist das: ich muß ihn kürzer halten, – er verdirbt mir sonst noch den Ruf."

Und nochmals schüttelte Zarathustra den Kopf und wunderte sich. „Was soll ich davon denken!" sagte er nochmals.

„Warum schrie denn das Gespenst: ‚Es ist Zeit! Es ist die höchste Zeit!' *Wozu* ist es denn – höchste Zeit?" –

Also sprach Zarathustra.

DER WAHRSAGER

Und ich sah eine große Traurigkeit über die Menschen kommen. Die Besten wurden ihrer Werke müde.

Eine Lehre erging, ein Glaube lief neben ihr: ‚Alles ist leer, alles ist gleich, alles war!'

Und von allen Hügeln klang es wider: ‚Alles ist leer, alles ist gleich, alles war!'

Wohl haben wir geerntet: aber warum wurden alle Früchte uns faul und braun? Was fiel vom bösen Monde bei der letzten Nacht hernieder?

Umsonst war alle Arbeit, Gift ist unser Wein geworden, böser Blick sengte unsre Felder und Herzen gelb.

Trocken wurden wir alle; und fällt Feuer auf uns, so stäuben wir der Asche gleich: – ja das Feuer selber machten wir müde.

Alle Brunnen versiegten uns, auch das Meer wich zurück. Aller Grund will reißen, aber die Tiefe will nicht schlingen!

‚Ach, wo ist noch ein Meer, in dem man ertrinken könnte': so klingt unsre Klage – hinweg über flache Sümpfe.

Wahrlich, zum Sterben wurden wir schon zu müde; nun wachen wir noch und leben fort – in Grabkammern!" –

Also hörte Zarathustra einen Wahrsager reden; und seine Weissagung ging ihm zu Herzen und verwandelte ihn. Traurig ging er umher und müde; und er wurde denen gleich, von welchen der Wahrsager geredet hatte.

Wahrlich, so sagte er zu seinen Jüngern, es ist um ein Kleines, so kommt diese lange Dämmerung. Ach, wie soll ich mein Licht hinüber retten! Daß es mir nicht ersticke in dieser Traurigkeit! Ferneren Welten soll es ja Licht sein, und noch fernsten Nächten!

Dergestalt im Herzen bekümmert ging Zarathustra umher; und drei Tage lang nahm er nicht Trank und Speise zu sich, hatte keine Ruhe und verlor die Rede. Endlich geschah es, daß er in einen tiefen Schlaf verfiel. Seine Jünger aber saßen um ihn in langen Nachtwachen und warteten mit Sorge, ob er wach werde und wieder rede und genesen sei von seiner Trübsal.

Dies aber ist die Rede, welche Zarathustra sprach, als er aufwachte; seine Stimme aber kam zu seinen Jüngern wie aus weiter Ferne:

Hört mir doch den Traum, den ich träumte, ihr Freunde, und helft mir seinen Sinn raten!

Ein Rätsel ist er mir noch, dieser Traum; sein Sinn ist verborgen in ihm und eingefangen und fliegt noch nicht über ihn hin mit freien Flügeln. Allem Leben hatte ich abgesagt, so träumte mir. Zum Nacht- und Grabwächter war ich worden, dort auf der einsamen Berg-Burg des Todes.

Droben hütete ich seine Särge: voll standen die dumpfen Gewölbe von solchen Siegeszeichen. Aus gläsernen Särgen blickte mich überwundenes Leben an.

Den Geruch verstaubter Ewigkeiten atmete ich: schwül und verstaubt lag meine Seele. Und wer hätte dort auch seine Seele lüften können!

Helle der Mitternacht war immer um mich, Einsamkeit kauerte neben ihr; und, zu dritt, röchelnde Todesstille, die schlimmste meiner Freundinnen.

Schlüssel führte ich, die rostigsten aller Schlüssel; und ich verstand es, damit das knarrendste aller Tore zu öffnen.

Einem bitterbösen Gekrächze gleich lief der Ton durch die langen Gänge, wenn sich des Tores Flügel hoben: unhold schrie dieser Vogel, ungern wollte er geweckt sein.

Aber furchtbarer noch und herzzuschnürender war es, wenn es wieder schwieg und rings stille ward und ich allein saß in diesem tückischen Schweigen.

So ging mir und schlich die Zeit, wenn Zeit es noch gab: was weiß ich davon! Aber endlich geschah das, was mich weckte.

Dreimal schlugen Schläge ans Tor, gleich Donnern, es hallten und heulten die Gewölbe dreimal wider: da ging ich zum Tore.

Alpa! rief ich, wer trägt seine Asche zu Berge? Alpa! Alpa! Wer trägt seine Asche zu Berge?

Und ich drückte den Schlüssel und hob am Tore und mühte mich. Aber noch keinen Fingerbreit stand es offen:

Da riß ein brausender Wind seine Flügel auseinander: pfeifend, schrillend und schneidend warf er mir einen schwarzen Sarg zu:

Und im Brausen und Pfeifen und Schrillen zerbarst der Sarg und spie tausendfältiges Gelächter aus.

Und aus tausend Fratzen von Kindern, Engeln, Eulen, Narren und kindergroßen Schmetterlingen lachte und höhnte und brauste es wider mich.

Gräßlich erschrak ich darob: es warf mich nieder. Und ich schrie vor Grausen, wie nie ich schrie.

Aber der eigne Schrei weckte mich auf: – und ich kam zu mir. –

Also erzählte Zarathustra seinen Traum und schwieg dann: denn er wußte noch nicht die Deutung seines Traumes. Aber der Jünger, den er am meisten lieb hatte, erhob sich schnell, faßte die Hand Zarathustras und sprach:

„Dein Leben selber deutet uns diesen Traum, o Zarathustra!

Bist du nicht selber der Wind mit schrillem Pfeifen, der den Burgen des Todes die Tore aufreißt?

Bist du nicht selber der Sarg voll bunter Bosheiten und Engelsfratzen des Lebens?

Wahrlich, gleich tausendfältigem Kindsgelächter kommt Zarathustra in alle Totenkammern, lachend über diese Nacht- und Grabwächter, und wer sonst mit düstern Schlüsseln rasselt.

Schrecken und umwerfen wirst du sie mit deinem Gelächter; Ohnmacht und Wachwerden wird deine Macht über sie beweisen.

Und auch, wenn die lange Dämmerung kommt und die Todesmüdigkeit, wirst du an unserm Himmel nicht untergehn, du Fürsprecher des Lebens!

Neue Sterne ließest du uns sehen und neue Nachtherrlichkeiten; wahrlich, das Lachen selber spanntest du wie ein buntes Gezelt über uns.

Nun wird immer Kindes-Lachen aus Särgen quellen; nun wird immer siegreich ein starker Wind kommen aller Todesmüdigkeit: dessen bist du uns selber Bürge und Wahrsager!

Wahrlich, *sie selber träumtest du,* deine Feinde: das war dein schwerster Traum!

Aber wie du von ihnen aufwachtest und zu dir kamst, also sollen sie selber von sich aufwachen – und zu dir kommen!" –

So sprach der Jünger; und alle anderen drängten sich nun um Zarathustra und ergriffen ihn bei den Händen und wollten ihn bereden, daß er vom Bette und von der Traurigkeit lasse und zu ihnen zurückkehre. Zarathustra aber saß aufgerichtet auf seinem Lager, und mit fremdem Blicke. Gleichwie einer, der aus langer Fremde heimkehrt, sah er auf seine Jünger und prüfte ihre Gesichter; und noch erkannte er sie nicht. Als sie aber ihn hoben und auf die Füße stellten, siehe, da verwandelte sich mit einem Male sein Auge; er begriff alles, was geschehn war, strich sich den Bart und sagte mit starker Stimme:

„Wohlan! Dies nun hat seine Zeit; sorgt mir aber dafür, meine Jünger, daß wir eine gute Mahlzeit machen, und in Kürze! Also gedenke ich Buße zu tun für schlimme Träume!

Der Wahrsager aber soll an meiner Seite essen und trinken: und wahrlich, ich will ihm noch ein Meer zeigen, in dem er ertrinken kann!"

Also sprach Zarathustra. Darauf aber blickte er dem Jünger, welcher den Traumdeuter abgegeben hatte, lange ins Gesicht und schüttelte dabei den Kopf. –

VON DER ERLÖSUNG

Als Zarathustra eines Tags über die große Brücke ging, umringten ihn die Krüppel und Bettler, und ein Bucklichter redete also zu ihm:

„Siehe, Zarathustra! Auch das Volk lernt von dir und gewinnt Glauben an deine Lehre: aber, daß es ganz dir glauben soll, dazu bedarf es noch Eines – du mußt erst noch uns Krüppel überreden! Hier hast du nun eine schöne Auswahl und wahrlich, eine Gelegenheit mit mehr als einem Schopfe! Blinde kannst du heilen und Lahme laufen machen; und dem, der zuviel hinter sich hat, könntest du wohl auch ein wenig abnehmen: – das, meine ich, wäre die rechte Art, die Krüppel an Zarathustra glauben zu machen!"

Zarathustra aber erwiderte dem, der da redete, also: „Wenn man dem Bucklichten seinen Buckel nimmt, so nimmt man ihm seinen Geist – also lehrt das Volk. Und wenn man dem Blinden seine Augen gibt, so sieht er zuviel schlimme Dinge auf Erden: also daß er den verflucht, der ihn heilte. Der aber, welcher den Lahmen laufen macht, der tut ihm den größten Schaden an: denn kaum kann er laufen, so gehn seine Laster mit ihm durch – also lehrt das Volk über Krüppel. Und warum sollte Zarathustra nicht auch vom Volke lernen, wenn das Volk von Zarathustra lernt?

Das ist mir aber das Geringste, seit ich unter Menschen bin, daß ich sehe: ‚Diesem fehlt ein Auge und jenem ein Ohr und einem dritten das Bein, und andre gibt es, die verloren die Zunge oder die Nase oder den Kopf.'

Ich sehe und sah Schlimmeres und mancherlei so Abscheuliches, daß ich nicht von jeglichem reden und von einigem nicht einmal schweigen möchte: nämlich Menschen, denen es an allem fehlt, außer, daß sie eins zuviel haben – Menschen, welche nichts weiter sind als ein großes Auge oder ein großes Maul oder ein großer Bauch oder irgend etwas Großes, – umgekehrte Krüppel heiße ich solche.

Und als ich aus meiner Einsamkeit kam und zum ersten Male über diese Brücke ging: da traute ich meinen Augen nicht und sah hin, und wieder hin, und sagte endlich: ‚Das ist ein Ohr! Ein Ohr, so groß wie ein

Mensch!‘ Ich sah noch besser hin: und wirklich, unter dem Ohre bewegte sich noch etwas, das zum Erbarmen klein und ärmlich und schmächtig war. Und wahrhaftig, das ungeheure Ohr saß auf einem kleinen dünnen Stiele, – der Stiel aber war ein Mensch! Wer ein Glas vor das Auge nahm, konnte sogar noch ein kleines neidisches Gesichtchen erkennen; auch, daß ein gedunsenes Seelchen am Stiele baumelte. Das Volk sagte mir aber, das große Ohr sei nicht nur ein Mensch, sondern ein großer Mensch, ein Genie. Aber ich glaubte dem Volke niemals, wenn es von großen Menschen redete – und behielt meinen Glauben bei, daß es ein umgekehrter Krüppel sei, der an allem zu wenig und an einem zu viel habe.“

Als Zarathustra so zu dem Bucklichten geredet hatte und zu denen, welchen er Mundstück und Fürsprecher war, wandte er sich mit tiefem Unmute zu seinen Jüngern und sagte:

Wahrlich, meine Freunde, ich wandle unter den Menschen wie unter den Bruchstücken und Gliedmaßen von Menschen!

Dies ist meinem Auge das Fürchterliche, daß ich den Menschen zertrümmert finde und zerstreuet wie über ein Schlacht- und Schlächterfeld hin.

Und flüchtet mein Auge vom Jetzt zum Ehemals: es findet immer das Gleiche: Bruchstücke und Gliedmaßen und grause Zufälle – aber keine Menschen!

Das Jetzt und das Ehemals auf Erden – ach! meine Freunde –, das ist *mein* Unerträglichstes; und ich wüßte nicht zu leben, wenn ich nicht noch ein Seher wäre, dessen, was kommen muß.

Ein Seher, ein Wollender, ein Schaffender, eine Zukunft selber und eine Brücke zur Zukunft – und ach, auch noch gleichsam ein Krüppel an dieser Brücke: das alles ist Zarathustra.

Und auch ihr fragtet euch oft: ‚Wer ist uns Zarathustra? Wie soll er uns heißen?‘ Und gleich mir selber gabt ihr euch Fragen zur Antwort.

Ist er ein Versprechender? Oder ein Erfüller? Ein Erobernder? Oder ein Erbender? Ein Herbst? Oder eine Pflugschar? Ein Arzt? Oder ein Genesener?

Ist er ein Dichter? Oder ein Wahrhaftiger? Ein Befreier? Oder ein Bändiger? Ein Guter? Oder ein Böser?

Ich wandle unter Menschen als den Bruchstücken der Zukunft: jener Zukunft, die ich schaue.

Und das ist all mein Dichten und Trachten, daß ich in eins dichte und zusammentrage, was Bruchstück ist und Rätsel und grauser Zufall.

Und wie ertrüge ich es, Mensch zu sein, wenn der Mensch nicht auch Dichter und Rätselrater und der Erlöser des Zufalls wäre!

Die Vergangnen zu erlösen und alles „Es war“ umzuschaffen in ein „So wollte ich es!“ – das hieße mir erst Erlösung!

Wille – so heißt der Befreier und Freudebringer: also lehrte ich euch meine Freunde! Aber nun lernt dies hinzu: der Wille selber ist noch ein Gefangener.

Wollen befreit: aber wie heißt das, was auch den Befreier noch in Ketten schlägt?

„Es war“: also heißt des Willens Zähneknirschen und einsamste Trübsal. Ohnmächtig gegen das, was getan ist – ist er allem Vergangenen ein böser Zuschauer.

Nicht zurück kann der Wille wollen; daß er die Zeit nicht brechen kann und der Zeit Begierde, – das ist des Willens einsamste Trübsal.

Wollen befreit: was ersinnt sich das Wollen selber, daß es los seiner Trübsal werde und seines Kerkers spotte?

Ach, ein Narr wird jeder Gefangene! Närrisch erlöst sich auch der gefangene Wille. Daß die Zeit nicht zurückläuft, das ist sein Ingrimm; „Das, was war“ – so heißt der Stein, den er nicht wälzen kann.

Und so wälzt er Steine aus Ingrimm und Unmut und übt Rache an dem, was nicht gleich ihm Grimm und Unmut fühlt.

Also wurde der Wille, der Befreier, ein Wehetäter: und an allem, was leiden kann, nimmt er Rache dafür, daß er nicht zurück kann.

Dies, ja dies allein ist *Rache* selber: des Willens Widerwille gegen die Zeit und ihr „Es war“.

Wahrlich, eine große Narrheit wohnt in unserm Willen; und zum Fluche wurde es allem Menschlichen, daß diese Narrheit Geist lernte!

Der Geist der Rache: meine Freunde, das war bisher der Menschen bestes Nachdenken; und wo Leid war, da sollte immer Strafe sein.

„Strafe“ nämlich, so heißt sich die Rache selber: mit einem Lügenwort heuchelt sie sich ein gutes Gewissen.

Und weil im Wollenden selber Leid ist, darob, daß er nicht zurück wollen kann, – also sollte Wollen selber und alles Leben – Strafe sein!

Und nun wälzte sich Wolke auf Wolke über den Geist: bis endlich der Wahnsinn predigte: „Alles vergeht, darum ist alles wert zu vergehn!"

„Und dies ist selber Gerechtigkeit, jenes Gesetz der Zeit, daß sie ihre Kinder fressen muß": also predigte der Wahnsinn.

„Sittlich sind die Dinge geordnet nach Recht und Strafe. O, wo ist die Erlösung vom Fluß der Dinge und der Strafe ‚Dasein'?" Also predigte der Wahnsinn.

„Kann es Erlösung geben, wenn es ein ewiges Recht gibt? Ach, unwälzbar ist der Stein ‚Es war': ewig müssen auch alle Strafen sein!" Also predigte der Wahnsinn.

„Keine Tat kann vernichtet werden: wie könnte sie durch die Strafe ungetan werden! Dies, dies ist das Ewige an der Strafe ‚Dasein', daß das Dasein auch ewig wieder Tat und Schuld sein muß!

„Es sei denn, daß der Wille endlich sich selber erlöste und Wollen zu Nicht-Wollen würde –": doch ihr kennt, meine Brüder, dies Fabellied des Wahnsinns! Weg führte ich euch von diesen Fabelliedern, als ich euch lehrte: „Der Wille ist ein Schaffender".

Alles „Es war" ist ein Bruchstück, ein Rätsel, ein grauser Zufall – bis der schaffende Wille dazu sagt: „Aber so wollte ich es!"

– Bis der schaffende Wille dazu sagt: „Aber so will ich es! So werde ich's wollen!"

Aber sprach er schon so? Und wann geschieht dies? Ist der Wille schon abgeschirrt von seiner eignen Torheit?

Wurde der Wille sich selber schon Erlöser und Freudebringer? Verlernte er den Geist der Rache und alles Zähneknirschen?

Und wer lehrte ihn Versöhnung mit der Zeit, und Höheres, als alle Versöhnung ist?

Höheres als alle Versöhnung muß der Wille wollen, welcher der Wille zur Macht ist –: doch wie geschieht ihm das? Wer lehrte ihn auch noch das Zurückwollen?

– Aber an dieser Stelle seiner Rede geschah es, daß Zarathustra plötzlich innehielt und ganz einem solchen gleich sah, der auf das äußerste erschrickt. Mit erschrecktem Auge blickte er auf seine Jünger; sein Auge durchbohrte wie mit Pfeilen ihre Gedanken und Hintergedanken. Aber nach einer kleinen Weile lachte er schon wieder und sagte begütigt:

„Es ist schwer, mit Menschen zu leben, weil Schweigen so schwer ist. Sonderlich für einen Geschwätzigen.“ –

Also sprach Zarathustra. Der Bucklichte aber hatte dem Gespräche zugehört und sein Gesicht dabei bedeckt; als er aber Zarathustra lachen hörte, blickte er neugierig auf und sagte langsam:

„Aber warum redet Zarathustra anders zu uns, als zu seinen Jüngern?“

Zarathustra antwortete: „Was ist da zum Verwundern! Mit Bucklichten darf man schon bucklicht reden!“

„Gut,“ sagte der Bucklichte; „und mit Schülern darf man schon aus der Schule schwätzen.

Aber warum redet Zarathustra anders zu seinen Schülern – als zu sich selber?“ –

VON DER MENSCHEN-KLUGHEIT

Nicht die Höhe: der Abhang ist das Furchtbare!

Der Abhang, wo der Blick *hinunter* stürzt und die Hand *hinauf* greift. Da schwindelt dem Herzen vor seinem doppelten Willen.

Ach, Freunde, erratet ihr wohl auch meines Herzens doppelten Willen?

Das, das ist *mein* Abhang und meine Gefahr, daß mein Blick in die Höhe stürzt, und daß meine Hand sich halten und stützen möchte – an der Tiefe!

An den Menschen klammert sich mein Wille, mit Ketten binde ich mich an den Menschen, weil es mich hinauf reißt zum Übermenschen: denn dahin will mein andrer Wille.

Und *dazu* lebe ich blind unter den Menschen: gleich als ob ich sie nicht kennte: daß meine Hand ihren Glauben an Festes nicht ganz verliere.

Ich kenne euch Menschen nicht: diese Finsternis und Tröstung ist oft um mich gebreitet.

Ich sitze am Torwege für jeden Schelm und frage: wer will mich betrügen?

Das ist meine erste Menschen-Klugheit, daß ich mich betrügen lasse, um nicht auf der Hut zu sein vor Betrügern.

Ach, wenn ich auf der Hut wäre vor dem Menschen: wie könnte meinem Balle der Mensch ein Anker sein! Zu leicht risse es mich hinauf und hinweg!

Diese Vorsehung ist über meinem Schicksal, daß ich ohne Vorsicht sein muß. Und wer unter Menschen nicht verschmachten will, muß lernen, aus allen Gläsern zu trinken; und wer unter Menschen rein bleiben will, muß verstehn, sich auch mit schmutzigem Wasser zu waschen.

Und also sprach ich oft mir zum Troste: „Wohlan! Wohlauf! Altes Herz! Ein Unglück mißriet dir: genieße dies als dein – Glück!"

Dies aber ist meine andre Menschen-Klugheit: ich schone die *Eitlen* mehr als die Stolzen.

Ist nicht verletzte Eitelkeit die Mutter aller Trauerspiele? Wo aber Stolz verletzt wird, da wächst wohl etwas Besseres noch, als Stolz ist.

Damit das Leben gut anzuschaun sei, muß sein Spiel gut gespielt werden: dazu aber bedarf es guter Schauspieler.

Gute Schauspieler fand ich alle Eitlen: sie spielen und wollen, daß ihnen gern zugeschaut werde, – all ihr Geist ist bei diesem Willen.

Sie führen sich auf, sie erfinden sich; in ihrer Nähe liebe ich's, dem Leben zuzuschauen, – es heilt von der Schwermut.

Darum schone ich die Eitlen, weil sie mir Ärzte sind meiner Schwermut und mich am Menschen fest halten als an einem Schauspiele.

Und dann: wer ermißt am Eitlen die ganze Tiefe seiner Bescheidenheit! Ich bin ihm gut und mitleidig ob seiner Bescheidenheit.

Von euch will er seinen Glauben an sich lernen; er nährt sich an euren Blicken, er frißt das Lob aus euren Händen.

Euren Lügen glaubt er noch, wenn ihr gut über ihn lügt: denn im Tiefsten seufzt sein Herz: „was bin *ich*!"

Und wenn das die rechte Tugend ist, die nicht um sich selber weiß: nun, der Eitle weiß nicht um seine Bescheidenheit! –

Das ist aber meine dritte Menschen-Klugheit, daß ich mir den Anblick der *Bösen* nicht verleiden lasse durch eure Furchtsamkeit.

Ich bin selig, die Wunder zu sehn, welche heiße Sonne ausbrütet: Tiger und Palmen und Klapperschlangen.

Auch unter Menschen gibt es schöne Brut heißer Sonne und viel Wunderwürdiges an den Bösen.

Zwar, wie eure Weisesten mir nicht gar so weise erschienen: so fand ich auch der Menschen Bosheit unter ihrem Rufe. Und oft fragte ich mit Kopfschütteln: Warum noch klappern, ihr Klapperschlangen?

Wahrlich, es gibt auch für das Böse noch eine Zukunft! Und der heißeste Süden ist noch nicht entdeckt für den Menschen.

Wie manches heißt jetzt schon ärgste Bosheit, was doch nur zwölf Schuhe breit und drei Monate lang ist! Einst aber werden größere Drachen zur Welt kommen.

Denn daß dem Übermenschen sein Drache nicht fehle, der Über-Drache, der seiner würdig ist: dazu muß viel heiße Sonne noch auf feuchten Urwald glühn!

Aus euren Wildkatzen müssen erst Tiger geworden sein und aus euren Giftkröten Krokodile: denn der gute Jäger soll eine gute Jagd haben!

Und wahrlich, ihr Guten und Gerechten! An euch ist viel zum Lachen und zumal eure Furcht vor dem, was bisher „Teufel" hieß!

So fremd seid ihr dem Großen mit eurer Seele, daß euch der Übermensch *furchtbar* sein würde in seiner Güte!

Und ihr Weisen und Wissenden, ihr würdet vor dem Sonnenbrande der Weisheit flüchten, in dem der Übermensch mit Lust seine Nacktheit badet!

Ihr höchsten Menschen, denen mein Auge begegnete! das ist mein Zweifel an euch und mein heimliches Lachen: ich rate, ihr würdet meinen Übermenschen – Teufel heißen!

Ach, ich ward dieser Höchsten und Besten müde: aus ihrer „Höhe" verlangte mich hinauf, hinaus, hinweg zu dem Übermenschen!

Ein Grausen überfiel mich, als ich diese Besten nackend sah: da wuchsen mir die Flügel, fortzuschweben in ferne Zukünfte.

In fernere Zukünfte, in südlichere Süden, als je ein Bildner träumte: dorthin, wo Götter sich aller Kleider schämen!

Aber verkleidet will ich *euch* sehn, ihr Nächsten und Mitmenschen, und gut geputzt, und eitel, und würdig als die „Guten und Gerechten", –

Und verkleidet will ich selber unter euch sitzen, – daß ich euch und mich *verkenne*: das ist nämlich meine letzte Menschen-Klugheit. –

Also sprach Zarathustra.

DIE STILLSTE STUNDE

Was geschah mir, meine Freunde? Ihr seht mich verstört, fortgetrieben, unwillig-folgsam, bereit zu gehen – ach, von *euch* fortzugehen! Ja, noch einmal muß Zarathustra in seine Einsamkeit: aber unlustig geht diesmal der Bär zurück in seine Höhle!

Was geschah mir! Wer gebeut dies? – Ach, meine zornige Herrin will es so, sie sprach zu mir; nannte ich je euch schon ihren Namen?

Gestern gen Abend sprach zu mir *meine stillste Stunde*: das ist der Name meiner furchtbaren Herrin.

Und so geschah's, – denn alles muß ich euch sagen, daß euer Herz sich nicht verhärte gegen den plötzlich Scheidenden!

Kennt ihr den Schrecken des Einschlafenden? –

Bis in die Zehen hinein erschrickt er, darob, daß ihm der Boden weicht und der Traum beginnt.

Dieses sage ich euch zum Gleichnis. Gestern, zur stillsten Stunde, wich mir der Boden: der Traum begann.

Der Zeiger rückte, die Uhr meines Lebens holte Atem, – nie hörte ich solche Stille um mich: also daß mein Herz erschrak.

Dann sprach es ohne Stimme zu mir: *„Du weißt es, Zarathustra?"* –

Und ich schrie vor Schrecken bei diesem Flüstern, und das Blut wich aus meinem Gesichte: aber ich schwieg.

Da sprach es abermals ohne Stimme zu mir: „Du weißt es, Zarathustra, aber du redest es nicht!" –

Und ich antwortete endlich gleich einem Trotzigen: „Ja, ich weiß es, aber ich will es nicht reden!"

Da sprach es wieder ohne Stimme zu mir: *„Du willst* nicht, Zarathustra? Ist dies auch wahr? Verstecke dich nicht in deinen Trotz!" –

Und ich weinte und zitterte wie ein Kind und sprach: „Ach, ich wollte schon, aber wie kann ich es! Erlaß mir dies nur! Es ist über meine Kraft!"

Da sprach es wieder ohne Stimme zu mir: „Was liegt an dir, Zarathustra! Sprich dein Wort und zerbrich!" –

Und ich antwortete: „Ach, ist es *mein* Wort? Wer bin *ich*? Ich warte des Würdigeren; ich bin nicht wert, an ihm auch nur zu zerbrechen."

Da sprach es wieder ohne Stimme zu mir: „Was liegt an dir? Du bist mir noch nicht demütig genug. Die Demut hat das härteste Fell." –

Und ich antwortete: „Was trug nicht schon das Fell meiner Demut! Am Fuße wohne ich meiner Höhe: wie hoch meine Gipfel sind? Niemand sagte es mir noch. Aber gut kenne ich meine Täler."

Da sprach es wieder ohne Stimme zu mir: „O Zarathustra, wer Berge zu versetzen hat, der versetzt auch Täler und Niederungen." –

Und ich antwortete: „Noch versetzte mein Wort keine Berge, und was ich redete, erreichte die Menschen nicht. Ich ging wohl zu den Menschen, aber noch langte ich nicht bei ihnen an."

Da sprach es wieder ohne Stimme zu mir: „Was weißt du *davon*! Der Tau fällt auf das Gras, wenn die Nacht am verschwiegensten ist." –

Und ich antwortete: „Sie verspotteten mich, als ich meinen eigenen Weg fand und ging; und in Wahrheit zitterten damals meine Füße.

Und so sprachen sie zu mir: du verlerntest den Weg, nun verlernst du auch das Gehen!"

Da sprach es wieder ohne Stimme zu mir: „Was liegt an ihrem Spotte! Du bist einer, der das Gehorchen verlernt hat: nun sollst du befehlen!

Weißt du nicht, wer allen am nötigsten tut? Der Großes befiehlt.

Großes vollführen ist schwer: aber das Schwerere ist, Großes befehlen.

Das ist dein Unverzeihlichstes: du hast die Macht, und du willst nicht herrschen." –

Und ich antwortete: „Mir fehlt des Löwen Stimme zum Befehlen."

Da sprach es wieder wie ein Flüstern zu mir: „Die stillsten Worte sind es, welche den Sturm bringen. Gedanken, die mit Taubenfüßen kommen, lenken die Welt.

O Zarathustra, du sollst gehen als ein Schatten dessen, was kommen muß: so wirst du befehlen und befehlend vorangehen." –

Und ich antwortete: „Ich schäme mich."

Da sprach es wieder ohne Stimme zu mir: „Du mußt noch Kind werden und ohne Scham.

Der Stolz der Jugend ist noch auf dir, spät bist du jung geworden: aber wer zum Kinde werden will, muß auch noch seine Jugend überwinden.“ –

Und ich besann mich lange und zitterte. Endlich aber sagte ich, was ich zuerst sagte: „Ich will nicht.“

Da geschah ein Lachen um mich. Wehe, wie dies Lachen mir die Eingeweide zerriß und das Herz aufschlitzte!

Und es sprach zum letzten Male zu mir: „O Zarathustra, deine Früchte sind reif, aber du bist nicht reif für deine Früchte!

So mußt du wieder in die Einsamkeit: denn du sollst noch mürbe werden.“ –

Und wieder lachte es und floh: dann wurde es stille um mich wie mit einer zwiefachen Stille. Ich aber lag am Boden, und der Schweiß floß mir von den Gliedern.

– Nun hörtet ihr alles, und warum ich in meine Einsamkeit zurück muß. Nichts verschwieg ich euch, meine Freunde.

Aber auch dies hörtet ihr von mir, *wer* immer noch aller Menschen Verschwiegenster ist – und es sein will!

Ach meine Freunde! Ich hätte euch noch etwas zu sagen, ich hätte euch noch etwas zu geben! Warum gebe ich es nicht? Bin ich denn geizig? –

Als Zarathustra aber diese Worte gesprochen hatte, überfiel ihn die Gewalt des Schmerzes und die Nähe des Abschieds von seinen Freunden, also daß er laut weinte; und niemand wußte ihn zu trösten. Des Nachts aber ging er allein fort und verließ seine Freunde.

DRITTER TEIL

„Ihr seht nach oben, wenn ihr nach Erhebung verlangt. Und ich sehe hinab, weil ich erhoben bin.

Wer von euch kann zugleich lachen und erhoben sein?

Wer auf den höchsten Bergen steigt, der lacht über alle Trauer-Spiele und Trauer-Ernste."

Zarathustra,
vom Lesen und Schreiben

DER WANDERER

Um Mitternacht war es, da nahm Zarathustra seinen Weg über den Rücken der Insel, daß er mit dem frühen Morgen an das andre Gestade käme: denn dort wollte er zu Schiff steigen. Es gab nämlich allda eine gute Reede, an der auch fremde Schiffe gern vor Anker gingen; die nahmen manchen mit sich, der von den glückseligen Inseln über das Meer wollte. Als nun Zarathustra so den Berg hinanstieg, gedachte er unterwegs des vielen einsamen Wanderns von Jugend an, und wie viele Berge und Rücken und Gipfel er schon gestiegen sei.

Ich bin ein Wanderer und ein Bergsteiger, sagte er zu seinem Herzen, ich liebe die Ebenen nicht, und es scheint, ich kann nicht lange stillsitzen.

Und was mir nun auch noch als Schicksal und Erlebnis komme, – ein Wandern wird darin sein und ein Bergsteigen: man erlebt endlich nur noch sich selber.

Die Zeit ist abgeflossen, wo mir noch Zufälle begegnen durften; und was *könnte* jetzt noch zu mir fallen, was nicht schon mein Eigen wäre!

Es kehrt nur zurück, es kommt mir endlich heim – mein eigen Selbst, und was von ihm lange in der Fremde war und zerstreut unter alle Dinge und Zufälle.

Und noch eins weiß ich: ich stehe jetzt vor meinem letzten Gipfel und vor dem, was mir am längsten aufgespart war. Ach, meinen härtesten Weg muß ich hinan! Ach, ich begann meine einsamste Wanderung!

Wer aber meiner Art ist, der entgeht einer solchen Stunde nicht: der Stunde, die zu ihm redet: Jetzo erst gehst du deinen Weg der Größe! Gipfel und Abgrund – das ist jetzt in Eins beschlossen!

Du gehst deinen Weg der Größe: nun ist deine letzte Zuflucht worden, was bisher deine letzte Gefahr hieß!

Du gehst deinen Weg der Größe: das muß nun dein bester Mut sein, daß es hinter dir keinen Weg mehr gibt!

Du gehst deinen Weg der Größe: hier soll dir keiner nachschleichen! Dein Fuß selber löschte hinter dir den Weg aus, und über ihm steht geschrieben: Unmöglichkeit.

Und wenn dir nunmehr alle Leitern fehlen, so mußt du verstehen, noch auf deinen eigenen Kopf zu steigen: wie wolltest du anders aufwärts steigen? Auf deinen eigenen Kopf und hinweg über dein eigenes Herz! Jetzt muß das Mildeste an dir noch zum Härtesten werden.

Wer sich stets viel geschont hat, der kränkelt zuletzt an seiner vielen Schonung. Gelobt sei, was hart macht! Ich lobe das Land nicht, wo Butter und Honig – fließt!

Von sich *absehn* lernen ist nötig, um *viel* zu sehn: – diese Härte tut jedem Berge-Steigenden not.

Wer aber mit den Augen zudringlich ist als Erkennender, wie sollte der von allen Dingen mehr als ihre vorderen Gründe sehn!

Du aber, o Zarathustra, wolltest aller Dinge Grund schaun und Hintergrund: so mußt du schon über dich selber steigen, – hinan, hinauf, bis du auch deine Sterne noch *unter* dir hast!

Ja! Hinab auf mich selber sehn und noch auf meine Sterne: Das erst hieße mir mein *Gipfel*, das blieb mir noch zurück als mein *letzter* Gipfel! –

Also sprach Zarathustra im Steigen zu sich, mit harten Sprüchlein sein Herz tröstend: denn er war wund am Herzen wie noch niemals zuvor. Und als er auf die Höhe des Bergrückens kam, siehe, da lag das andere Meer vor ihm ausgebreitet: und er stand still und schwieg lange. Die Nacht aber war kalt in dieser Höhe und klar und hellgestirnt.

Ich erkenne mein Los, sagte er endlich mit Trauer. Wohlan! Ich bin bereit. Eben begann meine letzte Einsamkeit.

Ach, diese schwarze traurige See unter mir! Ach, diese schwangere, nächtliche Verdrossenheit! Ach, Schicksal und See! Zu euch muß ich *hinab*steigen! Vor meinem höchsten Berge stehe ich und vor meiner längsten Wanderung: darum muß ich erst tiefer hinab, als ich jemals stieg:

– tiefer hinab in den Schmerz, als ich jemals stieg, bis hinein in seine schwärzeste Flut! So will es mein Schicksal: Wohlan! Ich bin bereit.

Woher kommen die höchsten Berge? so fragte ich einst. Da lernte ich, daß sie aus dem Meere kommen.

Dies Zeugnis ist in ihr Gestein geschrieben und in die Wände ihrer Gipfel. Aus dem Tiefsten muß das Höchste zu seiner Höhe kommen. –

Also sprach Zarathustra auf der Spitze des Berges, wo es kalt war: als er aber in die Nähe des Meeres kam und zuletzt allein unter den Klippen stand, da war er unterwegs müde geworden und sehnsüchtiger als noch zuvor.

Es schläft jetzt alles noch, sprach er; auch das Meer schläft. Schlaftrunken und fremd blickt sein Auge nach mir.

Aber es atmet warm, das fühle ich. Und ich fühle auch, daß es träumt. Es windet sich träumend auf harten Kissen.

Horch! Horch! Wie es stöhnt von bösen Erinnerungen! Oder bösen Erwartungen?

Ach, ich bin traurig mit dir, du dunkles Ungeheuer, und mir selber noch gram um deinetwillen.

Ach, daß meine Hand nicht Stärke genug hat! Gerne, wahrlich, möchte ich dich von bösen Träumen erlösen! –

Und indem Zarathustra so sprach, lachte er mit Schwermut und Bitterkeit über sich selber. Wie! Zarathustra! sagte er, willst du noch dem Meere Trost singen?

Ach, du liebreicher Narr Zarathustra, du Vertrauens-Überseliger! Aber so warst du immer: immer kamst du vertraulich zu allem Furchtbaren. Jedes Ungetüm wolltest du noch streicheln. Ein Hauch warmen Atems, ein wenig weiches Gezottel an der Tatze: – und gleich warst du bereit, es zu lieben und zu locken.

Die *Liebe* ist die Gefahr des Einsamsten, die Liebe zu allem, *wenn es nur lebt!* Zum Lachen ist wahrlich meine Narrheit und meine Bescheidenheit in der Liebe! –

Also sprach Zarathustra und lachte dabei zum andern Male: da aber gedachte er seiner verlassenen Freunde –, und wie als ob er sich mit seinen Gedanken an ihnen vergangen habe, zürnte er sich ob seiner Gedanken. Und alsbald geschah es, daß der Lachende weinte: – vor Zorn und Sehnsucht weinte Zarathustra bitterlich.

VOM GESICHT UND RÄTSEL

1

Als es unter den Schiffsleuten ruchbar wurde, daß Zarathustra auf dem Schiffe sei – denn es war ein Mann zugleich mit ihm an Bord gegangen, der von den glückseligen Inseln kam –, da entstand eine große Neugierde und Erwartung. Aber Zarathustra schwieg zwei Tage und war kalt und taub vor Traurigkeit, also, daß er weder auf Blicke noch auf Fragen antwortete.

Am Abende aber des zweiten Tages tat er seine Ohren wieder auf, ob er gleich noch schwieg: denn es gab viel Seltsames und Gefährliches auf diesem Schiffe anzuhören, welches weither kam und noch weiterhin wollte. Zarathustra aber war ein Freund aller solchen, die weite Reisen tun und nicht ohne Gefahr leben mögen. Und siehe! zuletzt wurde ihm im Zuhören die eigne Zunge gelöst, und das Eis seines Herzens brach: – da begann er also zu reden:

Euch, den kühnen Suchern, Versuchern, und wer je sich mit listigen Segeln auf furchtbare Meere einschiffte, –

euch, den Rätsel-Trunkenen, den Zwielicht-Frohen, deren Seele mit Flöten zu jedem Irr-Schlunde gelockt wird:

– denn nicht wollt ihr mit feiger Hand einem Faden nachtasten; und, wo ihr *erraten* könnt, da haßt ihr es, zu *erschließen* –

euch allein erzähle ich das Rätsel, das ich *sah*, – das Gesicht des Einsamsten. –

Düster ging ich jüngst durch leichenfarbne Dämmerung, – düster und hart, mit gepreßten Lippen. Nicht nur Eine Sonne war mir untergegangen.

Ein Pfad, der trotzig durch Geröll stieg, ein boshafter, einsamer, dem nicht Kraut, nicht Strauch mehr zusprach: ein Berg-Pfad knirschte unter dem Trotz meines Fußes.

Stumm über höhnischem Geklirr von Kieseln schreitend, den Stein zertretend, der ihn gleiten ließ: also zwang mein Fuß sich aufwärts.

Aufwärts: – dem Geiste zum Trotz, der ihn abwärts zog, abgrundwärts zog, dem Geiste der Schwere, meinem Teufel und Erzfeinde.

Aufwärts: – obwohl er auf mir saß, halb Zwerg, halb Maulwurf; lahm, lähmend; Blei durch mein Ohr, Bleitropfen-Gedanken in mein Hirn träufelnd.

„O Zarathustra“, raunte er höhnisch Silb’ um Silbe, „du Stein der Weisheit! Du warfst dich hoch, aber jeder geworfene Stein muß – fallen!

O Zarathustra, du Stein der Weisheit, du Schleuderstein, du Stern-Zertrümmerer! Dich selber warfst du so hoch, – aber jeder geworfene Stein – *muß* fallen!

Verurteilt zu dir selber und zur eignen Steinigung: o Zarathustra, weit warfst du ja den Stein, – aber auf *dich* wird er zurückfallen!“

Drauf schwieg der Zwerg; und das währte lange. Sein Schweigen aber drückte mich; und solchermaßen zu Zwein ist man wahrlich einsamer als zu Einem!

Ich stieg, ich stieg, ich träumte, ich dachte, – aber alles drückte mich. Einem Kranken glich ich, den seine schlimme Marter müde macht, und den wieder ein schlimmerer Traum aus dem Einschlafen weckt. –

Aber es gibt etwas in mir, das ich Mut heiße: das schlug bisher mir jeden Unmut tot. Dieser Mut hieß mich endlich stille stehn und sprechen: „Zwerg! Du! Oder ich!“ –

Mut nämlich ist der beste Totschläger, – Mut, welcher *angreift*; denn in jedem Angriffe ist klingendes Spiel.

Der Mensch aber ist das mutigste Tier: damit überwand er jedes Tier. Mit klingendem Spiele überwand er noch jeden Schmerz; Menschen-Schmerz aber ist der tiefste Schmerz.

Der Mut schlägt auch den Schwindel tot an Abgründen: und wo stünde der Mensch nicht an Abgründen! Ist Sehen nicht selber – Abgründe sehen?

Mut ist der beste Totschläger; der Mut schlägt auch das Mitleiden tot. Mitleiden aber ist der tiefste Abgrund: so tief der Mensch in das Leben sieht, so tief sieht er auch in das Leiden.

Mut aber ist der beste Totschläger, Mut, der angreift: der schlägt noch den Tod tot, denn er spricht: „War *das* das Leben? Wohlan! Noch einmal!“

In solchem Spruche aber ist viel klingendes Spiel. Wer Ohren hat, der höre. –

2

„Halt! Zwerg!" sprach ich. „Ich! Oder du! Ich aber bin der Stärkere von uns beiden –: du kennst meinen abgründlichen Gedanken nicht! *Den* – könntest du nicht tragen!" –

Da geschah, was mich leichter machte: denn der Zwerg sprang mir von der Schulter, der Neugierige! Und er hockte sich auf einen Stein vor mich hin. Es war aber gerade da ein Torweg, wo wir hielten.

„Siehe diesen Torweg! Zwerg!" sprach ich weiter: „der hat zwei Gesichter. Zwei Wege kommen hier zusammen: die ging noch niemand zu Ende.

Diese lange Gasse zurück: die währt eine Ewigkeit. Und jene lange Gasse hinaus – das ist eine andre Ewigkeit.

Sie widersprechen sich, diese Wege; sie stoßen sich gerade vor den Kopf: – und hier, an diesem Torwege, ist es, wo sie zusammenkommen. Der Name des Torwegs steht oben geschrieben: ‚Augenblick'.

Aber wer einen von ihnen weiter ginge – und immer weiter und immer ferner: glaubst du, Zwerg, daß diese Wege sich ewig widersprechen?" –

„Alles Gerade lügt", murmelte verächtlich der Zwerg. „Alle Wahrheit ist krumm, die Zeit selber ist ein Kreis."

„Du Geist der Schwere!" sprach ich zürnend, „mache dir es nicht zu leicht! Oder ich lasse dich hocken, wo du hockst, Lahmfuß, – und ich trug dich *hoch*!"

„Siehe", sprach ich weiter, „diesen Augenblick! Von diesem Torwege Augenblick läuft eine lange ewige Gasse *rückwärts*; hinter uns liegt eine Ewigkeit.

Muß nicht, was laufen *kann* von allen Dingen, schon einmal diese Gasse gelaufen sein? Muß nicht, was geschehen *kann* von allen Dingen, schon einmal geschehn, getan, vorübergelaufen sein?

Und wenn alles schon dagewesen ist: was hältst du Zwerg von diesem Augenblick? Muß auch dieser Torweg nicht schon – dagewesen sein?

Und sind nicht solchermaßen fest alle Dinge verknotet, daß dieser Augenblick *alle* kommenden Dinge nach sich zieht? *Also* – – sich selber noch? Denn, was laufen *kann* von allen Dingen: auch in dieser langen Gasse *hinaus* – *muß* es einmal noch laufen! –

Und diese langsame Spinne, die im Mondscheine kriecht, und dieser Mondschein selber, und ich und du im Torwege, zusammen flüsternd, von ewigen Dingen flüsternd, – müssen wir nicht alle schon dagewesen sein?

– und wiederkommen und in jener anderen Gasse laufen, hinaus, vor uns, in dieser langen schaurigen Gasse – müssen wir nicht ewig wiederkommen? –"

Also redete ich, und immer leiser: denn ich fürchtete mich vor meinen eignen Gedanken und Hintergedanken. Da, plötzlich, hörte ich einen Hund nahe *heulen*.

Hörte ich jemals einen Hund so heulen? Mein Gedanke lief zurück. Ja! Als ich Kind war, in fernster Kindheit:

– da hörte ich einen Hund so heulen. Und sah ihn auch, gesträubt, den Kopf nach oben, zitternd, in stillster Mitternacht, wo auch Hunde an Gespenster glauben:

– also daß es mich erbarmte. Eben nämlich ging der volle Mond, todschweigsam, über das Haus, eben stand er still, eine runde Glut, – still auf flachem Dache, gleich als auf fremdem Eigentume: –

darob entsetzte sich damals der Hund: denn Hunde glauben an Diebe und Gespenster. Und als ich wieder so heulen hörte, da erbarmte es mich abermals.

Wohin war jetzt Zwerg? Und Torweg? Und Spinne? Und alles Flüstern? Träumte ich denn? Wachte ich auf? Zwischen wilden Klippen stand ich mit einem Male, allein, öde, im ödesten Mondscheine.

Aber da lag ein Mensch! Und da! Der Hund, springend, gesträubt, winselnd, – jetzt sah er mich kommen – da heulte er wieder, da *schrie* er: – hörte ich je einen Hund so Hilfe schrein?

Und, wahrlich, was ich sah, dergleichen sah ich nie. Einen jungen Hirten sah ich, sich windend, würgend, zuckend, verzerrten Antlitzes, dem eine schwarze schwere Schlange aus dem Munde hing.

Sah ich je so viel Ekel und bleiches Grauen auf einem Antlitze? Er hatte wohl geschlafen? Da kroch ihm die Schlange in den Schlund – da biß sie sich fest.

Meine Hand riß die Schlange und riß: – umsonst! sie riß die Schlange nicht aus dem Schlunde. Da schrie es aus mir: „Beiß zu! Beiß zu!

Den Kopf ab! Beiß zu!" – so schrie es aus mir, mein Grauen, mein Haß, mein Ekel, mein Erbarmen, all mein Gutes und Schlimmes schrie mit Einem Schrei aus mir. –

Ihr Kühnen um mich! Ihr Sucher, Versucher, und wer von euch mit listigen Segeln sich in unerforschte Meere einschiffte! Ihr Rätsel-Frohen!

So ratet mir doch das Rätsel, das ich damals schaute, so deutet mir doch das Gesicht des Einsamsten!

Denn ein Gesicht war's und ein Vorhersehn: – *was* sah ich damals im Gleichnisse? Und *wer* ist, der einst noch kommen muß?

Wer ist der Hirt, dem also die Schlange in den Schlund kroch? *Wer* ist der Mensch, dem also alles Schwerste, Schwärzeste in den Schlund kriechen wird?

– Der Hirt aber biß, wie mein Schrei ihm riet; er biß mit gutem Bisse! Weit weg spie er den Kopf der Schlange –: und sprang empor. –

Nicht mehr Hirt, nicht mehr Mensch, – ein Verwandelter, ein Umleuchteter, welcher *lachte*! Niemals noch auf Erden lachte je ein Mensch, wie er lachte!

O meine Brüder, ich hörte ein Lachen, das keines Menschen Lachen war, – – und nun frißt ein Durst an mir, eine Sehnsucht, die nimmer stille wird. Meine Sehnsucht nach diesem Lachen frißt an mir: o wie ertrage ich noch zu leben! Und wie ertrüge ich's, jetzt zu sterben! –

Also sprach Zarathustra.

VON DER SELIGKEIT WIDER WILLEN

Mit solchen Rätseln und Bitternissen im Herzen fuhr Zarathustra über das Meer. Als er aber vier Tagereisen fern war von den glückseligen Inseln und von seinen Freunden, da hatte er allen seinen Schmerz überwunden: – siegreich und mit festen Füßen stand er wieder auf seinem Schicksal. Und damals redete Zarathustra also zu seinem frohlockenden Gewissen:

Allein bin ich wieder und will es sein, allein mit reinem Himmel und freiem Meere; und wieder ist Nachmittag um mich.

Des Nachmittags fand ich zum ersten Male einst meine Freunde, des Nachmittags auch zum anderen Male: – zur Stunde, da alles Licht stiller wird.

Denn was von Glück noch unterwegs ist zwischen Himmel und Erde, das sucht sich nun zur Herberge noch eine lichte Seele: *vor Glück* ist alles Licht jetzt stiller worden.

O Nachmittag meines Lebens! Einst stieg auch *mein* Glück zu Tale, daß es sich eine Herberge suche: da fand es diese offnen gastfreundlichen Seelen.

O Nachmittag meines Lebens! Was gab ich nicht hin, daß ich Eins hätte: diese lebendige Pflanzung meiner Gedanken und dies Morgenlicht meiner höchsten Hoffnung!

Gefährten suchte einst der Schaffende und Kinder *seiner* Hoffnung: und siehe, es fand sich, daß er sie nicht finden könne, es sei denn, er schaffe sie selber erst.

Also bin ich mitten in meinem Werke, zu meinen Kindern gehend und von ihnen kehrend: um seiner Kinder willen muß Zarathustra sich selbst vollenden.

Denn von Grund aus liebt man nur sein Kind und Werk; und wo große Liebe zu sich selber ist, da ist sie der Schwangerschaft Wahrzeichen: so fand ich's.

Noch grünen mir meine Kinder in ihrem ersten Frühlinge, nahe beieinander stehend und gemeinsam von Winden geschüttelt, die Bäume meines Gartens und besten Erdreichs.

Und wahrlich! Wo solche Bäume beieinander stehn, da *sind* glückselige Inseln!

Aber einstmals will ich sie ausheben und einen jeden für sich allein stellen: daß er Einsamkeit lerne und Trotz und Vorsicht.

Knorrig und gekrümmt und mit biegsamer Härte soll er mir dann am Meere dastehn, ein lebendiger Leuchtturm unbesiegbaren Lebens.

Dort, wo die Stürme hinab ins Meer stürzen, und des Gebirgs Rüssel Wasser trinkt, da soll ein jeder einmal seine Tag- und Nachtwachen haben, zu *seiner* Prüfung und Erkenntnis.

Erkannt und geprüft soll er werden, darauf, ob er meiner Art und Abkunft ist, – ob er eines langen Willens Herr sei, schweigsam, auch wenn er redet, und nachgebend also, daß er im Geben *nimmt*: – daß er einst mein Gefährte werde und ein Mitschaffender und Mitfeiernder Zarathustras –: ein solcher, der mir meinen Willen auf meine Tafeln schreibt: zu aller Dinge vollerer Vollendung.

Und um seinetwillen und seines Gleichen muß ich selber mich vollenden: darum weiche ich jetzt meinem Glücke aus und biete mich allem Unglücke an – zu *meiner* letzten Prüfung und Erkenntnis.

Und wahrlich, Zeit war's, daß ich ging; und des Wanderers Schatten und die längste Weile und die stillste Stunde – alle redeten mir zu: „Es ist höchste Zeit!"

Der Wind blies mir durchs Schlüsselloch und sagte „Komm!" Die Tür sprang mir listig auf und sagte „Geh!"

Aber ich lag angekettet an die Liebe zu meinen Kindern: das Begehren legte mir diese Schlinge, das Begehren nach Liebe, daß ich meiner Kinder Beute würde und mich an sie verlöre.

Begehren – das heißt mir schon: mich verloren haben. *Ich habe euch, meine Kinder!* In diesem Haben soll alle Sicherheit und nichts Begehren sein.

Aber brütend lag die Sonne meiner Liebe auf mir, im eignen Safte kochte Zarathustra, – da flogen Schatten und Zweifel über mich weg.

Nach Frost und Winter gelüstete mich schon: „O daß Frost und Winter mich wieder knacken und knirschen machten!" seufzte ich: – da stiegen eisige Nebel aus mir auf.

Meine Vergangenheit brach ihre Gräber, manch lebendig begrabner Schmerz wachte auf –: ausgeschlafen hatte er sich nur, versteckt in Leichengewänder.

Also rief mir alles in Zeichen zu: „Es ist Zeit!" Aber ich – hörte nicht: bis endlich mein Abgrund sich rührte und mein Gedanke mich biß.

Ach, abgründlicher Gedanke, der du *mein* Gedanke bist! Wann finde ich die Stärke, dich graben zu hören und nicht mehr zu zittern?

Bis zur Kehle hinauf klopft mir das Herz, wenn ich dich graben höre! Dein Schweigen noch will mich würgen, du abgründlich Schweigender!

Noch wagte ich niemals, dich *herauf* zu rufen: genug schon, daß ich dich mit mir – trug! Noch war ich nicht stark genug zum letzten Löwen-Übermute und -Mutwillen.

Genug des Furchtbaren war mir immer schon deine Schwere: aber einst soll ich noch die Stärke finden und die Löwen-Stimme, die dich herauf ruft!

Wenn ich mich dessen erst überwunden habe, dann will ich mich auch des Größeren noch überwinden; und ein *Sieg* soll meiner Vollendung Siegel sein! –

Inzwischen treibe ich noch auf ungewissen Meeren; der Zufall schmeichelt mir, der glattzüngige; vorwärts und rückwärts schaue ich –, noch schaue ich kein Ende.

Noch kam mir die Stunde meines letzten Kampfes nicht, – oder kommt sie mir wohl eben? Wahrlich, mit tückischer Schönheit schaut mich rings Meer und Leben an!

O Nachmittag meines Lebens! O Glück vor Abend! O Hafen auf hoher See! O Friede im Ungewissen! Wie mißtraue ich euch allen!

Wahrlich, mißtrauisch bin ich gegen eure tückische Schönheit! Dem Liebenden gleiche ich, der allzusamtenem Lächeln mißtraut.

Wie er die Geliebteste vor sich her stößt, zärtlich noch in seiner Härte, der Eifersüchtige –, also stoße ich diese selige Stunde vor mir her.

Hinweg mit dir, du selige Stunde! Mit dir kam mir eine Seligkeit wider Willen! Willig zu meinem tiefsten Schmerze stehe ich hier: – zur Unzeit kamst du!

Hinweg mit dir, du selige Stunde! Lieber nimm Herberge dort – bei meinen Kindern! Eile! und segne sie vor Abend noch mit *meinem* Glücke!

Da naht schon der Abend: die Sonne sinkt. Dahin – mein Glück! –

Also sprach Zarathustra. Und er wartete auf sein Unglück die ganze Nacht: aber er wartete umsonst. Die Nacht blieb hell und still, und das Glück selber kam ihm immer näher und näher. Gegen Morgen aber lachte Zarathustra zu seinem Herzen und sagte spöttisch: „Das Glück läuft mir nach. Das kommt davon, daß ich nicht den Weibern nachlaufe. Das Glück aber ist ein Weib."

VOR SONNENAUFGANG

O Himmel über mir, du Reiner! Tiefer! Du Licht-Abgrund! Dich schauend schaudere ich vor göttlichen Begierden.

In deine Höhe mich zu werfen – das ist *meine* Tiefe! In deine Reinheit mich zu bergen – das ist *meine* Unschuld!

Den Gott verhüllt seine Schönheit: so verbirgst du deine Sterne. Du redest nicht: so kündest du mir deine Weisheit.

Stumm über brausendem Meere bist du heut mir aufgegangen, deine Liebe und deine Scham redet Offenbarung zu meiner brausenden Seele.

Daß du schön zu mir kamst, verhüllt in deine Schönheit, daß du stumm zu mir sprichst, offenbar in deiner Weisheit:

O wie erriete ich nicht alles Schamhafte deiner Seele! *Vor* der Sonne kamst du zu mir, dem Einsamsten.

Wir sind Freunde von Anbeginn: uns ist Gram und Grauen und Grund gemeinsam: noch die Sonne ist uns gemeinsam.

Wir reden nicht zueinander, weil wir zu vieles wissen –: wir schweigen uns an, wir lächeln uns unser Wissen zu. Bist du nicht das Licht zu meinem Feuer? Hast du nicht die Schwester-Seele zu meiner Einsicht?

Zusammen lernten wir alles; zusammen lernten wir über uns zu uns selber aufsteigen und wolkenlos lächeln: –

– wolkenlos hinab lächeln aus lichten Augen und aus meilenweiter Ferne, wenn unter uns Zwang und Zweck und Schuld wie Regen dampfen.

Und wanderte ich allein: *wes* hungerte meine Seele in Nächten und Irr-Pfaden? Und stieg ich Berge, *wen* suchte ich je, wenn nicht dich, auf Bergen?

Und all mein Wandern und Bergsteigen: eine Not war's nur und ein Behelf des Unbeholfenen: – *fliegen* allein will mein ganzer Wille, in *dich* hinein fliegen!

Und wen haßte ich mehr, als ziehende Wolken und alles, was dich befleckt? Und meinen eignen Haß haßte ich noch, weil er dich befleckte!

Den ziehenden Wolken bin ich gram, diesen schleichenden Raub-Katzen: sie nehmen dir und mir, was uns gemein ist, – das ungeheure unbegrenzte Ja- und Amensagen.

Diesen Mittlern und Mischern sind wir gram, den ziehenden Wolken: diesen Halb- und Halben, welche weder segnen lernten, noch von Grund aus fluchen. Lieber will ich noch unter verschlossnem Himmel in der Tonne sitzen, lieber ohne Himmel im Abgrund sitzen, als dich, Licht-Himmel, mit Zieh-Wolken befleckt sehn!

Und oft gelüstete mich, sie mit zackichten Blitz-Golddrähten festzuheften, daß ich, gleich dem Donner, auf ihrem Kessel-Bauche die Pauke schlüge: –

– ein zorniger Paukenschläger, weil sie mir dein Ja! und Amen! rauben, du Himmel über mir, du Reiner! Lichter! Du Licht-Abgrund! – weil sie dir *mein* Ja! und Amen! rauben.

Denn lieber noch will ich Lärm und Donner und Wetter-Flüche, als diese bedächtige zweifelnde Katzen-Ruhe: und auch unter Menschen hasse ich am besten alle Leisetreter und Halb- und Halben und zweifelnde, zögernde Zieh-Wolken.

Und „wer nicht segnen kann, der soll fluchen *lernen*!“ – diese helle Lehre fiel mir aus hellem Himmel, dieser Stern steht auch noch in schwarzen Nächten an meinem Himmel.

Ich aber bin ein Segnender und ein Ja-Sager, wenn du nur um mich bist, du Reiner! Lichter! Du Licht-Abgrund! – in alle Abgründe trage ich da noch mein segnendes Ja-sagen. Zum Segnenden bin ich worden und zum Ja-sagenden: und dazu rang ich lange und war ein Ringer, daß ich einst die Hände frei bekäme zum Segnen.

Das aber ist mein Segnen: über jedwedem Ding als sein eigener Himmel stehn, als sein rundes Dach, seine azurne Glocke und ewige Sicherheit: und selig ist, wer also segnet!

Denn alle Dinge sind getauft am Borne der Ewigkeit und jenseits von Gut und Böse; Gut und Böse selber aber sind nur Zwischenschatten und feuchte Trübsale und Zieh-Wolken.

Wahrlich, ein Segnen ist es und kein Lästern, wenn ich lehre: „Über allen Dingen steht der Himmel Zufall, der Himmel Unschuld, der Himmel Ohngefähr, der Himmel Übermut.“

„Von Ohngefähr“ – das ist der älteste Adel der Welt, den gab ich allen Dingen zurück, ich erlöste sie von der Knechtschaft unter dem Zwecke.

Diese Freiheit und Himmels-Heiterkeit stellte ich gleich azurner Glocke über alle Dinge, als ich lehrte, daß über ihnen und durch sie kein „ewiger Wille" – will.

Diesen Übermut und diese Narrheit stellte ich an die Stelle jenes Willens, als ich lehrte: „bei allem ist Eins unmöglich – Vernünftigkeit!"

Ein *wenig* Vernunft zwar, ein Same der Weisheit zerstreut von Stern zu Stern, – dieser Sauerteig ist allen Dingen eingemischt: um der Narrheit willen ist Weisheit allen Dingen eingemischt!

Ein wenig Weisheit ist schon möglich; aber diese selige Sicherheit fand ich an allen Dingen: daß sie lieber noch auf den Füßen des Zufalls – *tanzen.*

O Himmel über mir, du Reiner! Hoher! Das ist mir nun deine Reinheit, daß es keine ewige Vernunft-Spinne und -Spinnennetze gibt: –

– daß du mir ein Tanzboden bist für göttliche Zufälle, daß du mir ein Göttertisch bist für göttliche Würfel und Würfelspieler! –

Doch du errötest? Sprach ich Unaussprechbares? Lästerte ich, indem ich dich segnen wollte?

Oder ist es die Scham zu Zweien, welche dich erröten machte? – Heißest du mich gehn und schweigen, weil nun – der *Tag* kommt?

Die Welt ist tief –: und tiefer, als je der Tag gedacht hat. Nicht alles darf vor dem Tage Worte haben. Aber der Tag kommt: so scheiden wir nun!

O Himmel über mir, du Schamhafter! Glühender! O du mein Glück vor Sonnen-Aufgang! Der Tag kommt: so scheiden wir nun! –

Also sprach Zarathustra.

VON DER VERKLEINERNDEN TUGEND

1

Als Zarathustra wieder auf dem festen Lande war, ging er nicht stracks auf sein Gebirge und seine Höhle los, sondern tat viele Wege und Fragen und erkundete dies und das, also, daß er von sich selber im Scherze sagte: „Siehe einen Fluß, der in vielen Windungen zurück zur Quelle fließt!" Denn er wollte in Erfahrung bringen, was sich inzwischen *mit dem Menschen* zugetragen habe: ob er größer oder kleiner geworden sei. Und einmal sah er eine Reihe neuer Häuser; da wunderte er sich und sagte:

„Was bedeuten diese Häuser? Wahrlich, keine große Seele stellte sie hin, sich zum Gleichnisse!

Nahm wohl ein blödes Kind sie aus seiner Spielschachtel? Daß doch ein anderes Kind sie wieder in seine Schachtel täte!

Und diese Stuben und Kammern: können *Männer* da aus- und eingehen? Gemacht dünken sie mich für Seiden-Puppen oder für Naschkatzen, die auch wohl an sich naschen lassen."

Und Zarathustra blieb stehn und dachte nach. Endlich sagte er betrübt: „Es ist *alles* kleiner geworden! Überall sehe ich niedrigere Tore: wer *meiner* Art ist, geht da wohl noch hindurch, aber – er muß sich bücken!

O wann komme ich wieder in meine Heimat, wo ich mich nicht mehr bücken *muß* – nicht mehr bücken muß *vor den Kleinen!*" – Und Zarathustra seufzte und blickte in die Ferne. –

Desselbigen Tages aber redete er seine Rede über die verkleinernde Tugend.

2

Ich gehe durch dies Volk und halte meine Augen offen: sie vergeben mir es nicht, daß ich auf ihre Tugenden nicht neidisch bin.

Sie beißen nach mir, weil ich zu ihnen sage: für kleine Leute sind kleine Tugenden nötig – und weil es mir hart eingeht, daß kleine Leute *nötig* sind!

Noch gleiche ich dem Hahn hier auf fremdem Gehöfte, nach dem auch die Hennen beißen; doch darob bin ich diesen Hennen nicht ungut.

Ich bin höflich gegen sie, wie gegen alles kleine Ärgernis; gegen das Kleine stachlicht zu sein, dünkt mich eine Weisheit für Igel.

Sie reden alle von mir, wenn sie abends ums Feuer sitzen, – sie reden von mir, aber niemand denkt – an mich! Dies ist die neue Stille, die ich lernte: ihr Lärm um mich breitet einen Mantel über meine Gedanken.

Sie lärmen untereinander: „Was will uns diese düstere Wolke? sehen wir zu, daß sie uns nicht eine Seuche bringe!"

Und jüngst riß ein Weib sein Kind an sich, das zu mir wollte: „Nehmt die Kinder weg!" schrie es; „solche Augen versengen Kinder-Seelen."

Sie husten, wenn ich rede: sie meinen, Husten sei ein Einwand gegen starke Winde, – sie erraten nichts vom Brausen meines Glückes!

„Wir haben noch keine Zeit für Zarathustra" – so wenden sie ein; aber was liegt an einer Zeit, die für Zarathustra „keine Zeit hat"?

Und wenn sie gar mich rühmen: wie könnte ich wohl auf *ihrem* Ruhme einschlafen? Ein Stachel-Gürtel ist mir ihr Lob: es kratzt mich noch, wenn ich es von mir tue.

Und auch lernte ich unter ihnen: der Lobende stellt sich, als gäbe er zurück, in Wahrheit aber will er mehr beschenkt sein!

Fragt meinen Fuß, ob ihm ihre Lob- und Lockweise gefällt! Wahrlich, nach solchem Takt und Ticktack mag er weder tanzen, noch stille stehn.

Zur kleinen Tugend möchten sie mich locken und loben; zum Ticktack des kleinen Glücks möchten sie meinen Fuß überreden.

Ich gehe durch dies Volk und halte die Augen offen: sie sind *kleiner* geworden und werden immer kleiner: – *das aber macht ihre Lehre von Glück und Tugend.*

Sie sind nämlich auch in der Tugend bescheiden – denn sie wollen Behagen. Mit Behagen aber verträgt sich nur die bescheidene Tugend.

Wohl lernen auch sie auf ihre Art Schreiten und Vorwärtsschreiten: das heiße ich ihr *Humpeln* –. Damit werden sie jedem zum Anstoß, der Eile hat. Und mancher von ihnen geht vorwärts und blickt dabei zurück, mit versteiftem Nacken: dem renne ich gern wider den Leib.

Fuß und Augen sollen nicht lügen, noch sich einander Lügen strafen. Aber es ist viel Lügnerei bei den kleinen Leuten.

Einige von ihnen wollen, aber die meisten werden nur gewollt. Einige von ihnen sind echt, aber die meisten sind schlechte Schauspieler.

Es gibt Schauspieler wider Wissen unter ihnen und Schauspieler wider Willen –, die Echten sind immer selten, sonderlich die echten Schauspieler.

Des Mannes ist hier wenig: darum vermännlichen sich ihre Weiber. Denn nur wer Mannes genug ist, wird im Weibe *das Weib – erlösen.*

Und diese Heuchelei fand ich unter ihnen am schlimmsten: daß auch die, welche befehlen, die Tugenden derer heucheln, welche dienen.

„Ich diene, du dienst, wir dienen" – so betet hier auch die Heuchelei der Herrschenden, – und wehe, wenn der erste Herr *nur* der erste Diener ist!

Ach, auch in ihre Heucheleien verflog sich wohl meines Auges Neugier; und gut erriet ich all ihr Fliegen-Glück und ihr Summen um besonnte Fensterscheiben.

Soviel Güte, soviel Schwäche sehe ich. Soviel Gerechtigkeit und Mitleiden, soviel Schwäche.

Rund, rechtlich und gütig sind sie miteinander, wie Sandkörnchen rund, rechtlich und gütig mit Sandkörnchen sind.

Bescheiden ein kleines Glück umarmen – das heißen sie „Ergebung"! und dabei schielen sie bescheiden schon nach einem neuen kleinen Glücke aus.

Sie wollen im Grunde einfältiglich eins am meisten: daß ihnen niemand wehe tue. So kommen sie jedermann zuvor und tun ihm wohl.

Dies aber ist *Feigheit*: ob es schon „Tugend" heißt.

Und wenn sie einmal rauh reden, diese kleinen Leute: ich höre darin nur ihre Heiserkeit, – jeder Windzug nämlich macht sie heiser.

Klug sind sie, ihre Tugenden haben kluge Finger. Aber ihnen fehlen die Fäuste, ihre Finger wissen nicht, sich hinter Fäuste zu verkriechen.

Tugend ist ihnen das, was bescheiden und zahm macht: damit machten sie den Wolf zum Hunde und den Menschen selber zu des Menschen bestem Haustiere.

„Wir setzen unsern Stuhl in die *Mitte*" – das sagt mir ihr Schmunzeln – „und ebenso weit weg von sterbenden Fechtern wie von vergnügten Säuen." Dies aber ist – *Mittelmäßigkeit:* ob es schon Mäßigkeit heißt. –

3

Ich gehe durch dies Volk und lasse manches Wort fallen: aber sie wissen weder zu nehmen noch zu behalten.

Sie wundern sich, daß ich nicht kam, auf Lüste und Laster zu lästern; und wahrlich, ich kam auch nicht, daß ich vor Taschendieben warnte!

Sie wundern sich, daß ich nicht bereit bin, ihre Klugheit noch zu witzigen und zu spitzigen: als ob sie noch nicht genug der Klüglinge hätten, deren Stimme mir gleich Schieferstiften kritzelt!

Und wenn ich rufe: „Flucht allen feigen Teufeln in euch, die gerne winseln und Hände falten und anbeten möchten“: so rufen sie: „Zarathustra ist gottlos“. Und sonderlich rufen es ihre Lehrer der Ergebung –; aber gerade ihnen liebe ich's in das Ohr zu schrein: Ja! Ich *bin* Zarathustra, der Gottlose!

Diese Lehrer der Ergebung! Überall hin, wo es klein und krank und grindig ist, kriechen sie, gleich Läusen: und nur mein Ekel hindert mich, sie zu knacken.

Wohlan! Dies ist meine Predigt für *ihre* Ohren: ich bin Zarathustra, der Gottlose, der da spricht „wer ist gottloser denn ich, daß ich mich seiner Unterweisung freue?“

Ich bin Zarathustra, der Gottlose: wo finde ich meinesgleichen? Und alle die sind meinesgleichen, die sich selber ihren Willen geben und alle Ergebung von sich abtun.

Ich bin Zarathustra, der Gottlose: ich koche mir noch jeden Zufall in *meinem* Topfe. Und erst, wenn er da gar gekocht ist, heiße ich ihn willkommen, als *meine* Speise.

Und wahrlich, mancher Zufall kam herrisch zu mir: aber herrischer noch sprach zu ihm mein *Wille*, – da lag er schon bittend auf den Knien –

– bittend, daß er Herberge finde und Herz bei mir, und schmeichlerisch zuredend: „Sieh doch, o Zarathustra, wie nur Freund zu Freunde kommt!“ –

Doch was rede ich, wo niemand *meine* Ohren hat! Und so will ich es hinaus in alle Winde rufen:

Ihr werdet immer kleiner, ihr kleinen Leute! Ihr bröckelt ab, ihr Behaglichen! Ihr geht mir noch zugrunde –

– an euren vielen kleinen Tugenden, an eurem vielen kleinen Unterlassen, an eurer vielen kleinen Ergebung!

Zu viel schonend, zu viel nachgebend: so ist euer Erdreich! Aber daß ein Baum *groß* werde, dazu will er um harte Felsen harte Wurzeln schlagen!

Auch was ihr unterlaßt, webt am Gewebe aller Menschen-Zukunft; auch euer Nichts ist ein Spinnennetz und eine Spinne, die von der Zukunft Blute lebt.

Und wenn ihr nehmt, so ist es wie Stehlen, ihr kleinen Tugendhaften; aber noch unter Schelmen spricht die *Ehre*: „Man soll nur stehlen, wo man nicht rauben kann."

„Es gibt sich" – das ist auch eine Lehre der Ergebung. Aber ich sage euch, ihr Behaglichen: es *nimmt sich* und wird immer mehr noch von euch nehmen!

Ach, daß ihr alles *halbe* Wollen von euch abtätet und entschlossen würdet zur Trägheit wie zur Tat!

Ach, daß ihr mein Wort verstündet: „tut immerhin, was ihr wollt, – aber seid erst solche, die *wollen können*!"

„Liebt immerhin euren Nächsten gleich euch, – aber seid mir erst solche, die *sich selber lieben* –

– mit der großen Liebe lieben, mit der großen Verachtung lieben!" Also spricht Zarathustra, der Gottlose. –

Doch was rede ich, wo niemand *meine* Ohren hat! Es ist hier noch eine Stunde zu früh für mich.

Mein eigner Vorläufer bin ich unter diesem Volke, mein eigner Hahnen-Ruf durch dunkle Gassen.

Aber *ihre* Stunde kommt! Und es kommt auch die meine! Stündlich werden sie kleiner, ärmer, unfruchtbarer, – armes Kraut! armes Erdreich!

Und bald sollen sie mir dastehn wie dürres Gras und Steppe, und wahrlich! ihrer selber müde – und mehr, als nach Wasser, nach *Feuer* lechzend!

O gesegnete Stunde des Blitzes! O Geheimnis vor Mittag! – Laufende Feuer will ich einst noch aus ihnen machen und Verkünder mit Flammen-Zungen: –

– verkünden sollen sie einst noch mit Flammen-Zungen: Er kommt, er ist nahe, *der große Mittag*!

Also sprach Zarathustra.

AUF DEM ÖLBERGE

Der Winter, ein schlimmer Gast, sitzt bei mir zu Hause; blau sind meine Hände von seiner Freundschaft Händedruck.

Ich ehre ihn, diesen schlimmen Gast, aber lasse gerne ihn allein sitzen. Gerne laufe ich ihm davon; und, läuft man *gut*, so entläuft man ihm! Mit warmen Füßen und warmen Gedanken laufe ich dorthin, wo der Wind stille steht, zum Sonnen-Winkel meines Ölbergs.

Da lache ich meines gestrengen Gastes und bin ihm noch gut, daß er zu Hause mir die Fliegen wegfängt und vielen kleinen Lärm stille macht.

Er leidet es nämlich nicht, wenn eine Mücke singen will, oder gar zwei; noch die Gasse macht er einsam, daß der Mondschein drin nachts sich fürchtet.

Ein harter Gast ist er, – aber ich ehre ihn, und nicht bete ich, gleich den Zärtlingen, zum dickbäuchichten Feuer-Götzen.

Lieber noch ein wenig zähneklappern, als Götzen anbeten! – so will's meine Art. Und sonderlich bin ich allen brünstigen, dampfenden, dumpfigen Feuer-Götzen gram.

Wen ich liebe, den liebe ich Winters besser als Sommers; besser spotte ich jetzt meiner Feinde und herzhafter, seit der Winter mir im Hause sitzt.

Herzhaft wahrlich, selbst dann noch, wenn ich zu Bett *krieche* –: da lacht und mutwillt noch mein verkrochenes Glück, es lacht noch mein Lügen-Traum.

Ich ein – Kriecher? Niemals kroch ich im Leben vor Mächtigen; und log ich je, so log ich aus Liebe. Deshalb bin ich froh auch im Winterbette.

Ein geringes Bett wärmt mich mehr als ein reiches, denn ich bin eifersüchtig auf meine Armut. Und im Winter ist sie mir am treusten.

Mit einer Bosheit beginne ich jeden Tag, ich spotte des Winters mit einem kalten Bade: darob brummt mein gestrenger Hausfreund.

Auch kitzle ich ihn gerne mit einem Wachskerzlein: daß er mir endlich den Himmel herauslasse aus aschgrauer Dämmerung.

Sonderlich boshaft bin ich nämlich des Morgens: zur frühen Stunde, da der Eimer am Brunnen klirrt und die Rosse warm durch graue Gassen wiehern: –

Ungeduldig warte ich da, daß mir endlich der lichte Himmel aufgehe, der schneebärtige Winter-Himmel, der Greis und Weißkopf, –

– der Winter-Himmel, der schweigsame, der oft noch seine Sonne verschweigt!

Lernte ich wohl von ihm das lange lichte Schweigen? Oder lernte er's von mir? Oder hat ein jeder von uns es selbst erfunden?

Aller guten Dinge Ursprung ist tausendfältig, – alle guten mutwilligen Dinge springen vor Lust ins Dasein: wie sollten sie das immer nur – einmal tun!

Ein gutes mutwilliges Ding ist auch das lange Schweigen und gleich dem Winter-Himmel blicken aus lichtem rundäugichtem Antlitze: –

– gleich ihm seine Sonne verschweigen und seinen unbeugsamen Sonnen-Willen, wahrlich, diese Kunst und diesen Winter-Mutwillen lernte ich *gut*! Meine liebste Bosheit und Kunst ist es, daß mein Schweigen lernte, sich nicht durch Schweigen zu verraten.

Mit Worten und Würfeln klappernd überliste ich mir die feierlichen Warter: allen diesen gestrengen Aufpassern soll mein Wille und Zweck entschlüpfen.

Daß mir niemand in meinen Grund und letzten Willen hinab sehe, – dazu erfand ich mir das lange lichte Schweigen.

So manchen Klugen fand ich: der verschleierte sein Antlitz und trübte sein Wasser, daß niemand ihm hindurch und hinunter sehe.

Aber zu ihm gerade kamen die klügeren Mißtrauer und Nußknacker: ihm gerade fischte man seinen verborgensten Fisch heraus!

Sondern die Hellen, die Wackern, die Durchsichtigen – das sind mir die klügsten Schweiger: denen so *tief* ihr Grund ist, daß auch das hellste Wasser ihn nicht – verrät. –

Du schneebärtiger schweigender Winter-Himmel, du rundäugichter Weißkopf über mir! O du himmlisches Gleichnis meiner Seele und ihres Mutwillens!

Und *muß* ich mich nicht verbergen, gleich einem, der Gold verschluckt hat, – daß man mir nicht die Seele aufschlitze?

Muß ich nicht Stelzen tragen, daß sie meine langen Beine *übersehen*, – alle diese Neidbolde und Leidholde, die um mich sind?

Diese räucherigen, stubenwarmen, verbrauchten, vergrünten, vergrämelten Seelen – wie *könnte* ihr Neid mein Glück ertragen!

So zeige ich ihnen nur das Eis und den Winter auf meinen Gipfeln – und *nicht*, daß mein Berg noch alle Sonnengürtel um sich schlingt!

Sie hören nur meine Winter-Stürme pfeifen: und *nicht*, daß ich auch über warme Meere fahre, gleich sehnsüchtigen, schweren, heißen Südwinden.

Sie erbarmen sich noch meiner Unfälle und Zufälle: – aber *mein* Wort heißt: „laßt den Zufall zu mir kommen: unschuldig ist er, wie ein Kindlein!"

Wie *könnten* sie mein Glück ertragen, wenn ich nicht Unfälle und Winter-Nöte und Eisbären-Mützen und Schneehimmel-Hüllen um mein Glück legte!

– wenn ich mich nicht selbst ihres *Mitleids* erbarmte: des Mitleids dieser Neidbolde und Leidholde!

– wenn ich nicht selber vor ihnen seufzte und frostklapperte, und mich geduldsam in ihr Mitleid wickeln *ließe*!

Dies ist der weise Mutwille und Wohlwille meiner Seele, daß sie ihren Winter und ihre Froststürme *nicht verbirgt*; sie verbirgt auch ihre Frostbeulen nicht.

Des Einen Einsamkeit ist die Flucht des Kranken; des Andern Einsamkeit die Flucht vor den Kranken.

Mögen sie mich klappern und seufzen *hören* vor Winterkälte, alle diese armen scheelen Schelme um mich! Mit solchem Geseufz und Geklapper flüchte ich noch vor ihren geheizten Stuben.

Mögen sie mich bemitleiden und bemitseufzen ob meiner Frostbeulen: „Am Eis der Erkenntnis *erfriert* er uns noch!" – so klagen sie.

Inzwischen laufe ich mit warmen Füßen kreuz und quer auf meinem Ölberge: im Sonnen-Winkel meines Ölberges singe und spotte ich alles Mitleids. –

Also sang Zarathustra.

VOM VORÜBERGEHEN

Also, durch viel Volk und vielerlei Städte langsam hindurchschreitend, ging Zarathustra auf Umwegen zurück zu seinem Gebirge und seiner Höhle. Und siehe, dabei kam er unversehens auch an das Stadttor der *großen Stadt*: hier aber sprang ein schäumender Narr mit ausgebreiteten Händen auf ihn zu und trat ihm in den Weg. Dies aber war derselbige Narr, welchen das Volk „den Affen Zarathustras" hieß: denn er hatte ihm etwas vom Satz und Fall der Rede abgemerkt und borgte wohl auch gerne vom Schatze seiner Weisheit. Der Narr aber redete also zu Zarathustra:

„O Zarathustra, hier ist die große Stadt: hier hast du nichts zu suchen und alles zu verlieren.

Warum wolltest du durch diesen Schlamm waten? Habe doch Mitleiden mit deinem Fuße! Speie lieber auf das Stadttor und – kehre um!

Hier ist die Hölle für Einsiedler-Gedanken: hier werden große Gedanken lebendig gesotten und klein gekocht. Hier verwesen alle großen Gefühle: hier dürfen nur klapperdürre Gefühlchen klappern!

Riechst du nicht schon die Schlachthäuser und Garküchen des Geistes? Dampft nicht diese Stadt vom Dunst geschlachteten Geistes?

Siehst du nicht die Seelen hängen wie schlaffe schmutzige Lumpen? – Und sie machen noch Zeitungen aus diesen Lumpen!

Hörst du nicht, wie der Geist hier zum Wortspiel wurde? Widriges Wort-Spülicht bricht er heraus! – Und sie machen noch Zeitungen aus diesem Wort-Spülicht.

Sie hetzen einander und wissen nicht, wohin? Sie erhitzen einander und wissen nicht, warum? Sie klimpern mit ihrem Bleche, sie klingeln mit ihrem Golde.

Sie sind kalt und suchen sich Wärme bei gebrannten Wassern: sie sind erhitzt und suchen Kühle bei gefrorenen Geistern; sie sind alle siech und süchtig an öffentlichen Meinungen.

Alle Lüste und Laster sind hier zu Hause; aber es gibt auch Tugendhafte, es gibt viel anstellige angestellte Tugend: – Viel anstellige Tugend mit Schreibfingern und hartem Sitz- und Wartefleische, gesegnet mit kleinen Bruststernen und ausgestopften steißlosen Töchtern.

Es gibt hier auch viel Frömmigkeit und viel gläubige Speichel-Leckerei, Schmeichel-Bäckerei vor dem Gott der Heerscharen.

‚Von oben' her träufelt ja der Stern und der gnädige Speichel; nach oben hin sehnt sich jeder sternenlose Busen.

Der Mond hat seinen Hof und der Hof hat seine Mondkälber: zu allem aber, was vom Hofe kommt, betet das Bettel-Volk und alle anstellige Bettel-Tugend.

‚Ich diene, du dienst, wir dienen' – so betet alle anstellige Tugend hinauf zum Fürsten: daß der verdiente Stern sich endlich an den schmalen Busen hefte!

Aber der Mond dreht sich noch um alles Irdische: so dreht sich auch der Fürst noch um das Aller-Irdischste: – das aber ist das Gold der Krämer.

Der Gott der Heerscharen ist kein Gott der Goldbarren: der Fürst denkt, aber der Krämer – lenkt!

Bei allem, was licht und stark und gut in dir ist, o Zarathustra! Speie auf diese Stadt der Krämer und kehre um!

Hier fließt alles Blut faulicht und lauicht und schaumicht durch alle Adern: speie auf die große Stadt, welche der große Abraum ist, wo aller Abschaum zusammenschäumt!

Speie auf die Stadt der eingedrückten Seelen und schmalen Brüste, der spitzen Augen, der klebrigen Finger –

– auf die Stadt der Aufdringlinge, der Unverschämten, der Schreib- und Schreihälse, der überheizten Ehrgeizigen: –

– wo alles Anbrüchige, Anrüchige, Lüsterne, Düstere, Übermürbe, Geschwürige, Verschwörerische zusammenschwärt: –

– speie auf die große Stadt und kehre um!" – –

Hier aber unterbrach Zarathustra den schäumenden Narren und hielt ihm den Mund zu.

„Höre endlich auf!" rief Zarathustra, „mich ekelt lange schon deiner Rede und deiner Art! Warum wohntest du so lange am Sumpfe, daß du selber zum Frosch und zur Kröte werden mußtest?

Fließt dir nicht selber nun ein faulichtes, schaumichtes Sumpf-Blut durch die Adern, daß du also quaken und lästern lerntest?

Warum gingst du nicht in den Wald? Oder pflügtest die Erde? Ist das Meer nicht voll von grünen Eilanden?

Ich verachte dein Verachten; und wenn du mich warntest, – warum warntest du dich nicht selber?

Aus der Liebe allein soll mir mein Verachten und mein warnender Vogel auffliegen: aber nicht aus dem Sumpfe! –

Man heißt dich meinen Affen, du schäumender Narr: aber ich heiße dich mein Grunze-Schwein, – durch Grunzen verdirbst du mir noch mein Lob der Narrheit.

Was war es denn, was dich zuerst grunzen machte? Daß niemand dir genug *geschmeichelt* hat: – darum setztest du dich hin zu diesem Unrate, daß du Grund hättest viel zu grunzen, –

– daß du Grund hättest zu vieler *Rache*! Rache nämlich, du eitler Narr, ist all dein Schäumen, ich erriet dich wohl!

Aber dein Narren-Wort tut *mir* Schaden, selbst wo du Recht hast! Und wenn Zarathustras Wort sogar hundertmal Recht *hätte*: *du* würdest mit meinem Wort immer – Unrecht *tun*!"

Also sprach Zarathustra; und er blickte die große Stadt an, seufzte und schwieg lange. Endlich redete er also:

Mich ekelt auch dieser großen Stadt und nicht nur dieses Narren. Hier und dort ist nichts zu bessern, nichts zu bösern.

Wehe dieser großen Stadt! – Und ich wollte, ich sähe schon die Feuersäule, in der sie verbrannt wird!

Denn solche Feuersäulen müssen dem großen Mittage vorangehn. Doch dies hat seine Zeit und sein eigenes Schicksal! –

Diese Lehre aber gebe ich dir, du Narr, zum Abschiede: wo man nicht mehr lieben kann, da soll man – *vorübergehn*! –

Also sprach Zarathustra und ging an dem Narren und der großen Stadt vorüber.

VON DEN ABTRÜNNIGEN

1

Ach, liegt alles schon welk und grau, was noch jüngst auf dieser Wiese grün und bunt stand? Und wie vielen Honig der Hoffnung trug ich von hier in meine Bienenkörbe!

Diese jungen Herzen sind alle schon alt geworden, – und nicht alt einmal! nur müde, gemein, bequem: – sie heißen es „wir sind wieder fromm geworden".

Noch jüngst sah ich sie in der Frühe auf tapferen Füßen hinauslaufen: aber ihre Füße der Erkenntnis wurden müde, und nun verleumden sie auch noch ihre Morgen-Tapferkeit!

Wahrlich, mancher von ihnen hob einst die Beine wie ein Tänzer, ihm winkte das Lachen in meiner Weisheit: – da besann er sich. Eben sah ich ihn krumm – zum Kreuze kriechen.

Um Licht und Freiheit flatterten sie einst gleich Mücken und jungen Dichtern. Ein wenig älter, ein wenig kälter: und schon sind sie Dunkler und Munkler und Ofenhocker.

Verzagte ihnen wohl das Herz darob, daß mich die Einsamkeit verschlang gleich einem Walfische? Lauschte ihr Ohr wohl sehnsüchtiglange *umsonst* nach mir und meinen Trompeten- und Herolds-Rufen?

– Ach! Immer sind ihrer nur wenige, deren Herz einen langen Mut und Übermut hat; und solchen bleibt auch der Geist geduldsam. Der Rest aber ist *feige*.

Der Rest: das sind immer die allermeisten, der Alltag, der Überfluß, die Viel-zu-Vielen – diese alle sind feige! –

Wer meiner Art ist, dem werden auch die Erlebnisse meiner Art über den Weg laufen: also, daß seine ersten Gesellen Leichname und Possenreißer sein müssen.

Seine zweiten Gesellen aber – die werden sich seine *Gläubigen* heißen: ein lebendiger Schwarm, viel Liebe, viel Torheit, viel unbärtige Verehrung. An diese Gläubigen soll der nicht sein Herz binden, wer meiner Art unter Menschen ist; an diese Lenze und bunten Wiesen soll der nicht glauben, wer die flüchtig-feige Menschenart kennt!

Könnten sie anders, so würden sie auch anders *wollen*. Halb- und Halbe verderben alles Ganze. Daß Blätter welk werden, – was ist da zu klagen!

Laß sie fahren und fallen, o Zarathustra, und klage nicht! Lieber noch blase mit raschelnden Winden unter sie, –

– blase unter diese Blätter, o Zarathustra: daß alles *Welke* schneller noch von dir davonlaufe! –

2

„Wir sind wieder fromm geworden" – so bekennen diese Abtrünnigen; und manche von ihnen sind noch zu feige, also zu bekennen.

Denen sehe ich ins Auge, – denen sage ich es ins Gesicht und in die Röte ihrer Wangen: ihr seid solche, welche wieder *beten*!

Es ist aber eine Schmach, zu beten! Nicht für alle, aber für dich und mich, und wer auch im Kopfe sein Gewissen hat! Für *dich* ist es eine Schmach, zu beten!

Du weißt es wohl: dein feiger Teufel in dir, der gerne Hände-falten und Hände-in-den-Schoß-legen und es bequemer haben möchte: – dieser feige Teufel redet dir zu „es *gibt* einen Gott!"

Damit aber gehörst du zur lichtscheuen Art, denen Licht nimmer Ruhe läßt; nun mußt du täglich deinen Kopf tiefer in Nacht und Dunst stecken!

Und wahrlich, du wähltest die Stunde gut: denn eben wieder fliegen die Nachtvögel aus. Die Stunde kam allem lichtscheuen Volke, die Abend- und Feierstunde, wo es nicht – „feiert".

Ich höre und rieche es: es kam ihre Stunde für Jagd und Umzug, nicht zwar für eine wilde Jagd, sondern für eine zahme, lahme, schnüffelnde Leisetreter- und Leisebeter-Jagd, –

– für eine Jagd auf seelenvolle Duckmäuser: alle Herzens-Mausefallen sind jetzt wieder aufgestellt! Und wo ich einen Vorhang aufhebe, da kommt ein Nachtfalterchen herausgestürzt.

Hockte es da wohl zusammen mit einem andern Nachtfalterchen? Denn überall rieche ich kleine verkrochne Gemeinden; und wo es Kämmerlein gibt, da gibt es neue Bet-Brüder drin und den Dunst von Bet-Brüdern.

Sie sitzen lange Abende beieinander und sprechen: „Lasset uns wieder werden wie die Kindlein und ‚lieber Gott' sagen!" – an Mund und Magen verdorben durch die frommen Zuckerbäcker.

Oder sie sehen lange Abende einer listigen lauernden Kreuzspinne zu, welche den Spinnen selber Klugheit predigt und also lehrt: „Unter Kreuzen ist gut spinnen!"

Oder sie sitzen tagsüber mit Angelruten an Sümpfen und glauben sich *tief* damit; aber wer dort fischt, wo es keine Fische gibt, den heiße ich noch nicht einmal oberflächlich!

Oder sie lernen fromm-froh die Harfe schlagen bei einem Lieder-Dichter, der sich gern jungen Weibchen ins Herz harfnen möchte: – denn er wurde der alten Weibchen müde und ihres Lobpreisens.

Oder sie lernen gruseln bei einem gelahrten Halb-Tollen, der in dunklen Zimmern wartet, daß ihm die Geister kommen – und der Geist ganz davonläuft!

Oder sie horchen einem alten umgetriebenen Schnurr- und Knurrpfeifer zu, der trüben Winden die Trübsal der Töne ablernte; nun pfeift er nach dem Winde und predigt in trüben Tönen Trübsal.

Und einige von ihnen sind sogar Nachtwächter geworden: die verstehen jetzt in Hörner zu blasen und nachts umherzugehn und alte Sachen aufzuwecken, die lange schon eingeschlafen sind.

Fünf Worte von alten Sachen hörte ich gestern nachts an der Gartenmauer: die kamen von solchen alten betrübten trocknen Nachtwächtern.

„Für einen Vater sorgt er nicht genug um seine Kinder: Menschen-Väter tun dies besser!" –

„Er ist zu alt! Er sorgt schon gar nicht mehr um seine Kinder" – also antwortete der andre Nachtwächter.

„*Hat* er denn Kinder? Niemand kann's beweisen, wenn er's selber nicht beweist! Ich wollte längst, er bewiese es einmal gründlich."

„Beweisen? Als ob *der* je etwas bewiesen hätte! Beweisen fällt ihm schwer; er hält große Stücke darauf, daß man ihm *glaubt*."

„Ja! Ja! Der Glaube macht ihn selig, der Glaube an ihn. Das ist so die Art alter Leute! So geht's uns auch!" – Also sprachen zueinander die zwei alten Nachtwächter und Lichtscheuchen, und tuteten darauf betrübt in ihre Hörner: so geschah's gestern nachts an der Gartenmauer.

Mir aber wand sich das Herz vor Lachen und wollte brechen und wußte nicht, wohin? und sank ins Zwerchfell.

Wahrlich, das wird noch mein Tod sein, daß ich vor Lachen ersticke, wenn ich Esel betrunken sehe und Nachtwächter also an Gott zweifeln höre.

Ist es denn nicht *lange* vorbei, auch für alle solche Zweifel? Wer darf noch solche alte eingeschlafne lichtscheue Sachen aufwecken!

Mit den alten Göttern ging es ja lange schon zu Ende: – und wahrlich, ein gutes fröhliches Götter-Ende hatten sie!

„Sie ‚dämmerten'" sich nicht zu Tode, – das lügt man wohl! Vielmehr: sie haben sich selber einmal zu Tode – *gelacht*!

Das geschah, als das gottloseste Wort von einem Gotte selber ausging, – das Wort: „Es ist Ein Gott! Du sollst keinen andern Gott haben neben mir!" –

– ein alter Grimmbart von Gott, ein eifersüchtiger, vergaß sich also: –

Und alle Götter lachten damals und wackelten auf ihren Stühlen und riefen: „Ist das nicht eben Göttlichkeit, daß es Götter, aber keinen Gott gibt?"

Wer Ohren hat, der höre. –

Also redete Zarathustra in der Stadt, die er liebte und welche zubenannt ist „die bunte Kuh". Von hier nämlich hatte er nur noch zwei Tage zu gehen, daß er wieder in seine Höhle käme und zu seinen Tieren; seine Seele aber frohlockte beständig ob der Nähe seiner Heimkehr. –

DIE HEIMKEHR

O Einsamkeit! Du meine *Heimat* Einsamkeit! Zu lange lebte ich wild in wilder Fremde, als daß ich nicht mit Tränen zu dir heimkehrte!

Nun drohe mir nur mit dem Finger, wie Mütter drohn, nun lächle mir zu, wie Mütter lächeln, nun sprich nur: „Und wer war das, der wie ein Sturmwind einst von mir davonstürmte? –

– der scheidend rief: zu lange saß ich bei der Einsamkeit, da verlernte ich das Schweigen! *Das* – lerntest du nun wohl?

O Zarathustra, alles weiß ich: und daß du unter den Vielen *verlassener* warst, du Einer, als je bei mir!

Ein anderes ist Verlassenheit, ein anderes Einsamkeit: *Das* – lerntest du nun! Und daß du unter Menschen immer wild und fremd sein wirst:

– wild und fremd auch noch, wenn sie dich lieben: denn zuerst von allen wollen sie *geschont* sein!

Hier aber bist du bei dir zu Heim und Hause; hier kannst du alles hinausreden und alle Gründe ausschütten, nichts schämt sich hier versteckter, verstockter Gefühle.

Hier kommen alle Dinge liebkosend zu deiner Rede und schmeicheln dir: denn sie wollen auf diesem Rücken reiten. Auf jedem Gleichnis reitest du hier zu jeder Wahrheit.

Aufrecht und aufrichtig darfst du hier zu allen Dingen reden: und wahrlich, wie Lob klingt es ihren Ohren, daß einer mit allen Dingen – gerade redet!

Ein anderes aber ist Verlassensein. Denn, weißt du noch, o Zarathustra? Als damals dein Vogel über dir schrie, als du im Walde standest, unschlüssig, wohin? unkundig, einem Leichnam nahe: –

– als du sprachst: mögen mich meine Tiere führen! Gefährlicher fand ich's unter Menschen als unter Tieren: – Das war Verlassenheit!

Und weißt du noch, o Zarathustra? Als du auf deiner Insel saßest, unter leeren Eimern ein Brunnen Weins, gebend und ausgebend, unter Durstigen schenkend und ausschenkend:

– bis du endlich durstig allein unter Trunkenen saßest und nächtlich klagtest ‚ist Nehmen nicht seliger als Geben? Und Stehlen noch seliger als Nehmen?' – *Das* war Verlassenheit!

Und weißt du noch, o Zarathustra? Als deine stillste Stunde kam und dich von dir selber forttrieb, als sie mit bösem Flüstern sprach: ‚Sprich und zerbrich!' –

– als sie dir all dein Warten und Schweigen leid machte und deinen demütigen Mut entmutigte: *Das* war Verlassenheit!" –

O Einsamkeit! Du meine Heimat Einsamkeit! Wie selig und zärtlich redet deine Stimme zu mir!

Wir fragen einander nicht, wir klagen einander nicht, wir gehen offen miteinander durch offne Türen.

Denn offen ist es bei dir und hell; und auch die Stunden laufen hier auf leichteren Füßen. Im Dunklen nämlich trägt man schwerer an der Zeit, als im Lichte.

Hier springen mir alles Seins Worte und Wortschreine auf: alles Sein will hier Wort werden, alles Werden will hier von mir reden lernen.

Da unten aber – da ist alles Reden umsonst! Da ist Vergessen und Vorübergehen die beste Weisheit: *Das* – lernte ich nun!

Wer alles bei den Menschen begreifen wollte, der müßte alles angreifen. Aber dazu habe ich zu reinliche Hände.

Ich mag schon ihren Atem nicht einatmen; ach, daß ich so lange unter ihrem Lärm und üblen Atem lebte!

O selige Stille um mich! O reine Gerüche um mich! O wie aus tiefer Brust diese Stille reinen Atem holt! O wie sie horcht, diese selige Stille!

Aber da unten – da redet alles, da wird alles überhört. Man mag seine Weisheit mit Glocken einläuten: die Krämer auf dem Markte werden sie mit Pfennigen überklingeln!

Alles bei ihnen redet, niemand weiß mehr zu verstehn. Alles fällt ins Wasser, nichts fällt mehr in tiefe Brunnen.

Alles bei ihnen redet, nichts gerät mehr und kommt zu Ende. Alles gackert, aber wer will noch still auf dem Neste sitzen und Eier brüten?

Alles bei ihnen redet, alles wird zerredet. Und was gestern noch zu hart war für die Zeit selber und ihren Zahn: heute hängt es zerschabt und zernagt aus den Mäulern der Heutigen.

Alles bei ihnen redet, alles wird verraten. Und was einst Geheimnis hieß und Heimlichkeit tiefer Seelen, heute gehört es den Gassen-Trompetern und andern Schmetterlingen.

O Menschenwesen, du wunderliches! Du Lärm auf dunklen Gassen! Nun liegst du wieder hinter mir: – meine größte Gefahr liegt hinter mir!

Im Schonen und Mitleiden lag immer meine größte Gefahr; und alles Menschenwesen will geschont und gelitten sein.

Mit verhaltenen Wahrheiten, mit Narrenhand und vernarrtem Herzen und reich an kleinen Lügen des Mitleidens: – also lebte ich immer unter Menschen. Verkleidet saß ich unter ihnen, bereit, mich zu verkennen, daß ich *sie* ertrüge, und gern mir zuredend „du Narr, du kennst die Menschen nicht!“

Man verlernt die Menschen, wenn man unter Menschen lebt: zu viel Vordergrund ist an allen Menschen, – was sollen da weitsichtige, weitsüchtige Augen!

Und wenn sie mich verkannten: ich Narr schonte sie darob mehr als mich: gewohnt zur Härte gegen mich und oft noch an mir selber mich rächend für diese Schonung.

Zerstochen von giftigen Fliegen und ausgehöhlt, dem Steine gleich, von vielen Tropfen Bosheit, so saß ich unter ihnen und redete mir noch zu: „Unschuldig ist alles Kleine an seiner Kleinheit!"

Sonderlich die, welche sich „die Guten" heißen, fand ich als die giftigsten Fliegen: sie stechen in aller Unschuld, sie lügen in aller Unschuld; wie *vermöchten* sie gegen mich – gerecht zu sein!

Wer unter den Guten lebt, den lehrt Mitleid lügen. Mitleid macht dumpfe Luft allen freien Seelen. Die Dummheit der Guten nämlich ist unergründlich.

Mich selber verbergen und meinen Reichtum – *das* lernte ich da unten: denn jeden fand ich noch arm am Geiste. Das war der Lug meines Mitleidens, daß ich bei jedem wußte.

– daß ich jedem es ansah und anroch, was ihm Geistes *genug* und was ihm schon Geistes *zuviel* war!

Ihre steifen Weisen: ich hieß sie weise, nicht steif, – so lernte ich Worte verschlucken. Ihre Totengräber: ich hieß sie Forscher und Prüfer, – so lernte ich Worte vertauschen.

Die Totengräber graben sich Krankheiten an. Unter altem Schutte ruhn schlimme Dünste. Man soll den Morast nicht aufrühren. Man soll auf Bergen leben.

Mit seligen Nüstern atme ich wieder Berges-Freiheit! Erlöst ist endlich meine Nase vom Geruch alles Menschenwesens!

Von scharfen Lüften gekitzelt, wie von schäumenden Weinen, *niest* meine Seele, – niest und jubelt sich zu: Gesundheit!

Also sprach Zarathustra.

VON DEN DREI BÖSEN

1

Im Traum, im letzten Morgentraume stand ich heut auf einem Vorgebirge, – jenseits der Welt, hielt eine Waage und *wog* die Welt.

O daß zu früh mir die Morgenröte kam: die glühte mich wach, die Eifersüchtige! Eifersüchtig ist sie immer auf meine Morgentraum-Gluten.

Meßbar für den, der Zeit hat, wägbar für einen guten Wäger, erfliegbar für starke Fittiche, erratbar für göttliche Nüsseknacker: also fand mein Traum die Welt: –

Mein Traum, ein kühner Segler, halb Schiff, halb Windsbraut, gleich Schmetterlingen schweigsam, ungeduldig gleich Edelfalken: wie hatte er doch zum Welt-Wägen heute Geduld und Weile!

Sprach ihm heimlich wohl meine Weisheit zu, meine lachende wache Tags-Weisheit, welche über alle „unendliche Welten" spottet? Denn sie spricht: „Wo Kraft ist, wird auch die *Zahl* Meisterin: die hat mehr Kraft".

Wie sicher schaute mein Traum auf diese endliche Welt, nicht neugierig, nicht altgierig, nicht fürchtend, nicht bittend: –

– als ob ein voller Apfel sich meiner Hand böte, ein reifer Goldapfel, mit kühl-sanfter samtener Haut: – so bot sich mir die Welt: –

– als ob ein Baum mir winke, ein breitästiger, starkwilliger, gekrümmt zur Lehne und noch zum Fußbrett für den Wegmüden: so stand die Welt auf meinem Vorgebirge: –

– als ob zierliche Hände mir einen Schrein entgegentrügen, – einen Schrein, offen für das Entzücken schamhafter verehrender Augen: also bot sich mir heute die Welt entgegen: –

– nicht Rätsel genug, um Menschenliebe davon zu scheuchen, nicht Lösung genug, um Menschenweisheit einzuschläfern: – ein menschlich gutes Ding war mir heut die Welt, der man so Böses nachredet!

Wie danke ich es meinem Morgentraum, daß ich also in der Frühe heut die Welt wog! Als ein menschlich gutes Ding kam er zu mir, dieser Traum und Herzenströster!

Und daß ich's ihm gleichtue am Tage und sein Bestes ihm nach- und ablerne: will ich jetzt die drei bösesten Dinge auf die Waage tun und menschlich gut abwägen. –

Wer da segnen lehrte, der lehrte auch fluchen: welches sind in der Welt die drei bestverfluchten Dinge? Diese will ich auf die Waage tun.

Wollust, Herrschsucht, Selbstsucht: diese drei wurden bisher am besten verflucht und am schlimmsten beleu- und belügenmundet, – diese drei will ich menschlich gut abwägen.

Wohlauf! Hier ist mein Vorgebirg, und da das Meer: *das* wälzt sich zu mir heran, zottelig, schmeichlerisch, das getreue alte hundertköpfige Hunds-Ungetüm, das ich liebe.

Wohlauf! Hier will ich die Waage halten über gewälztem Meere: und auch einen Zeugen wähle ich, daß er zusehe, – dich, du Einsiedler-Baum, dich starkduftigen, breitgewölbten, den ich liebe! –

Auf welcher Brücke geht zum Dereinst das Jetzt? Nach welchem Zwange zwingt das Hohe sich zum Niederen? Und was heißt auch das Höchste noch – hinaufwachsen?

Nun steht die Waage gleich und still: drei schwere Fragen warf ich hinein, drei schwere Antworten trägt die andre Waagschale.

2

Wollust: allen bußhemdigen Leib-Verächtern ihr Stachel und Pfahl, und als „Welt" verflucht bei allen Hinterweltlern: denn sie höhnt und narrt alle Wirr- und Irr-Lehrer.

Wollust: dem Gesindel das langsame Feuer, auf dem es verbrannt wird; allem wurmichten Holze, allen stinkenden Lumpen der bereite Brunst- und Brodel-Ofen.

Wollust: für die freien Herzen unschuldig und frei, das Garten-Glück der Erde, aller Zukunft Dankes-Überschwang an das Jetzt.

Wollust: nur dem Welken ein süßlich Gift, für die Löwen-Willigen aber die große Herzstärkung, und der ehrfürchtig geschonte Wein der Weine.

Wollust: das große Gleichnis-Glück für höheres Glück und höchste Hoffnung. Vielem nämlich ist Ehe verheißen und mehr als Ehe, –

– Vielem, das fremder sich ist als Mann und Weib: – und wer begriff es ganz, *wie fremd* sich Mann und Weib sind!

Wollust: – doch ich will Zäune um meine Gedanken haben und auch noch um meine Worte: daß mir nicht in meine Gärten die Schweine und Schwärmer brechen! –

Herrschsucht: die Glüh-Geißel der härtesten Herzensharten; die grause Marter, die sich dem Grausamsten selber aufspart; die düstre Flamme lebendiger Scheiterhaufen.

Herrschsucht: die boshafte Bremse, die den eitelsten Völkern aufgesetzt wird; die Verhöhnerin aller ungewissen Tugend; die auf jedem Rosse und jedem Stolze reitet.

Herrschsucht: das Erdbeben, das alles Morsche und Höhlichte bricht und aufbricht; die rollende, grollende, strafende Zerbrecherin übertünchter Gräber; das blitzende Fragezeichen neben vorzeitigen Antworten.

Herrschsucht: vor deren Blick der Mensch kriecht und duckt und fröhnt und niedriger wird als Schlange und Schwein: – bis endlich die große Verachtung aus ihm aufschreit –,

Herrschsucht: die furchtbare Lehrerin der großen Verachtung, welche Städten und Reichen ins Antlitz predigt „hinweg mit dir!" – bis es aus ihnen selber aufschreit „hinweg mit *mir*!"

Herrschsucht: die aber lockend auch zu Reinen und Einsamen und hinauf zu selbstgenugsamen Höhen steigt, glühend gleich einer Liebe, welche purpurne Seligkeiten lockend an Erdenhimmel malt.

Herrschsucht: doch wer hieße es *Sucht*, wenn das Hohe hinab nach Macht gelüstet! Wahrlich, nichts Sieches und Süchtiges ist an solchem Gelüsten und Niedersteigen!

Daß die einsame Höhe sich nicht ewig vereinsame und selbst begnüge; daß der Berg zu Tale komme und die Winde der Höhe zu den Niederungen: –

O wer fände den rechten Tauf- und Tugendnamen für solche Sehnsucht! „Schenkende Tugend" – so nannte das Unnennbare einst Zarathustra.

Und damals geschah es auch – und wahrlich, es geschah zum ersten Male! –, daß sein Wort die *Selbstsucht* selig pries, die heile, gesunde Selbstsucht, die aus mächtiger Seele quillt: –

– aus mächtiger Seele, zu welcher der hohe Leib gehört, der schöne, sieghafte, erquickliche, um den herum jedwedes Ding Spiegel wird:

– der geschmeidige überredende Leib, der Tänzer, dessen Gleichnis und Auszug die selbst-lustige Seele ist. Solcher Leiber und Seelen Selbst-Lust heißt sich selber: „Tugend".

Mit ihren Worten von Gut und Schlecht schirmt sich solche Selbst-Lust wie mit heiligen Hainen; mit den Namen ihres Glücks bannt sie von sich alles Verächtliche.

Von sich weg bannt sie alles Feige; sie spricht: Schlecht – *das* ist feige! Verächtlich *dünkt* ihr der immer Sorgende, Seufzende, Klägliche und wer auch die kleinsten Vorteile aufliest.

Sie verachtet auch alle wehselige Weisheit: denn wahrlich, es gibt auch Weisheit, die im Dunkeln blüht, eine Nachtschatten-Weisheit: als welche immer seufzt „Alles ist eitel!"

Das scheue Mißtrauen gilt ihr gering, und jeder, wer Schwüre statt Blicke und Hände will: auch alle allzu mißtrauische Weisheit, denn solche ist feiger Seelen Art.

Geringer noch gilt ihr der Schnell-Gefällige, der Hündische, der gleich auf dem Rücken liegt, der Demütige; und auch Weisheit gibt es, die demütig und hündisch und fromm und schnell-gefällig ist.

Verhaßt ist ihr gar und ein Ekel, wer nie sich wehren will, wer giftigen Speichel und böse Blicke hinunterschluckt, der Allzu-Geduldige, Alles-Dulder, Allgenügsame: das nämlich ist die knechtische Art.

Ob einer vor Göttern und göttlichen Fußtritten knechtisch ist, ob vor Menschen und blöden Menschen-Meinungen: *alle* Knechts-Art speit sie an, diese selige Selbstsucht!

Schlecht: so heißt sie alles, was geknickt und knickerisch-knechtisch ist, unfreie Zwinker-Augen, gedrückte Herzen, und jene falsche nachgebende Art, welche mit breiten feigen Lippen küßt.

Und After-Weisheit: so heißt sie alles, was Knechte und Greise und Müde witzeln; und sonderlich die ganze schlimme aberwitzige, überwitzige Priester-Narrheit!

Die After-Weisen aber, alle die Priester, Weltmüden, und wessen Seele von Weibs- und Knechtsart ist, – o wie hat ihr Spiel von jeher der Selbstsucht übel mitgespielt!

Und Das gerade sollte Tugend sein und Tugend heißen, *daß* man der Selbstsucht übel mitspiele! Und „selbstlos“ – so wünschten sich selber mit gutem Grunde alle diese weltmüden Feiglinge und Kreuzspinnen!

Aber denen allen kommt nun der Tag, die Wandlung, das Richtschwert, *der große Mittag:* da soll vieles offenbar werden!

Und wer das Ich heil und heilig spricht und die Selbstsucht selig, wahrlich, der spricht auch, was er weiß, ein Weissager: *„Siehe, er kommt, er ist nahe, der große Mittag!“*

Also sprach Zarathustra.

VOM GEIST DER SCHWERE

1

Mein Mundwerk – ist des Volks: zu grob und herzlich rede ich für die Seidenhasen. Und noch fremder klingt mein Wort allen Tinten-Fischen und Feder-Füchsen.

Meine Hand – ist eine Narrenhand: wehe allen Tischen und Wänden, und was noch Platz hat für Narren-Zierat, Narren-Schmierat!

Mein Fuß – ist ein Pferdefuß; damit trapple und trabe ich über Stock und Stein, kreuz- und querfeldein, und bin des Teufels vor Lust bei allem schnellen Laufen.

Mein Magen – ist wohl eines Adlers Magen? Denn er liebt am liebsten Lammfleisch. Gewißlich aber ist er eines Vogels Magen.

Von unschuldigen Dingen genährt und von wenigem, bereit und ungeduldig zu fliegen, davonzufliegen – das ist nun meine Art: wie sollte nicht etwas daran von Vogel-Art sein!

Und zumal, daß ich dem Geist der Schwere feind bin, das ist Vogel-Art: und wahrlich, todfeind, erzfeind, urfeind! O wohin flog und verflog sich nicht schon meine Feindschaft!

Davon könnte ich schon ein Lied singen – – und *will* es singen: ob ich gleich allein in leerem Hause bin und es meinen eignen Ohren singen muß.

Andre Sänger gibt es freilich, denen macht das volle Haus erst ihre Kehle weich, ihre Hand gesprächig, ihr Auge ausdrücklich, ihr Herz wach: – denen gleiche ich nicht. –

2

Wer die Menschen einst fliegen lehrt, der hat alle Grenzsteine verrückt; alle Grenzsteine selber werden ihm in die Luft fliegen, die Erde wird er neu taufen – als „die Leichte".

Der Vogel Strauß läuft schneller als das schnellste Pferd, aber auch er steckt noch den Kopf schwer in schwere Erde: also der Mensch, der noch nicht fliegen kann.

Schwer heißt ihm Erde und Leben; und so *will* es der Geist der Schwere! Wer aber leicht werden will und ein Vogel, der muß sich selber lieben: – also lehre ich.

Nicht freilich mit der Liebe der Siechen und Süchtigen: denn bei denen stinkt auch die Eigenliebe!

Man muß sich selber lieben lernen – also lehre ich – mit einer heilen und gesunden Liebe: daß man es bei sich selber aushalte und nicht umherschweife.

Solches Umherschweifen tauft sich „Nächstenliebe": mit diesem Worte ist bisher am besten gelogen und geheuchelt worden, und sonderlich von solchen, die aller Welt schwer fielen.

Und wahrlich, das ist kein Gebot für heute und morgen, sich lieben *lernen*. Vielmehr ist von allen Künsten diese die feinste, listigste, letzte und geduldsamste.

Für seinen Eigener ist nämlich alles Eigene gut versteckt; und von allen Schatzgruben wird die eigne am spätesten ausgegraben, – also schafft es der Geist der Schwere.

Fast in der Wiege gibt man uns schon schwere Worte und Werte mit: „Gut" und „Böse" – so heißt sich diese Mitgift. Um derentwillen vergibt man uns, daß wir leben.

Und dazu läßt man die Kindlein zu sich kommen, daß man ihnen beizeiten wehre, sich selber zu lieben: also schafft es der Geist der Schwere.

Und wir – wir schleppen treulich, was man uns mitgibt, auf harten Schultern und über rauhe Berge! Und schwitzen wir, so sagt man uns: „Ja, das Leben ist schwer zu tragen!“

Aber der Mensch nur ist sich schwer zu tragen! Das macht, er schleppt zu vieles Fremde auf seinen Schultern. Dem Kamele gleich kniet er nieder und läßt sich gut aufladen. Sonderlich der starke, tragsame Mensch, dem Ehrfurcht innewohnt: zu viele *fremde* schwere Worte und Werte lädt er auf sich, – nun dünkt das Leben ihm eine Wüste!

Und wahrlich! Auch manches *Eigene* ist schwer zu tragen! Und viel Inwendiges am Menschen ist der Auster gleich, nämlich ekel und schlüpfrig und schwer erfaßlich –,

– also daß eine edle Schale mit edler Zierat fürbitten muß. Aber auch diese Kunst muß man lernen: Schale *haben* und schönen Schein und kluge Blindheit!

Abermals trügt über manches am Menschen, daß manche Schale gering und traurig und zu sehr Schale ist. Viel verborgene Güte und Kraft wird nie erraten; die köstlichsten Leckerbissen finden keine Schmecker!

Die Frauen wissen das, die köstlichsten: ein wenig fetter, ein wenig magerer – o wieviel Schicksal liegt in so Wenigem!

Der Mensch ist schwer zu entdecken und sich selber noch am schwersten; oft lügt der Geist über die Seele. Also schafft es der Geist der Schwere. Der aber hat sich selber entdeckt, welcher spricht: Das ist *mein* Gutes und Böses: damit hat er den Maulwurf und Zwerg stumm gemacht, welcher spricht: „Allen gut, allen bös“.

Wahrlich, ich mag auch solche nicht, denen jegliches Ding gut und diese Welt gar die beste heißt. Solche nenne ich die Allgenügsamen.

Allgenügsamkeit, die alles zu schmecken weiß: das ist nicht der beste Geschmack! Ich ehre die widerspenstigen wählerischen Zungen und Mägen, welche „Ich“ und „Ja“ und „Nein“ sagen lernten.

Alles aber kauen und verdauen – das ist eine rechte Schweine-Art! Immer I-A sagen – das lernte allein der Esel, und wer seines Geistes ist! –

Das tiefe Gelb und das heiße Rot: so will es *mein* Geschmack, – der mischt Blut zu allen Farben. Wer aber sein Haus weiß tüncht, der verrät mir eine weißgetünchte Seele.

In Mumien verliebt die einen, die andern in Gespenster; und beide gleich feind allem Fleisch und Blute – o wie gehen beide mir wider den Geschmack! Denn ich liebe Blut.

Und dort will ich nicht wohnen und weilen, wo jedermann spuckt und speit; das ist nun *mein* Geschmack, – lieber noch lebte ich unter Dieben und Meineidigen. Niemand trägt Gold im Munde.

Widriger aber sind mir noch alle Speichellecker; und das widrigste Tier von Mensch, das ich fand, das taufte ich Schmarotzer: das wollte nicht lieben und doch von Liebe leben.

Unselig heiße ich alle, die nur eine Wahl haben: böse Tiere zu werden oder böse Tierbändiger: bei solchen würde ich mir keine Hütten bauen.

Unselig heiße ich auch die, welche immer *warten* müssen, – die gehen mir wider den Geschmack: alle die Zöllner und Krämer und Könige und andren Länder- und Ladenhüter.

Wahrlich, ich lernte das Warten auch und von Grund aus, – aber nur das Warten auf *mich*. Und über allem lernte ich stehn und gehn und laufen und springen und klettern und tanzen.

Das ist aber meine Lehre: wer einst fliegen lernen will, der *muß* erst stehn und gehn und laufen und klettern und tanzen lernen: – man erfliegt das Fliegen nicht!

Mit Strickleitern lernte ich manches Fenster erklettern, mit hurtigen Beinen klomm ich auf hohe Masten: auf hohen Masten der Erkenntnis sitzen dünkte mich keine geringe Seligkeit, –

– gleich kleinen Flammen flackern auf hohen Masten: ein kleines Licht zwar, aber doch ein großer Trost für verschlagene Schiffer und Schiffbrüchige! –

Auf vielerlei Weg und Weise kam ich zu meiner Wahrheit: nicht auf Einer Leiter stieg ich zur Höhe, wo mein Auge in meine Ferne schweift.

Und ungern nur fragte ich stets nach Wegen, – das ging mir immer wider den Geschmack! Lieber fragte und versuchte ich die Wege selber.

Ein Versuchen und Fragen war all mein Gehen: – und wahrlich, auch antworten muß man *lernen* auf solches Fragen! Das aber – ist mein Geschmack:

– kein guter, kein schlechter, aber *mein* Geschmack, dessen ich weder Scham noch Hehl mehr habe.

„Das – ist nun *mein* Weg, – wo ist der eure?" so antwortete ich denen, welche mich „nach dem Wege" fragten. *Den* Weg nämlich – den gibt es nicht!

Also sprach Zarathustra.

VON ALTEN UND NEUEN TAFELN

1

Hier sitze ich und warte, alte zerbrochene Tafeln um mich und auch neue halb beschriebene Tafeln. Wann kommt meine Stunde? – die Stunde meines Niederganges, Unterganges: denn noch Ein Mal will ich zu den Menschen gehn.

Des warte ich nun: denn erst müssen mir die Zeichen kommen, daß es *meine* Stunde sei, – nämlich der lachende Löwe mit dem Taubenschwarme.

Inzwischen rede ich als einer, der Zeit hat, zu mir selber. Niemand erzählt mir Neues: so erzähle ich mir mich selber. –

2

Als ich zu den Menschen kam, da fand ich sie sitzen auf einem alten Dünkel: alle dünkten sich lange schon zu wissen, was dem Menschen gut und böse sei.

Eine alte müde Sache dünkte ihnen alles Reden von Tugend; und wer gut schlafen wollte, der sprach vor Schlafengehen noch von „Gut" und „Böse". Diese Schläferei störte ich auf, als ich lehrte: was gut und böse ist, *das weiß noch niemand:* – es sei denn der Schaffende!

– Das aber ist der, welcher des Menschen Ziel schafft und der Erde ihren Sinn gibt und ihre Zukunft: Dieser erst *schafft* es, *daß* etwas gut und böse ist. Und ich hieß sie ihre alten Lehrstühle umwerfen, und wo nur jener alte Dünkel gesessen hatte; ich hieß sie lachen über ihre großen Tugendmeister und Heiligen und Dichter und Welterlöser.

Über ihre düsteren Weisen hieß ich sie lachen, und wer je als schwarze Vogelscheuche warnend auf dem Baume des Lebens gesessen hatte.

An ihre große Gräberstraße setzte ich mich und selber zu Aas und Geiern – und ich lachte über all ihr Einst und seine mürbe verfallende Herrlichkeit.

Wahrlich, gleich Bußpredigern und Narren schrie ich Zorn und Zeter über all ihr Großes und Kleines, – daß ihr Bestes so gar klein ist! Daß ihr Bösestes so gar klein ist! – also lachte ich.

Meine weise Sehnsucht schrie und lachte also aus mir, die auf Bergen geboren ist, eine wilde Weisheit wahrlich! – meine große flügelbrausende Sehnsucht.

Und oft riß sie mich fort und hinauf und hinweg und mitten im Lachen: da flog ich wohl schaudernd, ein Pfeil, durch sonnentrunkenes Entzücken:

– hinaus in ferne Zukünfte, die kein Traum noch sah, in heißere Süden, als je sich Bildner träumten: dorthin, wo Götter tanzend sich aller Kleider schämen: –

– daß ich nämlich in Gleichnissen rede, und gleich Dichtern hinke und stammle: und wahrlich, ich schäme mich, daß ich noch Dichter sein *muß*! –

Wo alles Werden mich Götter-Tanz und Götter-Mutwillen dünkte, und die Welt los- und ausgelassen und zu sich selber zurückfliehend: –

– als ein ewiges Sich-fliehn und -Wiedersuchen vieler Götter, als das selige Sich-widersprechen, Sich-wiederhören, Sich-wieder-zugehören vieler Götter: –

Wo alle Zeit mich ein seliger Hohn auf Augenblicke dünkte, wo die Notwendigkeit die Freiheit selber war, die selig mit dem Stachel der Freiheit spielte: –

Wo ich auch meinen alten Teufel und Erzfeind wiederfand, den Geist der Schwere, und alles, was er schuf: Zwang, Satzung, Not und Folge und Zweck und Wille und Gut und Böse: –

Denn *muß* nicht dasein, *über* das getanzt, hinweggetanzt werde? Müssen nicht um der Leichten, Leichtesten willen – Maulwürfe und schwere Zwerge dasein? –

3

Dort war's auch, wo ich das Wort „Übermensch" vom Wege auflas, und daß der Mensch etwas sei, das überwunden werden müsse.

– daß der Mensch eine Brücke sei und kein Zweck: sich selig preisend ob seines Mittags und Abends, als Weg zu neuen Morgenröten:

– das Zarathustra-Wort vom großen Mittage, und was sonst ich über den Menschen aufhängte, gleich purpurnen zweiten Abendröten.

Wahrlich, auch neue Sterne ließ ich sie sehn samt neuen Nächten; und über Wolken und Tag und Nacht spannte ich noch das Lachen aus wie ein buntes Gezelt.

Ich lehrte sie all *mein* Dichten und Trachten: in Eins zu dichten und zusammenzutragen, was Bruchstück ist am Menschen und Rätsel und grauser Zufall, –

– als Dichter, Rätselrater und Erlöser des Zufalls lehrte ich sie an der Zukunft schaffen, und alles, das *war* –, schaffend zu erlösen.

Das Vergangne am Menschen zu erlösen und alles „Es war" umzuschaffen, bis der Wille spricht: „Aber so wollte ich es! So werde ich's wollen –"

– dies hieß ich ihnen Erlösung, dies allein lehrte ich sie Erlösung heißen. – –

Nun warte ich *meiner* Erlösung –, daß ich zum letzten Male zu ihnen gehe.

Denn noch Ein Mal will ich zu den Menschen: *unter* ihnen will ich untergehen, sterbend will ich ihnen meine reichste Gabe geben!

Der Sonne lernte ich das ab, wenn sie hinabgeht, die Überreiche: Gold schüttet sie da ins Meer aus unerschöpflichem Reichtume, –

– also, daß der ärmste Fischer noch mit *goldenem* Ruder rudert! Dies nämlich sah ich einst und wurde der Tränen nicht satt im Zuschauen. – –

Der Sonne gleich will auch Zarathustra untergehn: nun sitzt er hier und wartet, alte zerbrochne Tafeln um sich und auch neue Tafeln, – halbbeschriebene.

4

Siehe, hier ist eine neue Tafel: aber wo sind meine Brüder, die sie mit mir zu Tale und in fleischerne Herzen tragen? –

Also heischt es meine große Liebe zu den Fernsten: *schone deinen Nächsten nicht!* Der Mensch ist etwas, das überwunden werden muß.

Es gibt vielerlei Weg und Weise der Überwindung: da siehe *du* zu! Aber nur ein Possenreißer denkt: „der Mensch kann auch *übersprungen* werden".

Überwinde dich selber noch in deinem Nächsten: und ein Recht, das du dir rauben kannst, sollst du dir nicht geben lassen!

Was du tust, das kann dir keiner wieder tun. Siehe, es gibt keine Vergeltung.

Wer sich nicht befehlen kann, der soll gehorchen. Und mancher *kann* sich befehlen, aber da fehlt noch viel, daß er sich auch gehorche!

5

Also will es die Art edler Seelen: sie wollen nichts *umsonst* haben, am wenigsten das Leben.

Wer vom Pöbel ist, der will umsonst leben; wir anderen aber, denen das Leben sich gab, – wir sinnen immer darüber, *was* wir am besten *dagegen* geben!

Und wahrlich, dies ist eine vornehme Rede, welche spricht: „Was uns das Leben verspricht, das wollen *wir* – dem Leben halten!"

Man soll nicht genießen wollen, wo man nicht zu genießen gibt. Und – man soll nicht genießen *wollen*!

Genuß und Unschuld nämlich sind die schamhaftesten Dinge: beide wollen nicht gesucht sein. Man soll sie *haben* –, aber man soll eher noch nach Schuld und Schmerzen *suchen*! –

6

O meine Brüder, wer ein Erstling ist, der wird immer geopfert. Nun aber sind wir Erstlinge.

Wir bluten alle an geheimen Opfertischen, wir brennen und braten alle zu Ehren alter Götzenbilder.

Unser Bestes ist noch jung: das reizt alte Gaumen. Unser Fleisch ist zart, unser Fell ist nur ein Lamm-Fell: – wie sollten wir nicht alte Götzenpriester reizen!

In *uns* selber wohnt er noch, der alte Götzenpriester, der unser Bestes sich zum Schmause brät. Ach, meine Brüder, wie sollten Erstlinge nicht Opfer sein!

Aber so will es unsre Art; und ich liebe die, welche sich nicht bewahren wollen. Die Untergehenden liebe ich mit meiner ganzen Liebe: denn sie gehn hinüber. –

7

Wahr sein – das *können* wenige! Und wer es kann, der will es noch nicht! Am wenigsten aber können es die Guten.

O diese Guten! *Gute Menschen reden nie die Wahrheit*; für den Geist ist solchermaßen gut sein eine Krankheit.

Sie geben nach, diese Guten, sie ergeben sich, ihr Herz spricht nach, ihr Grund gehorcht: wer aber gehorcht, *der hört sich selber nicht!*

Alles, was den Guten böse heißt, muß zusammen kommen, daß eine Wahrheit geboren werde: o meine Brüder, seid ihr auch böse genug zu *dieser* Wahrheit?

Das verwegene Wagen, das lange Mißtrauen, das grausame Nein, der Überdruß, das Schneiden ins Lebendige – wie selten kommt *das* zusammen! Aus solchem Samen aber wird – Wahrheit gezeugt!

Neben dem bösen Gewissen wuchs bisher alles *Wissen*! Zerbrecht, zerbrecht mir, ihr Erkennenden, die alten Tafeln!

8

Wenn das Wasser Balken hat, wenn Stege und Geländer über den Fluß springen: wahrlich, da findet keiner Glauben, der da spricht: „Alles ist im Fluß".

Sondern selber die Tölpel widersprechen ihm. „Wie?" sagen die Tölpel, „alles wäre im Flusse? Balken und Geländer sind doch *über* dem Flusse?"

„*Über* dem Flusse ist alles fest, alle die Werte der Dinge, die Brücken, Begriffe, alles „Gut" und „Böse": das ist alles *fest*!" –

Kommt gar der harte Winter, der Fluß-Tierbändiger: dann lernen auch die Witzigsten Mißtrauen; und, wahrlich, nicht nur die Tölpel sprechen dann: „Sollte nicht alles – *stille stehn*?"

„Im Grunde steht alles stille" –, das ist eine rechte Winter-Lehre, ein gut Ding für unfruchtbare Zeit, ein guter Trost für Winterschläfer und Ofenhocker.

„Im Grund steht alles still" –: *dagegen* aber predigt der Tauwind!

Der Tauwind, ein Stier, der kein pflügender Stier ist, – ein wütender Stier, ein Zerstörer, der mit zornigen Hörnern Eis bricht! Eis aber – – *bricht Stege*!

O meine Brüder, ist *jetzt* nicht alles *im Flusse*? Sind nicht alle Geländer und Stege ins Wasser gefallen? Wer *hielte* sich noch an „Gut" und „Böse"?

„Weh uns! Heil uns! Der Tauwind weht!" – Also predigt mir, meine Brüder, durch alle Gassen!

9

Es gibt einen alten Wahn, der heißt Gut und Böse. Um Wahrsager und Sterndeuter drehte sich bisher das Rad dieses Wahns.

Einst *glaubte* man an Wahrsager und Sterndeuter: und *darum* glaubte man „Alles ist Schicksal: du sollst, denn du mußt!"

Dann wieder mißtraute man allen Wahrsagern und Sterndeutern: und *darum* glaubte man „Alles ist Freiheit: du kannst, denn du willst!"

O meine Brüder, über Sterne und Zukunft ist bisher nur gewähnt, nicht gewußt worden: und *darum* ist über Gut und Böse bisher nur gewähnt, nicht gewußt worden!

10

„Du sollst nicht rauben! Du sollst nicht totschlagen!" – solche Worte hieß man einst heilig; vor ihnen beugte man Knie und Köpfe und zog die Schuhe aus.

Aber ich frage euch: wo gab es je bessere Räuber und Totschläger in der Welt, als es solche heilige Worte waren?

Ist in allem Leben selber nicht – Rauben und Totschlagen? Und daß solche Worte heilig hießen, wurde damit die *Wahrheit* selber nicht – totgeschlagen?

Oder war es eine Predigt des Todes, daß heilig hieß, was allem Leben widersprach und widerriet? – O meine Brüder, zerbrecht, zerbrecht mir die alten Tafeln!

11

Dies ist mein Mitleid mit allem Vergangenen, daß ich sehe: es ist preisgegeben, –

– der Gnade, dem Geiste, dem Wahnsinne jedes Geschlechtes preisgegeben, das kommt und alles, was war, zu seiner Brücke umdeutet!

Ein großer Gewaltherr könnte kommen, ein gewitzter Unhold, der mit seiner Gnade und Ungnade alles Vergangene zwänge und zwängte: bis es ihm Brücke würde und Vorzeichen und Herold und Hahnenschrei.

Dies aber ist die andre Gefahr und mein andres Mitleiden: – wer vom Pöbel ist, dessen Gedenken geht zurück bis zum Großvater, – mit dem Großvater aber hört die Zeit auf.

Also ist alles Vergangene preisgegeben: denn es könnte einmal kommen, daß der Pöbel Herr würde, und in seichten Gewässern alle Zeit ertränke. Darum, o meine Brüder, bedarf es eines *neuen Adels*, der allem Pöbel und allem Gewalt-Herrischen Widersacher ist und auf neue Tafeln neu das Wort schreibt „edel".

Vieler Edlen nämlich bedarf es und vielerlei Edlen, *daß es Adel gebe*! Oder, wie ich einst im Gleichnis sprach: „Das eben ist Göttlichkeit, daß es Götter, aber keinen Gott gibt!"

12

O meine Brüder, ich weihe und weise euch zu einem neuen Adel: ihr sollt mir Zeuger und Züchter werden und Säemänner der Zukunft, –

– wahrlich, nicht zu einem Adel, den ihr kaufen könntet gleich den Krämern und mit Krämer-Golde: denn wenig Wert hat alles, was seinen Preis hat.

Nicht, woher ihr kommt, mache euch fürderhin eure Ehre, sondern wohin ihr geht! Euer Wille und euer Fuß, der über euch selber hinaus will, – das mache eure neue Ehre!

Wahrlich nicht, daß ihr einem Fürsten gedient habt – was liegt noch an Fürsten! – oder dem, was steht, zum Bollwerk wurdet, daß es fester stünde!

Nicht, daß euer Geschlecht an Höfen höfisch wurde, und ihr lerntet, bunt, einem Flamingo ähnlich, lange Stunden in flachen Teichen stehn:

– denn Stehen-*können* ist ein Verdienst bei Höflingen; und alle Höflinge glauben, zur Seligkeit nach dem Tode gehöre – Sitzen-*dürfen*! –

Nicht auch, daß ein Geist, den sie heilig nennen, eure Vorfahren in gelobte Länder führte, die *ich* nicht lobe: denn wo der schlimmste aller Bäume wuchs, das Kreuz, – an dem Lande ist nichts zu loben! –

– und wahrlich, wohin dieser „heilige Geist" auch seine Ritter führte, immer liefen bei solchen Zügen – Ziegen und Gänse und Kreuz- und Querköpfe *voran*! –

O meine Brüder, nicht zurück soll euer Adel schauen, sondern *hinaus*! Vertriebene sollt ihr sein aus allen Vater- und Urväterländern!

Eurer *Kinder Land* sollt ihr lieben: diese Liebe sei euer neuer Adel, – das unentdeckte, im fernsten Meere! Nach ihm heiße ich eure Segel suchen und suchen!

An euren Kindern sollt ihr *gut machen*, daß ihr eurer Väter Kinder seid: alles Vergangene sollt ihr so erlösen! Diese neue Tafel stelle ich über euch!

13

„Wozu leben? Alles ist eitel! Leben – das ist Stroh dreschen; Leben – das ist sich verbrennen und doch nicht warm werden.“ –

Solch altertümliches Geschwätz gilt immer noch als „Weisheit“; daß es aber alt ist und dumpfig riecht, *darum* wird es besser geehrt. Auch der Moder adelt. –

Kinder durften so reden: die *scheuen* das Feuer, weil es sie brannte! Es ist viel Kinderei in den alten Büchern der Weisheit.

Und wer immer „Stroh drischt“, wie sollte der auf das Dreschen lästern dürfen! Solchem Narren müßte man doch das Maul verbinden!

Solche setzen sich zu Tisch und bringen nichts mit, selbst den guten Hunger nicht: – und nun lästern sie „Alles ist eitel!“

Aber gut essen und trinken, o meine Brüder, ist wahrlich keine eitle Kunst! Zerbrecht, zerbrecht mir die Tafeln der Nimmer-Frohen!

14

„Dem Reinen ist alles rein“ – so spricht das Volk. Ich aber sage euch: den Schweinen wird alles Schwein!

Darum predigen die Schwärmer und Kopfhänger, denen auch das Herz niederhängt: „Die Welt selber ist ein kotiges Ungeheuer“.

Denn diese alle sind unsäuberlichen Geistes; sonderlich aber jene, welche nicht Ruhe noch Rast haben, es sei denn, sie sehen die Welt *von hinten*, – die Hinterweltler! *Denen* sage ich ins Gesicht, ob es gleich nicht lieblich klingt: die Welt gleicht darin dem Menschen, daß sie einen Hintern hat – *so viel* ist wahr!

Es gibt in der Welt viel Kot: *so viel* ist wahr! Aber darum ist die Welt selber noch kein kotiges Ungeheuer!

Es ist Weisheit darin, daß vieles in der Welt übel riecht: der Ekel selber schafft Flügel und quellenahnende Kräfte!

An dem Besten ist noch etwas zum Ekeln; und der Beste ist noch etwas, das überwunden werden muß. –

O meine Brüder, es ist viel Weisheit darin, daß viel Kot in der Welt ist! –

15

Solche Sprüche hörte ich fromme Hinterweltler zu ihrem Gewissen reden, und wahrlich, ohne Arg und Falsch, – ob es schon nichts Falscheres in der Welt gibt, noch Ärgeres.

„Laß doch die Welt die Welt sein! Hebe dawider auch nicht Einen Finger auf!"

„Laß, wer da wolle, die Leute würgen und stechen und schinden und schaben: hebe dawider auch nicht Einen Finger auf! Darob lernen sie noch der Welt absagen."

„Und deine eigne Vernunft – die sollst du selber görgeln und würgen; denn es ist eine Vernunft von dieser Welt, – darob lernst du selber der Welt absagen." –

– Zerbrecht, zerbrecht mir, o meine Brüder, diese alten Tafeln der Frommen. Zersprecht mir die Sprüche der Welt-Verleumder!

16

„Wer viel lernt, der verlernt alles heftige Begehren" – das flüstert man heute sich zu auf allen dunklen Gassen.

„Weisheit macht müde, es lohnt sich – nichts; du sollst nicht begehren!" – diese neue Tafel fand ich hängen selbst auf offnen Märkten.

Zerbrecht mir, o meine Brüder, zerbrecht mir auch diese *neue* Tafel! Die Welt-Müden hängten sie hin und die Prediger des Todes, und auch die Stockmeister: denn seht, es ist auch eine Predigt zur Knechtschaft: –

Daß sie schlecht lernten und das Beste nicht, und alles zu früh und alles zu geschwind: daß sie schlecht *aßen,* daher kam ihnen jener verdorbene Magen, –

– ein verdorbener Magen ist nämlich ihr Geist: *der* rät zum Tode! Denn wahrlich, meine Brüder, der Geist *ist* ein Magen!

Das Leben ist ein Born der Lust: aber aus wem der verdorbene Magen redet, der Vater der Trübsal, dem sind alle Quellen vergiftet.

Erkennen: das ist *Lust* dem Löwen-willigen! Aber wer müde wurde, der wird selber nur „gewollt", mit dem spielen alle Wellen.

Und so ist es immer schwacher Menschen Art: sie verlieren sich auf ihren Wegen. Und zuletzt fragt noch ihre Müdigkeit: „wozu gingen wir jemals Wege! Es ist alles gleich!“

Denen klingt es lieblich zu Ohren, daß gepredigt wird: „Es verlohnt sich nichts! Ihr sollt nicht wollen!“ Dies aber ist eine Predigt zur Knechtschaft.

O meine Brüder, ein frischer Brause-Wind kommt Zarathustra allen Weg-Müden; viele Nasen wird er noch niesen machen!

Auch durch Mauern bläst mein freier Atem, und hinein in Gefängnisse und eingefangne Geister!

Wollen befreit: denn Wollen ist Schaffen: so lehre ich. Und *nur* zum Schaffen sollt ihr lernen!

Und auch das Lernen sollt ihr erst von mir *lernen*, das Gut-Lernen! – Wer Ohren hat, der höre!

17

Da steht der Nachen, – dort hinüber geht es vielleicht ins große Nichts. – Aber wer will in dies „Vielleicht“ einsteigen?

Niemand von euch will in den Todes-Nachen einsteigen! Wieso wollt ihr dann *Welt-Müde* sein!

Weltmüde! Und noch nicht einmal Erd-Entrückte wurdet ihr! Lüstern fand ich euch immer noch nach Erde, verliebt noch in die eigne Erd-Müdigkeit!

Nicht umsonst hängt euch die Lippe herab: – ein kleiner Erden-Wunsch sitzt noch darauf! Und im Auge – schwimmt da nicht ein Wölkchen unvergeßner Erden-Lust?

Es gibt auf Erden viel gute Erfindungen, die einen nützlich, die andern angenehm: derentwegen ist die Erde zu lieben.

Und mancherlei so gut Erfundenes gibt es da, daß es ist wie des Weibes Busen: nützlich zugleich und angenehm.

Ihr Welt-Müden aber! Ihr Erden-Faulen! Euch soll man mit Ruten streichen! Mit Rutenstreichen soll man euch wieder muntre Beine machen.

Denn: seid ihr nicht Kranke und verlebte Wichte, deren die Erde müde ist, so seid ihr schlaue Faultiere oder naschhafte verkrochene Lust-Katzen. Und wollt ihr nicht wieder lustig *laufen*, so sollt ihr – dahinfahren!

An Unheilbaren soll man nicht Arzt sein wollen: also lehrt es Zarathustra: – so sollt ihr dahinfahren!

Aber es gehört mehr *Mut* dazu, ein Ende zu machen, als einen neuen Vers: das wissen alle Ärzte und Dichter. –

18

O meine Brüder, es gibt Tafeln, welche die Ermüdung, und Tafeln, welche die Faulheit schuf, die faulige: ob sie schon gleich reden, so wollen sie doch ungleich gehört sein. –

Seht hier diesen Verschmachtenden! Nur eine Spanne weit ist er noch von seinem Ziele, aber vor Müdigkeit hat er sich trotzig hier in den Staub gelegt: dieser Tapfere!

Vor Müdigkeit gähnt er Weg und Erde und Ziel und sich selber an: keinen Schritt will er noch weiter tun, – dieser Tapfere!

Nun glüht die Sonne auf ihn, und die Hunde lecken nach seinem Schweiße: aber er liegt da in seinem Trotze und will lieber verschmachten: –

– eine Spanne weit von seinem Ziele verschmachten! Wahrlich, ihr werdet ihn noch an den Haaren in seinen Himmel ziehen müssen, – diesen Helden!

Besser noch, ihr laßt ihn liegen, wohin er sich gelegt hat, daß der Schlaf ihm komme, der Tröster, mit kühlendem Rausche-Regen:

Laßt ihn liegen, bis er von selber wach wird, – bis er von selber alle Müdigkeit widerruft und was Müdigkeit aus ihm lehrte!

Nur, meine Brüder, daß ihr die Hunde von ihm scheucht, die faulen Schleicher, und all das schwärmende Geschmeiß: –

– all das schwärmende Geschmeiß der „Gebildeten“, das sich am Schweiße jedes Helden – gütlich tut! –

19

Ich schließe Kreise um mich und heilige Grenzen; immer wenigere steigen mit mir auf immer höhere Berge: ich baue ein Gebirge aus immer heiligeren Bergen. –

Wohin ihr aber auch mit mir steigen mögt, o meine Brüder: seht zu, daß nicht ein *Schmarotzer* mit euch steige!

Schmarotzer: das ist ein Gewürm, ein kriechendes, geschmiegtes, das fett werden will an euren kranken wunden Winkeln.

Und *das* ist seine Kunst, daß er steigende Seelen errät, wo sie müde sind: in euren Gram und Unmut, in eure zarte Scham baut er sein ekles Nest.

Wo der Starke schwach, der Edle allzumild ist, – dahinein baut er sein ekles Nest: der Schmarotzer wohnt, wo der Große kleine wunde Winkel hat.

Was ist die höchste Art alles Seienden und was die geringste? Der Schmarotzer ist die geringste Art; wer aber höchster Art ist, der ernährt die meisten Schmarotzer.

Die Seele nämlich, welche die längste Leiter hat und am tiefsten hinunter kann: wie sollten nicht an der die meisten Schmarotzer sitzen? –

– die umfänglichste Seele, welche am weitesten in sich laufen und irren und schweifen kann; die notwendigste, welche sich aus Lust in den Zufall stürzt: –

– die seiende Seele, welche ins Werden taucht; die habende, welche ins Wollen und Verlangen *will*: –

– die sich selber fliehende, die sich selber im weitesten Kreise einholt; die weiseste Seele, welcher die Narrheit am süßesten zuredet: –

– die sich selber liebendste, in der alle Dinge ihr Strömen und Widerströmen und Ebbe und Flut haben: – o wie sollte *die höchste Seele* nicht die schlimmsten Schmarotzer haben?

20

O meine Brüder, bin ich denn grausam? Aber ich sage: was fällt, das soll man auch noch stoßen!

Das Alles von heute – das fällt, das verfällt: wer wollte es halten! Aber ich – ich *will* es noch stoßen!

Kennt ihr die Wollust, die Steine in steile Tiefen rollt? – Diese Menschen von heute: seht sie doch, wie sie in meine Tiefen rollen!

Ein Vorspiel bin ich besserer Spieler, o meine Brüder! Ein Beispiel! *Tut* nach meinem Beispiele!

Und wen ihr nicht fliegen lehrt, den lehrt mir – *schneller fallen*! –

21

Ich liebe die Tapferen: aber es ist nicht genug, Haudegen sein, – man muß auch wissen Hau-Schau-Wen!

Und oft ist mehr Tapferkeit darin, daß einer an sich hält und vorübergeht: *damit* er sich dem würdigeren Feinde aufspare!

Ihr sollt nur Feinde haben, die zu hassen sind, aber nicht Feinde zum Verachten: ihr müßt stolz auf euren Feind sein: also lehrte ich schon einmal.

Dem würdigeren Feinde, o meine Freunde, sollt ihr euch aufsparen: darum müßt ihr an vielem vorübergehn, – sonderlich an vielem Gesindel, das euch in die Ohren lärmt von Volk und Völkern.

Haltet euer Auge rein von ihrem Für und Wider! Da gibt es viel Recht, viel Unrecht: wer da zusieht, wird zornig.

Dreinschaun, dreinhaun – das ist da Eins: darum geht weg in die Wälder und legt euer Schwert schlafen!

Geht *eure* Wege! Und laßt Volk und Völker die ihren gehn! – dunkle Wege wahrlich, auf denen auch nicht Eine Hoffnung mehr wetterleuchtet!

Mag da der Krämer herrschen, wo alles, was noch glänzt – Krämer-Gold ist! Es ist die Zeit der Könige nicht mehr: was sich heute Volk heißt, verdient keine Könige.

Seht doch, wie diese Völker jetzt selber den Krämern gleich tun: sie lesen sich die kleinsten Vorteile noch aus jedem Kehricht!

Sie lauern einander auf, sie lauern einander etwas ab, – das heißen sie „gute Nachbarschaft". O selige ferne Zeit, wo ein Volk sich sagte: „Ich will über Völker – *Herr* sein!"

Denn, meine Brüder: das Beste soll herrschen, das Beste *will* auch herrschen! Und wo die Lehre anders lautet, da – *fehlt* es am Besten.

22

Wenn die – Brot umsonst hätten, wehe! Wonach würden die schrein! Ihr Unterhalt – das ist ihre rechte Unterhaltung; und sie sollen es schwer haben!

Raubtiere sind es: in ihrem „Arbeiten" – da ist auch noch Rauben, in ihrem „Verdienen" – da ist auch noch Überlisten! Darum sollen sie es schwer haben!

Bessere Raubtiere sollen sie also werden, feinere, klügere, *menschenähnlichere*: der Mensch nämlich ist das beste Raubtier.

Allen Tieren hat der Mensch schon ihre Tugenden abgeraubt: das macht, von allen Tieren hat es der Mensch am schwersten gehabt.

Nur noch die Vögel sind über ihm. Und wenn der Mensch noch fliegen lernte, wehe! *wohinauf* – würde seine Raublust fliegen!

23

So will ich Mann und Weib: kriegstüchtig den einen, gebärtüchtig das andre, beide aber tanztüchtig mit Kopf und Beinen.

Und verloren sei uns der Tag, wo nicht Ein Mal getanzt wurde! Und falsch heiße uns jede Wahrheit, bei der es nicht Ein Gelächter gab!

24

Euer Eheschließen: seht zu, daß es nicht ein schlechtes *Schließen* sei! Ihr schlosset zu schnell: so *folgt* daraus – Ehebrechen!

Und besser noch Ehebrechen als Ehe-biegen, Ehe-lügen! – So sprach mir ein Weib: „Wohl brach ich die Ehe, aber zuerst brach die Ehe – mich!"

Schlimm-Gepaarte fand ich immer als die schlimmsten Rachsüchtigen: sie lassen es aller Welt entgelten, daß sie nicht mehr einzeln laufen.

Deswillen will ich, daß Redliche zueinander reden: „Wir lieben uns: laßt uns *zusehn,* daß wir uns lieb behalten! Oder soll unser Versprechen ein Versehen sein?

– Gebt uns eine Frist und kleine Ehe, daß wir zusehn, ob wir zur großen Ehe taugen! Es ist ein großes Ding, immer zu Zwein sein!"

Also rate ich allen Redlichen; und was wäre denn meine Liebe zum Übermenschen und zu allem, was kommen soll, wenn ich anders riete und redete!

Nicht nur fort euch zu pflanzen, sondern *hinauf* – dazu, o meine Brüder, helfe euch der Garten der Ehe!

25

Wer über alte Ursprünge weise wurde, siehe, der wird zuletzt nach Quellen der Zukunft suchen und nach neuen Ursprüngen. –

O meine Brüder, es ist nicht über lange, da werden *neue Völker* entspringen und neue Quellen hinab in neue Tiefen rauschen.

Das Erdbeben nämlich – das verschüttet viel Brunnen, das schafft viel Verschmachten: das hebt auch innre Kräfte und Heimlichkeiten ans Licht.

Das Erdbeben macht neue Quellen offenbar. Im Erdbeben alter Völker brechen neue Quellen aus.

Und wer da ruft: „Siehe, hier ein Brunnen für viele Durstige, Ein Herz für viele Sehnsüchtige, Ein Wille für viele Werkzeuge": – um den sammelt sich ein Volk, das ist: viel Versuchende.

Wer befehlen kann, wer gehorchen muß – *das wird da versucht!* Ach, mit welch langem Suchen und Raten und Mißraten und Lernen und Neu-Versuchen!

Die Menschen-Gesellschaft: die ist ein Versuch, so lehre ich's, – ein langes Suchen: sie sucht aber den Befehlenden! –

– ein Versuch, o meine Brüder! Und *kein* „Vertrag"! Zerbrecht, zerbrecht mir solch Wort der Weich-Herzen und Halb- und Halben!

26

O meine Brüder! Bei welchen liegt doch die größte Gefahr aller Menschen-Zukunft? Ist es nicht bei den Guten und Gerechten? –

– als bei denen, die sprechen und im Herzen fühlen: „Wir wissen schon, was gut ist und gerecht, wir haben es auch; wehe denen, die hier noch suchen!"

Und was für Schaden auch die Bösen tun mögen: der Schaden der Guten ist der schädlichste Schaden!

Und was für Schaden auch die Welt-Verleumder tun mögen: der Schaden der Guten ist der schädlichste Schaden.

O meine Brüder, den Guten und Gerechten sah einer einmal ins Herz, der da sprach: „Es sind die Pharisäer". Aber man verstand ihn nicht.

Die Guten und Gerechten selber durften ihn nicht verstehen: ihr Geist ist eingefangen in ihr gutes Gewissen. Die Dummheit der Guten ist unergründlich klug.

Das aber ist die Wahrheit: die Guten *müssen* Pharisäer sein, – sie haben keine Wahl! Die Guten *müssen* den kreuzigen, der sich seine eigne Tugend erfindet! Das *ist* die Wahrheit!

Der zweite aber, der ihr Land entdeckte, Land, Herz und Erdreich der Guten und Gerechten: das war, der da fragte: „wen hassen sie am meisten?"

Den *Schaffenden* hassen sie am meisten: den, der Tafeln bricht und alte Werte, den Brecher, – den heißen sie Verbrecher.

Die Guten nämlich – die *können* nicht schaffen: die sind immer der Anfang vom Ende: –

– sie kreuzigen den, der neue Werte auf neue Tafeln schreibt, sie opfern sich die Zukunft, – sie kreuzigen alle Menschen-Zukunft!

Die Guten – die waren immer der Anfang vom Ende. –

27

O meine Brüder, verstandet ihr auch dies Wort? Und was ich einst sagte vom „letzten Menschen"? – –

Bei welchen liegt die größte Gefahr aller Menschen-Zukunft? Ist es nicht bei den Guten und Gerechten?

Zerbrecht, zerbrecht mir die Guten und Gerechten! – O meine Brüder, verstandet ihr auch dies Wort?

28

Ihr flieht von mir? Ihr seid erschreckt? Ihr zittert vor diesem Worte?

O meine Brüder, als ich euch die Guten zerbrechen hieß und die Tafeln der Guten: da erst schiffte ich den Menschen ein auf seine hohe See.

Und nun erst kommt ihm der große Schrecken, das große Um-sich-sehn, die große Krankheit, der große Ekel, die große See-Krankheit.

Falsche Küsten und falsche Sicherheiten lehrten euch die Guten; in Lügen der Guten wart ihr geboren und geborgen. Alles ist in den Grund hinein verlogen und verbogen durch die Guten.

Aber wer das Land Mensch entdeckte, entdeckte auch das Land „Menschen-Zukunft". Nun sollt ihr mir Seefahrer sein, wackere, geduldsame!

Aufrecht geht mir bei Zeiten, o meine Brüder, lernt aufrecht gehn! Das Meer stürmt: viele wollen an euch sich wieder aufrichten.

Das Meer stürmt: alles ist im Meere. Wohlan! Wohlauf! Ihr alten Seemanns-Herzen!

Was Vaterland! *Dorthin* will unser Steuer, wo unser *Kinder-Land* ist! Dorthinaus, stürmischer als das Meer, stürmt unsre große Sehnsucht! –

29

„Warum so hart!" – sprach zum Diamanten einst die Küchen-Kohle; „sind wir denn nicht Nah-Verwandte?" –

Warum so weich? O meine Brüder, also frage *ich* euch: seid ihr denn nicht – meine Brüder?

Warum so weich, so weichend und nachgebend? Warum ist so viel Leugnung, Verleugnung in eurem Herzen? So wenig Schicksal in eurem Blicke?

Und wollt ihr nicht Schicksale sein und Unerbittliche: wie könntet ihr mit mir – siegen?

Und wenn eure Härte nicht blitzen und scheiden und zerschneiden will: wie könntet ihr einst mit mir – schaffen?

Die Schaffenden nämlich sind hart. Und Seligkeit muß es euch dünken, eure Hand auf Jahrtausende zu drücken wie auf Wachs, –

– Seligkeit, auf dem Willen von Jahrtausenden zu schreiben wie auf Erz, – härter als Erz, edler als Erz. Ganz hart ist allein das Edelste.

Diese neue Tafel, o meine Brüder, stelle ich über euch: *werdet hart*! –

30

O du mein Wille! Du Wende aller Not, du *meine* Notwendigkeit! Bewahre mich vor allen kleinen Siegen!

Du Schickung meiner Seele, die ich Schicksal heiße! Du In-mir! Über-mir! Bewahre und spare mich auf zu einem großen Schicksale!

Und deine letzte Größe, mein Wille, spare dir für dein Letztes auf, – daß du unerbittlich bist in deinem Siege! Ach, wer unterlag nicht seinem Siege! Ach, wessen Auge dunkelte nicht in dieser trunkenen Dämmerung! Ach, wessen Fuß taumelte nicht und verlernte im Siege – stehen! –

– Daß ich einst bereit und reif sei im großen Mittage: bereit und reif gleich glühendem Erze, blitzschwangrer Wolke und schwellendem Milch-Euter: –

– bereit zu mir selber und zu meinem verborgensten Willen: ein Bogen brünstig nach seinem Pfeile, ein Pfeil brünstig nach seinem Sterne: –

– ein Stern, bereit und reif in seinem Mittage, glühend, durchbohrt, selig vor vernichtenden Sonnen-Pfeilen: –

– eine Sonne selber und ein unerbittlicher Sonnen-Wille, zum Vernichten bereit im Siegen!

O Wille, Wende aller Not, du *meine* Notwendigkeit! Spare mich auf zu Einem großen Siege! – –

Also sprach Zarathustra.

DER GENESENDE

1

Eines Morgens, nicht lange nach seiner Rückkehr zur Höhle, sprang Zarathustra von seinem Lager auf wie ein Toller, schrie mit furchtbarer Stimme und gebärdete sich, als ob noch einer auf dem Lager läge, der nicht davon aufstehn wolle; und also tönte Zarathustras Stimme, daß seine Tiere erschreckt hinzukamen, und daß aus allen Höhlen und Schlupfwinkeln, die Zarathustras Höhle benachbart waren, alles Getier davon huschte, – fliegend, flatternd, kriechend, springend, wie ihm nur die Art von Fuß und Flügel gegeben war. Zarathustra aber redete diese Worte:

Herauf, abgründlicher Gedanke, aus meiner Tiefe! Ich bin dein Hahn und Morgengrauen, verschlafener Wurm: auf! auf! Meine Stimme soll dich schon wach krähen!

Knüpfe die Fessel deiner Ohren los: horche! Denn ich will dich hören! Auf! Auf! Hier ist Donners genug, daß auch Gräber horchen lernen!

Und wische den Schlaf und alles Blöde, Blinde aus deinen Augen! Höre mich auch mit deinen Augen: meine Stimme ist ein Heilmittel noch für Blindgeborne.

Und bist du erst wach, sollst du mir ewig wach bleiben. Nicht ist das *meine* Art, Urgroßmütter aus dem Schlafe wecken, daß ich sie heiße – weiterschlafen!

Du regst dich, dehnst dich, röchelst? Auf! Auf! Nicht röcheln – reden sollst du mir! Zarathustra ruft dich, der Gottlose!

Ich, Zarathustra, der Fürsprecher des Lebens, der Fürsprecher des Leidens, der Fürsprecher des Kreises – dich rufe ich, meinen abgründlichsten Gedanken!

Heil mir! Du kommst, – ich höre dich! Mein Abgrund *redet,* meine letzte Tiefe habe ich ans Licht gestülpt!

Heil mir! Heran! Gib die Hand – – ha! laß! Haha! – – Ekel, Ekel, Ekel – – – wehe mir!

2

Kaum aber hatte Zarathustra diese Worte gesprochen, da stürzte er nieder gleich einem Toten und blieb lange wie ein Toter. Als er aber wieder zu sich kam, da war er bleich und zitterte und blieb liegen und wollte lange nicht essen noch trinken. Solches Wesen dauerte an ihm sieben Tage; seine Tiere verließen ihn aber nicht bei Tag und Nacht, es sei denn, daß der Adler ausflog, Speise zu holen. Und was er holte und zusammenraubte, das legte er auf Zarathustras Lager: also daß Zarathustra endlich unter gelben und roten Beeren, Trauben, Rosenäpfeln, wohlriechendem Krautwerke und Pinienzapfen lag. Zu seinen Füßen aber waren zwei Lämmer gebreitet, welche der Adler mit Mühe ihren Hirten abgeraubt hatte.

Endlich, nach sieben Tagen, richtete sich Zarathustra auf seinem Lager auf, nahm einen Rosenapfel in die Hand, roch daran und fand seinen Geruch lieblich. Da glaubten seine Tiere, die Zeit sei gekommen, mit ihm zu reden.

„O Zarathustra," sagten sie, „nun liegst du schon sieben Tage so, mit schweren Augen: willst du dich nicht endlich wieder auf deine Füße stellen? Tritt hinaus aus deiner Höhle: die Welt wartet dein wie ein Garten. Der Wind spielt mit schweren Wohlgerüchen, die zu dir wollen; und alle Bäche möchten dir nachlaufen.

Alle Dinge sehnen sich nach dir, dieweil du sieben Tage allein bliebst, – tritt hinaus aus deiner Höhle! Alle Dinge wollen deine Ärzte sein!

Kam wohl eine neue Erkenntnis zu dir, eine saure, schwere? Gleich angesäuertem Teige lagst du, deine Seele ging auf und schwoll über alle ihre Ränder. –"

– O meine Tiere, antwortete Zarathustra, schwätzt also weiter und laßt mich zuhören! Es erquickt mich so, daß ihr schwätzt: wo geschwätzt wird, da liegt mir schon die Welt wie ein Garten.

Wie lieblich ist es, daß Worte und Töne da sind: sind nicht Worte und Töne Regenbögen und Scheinbrücken zwischen Ewig-Geschiedenem?

Zu jeder Seele gehört eine andre Welt; für jede Seele ist jede andre Seele eine Hinterwelt.

Zwischen dem Ähnlichsten gerade lügt der Schein am schönsten; denn die kleinste Kluft ist am schwersten zu überbrücken.

Für mich – wie gäbe es ein Außer-mir? Es gibt kein Außen! Aber das vergessen wir bei allen Tönen; wie lieblich ist es, daß wir vergessen!

Sind nicht den Dingen Namen und Töne geschenkt, daß der Mensch sich an den Dingen erquicke? Es ist eine schöne Narretei, das Sprechen: damit tanzt der Mensch über alle Dinge.

Wie lieblich ist alles Reden und alle Lüge der Töne! Mit Tönen tanzt unsre Liebe auf bunten Regenbögen. –

– „O Zarathustra", sagten darauf die Tiere, „solchen, die denken wie wir, tanzen alle Dinge selber: das kommt und reicht sich die Hand und lacht und flieht – und kommt zurück.

Alles geht, alles kommt zurück; ewig rollt das Rad des Seins. Alles stirbt, alles blüht wieder auf; ewig läuft das Jahr des Seins. Alles bricht, alles wird neu gefügt; ewig baut sich das gleiche Haus des Seins. Alles scheidet, alles grüßt sich wieder; ewig bleibt sich treu der Ring des Seins.

In jedem Nu beginnt das Sein; um jedes Hier rollt sich die Kugel Dort. Die Mitte ist überall. Krumm ist der Pfad der Ewigkeit." –

– O ihr Schalksnarren und Drehorgeln! antwortete Zarathustra und lächelte wieder, wie gut wißt ihr, was sich in sieben Tagen erfüllen mußte: –

– und wie jenes Untier mir in den Schlund kroch und mich würgte! Aber ich biß ihm den Kopf ab und spie ihn weg von mir.

Und ihr, – ihr machtet schon ein Leierlied daraus? Nun aber liege ich da, müde noch von diesem Beißen und Wegspein, krank noch von der eigenen Erlösung. *Und ihr schautet dem allen zu?* O meine Tiere, seid auch ihr grausam? Habt ihr meinem großen Schmerze zuschaun wollen, wie Menschen tun? Der Mensch nämlich ist das grausamste Tier.

Bei Trauerspielen, Stierkämpfen und Kreuzigungen ist es ihm bisher am wohlsten geworden auf Erden; und als er sich die Hölle erfand, siehe, da war das sein Himmel auf Erden.

Wenn der große Mensch schreit –: flugs läuft der kleine hinzu; und die Zunge hängt ihm aus dem Halse vor Lüsternheit. Er aber heißt es sein „Mitleiden".

Der kleine Mensch, sonderlich der Dichter – wie eifrig klagt er das Leben in Worten an! Hört hin, aber überhört mir die Lust nicht, die in allem Anklagen ist! Solche Ankläger des Lebens: die überwindet das Leben mit einem Augenblinzeln. „Du liebst mich?" sagt die Freche; „warte noch ein wenig, noch habe ich für dich nicht Zeit."

Der Mensch ist gegen sich selber das grausamste Tier; und bei allem was sich „Sünder" und „Kreuzträger" und „Büßer" heißt, überhört mir die Wollust nicht, die in diesem Klagen und Anklagen ist!

Und ich selber – will ich damit des Menschen Ankläger sein? Ach, meine Tiere, das allein lernte ich bisher, daß dem Menschen sein Bösestes nötig ist zu seinem Besten, –

– daß alles Böseste seine beste *Kraft* ist und der härteste Stein dem höchsten Schaffenden; und daß der Mensch besser *und* böser werden muß: –

Nicht an *dies* Marterholz war ich geheftet, daß ich weiß: der Mensch ist böse, – sondern ich schrie, wie noch niemand geschrien hat:

„Ach, daß sein Bösestes so gar klein ist! Ach, daß sein Bestes so gar klein ist!"

Der große Überdruß am Menschen, – *der* würgte mich und war mir in den Schlund gekrochen: und was der Wahrsager wahrsagte: „Alles ist gleich, es lohnt sich nichts, Wissen würgt."

Eine lange Dämmerung hinkte vor mir her, eine todesmüde, todestrunkene Traurigkeit, welche mit gähnendem Munde redete.

„Ewig kehrt er wieder, der Mensch, des du müde bist, der kleine Mensch" – so gähnte meine Traurigkeit und schleppte den Fuß und konnte nicht einschlafen.

Zur Höhle wandelte sich mir die Menschenerde, ihre Brust sank hinein, alles Lebendige ward mir Menschenmoder und Knochen und morsche Vergangenheit.

Mein Seufzen saß auf allen Menschengräbern und konnte nicht mehr aufstehn; mein Seufzen und Fragen unkte und würgte und nagte und klagte bei Tag und Nacht:

– „Ach, der Mensch kehrt ewig wieder! Der kleine Mensch kehrt ewig wieder!"

Nackt hatte ich einst beide gesehn, den größten Menschen und den kleinsten Menschen: allzuähnlich einander, – allzumenschlich auch den Größten noch!

Allzuklein der Größte! – das war mein Überdruß am Menschen! Und ewige Wiederkunft auch des Kleinsten! – das war mein Überdruß an allem Dasein!

Ach, Ekel! Ekel! Ekel! – – Also sprach Zarathustra und seufzte und schauderte; denn er erinnerte sich seiner Krankheit. Da ließen ihn aber seine Tiere nicht weiter reden.

„Sprich nicht weiter, du Genesender!" – so antworteten ihm seine Tiere, „sondern geh hinaus, wo die Welt auf dich wartet gleich einem Garten. Geh hinaus zu den Rosen und Bienen und Taubenschwärmen! Sonderlich aber zu den Singe-Vögeln: daß du ihnen das *Singen* ablernst!

Singen nämlich ist für Genesende; der Gesunde mag reden. Und wenn auch der Gesunde Lieder will, will er andre Lieder doch als der Genesende."

– „O ihr Schalksnarren und Drehorgeln, so schweigt doch!" – antwortete Zarathustra und lächelte über seine Tiere. „Wie gut ihr wißt, welchen Trost ich mir selber in sieben Tagen erfand!

Daß ich wieder singen müsse, – *den* Trost erfand ich mir und *diese* Genesung: wollt ihr auch daraus gleich wieder ein Leierlied machen?"

– „Sprich nicht weiter," antworteten ihm abermals seine Tiere; „lieber noch, du Genesender, mache dir erst eine Leier zurecht, eine neue Leier! Denn siehe doch, o Zarathustra! Zu deinen neuen Liedern bedarf es neuer Leiern.

Singe und brause über, o Zarathustra, heile mit neuen Liedern deine Seele: daß du dein großes Schicksal tragest, das noch keines Menschen Schicksal war!

Denn deine Tiere wissen es wohl, o Zarathustra, wer du bist und werden mußt: siehe, *du bist der Lehrer der ewigen Wiederkunft* –, das ist nun *dein* Schicksal!

Daß du als der Erste diese Lehre lehren mußt, – wie sollte dies große Schicksal nicht auch deine größte Gefahr und Krankheit sein!

Siehe, wir wissen, was du lehrst: daß alle Dinge ewig wiederkehren und wir selber mit, und daß wir schon ewige Male dagewesen sind, und alle Dinge mit uns.

Du lehrst, daß es ein großes Jahr des Werdens gibt, ein Ungeheuer von großem Jahre: das muß sich, einer Sanduhr gleich, immer wieder von neuem umdrehn, damit es von neuem ablaufe und auslaufe: –

– so daß alle diese Jahre sich selber gleich sind, im Größten und auch im Kleinsten, so daß wir selber in jedem großen Jahre uns selber gleich sind, im Größten und auch im Kleinsten.

Und wenn du jetzt sterben wolltest, o Zarathustra: siehe, wir wissen auch, wie du da zu dir sprechen würdest: – aber deine Tiere bitten dich, daß du noch nicht sterbest!

Du würdest sprechen und ohne Zittern, vielmehr aufatmend vor Seligkeit: denn eine große Schwere und Schwüle wäre von dir genommen, du Geduldigster! –

‚Nun sterbe und schwinde ich', würdest du sprechen, ‚und im Nu bin ich ein Nichts. Die Seelen sind so sterblich wie die Leiber.

Aber der Knoten von Ursachen kehrt wieder, in den ich verschlungen bin, – der wird mich wieder schaffen! Ich selber gehöre zu den Ursachen der ewigen Wiederkunft.

Ich komme wieder, mit dieser Sonne, mit dieser Erde, mit diesem Adler, mit dieser Schlange – *nicht* zu einem neuen Leben oder besseren Leben oder ähnlichen Leben:

– ich komme ewig wieder zu diesem gleichen und selbigen Leben, im Größten und auch im Kleinsten, daß ich wieder aller Dinge ewige Wiederkunft lehre, –

– daß ich wieder das Wort spreche vom großen Erden- und Menschen-Mittage, daß ich wieder den Menschen den Übermenschen künde.

Ich sprach mein Wort, ich zerbreche an meinem Wort: so will es mein ewiges Los –, als Verkündiger gehe ich zugrunde!

Die Stunde kam nun, daß der Untergehende sich selber segnet. Also – *endet* Zarathustras Untergang.‘“ – –

Als die Tiere diese Worte gesprochen hatten, schwiegen sie und warteten, daß Zarathustra etwas zu ihnen sagen werde: aber Zarathustra hörte nicht, daß sie schwiegen. Vielmehr lag er still, mit geschlossenen Augen, einem Schlafenden ähnlich, ob er schon nicht schlief: denn er unterredete sich eben mit seiner Seele. Die Schlange aber und der Adler, als sie ihn solchermaßen schweigsam fanden, ehrten die große Stille um ihn und machten sich behutsam davon.

VON DER GROSSEN SEHNSUCHT

O meine Seele, ich lehrte dich „Heute“ sagen wie „Einst“ und „Ehemals“ und über alles Hier und Da und Dort deinen Reigen hinweg tanzen. O meine Seele, ich erlöste dich von allen Winkeln, ich kehrte Staub, Spinnen und Zwielicht von dir ab.

O meine Seele, ich wusch die kleine Scham und die Winkeltugend von dir ab und überredete dich, nackt vor den Augen der Sonne zu stehn.

Mit dem Sturme, welcher „Geist“ heißt, blies ich über deine wogende See; alle Wolken blies ich davon, ich erwürgte selbst die Würgerin, die „Sünde“ heißt.

O meine Seele, ich gab dir das Recht, Nein zu sagen wie der Sturm, und Ja zu sagen, wie offner Himmel Ja sagt: still wie Licht stehst du und gehst du nun durch verneinende Stürme.

O meine Seele, ich gab dir die Freiheit zurück über Erschaffnes und Unerschaffnes: und wer kennt, wie du sie kennst, die Wollust des Zukünftigen?

O meine Seele, ich lehrte dich das Verachten, das nicht wie ein Wurmfraß kommt, das große, das liebende Verachten, welches am meisten liebt, wo es am meisten verachtet.

O meine Seele, ich lehrte dich so überreden, daß du zu dir die Gründe selber überredest: der Sonne gleich, die das Meer noch zu ihrer Höhe überredet.

O meine Seele, ich nahm von dir alles Gehorchen, Kniebeugen und Herr-Sagen; ich gab dir selber den Namen „Wende der Not" und „Schicksal".

O meine Seele, ich gab dir neue Namen und bunte Spielwerke, ich hieß dich „Schicksal" und „Umfang der Umfänge" und „Nabelschnur der Zeit" und „azurne Glocke".

O meine Seele, deinem Erdreich gab ich alle Weisheit zu trinken, alle neuen Weine und auch alle unvordenklich alten starken Weine der Weisheit.

O meine Seele, jede Sonne goß ich auf dich und jede Nacht und jedes Schweigen und jede Sehnsucht: da wuchsest du mir auf wie ein Weinstock.

O meine Seele, überreich und schwer stehst du nun da, ein Weinstock mit schwellenden Eutern und gedrängten braunen Gold-Weintrauben: –

– gedrängt und gedrückt von deinem Glücke, wartend vor Überflusse und schamhaft noch ob deines Wartens.

O meine Seele, es gibt nun nirgends eine Seele, die liebender wäre und umfangender und umfänglicher! Wo wäre Zukunft und Vergangnes näher beisammen als bei dir?

O meine Seele, ich gab dir alles, und alle meine Hände sind an dich leer geworden: – und nun! Nun sagst du mir lächelnd und voll Schwermut: „Wer von uns hat zu danken? –

– hat der Geber nicht zu danken, daß der Nehmende nahm? Ist Schenken nicht eine Notdurft? Ist Nehmen nicht – Erbarmen?" –

O meine Seele, ich verstehe das Lächeln deiner Schwermut: dein Über-Reichtum selber streckt nun sehnende Hände aus!

Deine Fülle blickt über brausende Meere hin und sucht und wartet; die Sehnsucht der Über-Fülle blickt aus deinem lächelnden Augen-Himmel!

Und wahrlich, o meine Seele! Wer sähe dein Lächeln und schmölze nicht vor Tränen? Die Engel selber schmelzen vor Tränen ob der Über-Güte deines Lächelns.

Deine Güte und Über-Güte ist es, die nicht klagen und weinen will: und doch sehnt sich, o meine Seele, dein Lächeln nach Tränen und dein zitternder Mund nach Schluchzen.

„Ist alles Weinen nicht ein Klagen? Und alles Klagen nicht ein Anklagen?“ Also redest du zu dir selber, und darum willst du, o meine Seele, lieber lächeln, als dein Leid ausschütten

– in stürzende Tränen ausschütten all dein Leid über deine Fülle und über all die Drängnis des Weinstocks nach Winzer und Winzermesser!

Aber willst du nicht weinen, nicht ausweinen deine purpurne Schwermut, so wirst du *singen* müssen, o meine Seele! – Siehe, ich lächle selber, der ich dir solches vorhersage:

– singen, mit brausendem Gesange, bis alle Meere still werden, daß sie deiner Sehnsucht zuhorchen, –

– bis über stille sehnsüchtige Meere der Nachen schwebt, das güldene Wunder, um dessen Gold alle guten schlimmen wunderlichen Dinge hüpfen: –

– auch vieles große und kleine Getier und alles, was leichte wunderliche Füße hat, daß es auf veilchenblauen Pfaden laufen kann, –

– hin zu dem güldenen Wunder, dem freiwilligen Nachen und zu seinem Herrn: das aber ist der Winzer, der mit diamantenem Winzermesser wartet, –

– dein großer Löser, o meine Seele, der Namenlose – – dem zukünftige Gesänge erst Namen finden! Und wahrlich, schon duftet dein Atem nach zukünftigen Gesängen, –

– schon glühst du und träumst, schon trinkst du durstig an allen tiefen klingenden Trost-Brunnen, schon ruht deine Schwermut in der Seligkeit zukünftiger Gesänge! – –

O meine Seele, nun gab ich dir alles und auch mein Letztes, und alle meine Hände sind an dich leer geworden: – *daß ich dich singen hieß*, siehe, das war mein Letztes!

Daß ich dich singen hieß, sprich nun, sprich: wer von uns hat jetzt – zu danken? – Besser aber noch: singe mir, singe, o meine Seele! Und mich laß danken! –

Also sprach Zarathustra.

DAS ANDERE TANZLIED

1

In dein Auge schaute ich jüngst, o Leben: Gold sah ich in deinem Nacht-Auge blinken, – mein Herz stand still vor dieser Wollust: – einen goldenen Kahn sah ich blinken auf nächtigen Gewässern, einen sinkenden, trinkenden, wieder winkenden goldenen Schaukel-Kahn!

Nach meinem Fuße, dem tanzwütigen, warfst du einen Blick, einen lachenden fragenden schmelzenden Schaukel-Blick:

Zweimal nur regtest du deine Klapper mit kleinen Händen – da schaukelte schon mein Fuß vor Tanzwut. –

Meine Fersen bäumten sich, meine Zehen horchten, dich zu verstehen: trägt doch der Tänzer sein Ohr – in seinen Zehen!

Zu dir hin sprang ich: da flohst du zurück vor meinem Sprunge; und gegen mich züngelte deines fliehenden, fliegenden Haars Zunge!

Von dir weg sprang ich und von deinen Schlangen: da standst du schon, halbgewandt, das Auge voll Verlangen.

Mit krummen Blicken – lehrst du mich krumme Bahnen; auf krummen Bahnen lernt mein Fuß – Tücken!

Ich fürchte dich Nahe, ich liebe dich Ferne; deine Flucht lockt mich, dein Suchen stockt mich: – ich leide, aber was litt ich um dich nicht gerne!

Deren Kälte zündet, deren Haß verführt, deren Flucht bindet, deren Spott – rührt:

– wer haßte dich nicht, dich große Binderin, Umwinderin, Versucherin, Sucherin, Finderin! Wer liebte dich nicht, dich unschuldige, ungeduldige, windseilige, kindsäugige Sünderin!

Wohin ziehst du mich jetzt, du Ausbund und Unband? Und jetzt fliehst du mich wieder, du süßer Wildfang und Undank!

Ich tanze dir nach, ich folge dir auch auf geringer Spur. Wo bist du? Gib mir die Hand! Oder einen Finger nur!

Hier sind Höhlen und Dickichte: wir werden uns verirren! – Halt! Steh still! Siehst du nicht Eulen und Fledermäuse schwirren?

Du Eule! Du Fledermaus! Du willst mich äffen? Wo sind wir? Von den Hunden lerntest du dies Heulen und Kläffen.

Du fletschest mich lieblich an mit weißen Zähnlein, deine bösen Augen springen gegen mich aus lockichtem Mähnlein!

Das ist ein Tanz über Stock und Stein: ich bin der Jäger, – willst du mein Hund oder meine Gemse sein?

Jetzt neben mir! Und geschwind, du boshafte Springerin! Jetzt hinauf! Und hinüber! – Wehe! Da fiel ich selber im Springen hin!

O sieh mich liegen, du Übermut, und um Gnade flehn! Gerne möchte ich mit dir – lieblichere Pfade gehn!

– der Liebe Pfade durch stille bunte Büsche! Oder dort den See entlang: da schwimmen und tanzen Goldfische!

Du bist jetzt müde? Da drüben sind Schafe und Abendröten: ist es nicht schön, zu schlafen, wenn Schäfer flöten?

Du bist so arg müde? Ich trage dich hin, laß nur die Arme sinken! Und hast du Durst, – ich hätte wohl etwas, aber dein Mund will es nicht trinken! –

– O diese verfluchte flinke, gelenke Schlange und Schlupfhexe! Wo bist du hin? Aber im Gesicht fühle ich von deiner Hand zwei Tupfen und rote Kleckse!

Ich bin es wahrlich müde, immer dein schafichter Schäfer zu sein! Du Hexe, habe ich dir bisher gesungen, nun sollst *du* mir – schrein!

Nach dem Takt meiner Peitsche sollst du mir tanzen und schrein! Ich vergaß doch die Peitsche nicht? – Nein!“

2

Da antwortete mir das Leben also und hielt sich dabei die zierlichen Ohren zu:

„O Zarathustra! Klatsche doch nicht so fürchterlich mit deiner Peitsche! Du weißt es ja: Lärm mordet Gedanken, – und eben kommen mir so zärtliche Gedanken.

Wir sind beide zwei rechte Tunichtgute und Tunichtböse. Jenseits von Gut und Böse fanden wir unser Eiland und unsre grüne Wiese – wir zwei allein! Darum müssen wir schon einander gut sein!

Und lieben wir uns auch nicht von Grund aus –, muß man sich denn gram sein, wenn man sich nicht von Grund aus liebt?

Und daß ich dir gut bin und oft zu gut, das weißt du: und der Grund ist, daß ich auf deine Weisheit eifersüchtig bin. Ah, diese tolle alte Närrin von Weisheit!

Wenn dir deine Weisheit einmal davonliefe, ach! da liefe dir schnell auch meine Liebe noch davon." –

Darauf blickte das Leben nachdenklich hinter sich und um sich und sagte leise:

„O Zarathustra, du bist mir nicht treu genug!

Du liebst mich lange nicht so sehr wie du redest; ich weiß, du denkst daran, daß du mich bald verlassen willst.

Es gibt eine alte schwere schwere Brumm-Glocke: die brummt nachts bis zu deiner Höhle hinauf: –

– hörst du diese Glocke mitternachts die Stunde schlagen, so denkst du zwischen eins und zwölf daran –

– du denkst daran, o Zarathustra, ich weiß es, daß du mich bald verlassen willst!"

„Ja", antwortete ich zögernd, „aber du weißt es auch –" Und ich sagte ihr etwas ins Ohr, mitten hinein zwischen ihre verwirrten gelben törichten Haarzotteln.

„Du *weißt* das, o Zarathustra? Das weiß niemand. –"

Und wir sahen uns an und blickten auf die grüne Wiese, über welche eben der kühle Abend lief, und weinten miteinander. – Damals aber war mir das Leben lieber, als je alle meine Weisheit. –

Also sprach Zarathustra.

3

Eins!
O Mensch! Gib acht!

Zwei!
Was spricht die tiefe Mitternacht?

Drei!
„Ich schlief, ich schlief –,

Vier!
Aus tiefem Traum bin ich erwacht: –

Fünf!
Die Welt ist tief,

Sechs!
Und tiefer als der Tag gedacht.

Sieben!
Tief ist ihr Weh –,

Acht!
Lust – tiefer noch als Herzeleid:

Neun!
Weh spricht: Vergeh!

Zehn!
Doch alle Lust will Ewigkeit –,

Elf!
– will tiefe, tiefe Ewigkeit!"

Zwölf!

DIE SIEBEN SIEGEL

(Oder: das Ja- und Amen-Lied)

1

Wenn ich ein Wahrsager bin und voll jenes wahrsagerischen Geistes, der auf hohem Joche zwischen zwei Meeren wandelt, –

zwischen Vergangenem und Zukünftigem als schwere Wolke wandelt, – schwülen Niederungen feind und allem, was müde ist und nicht sterben noch leben kann:

zum Blitze bereit im dunklen Busen und zum erlösenden Lichtstrahle, schwanger von Blitzen, die ja! sagen, ja! lachen, zu wahrsagerischen Blitzstrahlen: –

– selig aber ist der also Schwangere! Und wahrlich, lange muß als schweres Wetter am Berge hängen, wer einst das Licht der Zukunft zünden soll! –

O wie sollte ich nicht nach der Ewigkeit brünstig sein und nach dem hochzeitlichen Ring der Ringe, – dem Ring der Wiederkunft?

Nie noch fand ich das Weib, von dem ich Kinder möchte, es sei denn dieses Weib, das ich liebe: denn ich liebe dich, o Ewigkeit!

Denn ich liebe dich, o Ewigkeit!

2

Wenn mein Zorn je Gräber brach, Grenzsteine rückte und alte Tafeln zerbrochen in steile Tiefen rollte:

wenn mein Hohn je vermoderte Worte zerblies, und ich wie ein Besen kam den Kreuzspinnen und als Fegewind alten verdumpften Grabkammern:

wenn ich je frohlockend saß, wo alte Götter begraben liegen, weltsegnend, weltliebend neben den Denkmalen alter Weltverleumder: –

– denn selbst Kirchen und Gottesgräber liebe ich, wenn der Himmel erst reinen Auges durch ihre zerbrochenen Decken blickt; gern sitze ich gleich Gras und rotem Mohne auf zerbrochnen Kirchen –

o wie sollte ich nicht nach der Ewigkeit brünstig sein und nach dem hochzeitlichen Ring der Ringe, – dem Ring der Wiederkunft?

Nie noch fand ich das Weib, von dem ich Kinder mochte, es sei denn dieses Weib, das ich liebe: denn ich liebe dich, o Ewigkeit!

Denn ich liebe dich, o Ewigkeit!

3

Wenn je ein Hauch zu mir kam vom schöpferischen Hauche und von jener himmlischen Not, die noch Zufälle zwingt, Sternenreigen zu tanzen:

wenn ich je mit dem Lachen des schöpferischen Blitzes lachte, dem der lange Donner der Tat grollend, aber gehorsam nachfolgt:

wenn ich je am Göttertisch der Erde mit Göttern Würfel spielte, daß die Erde bebte und brach und Feuerflüsse heraufschnob: –

– denn ein Göttertisch ist die Erde, und zitternd von schöpferischen neuen Worten und Götterwürfen: –

o wie sollte ich nicht nach der Ewigkeit brünstig sein und nach dem hochzeitlichen Ring der Ringe, – dem Ring der Wiederkunft?

Nie noch fand ich das Weib, von dem ich Kinder mochte, es sei denn dieses Weib, das ich liebe: denn ich liebe dich, o Ewigkeit!

Denn ich liebe dich, o Ewigkeit!

4

Wenn ich je vollen Zuges trank aus jenem schäumenden Würz- und Mischkruge, in dem alle Dinge gut gemischt sind:

wenn meine Hand je Fernstes zum Nächsten goß, und Feuer zu Geist und Lust zu Leid und Schlimmstes zum Gütigsten:

wenn ich selber ein Korn bin von jenem erlösenden Salze, welches macht, daß alle Dinge im Mischkruge gut sich mischen: –

– denn es gibt ein Salz, das Gutes mit Bösem bindet; und auch das Böseste ist zum Würzen würdig und zum letzten Überschäumen: –

o wie sollte ich nicht nach der Ewigkeit brünstig sein und nach dem hochzeitlichen Ring der Ringe, – dem Ring der Wiederkunft?

Nie noch fand ich das Weib, von dem ich Kinder mochte, es sei denn dieses Weib, das ich liebe: denn ich liebe dich, o Ewigkeit!

Denn ich liebe dich, o Ewigkeit!

5

Wenn ich dem Meere hold bin und allem, was Meeres-Art ist, und am holdesten noch, wenn es mir zornig widerspricht:

wenn jene suchende Lust in mir ist, die nach Unentdecktem die Segel treibt, wenn eine Seefahrer-Lust in meiner Lust ist:

wenn je mein Frohlocken rief: „die Küste schwand – nun fiel mir die letzte Kette ab –

– das Grenzenlose braust um mich, weit hinaus glänzt mir Raum und Zeit, wohlan! wohlauf! altes Herz!" –

o wie sollte ich nicht nach der Ewigkeit brünstig sein und nach dem hochzeitlichen Ring der Ringe, – dem Ring der Wiederkunft?

Nie noch fand ich das Weib, von dem ich Kinder mochte, es sei denn dieses Weib, das ich liebe: denn ich liebe dich, o Ewigkeit!

Denn ich liebe dich, o Ewigkeit!

6

Wenn meine Tugend eines Tänzers Tugend ist, und ich oft mit beiden Füßen in gold-smaragdenes Entzücken sprang:

wenn meine Bosheit eine lachende Bosheit ist, heimisch unter Rosenhängen und Lilienhecken:

– im Lachen nämlich ist alles Böse beieinander, aber heilig- und losgesprochen durch seine eigne Seligkeit: –

und wenn das mein A und O ist, daß alles Schwere leicht, aller Leib Tänzer, aller Geist Vogel werde: und wahrlich, das ist mein A und O! –

o wie sollte ich nicht nach der Ewigkeit brünstig sein und nach dem hochzeitlichen Ring der Ringe, – dem Ring der Wiederkunft?

Nie noch fand ich das Weib, von dem ich Kinder mochte, es sei denn dieses Weib, das ich liebe: denn ich liebe dich, o Ewigkeit!

Denn ich liebe dich, o Ewigkeit!

7

Wenn ich je stille Himmel über mir ausspannte und mit eignen Flügeln in eigne Himmel flog:

wenn ich spielend in tiefen Lichtfernen schwamm und meiner Freiheit Vogel-Weisheit kam: –

– so aber spricht Vogel-Weisheit: „Siehe, es gibt kein Oben, kein Unten! Wirf dich umher, hinaus, zurück, du Leichter, Singe! sprich nicht mehr!

– sind alle Worte nicht für die Schweren gemacht? Lügen dem Leichten nicht alle Worte? Singe! sprich nicht mehr!" –

o wie sollte ich nicht nach der Ewigkeit brünstig sein und nach dem hochzeitlichen Ring der Ringe, – dem Ring der Wiederkunft?

Nie noch fand ich das Weib, von dem ich Kinder mochte, es sei denn dieses Weib, das ich liebe: denn ich liebe dich, o Ewigkeit!

Denn ich liebe dich, o Ewigkeit!

VIERTER UND LETZTER TEIL

Ach, wo in der Welt geschahen größere Torheiten, als bei den Mitleidigen? Und was in der Welt stiftete mehr Leid, als die Torheiten der Mitleidigen?

Wehe allen Liebenden, die nicht noch eine Höhe haben, welche über ihrem Mitleiden ist!

Also sprach der Teufel einst zu mir: „auch Gott hat seine Hölle: das ist seine Liebe zu den Menschen.“

Und jüngst hörte ich ihn dies Wort sagen: „Gott ist tot; an seinem Mitleiden mit den Menschen ist Gott gestorben.“

Also sprach Zarathustra

DAS HONIGOPFER

Und wieder liefen Monde und Jahre über Zarathustras Seele, und er achtete dessen nicht; sein Haar aber wurde weiß. Eines Tages, als er auf einem Steine vor seiner Höhle saß und still hinausschaute, – man schaut aber dort auf das Meer hinaus, und hinweg über gewundene Abgründe –, da gingen seine Tiere nachdenklich um ihn herum und stellten sich endlich vor ihn hin.

„O Zarathustra," sagten sie, „schaust du wohl aus nach deinem Glücke?" – „Was liegt am Glücke!" antwortete er, „ich trachte lange nicht mehr nach Glücke, ich trachte nach meinem Werke." – „O Zarathustra," redeten die Tiere abermals, „das sagst du als einer, der des Guten übergenug hat. Liegst du nicht in einem himmelblauen See von Glück?" – „Ihr Schalks-Narren," antwortete Zarathustra und lächelte, „wie gut wähltet ihr das Gleichnis! Aber ihr wißt auch, daß mein Glück schwer ist, und nicht wie eine flüssige Wasserwelle: es drängt mich und will nicht von mir, und tut gleich geschmolzenem Peche." –

Da gingen die Tiere wieder nachdenklich um ihn herum und stellten sich dann abermals vor ihn hin. „O Zarathustra," sagten sie, „*daher* also kommt es, daß du selber immer gelber und dunkler wirst, obschon dein Haar weiß und flächsern aussehen will? Siehe doch, du sitzest in deinem Peche!" – „Was sagt ihr da, meine Tiere," sagte Zarathustra und lachte dazu, „wahrlich, ich lästerte, als ich vom Peche sprach. Wie mir geschieht, so geht es allen Früchten, die reif werden. Es ist der *Honig* in meinen Adern, der mein Blut dicker und auch meine Seele stiller macht." – „So wird es sein, o Zarathustra," antworteten die Tiere und drängten sich an ihn; „willst du aber nicht heute auf einen hohen Berg steigen? Die Luft ist rein, und man sieht heute mehr von der Welt als jemals." – „Ja, meine Tiere," antwortete er, „ihr ratet trefflich und mir nach dem Herzen: ich will heute auf einen hohen Berg steigen! Aber sorgt, daß dort

Honig mir zur Hand sei, gelber, weißer, guter, eisfrischer Waben-Goldhonig. Denn wisset, ich will droben das Honig-Opfer bringen." –

Als Zarathustra aber oben auf der Höhe war, sandte er die Tiere heim, die ihn geleitet hatten, und fand, daß er nunmehr allein sei: – da lachte er aus ganzem Herzen, sah sich um und sprach also:

Daß ich von Opfern sprach und Honig-Opfern, eine List war's nur meiner Rede und, wahrlich, eine nützliche Torheit! Hier oben darf ich schon freier reden als vor Einsiedler-Höhlen und Einsiedler-Haustieren.

Was opfern! Ich verschwende, was mir geschenkt wird, ich Verschwender mit tausend Händen: wie dürfte ich das noch – Opfern heißen!

Und als ich nach Honig begehrte, begehrte ich nur nach Köder und süßem Seime und Schleime, nach dem auch Brummbären und wunderliche, mürrische, böse Vögel die Zunge lecken:

– nach dem besten Köder, wie er Jägern und Fischfängern nottut. Denn wenn die Welt wie ein dunkler Tierwald ist und aller wilden Jäger Lustgarten, so dünkt sie mich noch mehr und lieber ein abgründliches reiches Meer,

– ein Meer voll bunter Fische und Krebse, nach dem es auch Götter gelüsten möchte, daß sie an ihm zu Fischern würden und zu Netz-Auswerfern: so reich ist die Welt an Wunderlichem, großem und kleinem!

Sonderlich die Menschen-Welt, das Menschen-Meer: – nach *dem* werfe ich nun meine goldene Angelrute aus und spreche: tue dich auf, du Menschen-Abgrund! Tue dich auf und wirf mir deine Fische und Glitzer-Krebse zu! Mit meinem besten Köder ködere ich mir heute die wunderlichsten Menschen-Fische!

– mein Glück selber werfe ich hinaus in alle Weiten und Fernen, zwischen Aufgang, Mittag und Niedergang, ob nicht an meinem Glücke viele Menschen-Fische zerren und zappeln lernen,

bis sie, anbeißend an meine spitzen verborgenen Haken, hinauf müssen in *meine* Höhe, die buntesten Abgrund-Gründlinge zu dem boshaftigsten aller Menschen-Fischfänger.

Der nämlich bin ich von Grund und Anbeginn, ziehend, heranziehend, hinaufziehend, aufziehend, ein Zieher, Züchter und Zuchtmeister, der sich nicht umsonst einmal zusprach: „Werde, der du bist!"

Also mögen nunmehr die Menschen zu mir *hinauf* kommen: denn noch warte ich der Zeichen, daß es Zeit sei zu meinem Niedergange; noch gehe ich selber nicht unter, wie ich muß, unter Menschen.

Dazu warte ich hier, listig und spöttisch auf hohen Bergen, kein Ungeduldiger, kein Geduldiger, vielmehr einer, der auch die Geduld verlernt hat, – weil er nicht mehr „duldet".

Mein Schicksal nämlich läßt mir Zeit: es vergaß mich wohl? Oder sitzt es hinter einem großen Steine im Schatten und fängt Fliegen?

Und wahrlich, ich bin ihm gut darob, meinem ewigen Schicksal, daß es mich nicht hetzt und drängt und mir Zeit zu Possen läßt und Bosheiten: also daß ich heute zu einem Fischfange auf diesen hohen Berg stieg.

Fing wohl je ein Mensch auf hohen Bergen Fische? Und wenn es auch eine Torheit ist, was ich hier oben will und treibe: besser noch dies, als daß ich da unten feierlich würde vor Warten und grün und gelb –

– ein gespreizter Zornschnauber von Warten, ein heiliger Heule-Sturm aus Bergen, ein Ungeduldiger, der in die Täler hinabruft: „Hört, oder ich peitsche euch mit der Geißel Gottes!"

Nicht daß ich solchen Zürnern darob gram würde: zum Lachen sind sie mir gut genug! Ungeduldig müssen sie schon sein, diese großen Lärmtrommeln, welche heute oder niemals zu Worte kommen!

Ich aber und mein Schicksal – wir reden nicht zum Heute, wir reden auch nicht zum Niemals: wir haben zum Reden schon Geduld und Zeit und Überzeit. Denn einst muß er doch kommen und darf nicht vorübergehn. Wer muß einst kommen und darf nicht vorübergehn? Unser großer Hazar, das ist unser großes fernes Menschen-Reich, das Zarathustra-Reich von tausend Jahren – –

Wie ferne mag solches „Ferne" sein? was geht's mich an! Aber darum steht es mir doch nicht minder fest –, mit beiden Füßen stehe ich sicher auf diesem Grunde,

– auf einem ewigen Grunde, auf hartem Urgesteine, auf diesem höchsten härtesten Urgebirge, zu dem alle Winde kommen als zur Wetterscheide, fragend nach Wo? und Woher? und Wohinaus?

Hier lache, lache, meine helle heile Bosheit! Von hohen Bergen wirf hinab dein glitzerndes Spott-Gelächter! Ködere mit deinem Glitzern mir die schönsten Menschen-Fische! Und was in allen Meeren *mir* zugehört, mein An-und-für mich in allen Dingen – *das* fische mir heraus, *das* führe zu mir herauf: des warte ich, der boshaftigste aller Fischfänger.

Hinaus, hinaus, meine Angel! Hinein, hinab, Köder meines Glücks! Träufle deinen süßesten Tau, mein Herzens-Honig! Beiße, meine Angel, in den Bauch aller schwarzen Trübsal!

Hinaus, hinaus, mein Auge! O welche vielen Meere rings um mich, welch dämmernde Menschen-Zukünfte! Und über mir – welch rosenrote Stille! Welch entwölktes Schweigen!

DER NOTSCHREI

Des nächsten Tages saß Zarathustra wieder auf seinem Steine vor der Höhle, während die Tiere draußen in der Welt herumschweiften, daß sie neue Nahrung heimbrächten, – auch neuen Honig: denn Zarathustra hatte den alten Honig bis auf das letzte Korn vertan und verschwendet. Als er aber dermaßen dasaß, mit einem Stecken in der Hand, und den Schatten seiner Gestalt auf der Erde abzeichnete, nachdenkend, und wahrlich! nicht über sich und seinen Schatten – da erschrak er mit einem Male und fuhr zusammen: denn er sah neben seinem Schatten noch einen anderen Schatten. Und wie er schnell um sich blickte und aufstand, siehe, da stand der Wahrsager neben ihm, derselbe, den er einstmals an seinem Tische gespeist und getränkt hatte, der Verkünder der großen Müdigkeit, welcher lehrte: „Alles ist gleich, es lohnt sich nichts, Welt ist ohne Sinn, Wissen würgt". Aber sein Antlitz hatte sich inzwischen verwandelt; und als ihm Zarathustra in die Augen blickte, wurde sein Herz abermals erschreckt: so viel schlimme Verkündigungen und aschgraue Blitze liefen über dies Gesicht.

Der Wahrsager, der es wahrgenommen, was sich in Zarathustras Seele zutrug, wischte mit der Hand über sein Antlitz hin, wie als ob er dasselbe wegwischen wollte; desgleichen tat auch Zarathustra. Und als beide dergestalt sich schweigend gefaßt und gekräftigt hatten, gaben sie sich die Hände, zum Zeichen, daß sie sich wiedererkennen wollten.

„Sei mir willkommen," sagte Zarathustra, „du Wahrsager der großen Müdigkeit, du sollst nicht umsonst einstmals mein Tisch- und Gastfreund gewesen sein. Iß und trink auch heute bei mir und vergib es, daß ein vergnügter alter Mann mit dir zu Tische sitzt!" – „Ein vergnügter alter Mann?" antwortete der Wahrsager, den Kopf schüttelnd: „wer du aber auch bist oder sein willst, o Zarathustra, du bist es zum längsten hier oben gewesen, – dein Nachen soll über kurzem nicht mehr im Trocknen sitzen!" – „Sitze ich denn im Trocknen?" – fragte Zarathustra lachend. – „Die Wellen um deinen Berg", antwortete der Wahrsager, „steigen und steigen, die Wellen großer Not und Trübsal: die werden bald auch deinen Nachen heben und dich davontragen." – Zarathustra schwieg hierauf und wunderte sich. – „Hörst du noch nichts?" fuhr der Wahrsager fort: „rauscht und braust es nicht herauf aus der Tiefe?" – Zarathustra schwieg abermals und horchte: da hörte er einen langen, langen Schrei, welchen die Abgründe sich zuriefen und weitergaben, denn keiner wollte ihn behalten: so böse klang er.

„Du schlimmer Verkündiger," sprach endlich Zarathustra, „das ist ein Notschrei und der Schrei eines Menschen, der mag wohl aus einem schwarzen Meere kommen. Aber was geht mich Menschennot an! Meine letzte Sünde, die mir aufgespart blieb, – weißt du wohl, wie sie heißt?"

– „*Mitleiden!*" antwortete der Wahrsager aus einem überströmenden Herzen und hob beide Hände empor – „o Zarathustra, ich komme, daß ich dich zu deiner letzten Sünde verführe!" – Und kaum waren diese Worte gesprochen, da erscholl der Schrei abermals, und länger und ängstlicher als vorher, auch schon viel näher. „Hörst du? Hörst du, o Zarathustra?" rief der Wahrsager, „dir gilt der Schrei, dich ruft er: komm, komm, komm, es ist Zeit, es ist höchste Zeit!" –

Zarathustra schwieg hierauf, verwirrt und erschüttert; endlich fragte er, wie einer, der bei sich selbst zögert: „Und wer ist das, der dort mich ruft?"

„Aber du weißt es ja," antwortete der Wahrsager heftig, „was verbirgst du dich? *Der höhere Mensch* ist es, der nach dir schreit!"

„Der höhere Mensch?" schrie Zarathustra von Grausen erfaßt: „was will *der*? Was will *der*? Der höhere Mensch? Was will der hier?" – und seine Haut bedeckte sich mit Schweiß.

Der Wahrsager aber antwortete nicht auf die Angst Zarathustras, sondern horchte und horchte nach der Tiefe zu. Als es jedoch lange Zeit dort stille blieb, wandte er seinen Blick zurück und sah Zarathustra stehn und zittern.

„O Zarathustra," hob er mit trauriger Stimme an, „du stehst nicht da wie einer, den sein Glück drehend macht: du wirst tanzen müssen, daß du mir nicht umfällst!

Aber wenn du auch vor mir tanzen wolltest und alle deine Seitensprünge springen: niemand soll mir doch sagen dürfen: ‚Siehe, hier tanzt der letzte frohe Mensch!'

Umsonst käme einer auf diese Höhe, der *den* hier suchte: Höhlen fände er wohl und Hinterhöhlen, Verstecke für Versteckte, aber nicht Glücksschachte und Schatzkammern und neue Glücks-Goldadern.

Glück – wie fände man wohl das Glück bei solchen Vergrabenen und Einsiedlern! Muß ich das letzte Glück noch auf glückseligen Inseln suchen und ferne zwischen vergessenen Meeren?

Aber alles ist gleich, es lohnt sich nichts, es hilft kein Suchen, es gibt auch keine glückseligen Inseln mehr!" –

Also seufzte der Wahrsager; bei seinem letzten Seufzer aber wurde Zarathustra wieder hell und sicher, gleich einem, der aus einem tiefen Schlunde ans Licht kommt. „Nein! Nein! Dreimal Nein!" rief er mit starker Stimme und strich sich den Bart – „*das* weiß ich besser! Es gibt noch glückselige Inseln! Stille *davon*, du seufzender Trauersack!

Höre *davon* auf zu plätschern, du Regenwolke am Vormittag! Stehe ich denn nicht schon da, naß von deiner Trübsal und begossen wie ein Hund?

Nun schüttle ich mich und *laufe* dir davon, daß ich wieder trocken werde: des darfst du nicht Wunder haben! Dünke ich dir unhöflich? Aber hier ist *mein* Hof.

Was aber deinen höheren Menschen angeht: wohlan! ich suche ihn flugs in jenen Wäldern: *daher* kam sein Schrei. Vielleicht bedrängt ihn da ein böses Tier.

Er ist in *meinem* Bereiche: darin soll er mir nicht zu Schaden kommen! Und wahrlich, es gibt viele böse Tiere bei mir."

Mit diesen Worten wandte sich Zarathustra zum Gehen. Da sprach der Wahrsager: „O Zarathustra, du bist ein Schelm!

Ich weiß es schon: du willst mich los sein! Lieber noch läufst du in die Wälder und stellst bösen Tieren nach!

Aber was hilft es dir? Des Abends wirst du doch mich wiederhaben; in deiner eignen Höhle werde ich dasitzen, geduldig und schwer wie ein Klotz – und auf dich warten!"

„So sei's!" rief Zarathustra zurück im Fortgehn: „und was mein ist in meiner Höhle, gehört auch dir, meinem Gastfreunde!

Solltest du aber drin noch Honig finden, wohlan! so lecke ihn nur auf, du Brummbär, und versüße deine Seele! Am Abende nämlich wollen wir beide guter Dinge sein,

– guter Dinge und froh darob, daß dieser Tag zu Ende ging! Und du selber sollst zu meinen Liedern als mein Tanzbär tanzen.

Du glaubst nicht daran? Du schüttelst den Kopf? Wohlan! Wohlan! Alter Bär! Aber auch ich – bin ein Wahrsager."

Also sprach Zarathustra.

GESPRÄCH MIT DEN KÖNIGEN

1

Zarathustra war noch keine Stunde in seinen Bergen und Wäldern unterwegs, da sah er mit einem Male einen seltsamen Aufzug. Gerade auf dem Wege, den er hinabwollte, kamen zwei Könige gegangen, mit Kronen und Purpurgürteln geschmückt und bunt wie Flamingo-Vögel: die trieben einen beladenen Esel vor sich her. „Was wollen diese Könige in meinem Reiche?" sprach Zarathustra erstaunt zu seinem Herzen und versteckte sich geschwind hinter einem Busche. Als aber die Könige bis zu ihm herankamen, sagte er, halblaut, wie einer, der zu sich allein redet: „Seltsam! Seltsam! Wie reimt sich das zusammen? Zwei Könige sehe ich – und nur einen Esel!"

Da machten die beiden Könige halt, lächelten, sahen nach der Stelle hin, woher die Stimme kam, und sahen sich nachher selber ins Gesicht. „Solcherlei denkt man wohl auch unter uns," sagte der König zur Rechten, „aber man spricht es nicht aus."

Der König zur Linken aber zuckte mit den Achseln und antwortete: „Das mag wohl ein Ziegenhirt sein. Oder ein Einsiedler, der zu lange unter Felsen und Bäumen lebte. Gar keine Gesellschaft nämlich verdirbt auch die guten Sitten."

„Die guten Sitten?" entgegnete unwillig und bitter der andre König: „wem laufen wir denn aus dem Wege? Ist es nicht den ‚guten Sitten'? Unsrer ‚guten Gesellschaft'?

Lieber, wahrlich, unter Einsiedlern und Ziegenhirten als mit unserm vergoldeten falschen überschminkten Pöbel leben,

– ob er sich schon ‚gute Gesellschaft' heißt,

– ob er sich schon ‚Adel' heißt. Aber da ist alles falsch und faul, voran das Blut, dank alten schlechten Krankheiten und schlechteren Heil-Künstlern.

Der Beste und Liebste ist mir heute noch ein gesunder Bauer, grob, listig, hartnäckig, langhaltig: das ist heute die vornehmste Art.

Der Bauer ist heute der Beste; und Bauern-Art sollte Herr sein! Aber es ist das Reich des Pöbels, – ich lasse mir nichts vormachen. Pöbel aber, das heißt: Mischmasch.

Pöbel-Mischmasch: darin ist alles in allem durcheinander, Heiliger und Halunke und Junker und Jude und jeglich Vieh aus der Arche Noäh.

Gute Sitten! Alles ist bei uns falsch und faul. Niemand weiß mehr zu verehren: *dem* gerade laufen wir davon. Es sind süßliche zudringliche Hunde, sie vergolden Palmenblätter.

Dieser Ekel würgt mich, daß wir Könige selber falsch wurden, überhängt und verkleidet durch alten vergilbten Großväter-Prunk, Schaumünzen für die Dümmsten und die Schlauesten und wer heute alles mit der Macht Schacher treibt!

Wir sind nicht die ersten – und müssen es doch *bedeuten*: dieser Betrügerei sind wir endlich satt und ekel geworden.

Dem Gesindel gingen wir aus dem Wege, allen diesen Schreihälsen und Schreib-Schmeißfliegen, dem Krämer-Gestank, dem Ehrgeiz-Gezappel, dem üblen Atem –: pfui, unter dem Gesindel leben,

– pfui, unter dem Gesindel die Ersten zu bedeuten! Ach, Ekel! Ekel! Ekel! Was liegt noch an uns Königen!" –

„Deine alte Krankheit fällt dich an,“ sagte hier der König zur Linken, „der Ekel fällt dich an, mein armer Bruder. Aber du weißt es doch, es hört uns einer zu.“

Sofort erhob sich Zarathustra, der zu diesen Reden Ohren und Augen aufgesperrt hatte, aus seinem Schlupfwinkel, trat auf die Könige zu und begann:

„Der euch zuhört, der euch gerne zuhört, ihr Könige, der heißt Zarathustra. Ich bin Zarathustra, der einst sprach: ‚Was liegt noch an Königen!‘ Vergebt mir, ich freute mich, als ihr zueinander sagtet: ‚Was liegt an uns Königen!‘

Hier aber ist *mein* Reich und meine Herrschaft: was mögt ihr wohl in meinem Reiche suchen? Vielleicht aber *fandet* ihr unterwegs, was *ich* suche: nämlich den höheren Menschen.“

Als dies die Könige hörten, schlugen sie sich an die Brust und sprachen mit Einem Munde: „Wir sind erkannt!

Mit dem Schwerte dieses Wortes zerhaust du unsres Herzens dickste Finsternis. Du entdecktest unsre Not, denn siehe! wir sind unterwegs, daß wir den höheren Menschen fänden –

– den Menschen, der höher ist als wir: ob wir gleich Könige sind. Ihm führen wir diesen Esel zu. Der höchste Mensch nämlich soll auf Erden auch der höchste Herr sein.

Es gibt kein härteres Unglück in allem Menschen-Schicksale, als wenn die Mächtigen der Erde nicht auch die ersten Menschen sind. Da wird alles falsch und schief und ungeheuer.

Und wenn sie gar die letzten sind und mehr Vieh als Mensch: da steigt und steigt der Pöbel im Preise, und endlich spricht gar die Pöbel-Tugend: ‚Siehe, ich allein bin Tugend!‘“ –

„Was hörte ich eben?“ antwortete Zarathustra; „welche Weisheit bei Königen! Ich bin entzückt, und, wahrlich schon gelüstet’s mich, einen Reim darauf zu machen: –

– mag es auch ein Reim werden, der nicht für jedermanns Ohren taugt. Ich verlernte seit langem schon die Rücksicht auf lange Ohren. Wohlan! Wohlan!

(Hier aber geschah es, daß auch der Esel zu Worte kam: er sagte aber deutlich und mit bösem Willen I-A.)

Einstmals – ich glaub' im Jahr des Heiles Eins –
Sprach die Sibylle, trunken sonder Weins:
‚Weh, nun geht's schief!
Verfall! Verfall! Nie sank die Welt so tief!
Rom sank zur Hure und zur Huren-Bude,
Roms Cäsar sank zum Vieh, Gott selbst – ward Jude!'"

2

An diesen Reimen Zarathustras weideten sich die Könige; der König zur Rechten aber sprach: „O Zarathustra, wie gut taten wir, daß wir auszogen, dich zu sehn!

Deine Feinde nämlich zeigten uns dein Bild in ihrem Spiegel; da blicktest du mit der Fratze eines Teufels und hohnlachend: also daß wir uns vor dir fürchteten.

Aber was half's! Immer wieder stachst du uns in Ohr und Herz mit deinen Sprüchen. Da sprachen wir endlich: was liegt daran, wie er aussieht!

Wir müssen ihn *hören*, ihn, der lehrt: ‚Ihr sollt den Frieden lieben als Mittel zu neuen Kriegen, und den kurzen Frieden mehr als den langen!'

Niemand sprach je so kriegerische Worte: ‚Was ist gut? Tapfer sein ist gut. Der gute Krieg ist's, der jede Sache heiligt.'

O Zarathustra, unsrer Väter Blut rührte sich bei solchen Worten in unserm Leibe: das war wie die Rede des Frühlings zu alten Weinfässern.

Wenn die Schwerter durcheinander liefen gleich rotgefleckten Schlangen, da wurden unsre Väter dem Leben gut; alles Friedens Sonne dünkte sie flau und lau, der lange Frieden aber machte Scham.

Wie sie seufzten, unsre Väter, wenn sie an der Wand blitzblanke ausgedorrte Schwerter sahen! Denen gleich dürsteten sie nach Krieg. Ein Schwert nämlich will Blut trinken und funkelt vor Begierde." – –

– Als die Könige dergestalt mit Eifer von dem Glück ihrer Väter redeten und schwätzten, überkam Zarathustra keine kleine Lust, ihres Eifers zu spotten: denn ersichtlich waren es sehr friedfertige Könige, welche er vor sich sah, solche mit alten und feinen Gesichtern. Aber er bezwang sich. „Wohlan!“ sprach er, „dorthin führt der Weg, da liegt die Höhle Zarathustras; und dieser Tag soll einen langen Abend haben! Jetzt aber ruft mich eilig ein Notschrei fort von euch.

Es ehrt meine Höhle, wenn Könige in ihr sitzen und warten wollen: aber, freilich, Ihr werdet lange warten müssen!

Je nun! Was tut's! Wo lernt man heute besser warten als an Höfen? Und der Könige ganze Tugend, die ihnen übrig blieb, – heißt sie heute nicht: Warten-*können*?“

Also sprach Zarathustra.

DER BLUTEGEL

Und Zarathustra ging nachdenklich weiter und tiefer, durch Wälder und vorbei an moorigen Gründen; wie es aber jedem ergeht, der über schwere Dinge nachdenkt, so trat er unversehens dabei auf einen Menschen. Und siehe, da spritzten ihm mit einem Male ein Weheschrei und zwei Flüche und zwanzig schlimme Schimpfworte ins Gesicht: also daß er in seinem Schrecken den Stock erhob und auch auf den Getretenen noch zuschlug. Gleich darauf aber kam ihm die Besinnung; und sein Herz lachte über die Torheit, die er eben getan hatte.

„Vergib,“ sagte er zu dem Getretenen, der sich grimmig erhoben und gesetzt hatte, „vergib und vernimm vor allem erst ein Gleichnis.

Wie ein Wanderer, der von fernen Dingen träumt, unversehens auf einsamer Straße einen schlafenden Hund anstößt, einen Hund, der in der Sonne liegt:

– wie da beide auffahren, sich anfahren, Todfeinden gleich, diese zwei zu Tod erschrockenen: also erging es uns.

Und doch! Und doch – wie wenig hat gefehlt, daß sie einander liebkosten, dieser Hund und dieser Einsame! Sind sie doch beide – Einsame!“

– „Wer du auch sein magst,“ sagte immer noch grimmig der Getretene, „du trittst mir auch mit deinem Gleichnis zu nahe, und nicht nur mit deinem Fuße!

Siehe doch, bin ich denn ein Hund?“ – und dabei erhob sich der Sitzende und zog seinen nackten Arm aus dem Sumpfe. Zuerst nämlich hatte er ausgestreckt am Boden gelegen, verborgen und unkenntlich gleich solchen, die einem Sumpfwilde auflauern.

„Aber was treibst du doch!" rief Zarathustra erschreckt, denn er sah, daß über den nackten Arm weg viel Blut floß, – „was ist dir zugestoßen? Biß dich, du Unseliger, ein schlimmes Tier?"

Der Blutende lachte, immer noch erzürnt. „Was geht's dich an!" sagte er und wollte weitergehn. „Hier bin ich heim in meinem Bereiche. Mag mich fragen, wer da will: einem Tölpel aber werde ich schwerlich antworten."

„Du irrst," sagte Zarathustra mitleidig und hielt ihn fest, „du irrst: hier bist du nicht bei dir, sondern in meinem Reiche, und darin soll mir keiner zu Schaden kommen.

Nenne mich aber immerhin, wie du willst, – ich bin, der ich sein muß. Ich selber heiße mich Zarathustra.

Wohlan! Dort hinauf geht der Weg zu Zarathustras Höhle: die ist nicht fern, – willst du nicht bei mir deiner Wunden warten?

Es ging dir schlimm, du Unseliger, in diesem Leben: erst biß dich das Tier, und dann – trat dich der Mensch!" –

Als aber der Getretene den Namen Zarathustras hörte, verwandelte er sich. „Was geschieht mir doch!" rief er aus, „*wer* kümmert mich denn noch in diesem Leben, als dieser eine Mensch, nämlich Zarathustra, und jenes eine Tier, das vom Blute lebt, der Blutegel?

Des Blutegels halber lag ich hier an diesem Sumpfe wie ein Fischer, und schon war mein ausgehängter Arm zehnmal angebissen, da beißt noch ein schönerer Igel nach meinem Blute, Zarathustra selber!

O Glück! O Wunder! Gelobt sei dieser Tag, der mich in diesen Sumpf lockte! Gelobt sei der beste lebendigste Schröpfkopf, der heut lebt, gelobt sei der große Gewissens-Blutegel Zarathustra!" –

Also sprach der Getretene; und Zarathustra freute sich über seine Worte und ihre feine ehrfürchtige Art. „Wer bist du?" fragte er und reichte ihm die Hand, „zwischen uns bleibt viel aufzuklären und aufzuheitern: aber schon, dünkt mich, wird es reiner heller Tag."

„Ich bin der *Gewissenhafte des Geistes,*" antwortete der Gefragte, „und in Dingen des Geistes nimmt es nicht leicht einer strenger, enger und härter als ich, ausgenommen der, von dem ich's lernte, Zarathustra selber.

Lieber nichts wissen, als vieles halb wissen! Lieber ein Narr sein auf eigne Faust, als ein Weiser nach fremdem Gutdünken! Ich – gehe auf den Grund:

– was liegt daran, ob er groß oder klein ist? Ob er Sumpf oder Himmel heißt? Eine Handbreit Grund ist mir genug: wenn er nur wirklich Grund und Boden ist!

– eine Handbreit Grund: darauf kann man stehen. In der rechten Wissen-Gewissenschaft gibt es nichts Großes und nichts Kleines."

„So bist du vielleicht der Erkenner des Blutegels?" fragte Zarathustra; „und du gehst dem Blutegel nach bis auf die letzten Gründe, du Gewissenhafter?"

„O Zarathustra," antwortete der Getretene, „das wäre ein Ungeheures, wie dürfte ich mich dessen unterfangen!

Wes ich aber Meister und Kenner bin, das ist des Blutegels *Hirn*: – das ist *meine* Welt!

Und es ist auch eine Welt! Vergib aber, daß hier mein Stolz zu Worte kommt, denn ich habe hier nicht meinesgleichen. Darum sprach ich ‚hier bin ich heim'.

Wie lange gehe ich schon diesem Einen nach, dem Hirn des Blutegels, daß die schlüpfrige Wahrheit mir hier nicht mehr entschlüpfe! Hier ist *mein* Reich!

– darob warf ich alles andre fort, darob wurde mir alles andre gleich; und dicht neben meinem Wissen lagert mein schwarzes Unwissen.

Mein Gewissen des Geistes will es so von mir, daß ich Eins weiß und sonst alles nicht weiß: es ekelt mich aller Halben des Geistes, aller Dunstigen, Schwebenden, Schwärmerischen.

Wo meine Redlichkeit aufhört, bin ich blind und will auch blind sein. Wo ich aber wissen will, will ich auch redlich sein, nämlich hart, streng, eng, grausam, unerbittlich.

Daß *du* einst sprachst, o Zarathustra: ‚Geist ist das Leben, das selber ins Leben schneidet', das führte und verführte mich zu deiner Lehre. Und, wahrlich, mit eignem Blute mehrte ich mir das eigne Wissen!"

– „Wie der Augenschein lehrt", fiel Zarathustra ein; denn immer noch floß das Blut an dem nackten Arme des Gewissenhaften herab. Es hatten nämlich zehn Blutegel sich in denselben eingebissen.

„O du wunderlicher Gesell, wieviel lehrt mich dieser Augenschein da, nämlich du selber! Und nicht alles dürfte ich vielleicht in deine strengen Ohren gießen!

Wohlan! So scheiden wir hier! Doch möchte ich gerne dich wiederfinden. Dort hinauf führt der Weg zu meiner Höhle: heute nacht sollst du dort mein lieber Gast sein!

Gerne möchte ich's auch an deinem Leibe wieder gut machen, daß Zarathustra dich mit Füßen trat: darüber denke ich nach. Jetzt aber ruft mich ein Notschrei eilig fort von dir."

Also sprach Zarathustra.

DER ZAUBERER

1

Als aber Zarathustra um einen Felsen herumbog, da sah er, nicht weit unter sich, auf dem gleichen Wege, einen Menschen, der die Glieder warf wie ein Tobsüchtiger und endlich bäuchlings zur Erde niederstürzte. „Halt!" sprach da Zarathustra zu seinem Herzen, „der dort muß wohl der höhere Mensch sein, von ihm kam jener schlimme Notschrei, – ich will sehn, ob da zu helfen ist." Als er aber hinzulief, an die Stelle, wo der Mensch auf dem Boden lag, fand er einen zitternden alten Mann mit stieren Augen; und wie sehr sich Zarathustra mühte, daß er ihn aufrichte und wieder auf seine Beine stelle, es war umsonst. Auch schien der Unglückliche nicht zu merken, daß jemand um ihn sei; vielmehr sah er sich immer mit rührenden Gebärden um, wie ein von aller Welt Verlassener und Vereinsamter. Zuletzt aber, nach vielem Zittern, Zucken und Sich-Zusammenkrümmen, begann er also zu jammern:

Wer wärmt mich, wer liebt mich noch?
Gebt heiße Hände!
Gebt Herzens-Kohlenbecken!
Hingestreckt, schaudernd,
Halbtotem gleich, dem man die Füße wärmt –

Geschüttelt, ach! von unbekannten Fiebern,
Zitternd vor spitzen, eisigen Frostpfeilen,
Von dir gejagt, Gedanke!
Unnennbarer! Verhüllter! Entsetzlicher!
Du Jäger hinter Wolken!
Darniedergeblitzt von dir,
Du höhnisch Auge, das mich aus Dunklem anblickt:
– so liege ich,
Biege mich, winde mich, gequält
Von allen ewigen Martern,
Getroffen
Von dir, grausamster Jäger,
Du unbekannter – Gott!

Triff tiefer!
Triff einmal noch!
Zerstich, zerbrich dies Herz!
Was soll dies Martern
Mit zähnestumpfen Pfeilen?
Was blickst du wieder,
Der Menschen-Qual nicht müde,
Mit schadenfrohen Götter-Blitz-Augen?
Nicht töten willst du,
Nur martern, martern?
Wozu – *mich* martern,
Du schadenfroher, unbekannter Gott? –
Haha! Du schleichst heran?
Bei solcher Mitternacht
Was willst du? Sprich!
Du drängst mich, drückst mich –
Ha! schon viel zu nahe!
Weg! Weg!
Du hörst mich atmen,
Du behorchst mein Herz,
Du Eifersüchtiger –

Worauf doch eifersüchtig?
Weg! Weg! Wozu die Leiter?
Willst du *hinein*,
Ins Herz,
Einsteigen, in meine heimlichsten
Gedanken einsteigen?
Schamloser! Unbekannter – Dieb!
Was willst du dir erstehlen?
Was willst du dir erhorchen?
Was willst du dir erfoltern,
Du Folterer!
Du – Henker-Gott!
Oder soll ich, dem Hunde gleich,
Vor dir mich wälzen?
Hingebend, begeistert-außer-mir,
Dir – Liebe zuwedeln?
Umsonst! Stich weiter,
Grausamster Stachel! Nein,
Kein Hund – dein Wild nur bin ich,
Grausamster Jäger!
Dein stolzester Gefangner,
Du Räuber hinter Wolken!
Sprich endlich!
Was willst du Wegelagerer, von *mir*?
Du Blitz-Verhüllter! Unbekannter! Sprich,
Was *willst* du, unbekannter – Gott?

Wie? Lösegeld?
Was willst du Lösegelds!
Verlange viel – das rät mein Stolz!
Und rede kurz – das rät mein andrer Stolz!

Haha!
Mich – willst du? Mich?
Mich – ganz? . . .

Haha!
Und marterst mich, Narr, der du bist,
Zermarterst meinen Stolz?
Gib *Liebe* mir – wer wärmt mich noch?
Wer liebt mich noch? – gib heiße Hände,
Gib Herzens-Kohlenbecken,
Gib mir, dem Einsamsten,
Den Eis, ach! siebenfaches Eis
Nach Feinden selber,
Nach Feinden schmachten lehrt,
Gib, ja ergib,
Grausamster Feind,
Mir – *dich*! – –
Davon!
Da floh er selber,
Mein letzter einziger Genoß,
Mein großer Feind,
Mein Unbekannter,
Mein Henker-Gott! –

– Nein! Komm zurück,
Mit allen deinen Martern!
Zum Letzten aller Einsamen
O komm zurück!
All meine Tränenbäche laufen
Zu dir den Lauf!
Und meine letzte Herzensflamme –
Dir glüht sie auf!
O komm zurück,
Mein unbekannter Gott! Mein Schmerz! Mein
letztes – Glück!

2

– Hier aber konnte sich Zarathustra nicht länger halten, nahm seinen Stock und schlug mit allen Kräften auf den Jammernden los. „Halt ein!" schrie er ihm zu, mit ingrimmigem Lachen, „halt ein, du Schauspieler! Du Falschmünzer! Du Lügner aus dem Grunde! Ich erkenne dich wohl!

Ich will dir schon warme Beine machen, du schlimmer Zauberer, ich verstehe mich gut darauf, solchen wie du bist – einzuheizen!"

– „Laß ab," sagte der alte Mann und sprang vom Boden auf, „schlage nicht mehr, o Zarathustra! Ich trieb's also nur zum Spiele!

Solcherlei gehört zu meiner Kunst; dich selber wollte ich auf die Probe stellen, als ich dir diese Probe gab! Und, wahrlich, du hast mich gut durchschaut!

Aber auch du – gabst mir von dir keine kleine Probe: du bist *hart*, du weiser Zarathustra! Hart schlägst du zu mit deinen ‚Wahrheiten', dein Knüttel erzwingt von mir – *diese* Wahrheit!"

– „Schmeichle nicht," antwortete Zarathustra, immer noch erregt und finsterblickend, „du Schauspieler aus dem Grunde! Du bist falsch: was redest du – von Wahrheit! Du Pfau der Pfauen, du Meer der Eitelkeit, *was* spieltest du vor mir, du schlimmer Zauberer, an *wen* sollte ich glauben, als du in solcher Gestalt jammertest?"

„*Den Büßer des Geistes,*" sagte der alte Mann, „*den* – spielte ich: du selber erfandest einst dies Wort –

– den Dichter und Zauberer, der gegen sich selber endlich seinen Geist wendet, den Verwandelten, der an seinem bösen Wissen und Gewissen erfriert.

Und gesteh es nur ein: es währte lange, o Zarathustra, bis du hinter meine Kunst und Lüge kamst! *Du glaubtest* an meine Not, als du mir den Kopf mit beiden Händen hieltest, –

– ich hörte dich jammern ‚man hat ihn zu wenig geliebt, zu wenig geliebt!' Daß ich dich soweit betrog, darüber frohlockte inwendig meine Bosheit."

„Du magst Feinere betrogen haben als mich," sagte Zarathustra hart. „Ich bin nicht auf der Hut vor Betrügern, ich *muß* ohne Vorsicht sein: so will es mein Los.

Du aber – *mußt* betrügen: so weit kenne ich dich! Du mußt immer zwei- drei- vier- und fünfdeutig sein! Auch was du jetzt bekanntest, war mir lange nicht wahr und nicht falsch genug!

Du schlimmer Falschmünzer, wie könntest du anders! Deine Krankheit würdest du noch schminken, wenn du dich deinem Arzte nackt zeigtest.

So schminktest du eben vor mir deine Lüge, als du sprachst: ‚ich trieb's also *nur* zum Spiele!' Es war auch *Ernst* darin, du *bist* etwas von einem Büßer des Geistes!

Ich errate dich wohl: du wurdest der Bezauberer aller, aber gegen dich hast du keine Lüge und List mehr übrig, – du selber bist dir entzaubert! Du erntetest den Ekel ein, als deine Eine Wahrheit. Kein Wort ist mehr an dir echt, aber dein Mund: nämlich der Ekel, der an deinem Munde klebt." – –

– „Wer bist du doch!" schrie hier der alte Zauberer mit einer trotzigen Stimme, „wer darf also zu *mir* reden, dem Größten, der heute lebt?" – und ein grüner Blitz schoß aus seinem Auge nach Zarathustra. Aber gleich darauf verwandelte er sich und sagte traurig:

„O Zarathustra, ich bin's müde, es ekelt mich meiner Künste, ich bin nicht *groß*, was verstelle ich mich! Aber, du weißt es wohl – ich suchte nach Größe! Einen großen Menschen wollte ich vorstellen und überredete viele: aber diese Lüge ging über meine Kraft. An ihr zerbreche ich.

O Zarathustra, alles ist Lüge an mir; aber daß ich zerbreche – dies mein Zerbrechen ist *echt*!" –

„Es ehrt dich," sprach Zarathustra düster und zur Seite niederblikkend, „es ehrt dich, daß du nach Größe suchtest, aber es verrät dich auch. Du bist nicht groß.

Du schlimmer alter Zauberer, *das* ist dein Bestes und Redlichstes, was ich an dir ehre, daß du deiner müde wurdest und es aussprachst: ‚ich bin nicht groß'.

Darin ehre ich dich als einen Büßer des Geistes: und wenn auch nur für einen Hauch und Husch, diesen einen Augenblick warst du – echt.

Aber sprich, was suchst du hier in *meinen* Wäldern und Felsen? Und wenn du mir dich in den Weg legtest, welche Probe wolltest du von mir? – wes versuchtest du *mich*?" –

Also sprach Zarathustra, und seine Augen funkelten. Der alte Zauberer schwieg eine Weile, dann sagte er: „Versuchte ich dich! Ich – suche nur.

O Zarathustra, ich suche einen Echten, Rechten, Einfachen, Eindeutigen, einen Menschen aller Redlichkeit, ein Gefäß der Weisheit, einen Heiligen der Erkenntnis, einen großen Menschen!

Weißt du es denn nicht, o Zarathustra? *Ich suche Zarathustra.*"

– Und hier entstand ein langes Stillschweigen zwischen beiden; Zarathustra aber versank tief hinein in sich selber, also daß er die Augen schloß. Dann aber, zu seinem Unterredner zurückkehrend, ergriff er die Hand des Zauberers und sprach, voller Artigkeit und Arglist:

„Wohlan! Dort hinauf führt der Weg, da liegt die Höhle Zarathustras. In ihr darfst du suchen, wen du finden möchtest.

Und frage meine Tiere um Rat, meinen Adler und meine Schlange: die sollen dir suchen helfen. Meine Höhle aber ist groß.

Ich selber freilich – ich sah noch keinen großen Menschen. Was groß ist, dafür ist das Auge der Feinsten heute grob. Es ist das Reich des Pöbels.

So manchen fand ich schon, der streckte und blähte sich, und das Volk schrie: ‚Seht da, einen großen Menschen!' Aber was helfen alle Blasebälge! Zuletzt fährt der Wind heraus.

Zuletzt platzt ein Frosch, der sich zu lange aufblies: da fährt der Wind heraus. Einem Geschwollnen in den Bauch stechen, das heiße ich eine brave Kurzweil. Hört das, ihr Knaben!

Dies Heute ist des Pöbels: wer *weiß* da noch, was groß, was klein ist! Wer suchte da mit Glück nach Größe! Ein Narr allein: den Narren glückt's.

Du suchst nach großen Menschen, du wunderlicher Narr? Wer *lehrte's* dich? Ist heute dazu die Zeit? O du schlimmer Sucher, was – versuchst du mich?" – –

Also sprach Zarathustra, getrösteten Herzens, und ging lachend seines Wegs fürbaß.

AUSSER DIENST

Nicht lange aber, nachdem Zarathustra sich von dem Zauberer losgemacht hatte, sah er wiederum jemanden am Wege sitzen, den er ging, nämlich einen schwarzen langen Mann mit einem hageren Bleichgesicht: der verdroß ihn gewaltig. „Wehe," sprach er zu seinem Herzen, „da sitzt vermummte Trübsal, das dünkt mich von der Art der Priester: was wollen *die* in meinem Reiche?

Wie! Kaum bin ich jenem Zauberer entronnen: muß mir da wieder ein anderer Schwarzkünstler über den Weg laufen, –

– irgendein Hexenmeister mit Handauflegen, ein dunkler Wundertäter von Gottes Gnaden, ein gesalbter Weltverleumder, den der Teufel holen möge!

Aber der Teufel ist nie am Platze, wo er am Platze wäre: immer kommt er zu spät, dieser vermaledeite Zwerg und Klumpfuß!"

Also fluchte Zarathustra ungeduldig in seinem Herzen und gedachte, wie er abgewandten Blicks an dem schwarzen Manne vorüberschlüpfe: aber siehe, es kam anders. Im gleichen Augenblicke nämlich hatte ihn schon der Sitzende erblickt; und nicht unähnlich einem solchen, dem ein unvermutetes Glück zustößt, sprang er auf und ging auf Zarathustra los.

„Wer du auch bist, du Wandersmann," sprach er, „hilf einem Verirrten, einem Suchenden, einem alten Manne, der hier leicht zu Schaden kommt!

Diese Welt hier ist mir fremd und fern, auch hörte ich wilde Tiere heulen; und der, welcher mir hätte Schutz bieten können, der ist selber nicht mehr.

Ich suchte den letzten frommen Menschen, einen Heiligen und Einsiedler, der allein in seinem Walde noch nichts davon gehört hatte, was alle Welt heute weiß."

„Was weiß heute alle Welt?" fragte Zarathustra. „Etwa dies, daß der alte Gott nicht mehr lebt, an den alle Welt einst geglaubt hat?"

„Du sagst es," antwortete der alte Mann betrübt. „Und ich diente diesem alten Gotte bis zu seiner letzten Stunde.

Nun aber bin ich außer Dienst, ohne Herrn, und doch nicht frei, auch keine Stunde mehr lustig, es sei denn in Erinnerungen.

Dazu stieg ich in diese Berge, daß ich endlich wieder ein Fest mir machte, wie es einem alten Papste und Kirchenvater zukommt: denn wisse, ich bin der letzte Papst! – ein Fest frommer Erinnerungen und Gottesdienste.

Nun aber ist er selber tot, der frömmste Mensch, jener Heilige im Walde, der seinen Gott beständig mit Singen und Brummen lobte.

Ihn selber fand ich nicht mehr, als ich seine Hütte fand, – wohl aber zwei Wölfe darin, welche um seinen Tod heulten – denn alle Tiere liebten ihn. Da lief ich davon.

Kam ich also umsonst in diese Wälder und Berge? Da entschloß sich mein Herz, daß ich einen anderen suchte, den Frömmsten aller derer, die nicht an Gott glauben –, daß ich Zarathustra suchte!"

Also sprach der Greis und blickte scharfen Auges den an, welcher vor ihm stand; Zarathustra aber ergriff die Hand des alten Papstes und betrachtete sie lange mit Bewunderung.

„Siehe da, du Ehrwürdiger," sagte er dann, „welche schöne und lange Hand! Das ist die Hand eines solchen, der immer Segen ausgeteilt hat. Nun aber hält sie den fest, welchen du suchst, mich, Zarathustra.

Ich bin's, der gottlose Zarathustra, der da spricht: wer ist gottloser als ich, daß ich mich seiner Unterweisung freue?" –

Also sprach Zarathustra und durchbohrte mit seinen Blicken die Gedanken und Hintergedanken des alten Papstes. Endlich begann dieser:

„Wer ihn am meisten liebte und besaß, der hat ihn nun am meisten auch verloren –: siehe, ich selber bin wohl von uns beiden jetzt der Gottlosere? Aber wer könnte daran sich freuen!" –

– „Du dientest ihm bis zuletzt," fragte Zarathustra nachdenklich, nach einem tiefen Schweigen, „du weißt, wie er starb? Ist es wahr, was man spricht, daß ihn das Mitleiden erwürgte,

– daß er es sah, wie *der Mensch* am Kreuze hing, und es nicht ertrug, daß die Liebe zum Menschen seine Hölle und zuletzt sein Tod wurde?" –

Der alte Papst aber antwortete nicht, sondern blickte scheu und mit einem schmerzlichen und düsteren Ausdrucke zur Seite.

„Laß ihn fahren," sagte Zarathustra nach einem langen Nachdenken, indem er immer noch dem alten Manne gerade ins Auge blickte.

„Laß ihn fahren, er ist dahin. Und ob es dich auch ehrt, daß du diesem Toten nur Gutes nachredest, so weißt du so gut als ich, wer er war; und daß er wunderliche Wege ging.“

„Unter drei Augen gesprochen,“ sagte erheitert der alte Papst (denn er war auf einem Auge blind), „in Dingen Gottes bin ich aufgeklärter als Zarathustra selber – und darf es sein.

Meine Liebe diente ihm lange Jahre, mein Wille ging allem seinem Willen nach. Ein guter Diener aber weiß alles, und mancherlei auch, was sein Herr sich selbst verbirgt.

Es war ein verborgener Gott, voller Heimlichkeit. Wahrlich zu einem Sohne sogar kam er nicht anders als auf Schleichwegen. An der Tür seines Glaubens steht der Ehebruch.

Wer ihn als einen Gott der Liebe preist, denkt nicht hoch genug von der Liebe selber. Wollte dieser Gott nicht auch Richter sein? Aber der Liebende liebt jenseits von Lohn und Vergeltung.

Als er jung war, dieser Gott aus dem Morgenlande, da war er hart und rachsüchtig und erbaute sich eine Hölle zum Ergötzen seiner Lieblinge. Endlich aber wurde er alt und weich und mürbe und mitleidig, einem Großvater ähnlicher als einem Vater, am ähnlichsten aber einer wackeligen alten Großmutter.

Da saß er, welk, in seinem Ofenwinkel, härmte sich ob seiner schwachen Beine, weltmüde, willensmüde, und erstickte eines Tages an seinem allzugroßen Mitleiden.“ –

„Du alter Papst,“ sagte hier Zarathustra dazwischen, „hast du *das* mit Augen angesehn? Es könnte wohl so abgegangen sein: so, *und* auch anders. Wenn Götter sterben, sterben sie immer viele Arten Todes.

Aber wohlan! So oder so, so und so – er ist dahin! Er ging meinen Ohren und Augen wider den Geschmack, Schlimmeres möchte ich ihm nicht nachsagen.

Ich liebe alles, was hell blickt und redlich redet. Aber er – du weißt es ja, du alter Priester, es war etwas von deiner Art an ihm, von Priester-Art – er war vieldeutig.

Er war auch undeutlich. Was hat er uns darob gezürnt, dieser Zornschnauber, daß wir ihn schlecht verstünden! Aber warum sprach er nicht reinlicher?

Und lag es an unsern Ohren, warum gab er uns Ohren, die ihn schlecht hörten? War Schlamm in unsern Ohren, wohlan! wer legte ihn hinein?

Zu vieles mißriet ihm, diesem Töpfer, der nicht ausgelernt hatte! Daß er aber Rache an seinen Töpfen und Geschöpfen nahm, dafür daß sie ihm schlecht gerieten, – das war eine Sünde wider den *guten Geschmack*.

Es gibt auch in der Frömmigkeit guten Geschmack: *der* sprach endlich: ‚fort mit einem *solchen* Gotte! Lieber keinen Gott, lieber auf eigne Faust Schicksal machen, lieber Narr sein, lieber selber Gott sein!‘“

– „Was höre ich!“ sprach hier der alte Papst mit gespitzten Ohren; „o Zarathustra, du bist frömmer als du glaubst, mit einem solchen Unglauben! Irgendein Gott in dir bekehrte dich zu deiner Gottlosigkeit.

Ist es nicht deine Frömmigkeit selber, die dich nicht mehr an einen Gott glauben läßt? Und deine übergroße Redlichkeit wird dich auch noch jenseits von Gut und Böse wegführen!

Siehe doch, was blieb dir aufgespart? Du hast Augen und Hand und Mund, die sind zum Segnen vorherbestimmt seit Ewigkeit. Man segnet nicht mit der Hand allein.

In deiner Nähe, ob du schon der Gottloseste sein willst, wittere ich einen heimlichen Weih- und Wohlgeruch von langen Segnungen: mir wird wohl und wehe dabei.

Laß mich deinen Gast sein, o Zarathustra, für eine einzige Nacht! Nirgends auf Erden wird es mir jetzt wohler als bei dir!“ –

„Amen! So soll es sein!“ sprach Zarathustra mit großer Verwunderung, „dort hinauf führt der Weg, da liegt die Höhle Zarathustras.

Gerne, fürwahr, würde ich dich selber dahin geleiten, du Ehrwürdiger, denn ich liebe alle frommen Menschen. Aber jetzt ruft mich eilig ein Notschrei weg von dir.

In meinem Bereiche soll mir niemand zu Schaden kommen; meine Höhle ist ein guter Hafen. Und am liebsten möchte ich jedweden Traurigen wieder auf festes Land und feste Beine stellen.

Wer aber nähme dir *deine* Schwermut von der Schulter? Dazu bin ich zu schwach. Lange, wahrlich, möchten wir warten, bis dir einer deinen Gott wieder aufweckt.

Dieser alte Gott nämlich lebt nicht mehr: der ist gründlich tot.“ – Also sprach Zarathustra.

DER HÄSSLICHSTE MENSCH

Und wieder liefen Zarathustras Füße durch Berge und Wälder, und seine Augen suchten und suchten, aber nirgends war der zu sehen, welchen sie sehn wollten, der große Notleidende und Notschreiende. Auf dem ganzen Wege aber frohlockte er in seinem Herzen und war dankbar.

„Welche guten Dinge,“ sprach er, „schenkte mir doch dieser Tag, zum Entgelt, daß er schlimm begann! Welche seltsamen Unterredner fand ich!

An deren Worten will ich lange nun kauen gleich als an guten Körnern; klein soll mein Zahn sie mahlen und malmen, bis sie mir wie Milch in die Seele fließen!“ –

Als aber der Weg wieder um einen Felsen bog, veränderte sich mit einem Male die Landschaft, und Zarathustra trat in ein Reich des Todes. Hier starrten schwarze und rote Klippen empor: kein Gras, kein Baum, keine Vogelstimme. Es war nämlich ein Tal, welches alle Tiere mieden, auch die Raubtiere; nur daß eine Art häßlicher, dicker, grüner Schlangen, wenn sie alt wurden, hierher kamen, um zu sterben. Darum nannten dies Tal die Hirten: Schlangen-Tod.

Zarathustra aber versank in eine schwarze Erinnerung, denn ihm war, als habe er schon einmal in diesem Tal gestanden. Und vieles Schwere legte sich ihm über den Sinn: also, daß er langsam ging und immer langsamer und endlich still stand. Da aber sah er, als er die Augen auftat, etwas, das am Wege saß, gestaltet wie ein Mensch, und kaum wie ein Mensch, etwas Unaussprechliches. Und mit einem Schlage überfiel Zarathustra die große Scham darob, daß er so etwas mit den Augen angesehn habe: errötend bis hinauf an sein weißes Haar, wandte er den Blick ab und hob den Fuß, daß er diese schlimme Stelle verlasse. Da aber wurde die tote Öde laut: vom Boden auf nämlich quoll es gurgelnd und röchelnd, wie Wasser nachts durch verstopfte Wasserröhren gurgelt und röchelt; und zuletzt wurde daraus eine Menschenstimme und Menschenrede: – die lautete also:

„Zarathustra! Zarathustra! Rate mein Rätsel! Sprich, sprich! Was ist *die Rache am Zeugen*?

Ich locke dich zurück, hier ist glattes Eis! Sieh zu, sieh zu, ob dein Stolz sich hier nicht die Beine bricht!

Du dünkst dich weise, du stolzer Zarathustra! So rate doch das Rätsel, du harter Nüsseknacker, – das Rätsel, das ich bin! So sprich doch: wer bin *ich*!"

– Als aber Zarathustra diese Worte gehört hatte, – was glaubt ihr wohl, daß sich da mit seiner Seele zutrug? *Das Mitleiden fiel ihn an*; und er sank mit einem Male nieder, wie ein Eichbaum, der lange vielen Holzschlägern widerstanden hat, – schwer, plötzlich, zum Schrecken selber für die, welche ihn fällen wollten. Aber schon stand er wieder vom Boden auf, und sein Antlitz wurde hart.

„Ich erkenne dich wohl," sprach er mit einer erzenen Stimme: „*du bist der Mörder Gottes!* Laß mich gehn.

Du *ertrugst* den nicht, der *dich* sah, – der dich immer und durch und durch sah, du häßlichster Mensch! Du nahmst Rache an diesem Zeugen!"

Also sprach Zarathustra und wollte davon; aber der Unaussprechliche faßte nach einem Zipfel seines Gewandes und begann von neuem zu gurgeln und nach Worten zu suchen. „Bleib!" sagte er endlich –

– „bleib! Geh nicht vorüber! Ich erriet, welche Axt dich zu Boden schlug: Heil dir, o Zarathustra, daß du wieder stehst!

Du errietest, ich weiß es gut, wie dem zumute ist, der ihn tötete, – dem Mörder Gottes. Bleib! Setze dich her zu mir, es ist nicht umsonst.

Zu wem wollte ich, wenn nicht zu dir? Bleib, setze dich! Blicke mich aber nicht an! Ehre also – meine Häßlichkeit!

Sie verfolgen mich: nun bist du meine letzte Zuflucht. *Nicht* mit ihrem Hasse, *nicht* mit ihren Häschern: – o, solcher Verfolgung würde ich spotten und stolz und froh sein!

War nicht aller Erfolg bisher bei den Gut-Verfolgten? Und wer gut verfolgt, lernt leicht *folgen*: – ist er doch einmal – hinterher! Aber ihr *Mitleid* ist's –

– ihr Mitleid ist's, vor dem ich flüchte und dir zuflüchte. O Zarathustra, schütze mich, du meine letzte Zuflucht, du Einziger, der mich erriet:

– du errietest, wie dem zumute ist, welcher *ihn* tötete. Bleib! Und willst du gehn, du Ungeduldiger: geh nicht den Weg, den ich kam. *Der* Weg ist schlecht.

Zürnst du mir, daß ich zu lange schon rede-radebreche? Daß ich schon dir rate? Aber wisse, ich bin's, der häßlichste Mensch,

– der auch die größten schwersten Füße hat. Wo *ich* ging, ist der Weg schlecht. Ich trete alle Wege tot und zu Schanden.

Daß du aber an mir vorübergingst, schweigend; daß du errötetest, ich sah es wohl: daran erkannte ich dich als Zarathustra.

Jedweder andere hätte mir sein Almosen zugeworfen, sein Mitleiden, mit Blick und Rede. Aber dazu – bin ich nicht Bettler genug, das errietest du –

– dazu bin ich zu *reich*, reich an Großem, an Furchtbarem, am Häßlichsten, am Unaussprechlichsten! Deine Scham, o Zarathustra, *ehrte* mich!

Mit Not kam ich heraus aus dem Gedräng der Mitleidigen, – daß ich den Einzigen fände, der heute lehrt ‚Mitleiden ist zudringlich' – dich, o Zarathustra!

– sei es eines Gottes, sei es der Menschen Mitleiden: Mitleiden geht gegen die Scham. Und Nicht-helfen-wollen kann vornehmer sein als jene Tugend, die zuspringt.

Das aber heißt heute Tugend selber bei allen kleinen Leuten, das Mitleiden: – die haben keine Ehrfurcht vor großem Unglück, vor großer Häßlichkeit, vor großem Mißraten.

Über diese alle blicke ich hinweg, wie ein Hund über die Rücken wimmelnder Schafherden wegblickt. Es sind kleine, wohlwollige, wohlwillige, graue Leute.

Wie ein Reiter verachtend über flache Teiche wegblickt, mit zurückgelegtem Kopfe: so blicke ich über das Gewimmel grauer kleiner Wellen und Willen und Seelen weg.

Zu lange hat man ihnen Recht gegeben, diesen kleinen Leuten: so gab man ihnen endlich auch die Macht – nun lehren sie: ‚Gut ist nur, was kleine Leute gut heißen'.

Und ‚Wahrheit' heißt heute, was der Prediger sprach, der selber aus ihnen herkam, jener wunderliche Heilige und Fürsprecher der kleinen Leute, welcher von sich zeugte ‚ich – bin die Wahrheit'.

Dieser Unbescheidne macht nun lange schon den kleinen Leuten den Kamm hoch schwellen – er, der keinen kleinen Irrtum lehrte, als er lehrte ‚ich – bin die Wahrheit'.

Ward einem Unbescheidnen jemals höflicher geantwortet? – Du aber, o Zarathustra, gingst an ihm vorüber und sprachst: ‚Nein! Nein! Dreimal Nein!'

Du warntest vor seinem Irrtum, du warntest als der erste vor dem Mitleiden – nicht alle, nicht keinen, sondern dich und deine Art.

Du schämst dich an der Scham des großen Leidenden; und wahrlich, wenn du sprichst ‚von dem Mitleiden her kommt eine große Wolke, habt acht, ihr Menschen!'

– wenn du lehrst ‚alle Schaffenden sind hart, alle große Liebe ist über ihrem Mitleiden': o Zarathustra, wie gut dünkst du mich eingelernt auf Wetter-Zeichen!

Du selber aber – warne dich selber auch vor *deinem* Mitleiden! Denn viele sind zu dir unterwegs, viele Leidende, Zweifelnde, Verzweifelnde, Ertrinkende, Frierende –

Ich warne dich auch vor mir. Du errietest mein bestes, schlimmstes Rätsel, mich selber und was ich tat. Ich kenne die Axt, die dich fällt.

Aber er – *mußte* sterben: er sah mit Augen, welche *alles* sahn, – er sah des Menschen Tiefen und Gründe, alle seine verhehlte Schmach und Häßlichkeit.

Sein Mitleiden kannte keine Scham: er kroch in meine schmutzigsten Winkel. Dieser Neugierigste, Über-Zudringliche, Über-Mitleidige mußte sterben.

Er sah immer *mich*: an einem solchen Zeugen wollte ich Rache haben – oder selbst nicht leben.

Der Gott, der alles sah, *auch den Menschen*: dieser Gott mußte sterben! Der Mensch *erträgt* es nicht, daß solch ein Zeuge lebt."

Also sprach der häßlichste Mensch. Zarathustra aber erhob sich und schickte sich an fortzugehn: denn ihn fröstelte bis in seine Eingeweide.

„Du Unaussprechlicher," sagte er, „du warntest mich vor deinem Wege. Zum Danke dafür lobe ich dir den meinen. Siehe, dort hinauf liegt die Höhle Zarathustras.

Meine Höhle ist groß und tief und hat viele Winkel; da findet der Versteckteste sein Versteck.

Und dicht bei ihr sind hundert Schlüpfe und Schliche für kriechendes, flatterndes und springendes Getier.

Du Ausgestoßener, der du dich selber ausstießest, du willst nicht unter Menschen und Menschen-Mitleid wohnen? Wohlan, so tu's mir gleich! So lernst du auch von mir; nur der Täter lernt.

Und rede zuerst und -nächst mit meinen Tieren! Das stolzeste Tier und das klügste Tier – die möchten uns beiden wohl die rechten Ratgeber sein!" – –

Also sprach Zarathustra und ging seiner Wege, nachdenklicher und langsamer noch als zuvor: denn er fragte sich vieles und wußte sich nicht leicht zu antworten.

„Wie arm ist doch der Mensch!" dachte er in seinem Herzen, „wie häßlich, wie röchelnd, wie voll verborgener Scham!

Man sagt mir, daß der Mensch sich selber liebe: ach, wie groß muß diese Selber-Liebe sein! Wieviel Verachtung hat sie wider sich!

Auch dieser da liebte sich, wie er sich verachtete, – ein großer Liebender ist er mir und ein großer Verächter.

Keinen fand ich noch, der sich tiefer verachtet hätte: auch *das* ist Höhe. Wehe, war *der* vielleicht der höhere Mensch, dessen Schrei ich hörte?

Ich liebe die großen Verachtenden. Der Mensch aber ist etwas, das überwunden werden muß." – –

DER FREIWILLIGE BETTLER

Als Zarathustra den häßlichsten Menschen verlassen hatte, fror ihn, und er fühlte sich einsam: es ging ihm nämlich vieles Kalte und Einsame durch die Sinne, also, daß darob auch seine Glieder kälter wurden. Indem er aber weiter und weiter stieg, hinauf, hinab, bald an grünen Weiden vorbei, aber auch über wilde steinichte Lager, wo ehedem wohl ein ungeduldiger Bach sich zu Bett gelegt hatte: da wurde ihm mit einem Male wieder wärmer und herzlicher zu Sinne.

„Was geschah mir doch?" fragte er sich, „etwas Warmes und Lebendiges erquickt mich, das muß in meiner Nähe sein.

Schon bin ich weniger allein; unbewußte Gefährten und Brüder schweifen um mich, ihr warmer Atem rührt an meine Seele."

Als er aber um sich spähte und nach den Tröstern seiner Einsamkeit suchte: siehe, da waren es Kühe, welche auf einer Anhöhe beieinander standen; deren Nähe und Geruch hatten sein Herz erwärmt. Diese Kühe aber schienen mit Eifer einem Redenden zuzuhören und gaben nicht auf den acht, der herankam. Wie aber Zarathustra ganz in ihrer Nähe war, hörte er deutlich, daß eine Menschen-Stimme aus der Mitte der Kühe heraus redete; und ersichtlich hatten sie allesamt ihre Köpfe dem Redenden zugedreht.

Da sprang Zarathustra mit Eifer hinauf und drängte die Tiere auseinander, denn er fürchtete, daß hier jemandem ein Leids geschehen sei, welchem schwerlich das Mitleid von Kühen abhelfen mochte. Aber darin hatte er sich getäuscht; denn siehe, da saß ein Mensch auf der Erde und schien den Tieren zuzureden, daß sie keine Scheu vor ihm haben sollten, ein friedfertiger Mensch und Berg-Prediger, aus dessen Augen die Güte selber predigte. „Was suchst du hier?" rief Zarathustra mit Befremden.

„Was ich hier suche?" antwortete er: „dasselbe, was du suchst, du Störenfried! nämlich das Glück auf Erden.

Dazu aber möchte ich von diesen Kühen lernen. Denn, weißt du wohl, einen halben Morgen schon rede ich ihnen zu, und eben wollten sie mir Bescheid geben. Warum doch störst du sie? So wir nicht umkehren und werden wie die Kühe, so kommen wir nicht in das Himmelreich. Wir sollten ihnen nämlich eins ablernen: das Wiederkäuen.

Und wahrlich, wenn der Mensch auch die ganze Welt gewönne und lernte das Eine nicht, das Wiederkäuen: was hülfe es! Er würde nicht seine Trübsal los

– seine große Trübsal: die aber heißt heute *Ekel.* Wer hat heute von Ekel nicht Herz, Mund und Augen voll? Auch du! Auch du! Aber siehe doch diese Kühe an!" –

Also sprach der Berg-Prediger und wandte dann seinen eignen Blick Zarathustra zu, – denn bisher hing er mit Liebe an den Kühen –: da aber verwandelte er sich. „Wer ist das, mit dem ich rede?" rief er erschreckt und sprang vom Boden empor.

„Dies ist der Mensch ohne Ekel, dies ist Zarathustra selber, der Überwinder des großen Ekels, dies ist das Auge, dies ist der Mund, dies ist das Herz Zarathustras selber."

Und indem er also sprach, küßte er dem, zu welchem er redete, die Hände, mit überströmenden Augen, und gebärdete sich ganz als einer, dem ein kostbares Geschenk und Kleinod unversehens vom Himmel fällt. Die Kühe aber schauten dem allem zu und wunderten sich.

„Sprich nicht von mir, du Wunderlicher! Lieblicher!" sagte Zarathustra und wehrte seiner Zärtlichkeit, „sprich mir erst von dir! Bist du nicht der freiwillige Bettler, der einst einen großen Reichtum von sich warf, –

– der sich seines Reichtums schämte und der Reichen, und zu den Ärmsten floh, daß er ihnen seine Fülle und sein Herz schenke? Aber sie nahmen ihn nicht an."

„Aber sie nahmen mich nicht an," sagte der freiwillige Bettler, „du weißt es ja. So ging ich endlich zu den Tieren und zu diesen Kühen."

„Da lerntest du," unterbrach Zarathustra den Redenden, „wie es schwerer ist, recht geben als recht nehmen, und daß gut Schenken eine *Kunst* ist und die letzte listigste Meister-Kunst der Güte."

„Sonderlich heutzutage," antwortete der freiwillige Bettler, „heute nämlich, wo alles Niedrige aufständisch ward und scheu und auf seine Art hoffärtig: nämlich auf Pöbel-Art. Denn es kam die Stunde, du weißt es ja, für den großen schlimmen langen langsamen Pöbel- und Sklaven-Aufstand: der wächst und wächst! Nun empört die Niedrigen alles Wohltun und kleine Weggeben; und die Überreichen mögen auf der Hut sein!

Wer heute gleich bauchichten Flaschen tröpfelt aus allzuschmalen Hälsen: – solchen Flaschen bricht man heute gern den Hals.

Lüsterne Gier, gallichter Neid, vergrämte Rachsucht, Pöbel-Stolz: das sprang mir alles ins Gesicht. Es ist nicht mehr wahr, daß die Armen selig sind. Das Himmelreich aber ist bei den Kühen."

„Und warum ist es nicht bei den Reichen?" fragte Zarathustra versuchend, während er den Kühen wehrte, die den Friedfertigen zutraulich anschnauften.

„Was versuchst du mich?" antwortete dieser. „Du weißt es selber besser noch als ich. Was trieb mich doch zu den Ärmsten, o Zarathustra? War es nicht der Ekel vor unsern Reichsten?

– vor den Sträflingen des Reichtums, welche sich ihren Vorteil aus jedem Kehricht auflesen, mit kalten Augen, geilen Gedanken, vor diesem Gesindel, das gen Himmel stinkt,

– vor diesem vergüldeten verfälschten Pöbel, dessen Väter Langfinger oder Aasvögel oder Lumpensammler waren, mit Weibern willfährig, lüstern, vergeßlich: – sie haben's nämlich alle nicht weit zur Hure –

Pöbel oben, Pöbel unten! Was ist heute noch ‚arm' und ‚reich'! Diesen Unterschied verlernte ich, – da floh ich davon, weiter, immer weiter, bis ich zu diesen Kühen kam."

Also sprach der Friedfertige und schnaufte selber und schwitzte bei seinen Worten: also daß die Kühe sich von neuem wunderten. Zarathustra aber sah ihm immer mit Lächeln ins Gesicht, als er so hart redete, und schüttelte dazu schweigend den Kopf.

„Du tust dir Gewalt an, du Berg-Prediger, wenn du solche harte Worte brauchst. Für solche Härte wuchs dir nicht der Mund, nicht das Auge.

Auch, wie mich dünkt, dein Magen selber nicht: *dem* widersteht all solches Zürnen und Hassen und Überschäumen. Dein Magen will sanftere Dinge: du bist kein Fleischer. Vielmehr dünkst du mich ein Pflanzer und Wurzelmann. Vielleicht malmst du Körner. Sicherlich aber bist du fleischlichen Freuden abhold und liebst den Honig."

„Du errietst mich gut," antwortete der freiwillige Bettler mit erleichtertem Herzen. „Ich liebe den Honig, ich malme auch Körner, denn ich suchte, was lieblich mundet und reinen Atem macht:

– auch was lange Zeit braucht, ein Tag- und Maul-Werk für sanfte Müßiggänger und Tagediebe.

Am weitesten freilich brachten es diese Kühe: die erfanden sich das Wiederkäuen und In-der-Sonne-Liegen. Auch enthalten sie sich aller schweren Gedanken, welche das Herz blähn."

– „Wohlan!" sagte Zarathustra: „du sollst auch *meine* Tiere sehn, meinen Adler und meine Schlange, – ihresgleichen gibt es heute nicht auf Erden. Siehe, dorthin führt der Weg zu meiner Höhle: sei diese Nacht ihr Gast. Und rede mit meinen Tieren vom Glück der Tiere, –

– bis ich selber heimkomme. Denn jetzt ruft ein Notschrei mich eilig weg von dir. Auch findest du neuen Honig bei mir, eisfrischen Waben-Goldhonig: den iß!

Jetzt aber nimm flugs Abschied von deinen Kühen, du Wunderlicher! Lieblicher! ob es dir schon schwer werden mag. Denn es sind deine wärmsten Freunde und Lehrmeister!" –

„– Einen ausgenommen, den ich noch lieber habe," antwortete der freiwillige Bettler. „Du selber bist gut, und besser noch als eine Kuh, o Zarathustra!"

„Fort, fort mit dir! du arger Schmeichler!" schrie Zarathustra mit Bosheit, „was verdirbst du mich mit solchem Lob und Schmeichel-Honig?"

„Fort, fort von mir!" schrie er noch einmal und schwang seinen Stock nach dem zärtlichen Bettler: der aber lief hurtig davon.

DER SCHATTEN

Kaum aber war der freiwillige Bettler davongelaufen und Zarathustra wieder mit sich allein, da hörte er hinter sich eine neue Stimme: die rief „Halt! Zarathustra! So warte doch! ich bin's ja, o Zarathustra, ich, dein Schatten!" Aber Zarathustra wartete nicht, denn ein plötzlicher Verdruß überkam ihn ob des vielen Zudrangs und Gedrängs in seinen Bergen. „Wo ist meine Einsamkeit hin?" sprach er.

„Es wird mir wahrlich zu viel; dies Gebirge wimmelt, mein Reich ist nicht mehr von *dieser* Welt, ich brauche neue Berge.

Mein Schatten ruft mich? Was liegt an meinem Schatten! Mag er mir nachlaufen! ich – laufe ihm davon."

Also sprach Zarathustra zu seinem Herzen und lief davon. Aber der, welcher hinter ihm war, folgte ihm nach: so daß alsbald drei Laufende hintereinander her waren, nämlich voran der freiwillige Bettler, dann Zarathustra und zudritt und -hinterst sein Schatten. Nicht lange liefen sie so, da kam Zarathustra zur Besinnung über seine Torheit und schüttelte mit einem Rucke allen Verdruß und Überdruß von sich.

„Wie!" sprach er, „geschahen nicht von je die lächerlichsten Dinge bei uns alten Einsiedlern und Heiligen?

Wahrlich, meine Torheit wuchs hoch in den Bergen! Nun höre ich sechs alte Narren-Beine hintereinander her klappern!

Darf aber Zarathustra sich wohl vor einem Schatten fürchten? Auch dünkt mich zuguter Letzt, daß er längere Beine hat als ich."

Also sprach Zarathustra, lachend mit Augen und Eingeweiden, blieb stehen und drehte sich schnell herum – und siehe, fast warf er dabei seinen Nachfolger und Schatten zu Boden: so dicht schon folgte ihm derselbe auf den Fersen, und so schwach war er auch. Als er ihn nämlich mit Augen prüfte, erschrak er wie vor einem plötzlichen Gespenste: so dünn, schwärzlich, hohl und überlebt sah dieser Nachfolger aus.

„Wer bist du?" fragte Zarathustra heftig, „was treibst du hier? Und weshalb heißest du dich meinen Schatten? Du gefällst mir nicht."

„Vergib mir," antwortete der Schatten, „daß ich's bin; und wenn ich dir nicht gefalle, wohlan, o Zarathustra! darin lobe ich dich und deinen guten Geschmack. Ein Wanderer bin ich, der viel schon hinter deinen Fersen her ging: immer unterwegs, aber ohne Ziel, auch ohne Heim: also daß mir wahrlich wenig zum ewigen Juden fehlt, es sei denn, daß ich nicht ewig, und auch nicht Jude bin.

Wie? Muß ich immerdar unterwegs sein? Von jedem Winde gewirbelt, unstet, fortgetrieben? O Erde, du wardst mir zu rund! Auf jeder Oberfläche saß ich schon, gleich müdem Staube schlief ich ein auf Spiegeln und Fensterscheiben: alles nimmt von mir, nichts gibt, ich werde dünn, – fast gleiche in einem Schatten. Dir aber, o Zarathustra, flog und zog ich am längsten nach, und, verbarg ich mich schon vor dir, so war ich doch dein bester Schatten: wo du nur gesessen hast, saß ich auch.

Mit dir bin ich in fernsten, kältesten Welten umgegangen, einem Gespenste gleich, das freiwillig über Winterdächer und Schnee läuft.

Mit dir strebte ich in jedes Verbotene, Schlimmste, Fernste: und wenn irgend etwas an mir Tugend ist, so ist es, daß ich vor keinem Verbote Furcht hatte. Mit dir zerbrach ich, was je mein Herz verehrte, alle Grenzsteine und Bilder warf ich um, den gefährlichsten Wünschen lief ich nach, – wahrlich, über jedwedes Verbrechen lief ich einmal hinweg.

Mit dir verlernte ich den Glauben an Worte und Werte und große Namen. Wenn der Teufel sich häutet, fällt da nicht auch sein Name ab? Der ist nämlich auch Haut. Der Teufel selber ist vielleicht – Haut.

‚Nichts ist wahr, alles ist erlaubt': so sprach ich mir zu. In die kältesten Wasser stürzte ich mich, mit Kopf und Herzen. Ach, wie oft stand ich darob nackt als roter Krebs da!

Ach, wohin kam mir alles Gute und alle Scham und aller Glaube an die Guten! Ach, wohin ist jene verlogne Unschuld, die ich einst besaß, die Unschuld der Guten und ihrer edlen Lügen! Zu oft, wahrlich, folgte ich der Wahrheit dicht auf dem Fuße: da trat sie mir vor den Kopf. Manchmal meinte ich zu lügen, und siehe! da erst traf ich – die Wahrheit.

Zu viel klärte sich mir auf: nun geht es mich nichts mehr an. Nichts lebt mehr, das ich liebe, – wie sollte ich noch mich selber lieben?

‚Leben, wie ich Lust habe, oder gar nicht leben': so will ich's, so will's auch der Heiligste. Aber, wehe! wie habe *ich* noch – Lust?

Habe *ich* – noch ein Ziel? Einen Hafen, nach dem *mein* Segel läuft?

Einen guten Wind? Ach, nur wer weiß, *wohin* er fährt, weiß auch, welcher Wind gut und sein Fahrwind ist.

Was blieb mir noch zurück? Ein Herz müde und frech; ein unsteter Wille; Flatter-Flügel; ein zerbrochnes Rückgrat.

Dies Suchen nach *meinem* Heim: o Zarathustra, weißt du wohl, dies Suchen war *meine* Heimsuchung, es frißt mich auf.

‚Wo ist – *mein* Heim?' Darnach frage und suche und suchte ich, das fand ich nicht. O ewiges Überall, o ewiges Nirgendwo, o ewiges – Umsonst!"

Also sprach der Schatten, und Zarathustras Gesicht verlängerte sich bei seinen Worten. „Du bist mein Schatten!" sagte er endlich, mit Traurigkeit.

„Deine Gefahr ist keine kleine, du freier Geist und Wanderer! Du hast einen schlimmen Tag gehabt: sieh zu, daß dir nicht noch ein schlimmerer Abend kommt!

Solchen Unsteten, wie du, dünkt zuletzt auch ein Gefängnis selig. Sahst du je, wie eingefangene Verbrecher schlafen? Sie schlafen ruhig, sie genießen ihre neue Sicherheit.

Hüte dich, daß dich nicht am Ende noch ein enger Glaube einfängt, ein harter strenger Wahn! Dich nämlich verführt und versucht nunmehr jegliches, das eng und fest ist.

Du hast das Ziel verloren: wehe, wie wirst du diesen Verlust verscherzen und verschmerzen? Damit – hast du auch den Weg verloren!

Du armer Schweifender, Schwärmender, du müder Schmetterling! willst du diesen Abend eine Rast und Heimstätte haben? So gehe hinauf zu meiner Höhle!

Dorthin führt der Weg zu meiner Höhle! Und jetzo will ich schnell wieder von dir davonlaufen. Schon liegt es wie ein Schatten auf mir.

Ich will allein laufen, daß es wieder hell um mich werde. Dazu muß ich noch lange lustig auf den Beinen sein. Des Abends aber wird bei mir – getanzt!“ – –

Also sprach Zarathustra.

MITTAGS

Und Zarathustra lief und lief und fand niemanden mehr und war allein und fand immer wieder sich und genoß und schlürfte seine Einsamkeit und dachte an gute Dinge, – stundenlang. Um die Stunde des Mittags aber, als die Sonne gerade über Zarathustras Haupte stand, kam er an einem alten krummen und knorrichten Baume vorbei, der von der reichen Liebe eines Weinstocks rings umarmt und vor sich selber verborgen war: von dem hingen gelbe Trauben in Fülle dem Wandernden entgegen. Da gelüstete ihn, einen kleinen Durst zu löschen und sich eine Traube abzubrechen; als er aber schon den Arm dazu ausstreckte, da gelüstete ihn etwas anderes noch mehr: nämlich sich neben den Baum niederzulegen, um die Stunde des vollkommnen Mittags, und zu schlafen.

Dies tat Zarathustra; und sobald er auf dem Boden lag, in der Stille und Heimlichkeit des bunten Grases, hatte er auch schon seinen kleinen Durst vergessen und schlief ein. Denn, wie das Sprichwort Zarathustras sagt: Eins ist notwendiger als das andre. Nur daß seine Augen offen blieben: – sie wurden nämlich nicht satt, den Baum und die Liebe des Weinstocks zu sehn und zu preisen. Im Einschlafen aber sprach Zarathustra also zu seinem Herzen:

„Still! Still! Ward die Welt nicht eben vollkommen? Was geschieht mir doch?

Wie ein zierlicher Wind, ungesehn, auf getäfeltem Meere tanzt, leicht, federleicht: so – tanzt der Schlaf auf mir.

Kein Auge drückt er mir zu, die Seele läßt er mir wach. Leicht ist er, wahrlich! federleicht.

Er überredet mich, ich weiß nicht wie?, er betupft mich innewendig mit schmeichelnder Hand, er zwingt mich. Ja, er zwingt mich, daß meine Seele sich ausstreckt: –

– wie sie mir lang und müde wird, meine wunderliche Seele! Kam ihr eines siebenten Tages Abend gerade am Mittage? Wandelte sie zu lange schon selig zwischen guten und reifen Dingen?

Sie streckt sich lang aus, lang, – länger! sie liegt stille, meine wunderliche Seele. Zu viel Gutes hat sie schon geschmeckt, diese goldene Traurigkeit drückt sie, sie verzieht den Mund.

– Wie ein Schiff, das in seine stille Bucht einlief: – nun lehnt es sich an die Erde, der langen Reisen müde und der ungewissen Meere. Ist die Erde nicht treuer?

Wie solch ein Schiff sich dem Lande anlegt, anschmiegt: – da genügt's, daß eine Spinne vom Lande her zu ihm ihren Faden spinnt. Keiner stärkeren Taue bedarf es da.

Wie solch ein müdes Schiff in der stillsten Bucht: so ruhe auch ich nun der Erde nahe, treu, zutrauend, wartend, mit den leisesten Fäden ihr angebunden.

O Glück! O Glück! Willst du wohl singen, o meine Seele? Du liegst im Grase. Aber das ist die heimliche feierliche Stunde, wo kein Hirt seine Flöte bläst.

Scheue dich! Heißer Mittag schläft auf den Fluren. Singe nicht! Still! Die Welt ist vollkommen.

Singe nicht, du Gras-Geflügel, o meine Seele! Flüstere nicht einmal! Sieh doch – still! der alte Mittag schläft, er bewegt den Mund: trinkt er nicht eben einen Tropfen Glücks –

– einen alten braunen Tropfen goldenen Glücks, goldenen Weins? Es huscht über ihn hin, sein Glück lacht. So – lacht ein Gott. Still! –

– ‚Zum Glück, wie wenig genügt schon zum Glücke!‘ So sprach ich einst und dünkte mich klug. Aber es war eine Lästerung: *das* lernte ich nun. Kluge Narrn reden besser.

Das Wenigste gerade, das Leiseste, Leichteste, einer Eidechse Rascheln, ein Hauch, ein Husch, ein Augen-Blick – *wenig* macht die Art des *besten* Glücks. Still!

– Was geschah mir: Horch! Flog die Zeit wohl davon? Falle ich nicht? Fiel ich nicht – horch! in den Brunnen der Ewigkeit?

– Was geschieht mir? Still! Es sticht mich – wehe – ins Herz? Ins Herz? O zerbrich, zerbrich, Herz, nach solchem Glücke, nach solchem Stiche!

– Wie? Ward die Welt nicht eben vollkommen? Rund und reif? O des goldenen runden Reifs – wohin fliegt er wohl? Laufe ich ihm nach! Husch!

Still – –“ (und hier dehnte sich Zarathustra und fühlte, daß er schlafe.)

„Auf!“ sprach er zu sich selber, „du Schläfer! Du Mittagsschläfer! Wohlan, wohlauf, ihr alten Beine! Zeit ist's und Überzeit, manch gut Stück Wegs blieb euch noch zurück –

Nun schlieft ihr euch aus, wie lange doch? Eine halbe Ewigkeit! Wohlan, wohlauf nun, mein altes Herz! Wie lange erst darfst du nach solchem Schlaf – dich auswachen?“

(Aber da schlief er schon von neuem ein, und seine Seele sprach gegen ihn und wehrte sich und legte sich wieder hin) – „Laß mich doch! Still! Ward nicht die Welt eben vollkommen? O des goldnen runden Balls!“ –

„Steh auf,“ sprach Zarathustra, „du kleine Diebin, du Tagediebin! Wie? Immer noch sich strecken, gähnen, seufzen, hinunterfallen in tiefe Brunnen?

Wer bist du doch! O meine Seele!" (und hier erschrak er, denn ein Sonnenstrahl fiel vom Himmel herunter auf sein Gesicht.)

„O Himmel über mir," sprach er seufzend und setzte sich aufrecht, „du schaust mir zu? Du horchst meiner wunderlichen Seele zu?

Wann trinkst du diesen Tropfen Taus, der auf alle Erden-Dinge niederfiel, – wann trinkst du diese wunderliche Seele –

– wann, Brunnen der Ewigkeit! du heiterer schauerlicher Mittags-Abgrund! wann trinkst du meine Seele in dich zurück?"

Also sprach Zarathustra und erhob sich von seinem Lager am Baume wie aus einer fremden Trunkenheit: und siehe, da stand die Sonne immer noch gerade über seinem Haupte. Es möchte aber einer daraus mit Recht abnehmen, daß Zarathustra damals nicht lange geschlafen habe.

DIE BEGRÜSSUNG

Am späten Nachmittag war es erst, daß Zarathustra, nach langem umsonstigem Suchen und Umherstreifen, wieder zu seiner Höhle heimkam. Als er aber derselben gegenüberstand, nicht zwanzig Schritt mehr von ihr ferne, da geschah das, was er jetzt am wenigsten erwartete: von neuem hörte er den großen *Notschrei*. Und, erstaunlich! diesmal kam derselbige aus seiner eignen Höhle. Es war aber ein langer, vielfältiger seltsamer Schrei, und Zarathustra unterschied deutlich, daß er sich aus vielen Stimmen zusammensetzte: mochte er schon, aus der Ferne gehört, gleich dem Schrei aus einem einzigen Munde klingen.

Da sprang Zarathustra auf seine Höhle zu, und siehe! welches Schauspiel erwartete ihn erst nach diesem Hörspiele! Denn da saßen sie allesamt beieinander, an denen er des Tags vorübergegangen war: der König zur Rechten und der König zur Linken, der alte Zauberer, der Papst, der freiwillige Bettler, der Schatten, der Gewissenhafte des Geistes, der traurige Wahrsager und der Esel; der häßlichste Mensch aber hatte sich eine Krone aufgesetzt und zwei Purpurgürtel umgeschlungen, – denn er liebte es, gleich allen Häßlichen, sich zu verkleiden und schön zu tun. Inmitten aber dieser betrübten Gesellschaft stand der Adler Zarathustras, gesträubt und unruhig, denn er sollte auf zu vieles antworten, wofür sein

Stolz keine Antwort hatte; die kluge Schlange aber hing um seinen Hals. Dies alles schaute Zarathustra mit großer Verwunderung: dann aber prüfte er jeden Einzelnen seiner Gäste mit leutseliger Neugierde, las ihre Seelen ab und wunderte sich von neuem. Inzwischen hatten sich die Versammelten von ihren Sitzen erhoben und warteten mit Ehrfurcht, daß Zarathustra reden werde. Zarathustra aber sprach also:

„Ihr Verzweifelnden! Ihr Wunderlichen! Ich hörte also *euren* Notschrei? Und nun weiß ich auch, wo der zu suchen ist, den ich umsonst heute suchte: *der höhere Mensch* –:

– in meiner eignen Höhle sitzt er, der höhere Mensch! Aber was wundere ich mich! Habe ich ihn nicht selber zu mir gelockt, durch Honig-Opfer und listige Lockrufe meines Glücks?

Doch dünkt mir, ihr taugt euch schlecht zur Gesellschaft, ihr macht einander das Herz unwirsch, ihr Notschreienden, wenn ihr hier beisammen sitzt? Es muß erst Einer kommen,

– Einer, der euch wieder lachen macht, ein guter fröhlicher Hanswurst, ein Tänzer und Wind und Wildfang, irgendein alter Narr; – was dünket euch?

Vergebt mir doch, ihr Verzweifelnden, daß ich vor euch mit solch kleinen Worten rede, unwürdig, wahrlich, solcher Gäste! Aber ihr erratet nicht, was mein Herz mutig macht: –

– ihr selber tut es und euer Anblick, vergebt es mir! Jeder nämlich wird mutig, der einem Verzweifelnden zuschaut. Einem Verzweifelnden zuzusprechen – dazu dünkt sich jeder stark genug.

Mir selber gabt ihr diese Kraft, – eine gute Gabe, meine hohen Gäste! Ein rechtschaffnes Gastgeschenk! Wohlan, so zürnt nun nicht, daß ich euch auch vom Meinigen anbiete. Dies hier ist mein Reich und meine Herrschaft: was aber mein ist, für diesen Abend und diese Nacht soll es euer sein. Meine Tiere sollen euch dienen: meine Höhle sei eure Ruhestatt!

Bei mir zu Heim und Hause soll keiner verzweifeln, in meinem Reviere schütze ich jeden vor seinen wilden Tieren. Und das ist das erste, was ich euch anbiete: Sicherheit!

Das zweite aber ist: mein kleiner Finger. Und habt ihr *den* erst, so nehmt nur noch die ganze Hand, wohlan! und das Herz dazu! Willkommen hier, willkommen, meine Gastfreunde!“

Also sprach Zarathustra und lachte vor Liebe und Bosheit. Nach dieser Begrüßung verneigten sich seine Gäste abermals und schwiegen ehrfürchtig; der König zur Rechten aber antwortete ihm in ihrem Namen.

„Daran, o Zarathustra, wie du uns Hand und Gruß botest, erkennen wir dich als Zarathustra. Du erniedrigtest dich vor uns; fast tatest du unserer Ehrfurcht wehe –:

– wer aber vermöchte gleich dir sich mit solchem Stolze zu erniedrigen? Das richtet uns selber *auf*, ein Labsal ist es unsern Augen und Herzen. Dies allein nur zu schaun, stiegen gern wir auf höhere Berge, als dieser Berg ist. Als Schaulustige nämlich kamen wir, wir wollten sehn, was trübe Augen hell macht. Und siehe, schon ist es vorbei mit allem unserm Notschrein. Schon steht Sinn und Herz uns offen und ist entzückt. Wenig fehlt: und unser Mut wird mutwillig.

Nichts, o Zarathustra, wächst Erfreulicheres auf Erden, als ein hoher starker Wille: der ist ihr schönstes Gewächs. Eine ganze Landschaft erquickt sich an einem solchen Baume.

Der Pinie vergleiche ich, wer gleich dir, o Zarathustra, aufwächst: lang, schweigend, hart, allein, besten biegsamsten Holzes, herrlich, –

– zuletzt aber hinausgreifend mit starken grünen Ästen nach *seiner* Herrschaft, starke Fragen fragend von Winden und Wettern und was immer auf Höhen heimisch ist,

– stärker antwortend, ein Befehlender, ein Siegreicher: o wer sollte nicht, solche Gewächse zu schaun, auf hohe Berge steigen?

Deines Baumes hier, o Zarathustra, erlabt sich auch der Düstere, der Mißratene, an deinem Anblicke wird auch der Unstete sicher und heilt sein Herz.

Und wahrlich, zu deinem Berge und Baume richten sich heute viele Augen; eine große Sehnsucht hat sich aufgemacht, und manche lernten fragen: wer ist Zarathustra?

Und wem du jemals dein Lied und deinen Honig ins Ohr geträufelt: alle die Versteckten, die Einsiedler, die Zweisiedler sprachen mit einem Male zu ihrem Herzen: ‚Lebt Zarathustra noch? Es lohnt sich nicht mehr zu leben, alles ist gleich, alles ist umsonst: oder – wir müssen mit Zarathustra leben!‘

‚Warum kommt er nicht, der sich so lange ankündigte?‘ also fragen viele; ‚verschlang ihn die Einsamkeit? Oder sollen wir wohl zu ihm kommen?‘

Nun geschieht's, daß die Einsamkeit selber mürbe wird und zerbricht, einem Grabe gleich, das zerbricht und seine Toten nicht mehr halten kann. Überall sieht man Auferstandene.

Nun steigen und steigen die Wellen um deinen Berg, o Zarathustra. Und wie hoch auch deine Höhe ist, viele müssen zu dir hinauf: dein Nachen soll nicht lange mehr im Trocknen sitzen.

Und daß wir Verzweifelnde jetzt in deine Höhle kamen und schon nicht mehr verzweifeln: ein Wahr- und Vorzeichen ist es nur, davon, daß Bessere zu dir unterwegs sind, –

– denn er selber ist zu dir unterwegs, der letzte Rest Gottes unter Menschen, das ist: alle die Menschen der großen Sehnsucht, des großen Ekels, des großen Überdrusses,

– alle, die nicht leben wollen, oder sie lernen wieder *hoffen* – oder sie lernen von dir, o Zarathustra, die *große* Hoffnung!“

Also sprach der König zur Rechten und ergriff die Hand Zarathustras, um sie zu küssen; aber Zarathustra wehrte seiner Verehrung und trat erschreckt zurück, schweigend und plötzlich wie in weite Fernen entfliehend. Nach einer kleinen Weile aber war er schon wieder bei seinen Gästen, blickte sie mit hellen, prüfenden Augen an und sprach:

„Meine Gäste, ihr höheren Menschen, ich will deutsch und deutlich mit euch reden. Nicht auf *euch* wartete ich hier in diesen Bergen.“

(„Deutsch und deutlich? Daß Gott erbarm!“ sagte hier der König zur Linken, beiseite; „man merkt, er kennt die lieben Deutschen nicht, dieser Weise aus dem Morgenlande! Aber er meint ‚deutsch und derb‘ – wohlan! Das ist heutzutage noch nicht der schlimmste Geschmack!“)

„Ihr mögt wahrlich insgesamt höhere Menschen sein,“ fuhr Zarathustra fort: „aber für mich – seid ihr nicht hoch und stark genug.

Für mich, das heißt: für das Unerbittliche, das in mir schweigt, aber nicht immer schweigen wird. Und gehört ihr zu mir, so doch nicht als mein rechter Arm.

Wer nämlich selber auf kranken und zarten Beinen steht, gleich euch, der will vor allem, ob er's weiß oder sich verbirgt: daß er *geschont* werde.

Meine Arme und meine Beine aber schone ich nicht, *ich schone meine Krieger nicht:* wieso könntet ihr zu *meinem* Kriege taugen?

Mit euch verdürbe ich mir jeden Sieg noch. Und mancher von euch fiele schon um, wenn er nur den lauten Schall meiner Trommeln hörte.

Auch seid ihr mir nicht schön genug und wohlgeboren. Ich brauche reine glatte Spiegel für meine Lehren; auf eurer Oberfläche verzerrt sich noch mein eignes Bildnis.

Eure Schultern drückt manche Last, manche Erinnerung; manch schlimmer Zwerg hockt in euren Winkeln. Es gibt verborgenen Pöbel auch in euch.

Und seid ihr auch hoch und höherer Art: vieles an euch ist krumm und mißgestalt. Da ist kein Schmied in der Welt, der euch mir zurecht und gerade schlüge.

Ihr seid nur Brücken: mögen Höhere auf euch hinüberschreiten! Ihr bedeutet Stufen: so zürnt dem nicht, der über euch hinweg in *seine* Höhe steigt!

Aus eurem Samen mag auch mir einst ein echter Sohn und vollkommener Erbe wachsen: aber das ist ferne. Ihr selber seid die nicht, welchen mein Erbgut und Name zugehört.

Nicht auf euch warte ich hier in diesen Bergen, nicht mit euch darf ich zum letzten Male niedersteigen. Als Vorzeichen kamt ihr mir nur, daß schon Höhere zu mir unterwegs sind, –

– *nicht* die Menschen der großen Sehnsucht, des großen Ekels, des großen Überdrusses und das, was ihr den Überrest Gottes nanntet,

– Nein! Nein! Dreimal Nein! Auf *andere* warte ich hier in diesen Bergen und will meinen Fuß nicht ohne sie von dannen heben,

– auf Höhere, Stärkere, Sieghaftere, Wohlgemutere, solche, die rechtwinklig gebaut sind an Leib und Seele: *lachende Löwen* müssen kommen!

O, meine Gastfreunde, ihr Wunderlichen, – hörtet ihr noch nichts von meinen Kindern? Und daß sie zu mir unterwegs sind?

Sprecht mir doch von meinen Gärten, von meinen glückseligen Inseln, von meiner neuen schönen Art, – warum sprecht ihr mir nicht davon? Dies Gastgeschenk erbitte ich mir von eurer Liebe, daß ihr mir von meinen Kindern sprecht. Hierzu bin ich reich, hierzu ward ich arm: was gab ich nicht hin,

– was gäbe ich nicht hin, daß ich eins hätte: *diese* Kinder, *diese* lebendige Pflanzung, *diese* Lebensbäume meines Willens und meiner höchsten Hoffnung!"

Also sprach Zarathustra und hielt plötzlich inne in seiner Rede: denn ihn überfiel seine Sehnsucht, und er schloß Augen und Mund vor der Bewegung seines Herzens. Und auch alle seine Gäste schwiegen und standen still und bestürzt: nur daß der alte Wahrsager mit Händen und Gebärden Zeichen gab.

DAS ABENDMAHL

An dieser Stelle nämlich unterbrach der Wahrsager die Begrüßung Zarathustras und seiner Gäste: er drängte sich vor, wie einer, der keine Zeit zu verlieren hat, faßte die Hand Zarathustras und rief: „Aber Zarathustra!

Eins ist notwendiger als das andere, so redest du selber: wohlan, eins ist mir jetzt notwendiger als alles andere.

Ein Wort zur rechten Zeit: hast du mich nicht zum *Mahle* eingeladen? Und hier sind viele, die lange Wege machten. Du willst uns doch nicht mit Reden abspeisen?

Auch gedachtet ihr alle mir schon zu viel des Erfrierens, Ertrinkens, Erstickens und andrer Leibes-Notstände: keiner aber gedachte *meines* Notstandes, nämlich des Verhungerns –"

(Also sprach der Wahrsager; wie die Tiere Zarathustras aber diese Worte hörten, liefen sie vor Schrecken davon. Denn sie sahen, daß was sie auch am Tage heimgebracht hatten, nicht genug sein werde, den Einen Wahrsager zu stopfen.)

„Eingerechnet das Verdursten," fuhr der Wahrsager fort. „Und ob ich schon Wasser hier plätschern höre, gleich Reden der Weisheit, nämlich reichlich und unermüdlich: ich – will *Wein*!

Nicht jeder ist gleich Zarathustra ein geborner Wassertrinker. Wasser taugt auch nicht für Müde und Verwelkte: *uns* gebührt Wein, – *der* erst gibt plötzliches Genesen und stegreife Gesundheit!"

Bei dieser Gelegenheit, da der Wahrsager nach Wein begehrte, geschah es, daß auch der König zur Linken, der Schweigsame, einmal zu

Worte kam. „Für Wein," sprach er, „trugen wir Sorge, ich samt meinem Bruder, dem Könige zur Rechten: wir haben Weins genug, – einen ganzen Esel voll. So fehlt nichts als Brot."

„Brot?" entgegnete Zarathustra und lachte dazu. „Nur gerade Brot haben Einsiedler nicht. Aber der Mensch lebt nicht vom Brot allein, sondern auch vom Fleische guter Lämmer, deren ich zwei habe:

– *die* soll man geschwinde schlachten und würzig, mit Salbei, zubereiten: so liebe ich's. Und auch an Wurzeln und Früchten fehlt es nicht, gut genug selbst für Lecker- und Schmeckerlinge; noch an Nüssen und andern Rätseln zum Knacken.

Also wollen wir in Kürze eine gute Mahlzeit machen. Wer aber mit essen will, muß auch mit Hand anlegen, auch die Könige. Bei Zarathustra nämlich darf auch ein König Koch sein."

Mit diesem Vorschlage war allen nach dem Herzen geredet: nur daß der freiwillige Bettler sich gegen Fleisch und Wein und Würzen sträubte.

„Nun hört mir doch diesen Schlemmer Zarathustra!" sagte er scherzhaft: „geht man dazu in Höhlen und Hochgebirge, daß man solche Mahlzeiten macht? Nun freilich verstehe ich, was er einst uns lehrte: ‚Gelobt sei die kleine Armut!' und warum er die Bettler abschaffen will."

„Sei guter Dinge," antwortete ihm Zarathustra, „wie ich es bin. Bleibe bei deiner Sitte, du Trefflicher, malme deine Körner, trink dein Wasser, lobe deine Küche: wenn sie dich nur fröhlich macht!

Ich bin ein Gesetz nur für die Meinen, ich bin kein Gesetz für alle. Wer aber zu mir gehört, der muß von starken Knochen sein, auch von leichten Füßen, –

– lustig zu Kriegen und Festen, kein Düsterling, kein Traum-Hans, bereit zum Schwersten wie zu seinem Feste, gesund und heil.

Das Beste gehört den Meinen und mir; und gibt man's uns nicht, so nehmen wir's: die beste Nahrung, den reinsten Himmel, die stärksten Gedanken, die schönsten Fraun!" –

Also sprach Zarathustra; der König zur Rechten aber entgegnete: „Seltsam! Vernahm man je solche kluge Dinge aus dem Munde eines Weisen?

Und wahrlich, das ist das Seltsamste an einem Weisen, wenn er zu alledem auch noch klug und kein Esel ist."

Also sprach der König zur Rechten und wunderte sich: der Esel aber sagte zu seiner Rede mit bösem Willen I-A. Dies aber war der Anfang von jener langen Mahlzeit, welche „das Abendmahl“ in den Historien-Büchern genannt wird. Bei derselben aber wurde von nichts anderem geredet als vom *höheren Menschen.*

VOM HÖHEREN MENSCHEN

1

Als ich zum ersten Male zu den Menschen kam, da tat ich die Einsiedler-Torheit, die große Torheit: ich stellte mich auf den Markt. Und als ich zu allen redete, redete ich zu keinem. Des Abends aber waren Seiltänzer meine Genossen, und Leichname; und ich selber fast ein Leichnam.

Mit dem neuen Morgen aber kam mir eine neue Wahrheit: da lernte ich sprechen „Was geht mich Markt und Pöbel und Pöbel-Lärm und lange Pöbel-Ohren an!“

Ihr höheren Menschen, dies lernt von mir: auf dem Markt glaubt niemand an höhere Menschen. Und wollt ihr dort reden, wohlan! Der Pöbel aber blinzelt: „wir sind alle gleich“.

„Ihr höheren Menschen,“ – so blinzelt der Pöbel – „es gibt keine höheren Menschen, wir sind alle gleich, Mensch ist Mensch, vor Gott – sind wir alle gleich!“

Vor Gott! – Nun aber starb dieser Gott. Vor dem Pöbel aber wollen wir nicht gleich sein. Ihr höheren Menschen, geht weg vom Markt!

2

Vor Gott! – Nun aber starb dieser Gott! Ihr höheren Menschen, dieser Gott war eure größte Gefahr.

Seit er im Grabe liegt, seid ihr erst wieder auferstanden. Nun erst kommt der große Mittag, nun erst wird der höhere Mensch – Herr!

Verstandet ihr dies Wort, o meine Brüder? Ihr seid erschreckt: wird euren Herzen schwindlig? Klafft euch hier der Abgrund? Kläfft euch hier der Höllenhund?

Wohlan! Wohlauf! Ihr höheren Menschen! Nun erst kreißt der Berg der Menschen-Zukunft. Gott starb: nun wollen *wir,* – daß der Übermensch lebe.

3

Die Sorglichsten fragen heute: „Wie bleibt der Mensch erhalten?" Zarathustra aber fragt als der Einzige und Erste: „Wie wird der Mensch *überwunden*?"

Der Übermensch liegt mir am Herzen, der ist mein Erstes und Einziges, – und *nicht* der Mensch: nicht der Nächste, nicht der Ärmste, nicht der Leidendste, nicht der Beste. –

O meine Brüder, was ich lieben kann am Menschen, das ist, daß er ein Übergang ist und ein Untergang. Und auch an euch ist vieles, das mich lieben und hoffen macht.

Daß ihr verachtet, ihr höheren Menschen, das macht mich hoffen. Die großen Verachtenden nämlich sind die großen Verehrenden.

Daß ihr verzweifeltet, daran ist viel zu ehren. Denn ihr lerntet nicht, wie ihr euch ergäbet, ihr lerntet die kleinen Klugheiten nicht.

Heute nämlich wurden die kleinen Leute Herr: die predigen alle Ergebung und Bescheidung und Klugheit und Fleiß und Rücksicht und das lange Und-so-weiter der kleinen Tugenden.

Was von Weibsart ist, was von Knechtsart stammt und sonderlich der Pöbel-Mischmasch: *das* will nun Herr werden alles Menschen-Schicksals – o Ekel! Ekel! Ekel! *Das* frägt und frägt und wird nicht müde: „Wie erhält sich der Mensch, am besten, am längsten, am angenehmsten?" Damit – sind sie die Herren von heute.

Diese Herren von heute überwindet mir, o meine Brüder, – diese kleinen Leute: die sind des Übermenschen größte Gefahr!

Überwindet mir, ihr höheren Menschen, die kleinen Tugenden, die kleinen Klugheiten, die Sandkorn-Rücksichten, den Ameisen-Kribbelkram, das erbärmliche Behagen, das „Glück der meisten" –!

Und lieber verzweifelt, als daß ihr euch ergebt. Und, wahrlich, ich liebe euch dafür, daß ihr heute nicht zu leben wißt, ihr höheren Menschen! So nämlich lebt *ihr* – am besten!

4

Habt ihr Mut, o meine Brüder? Seid ihr herzhaft? *Nicht* Mut vor Zeugen, sondern Einsiedler- und Adler-Mut, dem auch kein Gott mehr zusieht? Kalte Seelen, Maultiere, Blinde, Trunkene heißen mir nicht herzhaft. Herz hat, wer Furcht kennt, aber Furcht *zwingt*; wer den Abgrund sieht, aber mit *Stolz*. Wer den Abgrund sieht, aber mit Adlers-Augen, – wer mit Adlers-Krallen den Abgrund *faßt*: der hat Mut. – –

5

„Der Mensch ist böse" – so sprachen mir zum Troste alle Weisesten. Ach, wenn es heute nur noch wahr ist! Denn das Böse ist des Menschen beste Kraft.

„Der Mensch muß besser und böser werden" – so lehre ich. Das Böseste ist nötig zu des Übermenschen Bestem.

Das mochte gut sein für jenen Prediger der kleinen Leute, daß er litt und trug an des Menschen Sünde. Ich aber erfreue mich der großen Sünde als meines großen *Trostes*. –

Solches ist aber nicht für lange Ohren gesagt. Jedwedes Wort gehört auch nicht in jedes Maul. Das sind feine ferne Dinge: nach denen sollen nicht Schafs-Klauen greifen!

6

Ihr höheren Menschen, meint ihr, ich sei da, gut zu machen, was ihr schlecht machtet?

Oder ich wollte fürderhin euch Leidende bequemer betten? Oder euch Unsteten, Verirrten, Verkletterten neue leichtere Fußsteige zeigen?

Nein! Nein! Dreimal Nein! Immer mehr, immer Bessere eurer Art sollen zugrunde gehn, – denn ihr sollt es immer schlimmer und härter haben. So allein –

– so allein wächst der Mensch in die Höhe, wo der Blitz ihn trifft und zerbricht: hoch genug für den Blitz!

Auf Weniges, auf Langes, auf Fernes geht mein Sinn und meine Sehnsucht: was ginge mich euer kleines, vieles, kurzes Elend an!

Ihr leidet mir noch nicht genug! Denn ihr leidet an euch, ihr littet noch nicht am *Menschen*.

Ihr würdet lügen, wenn ihr's anders sagtet! Ihr leidet alle nicht, woran *ich* litt. –

7

Es ist mir nicht genug, daß der Blitz nicht mehr schadet. Nicht ableiten will ich ihn: er soll lernen für *mich* – arbeiten. –

Meine Weisheit sammelt sich lange schon gleich einer Wolke, sie wird stiller und dunkler. So tut jede Weisheit, welche einst *Blitze* gebären soll. –

Diesen Menschen von heute will ich nicht *Licht* sein, nicht Licht heißen. *Die* – will ich blenden: Blitz meiner Weisheit! stich ihnen die Augen aus!

8

Wollt nichts über euer Vermögen: es gibt eine schlimme Falschheit bei solchen, die über ihr Vermögen wollen.

Sonderlich, wenn sie große Dinge wollen! Denn sie wecken Mißtrauen gegen große Dinge, diese feinen Falschmünzer und Schauspieler: –

– bis sie endlich falsch vor sich selber sind, schieläugig, übertünchter Wurmfraß, bemäntelt durch starke Worte, durch Aushänge-Tugenden, durch glänzende falsche Werke.

Habt da eine gute Vorsicht, ihr höheren Menschen! Nichts nämlich gilt mir heute kostbarer und seltner als Redlichkeit.

Ist dies Heute nicht des Pöbels? Pöbel aber weiß nicht, was groß, was klein, was gerade und redlich ist: der ist unschuldig krumm, der lügt immer.

9

Habt heute ein gutes Mißtrauen, ihr höheren Menschen, ihr Beherzten! Ihr Offenherzigen! Und haltet eure Gründe geheim! Dies Heute nämlich ist des Pöbels.

Was der Pöbel ohne Gründe einst glauben lernte, wer könnte ihm durch Gründe das – umwerfen?

Und auf dem Markte überzeugt man mit Gebärden. Aber Gründe machen den Pöbel mißtrauisch.

Und wenn da einmal Wahrheit zum Siege kam, so fragt euch mit gutem Mißtrauen: „Welch starker Irrtum hat für sie gekämpft?"

Hütet euch vor den Gelehrten! Die hassen euch: denn sie sind unfruchtbar! Sie haben kalte vertrocknete Augen, vor ihnen liegt jeder Vogel entfedert.

Solche brüsten sich damit, daß sie nicht lügen: aber Ohnmacht zur Lüge ist lange noch nicht Liebe zur Wahrheit. Hütet euch!

Freiheit von Fieber ist lange noch nicht Erkenntnis! Ausgekälteten Geistern glaube ich nicht. Wer nicht lügen kann, weiß nicht, was Wahrheit ist.

10

Wollt ihr hoch hinaus, so braucht die eignen Beine! Laßt euch nicht empor *tragen*, setzt euch nicht auf fremde Rücken und Köpfe!

Du aber stiegst zu Pferde? Du reitest nun hurtig hinauf zu deinem Ziele? Wohlan, mein Freund! Aber dein lahmer Fuß sitzt auch mit zu Pferde!

Wenn du an deinem Ziele bist, wenn du von deinem Pferde springst: auf deiner *Höhe* gerade, du höherer Mensch, – wirst du stolpern!

11

Ihr Schaffenden, ihr höheren Menschen! Man ist nur für das eigne Kind schwanger.

Laßt euch nichts vorreden, einreden! Wer ist denn *euer* Nächster? Und handelt ihr auch „für den Nächsten", – ihr schafft doch nicht für ihn!

Verlernt mir doch dies „Für", ihr Schaffenden: eure Tugend gerade will es, daß ihr kein Ding mit „für" und „um" und „weil" tut. Gegen diese falschen kleinen Worte sollt ihr euer Ohr zukleben.

Das „für den Nächsten" ist die Tugend nur der kleinen Leute: da heißt es „gleich und gleich" und „Hand wäscht Hand": – sie haben nicht Recht noch Kraft zu *eurem* Eigennutz!

In eurem Eigennutz, ihr Schaffenden, ist der Schwangeren Vorsicht und Vorsehung! Was niemand noch mit Augen sah, die Frucht: die schirmt und schont und nährt eure ganze Liebe. Wo eure ganze Liebe ist, bei eurem Kinde, da ist auch eure ganze Tugend! Euer Werk, euer Wille ist *euer* „Nächster": laßt euch keine falschen Werte einreden!

12

Ihr Schaffenden, ihr höheren Menschen! Wer gebären muß, der ist krank; wer aber geboren hat, ist unrein.

Fragt die Weiber: man gebiert nicht, weil es Vergnügen macht. Der Schmerz macht Hühner und Dichter gackern. Ihr Schaffenden, an euch ist viel Unreines. Das macht, ihr müßtet Mütter sein.

Ein neues Kind: o wieviel neuer Schmutz kam auch zur Welt! Geht beiseite! Und wer geboren hat, soll seine Seele rein waschen!

13

Seid nicht tugendhaft über eure Kräfte! Und wollt nichts von euch wider die Wahrscheinlichkeit!

Geht in den Fußtapfen, wo schon eurer Väter Tugend ging! Wie wolltet ihr hoch steigen, wenn nicht eurer Väter Wille mit euch steigt?

Wer aber Erstling sein will, sehe zu, daß er nicht auch Letztling werde! Und wo die Laster eurer Väter sind, darin sollt ihr nicht Heilige bedeuten wollen!

Wessen Väter es mit Weibern hielten und mit starken Weinen und Wildschweinen: was wäre es, wenn der von sich Keuschheit wollte?

Eine Narrheit wäre es! Viel, wahrlich, dünkt es mich für einen solchen, wenn er eines oder zweier oder dreier Weiber Mann ist.

Und stiftete er Klöster und schriebe über die Tür: „der Weg zum Heiligen", – ich spräche doch: wozu! es ist eine neue Narrheit!

Er stiftete sich selber ein Zucht- und Fluchthaus: wohl bekomm's! Aber ich glaube nicht daran.

In der Einsamkeit wächst, was einer in sie bringt, auch das innere Vieh. Solchergestalt widerrät sich vielen die Einsamkeit.

Gab es Schmutzigeres bisher auf Erden als Wüsten-Heilige? Um *die* herum war nicht nur der Teufel los, – sondern auch das Schwein.

14

Scheu, beschämt, ungeschickt, einem Tiger gleich, dem der Sprung mißriet: also, ihr höheren Menschen, sah ich oft euch beiseite schleichen. Ein *Wurf* mißriet euch.

Aber, ihr Würfelspieler, was liegt daran! Ihr lerntet nicht spielen und spotten, wie man spielen und spotten muß! Sitzen wir nicht immer an einem großen Spott- und Spieltische?

Und wenn euch Großes mißriet, seid ihr selber darum – mißraten? Und mißrietet ihr selber, mißriet darum – der Mensch? Mißriet aber der Mensch: wohlan! wohlauf!

15

Je höher von Art, je seltener gerät ein Ding. Ihr höheren Menschen hier, seid ihr nicht alle – mißgeraten?

Seid guten Muts, was liegt daran! Wie vieles ist noch möglich! Lernt über euch selber lachen, wie man lachen muß!

Was Wunders auch, daß ihr mißrietet und halb gerietet, ihr Halb-Zerbrochenen! Drängt und stößt sich nicht in euch – des Menschen *Zukunft*?

Des Menschen Fernstes, Tiefstes, Sternen-Höchstes, seine ungeheure Kraft: schäumt das nicht alles gegen einander in eurem Topfe?

Was Wunders, daß mancher Topf zerbricht! Lernt über euch lachen, wie man lachen muß! Ihr höheren Menschen, o wie vieles ist noch möglich!

Und wahrlich, wieviel geriet schon! Wie reich ist diese Erde an kleinen, guten, vollkommenen Dingen, an Wohlgeratenem!

Stellt kleine, gute, vollkommene Dinge um euch, ihr höheren Menschen! Deren goldene Reife heilt das Herz. Vollkommnes lehrt hoffen.

16

Welches war hier auf Erden bisher die größte Sünde? War es nicht das Wort dessen, der sprach: „Wehe denen, die hier lachen!"

Fand er zum Lachen auf der Erde selber keine Gründe? So suchte er nur schlecht. Ein Kind findet hier noch Gründe.

Der – liebte nicht genug: sonst hätte er auch uns geliebt, die Lachenden! Aber er haßte und höhnte uns, Heulen und Zähneklappern verhieß er uns.

Muß man denn gleich fluchen, wo man nicht liebt? Das – dünkt mich ein schlechter Geschmack. Aber so tat er, dieser Unbedingte. Er kam vom Pöbel.

Und er selber liebte nur nicht genug: sonst hätte er weniger gezürnt, daß man ihn nicht liebe. Alle große Liebe *will* nicht Liebe: – die will mehr.

Geht aus dem Wege allen solchen Unbedingten! Das ist eine arme kranke Art, eine Pöbelart: sie sehn schlimm diesem Leben zu, sie haben den bösen Blick für diese Erde.

Geht aus dem Wege allen solchen Unbedingten! Sie haben schwere Füße und schwüle Herzen: – sie wissen nicht zu tanzen. Wie möchte solchen wohl die Erde leicht sein!

17

Krumm kommen alle guten Dinge ihrem Ziele nahe. Gleich Katzen machen sie Buckel, sie schnurren innewendig vor ihrem nahen Glücke, – alle guten Dinge lachen.

Der Schritt verrät, ob einer schon auf *seiner* Bahn schreitet: so seht mich gehn! Wer aber seinem Ziele nahe kommt, der tanzt.

Und, wahrlich, zum Standbild ward ich nicht, noch stehe ich nicht da, starr, stumpf, steinern, eine Säule; ich liebe geschwindes Laufen.

Und wenn es auf Erden auch Moor und dicke Trübsal gibt: wer leichte Füße hat, läuft über Schlamm noch hinweg und tanzt wie auf gefegtem Eise.

Erhebt eure Herzen, meine Brüder, hoch! höher! Und vergeßt mir auch die Beine nicht! Erhebt auch eure Beine, ihr guten Tänzer, und besser noch: ihr steht auch auf dem Kopf!

18

Diese Krone des Lachenden, diese Rosenkranz-Krone: ich selber setzte mir diese Krone auf, ich selber sprach heilig mein Gelächter. Keinen anderen fand ich heute stark genug dazu.

Zarathustra der Tänzer, Zarathustra der Leichte, der mit den Flügeln winkt, ein Flugbereiter, allen Vögeln zuwinkend, bereit und fertig, ein Selig-Leichtfertiger: –

Zarathustra der Wahrsager, Zarathustra der Wahrlacher, kein Ungeduldiger, kein Unbedingter, einer, der Sprünge und Seitensprünge liebt; ich selber setzte mir diese Krone auf!

19

Erhebt eure Herzen, meine Brüder, hoch! höher! Und vergeßt mir auch die Beine nicht! Erhebt auch eure Beine, ihr guten Tänzer, und besser noch: ihr steht auch auf dem Kopf!

Es gibt auch im Glück schweres Getier, es gibt Plumpfüßler von Anbeginn. Wunderlich mühn sie sich ab, einem Elefanten gleich, der sich müht auf dem Kopf zu stehn.

Besser aber noch närrisch sein vor Glücke, als närrisch vor Unglücke, besser plump tanzen als lahm gehn. So lernt mir doch meine Weisheit ab: auch das schlimmste Ding hat zwei gute Kehrseiten. –

– auch das schlimmste Ding hat gute Tanzbeine: so lernt mir doch euch selbst, ihr höheren Menschen, auf eure rechten Beine stellen!

So verlernt mir doch Trübsal-Blasen und alle Pöbel-Traurigkeit! O wie traurig dünken mich heute des Pöbels Hanswürste noch! Dies Heute aber ist des Pöbels.

20

Dem Winde tut mir gleich, wenn er aus seinen Berghöhlen stützt: nach seiner eignen Pfeife will er tanzen, die Meere zittern und hüpfen unter seinen Fußtapfen.

Der den Eseln Flügel gibt, der Löwinnen melkt, gelobt sei dieser gute unbändige Geist, der allem Heute und allem Pöbel wie ein Sturmwind kommt, –

– der Distel- und Tiftelköpfen feind ist und allen welken Blättern und Unkräutern: gelobt sei dieser wilde, gute, freie Sturmgeist, welcher auf Mooren und Trübsalen wie auf Wiesen tanzt!

Der die Pöbel-Schwindhunde haßt und alles mißratene düstere Gezücht: gelobt sei dieser Geist aller freien Geister, der lachende Sturm, welcher allen Schwarzsichtigen, Schwärsüchtigen Staub in die Augen bläst! Ihr höheren Menschen, euer Schlimmstes ist: ihr lerntet alle nicht tanzen, wie man tanzen muß – über euch hinweg tanzen! Was liegt daran, daß ihr mißrietet!

Wie vieles ist noch möglich! So *lernt* doch über euch hinweg lachen! Erhebt eure Herzen, ihr guten Tänzer, hoch! höher! Und vergeßt mir auch das gute Lachen nicht!

Diese Krone des Lachenden, diese Rosenkranz-Krone: euch, meinen Brüdern, werfe ich diese Krone zu! Das Lachen sprach ich heilig; ihr höheren Menschen, *lernt* mir – lachen!

DAS LIED DER SCHWERMUT

1

Als Zarathustra diese Rede sprach, stand er nahe dem Eingange seiner Höhle; mit den letzten Worten aber entschlüpfte er seinen Gästen und floh für eine kurze Weile ins Freie.

„O reine Gerüche um mich," rief er aus, „o selige Stille um mich! Aber wo sind meine Tiere? Heran, heran, mein Adler und meine Schlange!

Sagt mir doch, meine Tiere: diese höheren Menschen insgesamt – *riechen* sie vielleicht nicht gut? O reine Gerüche um mich! Jetzo weiß und fühle ich erst, wie ich euch, meine Tiere, liebe."

– Und Zarathustra sprach nochmals: ich liebe euch, meine Tiere! Der Adler aber und die Schlange drängten sich an ihn, als er diese Worte sprach, und sahen zu ihm hinauf. Solchergestalt waren sie zu drei still beisammen und schnüffelten und schlürften miteinander die gute Luft. Denn die Luft war hier draußen besser als bei den höheren Menschen.

2

Kaum aber hatte Zarathustra seine Höhle verlassen, da erhob sich der alte Zauberer, sah listig umher und sprach: „Er ist hinaus!

Und schon, ihr höheren Menschen – daß ich euch mit diesem Lob- und Schmeichel-Namen kitzle, gleich ihm selber –, schon fällt mich mein schlimmer Trug- und Zaubergeist an, mein schwermütiger Teufel,

– welcher diesem Zarathustra ein Widersacher ist aus dem Grunde: vergebt es ihm! Nun *will* er vor euch zaubern, er hat gerade *seine* Stunde; umsonst ringe ich mit diesem bösen Geiste.

Euch allen, welche Ehren ihr euch mit Worten geben mögt, ob ihr euch ‚die freien Geister' nennt oder ‚die Wahrhaftigen' oder ‚die Büßer des Geistes' oder ‚die Entfesselten' oder ‚die großen Sehnsüchtigen',

– euch allen, die ihr am *großen Ekel* leidet gleich mir, denen der alte Gott starb und noch kein neuer Gott in Wiegen und Windeln liegt, – euch allen ist mein böser Geist und Zauber-Teufel hold.

Ich kenne euch, ihr höheren Menschen, ich kenne ihn, – ich kenne auch diesen Unhold, den ich wider Willen liebe, diesen Zarathustra: er selber dünkt mich öfter gleich einer schönen Heiligen-Larve,

– gleich einem neuen wunderlichen Mummenschanze, in dem sich mein böser Geist, der schwermütige Teufel, gefällt:

– ich liebe Zarathustra, so dünkt mich oft, um meines bösen Geistes willen. –

Aber schon fällt *der* mich an und zwingt mich, dieser Geist der Schwermut, dieser Abend-Dämmerungs-Teufel: und, wahrlich, ihr höheren Menschen, es gelüstet ihn –

– macht nur die Augen auf! – es gelüstet ihn, *nackt* zu kommen, ob männlich, ob weiblich, noch weiß ich's nicht: aber er kommt, er zwingt mich, wehe! mache eure Sinne auf!

Der Tag klingt ab, allen Dingen kommt nun der Abend, auch den besten Dingen; hört nun und seht, ihr höheren Menschen, welcher Teufel, ob Mann, ob Weib, dieser Geist der Abend-Schwermut ist!"

Also sprach der alte Zauberer, sah listig umher und griff dann zu seiner Harfe.

3

Bei abgehellter Luft,
Wenn schon des Taus Tröstung
Zur Erde niederquillt,
Unsichtbar, auch ungehört –
Denn zartes Schuhwerk trägt
Der Tröster Tau gleich allen Trost-Milden –:
Gedenkst du da, gedenkst du, heißes Herz,
Wie einst du durstetest,
Nach himmlischen Tränen und Tau-Geträufel
Versengt und müde durstetest,
Dieweil auf gelben Graspfaden
Boshafte abendliche Sonnenblicke
Durch schwarze Bäume um dich liefen,
Blendende Sonnen-Glutblicke, schadenfrohe?

„Der *Wahrheit* Freier? Du?" – so höhnten sie –
Nein! Nur ein Dichter!
Ein Tier, ein listiges, raubendes, schleichendes.
Das lügen muß,
Das wissentlich, willentlich lügen muß:
Nach Beute lüstern,
Bunt verlarvt,
Sich selber Larve,
Sich selbst zur Beute –
Das – der Wahrheit Freier?
Nein! Nur Narr! Nur Dichter!
Nur Buntes redend,
Aus Narren-Larven bunt herausschreiend,
Herumsteigend auf lügnerischen Wort-Brücken,
Auf bunten Regenbogen,
Zwischen falschen Himmeln
Und falschen Erden,
Herumschweifend, herumschwebend, –
Nur Narr! *Nur* Dichter!

Das – der Wahrheit Freier?
Nicht still, starr, glatt, kalt,
Zum Bilde worden,
Zur Gottes-Säule,
Nicht aufgestellt vor Tempeln,
Eines Gottes Türwart:
Nein! feindselig solchen Wahrheits-Standbildern.
In jeder Wildnis heimischer als vor Tempeln,
Voll Katzen-Mutwillens,
Durch jedes Fenster springend
Husch, in jeden Zufall,
Jedem Urwalde zuschnüffelnd,
Süchtig-sehnsüchtig zuschnüffelnd,
Daß du in Urwäldern
Unter buntgefleckten Raubtieren

Sündlich-gesund und bunt und schön liefest,
Mit lüsternen Lefzen,
Selig-höhnisch, selig-höllisch, selig-blutgierig,
Raubend, schleichend, lugend liefest: –

Oder dem Adler gleich, der lange,
Lange starr in Abgründe blickt,
In *seine* Abgründe: – –
O wie sie sich hier hinab,
Hinunter, hinein,
In immer tiefere Tiefen ringeln! –
Dann,
Plötzlich, geraden Zugs,
Gezückten Flugs,
Auf Lämmer stoßen,
Jach hinab, heißhungrig,
Nach Lämmern lüstern,
Gram allen Lamms-Seelen,
Grimmig-gram allem, was blickt
Schafmäßig, lammäugig, krauswollig,
Grau, mit Lamms-Schafs-Wohlwollen!

Also
Adlerhaft, pantherhaft
Sind des Dichters Sehnsüchte,
Sind *deine* Sehnsüchte unter tausend Larven,
Du Narr! Du Dichter!

Der du den Menschen schautest
So Gott als Schaf –:
Den Gott *zerreißen* im Menschen
Wie das Schaf im Menschen,
Und zerreißend *lachen* –

Das, das ist deine Seligkeit!
Eines Panthers und Adlers Seligkeit!
Eines Dichters und Narren Seligkeit!" – –
Bei abgehellter Luft,
Wenn schon des Monds Sichel
Grün zwischen Purpurröten
Und neidisch hinschleicht:
– dem Tage feind,
Mit jedem Schritte heimlich
An Rosen-Hängematten
Hinsichelnd, bis sie sinken,
Nacht-abwärts blaß hinabsinken: –

So sank ich selber einstmals
Aus meinem Wahrheits-Wahnsinne,
Aus meinen Tages-Sehnsüchten,
Des Tages müde, krank vom Lichte,
– sank abwärts, abendwärts, schattenwärts:
Von Einer Wahrheit
Verbrannt und durstig:
– gedenkst du noch, gedenkst du, heißes Herz,
Wie da du durstetest? –
Daß ich verbannt sei
Von aller Wahrheit,
Nur Narr!
Nur Dichter!

VON DER WISSENSCHAFT

Also sang der Zauberer; und alle, die beisammen waren, gingen gleich Vögeln unvermerkt in das Netz seiner listigen und schwermütigen Wollust. Nur der Gewissenhafte des Geistes war nicht eingefangen: er nahm flugs dem Zauberer die Harfe weg und rief: „Luft! Laßt gute Luft herein! Laßt Zarathustra herein! Du machst diese Höhle schwül und giftig, du schlimmer alter Zauberer! Du verführst, du Falscher, Feiner, zu unbekannten Begierden und Wildnissen. Und wehe, wenn solche wie du, von der *Wahrheit* Redens und Wesens machen!

Wehe allen freien Geistern, welche nicht vor *solchen* Zauberern auf der Hut sind! Dahin ist es mit ihrer Freiheit: du lehrst und lockst zurück in Gefängnisse, –

– du alter schwermütiger Teufel, aus deiner Klage klingt ein Lockpfeife, du gleichst solchen, welche mit ihrem Lobe der Keuschheit heimlich zu Wollüsten laden!"

Also sprach der Gewissenhafte; der alte Zauberer aber blickte um sich, genoß seines Sieges und verschluckte darüber den Verdruß, welchen ihm der Gewissenhafte machte. „Sei still!" sagte er mit bescheidener Stimme, „gute Lieder wollen gut widerhallen; nach guten Liedern soll man lange schweigen.

So tun es diese alle, die höheren Menschen. Du aber hast wohl wenig von meinem Lied verstanden? In dir ist wenig von einem Zaubergeiste."

„Du lobst mich," entgegnete der Gewissenhafte, „indem du mich von dir abtrennst, wohlan! Aber ihr anderen, was sehe ich? Ihr sitzt alle noch mit lüsternen Augen da –:

Ihr freien Seelen, wohin ist eure Freiheit! Fast, dünkt mich's, gleicht ihr solchen, die lange schlimmen, tanzenden, nackten Mädchen zusahn: eure Seelen tanzen selber!

In euch, ihr höheren Menschen, muß mehr von dem sein, was der Zauberer seinen bösen Zauber- und Truggeist nennt: – wir müssen wohl verschieden sein.

Und wahrlich, wir sprachen und dachten genug mitsammen, ehe Zarathustra heimkam zu seiner Höhle, als daß ich nicht wüßte: wir *sind* verschieden.

Wir *suchen* Verschiednes auch hier oben, ihr und ich. Ich nämlich suche mehr *Sicherheit*, deshalb kam ich zu Zarathustra. Der nämlich ist noch der festeste Turm und Wille –

– heute, wo alles wackelt, wo alle Erde bebt. Ihr aber, wenn ich eure Augen sehe, die ihr macht, fast dünkt mich's, ihr sucht *mehr Unsicherheit,*

– mehr Schauder, mehr Gefahr, mehr Erdbeben. Euch gelüstet, fast dünkt mich's so, vergebt meinem Dünkel, ihr höheren Menschen, –

– euch gelüstet nach dem schlimmsten gefährlichsten Leben, das *mir* am meisten Furcht macht, nach dem Leben wilder Tiere, nach Wäldern, Höhlen, steilen Bergen und Irr-Schlünden.

Und nicht die Führer *aus* der Gefahr gefallen euch am besten, sondern die euch von allen Wegen abführen, die Verführer. Aber, wenn solch Gelüsten an euch *wirklich* ist, so dünkt es mich trotzdem *unmöglich*.

Furcht nämlich – das ist des Menschen Erb- und Grundgefühl; aus der Furcht erklärt sich jegliches, Erbsünde und Erbtugend. Aus der Furcht wuchs auch *meine* Tugend, die heißt: Wissenschaft.

Die Furcht nämlich vor wildem Getier – die wurde dem Menschen am längsten angezüchtet, einschließlich das Tier, das er in sich selber birgt und fürchtet: – Zarathustra heißt es ‚das innere Vieh'.

Solche lange alte Furcht, endlich fein geworden, geistlich, geistig – heute, dünkt mich, heißt sie: *Wissenschaft*." –

Also sprach der Gewissenhafte; aber Zarathustra, der eben in seine Höhle zurückkam und die letzte Rede gehört und erraten hatte, warf dem Gewissenhaften eine Handvoll Rosen zu und lachte ob seiner „Wahrheiten". „Wie!" rief er, „was hörte ich da eben? Wahrlich, mich dünkt, du bist ein Narr oder ich selber bin's: und deine ‚Wahrheit' stelle ich rucks und flugs auf den Kopf. *Furcht* nämlich – ist unsre Ausnahme. Mut aber und Abenteuer und Lust am Ungewissen, am Ungewagten, – *Mut* dünkt mich des Menschen ganze Vorgeschichte.

Den wildesten mutigsten Tieren hat er alle ihre Tugenden abgeneidet und abgeraubt: so erst wurde er – zum Menschen.

Dieser Mut, endlich fein geworden, geistlich, geistig, dieser Menschen-Mut mit Adler-Flügeln und Schlangen-Klugheit: *der*, dünkt mich, heißt heute –"

„*Zarathustra*"! schrien alle, die beisammen saßen, wie aus Einem Munde und machten dazu ein großes Gelächter; es hob sich aber von ihnen wie eine schwere Wolke. Auch der Zauberer lachte und sprach mit Klugheit: „Wohlan! Er ist davon, mein böser Geist!

Und habe ich euch nicht selber vor ihm gewarnt, als ich sagte, daß er ein Betrüger sei, ein Lug- und Truggeist?

Sonderlich nämlich, wenn er sich nackend zeigt. Aber was kann *ich* für seine Tücken! Habe *ich* ihn und die Welt geschaffen?

Wohlan! Seien wir wieder gut und guter Dinge! Und ob schon Zarathustra böse blickt – seht ihn doch! er ist mir gram –:

– bevor die Nacht kommt, lernt er wieder mich lieben und loben, er kann nicht lange leben, ohne solche Torheiten zu tun.

Der – liebt seine Feinde: diese Kunst versteht er am besten von allen, die ich sah. Aber er nimmt Rache dafür – an seinen Freunden!"

Also sprach der alte Zauberer, und die höheren Menschen zollten ihm Beifall: so daß Zarathustra herumging und mit Bosheit und Liebe seinen Freunden die Hände schüttelte, – gleichsam als einer, der an allen etwas gutzumachen und abzubitten hat. Als er aber dabei an die Tür seiner Höhle kam, siehe, da gelüstete ihn schon wieder nach der guten Luft da draußen und nach seinen Tieren, – und er wollte hinausschlüpfen.

UNTER TÖCHTERN DER WÜSTE

1

„Gehe nicht davon!" sagte da der Wanderer, der sich den Schatten Zarathustras nannte, „bleibe bei uns, – es möchte sonst uns die alte dumpfe Trübsal wieder anfallen.

Schon gab uns jener alte Zauberer von seinem Schlimmsten zum Besten, und siehe doch, der gute fromme Papst da hat Tränen in den Augen und sich ganz wieder aufs Meer der Schwermut eingeschifft.

Diese Könige da mögen wohl vor uns noch gute Miene machen: das lernten *die* nämlich von uns allen heute am besten! Hätten sie aber keine Zeugen, ich wette, auch bei ihnen finge das böse Spiel wieder an –

– das böse Spiel der ziehenden Wolken, der feuchten Schwermut, der verhängten Himmel, der gestohlenen Sonnen, der heulenden Herbstwinde,

– das böse Spiel unsres Heulens und Notschreiens: bleibe bei uns, o Zarathustra! Hier ist viel verborgenes Elend, das reden will, viel Abend, viel Wolke, viel dumpfe Luft! Du nährtest uns mit starker Manns-Kost und kräftigen Sprüchen: laß es nicht zu, daß uns zum Nachtisch die weichlichen weiblichen Geister wieder anfallen!

Du allein machst die Luft um dich herum stark und klar! Fand ich je auf Erden so gute Luft als bei dir in deiner Höhle?

Viele Länder sah ich doch, meine Nase lernte vielerlei Luft prüfen und abschätzen: aber bei dir schmecken meine Nüstern ihre größte Lust!

Es sei denn, – es sei denn –, o vergib eine alte Erinnerung! Vergib mir ein altes Nachtisch-Lied, das ich einst unter Töchtern der Wüste dichtete: –

bei denen nämlich gab es gleich gute helle morgenländische Luft; dort war ich am fernsten vom wolkigen, feuchten, schwermütigen Alt-Europa!

Damals liebte ich solcherlei Morgenland-Mädchen und andres blaues Himmelreich, über dem keine Wolken und keine Gedanken hängen.

Ihr glaubt es nicht, wie artig sie dasaßen, wenn sie nicht tanzten, tief, aber ohne Gedanken, wie kleine Geheimnisse, wie bebänderte Rätsel, wie Nachtisch-Nüsse –

bunt und fremd fürwahr, aber ohne Wolken: Rätsel, die sich raten lassen: solchen Mädchen zu Liebe erdachte ich damals einen Nachtisch-Psalm."

Also sprach der Wanderer und Schatten; und ehe jemand ihm antwortete, hatte er schon die Harfe des alten Zauberers ergriffen, die Beine gekreuzt und blickte gelassen und weise um sich: – mit den Nüstern aber zog er langsam und fragend die Luft ein, wie einer, der in neuen Ländern neue fremde Luft kostet. Darauf hob er mit einer Art Gebrüll zu singen an.

2

Die Wüste wächst: weh dem, der Wüsten birgt!

– Ha! Feierlich!
In der Tat feierlich!
Ein würdiger Anfang!
Afrikanisch feierlich!
Eines Löwen würdig
Oder eines moralischen Brüllaffen –
– aber nichts für euch,

Ihr allerliebsten Freundinnen,
Zu deren Füßen mir
Zum ersten Male,
Einem Europäer unter Palmen,
Zu sitzen vergönnt ist. Sela.

Wunderbar wahrlich!
Da sitze ich nun,
Der Wüste nahe, und bereits
So ferne wieder der Wüste,
Auch in Nichts noch verwüstet:
Nämlich hinabgeschluckt
Von dieser kleinsten Oasis –:
– sie sperrte gerade gähnend
Ihr liebliches Maul auf,
Das wohlriechendste aller Mäulchen:
Da fiel ich hinein,
Hinab, hindurch – unter euch,
Ihr allerliebsten Freundinnen! Sela.

Heil, Heil jenem Walfische,
Wenn er also es seinem Gaste
Wohl sein ließ! – ihr versteht
Meine gelehrte Anspielung?
Heil seinem Bauche,
Wenn er also
Ein so lieblicher Oasis-Bauch war
Gleich diesem: was ich aber in Zweifel ziehe,
– dafür komme ich aus Europa,
Das zweifelsüchtiger ist als alle
Ältlichen Eheweibchen.
Möge Gott es bessern!
Amen!

Da sitze ich nun,
In dieser kleinsten Oasis,
Einer Dattel gleich,
Braun, durchsüßt, goldschwürig, lüstern
Nach einem runden Mädchenmunde,
Mehr noch aber nach mädchenhaften
Eiskalten schneeweißen schneidigen
Beißzähnen: nach denen nämlich
Lechzt das Herz allen heißen Datteln. Sela.

Den genannten Südfrüchten
Ähnlich, allzuähnlich
Liege ich hier, von kleinen
Flügelkäfern
Umschnüffelt und umspielt,
Insgleichen von noch kleineren
Törichteren sündhafteren
Wünschen und Einfällen, –
Umlagert von euch,
Ihr stummen, ihr ahnungsvollen
Mädchen-Katzen,
Dudu und Suleika,
– *umsphinxt*, daß ich in Ein Wort
Viel Gefühle stopfe:
(Vergebe mir Gott
Diese Sprach-Sünde!)
– sitze hier, die beste Luft schnüffelnd,
Paradieses-Luft wahrlich,
Lichte leichte Luft, goldgestreifte,
So gute Luft nur je
Vom Monde herabfiel –
Sei es aus Zufall,
Oder geschah es aus Übermute?
Wie die alten Dichter erzählen.
Ich Zweifler aber ziehe es

In Zweifel, dafür aber komme ich
Aus Europa,
Das zweifelsüchtiger ist als alle
Ältlichen Eheweibchen.
Möge Gott es bessern!
Amen!

Diese schönste Luft trinkend,
Mit Nüstern geschwellt gleich Bechern,
Ohne Zukunft, ohne Erinnerungen,
So sitze ich hier, ihr
Allerliebsten Freundinnen,
Und sehe der Palme zu,
Wie sie, einer Tänzerin gleich,
Sich biegt und schmiegt und in der Hüfte wiegt,
– man tut es mit, sieht man lange zu!
Einer Tänzerin gleich, die, wie mir scheinen will,
Zu lange schon, gefährlich lange
Immer, immer nur auf Einem Beine stand?
– da vergaß sie darob, wie mir scheinen will,
Das andre Bein?
Vergebens wenigstens
Suchte ich das vermißte
Zwillings-Kleinod
– nämlich das andre Bein –
In der heiligen Nähe
Ihres allerliebsten, allerzierlichsten
Fächer- und Flatter- und Flitterröckchens.
Ja, wenn ihr mir, ihr schönen Freundinnen,
Ganz glauben wollt:
Sie hat es verloren!
Es ist dahin!
Auf ewig dahin!
Das andre Bein!
O schade um das liebliche andere Bein!

Wo – mag es wohl weilen und verlassen trauern?
Das einsame Bein?
In Furcht vielleicht vor einem
Grimmen blondgelockten
Löwen-Untiere? Oder gar schon
Abgenagt, abgeknabbert –
Erbärmlich, wehe! wehe! abgeknabbert! Sela.

O weint mir nicht,
Weiche Herzen!
Weint mir nicht, ihr
Dattel-Herzen! Milch-Busen!
Ihr Süßholz-Herz-
Beutelchen!
Weine nicht mehr,
Bleiche Dudu!
Sei ein Mann, Suleika! Mut! Mut!
– Oder sollte vielleicht
Etwas Stärkendes, Herz-Stärkendes
Hier am Platze sein?
Ein gesalbter Spruch?
Ein feierlicher Zuspruch? –

Ha! Herauf, Würde!
Tugend-Würde! Europäer-Würde!
Blase, blase wieder,
Blasebalg der Tugend!
Ha!
Noch einmal brüllen,
Moralisch brüllen!
Als moralischer Löwe
Vor den Töchtern der Wüste brüllen!
– Denn Tugend-Geheul,
Ihr allerliebsten Mädchen,
Ist mehr als alles

Europäer-Inbrunst, Europäer-Heißhunger!
Und da stehe ich schon,
Als Europäer,
Ich kann nicht anders, Gott helfe mir!
Amen!

Die Wüste wächst: weh dem, der Wüsten birgt!

DIE ERWECKUNG

1

Nach dem Liede des Wanderers und Schattens wurde die Höhle mit einem Male voll Lärmens und Lachens: und da die versammelten Gäste alle zugleich redeten, und auch der Esel, bei einer solchen Ermutigung, nicht mehr still blieb, überkam Zarathustra ein kleiner Widerwille und Spott gegen seinen Besuch: ob er sich gleich ihrer Fröhlichkeit erfreute. Denn sie dünkte ihm ein Zeichen der Genesung. So schlüpfte er hinaus ins Freie und sprach zu seinen Tieren.

„Wo ist nun ihre Not hin?" sprach er, und schon atmete er selber von seinem kleinen Überdrusse auf, – „bei mir verlernten sie, wie mich dünkt, das Notschrein!

– wenn auch, leider, noch nicht das Schrein." Und Zarathustra hielt sich die Ohren zu, denn eben mischte sich das I-A des Esels wunderlich mit dem Jubel-Lärm dieser höheren Menschen.

„Sie sind lustig," begann er wieder, „und wer weiß? vielleicht auf ihres Wirtes Unkosten; und lernten sie von mir lachen, so ist es doch nicht *mein* Lachen, das sie lernten.

Aber was liegt daran! Es sind alte Leute: sie genesen auf ihre Art, sie lachen auf ihre Art; meine Ohren haben schon Schlimmeres erduldet und wurden nicht unwirsch.

Dieser Tag ist ein Sieg: er weicht schon, er flieht, *der Geist der Schwere*, mein alter Erzfeind! Wie gut will dieser Tag enden, der so schlimm und schwer begann!

Und enden *will* er. Schon kommt der Abend: über das Meer her reitet er, der gute Reiter! Wie er sich wiegt, der Selige, Heimkehrende, in seinen purpurnen Sätteln!

Der Himmel blickt klar dazu, die Welt liegt tief: o all ihr Wunderlichen, die ihr zu mir kamt, es lohnt sich schon, bei mir zu leben!"

Also sprach Zarathustra. Und wieder kam da das Geschrei und Gelächter der höheren Menschen aus der Höhle: da begann er von neuem.

„Sie beißen an, mein Köder wirkt, es weicht auch ihnen ihr Feind, der Geist der Schwere. Schon lernen sie über sich selber lachen: höre ich recht?

Meine Manns-Kost wirkt, mein Saft- und Kraft-Spruch: und wahrlich, ich nährte sie nicht mit Bläh-Gemüsen! Sondern mit Krieger-Kost, mit Eroberer-Kost: neue Begierden weckte ich.

Neue Hoffnungen sind in ihren Armen und Beinen, ihr Herz streckt sich aus. Sie finden neue Worte, bald wird ihr Geist Mutwillen atmen.

Solche Kost mag freilich nicht für Kinder sein, noch auch für sehnsüchtige alte und junge Weibchen. Denen überredet man anders die Eingeweide; deren Arzt und Lehrer bin ich nicht.

Der Ekel weicht diesen höheren Menschen: wohlan! das ist mein Sieg. In meinem Reiche werden sie sicher, alle dumme Scham läuft davon, sie schütten sich aus.

Sie schütten ihr Herz aus, gute Stunden kehren ihnen zurück, sie feiern und käuen wieder, – sie werden *dankbar*.

Das nehme ich als das beste Zeichen: sie werden dankbar. Nicht lange noch, und sie denken sich Feste aus und stellen Denksteine ihren alten Freuden auf.

Es sind *Genesende*!"

Also sprach Zarathustra fröhlich zu seinem Herzen und schaute hinaus; seine Tiere aber drängten sich an ihn und ehrten sein Glück und sein Stillschweigen.

2

Plötzlich aber erschrak das Ohr Zarathustras: die Höhle nämlich, welche bisher voller Lärmens und Gelächters war, wurde mit einem Male totenstill; – seine Nase aber roch einen wohlriechenden Qualm und Weihrauch, wie von brennenden Pinien-Zapfen.

„Was geschieht? Was treiben sie?" fragte er sich und schlich zum Eingange heran, daß er seinen Gästen unvermerkt zusehn könne. Aber, Wunder über Wunder! was mußte er da mit seinen eignen Augen sehn!

„Sie sind alle wieder *fromm* geworden, sie *beten*, sie sind toll!" – sprach er und verwunderte sich über die Maßen. Und, fürwahr! alle diese höheren Menschen, die zwei Könige, der Papst außer Dienst, der schlimme Zauberer, der freiwillige Bettler, der Wanderer und Schatten, der alte Wahrsager, der Gewissenhafte des Geistes und der häßlichste Mensch: sie lagen alle gleich Kindern und gläubigen alten Weibchen auf den Knien und beteten den Esel an. Und eben begann der häßlichste Mensch zu gurgeln und zu schnauben, wie als ob etwas Unaussprechliches aus ihm heraus wolle; als er es aber wirklich bis zu Worten gebracht hatte, siehe, da war es eine fromme seltsame Litanei zur Lobpreisung des angebeteten und angeräucherten Esels. Diese Litanei aber klang also:

Amen! Und Lob und Ehre und Weisheit und Dank und Preis und Stärke sei unserm Gott, von Ewigkeit zu Ewigkeit!

– Der Esel aber schrie dazu I-A.

Er trägt unsre Last, er nahm Knechtsgestalt an, er ist geduldsam von Herzen und redet niemals Nein; und wer seinen Gott liebt, der züchtigt ihn.

– Der Esel aber schrie dazu I-A.

Er redet nicht: es sei denn, daß er zur Welt, die er schuf, immer Ja sagt: also preist er seine Welt. Seine Schlauheit ist es, die nicht redet: so bekommt er selten Unrecht.

– Der Esel aber schrie dazu I-A.

Unscheinbar geht er durch die Welt. Grau ist die Leib-Farbe, in welche er seine Tugend hüllt. Hat er Geist, so verbirgt er ihn; jedermann aber glaubt an seine langen Ohren.

– Der Esel aber schrie dazu I-A.

Welche verborgene Weisheit ist das, daß er lange Ohren trägt und allein Ja und nimmer Nein sagt! Hat er nicht die Welt erschaffen nach seinem Bilde, nämlich so dumm als möglich?

– Der Esel aber schrie dazu I-A.

Du gehst gerade und krumme Wege; es kümmert dich wenig, was uns Menschen gerade oder krumm dünkt.

Jenseits von Gut und Böse ist dein Reich. Es ist deine Unschuld, nicht zu wissen, was Unschuld ist.

– Der Esel aber schrie dazu I-A.

Siehe doch, wie du niemanden von dir stößest, die Bettler nicht, noch die Könige.

Die Kindlein lässest du zu dir kommen, und wenn dich die bösen Buben locken, so sprichst du einfältiglich I-A.

Du liebst Eselinnen und frische Feigen, du bist kein Kostverächter. Eine Distel kitzelt dir das Herz, wenn du gerade Hunger hast. Darin liegt eines Gottes Weisheit.

– Der Esel aber schrie dazu I-A.

DAS ESELSFEST

1

An dieser Stelle der Litanei aber konnte Zarathustra sich nicht länger bemeistern, schrie selber I-A, lauter noch als der Esel, und sprang mitten unter seine tollgewordenen Gäste. „Aber was treibt ihr da, ihr Menschenkinder?“ rief er, indem er die Betenden vom Boden emporriß. „Wehe, wenn euch jemand anderes zusähe als Zarathustra:

Jeder würde urteilen, ihr wäret mit eurem neuen Glauben die ärgsten Gotteslästerer oder die törichtsten aller alten Weiblein!

Und du selber, du alter Papst, wie stimmt das mit dir selber zusammen, daß du solchergestalt einen Esel hier als Gott anbetest?“ –

„O Zarathustra,“ antwortete der Papst, „vergib mir, aber in Dingen Gottes bin ich aufgeklärter noch als du. Und so ist’s billig.

Lieber Gott also anbeten, in dieser Gestalt, als in gar keiner Gestalt! Denke über diesen Spruch nach, mein hoher Freund: du errätst geschwind, in solchem Spruch steckt Weisheit.

Der, welcher sprach ‚Gott ist ein Geist' – der machte bisher auf Erden den größten Schritt und Sprung zum Unglauben: solch Wort ist auf Erden nicht leicht wieder gut zu machen!

Mein altes Herz springt und hüpft darob, daß es auf Erden noch etwas anzubeten gibt. Vergib das, o Zarathustra, einem alten frommen Papst-Herzen! –"

– „Und du," sagte Zarathustra zu dem Wanderer und Schatten, „du nennst und wähnst dich einen freien Geist? Und treibst hier solchen Götzen- und Pfaffendienst?

Schlimmer, wahrlich treibst du's hier noch als bei deinen schlimmen braunen Mädchen, du schlimmer neuer Gläubiger!"

„Schlimm genug," antwortete der Wanderer und Schatten, „du hast Recht: aber was kann ich dafür! Der alte Gott lebt wieder, o Zarathustra, du magst reden, was du willst. Der häßlichste Mensch ist an allem schuld der hat ihn wieder auferweckt. Und wenn er sagt, daß er ihn einst getötet habe: *Tod* ist bei Göttern immer nur ein Vorurteil."

– „Und du," sprach Zarathustra, „du schlimmer alter Zauberer, was tatest du! Wer soll in dieser freien Zeit fürderhin an dich glauben, wenn *du* an solche Götter-Eseleien glaubst?

Es war eine Dummheit, was du tatest; wie konntest du, du Kluger, eine solche Dummheit tun!"

„O Zarathustra," antwortete der kluge Zauberer, „du hast Recht, es war eine Dummheit, – sie ist mir auch schwer genug geworden."

– „Und du gar," sagte Zarathustra zu dem Gewissenhaften des Geistes, „erwäge doch und lege den Finger an deine Nase! Geht hier denn nichts wider dein Gewissen? Ist dein Geist nicht zu reinlich für dies Beten und den Dunst dieser Betbrüder?"

„Es ist etwas daran," antwortete der Gewissenhafte und legte den Finger an die Nase, „es ist etwas an diesem Schauspiele, das meinem Gewissen sogar wohltut.

Vielleicht, daß ich an Gott nicht glauben darf: gewiß aber ist, daß Gott mir in dieser Gestalt noch am glaubwürdigsten dünkt.

Gott soll ewig sein, nach dem Zeugnisse der Frömmsten: wer so viel Zeit hat, läßt sich Zeit. So langsam und so dumm als möglich: *damit* kann ein solcher es doch sehr weit bringen.

Und wer des Geistes zu viel hat, der möchte sich wohl in die Dumm- und Narrheit selber vernarren. Denke über dich selber nach, o Zarathustra! Du selber – wahrlich! auch du könntest wohl aus Überfluß und Weisheit zu einem Esel werden.

Geht nicht ein vollkommner Weiser gern auf den krümmsten Wegen? Der Augenschein lehrt es, o Zarathustra, – *dein* Augenschein!"

– „Und du selber zuletzt," sprach Zarathustra und wandte sich gegen den häßlichsten Menschen, der immer noch auf dem Boden lag, den Arm zu dem Esel emporhebend (er gab ihm nämlich Wein zu trinken). „Sprich, du Unaussprechlicher, was hast du da gemacht!

Du dünkst mich verwandelt, dein Auge glüht, der Mantel des Erhabenen liegt um deine Häßlichkeit: *was* tatest du?

Ist es denn wahr, was jene sagen, daß du ihn wieder auferwecktest? Und wozu? War er nicht mit Grund abgetötet und abgetan?

Du selber dünkst mich aufgeweckt: was tatest du? was kehrtest du um? Was bekehrtest du dich? Sprich, du Unaussprechlicher!"

„O Zarathustra," antwortete der häßlichste Mensch, „du bist ein Schelm!

Ob *der* noch lebt oder wieder lebt oder gründlich tot ist, – wer von uns beiden weiß das am besten? Ich frage dich.

Eins aber weiß ich, – von dir selber lernte ich's einst, o Zarathustra: wer am gründlichsten töten will, der *lacht*.

‚Nicht durch Zorn, sondern durch Lachen tötet man' – so sprachst du einst. O Zarathustra, du Verborgener, du Vernichter ohne Zorn, du gefährlicher Heiliger, – du bist ein Schelm!"

2

Da aber geschah es, daß Zarathustra, verwundert über lauter solche Schelmen-Antworten, zur Tür seiner Höhle zurücksprang und, gegen alle seine Gäste gewendet, mit starker Stimme schrie:

„O ihr Schalks-Narren allesamt, ihr Possenreißer! Was verstellt und versteckt ihr euch vor mir!

Wie doch einem jeden von euch das Herz zappelte vor Lust und Bosheit, darob, daß ihr endlich einmal wieder wurdet wie die Kindlein, nämlich fromm, –

– daß ihr endlich wieder tatet wie Kinder tun, nämlich betetet, händefaltetet und ‚lieber Gott' sagtet!

Aber nun laßt mir *diese* Kinderstube, meine eigne Höhle, wo heute alle Kinderei zu Hause ist. Kühlt hier draußen euren heißen Kinder-Übermut und Herzenslärm ab!

Freilich: so ihr nicht werdet wie die Kindlein, so kommt ihr nicht in das Himmelreich. (Und Zarathustra zeigte mit den Händen nach oben.)

Aber wir wollen auch gar nicht ins Himmelreich: Männer sind wir worden, – *so wollen wir das Erdenreich.*"

3

Und noch einmal hob Zarathustra an zu reden. „O meine neuen Freunde," sprach er, – „ihr Wunderlichen, ihr höheren Menschen, wie gut gefallt ihr mir nun, –

– seit ihr wieder fröhlich wurdet! Ihr seid wahrhaftig alle aufgeblüht: mich dünkt, solchen Blumen, wie ihr seid, tun *neue Feste* not,

– ein kleiner tapferer Unsinn, irgendein Gottesdienst und Eselsfest, irgendein alter fröhlicher Zarathustra-Narr, ein Brausewind, der euch die Seelen hell bläst.

Vergeßt diese Nacht und dieses Eselsfest nicht, ihr höheren Menschen! *Das* erfandet ihr bei mir, das nehme ich als gutes Wahrzeichen, – solcherlei erfinden nur Genesende!

Und feiert ihr es abermals, dieses Eselsfest, tut's euch zuliebe, tut's auch mir zuliebe! Und zu *meinem* Gedächtnis!"

Also sprach Zarathustra.

DAS TRUNKENE LIED

1

Inzwischen aber war einer nach dem andern hinausgetreten ins Freie und in die kühle nachdenkliche Nacht; Zarathustra selber aber führte den häßlichsten Menschen an der Hand, daß er ihm seine Nacht-Welt und den großen runden Mond und die silbernen Wasserstürze bei seiner Höhle zeige. Da standen sie endlich still beieinander, lauter alte Leute, aber mit einem getrösteten tapferen Herzen und verwundert bei sich, daß es ihnen auf Erden so wohl war; die Heimlichkeit der Nacht aber kam ihnen näher und näher ans Herz. Und von neuem dachte Zarathustra bei sich: „O wie gut sie mir nun gefallen, diese höheren Menschen!" – aber er sprach es nicht aus, denn er ehrte ihr Glück und ihr Stillschweigen. –

Da aber geschah das, was an jenem erstaunlichen langen Tage das Erstaunlichste war: der häßlichste Mensch begann noch einmal und zum letztenmal zu gurgeln und zu schnauben, und als er es bis zu Worten gebracht hatte, siehe, da sprang eine Frage rund und reinlich aus seinem Munde, eine gute, tiefe, klare Frage, welche allen, die ihm zuhörten, das Herz im Leibe bewegte.

„Meine Freunde insgesamt," sprach der häßlichste Mensch, „was dünket euch? Um dieses Tags willen – *ich* bin's zum ersten Male zufrieden, daß ich das ganze Leben lebte.

Und daß ich so viel bezeuge, ist mir noch nicht genug. Es lohnt sich auf der Erde zu leben: Ein Tag, ein Fest mit Zarathustra lehrte mich die Erde lieben.

‚War *das* – das Leben?' will ich zum Tode sprechen. ‚Wohlan! Noch einmal!'

Meine Freunde, was dünket euch? Wollt ihr nicht gleich mir zum Tode sprechen: War *das* – das Leben? Um Zarathustras willen, wohlan! Noch einmal!" ––

Also sprach der häßlichste Mensch, es war aber nicht lange vor Mitternacht. Und was glaubt ihr wohl, daß damals sich zutrug? Sobald die höheren Menschen seine Frage hörten, wurden sie sich mit einem Male ihrer Verwandlung und Genesung bewußt, und wer ihnen dieselbe gegeben habe: da sprangen sie auf Zarathustra zu, dankend, verehrend, liebkosend, ihm die Hände küssend, so wie es der Art eines jeden eigen war: also, daß einige lachten, einige weinten. Der alte Wahrsager aber tanzte vor Vergnügen; und wenn er auch, wie manche Erzähler meinen, damals voll süßen Weines war, so war er gewißlich noch voller des süßen Lebens und hatte aller Müdigkeit abgesagt. Es gibt sogar solche, die erzählen, daß damals der Esel getanzt habe: nicht umsonst nämlich habe ihm der häßlichste Mensch vorher Wein zu trinken gegeben. Dies mag sich nun so verhalten oder auch anders; und wenn in Wahrheit an jenem Abende der Esel nicht getanzt hat, so geschahen doch damals größere und seltsamere Wunderdinge, als es das Tanzen eines Esels wäre. Kurz, wie das Sprichwort Zarathustras lautet: „Was liegt daran!"

2

Zarathustra aber, als sich dies mit dem häßlichsten Menschen zutrug, stand da wie ein Trunkener: sein Blick erlosch, seine Zunge lallte, seine Füße schwankten. Und wer möchte auch erraten, welche Gedanken dabei über Zarathustras Seele liefen? Ersichtlich aber wich sein Geist zurück und floh voraus und war in weiten Fernen und gleichsam „auf hohem Joche, wie geschrieben steht, zwischen zwei Meeren,

– zwischen Vergangenem und Zukünftigem als schwere Wolke wandelnd". Allgemach aber, während ihn die höheren Menschen in den Armen hielten, kam er ein wenig zu sich selber zurück und wehrte mit den Händen dem Gedränge der Verehrenden und Besorgten; doch sprach er nicht. Mit einem Male aber wandte er schnell den Kopf, denn er schien etwas zu hören: da legte er den Finger an den Mund und sprach: „*Kommt!*"

Und alsbald wurde es rings still und heimlich; aus der Tiefe aber kam langsam der Klang einer Glocke herauf. Zarathustra horchte darnach, gleich den höheren Menschen; dann aber legte er zum andern Male den Finger an den Mund und sprach wiederum: „*Kommt! Kommt! Es geht gen Mitternacht!*" – und seine Stimme hatte sich verwandelt. Aber immer noch rührte er sich nicht von der Stelle: da wurde es noch stiller und heimlicher, und alles horchte, auch der Esel, und Zarathustras Ehrentiere, der Adler und die Schlange, insgleichen die Höhle Zarathustras und der große kühle Mond und die Nacht selber. Zarathustra aber legte zum dritten Male die Hand an den Mund und sprach:

„Kommt! Kommt! Kommt! Laßt uns jetzo wandeln! Es ist die Stunde: laßt uns in die Nacht wandeln!“

3

Ihr höheren Menschen, es geht gen Mitternacht: da will ich euch etwas in die Ohren sagen, wie jene alte Glocke es mir ins Ohr sagt, –

– so heimlich, so schrecklich, so herzlich, wie jene Mitternachts-Glocke zu mir es redet, die mehr erlebt hat als ein Mensch:

– welche schon eurer Väter Herzens-Schmerzens-Schläge abzählte – ach! ach! wie sie seufzt! wie sie im Traume lacht! die alte, tiefe, tiefe Mitternacht!

Still! Still! da hört sich manches, das am Tage nicht laut werden darf; nun aber, bei kühler Luft, da auch aller Lärm eurer Herzen stille ward, –

– nun redet es, nun hört es sich, nun schleicht es sich in nächtliche überwache Seelen: ach! ach! wie sie seufzt! wie sie im Traume lacht!

– hörst du's nicht, wie sie heimlich, schrecklich herzlich zu dir redet, die alte, tiefe, tiefe Mitternacht?

O Mensch, gib acht!

4

Wehe mir! Wo ist die Zeit hin? Sank ich nicht in tiefe Brunnen? Die Welt schläft –

Ach! Ach! Der Hund heult, der Mond scheint. Lieber will ich sterben, sterben, als euch sagen, was mein Mitternachts-Herz eben denkt.

Nun starb ich schon. Es ist dahin. Spinne, was spinnst du um mich? Willst du Blut? Ach! Ach! Der Tau fällt, die Stunde kommt –

– die Stunde, wo mich fröstelt und friert, die fragt und fragt und fragt: „Wer hat Herz genug dazu?

– wer soll der Erde Herr sein? Wer will sagen: so sollt ihr laufen, ihr großen und kleinen Ströme!“

– die Stunde naht: o Mensch, du höherer Mensch, gib acht! diese Rede ist für feine Ohren, für deine Ohren – *was spricht die tiefe Mitternacht?*

5

Es trägt mich dahin, meine Seele tanzt. Tagewerk! Tagewerk! Wer soll der Erde Herr sein?

Der Mond ist kühl, der Wind schweigt. Ach! Ach! Flogt ihr schon hoch genug? Ihr tanztet: aber ein Bein ist doch kein Flügel.

Ihr guten Tänzer, nun ist alle Lust vorbei: Wein ward Hefe, jeder Becher ward mürbe, die Gräber stammeln.

Ihr flogt nicht hoch genug: nun stammeln die Gräber: „Erlöst doch die Toten! Warum ist so lange Nacht? Macht uns nicht der Mond trunken?“

Ihr höheren Menschen, erlöst doch die Gräber, weckt die Leichname auf! Ach, was gräbt noch der Wurm? Es naht, es naht die Stunde, –

– es brummt die Glocke, es schnarrt noch das Herz, es gräbt noch der Holzwurm, der Herzenswurm. Ach! Ach! *Die Welt ist tief!*

6

Süße Leier! Süße Leier! Ich liebe deinen Ton, deinen trunkenen Unken-Ton! – wie lang her, wie fern her kommt mir dein Ton, weit her, von den Teichen der Liebe!

Du alte Glocke, du süße Leier! Jeder Schmerz riß dir ins Herz, Vaterschmerz, Väterschmerz, Urväterschmerz; deine Rede wurde reif, –

– reif gleich goldenem Herbste und Nachmittage, gleich meinem Einsiedlerherzen – nun redest du: die Welt selber ward reif, die Traube bräunt,

– nun will sie sterben, vor Glück sterben. Ihr höheren Menschen, riecht ihr's nicht? Es quillt heimlich ein Geruch herauf,

– ein Duft und Geruch der Ewigkeit, ein rosenseliger brauner Gold-Wein-Geruch von altem Glücke,

– von trunkenem Mitternachts-Sterbeglücke, welches singt: die Welt ist tief, *und tiefer als der Tag gedacht!*

7

Laß mich! Laß mich! Ich bin zu rein für dich. Rühre mich nicht an! Ward meine Welt nicht eben vollkommen?

Meine Haut ist zu rein für deine Hände. Laß mich, du dummer, tölpischer, dumpfer Tag! Ist die Mitternacht nicht heller?

Die Reinsten sollen der Erde Herr sein, die Unerkanntesten, Stärksten, die Mitternachts-Seelen, die heller und tiefer sind als jeder Tag.

O Tag, du tappst nach mir? Du tastest nach meinem Glücke? Ich bin dir reich, einsam, eine Schatzgrube, eine Goldkammer?

O Welt, du willst mich? Bin ich dir weltlich? Bin ich dir geistlich? Bin ich dir göttlich? Aber Tag und Welt, ihr seid zu plump, –

– habt klügere Hände, greift nach tieferem Glücke, nach tieferem Unglücke, greift nach irgendeinem Gotte, greift nicht nach mir:

– mein Unglück, mein Glück ist tief, du wunderlicher Tag, aber doch bin ich kein Gott, keine Gottes-Hölle: *tief ist ihr Weh.*

8

Gottes Weh ist tiefer, du wunderliche Welt! Greife nach Gottes Weh, nicht nach mir! Was bin ich? Eine trunkene süße Leier, –

– eine Mitternachts-Leier, eine Glocken-Unke, die niemand versteht, aber welche reden *muß*, vor Tauben, ihr höheren Menschen! Denn ihr versteht mich nicht!

Dahin! Dahin! O Jugend! O Mittag! O Nachmittag! Nun kam Abend und Nacht und Mitternacht, – der Hund heult, der Wind:

– ist der Wind nicht ein Hund? Er winselt, er kläfft, er heult. Ach! Ach! wie sie seufzt! wie sie lacht, wie sie röchelt und keucht, die Mitternacht!

Wie sie eben nüchtern spricht, diese trunkene Dichterin! sie übertrank wohl ihre Trunkenheit? sie wurde überwach? sie käut zurück?

– ihr Weh käut sie zurück, im Traume, die alte tiefe Mitternacht, und mehr noch ihre Lust. Lust nämlich, wenn schon Weh tief ist: *Lust ist tiefer noch als Herzeleid.*

9

Du Weinstock! Was preisest du mich? Ich schnitt dich doch! Ich bin grausam, du blutest –: was will dein Lob meiner trunkenen Grausamkeit?

„Was vollkommen ward, alles Reife – will sterben!" so redest du. Gesegnet, gesegnet sei das Winzermesser! Aber alles Unreife will leben: wehe!

Weh spricht: „Vergeh! Weg, du Wehe!" Aber alles, was leidet, will leben, daß es reif werde und lustig und sehnsüchtig,

– sehnsüchtig nach Fernerem, Höherem, Hellerem. „Ich will Erben, so spricht alles, was leidet, ich will Kinder, ich will nicht *mich*," –

Lust aber will nicht Erben, nicht Kinder, – Lust will sich selber, will Ewigkeit, will Wiederkunft, will Alles-sich-ewig-gleich.

Weh spricht: „Brich, blute, Herz! Wandle, Bein! Flügel, flieg! Hinan! Hinauf! Schmerz!" Wohlan! Wohlauf! O mein altes Herz: *Weh spricht: „vergeh!"*

10

Ihr höheren Menschen, was dünket euch? Bin ich ein Wahrsager? Ein Träumender? Trunkener? Ein Traumdeuter? Eine Mitternachts-Glocke?

Ein Tropfen Taus? Ein Dunst und Duft der Ewigkeit? Hört ihr's nicht? Riecht ihr's nicht? Eben ward meine Welt vollkommen, Mitternacht ist auch Mittag, –

Schmerz ist auch eine Lust, Fluch ist auch ein Segen, Nacht ist auch eine Sonne, – geht davon oder ihr lernt: ein Weiser ist auch ein Narr.

Sagtet ihr jemals Ja zu einer Lust? O, meine Freunde, so sagtet ihr Ja auch zu *allem* Wehe. Alle Dinge sind verkettet, verfädelt, verliebt, –

– wolltet ihr jemals Ein Mal zweimal, spracht ihr jemals „du gefällst mir, Glück! Husch! Augenblick!" so wolltet ihr *alles* zurück!

– Alles von neuem, Alles ewig, Alles verkettet, verfädelt, verliebt, o so *liebtet* ihr die Welt, –

– ihr Ewigen, liebt sie ewig und allezeit: und auch zum Weh sprecht ihr: vergeh, aber komm zurück! *Denn alle Lust will – Ewigkeit!*

11

Alle Lust will aller Dinge Ewigkeit, will Honig, will Hefe, will trunkene Mitternacht, will Gräber, will Gräber-Tränen-Trost, will vergüldetes Abendrot –

– *was* will nicht Lust! sie ist durstiger, herzlicher, hungriger, schrecklicher, heimlicher als alles Weh, sie will *sich*, sie beißt in *sich*, des Ringes Wille ringt in ihr, –

– sie will Liebe, sie will Haß, sie ist überreich, schenkt, wirft weg, bettelt, daß einer sie nimmt, dankt dem Nehmenden, sie möchte gern gehaßt sein, –

– so reich ist Lust, daß sie nach Wehe durstet, nach Hölle, nach Haß, nach Schmach, nach dem Krüppel, nach *Welt*, – denn diese *Welt*, o ihr kennt sie ja!

Ihr höheren Menschen, nach euch sehnt sie sich, die Lust, die unbändige, selige, – nach eurem Weh, ihr Mißratenen! Nach Mißratenem sehnt sich alle ewige Lust.

Denn alle Lust will sich selber, darum will sie auch Herzeleid! O Glück, o Schmerz! O brich, Herz! Ihr höheren Menschen, lernt es doch, Lust will Ewigkeit,

– Lust will *aller* Dinge Ewigkeit, *will tiefe, tiefe Ewigkeit!*

12

Lerntet ihr nun mein Lied? Errietet ihr, was es will? Wohlan! Wohlauf! Ihr höheren Menschen, so singt mir nun meinen Rundgesang!

Singt mir nun selber das Lied, des Name ist „Noch einmal", des Sinn ist „in alle Ewigkeit!" – singt, ihr höheren Menschen, Zarathustras Rundgesang!

O Mensch! Gib acht!
Was spricht die tiefe Mitternacht?
„Ich schlief, ich schlief –,
Aus tiefem Traum bin ich erwacht: –
Die Welt ist tief,
Und tiefer als der Tag gedacht.
Tief ist ihr Weh –,
Lust – tiefer noch als Herzeleid:
Weh spricht: Vergeh!
Doch alle Lust will Ewigkeit –,
– will tiefe, tiefe Ewigkeit!"

DAS ZEICHEN

Des Morgens aber nach dieser Nacht sprang Zarathustra von seinem Lager auf, gürtete sich die Lenden und kam heraus aus seiner Höhle, glühend und stark, wie eine Morgensonne, die aus dunklen Bergen kommt.

„Du großes Gestirn," sprach er, wie er einstmals gesprochen hatte, „du tiefes Glücks-Auge, was wäre all dein Glück, wenn du nicht die hättest, welchen du leuchtest!

Und wenn sie in ihren Kammern blieben, während du schon wach bist und kommst und schenkst und austeilst: wie würde darob deine stolze Scham zürnen!

Wohlan! sie schlafen noch, diese höheren Menschen, während *ich* wach bin: *das* sind nicht meine rechten Gefährten! Nicht auf sie warte ich hier in meinen Bergen.

Zu meinem Werke will ich, zu meinem Tage: aber sie verstehen nicht, was die Zeichen meines Morgens sind, mein Schritt – ist für sie kein Weckruf.

Sie schlafen noch in meiner Höhle, ihr Traum trinkt noch an meinen trunkenen Liedern. Das Ohr doch, das nach mir horcht, – das *gehorchende* Ohr fehlt in ihren Gliedern."

– Dies hatte Zarathustra zu seinem Herzen gesprochen, als die Sonne aufging: da blickte er fragend in die Höhe, denn er hörte über sich den scharfen Ruf seines Adlers. „Wohlan!" rief er hinauf, „so gefällt und gebührt es mir. Meine Tiere sind wach, denn ich bin wach.

Mein Adler ist wach und ehrt gleich mir die Sonne. Mit Adlers-Klauen greift er nach dem neuen Lichte. Ihr seid meine rechten Tiere; ich liebe euch.

Aber noch fehlen mir meine rechten Menschen!"

Also sprach Zarathustra; da aber geschah es, daß er sich plötzlich wie von unzähligen Vögeln umschwärmt und umflattert hörte, – das Geschwirr so vieler Flügel aber und das Gedräng um sein Haupt war so groß, daß er die Augen schloß. Und wahrlich, einer Wolke gleich fiel es über ihn her, einer Wolke von Pfeilen gleich, welche sich über einen neuen Feind ausschüttet. Aber siehe, hier war es eine Wolke der Liebe, und über einen neuen Freund.

„Was geschieht mir?" dachte Zarathustra in seinem erstaunten Herzen und ließ sich langsam auf dem großen Steine nieder, der neben dem Ausgange seiner Höhle lag. Aber, indem er mit den Händen um sich und über sich und unter sich griff und den zärtlichen Vögeln wehrte, siehe, da geschah ihm etwas noch Seltsameres: er griff nämlich dabei unvermerkt in ein dichtes warmes Haar-Gezottel hinein; zugleich aber erscholl vor ihm ein Gebrüll, – ein sanftes langes Löwen-Brüllen.

„*Das Zeichen kommt*", sprach Zarathustra, und sein Herz verwandelte sich. Und in Wahrheit, als es helle vor ihm wurde, da lag ihm ein gelbes mächtiges Getier zu Füßen und schmiegte das Haupt an seine Knie und wollte nicht von ihm lassen vor Liebe, und tat einem Hunde gleich, welcher seinen alten Herrn wiederfindet. Die Tauben aber waren mit ihrer Liebe nicht minder eifrig als der Löwe; und jedesmal, wenn eine

Taube über die Nase des Löwen huschte, schüttelte der Löwe das Haupt und wunderte sich und lachte dazu.

Zu dem allem sprach Zarathustra nur ein Wort: *„Meine Kinder sind nahe, meine Kinder“* –, dann wurde er ganz stumm. Sein Herz aber war gelöst, und aus seinen Augen tropften Tränen herab und fielen auf seine Hände. Und er achtete keines Dings mehr und saß da, unbeweglich und ohne daß er sich noch gegen die Tiere wehrte. Da flogen die Tauben ab und zu und setzten sich ihm auf die Schulter und liebkosten sein weißes Haar und wurden nicht müde mit Zärtlichkeit und Frohlocken. Der starke Löwe aber leckte immer die Tränen, welche auf die Hände Zarathustras herabfielen, und brüllte und brummte schüchtern dazu. Also trieben es diese Tiere. –

Dies alles dauerte eine lange Zeit, oder eine kurze Zeit: denn, recht gesprochen, gibt es für dergleichen Dinge auf Erden *keine* Zeit –. Inzwischen aber waren die höheren Menschen in der Hütte Zarathustras wach geworden und ordneten sich miteinander zu einem Zuge an, daß sie Zarathustra entgegen gingen und ihm den Morgengruß böten: denn sie hatten gefunden, als sie erwachten, daß er schon nicht mehr unter ihnen weilte. Als sie aber zur Tür der Höhle gelangten, und das Geräusch ihrer Schritte ihnen voranlief, da stutzte der Löwe gewaltig, kehrte sich mit einem Male von Zarathustra ab und sprang, wild brüllend, auf die Höhle los; die höheren Menschen aber, als sie ihn brüllen hörten, schrien alle auf, wie mit einem Munde, und flohen zurück und waren im Nu verschwunden.

Zarathustra selber aber, betäubt und fremd, erhob sich von seinem Sitze, sah um sich, stand staunend da, fragte sein Herz, besann sich und war allein. „Was hörte ich doch?“ sprach er endlich langsam, „was geschah mir eben?“

Und schon kam ihm die Erinnerung, und er begriff mit Einem Blicke alles, was zwischen gestern und heute sich begeben hatte. „Hier ist ja der Stein,“ sprach er und strich sich den Bart, „auf *dem* saß ich gestern am Morgen; und hier trat der Wahrsager zu mir, und hier hörte ich zuerst den Schrei, den ich eben hörte, den großen Notschrei.

O ihr höheren Menschen, von *eurer* Not war's ja, daß gestern am Morgen jener alte Wahrsager mir wahrsagte, –

– zu eurer Not wollte er mich verführen und versuchen: o Zarathustra, sprach er zu mir, ich komme, daß ich dich zu deiner letzten Sünde verführe.

Zu meiner letzten Sünde?“ rief Zarathustra und lachte zornig über sein eigenes Wort: „*was* blieb mir doch aufgespart als meine letzte Sünde?“

– Und noch einmal versank Zarathustra in sich und setzte sich wieder auf den großen Stein nieder und sann nach. Plötzlich sprang er empor, –

„*Mitleiden! Das Mitleiden mit dem höheren Menschen!*“ schrie er auf, und sein Antlitz verwandelte sich in Erz. „Wohlan! *Das* – hatte seine Zeit!

Mein Leid und mein Mitleiden – was liegt daran!

Trachte ich denn nach *Glücke*? Ich trachte nach meinem *Werke*!

Wohlan! Der Löwe kam, meine Kinder sind nahe, Zarathustra ward reif, meine Stunde kam: –

Dies ist *mein* Morgen, *mein* Tag hebt an: *herauf nun, herauf, du großer Mittag*!“ – –

Also sprach Zarathustra und verließ seine Höhle, glühend und stark, wie eine Morgensonne, die aus dunklen Bergen kommt.

Vom Nutzen und Nachteil der Historie für das Leben

VORWORT

„Übrigens ist mir alles verhaßt, was mich bloß belehrt, ohne meine Tätigkeit zu vermehren oder unmittelbar zu beleben." Dies sind Worte Goethes, mit denen, als mit einem herzhaft ausgedrückten *Ceterum censeo*, unsere Betrachtung über den Wert und den Unwert der Historie beginnen mag. In derselben soll nämlich dargestellt werden, warum Belehrung ohne Belebung, warum Wissen, bei dem die Tätigkeit erschlafft, warum Historie als kostbarer Erkenntnis-Überfluß und Luxus uns ernstlich, nach Goethes Wort, verhaßt sein muß – deshalb, weil es uns noch am Notwendigsten fehlt und weil das Überflüssige der Feind des Notwendigen ist. Gewiß, wir brauchen Historie, aber wir brauchen sie anders, als sie der verwöhnte Müßiggänger im Garten des Wissens braucht, mag derselbe auch vornehm auf unsere derben und anmutlosen Bedürfnisse und Nöte herabsehen. Das heißt, wir brauchen sie zum Leben und zur Tat, nicht zur bequemen Abkehr vom Leben und von der Tat oder gar zur Beschönigung des selbstsüchtigen Lebens und der feigen und schlechten Tat. Nur soweit die Historie dem Leben dient, wollen wir ihr dienen: aber es gibt einen Grad, Historie zu treiben, und eine Schätzung derselben, bei der das Leben verkümmert und entartet: ein Phänomen, welches an merkwürdigen Symptomen unserer Zeit sich zur Erfahrung zu bringen jetzt ebenso notwendig ist, als es schmerzlich sein mag.

Ich habe mich bestrebt, eine Empfindung zu schildern, die mich oft genug gequält hat; ich räche mich an ihr, indem ich sie der Öffentlichkeit preisgebe. Vielleicht wird irgend jemand durch eine solche Schilderung veranlaßt, mir zu erklären, daß er diese Empfindung zwar auch kenne, aber daß ich sie nicht rein und ursprünglich genug empfunden und durchaus nicht mit der gebührenden Sicherheit und Reife der Erfahrung ausgesprochen habe. So vielleicht der eine oder der andere; die meisten aber werden mir sagen, daß es eine ganz verkehrte, unnatürliche, abscheuliche und schlechterdings unerlaubte Empfindung sei, ja daß ich mich mit derselben der so mächtigen historischen Zeitrichtung unwürdig gezeigt habe, wie sie bekanntlich seit zwei Menschenaltern unter den Deutschen namentlich zu bemerken ist. Nun wird jedenfalls dadurch, daß ich mich mit der Naturbeschreibung meiner Empfindung hervorwage, die allgemeine Wohlanständigkeit eher gefördert als beschädigt, dadurch, daß ich vielen Gelegenheit gebe, einer solchen Zeitrichtung, wie der eben erwähnten, Artigkeiten zu sagen. Für mich aber gewinne ich etwas, was mir noch mehr wert ist als die Wohlanständigkeit – öffentlich über unsere Zeit belehrt und zurechtgewiesen zu werden.

Unzeitgemäß ist auch diese Betrachtung, weil ich etwas, worauf die Zeit mit Recht stolz ist, ihre historische Bildung, hier einmal als Schaden, Gebreste und Mangel der Zeit zu verstehen versuche, weil ich sogar glaube, daß wir alle an einem verzehrenden historischen Fieber leiden und mindestens erkennen sollten, daß wir daran leiden. Wenn aber Goethe mit gutem Rechte gesagt hat, daß wir mit unseren Tugenden zugleich auch unsere Fehler anbauen, und wenn, wie jedermann weiß, eine hypertrophische Tugend – wie sie mir der historische Sinn unserer Zeit zu sein scheint – so gut zum Verderben eines Volkes werden kann wie ein hypertrophisches Laster: so mag man mich nur einmal gewähren lassen. Auch soll zu meiner Entlastung nicht verschwiegen werden, daß ich die Erfahrungen, die mir jene quälenden Empfindungen erregten, meistens aus mir selbst und nur zur Vergleichung aus anderen entnommen habe und daß ich nur, sofern ich Zögling älterer Zeiten, zumal der griechischen, bin, über mich als ein Kind dieser jetzigen Zeit zu so unzeitgemäßen Erfahrungen komme. So viel muß ich mir aber selbst von Berufs wegen als klassischer Philologe zugestehen dürfen: denn ich wüßte nicht, was die klassische Philologie in unserer Zeit für einen Sinn hätte, wenn nicht den, in ihr unzeitgemäß – das heißt gegen die Zeit und dadurch auf die Zeit und hoffentlich zugunsten einer kommenden Zeit – zu wirken.

ERSTER ABSCHNITT

Betrachte die Herde, die an dir vorüberweidet: sie weiß nicht, was Gestern, was Heute ist, springt umher, frißt, ruht, verdaut, springt wieder, und so vom Morgen bis zur Nacht und von Tage zu Tage, kurz angebunden mit ihrer Lust und Unlust, nämlich an den Pflock des Augenblicks, und deshalb weder schwermütig noch überdrüssig. Dies zu sehen geht dem Menschen hart ein, weil er seines Menschentums sich vor dem Tiere brüstet und doch nach seinem Glücke eifersüchtig hinblickt – denn das will er allein, gleich dem Tiere weder überdrüssig noch unter Schmerzen leben, und will es doch vergebens, weil er es nicht will wie das Tier. Der Mensch fragt wohl einmal das Tier: warum redest du mir nicht von deinem Glücke und siehst mich nur an? Das Tier will auch antworten und sagen: das kommt daher, daß ich immer gleich vergesse, was ich sagen wollte – da vergaß es aber auch schon diese Antwort und schwieg: so daß der Mensch sich darob verwunderte.

Er wundert sich aber auch über sich selbst, das Vergessen nicht lernen zu können und immerfort am Vergangnen zu hängen: mag er noch so weit, noch so schnell laufen, die Kette läuft mit. Es ist ein Wunder: der Augenblick, im Husch da, im Husch vorüber, vorher ein Nichts, nachher ein Nichts, kommt doch noch als Gespenst wieder und stört die Ruhe eines späteren Augenblicks. Fortwährend löst sich ein Blatt aus der Rolle der Zeit, fällt heraus, flattert fort – und flattert plötzlich wieder zurück, dem Menschen in den Schoß. Dann sagt der Mensch „ich erinnere mich" und beneidet das Tier, welches sofort vergißt und jeden Augenblick wirklich sterben, in Nebel und Nacht zurücksinken und auf immer verlöschen sieht. So lebt das Tier *unhistorisch*: denn es geht auf in der Gegenwart wie eine Zahl, ohne daß ein wunderlicher Bruch übrigbleibt, es weiß sich nicht zu verstellen, verbirgt nichts und erscheint in jedem Momente ganz und gar als das, was es ist, kann also gar nicht anders sein als ehrlich. Der Mensch hingegen stemmt sich gegen die große und immer größere Last des Vergangnen: diese drückt ihn nieder oder beugt ihn seitwärts, diese beschwert seinen Gang als eine unsichtbare und dunkle Bürde, welche er zum Scheine einmal verleugnen kann und welche er im Umgange mit seinesgleichen gar zu gern verleugnet: um ihren

Neid zu wecken. Deshalb ergreift es ihn, als ob er eines verlornen Paradieses gedächte, die weidende Herde oder, in vertrauterer Nähe, das Kind zu sehen, das noch nichts Vergangnes zu verleugnen hat und zwischen den Zäunen der Vergangenheit und der Zukunft in überseliger Blindheit spielt. Und doch muß ihm sein Spiel gestört werden: nur zu zeitig wird es aus der Vergessenheit heraufgerufen. Dann lernt es das Wort „es war" zu verstehen, jenes Losungswort, mit dem Kampf, Leiden und Überdruß an den Menschen herankommen, ihn zu erinnern, was sein Dasein im Grunde ist – ein nie zu vollendendes Imperfektum. Bringt endlich der Tod das ersehnte Vergessen, so unterschlägt er doch zugleich dabei die Gegenwart und das Dasein und drückt damit das Siegel auf jene Erkenntnis – daß Dasein nur ein ununterbrochnes Gewesensein ist, ein Ding, das davon lebt, sich selbst zu verneinen und zu verzehren, sich selbst zu widersprechen.

Wenn ein Glück, wenn ein Haschen nach neuem Glück in irgendeinem Sinne das ist, was den Lebenden im Leben festhält und zum Leben fortdrängt, so hat vielleicht kein Philosoph mehr Recht als der Zyniker: denn das Glück des Tieres, als des vollendeten Zynikers, ist der lebendige Beweis für das Recht des Zynismus. Das kleinste Glück, wenn es nur ununterbrochen da ist und glücklich macht, ist ohne Vergleich mehr Glück als das größte, das nur als Episode, gleichsam als Laune, als toller Einfall, zwischen lauter Unlust, Begierde und Entbehrung kommt. Bei dem kleinsten aber und bei dem größten Glücke ist es immer eins, wodurch Glück zum Glücke wird: das Vergessenkönnen oder, gelehrter ausgedrückt, das Vermögen, während seiner Dauer *unhistorisch* zu empfinden. Wer sich nicht auf der Schwelle des Augenblicks, alle Vergangenheiten vergessend, niederlassen kann, wer nicht auf einem Punkte wie eine Siegesgöttin ohne Schwindel und Furcht zu stehen vermag, der wird nie wissen, was Glück ist, und noch schlimmer: er wird nie etwas tun, was andre glücklich macht. Denkt euch das äußerste Beispiel, einen Menschen, der die Kraft zu vergessen gar nicht besäße, der verurteilt wäre, überall ein Werden zu sehen: ein solcher glaubt nicht mehr an sein eignes Sein, glaubt nicht mehr an sich, sieht alles in bewegte Punkte auseinanderfließen und verliert sich in diesem Strome des Werdens: er wird wie der rechte Schüler Heraklits zuletzt kaum mehr wagen, den

Finger zu heben. Zu allem Handeln gehört Vergessen: wie zum Leben alles Organischen nicht nur Licht, sondern auch Dunkel gehört. Ein Mensch, der durch und durch nur historisch empfinden wollte, wäre dem ähnlich, der sich des Schlafens zu enthalten gezwungen würde, oder dem Tiere, das nur vom Wiederkäuen und immer wiederholten Wiederkäuen fortleben sollte. Also: es ist möglich, fast ohne Erinnerung zu leben, ja glücklich zu leben, wie das Tier zeigt; es ist aber ganz und gar unmöglich, ohne Vergessen überhaupt zu *leben*. Oder, um mich noch einfacher über mein Thema zu erklären: *es gibt einen Grad von Schlaflosigkeit, von Wiederkäuen, von historischem Sinne, bei dem das Lebendige zu Schaden kommt und zuletzt zugrunde geht, sei es nun ein Mensch oder ein Volk oder eine Kultur.*

Um diesen Grad und durch ihn dann die Grenze zu bestimmen, an der das Vergangne vergessen werden muß, wenn es nicht zum Totengräber des Gegenwärtigen werden soll, müßte man genau wissen, wie groß die *plastische Kraft* eines Menschen, eines Volkes, einer Kultur ist; ich meine jene Kraft, aus sich heraus eigenartig zu wachsen, Vergangnes und Fremdes umzubilden und einzuverleiben, Wunden auszuheilen, Verlornes zu ersetzen, zerbrochne Formen aus sich nachzuformen. Es gibt Menschen, die diese Kraft so wenig besitzen, daß sie an einem einzigen Erlebnis, an einem einzigen Schmerz, oft zumal an einem einzigen zarten Unrecht wie an einem ganz kleinen blutigen Risse unheilbar verbluten; es gibt auf der anderen Seite solche, denen die wildesten und schauerlichsten Lebensunfälle und selbst Taten der eignen Bosheit so wenig anhaben, daß sie es mitten darin oder kurz darauf zu einem leidlichen Wohlbefinden und zu einer Art ruhigen Gewissens bringen. Je stärkere Wurzeln die innerste Natur eines Menschen hat, um so mehr wird er auch von der Vergangenheit sich aneignen oder anzwingen; und dächte man sich die mächtigste und ungeheuerste Natur, so wäre sie daran zu erkennen, daß es für sie gar keine Grenze des historischen Sinnes geben würde, an der er überwuchernd und schädlich zu wirken vermöchte; alles Vergangne, eignes und fremdestes, würde sie an sich heran-, in sich hineinziehen und gleichsam zu Blut umschaffen. Das, was eine solche Natur nicht bezwingt, weiß sie zu vergessen; es ist nicht mehr da, der Horizont ist geschlossen und ganz, und nichts vermag daran zu erinnern, daß es noch jenseits desselben Menschen, Leidenschaften, Lehren, Zwecke gibt. Und dies ist ein allgemeines Gesetz: jedes Lebendige kann nur innerhalb eines Horizontes gesund, stark und fruchtbar werden; ist es unvermögend, einen Horizont um sich zu ziehn, und zu selbstisch wiederum, innerhalb eines fremden den eignen Blick einzuschließen, so siecht es matt oder überhastig zu zeitigem Untergange dahin. Die Heiterkeit, das gute Gewissen, die frohe Tat, das Vertrauen auf das Kommende – alles das hängt, bei dem einzelnen wie bei dem Volke, davon ab, daß es eine Linie gibt, die das Übersehbare, Helle von dem Unaufhellbaren und Dunkeln scheidet; davon, daß man ebensogut zur rechten Zeit zu vergessen weiß, als man sich zur rechten Zeit erinnert; davon, daß man mit kräftigem Instinkte herausfühlt, wann es nötig ist, historisch, wann unhistorisch zu empfinden. Dies gerade ist der Satz, zu dessen Betrachtung der Leser eingeladen ist: *das Unhistorische und das Historische ist gleichermaßen für die Gesundheit eines einzelnen, eines Volkes und einer Kultur nötig*.

Hier bringt nun jeder zunächst eine Beobachtung mit: das historische Wissen und Empfinden eines Menschen kann sehr beschränkt, sein Horizont eingeengt wie der eines Alpental-Bewohners sein, in jedes Urteil mag er eine Ungerechtigkeit, in jede Erfahrung den Irrtum legen, mit ihr der erste zu sein – und trotz aller Ungerechtigkeit und allem Irrtum steht er doch in unüberwindlicher Gesundheit und Rüstigkeit da und erfreut jedes Auge; während dicht neben ihm der bei weitem Gerechtere und Belehrtere kränkelt und zusammenfällt, weil die Linien seines Horizontes immer von neuem unruhig sich verschieben, weil er sich aus dem viel zarteren Netze seiner Gerechtigkeiten und Wahrheiten nicht wieder zum derben Wollen und Begehren herauswinden kann. Wir sahen dagegen das Tier, das ganz unhistorisch ist und beinahe innerhalb eines punktartigen Horizontes wohnt und doch in einem gewissen Glücke, wenigstens ohne Überdruß und Verstellung lebt; wir werden also die Fähigkeit, in einem bestimmten Grade unhistorisch empfinden zu können, für die wichtigere und ursprünglichere halten müssen, insofern in ihr das Fundament liegt, auf dem überhaupt erst etwas Rechtes, Gesundes und Großes, etwas wahrhaft Menschliches wachsen kann. Das Unhistorische ist einer umhüllenden Atmosphäre ähnlich, in der sich Leben allein erzeugt, um mit der Vernichtung dieser Atmosphäre wieder zu verschwinden. Es ist wahr: erst dadurch, daß der Mensch denkend, überdenkend, vergleichend, trennend, zusammenschließend jenes unhistorische Element einschränkt, erst dadurch, daß innerhalb jener umschließenden Dunstwolke ein heller blitzender Lichtschein entsteht – also erst durch die Kraft, das Vergangene zum Leben zu gebrauchen und aus dem Geschehenen wieder Geschichte zu machen, wird der Mensch zum Menschen: aber in einem Übermaße von Historie hört der Mensch wieder auf, und ohne jene Hülle des Unhistorischen würde er nie angefangen haben und anzufangen wagen. Wo finden sich Taten, die der Mensch zu tun vermöchte, ohne vorher in jene Dunstschicht des Unhistorischen eingegangen zu sein? Oder um die Bilder beiseite zu lassen und zur Illustration durch das Beispiel zu greifen: man vergegenwärtige sich doch einen Mann, den eine heftige Leidenschaft, für ein Weib oder für einen großen Gedanken, herumwirft und fortzieht: wie verändert sich ihm seine Welt! Rückwärts blickend fühlt er sich blind, seitwärts hörend vernimmt er das Fremde wie einen dumpfen, bedeutungsleeren Schall; was er überhaupt wahrnimmt, das nahm er noch nie so wahr, so fühlbar nah, gefärbt, durchtönt, erleuchtet, als ob er es mit allen Sinnen zugleich ergriffe. Alle Wertschätzungen sind verändert und entwertet; so vieles vermag er nicht mehr zu schätzen, weil er es kaum mehr fühlen kann: er fragt sich, ob er so lange der Narr fremder Worte, fremder Meinungen gewesen sei; er wundert sich, daß sein Gedächtnis sich unermüdlich in *einem* Kreise dreht und doch zu schwach und müde ist, um nur einen einzigen Sprung aus diesem Kreise heraus zu machen. Es ist der ungerechteste Zustand von der Welt, eng, undankbar gegen das Vergangne, blind gegen Gefahren, taub gegen Warnungen, ein kleiner lebendiger Wirbel in einem toten Meere von Nacht und Vergessen: und doch ist dieser Zustand – unhistorisch, widerhistorisch durch und durch – der Geburtsschoß nicht nur einer ungerechten, sondern vielmehr jeder rechten Tat; und kein Künstler wird sein Bild, kein Feldherr seinen Sieg, kein Volk seine Freiheit erreichen, ohne sie in einem derartig unhistorischen Zustande vorher begehrt und erstrebt zu haben. Wie der Handelnde, nach Goethes Ausdruck, immer gewissenlos ist, so ist er auch immer wissenlos; er vergißt das meiste, um eins zu tun, er ist ungerecht gegen das, was hinter ihm liegt, und kennt nur *ein* Recht, das Recht dessen, was jetzt werden soll. So liebt jeder Handelnde seine Tat unendlich mehr, als sie geliebt zu werden verdient: und die besten Taten geschehen in einem solchen Überschwange der Liebe, daß sie jedenfalls dieser Liebe unwert sein müssen, wenn ihr Wert auch sonst unberechenbar groß wäre.

Sollte einer imstande sein, diese unhistorische Atmosphäre, in der jedes große geschichtliche Ereignis entstanden ist, in zahlreichen Fällen auszuwittern und nachzuatmen, so vermöchte ein solcher vielleicht, als erkennendes Wesen, sich auf einen *überhistorischen* Standpunkt zu erheben, wie ihn einmal Niebuhr als mögliches Resultat historischer Betrachtungen geschildert hat. „Zu einer Sache wenigstens", sagt er, „ist die Geschichte, klar und ausführlich begriffen, nutz: daß man weiß, wie auch die größten und höchsten Geister unsres menschlichen Geschlechts nicht wissen, wie zufällig ihr Auge die Form angenommen hat, wodurch sie sehen und wodurch zu sehen sie von jedermann gewaltsam fordern, gewaltsam nämlich, weil die Intensität ihres Bewußtseins ausnehmend groß ist. Wer dies nicht ganz bestimmt und in vielen Fällen weiß und begriffen hat, den unterjocht die Erscheinung eines mächtigen Geistes, der in eine gegebne Form die höchste Leidenschaftlichkeit bringt." Überhistorisch wäre ein solcher Standpunkt zu nennen, weil einer, der auf ihm steht, gar keine Verführung mehr zum Weiterleben und zur Mitarbeit an der Geschichte verspüren könnte, dadurch, daß er die *eine* Bedingung alles Geschehens, jene Blindheit und Ungerechtigkeit in der Seele des Handelnden, erkannt hätte; er wäre selbst davon geheilt, die Historie von nun an noch übermäßig ernst zu nehmen: hätte er doch gelernt, an jedem Menschen, an jedem Erlebnis, unter Griechen oder Türken, aus einer Stunde des ersten oder des neunzehnten Jahrhunderts, die Frage sich zu beantworten, wie und wozu gelebt werde.

Wer seine Bekannten fragt, ob sie die letzten zehn oder zwanzig Jahre noch einmal zu durchleben wünschten, wird leicht wahrnehmen, wer von ihnen für jenen überhistorischen Standpunkt vorgebildet ist: zwar werden sie wohl alle Nein! antworten, aber sie werden jenes Nein! verschieden begründen.

Die einen vielleicht damit, daß sie sich getrösten: „aber die nächsten Zwanzig werden besser sein"; es sind die, von denen David Hume spöttisch sagt:

And from the dregs of life hope to receive,
What the first sprightly running could not give.*

Wir wollen sie die historischen Menschen nennen; der Blick in die Vergangenheit drängt sie zur Zukunft hin, feuert ihren Mut an, es noch länger mit dem Leben aufzunehmen, entzündet die Hoffnung, daß das Rechte noch komme, daß das Glück hinter dem Berg sitze, auf den sie zuschreiten. Diese historischen Menschen glauben, daß der Sinn des Daseins im Verlaufe seines *Prozesses* immer mehr ans Licht kommen werde, sie schauen nur deshalb rückwärts, um an der Betrachtung des bisherigen Prozesses die Gegenwart zu verstehen und die Zukunft heftiger begehren zu lernen; sie wissen gar nicht, wie unhistorisch sie trotz aller ihrer Historie denken und handeln, und wie auch ihre Beschäftigung mit der Geschichte nicht im Dienste der reinen Erkenntnis, sondern des Lebens steht.

Aber jene Frage, deren erste Beantwortung wir gehört haben, kann auch einmal anders beantwortet werden. Zwar wiederum mit einem Nein! – aber mit einem anders begründeten Nein. Mit dem Nein des überhistorischen Menschen, der nicht im Prozesse das Heil sieht, für den vielmehr die Welt in jedem einzelnen Augenblicke fertig ist und ihr Ende erreicht. Was könnten zehn neue Jahre lehren, was die vergangnen zehn zu lehren nicht vermochten!

Ob nun der Sinn der Lehre Glück oder Resignation oder Tugend oder Buße ist, darin sind die überhistorischen Menschen miteinander nie einig gewesen; aber, allen historischen Betrachtungsarten des Vergangnen entgegen, kommen sie zur vollen Einmütigkeit des Satzes: das Vergangne und das Gegenwärtige ist ein und dasselbe, nämlich in aller Mannigfaltigkeit typisch gleich und als Allgegenwart unvergänglicher Typen ein stillstehendes Gebilde von unverändertem Werte und ewig gleicher Bedeutung. Wie die Hunderte verschiedner Sprachen denselben typisch festen Bedürfnissen der Menschen entsprechen, so daß einer, der diese Bedürfnisse verstände, aus allen Sprachen nichts Neues zu lernen vermöchte: so erleuchtet sich der überhistorische Denker alle Geschichte der

* Und von dem Rest des Lebens hoffen sie zu empfangen, was der erste frohe Lauf nicht geben konnte.

Völker und der einzelnen von innen heraus, hellseherisch den Ursinn der verschiedenen Hieroglyphen erratend und allmählich sogar der immer neu hinzuströmenden Zeichenschrift ermüdet ausweichend; denn wie sollte er es im unendlichen Überflusse des Geschehenden nicht zur Sättigung, zur Übersättigung, ja zum Ekel bringen! So daß der Verwegenste zuletzt vielleicht bereit ist, mit Giacomo Leopardi zu seinem Herzen zu sagen:

> „Nichts lebt, das würdig
> Wär' deiner Regungen, und keinen Seufzer verdient die Erde.
> Schmerz und Langeweile ist unser Sein und Kot die Welt – nichts andres.
> Beruhige dich.“

Doch lassen wir den überhistorischen Menschen ihren Ekel und ihre Weisheit: heute wollen wir vielmehr einmal unsrer Unweisheit von Herzen froh werden und uns als den Tätigen und Fortschreitenden, als den Verehrern des Prozesses, einen guten Tag machen. Mag unsre Schätzung des Historischen nur ein okzidentalisches Vorurteil sein; wenn wir nur wenigstens innerhalb dieser Vorurteile fortschreiten und nicht stillestehn! Wenn wir nur dies gerade immer besser lernen, Historie zum Zwecke des *Lebens* zu treiben! Dann wollen wir den Überhistorischen gerne zugestehen, daß sie mehr Weisheit besitzen als wir; falls wir nämlich nur sicher sein dürfen, mehr Leben als sie zu besitzen: denn so wird jedenfalls unsre Unweisheit mehr Zukunft haben als ihre Weisheit. Und damit gar kein Zweifel über den Sinn dieses Gegensatzes von Leben und Weisheit bestehen bleibe, will ich mir durch ein von alters her wohlbewährtes Verfahren zu Hilfe kommen und geradewegs einige Thesen aufstellen.

Ein historisches Phänomen, rein und vollständig erkannt und in ein Erkenntnisphänomen aufgelöst, ist für den, der es erkannt hat, tot: denn er hat in ihm den Wahn, die Ungerechtigkeit, die blinde Leidenschaft und überhaupt den ganzen irdisch umdunkelten Horizont jenes Phänomens und zugleich eben darin seine geschichtliche Macht erkannt. Diese Macht ist jetzt für ihn, den Wissenden, machtlos geworden: vielleicht noch nicht für ihn, den Lebenden.

Die Geschichte als reine Wissenschaft gedacht und souverän geworden, wäre eine Art von Lebens-Abschluß und Abrechnung für die

Menschheit. Die historische Bildung ist vielmehr nur im Gefolge einer mächtigen neuen Lebensströmung, einer werdenden Kultur zum Beispiel, etwas Heilsames und Zukunft-Verheißendes, also nur dann, wenn sie von einer höheren Kraft beherrscht und geführt wird und nicht selber herrscht und führt.

Die Historie, sofern sie im Dienste des Lebens steht, steht im Dienste einer unhistorischen Macht und wird deshalb nie, in dieser Unterordnung, reine Wissenschaft, etwa wie die Mathematik es ist, werden können und sollen. Die Frage aber, bis zu welchem Grade das Leben den Dienst der Historie überhaupt brauche, ist eine der höchsten Fragen und Sorgen in betreff der Gesundheit eines Menschen, eines Volkes, einer Kultur. Denn bei einem gewissen Übermaß derselben zerbröckelt und entartet das Leben, und zuletzt auch wieder, durch diese Entartung, selbst die Historie.

ZWEITER ABSCHNITT

Daß das Leben aber den Dienst der Historie brauche, muß ebenso deutlich begriffen werden als der Satz, der später zu beweisen sein wird – daß ein Übermaß der Historie dem Lebendigen schade. In dreierlei Hinsicht gehört die Historie dem Lebendigen: sie gehört ihm als dem Tätigen und Strebenden, ihm als dem Bewahrenden und Verehrenden, ihm als dem Leidenden und der Befreiung Bedürftigen. Dieser Dreiheit von Beziehungen entspricht eine Dreiheit von Arten der Historie: sofern es erlaubt ist, eine *monumentalische,* eine *antiquarische* und eine *kritische* Art der Historie zu unterscheiden.

Die Geschichte gehört vor allem dem Tätigen und Mächtigen, dem, der einen großen Kampf kämpft, der Vorbilder, Lehrer, Tröster braucht und sie unter seinen Genossen und in der Gegenwart nicht zu finden vermag. So gehörte sie Schillern: denn unsre Zeit ist so schlecht, sagte Goethe, daß dem Dichter im umgebenden menschlichen Leben keine brauchbare Natur mehr begegnet. Mit der Rücksicht auf den Tätigen nennt zum Beispiel Polybius die politische Historie die rechte Vorbereitung zur Regierung eines Staates und die vorzüglichste Lehrmeisterin, als welche durch die Erinnerung an die Unfälle anderer uns ermahne, die Abwechslungen des Glücks standhaft zu ertragen. Wer hierin den Sinn der Historie zu erkennen gelernt hat, den muß es verdrießen, neugierige Reisende oder peinliche Mikrologen auf den Pyramiden großer Vergangenheiten herumklettern zu sehen; dort, wo er die Anreizungen zum Nachahmen und Bessermachen findet, wünscht er nicht dem Müßiggänger zu begegnen, der, begierig nach Zerstreuung oder Sensation, wie unter den gehäuften Bilderschätzen einer Galerie herumstreicht. Daß der Tätige mitten unter den schwächlichen und hoffnungslosen Müßiggängern, mitten unter den scheinbar tätigen, in Wahrheit nur aufgeregten und zappelnden Genossen nicht verzage und Ekel empfinde, blickt er hinter sich und unterbricht den Lauf zu seinem Ziele, um einmal aufzuatmen. Sein Ziel aber ist irgendein Glück, vielleicht nicht sein eignes, oft das eines Volkes oder das der Menschheit insgesamt; er flieht vor der Resignation zurück und gebraucht die Geschichte als Mittel gegen die Resignation. Zumeist winkt ihm kein Lohn, wenn nicht der Ruhm, das heißt die Anwartschaft auf einen Ehrenplatz im Tempel der Historie, wo er selbst wieder den Späterkommenden Lehrer, Tröster und Warner sein kann. Denn sein Gebot lautet: das, was einmal vermochte, den Begriff „Mensch“ weiter auszuspannen und schöner zu erfüllen, das muß auch ewig vorhanden sein, um dies ewig zu vermögen. Daß die großen Momente im Kampfe der einzelnen eine Kette bilden, daß in ihnen ein Höhenzug der Menschheit durch Jahrtausende hin sich verbinde, daß für mich das Höchste eines solchen längst vergangnen Momentes noch lebendig, hell und groß sei – das ist der Grundgedanke im Glauben an die Humanität, der sich in der Forderung einer *monumentalischen* Historie ausspricht. Gerade aber an dieser Forderung, daß das Große ewig sein solle, entzündet sich der furchtbarste Kampf. Denn alles andere, was noch lebt, ruft nein. Das Monumentale soll nicht entstehn – das ist die Gegenlosung. Die dumpfe Gewöhnung, das Kleine und Niedrige, alle Winkel der Welt erfüllend, als schwere Erdenluft um alles Große qualmend, wirft sich hemmend, täuschend, dämpfend, erstickend in den Weg, den das Große zur Unsterblichkeit zu gehen hat. Dieser Weg aber führt durch menschliche Gehirne! Durch die Gehirne geängstigter und kurzlebender Tiere, die immer wieder zu denselben Nöten auftauchen und mit Mühe eine geringe Zeit das Verderben von sich abwehren. Denn sie wollen zunächst nur eins: leben um jeden Preis. Wer möchte bei ihnen jenen schwierigen Fackel-Wettlauf der monumentalen Historie vermuten, durch den allein das Große weiterlebt! Und doch erwachen immer wieder einige, die sich im Hinblick auf das vergangne Große und gestärkt durch seine Betrachtung so beseligt fühlen, als ob das Menschenleben eine herrliche Sache sei und als ob es gar die schönste Frucht dieses bitteren Gewächses sei, zu wissen, daß früher einmal einer stolz und stark durch dieses Dasein gegangen ist, ein andrer mit Tiefsinn, ein Dritter mit Erbarmen und hilfreich – alle aber *eine* Lehre hinterlassend, daß der am schönsten lebt, der das Dasein nicht achtet. Wenn der gemeine Mensch diese Spanne Zeit so trübsinnig ernst und begehrlich nimmt, wußten jene, auf ihrem Wege zur Unsterblichkeit und zur monumentalen Historie, es zu einem olympischen Lachen oder mindestens zu einem erhabenen Hohne zu bringen; oft stiegen sie mit Ironie in ihr Grab – denn was war an ihnen zu begraben! Doch nur das, was sie als Schlacke, Unrat, Eitelkeit, Tierheit immer bedrückt hatte und was jetzt der Vergessenheit anheim fällt, nachdem es längst ihrer Verachtung preisgegeben war. Aber eines wird leben, das Monogramm ihres eigensten Wesens, ein Werk, eine Tat, eine seltne Erleuchtung, eine Schöpfung: es wird leben, weil keine Nachwelt es entbehren kann. In dieser verklärtesten Form ist der Ruhm doch etwas mehr als der köstlichste Bissen unserer Eigenliebe, wie ihn Schopenhauer genannt hat, es ist der Glaube an die Zusammengehörigkeit und Kontinuität des Großen aller Zeiten, es ist ein Protest gegen den Wechsel der Geschlechter und die Vergänglichkeit.

Wodurch also nützt dem Gegenwärtigen die monumentalische Betrachtung der Vergangenheit, die Beschäftigung mit dem Klassischen und Seltnen früherer Zeiten? Er entnimmt daraus, daß das Große, das einmal da war, jedenfalls einmal *möglich* war und deshalb auch wohl wieder einmal möglich sein wird; er geht mutiger seinen Gang, denn jetzt ist der Zweifel, der ihn in schwächeren Stunden anfällt, ob er nicht vielleicht das Unmögliche wolle, aus dem Felde geschlagen. Nehme man an, daß jemand glaube, es gehörten nicht mehr als hundert produktive, in einem neuen Geiste erzogene und wirkende Menschen dazu, um der in

Deutschland gerade jetzt modisch gewordenen Gebildetheit den Garaus zu machen, wie müßte es ihn bestärken wahrzunehmen, daß die Kultur der Renaissance sich auf den Schultern einer solchen Hundert-Männer-Schar heraushob.

Und doch – um an dem gleichen Beispiel sofort noch etwas Neues zu lernen – wie fließend und schwebend, wie ungenau wäre jene Vergleichung! Wie viel des Verschiednen muß, wenn sie jene kräftigende Wirkung tun soll, dabei übersehen, wie gewaltsam muß die Individualität des Vergangnen in eine allgemeine Form hineingezwängt und an allen scharfen Ecken und Linien zugunsten der Übereinstimmung zerbrochen werden! Im Grunde ja könnte das, was einmal möglich war, sich nur dann zum zweiten Male als möglich einstellen, wenn die Pythagoreer recht hätten zu glauben, daß bei gleicher Konstellation der himmlischen Körper auch auf Erden das gleiche, und zwar bis aufs einzelne und kleine, sich wiederholen müsse: so daß immer wieder, wenn die Sterne eine gewisse Stellung zueinander haben, ein Stoiker sich mit einem Epikureer verbinden und Cäsar ermorden und immer wieder bei einem anderen Stande Kolumbus Amerika entdecken wird. Nur wenn die Erde ihr Theaterstück jedesmal nach dem fünften Akt von neuem anfinge, wenn es feststünde, daß dieselbe Verknotung von Motiven, derselbe deus ex machina, dieselbe Katastrophe in bestimmten Zwischenräumen wiederkehrten, dürfte der Mächtige die monumentale Historie in voller ikonischer *Wahrhaftigkeit*, das heißt jedes Faktum in seiner genau geschilderten Eigentümlichkeit und Einzigkeit begehren: wahrscheinlich also nicht eher, als bis die Astronomen wieder zu Astrologen geworden sind. Bis dahin wird die monumentale Historie jene volle Wahrhaftigkeit nicht brauchen können: immer wird sie das Ungleiche annähern, verallgemeinern und endlich gleichsetzen; immer wird sie die Verschiedenheit der Motive und Anlässe abschwächen, um auf Kosten der *causae* die *effectus* monumental, nämlich vorbildlich und nachahmungswürdig, hinzustellen: so daß man sie, weil sie möglichst von den Ursachen absieht, mit geringer Übertreibung eine Sammlung der „Effekte an sich“ nennen könnte, als von Ereignissen, die zu allen Zeiten Effekt machen werden. Das, was bei Volksfesten, bei religiösen oder kriegerischen Gedenktagen gefeiert wird, ist eigentlich ein solcher „Effekt an sich“: er ist es, der die

Ehrgeizigen nicht schlafen läßt, der den Unternehmenden wie ein Amulett am Herzen liegt, nicht aber der wahrhaft geschichtliche Connexus von Ursachen und Wirkungen, der, vollständig erkannt, nur beweisen würde, daß nie wieder etwas durchaus gleiches bei dem Würfelspiele der Zukunft und des Zufalls herauskommen könne.

Solange die Seele der Geschichtsschreibung in den großen *Antrieben* liegt, die ein Mächtiger aus ihr entnimmt, solange die Vergangenheit als nachahmungswürdig, als nachahmbar und zum zweiten Male möglich beschrieben werden muß, ist sie jedenfalls in der Gefahr, etwas verschoben, ins Schönere umgedeutet und damit der freien Erdichtung angenähert zu werden; ja es gibt Zeiten, die zwischen einer monumentalischen Vergangenheit und einer mythischen Fiktion gar nicht zu unterscheiden vermögen: weil aus der einen Welt genau dieselben Antriebe entnommen werden können wie aus der andern. *Regiert* also die monumentalische Betrachtung des Vergangnen über die anderen Betrachtungsarten, ich meine über die antiquarische und kritische, so leidet die Vergangenheit selbst *Schaden*: ganze große Teile derselben werden vergessen, verachtet und fließen fort wie eine graue ununterbrochne Flut, und nur einzelne geschmückte Fakta heben sich als Inseln heraus: an den seltnen Personen, die überhaupt sichtbar werden, fällt etwas Unnatürliches und Wunderbares in die Augen, gleichsam die goldene Hüfte, welche die Schüler des Pythagoras an ihrem Meister erkennen wollten. Die monumentale Historie täuscht durch Analogien: sie reizt mit verführerischen Ähnlichkeiten den Mutigen zur Verwegenheit, den Begeisterten zum Fanatismus; und denkt man sich gar diese Historie in den Händen und Köpfen der begabten Egoisten und der schwärmerischen Bösewichter, so werden Reiche zerstört, Fürsten ermordet, Kriege und Revolutionen angestiftet und die Zahl der geschichtlichen „Effekte an sich", das heißt der Wirkungen ohne zureichende Ursachen, von neuem vermehrt. Soviel zur Erinnerung an die Schäden, die die monumentale Historie unter den Mächtigen und Tätigen, seien sie nun gut oder böse, anrichten kann: was wirkt sie aber erst, wenn sich ihrer die Ohnmächtigen und Untätigen bemächtigen und bedienen!

Nehmen wir das einfachste und häufigste Beispiel. Man denke sich die unkünstlerischen und schwachkünstlerischen Naturen durch die monumentalische Künstlerhistorie geharnischt und bewehrt: gegen wen werden sie jetzt ihre Waffen richten? Gegen ihre Erbfeinde, die starken Kunstgeister, also gegen die, welche allein aus jener Historie wahrhaft, das heißt zum Leben hin zu lernen und das Erlernte in eine erhöhte Praxis umzusetzen vermögen. Denen wird der Weg verlegt; denen wird die Luft verfinstert, wenn man ein halb begriffnes Monument irgendeiner großen Vergangenheit götzendienerisch und mit rechter Beflissenheit umtanzt, als ob man sagen wollte: „Seht, das ist die wahre und wirkliche Kunst: was gehen euch die Werdenden und Wollenden an!“ Scheinbar besitzt dieser tanzende Schwarm sogar das Privilegium des „guten Geschmacks“: denn immer stand der Schaffende im Nachteil gegen den, der nur zusah und nicht selbst die Hand anlegte; wie zu allen Zeiten der politische Kannegießer klüger, gerechter und überlegsamer war als der regierende Staatsmann. Will man aber gar auf das Gebiet der Kunst den Gebrauch der Volksabstimmungen und der Zahlen-Majoritäten übertragen und den Künstler gleichsam vor das Forum der ästhetischen Nichtstuer zu seiner Selbstverteidigung nötigen, so kann man einen Eid darauf im voraus leisten, daß er verurteilt werden wird: nicht obwohl, sondern gerade *weil* seine Richter den Kanon der monumentalen Kunst (das heißt, nach der gegebenen Erklärung, der Kunst, die zu allen Zeiten „Effekt gemacht hat“) feierlich proklamiert haben: während ihnen für alle noch nicht monumentale, weil gegenwärtige Kunst erstens das Bedürfnis, zweitens die reine Neigung, drittens eben jene Autorität der Historie abgeht. Dagegen verrät ihnen ihr Instinkt, daß die Kunst durch die Kunst totgeschlagen werden könne: das Monumentale soll durchaus nicht wieder entstehen, und dazu nützt gerade das, was einmal die Autorität des Monumentalen aus der Vergangenheit her hat. So sind die Kunstkenner, weil sie die Kunst überhaupt beseitigen möchten; so gebärden sie sich als Ärzte, während sie es im Grunde auf Giftmischerei abgesehn haben; so bilden sie ihre Zunge und ihren Geschmack aus, um aus ihrer Verwöhntheit zu erklären, warum sie alles das, was ihnen von nahrhafter Kunstspeise angeboten wird, so beharrlich ablehnen. Denn sie wollen nicht, daß das Große entstehe: ihr Mittel ist, zu sagen, „seht, das Große ist schon da!“ In Wahrheit geht sie dieses Große, das schon da ist, so wenig an, wie das, welches entsteht: davon legt ihr Leben Zeugnis ab. Die monumentalische Historie ist das Maskenkleid, in dem sich ihr Haß gegen die Mächtigen und Großen ihrer Zeit für gesättigte Bewunderung der Mächtigen und Großen vergangner Zeiten ausgibt, in welchem verkappt sie den eigentlichen Sinn jener historischen Betrachtungsart in den entgegengesetzten umkehren; ob sie es deutlich wissen oder nicht, sie handeln jedenfalls so, als ob ihr Wahlspruch wäre: laßt die Toten die Lebendigen begraben.

Jede der drei Arten von Historie, die es gibt, ist nur gerade auf *einem* Boden und unter *einem* Klima in ihrem Rechte: auf jedem anderen wächst sie zum verwüstenden Unkraut heran. Wenn der Mensch, der Großes schaffen will, überhaupt die Vergangenheit braucht, so bemächtigt er sich ihrer vermittels der monumentalischen Historie; wer dagegen im Gewohnten und Altverehrten beharren mag, pflegt das Vergangne als antiquarischer Historiker; und nur der, dem eine gegenwärtige Not die Brust beklemmt und der um jeden Preis die Last von sich abwerfen will, hat ein Bedürfnis zur kritischen, das heißt richtenden und verurteilenden Historie. Von dem gedankenlosen Verpflanzen der Gewächse rührt manches Unheil her: der Kritiker ohne Not, der Antiquar ohne Pietät, der Kenner des Großen ohne das Können des Großen sind solche zum Unkraut aufgeschossene, ihrem natürlichen Mutterboden entfremdete und deshalb entartete Gewächse.

DRITTER ABSCHNITT

Die Geschichte gehört also zweitens dem Bewahrenden und Verehrenden – dem, der mit Treue und Liebe dorthin zurückblickt, woher er kommt, worin er geworden ist; durch diese Pietät trägt er gleichsam den Dank für sein Dasein ab. Indem er das von alters her Bestehende mit behutsamer Hand pflegt, will er die Bedingungen, unter denen er entstanden ist, für solche bewahren, welche nach ihm entstehen sollen – und so dient er dem Leben. Der Besitz von Urväter-Hausrat verändert in einer solchen Seele seinen Begriff: denn sie wird vielmehr von ihm besessen. Das Kleine, das Beschränkte, das Morsche und Veraltete erhält seine eigne Würde und Unantastbarkeit dadurch, daß die bewahrende und verehrende Seele des antiquarischen Menschen in diese Dinge übersiedelt und sich darin ein heimisches Nest bereitet. Die Geschichte seiner Stadt wird ihm zur Geschichte seiner selbst; er versteht die Mauer, das getürmte Tor, die Ratsverordnung, das Volksfest wie ein ausgemaltes Tagebuch seiner Jugend und findet sich selbst in diesem allen, seine Kraft, seinen Fleiß, seine Lust, sein Urteil, seine Torheit und Unart wieder. Hier ließ es sich leben, sagt er sich, denn es läßt sich leben; hier wird es sich leben lassen, denn wir sind zäh und nicht über Nacht umzubrechen. So blickt er, mit diesem „Wir", über das vergängliche wunderliche Einzelleben hinweg und fühlt sich selbst als den Haus-, Geschlechts- und Stadtgeist. Mitunter grüßt er selbst über weite verdunkelnde und verwirrende Jahrhunderte hinweg die Seele seines Volkes als seine eigne Seele; ein Hindurchfühlen und Herausahnen, ein Wittern auf fast verlöschten Spuren, ein instinktives Richtig-Lesen der noch so überschriebenen Vergangenheit, ein rasches Verstehen der Palimpseste, ja Polypseste – das sind seine Gaben und Tugenden. Mit ihnen stand Goethe vor dem Denkmale Erwins von Steinbach; in dem Sturme seiner Empfindung zerriß der historische zwischen ihnen ausgebreitete Wolkenschleier: er sah das deutsche Werk zum ersten Male wieder, „wirkend aus starker rauher deutscher Seele". Ein solcher Sinn und Zug führte die Italiener der Renaissance und erweckte in ihren Dichtern den antiken italischen Genius von neuem, zu einem „wundersamen Weiterklingen des uralten Saitenspiels", wie Jakob Burckhardt sagt. Den höchsten Wert hat aber jener historisch-antiquarische Verehrungssinn, wo er über bescheidne, rauhe, selbst kümmerliche Zustände, in denen ein Mensch oder ein Volk lebt, ein einfaches rührendes Lust- und Zufriedenheits-Gefühl verbreitet; wie zum Beispiel Niebuhr mit ehrlicher Treuherzigkeit eingesteht, in Moor und Heide unter freien Bauern, die eine Geschichte haben, vergnügt zu leben und keine Kunst zu vermissen. Wie könnte die Historie dem Leben besser dienen als dadurch, daß sie auch die minder begünstigten Geschlechter und Bevölkerungen an ihre Heimat und Heimatsitte anknüpft, seßhaft macht und sie abhält, nach dem Besseren in der Fremde herumzuschweifen und um dasselbe wetteifernd zu kämpfen? Mitunter sieht es wie Eigensinn und Unverstand aus, was den einzelnen an diese Gesellen und Umgebungen, an diese mühselige Gewohnheit, an diesen kahlen Bergrücken gleichsam festschraubt – aber es ist der heilsamste und der Gesamtheit förderlichste Unverstand: wie jeder weiß, der sich die furchtbaren Wirkungen abenteuernder Auswanderungslust, etwa gar bei ganzen Völkerschwärmen, deutlich gemacht hat, oder der den Zustand eines Volkes in der Nähe sieht, das die Treue gegen seine Vorzeit verloren hat und einem rastlosen kosmopolitischen Wählen und Suchen nach Neuem und immer Neuem preisgegeben ist. Die entgegengesetzte Empfindung, das Wohlgefühl des Baumes an seinen Wurzeln, das Glück, sich nicht ganz willkürlich und zufällig zu wissen, sondern aus einer Vergangenheit als Erbe, Blüte und Frucht herauszuwachsen und dadurch in seiner Existenz entschuldigt, ja gerechtfertigt zu werden – dies ist es, was man jetzt mit Vorliebe als den eigentlich historischen Sinn bezeichnet.

Das ist nun freilich nicht der Zustand, in dem der Mensch am meisten befähigt wäre, die Vergangenheit in reines Wissen aufzulösen; so daß wir auch hier wahrnehmen, was wir bei der monumentalischen Historie wahrgenommen haben, daß die Vergangenheit selbst leidet, solange die Historie dem Leben dient und von Lebenstrieben beherrscht wird. Mit einiger Freiheit des Bildes gesprochen: der Baum fühlt seine Wurzeln mehr, als daß er sie sehen könnte; dies Gefühl aber mißt ihre Größe nach der Größe und Kraft seiner sichtbaren Äste. Mag der Baum schon darin irren: wie wird er erst über den ganzen Wald um sich herum im Irrtum sein! von dem er nur soweit etwas weiß und fühlt, als dieser ihn selbst hemmt oder selbst fördert – aber nichts außerdem. Der antiquarische Sinn eines Menschen, einer Stadtgemeinde, eines ganzen Volkes hat immer ein höchst beschränktes Gesichtsfeld; das Allermeiste nimmt er gar nicht wahr, und das Wenige, was er sieht, sieht er viel zu nahe und isoliert; er kann es nicht messen und nimmt deshalb alles als gleich wichtig und deshalb jedes einzelne als zu wichtig. Dann gibt es für die Dinge der Vergangenheit keine Wertverschiedenheiten und Proportionen, die den Dingen untereinander wahrhaft gerecht würden; sondern immer nur Maße und Proportionen der Dinge zu dem antiquarisch rückwärts blickenden einzelnen oder Volke.

Hier ist immer eine Gefahr sehr in der Nähe: endlich wird einmal alles Alte und Vergangne, das überhaupt noch in den Gesichtskreis tritt, einfach als gleich ehrwürdig hingenommen, alles aber, was diesem Alten nicht mit Ehrfurcht entgegenkommt, also das Neue und Werdende, abgelehnt und angefeindet. So duldeten selbst die Griechen den hieratischen Stil ihrer bildenden Künste neben dem freien und großen, ja sie duldeten später die spitzen Nasen und das frostige Lächeln nicht nur, sondern machten selbst eine Feinschmeckerei daraus. Wenn sich der Sinn eines Volkes derartig verhärtet, wenn die Historie dem vergangnen Leben so dient, daß sie das Weiterleben und gerade das höhere Leben untergräbt, wenn der historische Sinn das Leben nicht mehr konserviert, sondern mumisiert: so stirbt der Baum, unnatürlicherweise, von oben allmählich nach der Wurzel zu ab – und zuletzt geht gemeinhin die Wurzel selbst zugrunde. Die antiquarische Historie entartet selbst in dem Augenblicke, in dem das frische Leben der Gegenwart sie nicht mehr beseelt und begeistert. Jetzt dorrt die Pietät ab, die gelehrtenhafte Gewöhnung besteht ohne sie fort und dreht sich egoistisch-selbstgefällig um ihren eignen Mittelpunkt. Dann erblickt man wohl das widrige Schauspiel einer blinden Sammelwut, eines rastlosen Zusammenscharrens alles einmal Dagewesenen. Der Mensch hüllt sich in Moderduft; es gelingt ihm, selbst eine bedeutendere Anlage, ein edleres Bedürfnis durch die antiquarische Manier zu unersättlicher Neubegier, richtiger Alt- und Allbegier herabzustimmen; oftmals sinkt er so tief, daß er zuletzt mit jeder Kost zufrieden ist und mit Lust selbst den Staub bibliographischer Quisquilien frißt.

Aber selbst, wenn jene Entartung nicht eintritt, wenn die antiquarische Historie das Fundament, auf dem sie allein zum Heile des Lebens wurzeln kann, nicht verliert: immer bleiben doch genug Gefahren übrig, falls sie nämlich allzu mächtig wird und die anderen Arten, die Vergangenheit zu betrachten, überwuchert. Sie versteht eben allein Leben zu *bewahren*, nicht zu zeugen; deshalb unterschätzt sie immer das Werdende, weil sie für dasselbe keinen erratenden Instinkt hat – wie ihn zum Beispiel die monumentalische Historie hat. So hindert jene den kräftigen Entschluß zum Neuen, so lähmt sie den Handelnden, der immer, als Handelnder, etwelche Pietäten verletzen wird und muß. Die Tatsache, daß etwas alt geworden ist, gebiert jetzt die Forderung, daß es unsterblich sein müsse; denn wenn einer nachrechnet, was alles ein solches

Altertum – eine alte Sitte der Väter, ein religiöser Glaube, ein ererbtes politisches Vorrecht – während der Dauer seiner Existenz erfahren hat, welche Summe der Pietät und Verehrung seitens des einzelnen und der Generationen: so erscheint es vermessen oder selbst ruchlos, ein solches Altertum durch ein Neutum zu ersetzen und einer solchen Zahlen-Anhäufung von Pietäten und Verehrungen die Einer des Werdenden und Gegenwärtigen entgegenzustellen.

Hier wird es deutlich, wie notwendig der Mensch, neben der monumentalischen und antiquarischen Art, die Vergangenheit zu betrachten, oft genug eine *dritte* Art nötig hat, die *kritische:* und zwar auch diese wiederum im Dienste des Lebens. Er muß die Kraft haben und von Zeit zu Zeit anwenden, eine Vergangenheit zu zerbrechen und aufzulösen, um leben zu können: dies erreicht er dadurch, daß er sie vor Gericht zieht, peinlich inquiriert und endlich verurteilt; jede Vergangenheit aber ist wert, verurteilt zu werden – denn so steht es nun einmal mit den menschlichen Dingen: immer ist in ihnen die menschliche Gewalt und Schwäche mächtig gewesen. Es ist nicht die Gerechtigkeit, die hier zu Gericht sitzt; es ist noch weniger die Gnade, die hier das Urteil verkündet: sondern das Leben allein, jene dunkle, treibende, unersättlich sich selbst begehrende Macht. Sein Spruch ist immer ungnädig, immer ungerecht, weil er nie aus einem reinen Borne der Erkenntnis geflossen ist; aber in den meisten Fällen würde der Spruch ebenso ausfallen, wenn ihn die Gerechtigkeit selber spräche. „Denn alles, was entsteht, ist *wert*, daß es zugrunde geht. Drum besser wär's, daß nichts entstünde." Es gehört sehr viel Kraft dazu, leben zu können und zu vergessen, inwiefern leben und ungerecht sein *eins* ist. Luther selbst hat einmal gemeint, daß die Welt nur durch eine Vergeßlichkeit Gottes entstanden sei: wenn Gott nämlich an das „schwere Geschütz" gedacht hätte, er würde die Welt nicht geschaffen haben. Mitunter aber verlangt eben dasselbe Leben, das die Vergessenheit braucht, die zeitweilige Vernichtung dieser Vergessenheit; dann soll es eben gerade klar werden, wie ungerecht die Existenz irgendeines Dinges, eines Privilegiums, einer Kaste, einer Dynastie zum Beispiel, ist, wie sehr dieses Ding den Untergang verdient. Dann wird seine Vergangenheit kritisch betrachtet, dann greift man mit dem Messer an seine Wurzeln, dann schreitet man grausam über alle Pietäten hinweg. Es ist immer ein gefährlicher, nämlich für das Leben selbst gefährlicher Prozeß: und Menschen oder Zeiten, die auf diese Weise dem Leben dienen, daß sie eine Vergangenheit richten und vernichten, sind immer gefährliche und gefährdete Menschen und Zeiten. Denn da wir nun einmal die Resultate früherer Geschlechter sind, sind wir auch die Resultate ihrer Verirrungen, Leidenschaften und Irrtümer, ja Verbrechen; es ist nicht möglich, sich ganz von dieser Kette zu lösen. Wenn wir jene Verirrungen verurteilen und uns ihrer für enthoben erachten, so ist die Tatsache nicht beseitigt, daß wir aus ihnen herstammen. Wir bringen es im besten Falle zu einem Widerstreite der ererbten, angestammten Natur und unserer Erkenntnis, auch wohl zu einem Kampfe einer neuen strengen Zucht gegen das von alters her Angezogne und Angeborne, wir pflanzen eine neue Gewöhnung, einen neuen Instinkt, eine zweite Natur an, so daß die erste Natur abdorrt. Es ist ein Versuch, sich gleichsam a posteriori eine Vergangenheit zu geben, aus der man stammen möchte, im Gegensatz zu der, aus der man stammt: – immer ein gefährlicher Versuch, weil es so schwer ist, eine Grenze im Verneinen des Vergangnen zu finden, und weil die zweiten Naturen meistens schwächlicher als die ersten sind. Es bleibt zu häufig bei einem Erkennen des Guten, ohne es zu tun, weil man auch das Bessere kennt, ohne es tun zu können. Aber hier und da gelingt der Sieg doch, und es gibt sogar für die Kämpfenden, für die, welche sich der kritischen Historie zum Leben bedienen, einen merkwürdigen Trost: nämlich zu wissen, daß auch jene erste Natur irgendwann einmal eine zweite Natur war und daß jede siegende zweite Natur zu einer ersten wird. –

VIERTER ABSCHNITT

Dies sind die Dienste, welche die Historie dem Leben zu leisten vermag; jeder Mensch und jedes Volk braucht je nach seinen Zielen, Kräften und Nöten eine gewisse Kenntnis der Vergangenheit, bald als monumentalische, bald als antiquarische, bald als kritische Historie: aber nicht wie eine Schar von reinen, dem Leben nur zusehenden Denkern, nicht wie wissensgierige, durch Wissen allein zu befriedigende einzelne, denen Vermehrung der Erkenntnis das Ziel selbst ist, sondern immer nur zum Zweck des Lebens und also auch unter der Herrschaft und obersten Führung dieses Lebens. Daß dies die natürliche Beziehung einer Zeit, einer Kultur, eines Volkes zur Historie ist – hervorgerufen durch Hunger, reguliert durch den Grad des Bedürfnisses, in Schranken gehalten durch die innewohnende plastische Kraft –, daß die Kenntnis der Vergangenheit zu allen Zeiten nur im Dienste der Zukunft und Gegenwart begehrt ist, nicht zur Schwächung der Gegenwart, nicht zur Entwurzelung einer lebenskräftigen Zukunft: das alles ist einfach, wie die Wahrheit einfach ist, und überzeugt sofort auch den, der dafür nicht erst den historischen Beweis sich führen läßt.

Und nun schnell einen Blick auf unsere Zeit! Wir erschrecken, wir fliehen zurück: wohin ist alle Klarheit, alle Natürlichkeit und Reinheit jener Beziehung von Leben und Historie, wie verwirrt, wie übertrieben, wie unruhig flutet jetzt dies Problem vor unsern Augen! Liegt die Schuld an uns, den Betrachtenden? Oder hat sich wirklich die Konstellation von Leben und Historie verändert, dadurch, daß ein mächtig feindseliges Gestirn zwischen sie getreten ist? Mögen andere zeigen, daß wir falsch gesehen haben: wir wollen sagen, was wir zu sehen meinen. Es ist allerdings ein solches Gestirn, ein leuchtendes und herrliches Gestirn dazwischengetreten, die Konstellation ist wirklich verändert – *durch die Wissenschaft, durch die Forderung, daß die Historie Wissenschaft sein soll.* Jetzt regiert nicht mehr allein das Leben und bändigt das Wissen um die Vergangenheit: sondern alle Grenzpfähle sind umgerissen, und alles, was einmal war, stürzt auf den Menschen zu. So weit zurück es ein Werden gab, so weit zurück, ins Unendliche hinein, sind auch alle Perspektiven verschoben. Ein solches unüberschaubares Schauspiel sah noch kein Geschlecht, wie es jetzt die Wissenschaft des universalen Werdens, die Historie, zeigt; freilich aber zeigt sie es mit der gefährlichen Kühnheit ihres Wahlspruches: *fiat veritas pereat vita**.

Machen wir uns jetzt ein Bild von dem geistigen Vorgange, der hierdurch in der Seele des modernen Menschen herbeigeführt wird. Das historische Wissen strömt aus unversieglichen Quellen immer von neuem

* Es geschehe die Wahrheit, es gehe zugrunde das Leben.

hinzu und hinein, das Fremde und Zusammenhanglose drängt sich, das Gedächtnis öffnet alle seine Tore und ist doch nicht weit genug geöffnet, die Natur bemüht sich aufs höchste, diese fremden Gäste zu empfangen, zu ordnen und zu ehren, diese selbst aber sind im Kampfe miteinander, und es scheint nötig, sie alle zu bezwingen und zu bewältigen, um nicht selbst an ihrem Kampfe zugrunde zu gehen. Die Gewöhnung an ein solches unordentliches, stürmisches und kämpfendes Hauswesen wird allmählich zu einer zweiten Natur, ob es gleich außer Frage steht, daß diese zweite Natur viel schwächer, viel ruheloser und durch und durch ungesünder ist als die erste. Der moderne Mensch schleppt zuletzt eine ungeheure Menge von unverdaulichen Wissenssteinen mit sich herum, die dann bei Gelegenheit auch ordentlich im Leibe rumpeln, wie es im Märchen heißt. Durch dieses Rumpeln verrät sich die eigenste Eigenschaft dieses modernen Menschen: der merkwürdige Gegensatz eines Inneren, dem kein Äußeres, eines Äußeren, dem kein Inneres entspricht, ein Gegensatz, den die alten Völker nicht kennen. Das Wissen, das im Übermaße ohne Hunger, ja wider das Bedürfnis aufgenommen wird, wirkt jetzt nicht mehr als umgestaltendes, nach außen treibendes Motiv und bleibt in einer gewissen chaotischen Innenwelt verborgen, die jener moderne Mensch mit seltsamem Stolze als die ihm eigentümliche „Innerlichkeit“ bezeichnet. Man sagt dann wohl, daß man den Inhalt habe und daß es nur an der Form fehle; aber bei allem Lebendigen ist dies ein ganz ungehöriger Gegensatz. Unsere moderne Bildung ist eben deshalb nichts Lebendiges, weil sie ohne jenen Gegensatz sich gar nicht begreifen läßt, das heißt: sie ist gar keine wirkliche Bildung, sondern nur eine Art Wissen um die Bildung, es bleibt in ihr bei dem Bildungs-Gedanken, bei dem Bildungs-Gefühl, es wird kein Bildungs-Entschluß daraus. Das dagegen, was wirklich Motiv ist und was als Tat sichtbar nach außen tritt, bedeutet dann oft nicht viel mehr als eine gleichgültige Konvention, eine klägliche Nachahmung oder selbst eine rohe Fratze. Im Innern ruht dann wohl die Empfindung, jener Schlange gleich, die ganze Kaninchen verschluckt hat und sich dann still gefaßt in die Sonne legt und alle Bewegungen, außer den notwendigsten, vermeidet. Der innere Prozeß, das ist jetzt die Sache selbst, das ist die eigentliche „Bildung“. Jeder, der vorübergeht, hat nur den einen Wunsch, daß eine solche

Bildung nicht an Unverdaulichkeit zugrunde gehe. Denke man sich zum Beispiel einen Griechen an einer solchen Bildung vorübergehend, er würde wahrnehmen, daß für die neueren Menschen „gebildet“ und „historisch gebildet“ so zusammenzugehören scheinen, als ob sie eins und nur durch die Zahl der Worte verschieden wären. Spräche er nun seinen Satz aus: es kann einer sehr gebildet und doch historisch gar nicht gebildet sein, so würde man glauben, gar nicht recht gehört zu haben, und den Kopf schütteln. Jenes bekannte Völkchen einer nicht zu fernen Vergangenheit, ich meine eben die Griechen, hatte sich in der Periode seiner größten Kraft einen unhistorischen Sinn zäh bewahrt; müßte ein zeitgemäßer Mensch in jene Welt durch Verzauberung zurückkehren, er würde vermutlich die Griechen sehr „ungebildet“ befinden, womit dann freilich das so peinlich verhüllte Geheimnis der modernen Bildung zu öffentlichem Gelächter aufgedeckt wäre: denn aus uns haben wir Modernen gar nichts; nur dadurch, daß wir uns mit fremden Zeiten, Sitten, Künsten, Philosophien, Religionen, Erkenntnissen anfüllen und überfüllen, werden wir zu etwas Beachtungswertem, nämlich zu wandelnden Enzyklopädien, als welche uns vielleicht ein in unsere Zeit verschlagener Alt-Hellene ansprechen würde. Bei Enzyklopädien findet man aber allen Wert nur in dem, was darin steht, im Inhalte, nicht in dem, was darauf steht oder was Einband und Schale ist; und so ist die ganze moderne Bildung wesentlich innerlich: auswendig hat der Buchbinder so etwas darauf gedruckt wie „Handbuch innerlicher Bildung für äußerliche Barbaren“. Ja dieser Gegensatz von innen und außen macht das Äußerliche noch barbarischer, als es sein müßte, wenn ein rohes Volk nur aus sich heraus nach seinen derben Bedürfnissen wüchse. Denn welches Mittel bleibt noch der Natur übrig, um das überreichlich sich Aufdrängende zu bewältigen? Nur das eine Mittel, es so leicht wie möglich anzunehmen, um es schnell wieder zu beseitigen und auszustoßen. Daraus entsteht eine Gewöhnung, die wirklichen Dinge nicht mehr ernst zu nehmen, daraus entsteht die „schwache Persönlichkeit“, zufolge deren das Wirkliche, das Bestehende nur einen geringen Eindruck macht; man wird im Äußerlichen zuletzt immer läßlicher und bequemer und erweitert die bedenkliche Kluft zwischen Inhalt und Form bis zur Gefühllosigkeit für die Barbarei, wenn nur das Gedächtnis immer von neuem gereizt wird, wenn nur immer neue wissenswürdige Dinge hinzuströmen, die säuberlich in den Kästen jenes Gedächtnisses aufgestellt werden können. Die Kultur eines Volkes als der Gegensatz jener Barbarei ist einmal, wie ich meine, mit einigem Rechte, als Einheit des künstlerischen Stiles in allen Lebensäußerungen eines Volkes bezeichnet worden; diese Bezeichnung darf nicht dahin mißverstanden werden, als ob es sich um den Gegensatz von Barbarei und *schönem* Stile handle; das Volk, dem man eine Kultur zuspricht, soll nur in aller Wirklichkeit etwas lebendig Eines sein und nicht so elend in Inneres und Äußeres, in Inhalt und Form auseinanderfallen. Wer die Kultur eines Volkes erstreben und fördern will, der erstrebe und fördere diese höhere Einheit und arbeite mit an der Vernichtung der modernen Gebildetheit zugunsten einer wahren Bildung, er wage es, darüber nachzudenken, wie die durch Historie gestörte Gesundheit eines Volkes wiederhergestellt werden, wie es seine Instinkte und damit seine Ehrlichkeit wiederfinden könne.

Ich will nur geradezu von uns Deutschen der Gegenwart reden, die wir mehr als ein anderes Volk an jener Schwäche der Persönlichkeit und an dem Widerspruche von Inhalt und Form zu leiden haben. Die Form gilt uns Deutschen gemeinhin als eine Konvention, als Verkleidung und Verstellung und wird deshalb, wenn nicht gehaßt, so doch jedenfalls nicht geliebt; noch richtiger würde es sein zu sagen, daß wir eine außerordentliche Angst von dem Worte Konvention und auch wohl vor der Sache Konvention haben. In dieser Angst verließ der Deutsche die Schule der Franzosen: denn er wollte natürlicher und dadurch deutscher werden. Nun scheint er sich aber in diesem „Dadurch" verrechnet zu haben: aus der Schule der Konvention entlaufen, ließ er sich nun gehen, wie und wohin er eben Lust hatte, und machte im Grunde schlotaericht und beliebig in halber Vergeßlichkeit nach, was er früher peinlich und oft mit Glück nachmachte. So lebt man, gegen frühere Zeiten gerechnet, auch heute noch in einer bummelig inkorrekten französischen Konvention: wie all unser Gehen, Stehen, Unterhalten, Kleiden und Wohnen anzeigt. Indem man zum Natürlichen zurückzufliehen glaubte, erwählte man nur das Sichgehenlassen, die Bequemlichkeit und das möglichst kleine Maß von Selbstüberwindung. Man durchwandere eine deutsche Stadt – alle Konvention, verglichen mit der nationalen Eigenart ausländischer Städte, zeigt sich im Negativen, alles ist farblos, abgebraucht, schlecht kopiert, nachlässig, jeder treibt es nach seinem Belieben, aber nicht nach einem kräftigen, gedankenreichen Belieben, sondern nach den Gesetzen, die einmal die allgemeine Hast und sodann die allgemeine Bequemlichkeits-Sucht vorschreiben. Ein Kleidungsstück, dessen Erfindung kein Kopfzerbrechen macht, dessen Anlegung keine Zeit kostet, also ein aus der Fremde entlehntes und möglichst läßlich nachgemachtes Kleidungsstück, gilt bei den Deutschen sofort als ein Beitrag zur deutschen Tracht. Der Formensinn wird von ihnen geradezu ironisch abgelehnt – denn man hat ja *den Sinn des Inhaltes*: sind sie doch das berühmte Volk der Innerlichkeit.

Nun gibt es aber auch eine berühmte Gefahr dieser Innerlichkeit: der Inhalt selbst, von dem es angenommen ist, daß er außen gar nicht gesehen werden kann, möchte sich gelegentlich einmal verflüchtigen; außen würde man aber weder davon noch von dem früheren Vorhandensein etwas merken. Aber denke man sich immerhin das deutsche Volk möglichst weit von dieser Gefahr entfernt: etwas Recht wird der Ausländer immer behalten, wenn er uns vorwirft, daß unser Inneres zu schwach und ungeordnet ist, um nach außen zu wirken und sich eine Form zu geben. Dabei kann es sich in seltenem Grade zart empfänglich, ernst, mächtig, innig, gut erweisen und vielleicht selbst reicher als das Innere anderer Völker sein: aber als Ganzes bleibt es schwach, weil alle die schönen Fasern nicht in einen kräftigen Knoten geschlungen sind: so daß die sichtbare Tat nicht die Gesamttat und Selbstoffenbarung dieses Inneren ist, sondern nur ein schwächlicher oder roher Versuch irgendeiner Faser, zum Schein einmal für das Ganze gelten zu wollen. Deshalb ist der Deutsche nach einer Handlung gar nicht zu beurteilen und als Individuum auch nach dieser Tat noch völlig verborgen. Man muß ihn bekanntlich nach seinen Gedanken und Gefühlen messen, und die spricht er jetzt in seinen Büchern aus. Wenn nur nicht gerade diese Bücher neuerdings mehr als je einen Zweifel darüber erweckten, ob die berühmte Innerlichkeit wirklich noch in ihrem unzugänglichen Tempelchen sitze: es wäre ein schrecklicher Gedanke, daß sie eines Tages verschwunden sei und nun nur noch die Äußerlichkeit, jene hochmütig täppische und demütig bummelige Äußerlichkeit als Kennzeichen des

Deutschen zurückbliebe. Fast ebenso schrecklich, als wenn jene Innerlichkeit, ohne daß man es sehen könnte, gefälscht, gefärbt, übermalt darin säße und zur Schauspielerin, wenn nicht zu Schlimmerem geworden wäre: wie dies zum Beispiel der beiseite stehende und still betrachtende Grillparzer von seiner dramatisch-theatralischen Erfahrung aus anzunehmen scheint. „Wir empfinden mit Abstraktion", sagt er, „wir wissen kaum mehr, wie sich die Empfindung bei unseren Zeitgenossen äußert; wir lassen sie Sprünge machen, wie sie sie heutzutage nicht mehr machen. Shakespeare hat uns Neuere alle verdorben."

Dies ist ein einzelner, vielleicht zu schnell ins allgemeine gedeuteter Fall: aber wie furchtbar wäre seine berechtigte Verallgemeinerung, wenn die einzelnen Fälle sich gar zu häufig dem Beobachter aufdrängen sollten, wie verzweifelt klänge der Satz: wir Deutschen empfinden mit Abstraktion; wir sind alle durch die Historie verdorben – ein Satz, der jede Hoffnung auf eine noch kommende nationale Kultur an ihren Wurzeln zerstören würde: denn jede derartige Hoffnung wächst aus dem Glauben an die Echtheit und Unmittelbarkeit der deutschen Empfindung heraus, aus dem Glauben an die unversehrte Innerlichkeit. Was soll noch gehofft, noch geglaubt werden, wenn der Quell des Glaubens und Hoffens getrübt ist, wenn die Innerlichkeit gelernt hat, Sprünge zu machen, zu tanzen, sich zu schminken, mit Abstraktion und Berechnung sich zu äußern und sich selbst allgemach zu verlieren! Und wie soll der große produktive Geist es unter einem Volke noch aushalten, das seiner einheitlichen Innerlichkeit nicht mehr sicher ist und das in Gebildete mit verbildeter und verführter Innerlichkeit und in Ungebildete mit unzugänglicher Innerlichkeit auseinanderfällt! Wie soll er es aushalten, wenn die Einheit der Volksempfindung verlorenging, wenn er überdies gerade bei dem einen Teile, der sich den gebildeten Teil des Volkes nennt und ein Recht auf die nationalen Kunstgeister für sich in Anspruch nimmt, die Empfindung gefälscht und gefärbt weiß. Mag hier und da das Urteil und der Geschmack der einzelnen selbst feiner und sublimierter geworden sein – das entschädigt ihn nicht: es peinigt ihn, gleichsam nur zu einer Sekte reden zu müssen und innerhalb seines Volkes nicht mehr notwendig zu sein. Vielleicht vergräbt er seinen Schatz jetzt lieber, weil er Ekel empfindet, von einer Sekte anspruchsvoll patronisiert zu werden, während sein Herz voll von Mitleid mit allen ist. Der Instinkt des Volkes kommt ihm nicht mehr entgegen; es ist unnütz, ihm die Arme sehnsuchtsvoll entgegenzubreiten. Was bleibt ihm jetzt noch übrig, als seinen begeisterten Haß gegen jenen hemmenden Bann, gegen die in der sogenannten Bildung seines Volkes aufgerichteten Schranken zu kehren, um als Richter wenigstens das zu verurteilen, was für ihn, den Lebenden und Lebenzeugenden, Vernichtung und Entwürdigung ist: so tauscht er die tiefe Einsicht seines Schicksals gegen die göttliche Lust des Schaffenden und Helfenden ein und endet als einsamer Wissender, als übersatter Weiser. Es ist das schmerzlichste Schauspiel: wer es überhaupt sieht, wird hier eine heilige Nötigung erkennen: er sagt sich, hier muß geholfen werden, jene höhere Einheit in der Natur und Seele eines Volkes muß sich wieder herstellen, jener Riß zwischen dem Innen und dem Außen muß unter den Hammerschlägen der Not wieder verschwinden. Nach welchen Mitteln soll er nun greifen? Was bleibt ihm nun wiederum als seine tiefe Erkenntnis: diese aussprechend, verbreitend, mit vollen Händen ausstreuend, hofft er ein Bedürfnis zu pflanzen: und aus dem starken Bedürfnis wird einmal die starke Tat entstehen. Und damit ich keinen Zweifel lasse, woher ich das Beispiel jener Not, jenes Bedürfnisses, jener Erkenntnis nehme: so soll hier ausdrücklich mein Zeugnis stehen, daß es *die deutsche Einheit* in jenem höchsten Sinne ist, die wir erstreben und heißer erstreben als die politische Wiedervereinigung, *die Einheit des deutschen Geistes und Lebens nach der Vernichtung des Gegensatzes von Form und Inhalt, von Innerlichkeit und Konvention.* –

FÜNFTER ABSCHNITT

In fünffacher Hinsicht scheint mir die Übersättigung einer Zeit in Historie dem Leben feindlich und gefährlich zu sein: durch ein solches Übermaß wird jener bisher besprochene Kontrast von Innerlich und Äußerlich erzeugt und dadurch die Persönlichkeit geschwächt; durch dieses Übermaß gerät eine Zeit in die Einbildung, daß sie die seltenste Tugend, die Gerechtigkeit, in höherem Grade besitze als jede andere Zeit; durch dieses Übermaß werden die Instinkte des Volkes gestört und der einzelne nicht minder als das Ganze am Reifwerden verhindert; durch dieses Übermaß wird der jederzeit schädliche Glaube an das Alter der Menschheit, der Glaube, Spätling und Epigone zu sein, gepflanzt; durch dieses Übermaß gerät eine Zeit in die gefährliche Stimmung der Ironie über sich selbst und aus ihr in die noch gefährlichere des Zynismus: in dieser aber reift sie immer mehr einer klugen egoistischen Praxis entgegen, durch welche die Lebenskräfte gelähmt und zuletzt zerstört werden.

Und nun zurück zu unserem ersten Satze: der moderne Mensch leidet an einer geschwächten Persönlichkeit. Wie der Römer der Kaiserzeit unrömisch wurde im Hinblick auf den ihm zu Diensten stehenden Erdkreis, wie er sich selbst unter dem einströmenden Fremden verlor und bei dem kosmopolitischen Götter-Sitten- und Künste-Karnevale entartete, so muß es dem modernen Menschen ergehn, der sich fortwährend das Fest einer Weltausstellung durch seine historischen Künstler bereiten läßt; er ist zum genießenden und herumwandelnden Zuschauer geworden und in einen Zustand versetzt, an dem selbst große Kriege, große Revolutionen kaum einen Augenblick lang etwas zu ändern vermögen. Noch ist der Krieg nicht beendet, und schon ist er in bedrucktes Papier hunderttausendfach umgesetzt, schon wird er als neuestes Reizmittel dem ermüdeten Gaumen der nach Historie Gierigen vorgesetzt. Es scheint fast unmöglich, daß ein starker und voller Ton selbst durch das mächtigste Hineingreifen in die Saiten erzeugt werde: sofort verhallt er wieder, im nächsten Augenblick bereits klingt er historisch zart verflüchtigt und kraftlos ab. Moralisch ausgedrückt: es gelingt euch nicht mehr, das Erhabene festzuhalten, eure Taten sind plötzliche Schläge, keine rollenden Donner. Vollbringt das Größte und Wunderbarste: es muß trotzdem sang- und klanglos zum Orkus ziehn. Denn die Kunst flieht, wenn ihre eure Taten sofort mit dem historischen Zeltdach überspannt. Wer dort im Augenblick verstehen, berechnen, begreifen will, wo er in langer Erschütterung das Unverständliche als das Erhabene festhalten sollte, mag verständig genannt werden, doch nur in dem Sinne, in dem Schiller von dem Verstand der Verständigen redet: er sieht einiges nicht, was doch das Kind sieht, er hört einiges nicht, was doch das Kind hört; dieses einige ist gerade das Wichtigste: weil er dies nicht versteht, ist sein

Verstehen kindischer als das Kind und einfältiger als die Einfalt – trotz der vielen schlauen Fältchen seiner pergamentnen Züge und der virtuosen Übung seiner Finger, das Verwickelte aufzuwickeln. Das macht: er hat seinen Instinkt vernichtet und verloren, er kann nun nicht mehr, dem „göttlichen Tiere" vertrauend, die Zügel hängen lassen, wenn sein Verstand schwankt und sein Weg durch Wüsten führt. So wird das Individuum zaghaft und unsicher und darf sich nicht mehr glauben: es versinkt in sich selbst, ins Innerliche, das heißt hier nur: in den zusammengehäuften Wust des Erlernten, das nicht nach außen wirkt, der Belehrung, die nicht Leben wird. Sieht man einmal aufs Äußerliche, so bemerkt man, wie die Austreibung der Instinkte durch Historie die Menschen fast zu lauter abstractis und Schatten umgeschaffen hat: keiner wagt mehr seine Person daran, sondern maskiert sich als gebildeter Mann, als Gelehrter, als Dichter, als Politiker. Greift man solche Masken an, weil man glaubt, es sei ihnen Ernst und nicht bloß um ein Possenspiel zu tun – da sie allesamt den Ernst affichieren –, so hat man plötzlich nur Lumpen und bunte Flicken in den Händen. Deshalb soll man sich nicht mehr täuschen lassen, deshalb soll man sie anherrschen: „zieht eure Jacken aus oder seid, was ihr scheint!" Es soll nicht mehr jeder Ernsthafte von Geblüt zu einem Don Quixote werden, da er Besseres zu tun hat, als sich mit solchen vermeintlichen Realitäten herumzuschlagen. Jedenfalls aber muß er scharf hinsehen, bei jeder Maske sein „Halt Werda!" rufen und ihr die Larve in den Nacken ziehen. Sonderbar! Man sollte denken, daß die Geschichte die Menschen vor allem ermutigte, *ehrlich* zu sein – und wäre es selbst, ein ehrlicher Narr zu sein; und immer ist dies ihre Wirkung gewesen, nur jetzt nicht mehr! Die historische Bildung und der bürgerliche Universal-Rock herrschen zu gleicher Zeit. Während noch nie so volltönend von der „freien Persönlichkeit" geredet worden ist, sieht man nicht einmal Persönlichkeiten, geschweige denn freie, sondern lauter ängstlich verhüllte Universal-Menschen. Das Individuum hat sich ins Innerliche zurückgezogen: außen merkt man nichts mehr davon; wobei man zweifeln darf, ob es überhaupt Ursachen ohne Wirkungen geben könne. Oder sollte als Wächter des großen geschichtlichen Welt-Harems ein Geschlecht von Eunuchen nötig sein? Denen steht freilich die reine Objektivität schön zu Gesichte. Scheint es doch fast, als wäre es die

Aufgabe, die Geschichte zu bewachen, daß nichts aus ihr herauskomme als eben Geschichten, aber ja kein Geschehen! – zu verhüten, daß durch sie die Persönlichkeiten „frei" werden, soll heißen wahrhaftig gegen sich, wahrhaftig gegen andre, und zwar in Wort und Tat. Erst durch diese Wahrhaftigkeit wird die Not, das innre Elend des modernen Menschen an den Tag kommen, und an die Stelle jener ängstlich versteckenden Konvention und Maskerade können dann, als wahre Helferinnen, Kunst und Religion treten, um gemeinsam eine Kultur anzupflanzen, die wahren Bedürfnissen entspricht und die nicht, wie die jetzige allgemeine Bildung, nur lehrt, sich über diese Bedürfnisse zu belügen und dadurch zur wandelnden Lüge zu werden.

In welche unnatürlichen, künstlichen und jedenfalls unwürdigen Lagen muß in einer Zeit, die an der allgemeinen Bildung leidet, die wahrhaftigste aller Wissenschaften, die ehrliche nackte Göttin Philosophie geraten!

Sie bleibt in einer solchen Welt der erzwungenen äußerlichen Uniformität gelehrter Monolog des einsamen Spaziergängers, zufällige Jagdbeute des einzelnen, verborgenes Stubengeheimnis oder ungefährliches Geschwätz zwischen akademischen Greisen und Kindern. Niemand darf es wagen, das Gesetz der Philosophie an sich zu erfüllen, niemand lebt philosophisch, mit jener einfachen Mannestreue, die einen Alten zwang, wo er auch war, was er auch trieb, sich als Stoiker zu gebärden, falls er der Stoa einmal Treue zugesagt hatte. Alles moderne Philosophieren ist politisch und polizeilich, durch Regierungen, Kirchen, Akademien, Sitten und Feigheiten der Menschen auf den gelehrten Anschein beschränkt; es bleibt beim Seufzen „wenn doch" oder bei der Erkenntnis „es war einmal". Die Philosophie ist innerhalb der historischen Bildung ohne Recht, falls sie mehr sein will als ein innerlich zurückgehaltenes Wissen ohne Wirken; wäre der moderne Mensch überhaupt nur mutig und entschlossen, wäre er nicht selbst in seinen Feindschaften nur ein innerliches Wesen: er würde sie verbannen; so begnügt er sich, ihre Nudität schamhaft zu verkleiden. Ja, man denkt, schreibt, druckt, spricht, lehrt philosophisch – soweit ist ungefähr alles erlaubt; nur im Handeln, im sogenannten Leben ist es anders: da ist immer nur eins erlaubt und alles andre einfach unmöglich: so will's die historische Bildung. Sind das noch Menschen, fragt man sich dann, oder vielleicht nur Denk-, Schreib- und Redemaschinen?

Goethe sagt einmal von Shakespeare: „Niemand hat das materielle Kostüm mehr verachtet als er; er kennt recht gut das innere Menschen-Kostüm, und hier gleichen sich alle. Man sagt, er habe die Römer vortrefflich dargestellt; ich finde es nicht, es sind lauter eingefleischte Engländer, aber freilich Menschen sind es, Menschen von Grund aus, und denen paßt wohl auch die römische Toga." Nun frage ich, ob es auch nur möglich wäre, unsre jetzigen Literaten, Volksmänner, Beamten, Politiker als Römer vorzuführen; es will durchaus nicht angehen, weil sie keine Menschen sind, sondern nur eingefleischte Kompendien und gleichsam konkrete Abstrakta. Wenn sie Charakter und eigne Art haben sollten, so steckt dies alles so tief, daß es gar nicht sich ans Tageslicht herauswinden kann: wenn sie Menschen sein sollten, so sind sie es doch nur für den, „der die Nieren prüft". Für jeden andern sind sie etwas anderes, nicht Menschen, nicht Götter, nicht Tiere, sondern historische Bildungsgebilde, ganz und gar Bildung, Bild, Form ohne nachweisbaren Inhalt, leider nur schlechte Form, und überdies Uniform. Und so möge mein Satz verstanden und erwogen werden: *die Geschichte wird nur von starken Persönlichkeiten ertragen, die schwachen löscht sie vollends aus.* Das liegt darin, daß sie das Gefühl und die Empfindung verwirrt, wo diese nicht kräftig genug sind, die Vergangenheit an sich zu messen. Dem, der sich nicht mehr zu trauen wagt, sondern unwillkürlich für sein Empfinden bei der Geschichte um Rat fragt „wie soll ich hier empfinden?", der wird allmählich aus Furchtsamkeit zum Schauspieler und spielt eine Rolle, meistens sogar viele Rollen und deshalb jede so schlecht und flach. Allmählich fehlt alle Kongruenz zwischen dem Mann und seinem historischen Bereiche; kleine vorlaute Burschen sehen wir mit den Römern umgehen, als wären diese ihresgleichen: und in den Überresten griechischer Dichter wühlen und graben sie, als ob auch diese corpora für ihre Sektion bereit lägen und vilia wären, was ihre eignen literarischen corpora sein mögen. Nehmen wir an, es beschäftige sich einer mit Demokrit, so liegt mir immer die Frage auf den Lippen: warum denn just Demokrit? warum nicht Heraklit? Oder Philo? Oder Bacon? Oder Descartes? – und so beliebig weiter. Und dann: warum denn just ein Philosoph? Warum nicht ein Dichter, ein Redner? Und: warum überhaupt ein Grieche, warum nicht ein Engländer, ein Türke? Ist denn nicht die Vergangenheit groß genug, um etwas zu finden, wobei ihr selbst euch nicht so lächerlich beliebig ausnehmt? Aber wie gesagt, es ist ein Geschlecht von Eunuchen; dem Eunuchen ist ein Weib wie das andre, eben nur Weib, das Weib an sich, das ewig Unnahbare – und so ist es gleichgültig, was ihr treibt, wenn nur die Geschichte selbst schön „objektiv" bewahrt bleibt, nämlich von solchen, die nie selber Geschichte machen können. Und da euch das Ewig-Weibliche nie hinanziehn wird, so zieht ihr es zu euch herab und nehmt, als Neutra, auch die Geschichte als ein Neutrum. Damit man aber nicht glaube, daß ich im Ernste die Geschichte mit dem Ewig-Weiblichen vergleiche, so will ich vielmehr klärlich aussprechen, daß ich sie im Gegenteil für das Ewig-Männliche halte: nur daß es für die, welche durch und durch „historisch gebildet" sind, ziemlich gleichgültig sein muß, ob sie das eine oder das andre ist: sind sie doch selbst weder Mann noch Weib, nicht einmal Kommunia, sondern immer nur Neutra oder, gebildeter ausgedrückt, eben nur die Ewig-Objektiven.

Sind die Persönlichkeiten erst in der geschilderten Weise zu ewiger Subjektlosigkeit oder, wie man sagt, Objektivität ausgeblasen: so vermag nichts mehr auf sie zu wirken; es mag was Gutes und Rechtes geschehen, als Tat, als Dichtung, als Musik: sofort sieht der ausgehöhlte Bildungsmensch über das Werk hinweg und fragt nach der Historie des Autors. Hat dieser schon mehreres geschaffen, sofort muß er sich den bisherigen und den mutmaßlichen weiteren Gang seiner Entwicklung deuten lassen, sofort wird er neben andere zur Vergleichung gestellt, auf die Wahl seines Stoffes, auf seine Behandlung hin seziert, auseinandergerissen, weislich neu zusammengefügt und im ganzen vermahnt und zurechtgewiesen. Es mag das Erstaunlichste geschehen, immer ist die Schar der historisch Neutralen auf dem Platze, bereit, den Autor schon aus weiter Ferne zu überschauen. Augenblicklich erschallt das Echo: aber immer als „Kritik", während kurz vorher der Kritiker von der Möglichkeit des Geschehenden sich nichts träumen ließ. Nirgends kommt es zu einer Wirkung, sondern immer nur wieder zu einer „Kritik"; und die Kritik selbst macht wieder keine Wirkung, sondern erfährt nur wieder Kritik. Dabei ist man übereingekommen, viele Kritiken als Wirkung, wenige oder keine als Mißerfolg zu betrachten. Im Grunde aber bleibt, selbst bei sotaner „Wirkung", alles beim alten: man schwätzt zwar eine Zeitlang etwas Neues, dann aber wieder etwas Neues und tut inzwischen das, was man immer getan hat. Die historische Bildung unsrer Kritiker erlaubt gar nicht mehr, daß es zu einer Wirkung im eigentlichen Verstande, nämlich zu einer Wirkung auf Leben und Handeln komme: auf die schwärzeste Schrift drücken sie sogleich ihr Löschpapier, auf die anmutigste Zeichnung schmieren sie ihre dicken Pinselstriche, die als Korrekturen angesehn werden sollen: da war's wieder einmal vorbei. Nie aber hört ihre kritische Feder auf zu fließen, denn sie haben die Macht über sie verloren und werden mehr von ihr geführt, anstatt sie zu führen. Gerade in dieser Maßlosigkeit ihrer kritischen Ergüsse, in dem Mangel der Herrschaft über sich selbst, in dem, was die Römer impotentia nennen, verrät sich die Schwäche der modernen Persönlichkeit.

SECHSTER ABSCHNITT

Doch lassen wir diese Schwäche. Wenden wir uns vielmehr zu einer vielgerühmten Stärke des modernen Menschen mit der allerdings peinlichen Frage, ob er ein Recht dazu hat, sich seiner bekannten historischen „Objektivität" wegen stark, nämlich *gerecht* und in höherem Grade gerecht zu nennen als der Mensch anderer Zeiten. Ist es wahr, daß jene Objektivität in einem gesteigerten Bedürfnis und Verlangen nach Gerechtigkeit ihren Ursprung hat? Oder erweckt sie als Wirkung ganz anderer Ursachen eben nur den Anschein, als ob die Gerechtigkeit die eigentliche Ursache dieser Wirkung sei? Verführt sie vielleicht zu einem schädlichen, weil allzu schmeichlerischen Vorurteil über die Tugenden des modernen Menschen? – Sokrates hielt es für ein Leiden, das dem Wahnsinn nahe komme, sich den Besitz einer Tugend einzubilden und sie nicht zu besitzen: und gewiß ist solche Einbildung gefährlicher als der entgegengesetzte Wahn, an einem Fehler, an einem Laster zu leiden. Denn durch diesen Wahn ist es vielleicht noch möglich, besser zu werden; jene Einbildung aber macht den Menschen oder eine Zeit täglich schlechter, also – in diesem Falle, ungerechter.

Wahrlich, niemand hat in höherem Grade einen Anspruch auf unsre Verehrung als der, welcher den Trieb und die Kraft zur Gerechtigkeit besitzt. Denn in ihr vereinigen und verbergen sich die höchsten und seltensten Tugenden wie in einem unergründlichen Meere, das von allen Seiten Ströme empfängt und in sich verschlingt. Die Hand des Gerechten, der Gericht zu halten befugt ist, erzittert nicht mehr, wenn sie die Waage hält; unerbittlich gegen sich selbst legt er Gewicht auf Gewicht, sein Auge trübt sich nicht, wenn die Waagschalen steigen und sinken, und seine Stimme klingt weder hart noch gebrochen, wenn er das Urteil verkündet. Wäre er ein kalter Dämon der Erkenntnis, so würde er um sich die eisige Atmosphäre einer übermenschlich schrecklichen Majestät ausbreiten, die wir zu fürchten, nicht zu verehren hätten: aber daß er ein Mensch ist und doch aus läßlichem Zweifel zu strenger Gewißheit, aus duldsamer Milde zum Imperativ „du mußt", aus der seltenen Tugend der Großmut zur allerseltensten der Gerechtigkeit emporzusteigen versucht, daß er jetzt jenem Dämon ähnelt, ohne von Anbeginn etwas anderes als ein armer Mensch zu sein, und vor allem, daß er in jedem Augenblicke an sich selbst sein Menschentum zu büßen hat und sich an einer unmöglichen Tugend tragisch verzehrt – dies alles stellt ihn in eine einsame Höhe hin, als das *ehrwürdigste* Exemplar der Gattung Mensch; denn Wahrheit will er, doch nicht nur als kalte folgenlose Erkenntnis, sondern als die ordnende und strafende Richterin, Wahrheit nicht als egoistischen Besitz des einzelnen, sondern als die heilige Berechtigung, alle Grenzsteine egoistischer Besitztümer zu verrücken, Wahrheit mit einem Worte als Weltgericht und durchaus nicht etwa als erhaschte Beute und Lust des einzelnen Jägers. Nur insofern der Wahrhafte den unbedingten Willen hat, gerecht zu sein, ist an dem überall so gedankenlos glorifizierten Streben nach Wahrheit etwas Großes: während vor dem stumpferen Auge eine ganze Anzahl der verschiedenartigsten Triebe, wie Neugier, Flucht vor der Langeweile, Mißgunst, Eitelkeit, Spieltrieb – Triebe, die gar nichts mit der Wahrheit zu tun haben – mit jenem Streben nach Wahrheit, das seine Wurzel in der Gerechtigkeit hat, zusammenfließen. So scheint zwar die Welt voll zu sein von solchen, die „der Wahrheit dienen"; und doch ist die Tugend der Gerechtigkeit so selten vorhanden, noch seltener erkannt und fast immer auf den Tod gehaßt: wohingegen die Schar der scheinbaren Tugenden zu jeder Zeit geehrt und prunkend einherzog. Der Wahrheit dienen wenige in Wahrheit, weil nur wenige den reinen Willen haben, gerecht zu sein, und selbst von diesen wieder die wenigsten die Kraft, gerecht sein zu können. Es genügt durchaus nicht, den Willen dazu allein zu haben: und die schrecklichsten Leiden sind gerade aus dem Gerechtigkeitstriebe ohne Urteilskraft über die Menschen gekommen; weshalb die allgemeine Wohlfahrt nichts mehr erheischen würde, als den Samen der Urteilskraft so breit wie möglich auszustreuen, damit der Fanatiker von dem Richter, die blinde Begierde, Richter zu sein, von der bewußten Kraft, richten zu dürfen, unterschieden bleibe. Aber wo fände sich ein Mittel, Urteilskraft zu pflanzen! – daher die Menschen, wenn ihnen von Wahrheit und Gerechtigkeit geredet wird, ewig in einem zagenden Schwanken verharren werden, ob zu ihnen der Fanatiker oder der Richter rede. Man soll es ihnen deshalb verzeihen, wenn sie immer mit besonderem Wohlwollen diejenigen „Diener der Wahrheit" begrüßt haben, die weder den Willen noch die Kraft zu richten besitzen und sich die Aufgabe stellen, die „reine, folgenlose" Erkenntnis oder, deutlicher, die Wahrheit, bei der nichts herauskommt, zu suchen. Es gibt sehr viele gleichgültige Wahrheiten; es gibt Probleme, über die richtig zu urteilen nicht einmal Überwindung, geschweige denn Aufopferung kostet. In diesem gleichgültigen und ungefährlichen Bereiche gelingt es einem Menschen wohl, zu einem kalten Dämon der Erkenntnis zu werden; und trotzdem! Wenn selbst, in besonders begünstigten Zeiten, ganze Gelehrten- und Forscher-Kohorten in solche Dämonen umgewandelt werden – immerhin bleibt es leider möglich, daß eine solche Zeit an strenger und großer Gerechtigkeit, kurz an dem edelsten Kerne des sogenannten Wahrheitstriebes Mangel leidet.

Nun stelle man sich den historischen Virtuosen der Gegenwart vor Augen: ist er der gerechteste Mann seiner Zeit? Es ist wahr, er hat in sich eine solche Zartheit und Erregbarkeit der Empfindung ausgebildet, daß ihm gar nichts Menschliches fern bleibt; die verschiedensten Zeiten und Personen klingen sofort auf seiner Lyra in verwandten Tönen nach: er ist zum nachtönenden Passivum geworden, das durch sein Ertönen wieder auf andre derartige Passiva wirkt: bis endlich die ganze Luft einer Zeit von solchen durcheinanderschwirrenden zarten und verwandten Nachklängen erfüllt ist. Doch scheint es mir, daß man gleichsam nur die Obertöne jedes originalen geschichtlichen Haupttons vernimmt: das Derbe und Mächtige des Originals ist aus dem sphärisch-dünnen und spitzen Saitenklange nicht mehr zu erraten. Dafür weckte der Originalton meistens Taten, Nöte, Schrecken, dieser lullt uns ein und macht uns zu weichlichen Genießern; es ist, als ob man die heroische Symphonie für zwei Flöten eingerichtet und zum Gebrauch von träumerischen Opiumrauchern bestimmt habe. Daran mag man nun schon ermessen, wie es mit dem obersten Anspruche des modernen Menschen, auf höhere und reinere Gerechtigkeit, bei diesen Virtuosen stehen wird; diese Tugend hat nie etwas Gefälliges, kennt keine reizenden Wallungen, ist hart und schrecklich. Wie niedrig steht, an ihr gemessen, schon die Großmut auf der Stufenleiter der Tugenden, die Großmut, welche die Eigenschaft einiger und seltener Historiker ist! Aber viel mehrere bringen es nur zur Toleranz, zum Geltenlassen des einmal nicht Wegzuleugnenden, zum Zurechtlegen und maßvoll-wohlwollenden Beschönigen, in der klugen Annahme, daß der Unerfahrene es als Tugend der Gerechtigkeit auslege, wenn das Vergangne überhaupt ohne harte Akzente und ohne den Ausdruck des Hasses erzählt wird. Aber nur die überlegne Kraft kann richten, die Schwäche muß tolerieren, wenn sie nicht Stärke heucheln und die Gerechtigkeit auf dem Richterstuhle zur Schauspielerin machen will. Nun ist sogar noch eine fürchterliche Spezies von Historikern übrig, tüchtige, strenge und ehrliche Charaktere – aber enge Köpfe; hier ist der gute Wille gerecht zu sein ebenso vorhanden wie das Pathos des Richtertums: aber alle Richtersprüche sind falsch, ungefähr aus dem gleichen Grunde, aus dem die Urteilssprüche der gewöhnlichen Geschwornen-Kollegien falsch sind. Wie unwahrscheinlich ist also die Häufigkeit des historischen Talentes! Um hier ganz von den verkappten Egoisten und Parteigängern abzusehn, die zum bösen Spiele, das sie spielen, eine recht objektive Miene machen. Ebenso abgesehn von den ganz unbesonnenen Leuten, die als Historiker im naiven Glauben schreiben, daß gerade ihre Zeit in allen Popularansichten recht habe und daß dieser Zeit gemäß zu schreiben so viel heiße, als überhaupt gerecht zu sein; ein Glaube, in dem eine jede Religion lebt, und über den, bei Religionen, nichts weiter zu sagen ist. Jene naiven Historiker nennen „Objektivität“ das Messen vergangner Meinungen und Taten an den Allerwelts-Meinungen des Augenblicks: hier finden sie den Kanon aller Wahrheiten; ihre Arbeit ist, die Vergangenheit der zeitgemäßen Trivialität anzupassen. Dagegen nennen sie jede Geschichtsschreibung „subjektiv", die jene Popularmeinungen nicht als kanonisch nimmt.

Und sollte nicht selbst bei der höchsten Ausdeutung des Wortes Objektivität eine Illusion mit unterlaufen? Man versteht dann mit diesem Worte einen Zustand im Historiker, in dem er ein Ereignis in allen seinen Motiven und Folgen so rein anschaut, daß es auf sein Subjekt gar keine Wirkung tut: man meint jenes ästhetische Phänomen, jenes Losgebundensein vom persönlichen Interesse, mit dem der Maler in einer stürmischen Landschaft, unter Blitz und Donner, oder auf bewegter See sein inneres Bild schaut und dabei seine Person vergißt. Man verlangt also auch vom Historiker die künstlerische Beschaulichkeit und das völlige Versunkensein in die Dinge: ein Aberglaube jedoch ist es, daß das Bild, welches die Dinge in einem solchermaßen gestimmten Menschen zeigen, das empirische Wesen der Dinge wiedergebe. Oder sollten sich in jenen Momenten die Dinge gleichsam durch ihre eigene Tätigkeit auf einem reinen Passivum abzeichnen, abkonterfeien, abphotographieren?

Dies wäre eine Mythologie und eine schlechte obendrein: zudem vergäße man, daß jener Moment gerade der kräftigste und selbsttätigste Zeugungsmoment im Innern des Künstlers ist, ein Kompositionsmoment allerhöchster Art, dessen Resultat wohl ein künstlerisch wahres, nicht ein historisch wahres Gemälde sein wird. In dieser Weise die Geschichte objektiv denken ist die stille Arbeit des Dramatikers; nämlich alles aneinander denken, das Vereinzelte zum Ganzen weben: überall mit der Voraussetzung, daß eine Einheit des Planes in die Dinge gelegt werden müsse, wenn sie nicht darinnen sei. So überspinnt der Mensch die Vergangenheit und bändigt sie, so äußert sich sein Kunsttrieb – nicht aber sein Wahrheits-, sein Gerechtigkeitstrieb. Objektivität und Gerechtigkeit haben nichts miteinander zu tun. Es wäre eine Geschichtschreibung zu denken, die keinen Tropfen der gemeinen empirischen Wahrheit in sich hat und doch im höchsten Grade auf das Prädikat der Objektivität Anspruch machen dürfte. Ja, Grillparzer wagt zu erklären: „was ist denn Geschichte anders als die Art, wie der Geist des Menschen die ihm *undurchdringlichen Begebenheiten* aufnimmt; das, weiß Gott ob Zusammengehörige verbindet; das Unverständliche durch etwas Verständliches ersetzt; seine Begriffe von Zweckmäßigkeit nach außen einem Ganzen unterschiebt, das wohl nur eine nach innen kennt; und wieder Zufall annimmt, wo tausend kleine Ursachen wirkten. Jeder Mensch hat zugleich seine Separatnotwendigkeit, so daß Millionen Richtungen parallel in krummen und geraden Linien nebeneinander laufen, sich durchkreuzen, fördern, hemmen, vor- und rückwärts streben und dadurch füreinander den Charakter des Zufalls annehmen, und es so, abgerechnet die Einwirkungen der Naturereignisse, unmöglich machen, eine durchgreifende, alle umfassende Notwendigkeit des Geschehenden nachzuweisen." Nun soll aber gerade, als Ergebnis jenes „objektiven" Blicks auf die Dinge, eine solche Notwendigkeit ans Licht gezogen werden! Dies ist eine Voraussetzung, die, wenn sie als Glaubenssatz vom Historiker ausgesprochen wird, nur wunderliche Gestalt annehmen kann; Schiller zwar ist über das recht eigentlich Subjektive dieser Annahme völlig im klaren, wenn er vom Historiker sagt: „eine Erscheinung nach der andern fängt an, sich dem blinden Ohngefähr, der gesetzlosen Freiheit zu entziehen und sich einem übereinstimmenden Ganzen – *das freilich nur in seiner Vorstellung vorhanden ist* – als ein passendes Glied einzureihen." Was soll man aber von der so glaubensvoll eingeführten, zwischen Tautologie und Widersinn künstlich schwebenden Behauptung eines berühmten historischen Virtuosen halten: „es ist nicht anders, als daß alles menschliche Tun und Treiben dem leisen und der Bemerkung oft entzogenen, aber gewaltigen und unaufhaltsamen Gange der Dinge unterworfen ist"? In einem solchen Satze spürt man nicht mehr rätselhafte Weisheit als unrätselhafte Unweisheit; wie im Ausspruch des Goethischen Hofgärtners, „die Natur läßt sich wohl forcieren, aber nicht zwingen", oder in der Inschrift einer Jahrmarktsbude, von der Swift erzählt: „hier ist zu sehen der größte Elefant der Welt, mit Ausnahme seiner selbst." Denn welches ist doch der Gegensatz zwischen dem Tun und Treiben der Menschen und dem Gange der Dinge? Überhaupt fällt mir auf, daß solche Historiker, wie jener, von dem wir einen Satz anführten, nicht mehr belehren, sobald sie allgemein werden, und dann das Gefühl ihrer Schwäche in Dunkelheiten zeigen. In anderen Wissenschaften sind die

Allgemeinheiten das Wichtigste, insofern sie die Gesetze enthalten: sollten aber solche Sätze wie der angeführte für Gesetze gelten wollen, so wäre zu entgegnen, daß dann die Arbeit des Geschichtschreibers verschwendet ist; denn was überhaupt an solchen Sätzen wahr bleibt, nach Abzug jenes dunklen unauflöslichen Restes, von dem wir sprachen – das ist bekannt und sogar trivial; denn es wird jedem in dem kleinsten Bereiche der Erfahrungen vor die Augen kommen. Deshalb aber ganze Völker inkommodieren und mühsame Arbeitsjahre darauf wenden, hieße doch nichts anderes, als in den Naturwissenschaften Experiment auf Experiment häufen, nachdem aus dem vorhandnen Schatze der Experimente längst das Gesetz abgeleitet werden kann: an welchem sinnlosen Übermaß des Experimentierens übrigens nach Zöllner die gegenwärtige Naturwissenschaft leiden soll. Wenn der Wert eines Dramas nur in dem Schluß- und Hauptgedanken liegen sollte, so würde das Drama selbst ein möglichst weiter, ungerader und mühsamer Weg zum Ziele sein; und so hoffe ich, daß die Geschichte ihre Bedeutung nicht in den allgemeinen Gedanken, als einer Art von Blüte und Frucht, erkennen dürfe: sondern daß ihr Wert gerade der ist, ein bekanntes, vielleicht gewöhnliches Thema, eine Alltags-Melodie geistreich zu umschreiben, zu erheben, zum umfassenden Symbol zu steigern und so in dem Original-Thema eine ganze Welt von Tiefsinn, Macht und Schönheit ahnen zu lassen.

Dazu gehört aber vor allem eine große künstlerische Potenz, ein schaffendes Darüberschweben, ein liebendes Versenktsein in die empirischen Data, ein Weiterdichten an gegebnen Typen – dazu gehört allerdings Objektivität, aber als positive Eigenschaft. So oft aber ist Objektivität nur eine Phrase. An Stelle jener innerlich blitzenden, äußerlich unbewegten und dunklen Ruhe des Künstlerauges tritt die Affektation der Ruhe; wie sich der Mangel an Pathos und moralischer Kraft als schneidende Kälte der Betrachtung zu verkleiden pflegt. In gewissen Fällen wagt sich die Banalität der Gesinnung, die Jedermanns-Weisheit, die nur durch ihre Langweiligkeit den Eindruck des Ruhigen, Unaufgeregten macht, hervor, um für jenen künstlerischen Zustand zu gelten, in welchem das Subjekt schweigt und völlig unbemerkbar wird. Dann wird alles hervorgesucht, was überhaupt nicht aufregt, und das trockenste Wort ist gerade recht. Ja man geht so weit anzunehmen, daß der, den ein Moment der

Vergangenheit *gar nichts angehe*, berufen sei, ihn darzustellen. So verhalten sich häufig Philologen und Griechen zueinander: sie gehen sich gar nichts an – das nennt man dann wohl auch „Objektivität“! Wo nun gerade das Höchste und Seltenste dargestellt werden soll, da ist das absichtliche und zur Schau getragene Unbeteiligtsein, die hervorgesuchte, nüchtern-flache Motivierungskunst geradezu empörend – wenn nämlich die *Eitelkeit* des Historikers zu dieser objektiv sich gebärdenden Gleichgültigkeit treibt. Übrigens hat man bei solchen Autoren sein Urteil näher nach dem Grundsatze zu motivieren, daß jeder Mann gerade so viel Eitelkeit hat, als es ihm an Verstande fehlt. Nein, seid wenigstens ehrlich! Sucht nicht den Schein der künstlerischen Kraft, die wirklich Objektivität zu nennen ist, sucht nicht den Schein der Gerechtigkeit, wenn ihr nicht zu dem furchtbaren Berufe des Gerechten geweiht seid. Als ob es auch die Aufgabe jeder Zeit wäre, gegen alles, was einmal war, gerecht sein zu müssen! Zeiten und Generationen haben sogar niemals recht, Richter aller früheren Zeiten und Generationen zu sein: sondern immer nur einzelnen, und zwar den seltensten fällt einmal eine so unbequeme Mission zu. Wer zwingt euch denn zu richten? Und dann – prüft euch nur, ob ihr gerecht sein könntet, wenn ihr es wolltet! Als Richter müßtet ihr höher stehen als der zu Richtende; während ihr nur später gekommen seid. Die Gäste, die zuletzt zur Tafel kommen, sollen mit Recht die letzten Plätze erhalten: und ihr wollt die ersten haben? Nun dann tut wenigstens das Höchste und Größte; vielleicht macht man euch dann wirklich Platz, auch wenn ihr zuletzt kommt.

Nur aus der höchsten Kraft der Gegenwart dürft ihr das Vergangne deuten: nur in der stärksten Anspannung eurer edelsten Eigenschaften werdet ihr erraten, was in dem Vergangnen wissens- und bewahrenswürdig und groß ist. Gleiches durch Gleiches! Sonst zieht ihr das Vergangne zu euch nieder. Glaubt einer Geschichtschreibung nicht, wenn sie nicht aus dem Haupte der seltensten Geister herausspringt; immer aber werdet ihr merken, welcher Qualität ihr Geist ist, wenn sie genötigt wird, etwas Allgemeines auszusprechen oder etwas Allbekanntes noch einmal zu sagen: der echte Historiker muß die Kraft haben, das Allbekannte zum Niegehörten umzuprägen und das Allgemeine so einfach und tief zu verkünden, daß man die Einfachheit über der Tiefe und die Tiefe über der

Einfachheit übersieht. Es kann keiner zugleich ein großer Historiker, ein künstlerischer Mensch und ein Flachkopf sein: dagegen soll man nicht die karrenden, aufschüttenden, sichtenden Arbeiter geringschätzen, weil sie gewiß nicht zu großen Historikern werden können; man soll sie noch weniger mit jenen verwechseln, sondern sie als die nötigen Gesellen und Handlanger im Dienste des Meisters begreifen: so etwa wie die Franzosen, mit größerer Naivität als bei den Deutschen möglich, von den *historiens de M. Thiers* zu reden pflegten. Diese Arbeiter sollen allmählich große Gelehrte werden, können aber deshalb doch nie Meister sein. Ein großer Gelehrter und ein großer Flachkopf – das geht schon leichter miteinander unter *einem* Hute.

Also: Geschichte schreibt der Erfahrene und Überlegene. Wer nicht einiges größer und höher erlebt hat als alle, wird auch nichts Großes und Hohes aus der Vergangenheit zu deuten wissen. Der Spruch der Vergangenheit ist immer ein Orakelspruch: nur als Baumeister der Zukunft, als Wissende der Gegenwart werdet ihr ihn verstehn. Man erklärt jetzt die außerordentlich tiefe und weite Wirkung Delphis besonders daraus, daß die delphischen Priester genaue Kenner des Vergangnen waren; jetzt geziemt sich zu wissen, daß nur der, welcher die Zukunft baut, ein Recht hat, die Vergangenheit zu richten. Dadurch daß ihr vorwärts seht, ein großes Ziel euch steckt, bändigt ihr zugleich jenen üppigen analytischen Trieb, der euch jetzt die Gegenwart verwüstet und alle Ruhe, alles friedfertige Wachsen und Reifwerden fast unmöglich macht. Zieht um euch den Zaun einer großen und umfänglichen Hoffnung, eines hoffenden Strebens. Formt in euch ein Bild, dem die Zukunft entsprechen soll, und vergeßt den Aberglauben, Epigonen zu sein. Ihr habt genug zu ersinnen und zu erfinden, indem ihr auf jenes zukünftige Leben sinnt; aber fragt nicht bei der Geschichte an, daß sie euch das Wie? das Womit? zeige. Wenn ihr euch dagegen in die Geschichte großer Männer hineinlebt, so werdet ihr aus ihr ein oberstes Gebot lernen, reif zu werden und jenem lähmenden Erziehungsbanne der Zeit zu entfliehen, die ihren Nutzen darin sieht, euch nicht reif werden zu lassen, um euch, die Unreifen, zu beherrschen und auszubeuten. Und wenn ihr nach Biographien verlangt, dann nicht nach jenen mit dem Refrain „Herr Soundso und seine Zeit“, sondern nach solchen, auf deren Titelblatte es heißen müßte „ein Kämpfer gegen seine Zeit". Sättigt eure Seelen an Plutarch und wagt es, an euch selbst zu glauben, indem ihr an seine Helden glaubt. Mit einem Hundert solcher unmodern erzogener, das heißt reif gewordener und an das Heroische gewöhnter Menschen ist jetzt die ganze lärmende Afterbildung dieser Zeit zum ewigen Schweigen zu bringen. –

SIEBENTER ABSCHNITT

Der historische Sinn, wenn er *ungebändigt* waltet und alle seine Konsequenzen zieht, entwurzelt die Zukunft, weil er die Illusionen zerstört und den bestehenden Dingen ihre Atmosphäre nimmt, in der sie allein leben können. Die historische Gerechtigkeit, selbst wenn sie wirklich und in reiner Gesinnung geübt wird, ist deshalb eine schreckliche Tugend, weil sie immer das Lebendige untergräbt und zu Falle bringt: ihr Richten ist immer ein Vernichten. Wenn hinter dem historischen Triebe kein Bautrieb wirkt, wenn nicht zerstört und aufgeräumt wird, damit eine bereits in der Hoffnung lebendige Zukunft auf dem befreiten Boden ihr Haus baue, wenn die Gerechtigkeit allein waltet, dann wird der schaffende Instinkt entkräftet und entmutigt. Eine Religion zum Beispiel, die in historisches Wissen, unter dem Walten der reinen Gerechtigkeit, umgesetzt werden soll, eine Religion, die durch und durch wissenschaftlich erkannt werden soll, ist am Ende dieses Weges zugleich vernichtet. Der Grund liegt darin, daß bei der historischen Nachrechnung jedesmal so viel Falsches, Rohes, Unmenschliches, Absurdes, Gewaltsames zutage tritt, daß die pietätvolle Illusions-Stimmung, in der alles, was leben will, allein leben kann, notwendig zerstiebt: nur in Liebe aber, nur umschattet von der Illusion der Liebe, schafft der Mensch, nämlich nur im unbedingten Glauben an das Vollkommene und Rechte. Jedem, den man zwingt, nicht mehr unbedingt zu lieben, hat man die Wurzeln seiner Kraft abgeschnitten: er muß verdorren, nämlich unehrlich werden. In solchen Wirkungen ist der Historie die Kunst entgegengesetzt: und nur wenn die Historie es erträgt, zum Kunstwerk umgebildet, also reines Kunstgebilde zu werden, kann sie vielleicht Instinkte erhalten oder sogar wecken. Eine solche Geschichtsschreibung würde aber durchaus dem analytischen und unkünstlerischen Zuge unserer Zeit widersprechen, ja von ihr als Fälschung empfunden werden. Historie aber, die nur zerstört, ohne daß ein innrer Bautrieb sie führt, macht auf die Dauer ihre Werkzeuge blasiert und unnatürlich: denn solche Menschen zerstören Illusionen, und „wer die Illusion in sich und anderen zerstört, den straft die Natur als der strengste Tyrann". Eine gute Zeit lang zwar kann man sich wohl mit der Historie völlig harmlos und unbedachtsam beschäftigen, als ob es eine Beschäftigung so gut wie jede andre wäre; insbesondere scheint die neuere Theologie sich rein aus Harmlosigkeit mit der Geschichte eingelassen zu haben, und jetzt noch will sie es kaum merken, daß sie damit, wahrscheinlich sehr wider Willen, im Dienste des Voltaireschen *écrasez* steht. Vermute niemand dahinter neue kräftige Bau-Instinkte; man müßte denn den sogenannten Protestanten-Verein als Mutterschoß einer neuen Religion und etwa den Juristen Holtzendorf (den Herausgeber und Vorredner der noch viel sogenannteren Protestanten-Bibel) als Johannes am Flusse Jordan gelten lassen. Einige Zeit hilft vielleicht die in älteren Köpfen noch qualmende Hegelische Philosophie zur Propagation jener Harmlosigkeit, etwa dadurch, daß man die „Idee des Christentums" von ihren mannigfach unvollkommenen „Erscheinungsformen" unterscheidet und sich vorredet, es sei wohl gar die „Liebhaberei der Idee", sich in immer reineren Formen zu offenbaren, zuletzt nämlich als die gewiß allerreinste, durchsichtigste, ja kaum sichtbare Form im Hirne des jetzigen theologus liberalis vulgaris. Hört man aber diese allerreinlichsten Christentümer sich über die früheren unreinlichen Christentümer aussprechen, so hat der nichtbeteiligte Zuhörer oft den Eindruck, es sei gar nicht vom Christentume die Rede, sondern von – nun woran sollen wir denken? wenn wir das Christentum von dem „größten Theologen des Jahrhunderts" als die Religion bezeichnet finden, die es verstattet, „sich in alle wirklichen und noch einige andere bloß mögliche Religionen hineinzuempfinden", und wenn die „wahre Kirche" die sein soll, welche „zur fließenden Masse wird, wo es keine Umrisse gibt, wo jeder Teil sich bald hier, bald dort befindet und alles sich friedlich untereinander mengt" – Nochmals, woran sollen wir denken?

Was man am Christentume lernen kann, daß es unter der Wirkung einer historisierenden Behandlung blasiert und unnatürlich geworden ist, bis endlich eine vollkommen historische, das heißt gerechte Behandlung es in reines Wissen um das Christentum auflöst und dadurch vernichtet, das kann man an allem, was Leben hat, studieren: daß es aufhört zu leben, wenn es zu Ende seziert ist, und schmerzlich und krankhaft lebt, wenn man anfängt, an ihm die historischen Sezierübungen zu machen. Es gibt Menschen, die an eine umwälzende und reformierende Heilkraft der deutschen Musik unter Deutschen glauben: sie empfinden es mit Zorne und halten es für ein Unrecht, begangen am Lebendigsten unsrer Kultur, wenn solche Männer wie Mozart und Beethoven bereits jetzt mit dem ganzen gelehrten Wust des Biographischen überschüttet und mit dem Foltersystem historischer Kritik zu Antworten auf tausend zudringliche Fragen gezwungen werden. Wird nicht dadurch das in seinen lebendigen Wirkungen noch gar nicht Erschöpfte zur Unzeit abgetan oder mindestens gelähmt, daß man die Neubegierde auf zahllose Mikrologien des Lebens und der Werke richtet und Erkenntnis-Probleme dort sucht, wo man lernen sollte zu leben und alle Probleme zu vergessen? Versetzt nur ein paar solcher modernen Biographen in Gedanken an die Geburtsstätte des Christentums oder der Lutherischen Reformation; ihre nüchterne pragmatisierende Neubegier hätte gerade ausgereicht, um jede geisterhafte *actio in distans* unmöglich zu machen: wie das elendeste Tier die Entstehung der mächtigsten Eiche verhindern kann, dadurch daß es die Eichel verschluckt. Alles Lebendige braucht um sich eine Atmosphäre, einen geheimnisvollen Dunstkreis; wenn man ihm diese Hülle nimmt, wenn man eine Religion, eine Kunst, ein Genie verurteilt, als Gestirn ohne Atmosphäre zu kreisen: so soll man sich über das schnelle Verdorren, Hart- und Unfruchtbarwerden nicht mehr wundern. So ist es nun einmal bei allen großen Dingen,

„die nie ohn' ein'gen Wahn gelingen",

wie Hans Sachs in den Meistersingern sagt.

Aber selbst jedes Volk, ja jeder Mensch, der *reif* werden will, braucht einen solchen umhüllenden Wahn, eine solche schützende und umschleiernde Wolke; jetzt aber haßt man das Reifwerden überhaupt, weil man die Historie mehr als das Leben ehrt. Ja man triumphiert darüber, daß jetzt „die Wissenschaft anfange, über das Leben zu herrschen“: möglich, daß man das erreicht; aber gewiß ist ein derartig beherrschtes Leben nicht viel wert, weil es viel weniger *Leben* ist und viel weniger Leben für die Zukunft verbürgt als das ehemals nicht durch das Wissen, sondern durch Instinkte und kräftige Wahnbilder beherrschte Leben. Aber es soll auch gar nicht, wie gesagt, das Zeitalter der fertig und reif gewordenen, der harmonischen Persönlichkeiten sein, sondern das der gemeinsamen möglichst nutzbaren Arbeit. Das heißt eben doch nur: die Menschen sollen zu den Zwecken der Zeit abgerichtet werden, um so zeitig als möglich mit Hand anzulegen; sie sollen in der Fabrik der allgemeinen Utilitäten arbeiten, bevor sie reif sind, ja damit sie gar nicht mehr reif werden – weil dies ein Luxus wäre, der „dem Arbeitsmarkte“ eine Menge von Kraft entziehen würde. Man blendet einige Vögel, damit sie schöner singen: ich glaube nicht, daß die jetzigen Menschen schöner singen als ihre Großväter, aber das weiß ich, daß man sie zeitig blendet. Das Mittel aber, das verruchte Mittel, das man anwendet, um sie zu blenden, ist *allzu helles, allzu plötzliches, allzu wechselndes Licht*. Der junge Mensch wird durch alle Jahrtausende gepeitscht: Jünglinge, die nichts von einem Kriege, einer diplomatischen Aktion, einer Handelspolitik verstehen, werden der Einführung in die politische Geschichte für würdig befunden. So aber, wie der junge Mensch durch die Geschichte läuft, so laufen wir Moderne durch die Kunstkammern, so hören wir Konzerte. Man fühlt wohl, das klingt anders als jenes, das wirkt anders als jenes: dies Gefühl der Befremdung immer mehr zu verlieren, über nichts mehr übermäßig zu erstaunen, endlich alles sich gefallen zu lassen – das nennt man dann wohl den historischen Sinn, die historische Bildung. Ohne Beschönigung des Ausdrucks gesprochen: die Masse des Einströmenden ist so groß, das Befremdende, Barbarische und Gewaltsame dringt so übermächtig, „zu scheußlichen Klumpen geballt“, auf die jugendliche Seele ein, daß sie sich nur mit einem vorsätzlichen Stumpfsinn zu retten weiß. Wo ein feineres und stärkeres Bewußtsein zugrunde lag, stellt sich wohl auch eine andre Empfindung ein: Ekel. Der junge Mensch ist so heimatlos geworden und zweifelt an allen Sitten und Begriffen. Jetzt weiß er es: in allen Zeiten war es anders, es kommt nicht darauf an, wie du bist. In schwermütiger Gefühllosigkeit läßt er Meinung auf Meinung an sich vorübergehn und begreift das Wort und die Stimmung Hölderlins beim Lesen der Laërtius Diogenes über Leben und Lehren griechischer Philosophen: „Ich habe auch hier wieder erfahren, was mir schon manchmal begegnet ist, daß mir nämlich das Vorübergehende und Abwechselnde der menschlichen Gedanken und Systeme fast tragischer aufgefallen ist, als die Schicksale, die man gewöhnlich allein die wirklichen nennt.“ Nein, ein solches überschwemmendes, betäubendes und gewaltsames Historisieren ist gewiß nicht für die Jugend nötig, wie die Alten zeigen, ja im höchsten Grade gefährlich, wie die Neueren zeigen. Nun betrachte man aber gar den historischen Studenten, den Erben einer allzu frühen, fast im Knabenalter schon sichtbar gewordenen Blasiertheit. Jetzt ist ihm die „Methode“ zu eigner Arbeit, der rechte Griff und der vornehme Ton nach des Meisters Manier zu eigen geworden; ein ganz isoliertes Kapitelchen der Vergangenheit ist seinem Scharfsinn und der erlernten Methode zum Opfer gefallen; er hat bereits produziert, ja mit stolzerem Worte, er hat „geschaffen“, er ist nun Diener der Wahrheit durch die Tat und Herr im historischen Weltbereiche geworden. War er schon als Knabe „fertig“, so ist er nun bereits überfertig: man braucht an ihm nur zu schütteln, so fällt einem die Weisheit mit Geprassel in den Schoß; doch die Weisheit ist faul, und jeder Apfel hat seinen Wurm. Glaubt es mir: wenn die Menschen in der wissenschaftlichen Fabrik arbeiten und nutzbar werden sollen, bevor sie reif sind, so ist in kurzem die Wissenschaft ebenso ruiniert, wie die allzu zeitig in dieser Fabrik verwendeten Sklaven. Ich bedaure, daß man schon nötig hat, sich des sprachlichen Jargons der Sklavenhalter und Arbeitgeber zur Bezeichnung solcher Verhältnisse zu bedienen, die an sich frei von Utilitäten, enthoben der Lebensnot gedacht werden sollten; aber unwillkürlich drängen sich die Worte „Fabrik, Arbeitsmarkt, Angebot, Nutzbarmachung“ – und wie all die Hilfszeitwörter des Egoismus lauten – auf die Lippen, wenn man die jüngste Generation der Gelehrten schildern will. Die gediegene Mittelmäßigkeit wird immer mittelmäßiger, die Wissenschaft im ökonomischen Sinne immer nutzbarer. Eigentlich sind die allerneuesten Gelehrten nur in *einem* Punkte weise, darin freilich weiser als alle Menschen der Vergangenheit, in allen übrigen Punkten nur unendlich anders – vorsichtig gesprochen – als alle Gelehrten alten Schlags. Trotzdem fordern sie Ehren und Vorteile für sich ein, als ob der Staat und die öffentliche Meinung verpflichtet wären, die neuen Münzen für ebenso voll zu nehmen wie die alten. Die Kärrner haben unter sich einen Arbeitsvertrag gemacht und das Genie als überflüssig dekretiert – dadurch, daß jeder Kärrner zum Genie umgestempelt wird: wahrscheinlich wird es eine spätere Zeit ihren Bauten ansehen, daß sie zusammengekarrt, nicht zusammengebaut sind. Denen, die unermüdlich den modernen Schlacht- und Opferruf „Teilung der Arbeit! In Reih und Glied!" im Munde führen, ist einmal klärlich und rund zu sagen: wollt ihr die Wissenschaft möglichst schnell fördern, so werdet ihr sie auch möglichst schnell vernichten; wie euch die Henne zugrunde geht, die ihr künstlich zum allzu schnellen Eierlegen zwingt. Gut, die Wissenschaft ist in den letzten Jahrzehnten erstaunlich schnell gefördert worden: aber seht euch nun auch die Gelehrten, die erschöpften Hennen an. Es sind wahrhaftig keine „harmonischen" Naturen; nur gackern können sie mehr als je, weil sie öfter Eier legen: freilich sind auch die Eier immer kleiner (obzwar die Bücher immer dicker) geworden. Als letztes und natürliches Resultat ergibt sich das allgemein beliebte „Popularisieren" (nebst „Feminisieren" und „Infantisieren") der Wissenschaft, das heißt das berüchtigte Zuschneiden des Rocks der Wissenschaft auf den Leib des „gemischten Publikums": um uns hier einmal für eine schneidermäßige Tätigkeit auch eines schneidermäßigen Deutsches zu befleißigen. Goethe sah darin einen Mißbrauch und verlangte, daß die Wissenschaften nur durch eine *erhöhte Praxis* auf die äußere Welt wirken sollten. Den älteren Gelehrten-Generationen dünkte überdies ein solcher Mißbrauch aus guten Gründen schwer und lästig: ebenfalls aus guten Gründen fällt er den jüngeren Gelehrten leicht, weil sie selbst, von einem ganz kleinen Wissens-Winkel abgesehn, sehr gemischtes Publikum sind und dessen Bedürfnisse in sich tragen. Sie brauchen sich nur einmal bequem hinzusetzen, so gelingt es ihnen, auch ihr kleines Studienbereich jener gemischt-populären Bedürfnis-Neubegier aufzuschließen. Für diesen Bequemlichkeitsakt prätendiert man hinterdrein den Namen „bescheidene Herablassung des Gelehrten zu seinem Volke": während im Grunde der Gelehrte nur zu sich, soweit er nicht Gelehrter, sondern

Pöbel ist, herabstieg. Schafft euch den Begriff eines „Volkes“: den könnt ihr nie edel und hoch genug denken. Dächtet ihr groß vom Volke, so wäret ihr auch barmherzig gegen dasselbe und hütetet euch wohl, euer historisches Scheidewasser ihm als Lebens- und Labetrank anzubieten. Aber ihr denkt im tiefsten Grunde von ihm gering, weil ihr vor seiner Zukunft keine wahre und sicher gegründete Achtung haben dürft, und ihr handelt als praktische Pessimisten, ich meine als Menschen, welche die Ahnung eines Unterganges leitet und die dadurch gegen das fremde, ja gegen das eigne Wohl gleichgültig und läßlich werden. Wenn *uns* nur die Scholle noch trägt! Und wenn sie uns nicht mehr trägt, dann soll es auch recht sein: – so empfinden sie und leben eine *ironische* Existenz.

ACHTER ABSCHNITT

Es darf zwar befremdend, aber nicht widerspruchsvoll erscheinen, wenn ich dem Zeitalter, das so hörbar und aufdringlich in das unbekümmertste Frohlocken über seine historische Bildung auszubrechen pflegt, trotzdem eine Art von *ironischem Selbstbewußtsein* zuschreibe, ein darüberschwebendes Ahnen, daß hier nicht zu frohlocken sei, eine Furcht, daß es vielleicht bald mit aller Lustbarkeit der historischen Erkenntnis vorüber sein werde. Ein ähnliches Rätsel in betreff einzelner Persönlichkeiten hat uns Goethe, durch seine merkwürdige Charakteristik Newtons, hingestellt: er findet im Grunde (oder richtiger: in der Höhe) seines Wesens „eine trübe Ahnung seines Unrechtes“, gleichsam als den in einzelnen Augenblicken bemerkbaren Ausdruck eines überlegnen richtenden Bewußtseins, das über die notwendige, ihm innewohnende Natur eine gewisse ironische Übersicht erlangt habe. So findet man gerade in den größer und höher entwickelten historischen Menschen ein oft bis zu allgemeiner Skepsis gedämpftes Bewußtsein davon, wie groß die Ungereimtheit und der Aberglaube sei zu glauben, daß die Erziehung eines Volkes so überwiegend historisch sein müsse, wie sie es jetzt ist; haben doch gerade die kräftigsten Völker, und zwar kräftig in Taten und Werken, anders gelebt, anders ihre Jugend herangezogen. Aber uns ziemt jene Ungereimtheit, jener Aberglaube – so lautet die skeptische Einwendung –, uns, den Spätgekommenen, den abgeblaßten letzten Sprossen mächtiger und frohmütiger Geschlechter, uns, auf die Hesiods Prophezeiung zu deuten ist, daß die Menschen einst sogleich graubehaart geboren würden und daß Zeus dies Geschlecht vertilgen werde, sobald jenes Zeichen an ihm sichtbar geworden sei. Die historische Bildung ist auch wirklich eine Art angeborner Grauhaarigkeit und die, welche ihre Zeichen von Kindheit her an sich tragen, müssen wohl zu dem instinktiven Glauben vom *Alter der Menschheit* gelangen: dem Alter aber gebührt jetzt eine greisenhafte Beschäftigung, nämlich Zurückschauen, Überrechnen, Abschließen, Trost suchen im Gewesenen, durch Erinnerungen, kurz, historische Bildung. Das Menschengeschlecht ist aber ein zähes und beharrliches Ding und will nicht nach Jahrtausenden, ja kaum nach Hunderttausenden von Jahren in seinen Schritten – vorwärts und rückwärts – betrachtet werden, das heißt, es will als Ganzes von dem unendlich kleinen Atompünktchen, dem einzelnen Menschen, *gar nicht* betrachtet werden. Was wollen denn ein paar Jahrtausende besagen (oder anders ausgedrückt: der Zeitraum von 34 aufeinanderfolgenden, zu 60 Jahren gerechneten Menschenleben), um im Anfang einer solchen Zeit noch von „Jugend“, am Schlusse bereits von „Alter der Menschheit“ reden zu können! Steckt nicht vielmehr in diesem lähmenden Glauben an eine bereits abwelkende Menschheit das Mißverständnis einer, vom Mittelalter her vererbten, christlich-theologischen Vorstellung, der Gedanke an das nahe Weltende, an das bänglich erwartete Gericht? Umkleidet sich jene Vorstellung wohl durch das gesteigerte historische Richter-Bedürfnis, als ob unsre Zeit, die letzte der möglichen, selbst jenes Weltgericht über alles Vergangne abzuhalten befugt sei, das der christliche Glaube keineswegs vom Menschen, aber von „des Menschen Sohn“ erwartete? Früher war dieses der Menschheit sowohl wie dem einzelnen zugerufne „memento mori“ ein immer quälender Stachel und gleichsam die Spitze des mittelalterlichen Wissens und Gewissens. Das ihm entgegengerufne Wort der neueren Zeit: „memento vivere“ klingt, offen zu reden, noch ziemlich verschüchtert, kommt nicht aus voller Kehle und hat beinahe etwas Unehrliches. Denn die Menschheit sitzt noch fast auf dem Memento mori und verrät es durch ihr universales historisches Bedürfnis: das Wissen hat, trotz seinem mächtigsten Flügelschlage, sich nicht ins Freie losreißen können, ein tiefes Gefühl von Hoffnungslosigkeit ist übrig geblieben und hat jene historische Färbung angenommen, von der jetzt alle höhere Erziehung und Bildung schwermütig umdunkelt ist. Eine Religion, die von allen Stunden eines Menschenlebens die letzte für die wichtigste hält, die einen Schluß des Erdenlebens überhaupt voraussagt und alle Lebenden verurteilt, im fünften Akt der Tragödie zu leben, regt gewiß die tiefsten und edelsten Kräfte auf, aber sie ist feindlich gegen alles Neu-Anpflanzen, Kühn-Versuchen, Frei-Begehren; sie widerstrebt jedem Fluge ins Unbekannte, weil sie dort nicht liebt, nicht hofft: sie läßt das Werdende sich nur wider Willen aufdrängen, um es, zur rechten Zeit, als einen Verführer zum Dasein, als einen Lügner über den Wert des Daseins beiseite zu drängen oder hinzuopfern. Das, was die Florentiner taten, als sie unter dem Eindrucke der Bußpredigten des Savonarola jene berühmten Opferbrände von Gemälden, Manuskripten, Spiegeln, Larven veranstalteten, das möchte das Christentum mit jeder Kultur tun, die zum Weiterstreben reizt und jenes Memento vivere als Wahlspruch führt; und wenn es nicht möglich ist, dies auf geradem Wege, ohne Umschweif, nämlich durch Übermacht zu tun, so erreicht es doch ebenfalls sein Ziel, wenn es sich mit der historischen Bildung, meistens sogar ohne deren Mitwissen, verbündet und nun, aus ihr heraus redend, alles Werdende achselzuckend ablehnt und darüber das Gefühl des gar zu Überspäten und Epigonenhaften, kurz, der angebornen Grauhaarigkeit ausbreitet. Die herbe und tiefsinnig ernste Betrachtung über den Unwert alles Geschehenen, über das Zum-Gericht-Reifsein der Welt, hat sich zu dem skeptischen Bewußtsein verflüchtigt, daß es jedenfalls gut sei, alles Geschehene zu wissen, weil es zu spät dafür sei, etwas Besseres zu tun. So macht der historische Sinn seine Diener passiv und retrospektiv; und beinahe nur aus augenblicklicher Vergeßlichkeit, wenn gerade jener Sinn intermittiert, wird der am historischen Fieber Erkrankte aktiv, um, sobald die Aktion vorüber ist, seine Tat zu sezieren, durch analytische Betrachtung am Weiterwirken zu hindern und sie endlich zur „Historie“ abzuhäuten. In diesem Sinne leben wir noch im Mittelalter, ist Historie immer noch eine verkappte Theologie: wie ebenfalls die Ehrfurcht, mit der der unwissenschaftliche Laie die wissenschaftliche Kaste behandelt, eine vom Klerus her vererbte Ehrfurcht ist. Was man früher der Kirche gab, das gibt man jetzt, obzwar spärlicher, der Wissenschaft: daß man aber gibt, hat einstmals die Kirche ausgewirkt, nicht aber erst der moderne Geist, der vielmehr, bei seinen anderen guten Eigenschaften, bekanntlich etwas Knauseriges hat und in der vornehmen Tugend der Freigebigkeit ein Stümper ist.

Vielleicht gefällt diese Bemerkung nicht, vielleicht ebensowenig als jene Ableitung des Übermaßes von Historie aus dem mittelalterlichen Memento mori und aus der Hoffnungslosigkeit, die das Christentum gegen alle kommenden Zeiten des irdischen Daseins im Herzen trägt. Man soll immerhin diese auch von mir nur zweifelnd hingestellte Erklärung durch bessere Erklärungen ersetzen; denn der Ursprung der historischen Bildung – und ihres innerlich ganz und gar radikalen Widerspruches gegen den Geist einer „neuen Zeit“, eines „modernen Bewußtseins“ –, dieser Ursprung *muß* selbst wieder historisch erkannt werden, die Historie *muß* das Problem der Historie selbst auflösen, das Wissen *muß* seinen Stachel gegen sich selbst kehren – dieses dreifache *Muß* ist der Imperativ des Geistes der „neuen Zeit“, falls in ihr wirklich etwas Neues, Mächtiges, Lebenverheißendes und Ursprüngliches ist. Oder sollte es wahr sein, daß wir Deutschen – um die romanischen Völker außer dem Spiele zu lassen – in allen höheren Angelegenheiten der Kultur immer nur „Nachkommen“ sein müßten, deshalb weil wir nur dies allein sein *könnten*; wie diesen sehr zu überlegenden Satz einmal Wilhelm Wackernagel ausgesprochen hat: „Wir Deutschen sind einmal ein Volk von Nachkommen, sind mit all unserm höheren Wissen, sind selbst mit unserm Glauben immer nur Nachfolger der alten Welt; auch die es feindlich gestimmt nicht wollen, atmen nächst dem Geiste des Christentums unausgesetzt von dem unsterblichen Geiste altklassischer Bildung, und gelänge es einem, aus der Lebensluft, die den inneren Menschen umgibt, diese zwei Elemente auszuscheiden, es würde nicht viel übrig bleiben, um noch ein geistiges Leben damit zu fristen.“ Selbst aber wenn wir bei diesem Berufe, Nachkommen des Altertums zu sein, uns gern beruhigen wollten, selbst wenn wir uns entschlössen, ihn recht nachdrücklich ernst und groß zu nehmen und in dieser Nachdrücklichkeit unser auszeichnendes und einziges Vorrecht anzuerkennen – so würden wir trotzdem genötigt werden zu fragen, ob es ewig unsere Bestimmung sein müsse, *Zöglinge des sinkenden Altertums* zu sein: irgendwann einmal mag es erlaubt sein, unser Ziel schrittweise höher und ferner zu stecken, irgendwann einmal sollten wir uns das Lob zusprechen dürfen, den Geist der alexandrinisch-römischen Kultur in uns – auch durch unsre universale Historie – so fruchtbringend und großartig nachgeschaffen zu haben, um nun, als den edelsten Lohn, uns die noch gewaltigere Aufgabe stellen zu dürfen, hinter diese alexandrinische Welt zurück und über sie hinaus zu streben, und unsere Vorbilder mutigen Blicks in der altgriechischen Urwelt des Großen, Natürlichen und Menschlichen zu suchen. *Dort aber finden wir auch die Wirklichkeit einer wesentlich unhistorischen Bildung und einer trotzdem oder vielmehr deswegen unsäglich reichen und lebensvollen Bildung*. Wären wir Deutsche selbst nichts als Nachkommen – wir könnten, indem wir auf eine solche Bildung als eine uns anzueignende Erbschaft blickten, gar nichts Größeres und Stolzeres sein als eben Nachkommen.

Damit soll nur dies und nichts als dies gesagt sein, daß selbst der oftmals peinlich anmutende Gedanke, Epigonen zu sein, groß gedacht, große Wirkungen und ein hoffnungsreiches Begehren der Zukunft, sowohl dem einzelnen als einem Volke verbürgen kann: insofern wir uns nämlich als Erben und Nachkommen klassischer und erstaunlicher Mächte begreifen und darin unsere Ehre, unsern Sporn sehen. Nicht also wie verblaßte und verkümmerte Spätlinge kräftiger Geschlechter, die als Antiquare und Totengräber jener Geschlechter ein fröstelndes Leben fristen. Solche Spätlinge freilich leben eine ironische Existenz: die Vernichtung folgt ihrem hinkenden Lebensgange auf der Ferse; sie schaudern vor ihr, wenn sie sich des Vergangnen erfreuen, denn sie sind lebende Gedächtnisse, und doch ist ihr Gedenken ohne Erben sinnlos. So umfängt sie die trübe Ahnung, daß ihr Leben ein Unrecht sei, da ihm kein kommendes Leben recht geben kann.

Dächten wir uns aber solche antiquarische Spätlinge plötzlich die Unverschämtheit gegen jene ironisch-schmerzliche Bescheidung eintauschen; denken wir sie uns, wie sie mit gellender Stimme verkünden: das Geschlecht ist auf seiner Höhe, denn jetzt erst hat es das Wissen über sich und ist sich selber offenbar geworden – so hätten wir ein Schauspiel, an dem als an einem Gleichnis die rätselhafte Bedeutung einer gewissen sehr berühmten Philosophie für die deutsche Bildung sich enträtseln wird. Ich glaube, daß es keine gefährliche Schwankung oder Wendung der deutschen Bildung in diesem Jahrhundert gegeben hat, die nicht durch die ungeheure, bis diesen Augenblick fortströmende Einwirkung dieser Philosophie, der Hegelischen, gefährlicher geworden ist. Wahrhaftig, lähmend und verstimmend ist der Glaube, ein Spätling der Zeiten zu sein: furchtbar und zerstörend muß es aber erscheinen, wenn ein solcher Glaube eines Tages mit kecker Umstülpung diesen Spätling als den wahren Sinn und Zweck alles früher Geschehenen vergöttert, wenn sein wissendes Elend einer Vollendung der Weltgeschichte gleichgesetzt wird. Eine solche Betrachtungsart hat die Deutschen daran gewöhnt, vom „Weltprozeß" zu reden und die eigne Zeit als das notwendige Resultat dieses Weltprozesses zu rechtfertigen; eine solche Betrachtungsart hat die Geschichte an Stelle der andern geistigen Mächte, Kunst und Religion, als einzig souverän gesetzt, insofern sie „der sich selbst realisierende Begriff", insofern sie „die Dialektik der Völkergeister" und das „Weltgericht" ist.

Man hat diese Hegelisch verstandene Geschichte mit Hohn das Wandeln Gottes auf der Erde genannt, welcher Gott aber seinerseits erst durch die Geschichte gemacht wird. Dieser Gott aber wurde sich selbst innerhalb der Hegelischen Hirnschalen durchsichtig und verständlich und ist bereits alle dialektisch möglichen Stufen seines Werdens, bis zu jener Selbstoffenbarung, emporgestiegen: so daß für Hegel der Höhepunkt und der Endpunkt des Weltprozesses in seiner eignen Berliner Existenz zusammenfielen. Ja er hätte sagen müssen, daß alle nach ihm kommenden Dinge eigentlich nur als eine musikalische Koda des weltgeschichtlichen Rondos, noch eigentlicher, als überflüssig zu schätzen seien. Das hat er nicht gesagt: dafür hat er in die von ihm durchsäuerten Generationen jene Bewunderung vor der „Macht der Geschichte" gepflanzt, die praktisch alle Augenblicke in nackte Bewunderung des Erfolges umschlägt und zum Götzendienste des Tatsächlichen führt: für welchen Dienst man sich jetzt die sehr mythologische und außerdem recht gut deutsche Wendung „den Tatsachen Rechnung tragen" allgemein eingeübt hat. Wer aber erst gelernt hat, vor der „Macht der Geschichte" den Rücken zu krümmen und den Kopf zu beugen, der nickt zuletzt chinesenhaft-mechanisch sein „Ja“ zu jeder Macht, sei dies nun eine Regierung oder eine öffentliche Meinung oder eine Zahlen-Majorität, und bewegt seine Glieder genau in dem Takte, in dem irgendeine „Macht“ am Faden zieht. Enthält jeder Erfolg in sich eine vernünftige Notwendigkeit, ist jedes Ereignis der Sieg des Logischen oder der „Idee“ – dann nur hurtig nieder auf die Knie und nun die ganze Stufenleiter der „Erfolge“ abgekniet! Was, es gäbe keine herrschenden Mythologien mehr? Was, die Religionen wären im Aussterben? Seht euch nur die Religion der historischen Macht an, gebt acht auf die Priester der Ideen-Mythologie und ihre zerschundenen Knie! Sind nicht sogar alle Tugenden im Gefolge dieses neuen Glaubens? Oder ist es nicht Selbstlosigkeit, wenn der historische Mensch sich zum objektiven Spiegelglas ausblasen läßt? Ist es nicht Großmut, auf alle Gewalt im Himmel und auf Erden zu verzichten, dadurch, daß man in jeder Gewalt die Gewalt an sich anbetet? Ist es nicht Gerechtigkeit, immer Waagschalen der Mächte in den Händen zu haben und fein zuzusehen, welche als die stärkere und schwerere sich neigt? Und welche Schule der Wohlanständigkeit ist eine solche Betrachtung der Geschichte! Alles objektiv nehmen, über nichts zürnen, nichts lieben, alles begreifen, wie macht das sanft und schmiegsam; und selbst wenn ein in dieser Schule Aufgezogner öffentlich einmal zürnt und sich ärgert, so freut man sich daran, denn man weiß ja, es ist nur artistisch gemeint, es ist *ira* und *studium* und doch ganz und gar *sine ira et studio*.

Was für veraltete Gedanken habe ich gegen einen solchen Komplex von Mythologie und Tugend auf dem Herzen! Aber sie sollen einmal heraus, und man soll nur immer lachen. Ich würde also sagen: die Geschichte prägt immer ein: „es war einmal“, die Moral: „ihr sollt nicht“ oder „ihr hättet nicht sollen“. So wird die Geschichte zu einem Kompendium der tatsächlichen Unmoral. Wie schwer würde sich der irren, der die Geschichte ansähe! Es beleidigt zum Beispiel die Moral, daß ein Raffael sechsunddreißig Jahre alt sterben mußte: solch ein Wesen sollte nicht sterben. Wollt ihr nun der Geschichte zu Hilfe kommen, als Apologeten des Tatsächlichen, so werdet ihr sagen: er hat alles, was in ihm lag, ausgesprochen, er hätte, bei längerem Leben, immer nur das Schöne als gleiches Schönes, nicht als neues Schönes schaffen können, und dergleichen. So seid ihr die Advokaten des Teufels, und zwar dadurch, daß ihr den Erfolg, das Faktum zu eurem Götzen macht: während das Faktum immer dumm ist und zu allen Zeiten einem Kalbe ähnlicher gesehen hat als einem Gotte. Als Apologeten der Geschichte souffliert euch überdies die Ignoranz: denn nur weil ihr nicht wißt, was eine solche *natura naturans* wie Raffael ist, macht es euch nicht heiß zu vernehmen, daß sie war und nicht mehr sein wird. Über Goethe hat uns neuerdings jemand belehren wollen, daß er mit seinen 82 Jahren sich ausgelebt habe: und doch würde ich gern ein paar Jahre des „ausgelebten" Goethe gegen ganze Wagen voll frischer hochmoderner Lebensläufe einhandeln, um noch einen Anteil an solchen Gesprächen zu haben, wie sie Goethe mit Eckermann führte, und um auf diese Weise vor allen zeitgemäßen Belehrungen durch die Legionäre des Augenblicks bewahrt zu bleiben. Wie wenige Lebende haben überhaupt, solchen Toten gegenüber, ein Recht zu leben! Daß die Vielen leben und jene Wenigen nicht mehr leben, ist nichts als eine brutale Wahrheit, das heißt eine unverbesserliche Dummheit, ein plumpes „es ist einmal so" gegenüber der Moral „es sollte nicht so sein". Ja, gegenüber der Moral! Denn rede man von welcher Tugend man wolle, von der Gerechtigkeit, Großmut, Tapferkeit, von der Weisheit und dem Mitleid des Menschen – überall ist er dadurch tugendhaft, daß er sich gegen jene blinde Macht der Fakta, gegen die Tyrannei des Wirklichen empört und sich Gesetzen unterwirft, die nicht die Gesetze jener Geschichtsfluktuationen sind. Er schwimmt immer gegen die geschichtlichen Wellen, sei es, daß er seine Leidenschaften als die nächste dumme Tatsächlichkeit seiner Existenz bekämpft oder daß er sich zur Ehrlichkeit verpflichtet, während die Lüge rings um ihn herum ihre glitzernden Netze spinnt. Wäre die Geschichte überhaupt nichts weiter als „das Weltsystem von Leidenschaft und Irrtum", so würde der Mensch so in ihr lesen müssen, wie Goethe den Werther zu lesen riet: gleich als ob sie riefe, „sei ein Mann und folge mir nicht nach!" Glücklicherweise bewahrt sie aber auch das Gedächtnis an die großen Kämpfer *gegen die Geschichte,* das heißt gegen die blinde Macht des Wirklichen, und stellt sich dadurch selbst an den Pranger, daß sie jene gerade als die eigentlich historischen Naturen heraushebt, die sich um das „so ist es" wenig kümmern, um vielmehr mit heiterem Stolze einem „so soll es sein" zu folgen. Nicht ihr Geschlecht zu Grabe zu tragen, sondern ein neues Geschlecht zu begründen – das treibt sie unablässig vorwärts: und wenn sie selbst als Spätlinge geboren werden – es gibt eine Art zu leben, dies vergessen zu machen –, die kommenden Geschlechter werden sie nur als Erstlinge kennen.

NEUNTER ABSCHNITT

Ist vielleicht unsre Zeit ein solcher Erstling? – In der Tat, die Vehemenz ihres historischen Sinnes ist so groß und äußert sich in einer so universalen und schlechterdings unbegrenzten Manier, daß hierin wenigstens die kommenden Zeiten ihre Erstlingschaft preisen werden – falls es nämlich überhaupt *kommende Zeiten*, im Sinne der Kultur verstanden, geben wird. Aber gerade hierüber bleibt ein schwerer Zweifel zurück. Dicht neben dem Stolze des modernen Menschen steht seine *Ironie* über sich selbst, sein Bewußtsein, daß er in einer historisierenden und gleichsam abendlichen Stimmung leben muß, seine Furcht, gar nichts mehr von seinen Jugendhoffnungen und Jugendkräften in die Zukunft retten zu können. Hier und da geht man noch weiter, ins *Zynische*, und rechtfertigt den Gang der Geschichte, ja der gesamten Weltentwicklung ganz eigentlich für den Handgebrauch des modernen Menschen, nach dem zynischen Kanon: gerade so mußte es kommen, wie es gerade jetzt geht, so und nicht anders mußte der Mensch werden, wie jetzt die Menschen sind, gegen dieses *Muß* darf sich keiner auflehnen. In das Wohlgefühl eines derartigen Zynismus flüchtet sich der, welcher es nicht in der Ironie aushalten kann; ihm bietet überdies das letzte Jahrzehnt eine seiner schönsten Erfindungen zum Geschenke an, eine gerundete und volle Phrase für jenen Zynismus: sie nennt seine Art, zeitgemäß und ganz und gar unbedenklich zu leben, „die volle Hingabe der Persönlichkeit an den Weltprozeß“. Die Persönlichkeit und der Weltprozeß! Der Weltprozeß und die Persönlichkeit des Erdflohs! Wenn man nur nicht ewig die Hyperbel aller Hyperbeln, das Wort: Welt, Welt, Welt hören müßte, da doch jeder, ehrlicherweise, nur von Mensch, Mensch, Mensch reden sollte! Erben der Griechen und Römer? des Christentums?

Das scheint alles jenen Zynikern nichts; aber Erben des Weltprozesses! Spitzen und Zielscheiben des Weltprozesses! Sinn und Lösung aller Werde-Rätsel überhaupt, ausgedrückt im modernen Menschen, der reifsten Frucht am Baume der Erkenntnis! – das nenne ich ein schwellendes Hochgefühl; an diesem Wahrzeichen sind die Erstlinge aller Zeiten zu erkennen, ob sie auch gleich zuletzt gekommen sind. So weit flog die Geschichtsbetrachtung noch nie, selbst nicht, wenn sie träumte; denn jetzt ist die Menschengeschichte nur die Fortsetzung der Tier- und Pflanzengeschichte; ja in den untersten Tiefen des Meeres findet der historische Universalist noch die Spuren seiner selbst, als lebenden Schleim; den ungeheuren Weg, den der Mensch bereits durchlaufen hat, wie ein Wunder anstaunend, schwindelt dem Blicke vor dem noch erstaunlicheren Wunder, vor dem modernen Menschen selbst, der diesen Weg zu übersehen vermag. Er steht hoch und stolz auf der Pyramide des Weltprozesses: indem er oben darauf den Schlußstein seiner Erkenntnis legt, scheint er der horchenden Natur ringsumher zuzurufen: „Wir sind am Ziele, wir sind das Ziel, wir sind die vollendete Natur."

Überstolzer Europäer des neunzehnten Jahrhunderts, du rasest! Dein Wissen vollendet nicht die Natur, sondern tötet nur deine eigne. Miß nur einmal deine Höhe als Wissender an deiner Tiefe als Könnender. Freilich kletterst du an den Sonnenstrahlen des Wissens aufwärts zum Himmel, aber auch abwärts zum Chaos. Deine Art zu gehen, nämlich als Wissender zu klettern, ist dein Verhängnis; Grund und Boden weicht ins Ungewisse für dich zurück; für dein Leben gibt es keine Stützen mehr, nur noch Spinnefäden, die jeder neue Griff deiner Erkenntnis auseinanderreißt. – Doch darüber kein ernstes Wort mehr, da es möglich ist, ein heiteres zu sagen.

Das rasend-unbedachte Zersplittern und Zerfasern aller Fundamente, ihre Auflösung in ein immer fließendes und zerfließendes Werden, das unermüdliche Zerspinnen und Historisieren alles Gewordenen durch den modernen Menschen, die große Kreuzspinne im Knoten des Weltall-Netzes – das mag den Moralisten, den Künstler, den Frommen, auch wohl den Staatsmann beschäftigen und bekümmern; uns soll es heute einmal erheitern, dadurch daß wir dies alles im glänzenden Zauberspiegel eines *philosophischen Parodisten* sehen, in dessen Kopfe die Zeit über sich selbst zum ironischen Bewußtsein, und zwar deutlich „bis zur Verruchtheit“ (um Goethisch zu reden), gekommen ist. Hegel hat uns einmal gelehrt, „wenn der Geist einen Ruck macht, da sind wir Philosophen auch dabei“: unsere Zeit machte einen Ruck, zur Selbstironie, und siehe! da war auch E. von Hartmann dabei und hatte seine berühmte Philosophie des Unbewußten – oder um deutlicher zu reden – seine Philosophie der unbewußten Ironie geschrieben. Selten haben wir eine lustigere Erfindung und eine mehr philosophische Schelmerei gelesen als die Hartmanns; wer durch ihn nicht über das *Werden* aufgeklärt, ja innerlich aufgeräumt wird, ist wirklich reif zum Gewesensein. Anfang und Ziel des Weltprozesses, vom ersten Stutzen des Bewußtseins bis zum Zurückgeschleudert-Werden ins Nichts, samt der genau bestimmten Aufgabe unserer Generation für den Weltprozeß, alles dargestellt aus dem so witzig erfundenen Inspirations-Borne des Unbewußten und im apokalyptischen Lichte leuchtend, alles so täuschend und zu so biederem Ernste nachgemacht, als ob es wirkliche Ernst-Philosophie und nicht nur Spaß-Philosophie wäre – ein solches Ganze stellt seinen Schöpfer als einen der ersten philosophischen Parodisten aller Zeiten hin: opfern wir also auf seinem Altar, opfern wir ihm, dem Erfinder einer wahren Universal-Medizin, eine Locke – um einen Schleiermacherischen Bewunderungs-Ausdruck zu stehlen. Denn welche Medizin wäre heilsamer gegen das Übermaß historischer Bildung als Hartmanns Parodie aller Welthistorie?

Wollte man recht trocken heraussagen, was Hartmann von dem umrauchten Dreifuße der unbewußten Ironie her uns verkündet, so wäre zu sagen: er verkündet uns, daß unsre Zeit nur gerade so sein müsse, wie sie ist, wenn die Menschheit dieses Dasein einmal ernstlich satt bekommen soll: was wir von Herzen glauben. Jene erschreckende Verknöcherung der Zeit, jenes unruhige Klappern mit den Knochen – wie es uns David Strauß naiv als schönste Tatsächlichkeit geschildert hat – wird bei Hartmann nicht nur von hinten, *ex causis efficientibus,* sondern sogar von vorne, *ex causa finali,* gerechtfertigt; von dem jüngsten Tage her läßt der Schalk das Licht über unsre Zeit strahlen, und da findet sich, daß sie sehr gut ist, nämlich für den, der möglichst stark an Unverdaulichkeit des Lebens leiden will und jenen jüngsten Tag nicht rasch genug heranwünschen kann. Zwar nennt Hartmann das Lebensalter, dem die Menschheit sich jetzt nähert, das „Mannesalter“: das ist aber, nach seiner Schilderung, der beglückte Zustand, wo es nur noch „gediegene Mittelmäßigkeit“ gibt und die Kunst das ist, was „dem Berliner Börsenmanne etwa abends die Posse“ ist, wo „die Genies kein Bedürfnis der Zeit mehr sind, weil es hieße, die Perlen vor die Säue werfen, oder auch, weil die Zeit über das Stadium, welchem Genies gebührten, zu einem wichtigeren fortgeschritten ist“, zu jenem Stadium der sozialen Entwicklung nämlich, in dem jeder Arbeiter „bei einer Arbeitszeit, die ihm für seine intellektuelle Ausbildung genügende Muße läßt, ein komfortables Dasein führe“. Schalk aller Schalke, du sprichst das Sehnen der jetzigen Menschheit aus: du weißt aber gleichfalls, was für ein Gespenst am Ende dieses Mannesalters der Menschheit, als Resultat jener intellektuellen Ausbildung zur gediegenen Mittelmäßigkeit, stehen wird – der Ekel. Sichtbar steht es ganz erbärmlich, es wird aber noch viel erbärmlicher kommen, „sichtbar greift der Antichrist weiter und weiter um sich“ – aber *es muß* so stehen, es *muß* so kommen, denn mit dem allen sind wir auf dem besten Wege – zum Ekel an allem Daseienden. „Darum rüstig vorwärts im Weltprozeß als Arbeiter im Weinberge des Herrn, denn der Prozeß allein ist es, der zur Erlösung führen kann!“

Der Weinberg des Herrn! Der Prozeß! Zur Erlösung! Wer sieht und hört hier nicht die historische Bildung, die nur das Wort „werden“ kennt, wie sie sich zur parodischen Mißgestalt absichtlich vermummt, wie sie durch die vorgehaltne groteske Fratze die mutwilligsten Dinge über sich selbst sagt! Denn was verlangt eigentlich dieser letzte schalkische Anruf der Arbeiter im Weinberge von diesen? In welcher Arbeit sollen sie rüstig vorwärtsstreben? Oder um anders zu fragen: was hat der historisch Gebildete, der im Flusse des Werdens schwimmende und ertrunkene moderne Fanatiker des Prozesses noch zu tun übrig, um einmal jenen Ekel, die köstliche Traube jenes Weinbergs, einzuernten? – Er hat nichts zu tun als fortzuleben, wie er gelebt hat, fortzulieben, was er geliebt hat, fortzuhassen, was er gehaßt hat, und die Zeitungen fortzulesen, die er gelesen hat; für ihn gibt es nur *eine* Sünde – anders zu leben, als er gelebt hat. Wie er aber gelebt hat, sagt uns in übermäßiger Steinschrift-Deutlichkeit jene berühmte Seite mit den groß gedruckten Sätzen, über die das ganze zeitgemäße Bildungs-Hefentum in blindes Entzücken und entzückte Tobsucht geraten ist, weil es in diesen Sätzen seine eigene Rechtfertigung, und zwar seine Rechtfertigung im apokalyptischen Lichte zu lesen glaubte. Denn von jedem einzelnen forderte der unbewußte Parodist „die volle Hingabe der Persönlichkeit an den Weltprozeß um seines Zieles, der Welterlösung willen“; oder noch heller und klarer: „die Bejahung des Willens zum Leben wird als das vorläufig allein Richtige proklamiert; denn nur in der vollen Hingabe an das Leben und seine Schmerzen, nicht in feiger persönlicher Entsagung und Zurückziehung ist etwas für den Weltprozeß zu leisten“, „das Streben nach individueller Willensverneinung ist ebenso töricht und nutzlos, ja noch törichter als der Selbstmord“. „Der denkende Leser wird auch ohne weitere Andeutungen verstehn, wie eine auf diesen Prinzipien errichtete praktische Philosophie sich gestalten würde, und daß eine solche nicht die Entzweiung, sondern nur die volle Versöhnung mit dem Leben enthalten kann.“

Der denkende Leser wird es verstehen: und man konnte Hartmann mißverstehen! Und wie unsäglich lustig ist es, daß man ihn mißverstand! Sollten die jetzigen Deutschen sehr fein sein? Ein wackerer Engländer vermißt an ihnen *delicacy of perception**, ja wagt zu sagen, „*in the German mind there does seem to be something splay, something blunt-edged, unhandy and infelicitous***“ – ob der große deutsche Parodist wohl widersprechen würde? Zwar nähern wir uns, nach seiner Erklärung, „jenem idealen Zustande, wo das Menschengeschlecht seine Geschichte mit Bewußtsein macht“: aber offenbar sind wir von jenem vielleicht noch idealeren ziemlich entfernt, wo die Menschheit Hartmanns Buch mit Bewußtsein liest. Kommt es erst dazu, dann wird kein Mensch mehr das Wort „Weltprozeß“ durch seine Lippen schlüpfen lassen, ohne daß diese Lippen lächeln; denn man wird sich dabei der Zeit erinnern, wo man das parodische Evangelium Hartmanns mit der ganzen Biederkeit jenes *german mind*, ja mit „der Eule verzerrtem Ernste“, wie Goethe sagt, anhörte, einsog, bestritt, verehrte, ausbreitete und kanonisierte. Aber die Welt

* Feinheit des Verständnisses.

** Der deutsche Geist scheint etwas Verbogenes, etwas Stumpfes, Ungeschicktes und Unglückliches zu haben.

muß vorwärts, nicht erträumt werden kann jener ideale Zustand, er muß erkämpft und errungen werden, und nur durch Heiterkeit geht der Weg zur Erlösung, zur Erlösung von jenem mißverständlichen Eulen-Ernste. Es wird die Zeit sein, in der man sich aller Konstruktionen des Weltprozesses oder auch der Menschheits-Geschichte weislich enthält, eine Zeit, in der man überhaupt nicht mehr die Massen betrachtet, sondern wieder die einzelnen, die eine Art von Brücke über den wüsten Strom des Werdens bilden. Diese setzen nicht etwa einen Prozeß fort, sondern leben zeitlos-gleichzeitig, dank der Geschichte, die ein solches Zusammenwirken zuläßt, sie leben als die Genialen-Republik, von der einmal Schopenhauer erzählt: ein Riese ruft dem andern durch die öden Zwischenräume der Zeiten zu, und ungestört durch mutwilliges lärmendes Gezwerge, welches unter ihnen wegkriecht, setzt sich das hohe Geistergespräch fort. Die Aufgabe der Geschichte ist es, zwischen ihnen die Mittlerin zu sein und so immer wieder zur Erzeugung des Großen Anlaß zu geben und Kräfte zu verleihen. Nein, das *Ziel der Menschheit* kann nicht am Ende liegen, sondern nur in *ihren höchsten Exemplaren.*

Dagegen sagt freilich unsere lustige Person mit jener bewunderungswürdigen Dialektik, die gerade so echt ist, als ihre Bewunderer bewunderungswürdig sind: „So wenig es sich mit dem Begriffe der Entwicklung vertragen würde, dem Weltprozeß eine unendliche Dauer in der Vergangenheit zuzuschreiben, weil dann jede irgend denkbare Entwicklung bereits durchlaufen sein müßte, was doch nicht der Fall ist (o Schelm!), ebensowenig können wir dem Prozesse eine unendliche Dauer für die Zukunft zugestehen; beides höbe den Begriff der Entwicklung zu einem Ziele auf (o nochmals Schelm!) und stellte den Weltprozeß dem Wasserschöpfen der Danaiden gleich. Der vollendete Sieg des Logischen über das Unlogische (o Schelm der Schelme!) muß aber mit dem zeitlichen Ende des Weltprozesses, dem Jüngsten Tage, zusammenfallen." Nein, du klarer und spöttischer Geist, solange das Unlogische noch so waltet wie heutzutage, solange zum Beispiel noch vom „Weltprozeß" unter allgemeiner Zustimmung so geredet werden kann, wie du redest, ist der Jüngste Tag noch fern: denn es ist noch zu heiter auf dieser Erde, noch manche Illusion blüht, zum Beispiel die Illusion deiner Zeitgenossen über dich, wir sind noch nicht reif dafür, in dein Nichts zurückgeschleudert zu werden: denn wir glauben daran, daß es hier sogar noch lustiger zugehen wird, wenn man erst angefangen hat dich zu verstehen, du unverstandner Unbewußter. Wenn aber trotzdem der Ekel mit Macht kommen sollte, so wie du ihn deinen Lesern prophezeit hast, wenn du mit deiner Schilderung deiner Gegenwart und Zukunft recht behalten solltest – und niemand hat beide so verachtet, so mit Ekel verachtet als du –, so bin ich gern bereit, in der von dir vorgeschlagnen Form mit der Majorität dafür zu stimmen, daß nächsten Samstag abend pünktlich zwölf Uhr deine Welt untergehen solle; und unser Dekret mag schließen: von morgen an wird keine Zeit mehr sein und keine Zeitung mehr erscheinen. Vielleicht aber bleibt die Wirkung aus, und wir haben umsonst dekretiert: nun, dann fehlt es uns jedenfalls nicht an der Zeit zu einem schönen Experiment. Wir nehmen eine Waage und legen in die eine der Waagschalen Hartmanns Unbewußtes, in die andre Hartmanns Weltprozeß. Es gibt Menschen, welche glauben, daß sie beide gleich viel wiegen werden: denn in jeder Schale läge ein gleich schlechtes Wort und ein gleich guter Scherz. – Wenn erst einmal Hartmanns Scherz begriffen ist, so wird niemand Hartmanns Wort vom „Weltprozeß" mehr brauchen als eben zum Scherz. In der Tat, es ist längst an der Zeit, gegen die Ausschweifungen des historischen Sinnes, gegen die übermäßige Lust am Prozesse auf Unkosten des Seins und Lebens, gegen das besinnungslose Verschieben aller Perspektiven mit dem ganzen Heerbanne satirischer Bosheiten vorzurücken; und es soll dem Verfasser der Philosophie des Unbewußten stets zum Lobe nachgesagt werden, daß es ihm zuerst gelungen ist, das Lächerliche in der Vorstellung des „Weltprozesses" scharf zu empfinden und durch den sonderlichen Ernst seiner Darstellung noch schärfer nachempfinden zu lassen. Wozu die „Welt" da ist, wozu die „Menschheit" da ist, soll uns einstweilen gar nicht kümmern, es sei denn, daß wir uns einen Scherz machen wollen: denn die Vermessenheit des kleinen Menschengewürms ist nun einmal das Scherzhafteste und Heiterste auf der Erdenbühne; aber wozu du einzelner da bist, das frage dich, und wenn es dir sonst keiner sagen kann, so versuche es nur einmal, den Sinn deines Daseins gleichsam a posteriori zu rechtfertigen, dadurch daß du dir selber einen Zweck, ein Ziel, ein „Dazu" vorsetzest, ein hohes und edles „Dazu". Gehe nur an ihm zugrunde – ich weiß keinen besseren Lebenszweck, als am Großen und Unmöglichen, *animae magnae prodigus*, zugrunde zu gehen. Wenn dagegen die Lehren vom souveränen Werden, von der Flüssigkeit aller Begriffe, Typen und Arten, von dem Mangel aller kardinalen Verschiedenheit zwischen Mensch und Tier – Lehren, die ich für wahr, aber für tödlich halte – in der jetzt üblichen Belehrungs-Wut noch ein Menschenalter hindurch in das Volk geschleudert werden, so soll es niemanden wundernehmen, wenn das Volk am egoistischen Kleinen und Elenden, an Verknöcherung und Selbstsucht zugrunde geht, zuerst nämlich auseinanderfällt und aufhört, Volk zu sein: an dessen Stelle dann vielleicht Systeme von Einzelegoismen, Verbrüderungen zum Zweck raubsüchtiger Ausbeutung der Nicht-Brüder und ähnliche Schöpfungen utilitarischer Gemeinheit auf dem Schauplatze der Zukunft auftreten werden. Man fahre nur fort, um diesen Schöpfungen vorzuarbeiten, die Geschichte vom Standpunkte der *Massen* zu schreiben und nach jenen Gesetzen in ihr zu suchen, die aus den Bedürfnissen dieser Massen abzuleiten sind, also nach den Bewegungsgesetzen der niedersten Lehm- und Tonschichten der Gesellschaft. Die Massen scheinen mir nur in dreierlei Hinsicht einen Blick zu verdienen: einmal als verschwimmende Kopien der großen Männer, auf schlechtem Papier und mit abgenutzten Platten hergestellt, sodann als Widerstand gegen die Großen, und endlich als Werkzeuge der Großen; im übrigen hole sie der Teufel und die Statistik! Wie, die Statistik bewiese, daß es Gesetze in der Geschichte gäbe? Gesetze? Ja, sie beweist, wie gemein und ekelhaft uniform die Masse ist: soll man die Wirkung der Schwerkräfte Dummheit, Nachäfferei, Liebe und Hunger Gesetze nennen? Nun, wir wollen es zugeben, aber damit steht dann auch der Satz fest: soweit es Gesetze in der Geschichte gibt, sind die Gesetze nichts wert und ist die Geschichte nichts wert. Gerade diejenige Art der Historie ist aber jetzt allgemein in Schätzung, welche die großen Massentriebe als das Wichtige und Hauptsächliche in der Geschichte nimmt und alle großen Männer nur als den deutlichsten Ausdruck, gleichsam als die sichtbar werdenden Bläschen auf der Wasserflut betrachtet. Da soll die Masse aus sich heraus das Große, das Chaos also aus sich heraus die Ordnung gebären; am Ende wird dann natürlich der Hymnus auf die gebärende Masse angestimmt. „Groß" wird dann alles das genannt, was eine längere Zeit eine solche Masse bewegt hat und, wie man sagt, „eine historische Macht“ gewesen ist. Heißt das aber nicht recht absichtlich Quantität und Qualität verwechseln? Wenn die plumpe Masse irgendeinen Gedanken, zum Beispiel einen Religionsgedanken, recht adäquat gefunden hat, ihn zäh verteidigt und durch Jahrhunderte fortschleppt: so soll dann, und gerade dann erst, der Finder und Gründer jenes Gedankens groß sein. Warum doch! Das Edelste und Höchste wirkt gar nicht auf die Massen; der historische Erfolg des Christentums, seine historische Macht, Zähigkeit und Zeitdauer, alles das beweist glücklicherweise nichts in betreff der Größe seines Gründers, da es im Grunde gegen ihn beweisen würde: aber zwischen ihm und jenem historischen Erfolge liegt eine sehr irdische und dunkle Schicht von Leidenschaft, Irrtum, Gier nach Macht und Ehre, von fortwirkenden Kräften des imperium romanum, eine Schicht, aus der das Christentum jenen Erdgeschmack und Erdenrest bekommen hat, der ihm die Fortdauer in dieser Welt ermöglichte und gleichsam seine Haltbarkeit gab. Die Größe soll nicht vom Erfolge abhängen, und Demosthenes hat Größe, ob er gleich keinen Erfolg hatte. Die reinsten und wahrhaftigsten Anhänger des Christentums haben seinen weltlichen Erfolg, seine sogenannte „historische Macht“ immer eher in Frage gestellt und gehemmt als gefördert, denn sie pflegten sich außerhalb der „Welt“ zu stellen und kümmerten sich nicht um den „Prozeß der christlichen Idee“; weshalb sie meistens der Historie auch ganz unbekannt und ungenannt geblieben sind. Christlich ausgedrückt: so ist der Teufel der Regent der Welt und der Meister der Erfolge und des Fortschritts; er ist in allen historischen Mächten die eigentliche Macht, und dabei wird es im wesentlichen bleiben – ob es gleich einer Zeit recht peinlich in den Ohren klingen mag, die an die Vergötterung des Erfolgs und der historischen Macht gewöhnt ist. Sie hat sich nämlich gerade darin geübt, die Dinge neu zu benennen und selbst den Teufel umzutaufen. Es ist gewiß die Stunde einer großen Gefahr: die Menschen scheinen nahe daran zu entdecken, daß der Egoismus der einzelnen, der Gruppen oder der Massen zu allen Zeiten der Hebel der geschichtlichen Bewegungen war; zugleich aber ist man durch diese Entdeckung keineswegs beunruhigt, sondern man dekretiert: der Egoismus soll unser Gott sein. Mit diesem neuen Glauben schickt man sich an, mit deutlichster Absichtlichkeit die kommende Geschichte auf dem Egoismus zu errichten: nur soll es ein kluger Egoismus sein, ein solcher, der sich einige Beschränkungen auferlegt, um sich dauerhaft zu befestigen, ein solcher, der die Geschichte deshalb gerade studiert, um den unklugen Egoismus kennenzulernen. Bei diesem Studium hat man gelernt, daß dem Staate eine ganz besondere Mission in dem zu gründenden Weltsysteme der Egoismen zukomme: er soll der Patron aller klugen Egoismen werden, um sie mit einer militärischen und polizeilichen Gewalt gegen die schrecklichen Ausbrüche des unklugen Egoismus zu schützen. Zu dem gleichen Zwecke wird auch die Historie – und zwar als Tier- und Menschenhistorie – in die gefährlichen, weil unklugen, Volksmassen und Arbeiterschichten sorglich eingerührt, weil man weiß, daß ein Körnlein von historischer Bildung imstande ist, die rohen und dumpfen Instinkte und Begierden zu brechen oder auf die Bahn des verfeinerten Egoismus hinzuleiten. In summa: der Mensch nimmt jetzt, mit E. von Hartmann zu reden, „auf eine bedächtig in die Zukunft schauende praktisch wohnliche Einrichtung in der irdischen Heimat Bedacht“. Derselbe Schriftsteller nennt eine solche Periode das „Mannesalter der Menschheit“ und spottet damit über das, was jetzt „Mann“ genannt wird, als ob darunter allein der ernüchterte Selbstsüchtling verstanden werde; wie er ebenfalls nach einem solchen Mannesalter ein dazu gehöriges Greisenalter prophezeit, ersichtlich aber auch nur damit seinen Spott an unsern zeitgemäßen Greisen auslassend: denn er redet von ihrer reifen Beschaulichkeit, mit der sie die „ganzen wüst durchstürmten Leiden ihres vergangnen Lebenslaufes überschauen und die Eitelkeit der bisherigen vermeintlichen Ziele ihres Strebens begreifen“. Nein, einem Mannesalter jenes verschlagnen und historisch gebildeten Egoismus entspricht ein mit widriger Gier und würdelos am Leben hängendes Greisenalter und sodann ein letzter Akt, mit dem

> „die seltsam wechselnde Geschichte schließt,
> als zweite Kindheit, gänzliches Vergessen,
> ohn' Augen, ohne Zahn, Geschmack und alles“.

Ob die Gefahren unsres Lebens und unserer Kultur nun von diesen wüsten, zahn- und geschmacklosen Greisen, ob sie von jenen sogenannten „Männern“ Hartmanns kommen: beiden gegenüber wollen wir das Recht unserer *Jugend* mit den Zähnen festhalten und nicht müde werden, in unserer Jugend die Zukunft gegen jene Zukunftsbilder-Stürmer zu verteidigen. Bei diesem Kampfe müssen wir aber auch eine besonders schlimme Wahrnehmung machen: *daß man die Ausschweifungen des historischen Sinnes, an denen die Gegenwart leidet, absichtlich fördert, ermutigt und – benutzt.*

Man benutzt sie aber gegen die Jugend, um diese zu jener überall erstrebten Mannesreife des Egoismus abzurichten; man benutzt sie, um den natürlichen Widerwillen der Jugend durch eine verklärende, nämlich wissenschaftlich-magische Beleuchtung jenes männlich-unmännlichen Egoismus zu brechen. Ja man weiß, was die Historie durch ein gewisses Übergewicht vermag, man weiß es nur zu genau: die stärksten Instinkte der Jugend: Feuer, Trotz, Selbstvergessen und Liebe zu entwurzeln, die Hitze ihres Rechtsgefühles herabzudämpfen, die Begierde, langsam auszureifen, durch die Gegenbegierde, schnell fertig, schnell nützlich, schnell fruchtbar zu sein, zu unterdrücken oder zurückzudrängen, die Ehrlichkeit und Keckheit der Empfindung zweiflerisch anzukränkeln; ja sie vermag es selbst, die Jugend um ihr schönstes Vorrecht zu betrügen, um ihre Kraft, sich in übervoller Gläubigkeit einen großen Gedanken einzupflanzen und zu einem noch größeren aus sich heraus wachsen zu lassen. Ein gewisses Übermaß von Historie vermag das alles, wir haben es gesehen: und zwar dadurch, daß sie dem Menschen durch fortwährendes Verschieben der Horizont-Perspektiven, durch Beseitigung einer umhüllenden Atmosphäre nicht mehr erlaubt, *unhistorisch* zu empfinden und zu handeln. Er zieht sich dann aus der Unendlichkeit des Horizontes auf sich selbst, in den kleinsten egoistischen Bezirk zurück und muß darin verdorren und trocken werden: wahrscheinlich bringt er es zur Klugheit: nie zur Weisheit. Er läßt mit sich reden, rechnet und verträgt sich mit den Tatsachen, wallt nicht auf, blinzelt und versteht es, den eignen Vorteil oder den seiner Partei im fremden Vorteil und Nachteil zu suchen; er verlernt die überflüssige Scham und wird so schrittweise zum Hartmannschen „Manne“ und „Greise“. Dazu aber *soll* er werden, gerade dies ist der Sinn der jetzt so zynisch geforderten „vollen Hingabe der Persönlichkeit an den Weltprozeß“ – um seines Zieles, der

Welterlösung willen, wie uns E. von Hartmann, der Schalk, versichert. Nun, Wille und Ziel jener Hartmannschen „Männer" und „Greise" ist wohl schwerlich gerade die Welterlösung: sicherlich aber wäre die Welt erlöster, wenn sie von diesen Männern und Greisen erlöst wäre. Denn dann käme das Reich der Jugend. –

ZEHNTER ABSCHNITT

An dieser Stelle der *Jugend* gedenkend, rufe ich Land! Land! Genug und übergenug der leidenschaftlich suchenden und irrenden Fahrt auf dunklen fremden Meeren! Jetzt endlich zeigt sich eine Küste: wie sie auch sei, an ihr muß gelandet werden, und der schlechteste Nothafen ist besser, als wieder in die hoffnungslose skeptische Unendlichkeit zurückzutaumeln. Halten wir nur erst das Land fest; wir werden später schon die guten Häfen finden und den Nachkommenden die Anfahrt erleichtern.

Gefährlich und aufregend war diese Fahrt. Wie fern sind wir jetzt der ruhigen Beschauung, mit der wir zuerst unser Schiff hinausschwimmen sahen. Den Gefahren der Historie nachspürend, haben wir allen diesen Gefahren uns am stärksten ausgesetzt befunden; wir selbst tragen die Spuren jener Leiden, die infolge eines Übermaßes von Historie über die Menschen der neueren Zeit gekommen sind, zur Schau, und gerade diese Abhandlung zeigt, wie ich mir nicht verbergen will, in der Unmäßigkeit ihrer Kritik, in der Unreife ihrer Menschlichkeit, in dem häufigen Übergang von Ironie zum Zynismus, von Stolz zur Skepsis, ihren modernen Charakter, den Charakter der schwachen Persönlichkeit. Und doch vertraue ich der inspirierenden Macht, die mir anstatt eines Genius das Fahrzeug lenkt, ich vertraue der *Jugend,* daß sie mich recht geführt hat, wenn sie mich jetzt zu einem *Proteste gegen die historische Jugenderziehung des modernen Menschen* nötigt und wenn der Protestierende fordert, daß der Mensch vor allem zu leben lerne und nur *im Dienste des erlernten Lebens* die Historie gebrauche. Man muß jung sein, um diesen Protest zu verstehen, ja man kann, bei der zeitigen Grauhaarigkeit unserer jetzigen Jugend, kaum jung genug sein, um noch zu spüren, wogegen hier eigentlich protestiert wird. Ich will ein Beispiel zu Hilfe nehmen. In Deutschland ist es nicht viel länger als ein Jahrhundert her, daß in einigen jungen Menschen ein natürlicher Instinkt für das, was man Poesie nennt, erwachte. Denkt man etwa, daß die Generationen vorher und zu jener Zeit von jener ihnen innerlich fremden und unnatürlichen Kunst gar nicht geredet hätten? Man weiß das Gegenteil: daß sie mit Leibeskräften über „Poesie“ nachgedacht, geschrieben, gestritten haben, mit Worten über Worte, Worte, Worte. Jene eintretende Erweckung eines Wortes zum Leben war nicht sogleich auch der Tod jener Wortmacher, in gewissem Verstande leben sie jetzt noch; denn wenn schon, wie Gibbon sagt, nichts als Zeit, aber viel Zeit dazu gehört, daß eine Welt untergeht, so gehört auch nichts als Zeit, aber noch viel mehr Zeit dazu, daß in Deutschland, dem „Lande der Allmählichkeit“, ein falscher Begriff zugrunde geht. Immerhin: es gibt jetzt vielleicht hundert Menschen mehr als vor hundert Jahren, welche wissen, was Poesie ist; vielleicht gibt es hundert Jahre später wieder hundert Menschen mehr, die inzwischen auch gelernt haben, was Kultur ist, und daß die Deutschen bis jetzt keine Kultur haben, so sehr sie auch reden und stolzieren mögen. Ihnen wird das so allgemeine Behagen der Deutschen an ihrer „Bildung“ ebenso unglaublich und läppisch vorkommen als uns die einstmalig anerkannte Klassizität Gottscheds oder die Geltung Ramlers als eines deutschen Pindar. Sie werden vielleicht urteilen, daß diese Bildung nur eine Art Wissen um die Bildung, und dazu ein recht falsches und oberflächliches Wissen gewesen sei. Falsch und oberflächlich nämlich, weil man den Widerspruch von Leben und Wissen ertrug, weil man das Charakteristische an der Bildung wahrer Kulturvölker gar nicht sah: daß die Kultur nur aus dem Leben hervorwachsen und herausblühen kann; während sie bei den Deutschen wie eine papierne Blume aufgesteckt oder wie eine Überzuckerung, übergegossen wird und deshalb immer lügnerisch und unfruchtbar bleiben muß. Die deutsche Jugenderziehung geht aber gerade von diesem falschen und unfruchtbaren Begriffe der Kultur aus: ihr Ziel, recht rein und hoch gedacht, ist gar nicht der freie Gebildete, sondern der Gelehrte, der wissenschaftliche Mensch, und zwar der möglichst früh nutzbare wissenschaftliche Mensch, der sich abseits von dem Leben stellt, um es recht deutlich zu erkennen; ihr Resultat, recht empirisch-gemein angeschaut, ist der historisch-ästhetische Bildungsphilister, der altkluge und neuweise Schwätzer über Staat, Kirche und Kunst, das Sensorium für tausenderlei Anempfindungen, der unersättliche Magen, der doch nicht weiß, was ein rechtschaffner Hunger und Durst ist. Daß eine Erziehung mit jenem Ziele und mit diesem Resultate eine widernatürliche ist, das fühlt nur der in ihr noch nicht fertig gewordene Mensch, das fühlt allein der Instinkt der Jugend, weil sie noch den Instinkt der Natur hat, der erst künstlich und gewaltsam durch jene Erziehung gebrochen wird. Wer aber diese Erziehung wiederum brechen will, der muß der Jugend zum Worte verhelfen, der muß ihrem unbewußten Widerstreben mit der Helligkeit der Begriffe voranleuchten und es zu einem bewußten und laut redenden Bewußtsein machen. Wie erreicht er wohl ein so befremdliches Ziel?

Vor allem dadurch, daß er einen Aberglauben zerstört, den Glauben an die *Notwendigkeit* jener Erziehungs-Operation. Meint man doch, es gäbe gar keine andre Möglichkeit, als eben unsre jetzige höchst leidige Wirklichkeit. Prüfe nur einer die Literatur des höheren Schul- und Erziehungswesens aus den letzten Jahrzehnten gerade darauf hin: der Prüfende wird zu seinem unmutigen Erstaunen gewahr werden, wie gleichförmig bei allen Schwankungen der Vorschläge, bei aller Heftigkeit der Widersprüche, die gesamte Absicht der Erziehung gedacht wird, wie unbedenklich das bisherige Ergebnis, der „gebildete Mensch", wie er jetzt verstanden wird, als notwendiges und vernünftiges Fundament jeder weiteren Erziehung angenommen ist. So aber würde jener eintönige Kanon ungefähr lauten: der junge Mensch hat mit einem Wissen um die Bildung, nicht einmal mit einem Wissen um das Leben, noch weniger mit dem Leben und Erleben selbst zu beginnen. Und zwar wird dieses Wissen um die Bildung als historisches Wissen dem Jüngling eingeflößt oder eingerührt; das heißt, sein Kopf wird mit einer ungeheuren Anzahl von Begriffen angefüllt, die aus der höchst mittelbaren Kenntnis vergangener Zeiten und Völker, nicht aus der unmittelbaren Anschauung des Lebens abgezogen sind. Seine Begierde, selbst etwas zu erfahren, und ein zusammenhängend lebendiges System von eignen Erfahrungen in sich wachsen zu fühlen – eine solche Begierde wird betäubt und gleichsam trunken gemacht, nämlich durch die üppige Vorspiegelung, als ob es in wenig Jahren möglich sei, die höchsten und merkwürdigsten Erfahrungen alter Zeiten, und gerade der größten Zeiten, in sich zu summieren. Es ist ganz dieselbe wahnwitzige Methode, die unsre jungen bildenden Künstler in die Kunstkammern und Galerien führt, statt in die Werkstätte eines Meisters und vor allem in die einzige Werkstätte der einzigen Meisterin Natur. Ja als ob man so als flüchtiger Spaziergänger in der Historie den Vergangenheiten ihre Griffe und Künste, ihren eigentlichen Lebensertrag absehen könnte! Ja als ob das Leben selbst nicht ein Handwerk wäre, das aus dem Grunde und stetig gelernt und ohne Schonung geübt werden muß, wenn es nicht Stümper und Schwätzer auskriechen lassen soll! –

Plato hielt es für notwendig, daß die erste Generation seiner neuen Gesellschaft (im vollkommenen Staate) mit der Hilfe einer kräftigen *Notlüge* erzogen werde; die Kinder sollten glauben lernen, daß sie alle schon eine Zeitlang träumend unter der Erde gewohnt hätten, woselbst sie von dem Werkmeister der Natur zurechtgeknetet und geformt wären. Unmöglich, sich gegen diese Vergangenheit aufzulehnen! Unmöglich, dem Werke der Götter entgegenzuwirken! Es soll als unverbrüchliches Naturgesetz gelten: wer als Philosoph geboren wird, hat Gold in seinem Leibe, wer als Wächter, nur Silber, wer als Arbeiter, Eisen und Erz. Wie es nicht möglich ist, diese Metalle zu mischen, erklärt Plato, so soll es nicht möglich sein, die Kastenordnung je um- und durcheinander zu werfen; der Glaube an die *aeterna veritas* dieser Ordnung ist das Fundament der neuen Erziehung und damit des neuen Staates. – So glaubt nun auch der moderne Deutsche an die *aeterna veritas* seiner Erziehung, seiner Art Kultur: und doch fällt dieser Glaube dahin, wie der platonische Staat dahingefallen wäre, wenn einmal der Notlüge eine *Notwahrheit* entgegengestellt wird: daß der Deutsche keine Kultur hat, weil er sie auf Grund seiner Erziehung gar nicht haben kann. Er will die Blume ohne Wurzel und Stengel: er will sie also vergebens. Das ist die einfache Wahrheit, eine unangenehme und gröbliche, eine rechte Notwahrheit.

In dieser Notwahrheit muß aber *unsere erste Generation* erzogen werden; sie leidet gewiß an ihr am schwersten, denn sie muß durch sie sich selbst erziehen, und zwar sich selbst gegen sich selbst, zu einer neuen Gewohnheit und Natur, heraus aus einer alten und ersten Natur und Gewohnheit: so daß sie mit sich altspanisch reden könnte: *„Defiende me Dios de my“*, Gott behüte mich vor mir, nämlich vor der mir bereits anerzognen Natur. Sie muß jene Wahrheit Tropfen für Tropfen kosten, als eine bittre und gewaltsame Medizin kosten, und jeder einzelne dieser Generation muß sich überwinden, von sich zu urteilen, was er als allgemeines Urteil über eine ganze Zeit schon leichter ertragen würde: wir sind ohne Bildung, noch mehr, wir sind zum Leben, zum richtigen und einfachen Sehen und Hören, zum glücklichen Ergreifen des Nächsten und Natürlichen verdorben und haben bis jetzt noch nicht einmal das Fundament einer Kultur, weil wir selbst davon nicht überzeugt sind, ein wahrhaftiges Leben in uns zu haben. Zerbröckelt und auseinandergefallen, im ganzen in ein Inneres und ein Äußeres halb mechanisch zerlegt, mit Begriffen wie mit Drachenzähnen übersät, Begriffsdrachen erzeugend, dazu an der Krankheit der Worte leidend und ohne Vertrauen zu jeder eignen Empfindung, die noch nicht mit Worten abgestempelt ist: als eine solche unlebendige und doch unheimlich regsame Begriffs- und Worte-Fabrik habe ich vielleicht noch das Recht, von mir zu sagen *cogito, ergo sum*, nicht aber *vivo, ergo cogito**. Das leere „Sein“, nicht das volle und grüne „Leben“ ist mir gewährleistet; meine ursprüngliche Empfindung verbürgt mir nur, daß ich ein denkendes, nicht daß ich ein lebendiges Wesen, daß ich kein animal, sondern höchstens ein cogital bin. Schenkt mir erst Leben, dann will ich euch auch eine Kultur daraus schaffen! – so ruft jeder einzelne dieser ersten Generation, und alle diese einzelnen werden sich untereinander an diesem Rufe erkennen. Wer wird ihnen dieses Leben schenken?

Kein Gott und kein Mensch: nur ihre eigne *Jugend:* entfesselt diese, und ihr werdet mit ihr das Leben befreit haben. Denn es lag nur verborgen, im Gefängnis, es ist noch nicht verdorrt und erstorben – fragt euch selbst!

Aber es ist krank, dieses entfesselte Leben, und muß geheilt werden. Es ist siech an vielen Übeln und leidet nicht nur durch die Erinnerung an seine Fesseln – es leidet, was uns hier vornehmlich angeht, an der *historischen Krankheit.* Das Übermaß von Historie hat die plastische Kraft des

* Ich denke, darum bin ich . . . Ich lebe, darum denke ich.

Lebens angegriffen, es versteht nicht mehr, sich der Vergangenheit wie einer kräftigen Nahrung zu bedienen. Das Übel ist furchtbar, und trotzdem! wenn nicht die Jugend die hellseherische Gabe der Natur hätte, so würde niemand wissen, daß es ein Übel ist und daß ein Paradies der Gesundheit verlorengegangen ist. Dieselbe Jugend errät aber auch mit dem heilkräftigen Instinkte derselben Natur, wie dieses Paradies wieder zu gewinnen ist; sie kennt die Wundsäfte und Arzneien gegen die historische Krankheit, gegen das Übermaß des Historischen: wie heißen sie doch?

Nun man wundere sich nicht, es sind die Namen von Giften: die Gegenmittel gegen das Historische heißen – *das Unhistorische und das Überhistorische*. Mit diesen Namen kehren wir zu den Anfängen unserer Betrachtung und zu ihrer Ruhe zurück.

Mit dem Worte „das Unhistorische" bezeichne ich die Kunst und Kraft *vergessen* zu können und sich in einen begrenzten *Horizont* einzuschließen; „überhistorisch" nenne ich die Mächte, die den Blick von dem Werden ablenken, hin zu dem, was dem Dasein den Charakter des Ewigen und Gleichbedeutenden gibt, zu *Kunst* und *Religion*. Die *Wissenschaft* – denn sie ist es, die von Giften reden würde – sieht in jener Kraft, in diesen Mächten gegnerische Mächte und Kräfte; denn sie hält nur die Betrachtung der Dinge für die wahre und richtige, also für die wissenschaftliche Betrachtung, welche überall ein Gewordnes, ein Historisches und nirgends ein Seiendes, Ewiges sieht: sie lebt in einem innerlichen Widerspruche ebenso gegen die äternisierenden Mächte der Kunst und Religion, als sie das Vergessen, den Tod des Wissens, haßt, als sie alle Horizont-Umschränkungen aufzuheben sucht und den Menschen in ein unendlich-unbegrenztes Lichtwellen-Meer des erkannten Werdens hineinwirft.

Wenn er nur darin leben könnte! Wie die Städte bei einem Erdbeben einstürzen und veröden, und der Mensch nur zitternd und flüchtig sein Haus auf vulkanischem Grunde aufführt, so bricht das Leben selbst in sich zusammen und wird schwächlich und mutlos, wenn das *Begriffsbeben*, das die Wissenschaft erregt, dem Menschen das Fundament aller seiner Sicherheit und Ruhe, den Glauben an das Beharrliche und Ewige, nimmt. Soll nun das Leben über das Erkennen, über die Wissenschaft, soll das Erkennen über das Leben herrschen? Welche von beiden Gewalten ist die höhere und entscheidende? Niemand wird zweifeln: das Leben ist die höhere, die herrschende Gewalt, denn ein Erkennen, welches das Leben vernichtete, würde sich selbst mit vernichtet haben. Das Erkennen setzt das Leben voraus, hat also an der Erhaltung des Lebens dasselbe Interesse, welches jedes Wesen an seiner eignen Fortexistenz hat. So bedarf die Wissenschaft einer höheren Aufsicht und Überwachung; eine *Gesundheitslehre des Lebens* stellt sich dicht neben die Wissenschaft; und ein Satz dieser Gesundheitslehre würde eben lauten: das Unhistorische und das Überhistorische sind die natürlichen Gegenmittel gegen die Überwucherung des Lebens durch das Historische, gegen die historische Krankheit. Es ist wahrscheinlich, daß wir, die Historisch-Kranken, auch an den Gegenmitteln zu leiden haben. Aber daß wir an ihnen leiden, ist kein Beweis gegen die Richtigkeit des gewählten Heilverfahrens.

Und hier erkenne ich die Mission jener *Jugend*, jenes ersten Geschlechtes von Kämpfern und Schlangentötern, das einer glücklicheren und schöneren Bildung und Menschlichkeit voranzieht, ohne von diesem zukünftigen Glücke und der einstmaligen Schönheit mehr zu haben als eine verheißende Ahnung. Diese Jugend wird an dem Übel und an den Gegenmitteln zugleich leiden: und trotzdem glaubt sie einer kräftigeren Gesundheit und überhaupt einer natürlicheren Natur sich berühmen zu dürfen als ihre Vorgeschlechter, die gebildeten „Männer“ und „Greise“ der Gegenwart. Ihre Mission aber ist es, die Begriffe, die jene Gegenwart von „Gesundheit“ und „Bildung“ hat, zu erschüttern und Hohn und Haß gegen so hybride Begriffs-Ungeheuer zu erzeugen; und das gewährleistende Anzeichen ihrer eignen kräftigeren Gesundheit soll gerade dies sein, daß sie, diese Jugend nämlich, selbst keinen Begriff, kein Parteiwort aus den umlaufenden Wort- und Begriffsmünzen der Gegenwart zur Bezeichnung ihres Wesens gebrauchen kann, sondern nur von einer in ihr tätigen kämpfenden, ausscheidenden, zerteilenden Macht und von einem immer erhöhten Lebensgefühle in jeder guten Stunde überzeugt wird. Man mag bestreiten, daß diese Jugend bereits Bildung habe – aber für welche Jugend wäre dies ein Vorwurf? Man mag ihr Roheit und Unmäßigkeit nachsagen – aber sie ist noch nicht alt und weise genug, um sich zu bescheiden; vor allem braucht sie aber keine fertige Bildung zu heucheln und zu verteidigen und genießt alle die Tröstungen und Vorrechte der Jugend, zumal das Vorrecht der tapferen unbesonnenen Ehrlichkeit und den begeisternden Trost der Hoffnung.

Von diesen Hoffenden weiß ich, daß sie alle diese Allgemeinheiten aus der Nähe verstehn und mit ihrer eigensten Erfahrung in eine persönlich gemeinte Lehre sich übersetzen werden; die andern mögen einstweilen nichts als verdeckte Schüsseln wahrnehmen, die wohl auch leer sein können; bis sie einmal überrascht mit eignen Augen sehen, daß die Schüsseln gefüllt sind und daß Angriffe, Forderungen, Lebenstriebe, Leidenschaften in diesen Allgemeinheiten eingeschachtelt und zusammengedrückt lagen, die nicht lange Zeit so verdeckt liegen konnten. Diese Zweifler auf die Zeit, die alles ans Licht bringt, verweisend, wende ich mich zum Schluß an jene Gesellschaft der Hoffenden, um ihnen den Gang und Verlauf ihrer Heilung, ihrer Errettung von der historischen Krankheit und damit ihre eigne Geschichte bis zu dem Zeitpunkt durch ein Gleichnis zu erzählen, wo sie wieder gesund genug sein werden, von neuem Historie zu treiben und sich der Vergangenheit unter der Herrschaft des Lebens in jenem dreifachen Sinne, nämlich monumental oder antiquarisch oder kritisch, zu bedienen. In jenem Zeitpunkt werden sie unwissender sein als die „Gebildeten“ der Gegenwart; denn sie werden viel verlernt und sogar alle Lust verloren haben, nach dem, was jene Gebildeten vor allem wissen wollen, überhaupt noch hinzublicken; ihre Kennzeichen sind, von dem Gesichtsfelde jener Gebildeten aus gesehen, gerade ihre „Unbildung“, ihre Gleichgültigkeit und Verschlossenheit gegen vieles Berühmte, selbst gegen manches Gute. Aber sie sind, an jenem Endpunkte ihrer Heilung, wieder *Menschen* geworden und haben aufgehört, menschenähnliche Aggregate zu sein – das ist etwas! Das sind noch Hoffnungen! Lacht euch nicht dabei das Herz, ihr Hoffenden?

Und wie kommen wir zu jenem Ziele? werdet ihr fragen. Der delphische Gott ruft euch, gleich am Anfange eurer Wanderung nach jenem Ziele, seinen Spruch entgegen „Erkenne dich selbst“. Es ist ein schwerer Spruch: denn jeder Gott „verbirgt nicht und verkündet nicht, sondern zeigt nur hin“, wie Heraklit gesagt hat. Worauf weist er euch hin?

Es gab Jahrhunderte, in denen die Griechen in einer ähnlichen Gefahr sich befanden, in der wir uns befinden, nämlich an der Überschwemmung durch das Fremde und Vergangne, an der „Historie“ zugrunde zu gehen. Niemals haben sie in stolzer Unberührbarkeit gelebt: ihre „Bildung“ war vielmehr lange Zeit ein Chaos von ausländischen, semitischen, babylonischen, lydischen, ägyptischen Formen und Begriffen, und ihre Religion ein wahrer Götterkampf des ganzen Orients: ähnlich etwa, wie jetzt die „deutsche Bildung“ und Religion ein in sich kämpfendes Chaos des gesamten Auslandes, der gesamten Vorzeit ist. Und trotzdem wurde die hellenische Kultur kein Aggregat, dank jenem apollinischen Spruche. Die Griechen lernten allmählich *das Chaos zu organisieren*, dadurch daß sie sich, nach der delphischen Lehre, auf sich selbst, das heißt auf ihre echten Bedürfnisse zurückbesannen und die Schein-Bedürfnisse absterben ließen. So ergriffen sie wieder von sich Besitz; sie blieben nicht lange die überhäuften Erben und Epigonen des ganzen Orients; sie wurden selbst, nach beschwerlichem Kampfe mit sich selbst, durch die praktische Auslegung jenes Spruches, die glücklichsten Bereicherer und Mehrer des ererbten Schatzes und die Erstlinge und Vorbilder aller kommenden Kulturvölker.

Dies ist ein Gleichnis für jeden einzelnen von uns: er muß das Chaos in sich organisieren, dadurch daß er sich auf seine echten Bedürfnisse zurückbesinnt. Seine Ehrlichkeit, sein tüchtiger und wahrhaftiger Charakter muß sich irgendwann einmal dagegen sträuben, daß immer nur nachgesprochen, nachgelernt, nachgeahmt werde; er beginnt dann zu begreifen, daß Kultur noch etwas andres sein kann als *Dekoration des Lebens*, das heißt im Grunde doch immer nur Verstellung und Verhüllung; denn aller Schmuck versteckt das Geschmückte. So entschleiert sich ihm der griechische Begriff der Kultur – im Gegensatze zu dem romanischen –, der Begriff der Kultur als einer neuen und verbesserten Physis, ohne Innen und Außen, ohne Verstellung und Konvention, der Kultur als einer Einhelligkeit zwischen Leben, Denken, Scheinen und Wollen. So lernt er aus seiner eignen Erfahrung, daß es die höhere Kraft der *sittlichen* Natur war, durch die den Griechen der Sieg über alle anderen Kulturen gelungen ist, und daß jede Vermehrung der Wahrhaftigkeit auch eine vorbereitende Förderung der *wahren* Bildung sein muß: mag diese Wahrhaftigkeit auch gelegentlich der gerade in Achtung stehenden Gebildetheit ernstlich schaden, mag sie selbst einer ganzen dekorativen Kultur zum Falle verhelfen können.

Die Geburt der Tragödie aus dem Geiste der Musik

VORWORT AN RICHARD WAGNER

Um mir alle die möglichen Bedenklichkeiten, Aufregungen und Mißverständnisse fernezuhalten, zu denen die in dieser Schrift vereinigten Gedanken bei dem eigentümlichen Charakter unserer ästhetischen Öffentlichkeit Anlaß geben werden, und um auch die Einleitungsworte zu derselben mit der gleichen beschaulichen Wonne schreiben zu können, deren Zeichen sie selbst, als das Petrefakt guter und erhebender Stunden, auf jedem Blatte trägt, vergegenwärtige ich mir den Augenblick, in dem Sie, mein hochverehrter Freund, diese Schrift empfangen werden: wie Sie, vielleicht nach einer abendlichen Wanderung im Winterschnee, den entfesselten Prometheus auf dem Titelblatte betrachten, meinen Namen lesen und sofort überzeugt sind, daß, mag in dieser Schrift stehen, was da wolle, der Verfasser etwas Ernstes und Eindringliches zu sagen hat, ebenfalls daß er, bei allem, was er sich erdachte, mit Ihnen wie mit einem Gegenwärtigen verkehrte und nur etwas dieser Gegenwart Entsprechendes niederschreiben durfte. Sie werden dabei sich erinnern, daß ich zu gleicher Zeit, als Ihre herrliche Festschrift über Beethoven entstand, das heißt in den Schrecken und Erhabenheiten des eben ausgebrochenen Krieges, mich zu diesen Gedanken sammelte. Doch würden diejenigen irren, welche etwa bei dieser Sammlung an den Gegensatz von patriotischer Erregung und ästhetischer Schwelgerei, von tapferem Ernst und heiterem Spiel denken sollten: denen möchte vielmehr, bei einem wirklichen Lesen dieser Schrift, zu ihrem Erstaunen deutlich werden, mit welchem ernsthaft deutschen Problem wir zu tun haben, das von uns recht eigentlich in die Mitte deutscher Hoffnungen, als Wirbel und Wendepunkt, hingestellt wird. Vielleicht aber wird es für eben dieselben überhaupt anstößig sein, ein ästhetisches Problem so ernst genommen zu sehn, falls sie nämlich in der Kunst nicht mehr als ein lustiges Nebenbei, als ein auch wohl zu missendes Schellengeklingel zum „Ernst des Daseins“ zu erkennen imstande sind: als ob niemand wüßte, was es bei dieser Gegenüberstellung mit einem solchen „Ernste des Daseins“ auf sich habe. Diesen Ernsthaften diene zur Belehrung, daß ich von der Kunst als der höchsten Aufgabe und der eigentlich metaphysischen Tätigkeit dieses Lebens im Sinne des Mannes überzeugt bin, dem ich hier, als meinem erhabenen Vorkämpfer auf dieser Bahn, diese Schrift gewidmet haben will.

Basel, Ende des Jahres 1871

ERSTER ABSCHNITT

Wir werden viel für die ästhetische Wissenschaft gewonnen haben, wenn wir nicht nur zur logischen Einsicht, sondern zur unmittelbaren Sicherheit der Anschauung gekommen sind, daß die Fortentwicklung der Kunst an die Duplizität des *Apollinischen* und des *Dionysischen* gebunden ist: in ähnlicher Weise, wie die Generation von der Zweiheit der Geschlechter, bei fortwährendem Kampfe und nur periodisch eintretender Versöhnung, abhängt. Diese Namen entlehnen wir von den Griechen, welche die tiefsinnigen Geheimlehren ihrer Kunstanschauung zwar nicht in Begriffen, aber in den eindringlich deutlichen Gestalten ihrer Götterwelt dem Einsichtigen vernehmbar machen. An ihre beiden Kunstgottheiten, Apollo und Dionysus, knüpft sich unsere Erkenntnis, daß in der griechischen Welt ein ungeheurer Gegensatz, nach Ursprung und Zielen, zwischen der Kunst des Bildners, der apollinischen, und der unbildlichen Kunst der Musik, als der des Dionysus, besteht: beide so verschiedne Triebe gehen nebeneinander her, zumeist im offnen Zwiespalt miteinander und sich gegenseitig zu immer neuen kräftigeren Geburten reizend, um in ihnen den Kampf jenes Gegensatzes zu perpetuieren, den das gemeinsame Wort „Kunst" nur scheinbar überbrückt; bis sie endlich, durch einen metaphysischen Wunderakt des hellenischen „Willens", miteinander gepaart erscheinen und in dieser Paarung zuletzt das ebenso dionysische als apollinische Kunstwerk der attischen Tragödie erzeugen.

Um uns jene beiden Triebe näherzubringen, denken wir sie uns zunächst als die getrennten Kunstwelten des *Traumes* und des *Rausches*; zwischen welchen physiologischen Erscheinungen ein entsprechender Gegensatz wie zwischen dem Apollinischen und dem Dionysischen zu bemerken ist. Im Traume traten zuerst, nach der Vorstellung des Lukretius, die herrlichen Göttergestalten vor die Seelen der Menschen, im Traume sah der große Bildner den entzückenden Gliederbau übermenschlicher Wesen, und der hellenische Dichter, um die Geheimnisse der poetischen Zeugung befragt, würde ebenfalls an den Traum erinnert und eine ähnliche Belehrung gegeben haben, wie sie Hans Sachs in den Meistersingern gibt:

Mein Freund, das grad' ist Dichters Werk,
Daß er sein Träumen deut' und merk'.
Glaubt mir, des Menschen wahrster Wahn
Wird ihm im Traume aufgetan:
All' Dichtkunst und Poeterei
Ist nichts als Wahrtraum-Deuterei.

Der schöne Schein der Traumwelten, in deren Erzeugung jeder Mensch voller Künstler ist, ist die Voraussetzung aller bildenden Kunst, ja auch, wie wir sehen werden, einer wichtigen Hälfte der Poesie. Wir genießen im unmittelbaren Verständnisse der Gestalt, alle Formen sprechen zu uns, es gibt nichts Gleichgültiges und Unnötiges. Bei dem höchsten Leben dieser Traumwirklichkeit haben wir doch noch die durchschimmernde Empfindung ihres *Scheins*: wenigstens ist dies meine Erfahrung, für deren Häufigkeit, ja Normalität, ich manches Zeugnis und die Aussprüche der Dichter beizubringen hätte. Der philosophische Mensch hat sogar das Vorgefühl, daß auch unter dieser Wirklichkeit, in der wir leben und sind, eine zweite ganz andre verborgen liege, daß also auch sie ein Schein sei; und Schopenhauer bezeichnet geradezu die Gabe, daß einem zuzeiten die Menschen und alle Dinge als bloße Phantome oder Traumbilder vorkommen, als das Kennzeichen philosophischer Befähigung. Wie nun der Philosoph zur Wirklichkeit des Daseins, so verhält sich der künstlerisch erregbare Mensch zur Wirklichkeit des Traumes; er sieht genau und gern zu: denn aus diesen Bildern deutet er sich das Leben, an diesen Vorgängen übt er sich für das Leben. Nicht etwa nur die angenehmen und freundlichen Bilder sind es, die er mit jener Allverständlichkeit an sich erfährt: auch das Ernste, Trübe, Traurige, Finstere, die plötzlichen Hemmungen, die Neckereien des Zufalls, die bänglichen Erwartungen, kurz die ganze „göttliche Komödie" des Lebens, mit dem Inferno, zieht an ihm vorbei, nicht nur wie ein Schattenspiel – denn er lebt und leidet mit in diesen Szenen – und doch auch nicht ohne jene flüchtige Empfindung des Scheins; und vielleicht erinnert sich mancher, gleich mir, in den Gefährlichkeiten und Schrecken des Traumes sich mitunter ermutigend und mit Erfolg zugerufen zu haben: „Es ist ein Traum! Ich will ihn weiter träumen!" Wie man mir auch von Personen erzählt hat, die die Kausalität eines und desselben Traumes über drei und mehr aufeinanderfolgende Nächte hin fortzusetzen imstande waren: Tatsachen, welche deutlich Zeugnis dafür abgeben, daß unser innerstes Wesen, der gemeinsame Untergrund von uns allen, mit tiefer Lust und freudiger Notwendigkeit den Traum an sich erfährt.

Diese freudige Notwendigkeit der Traumerfahrung ist gleichfalls von den Griechen in ihrem Apollo ausgedrückt worden: Apollo, als der Gott aller bildnerischen Kräfte, ist zugleich der wahrsagende Gott. Er, der seiner Wurzel nach der „Scheinende", die Lichtgottheit ist, beherrscht auch den schönen Schein der inneren Phantasie-Welt. Die höhere Wahrheit, die Vollkommenheit dieser Zustände im Gegensatz zu der lückenhaft verständlichen Tageswirklichkeit, sodann das tiefe Bewußtsein von der in Schlaf und Traum heilenden und helfenden Natur ist zugleich das symbolische Analogon der wahrsagenden Fähigkeit und überhaupt der Künste, durch die das Leben möglich und lebenswert gemacht wird. Aber auch jene zarte Linie, die das Traumbild nicht überschreiten darf, um nicht pathologisch zu wirken, widrigenfalls der Schein als plumpe Wirklichkeit uns betrügen würde – darf nicht im Bilde des Apollo fehlen: jene maßvolle Begrenzung, jene Freiheit von den wilderen Regungen, jene weisheitsvolle Ruhe des Bildnergottes. Sein Auge muß „sonnenhaft", gemäß seinem Ursprunge, sein; auch wenn es zürnt und unmutig blickt, liegt die Weihe des schönen Scheines auf ihm. Und so möchte von Apollo in einem exzentrischen Sinne das gelten, was Schopenhauer von dem im Schleier der Maja befangenen Menschen sagt: „Wie auf dem tobenden Meere, das, nach allen Seiten unbegrenzt, heulend Wasserberge erhebt und senkt, auf einem Kahn ein Schiffer sitzt, dem schwachen Fahrzeug vertrauend; so sitzt mitten in einer Welt von Qualen, ruhig der einzelne Mensch, gestützt und vertrauend auf das *principium individuationis*."

Ja es wäre von Apollo zu sagen, daß in ihm das unerschütterte Vertrauen auf jenes *principium* und das ruhige Dasitzen des in ihm Befangenen seinen erhabensten Ausdruck bekommen habe, und man möchte selbst Apollo als das herrliche Götterbild des *principii individuationis* bezeichnen, aus dessen Gebärden und Blicken die ganze Lust und Weisheit des „Scheines", samt seiner Schönheit, zu uns spräche.

An derselben Stelle hat uns Schopenhauer das ungeheure *Grausen* geschildert, welches den Menschen ergreift, wenn er plötzlich an den Erkenntnisformen der Erscheinung irre wird, indem der Satz vom Grunde, in irgendeiner seiner Gestaltungen, eine Ausnahme zu erleiden scheint. Wenn wir zu diesem Grausen die wonnevolle Verzückung hinzunehmen, die bei demselben Zerbrechen des *principii individuationis* aus dem innersten Grunde des Menschen, ja der Natur emporsteigt, so tun wir einen Blick in das Wesen des *Dionysischen*, das uns am nächsten noch durch die Analogie des *Rausches* gebracht wird. Entweder durch den Einfluß des narkotischen Getränkes, von dem alle ursprünglichen Menschen und Völker in Hymnen sprechen, oder bei dem gewaltigen, die ganze Natur lustvoll durchdringenden Nahen des Frühlings erwachen jene dionysischen Regungen, in deren Steigerung das Subjektive zu völliger Selbstvergessenheit hinschwindet. Auch im deutschen Mittelalter wälzten sich unter der gleichen dionysischen Gewalt immer wachsende Scharen, singend und tanzend, von Ort zu Ort: in diesen Sankt-Johann- und Sankt-Veittänzern erkennen wir die bacchischen Chöre der Griechen wieder, mit ihrer Vorgeschichte in Kleinasien, bis hin zu Babylon und den orgiastischen Sakäen. Es gibt Menschen, die, aus Mangel an Erfahrung oder aus Stumpfsinn, sich von solchen Erscheinungen wie von „Volkskrankheiten" spöttisch oder bedauernd im Gefühl der eigenen Gesundheit abwenden: die Armen ahnen freilich nicht, wie leichenfarbig und gespenstisch ebendiese ihre „Gesundheit" sich ausnimmt, wenn an ihnen das glühende Leben dionysischer Schwärmer vorüberbraust.

Unter dem Zauber des Dionysischen schließt sich nicht nur der Bund zwischen Mensch und Mensch wieder zusammen: auch die entfremdete, feindliche oder unterjochte Natur feiert wieder ihr Versöhnungsfest mit ihrem verlorenen Sohne, dem Menschen. Freiwillig beut die Erde ihre Gaben, und friedfertig nahen die Raubtiere der Felsen und der Wüste. Mit Blumen und Kränzen ist der Wagen des Dionysus überschüttet: unter seinem Joche schreiten Panther und Tiger. Man verwandele das Beethovensche Jubellied der „Freude" in ein Gemälde und bleibe mit seiner Einbildungskraft nicht zurück, wenn die Millionen schauervoll in den Staub sinken: so kann man sich dem Dionysischen nähern. Jetzt ist der Sklave freier Mann, jetzt zerbrechen alle die starren, feindseligen

Abgrenzungen, die Not, Willkür oder „freche Mode" zwischen den Menschen festgesetzt haben. Jetzt, bei dem Evangelium der Weltenharmonie, fühlt sich jeder mit seinem Nächsten nicht nur vereinigt, versöhnt, verschmolzen, sondern eins, als ob der Schleier der Maja zerrissen wäre und nur noch in Fetzen vor dem geheimnisvollen Ur-Einen herumflattere. Singend und tanzend äußert sich der Mensch als Mitglied einer höheren Gemeinsamkeit: er hat das Gehen und das Sprechen verlernt und ist auf dem Wege, tanzend in die Lüfte emporzufliegen. Aus seinen Gebärden spricht die Verzauberung. Wie jetzt die Tiere reden und die Erde Milch und Honig gibt, so tönt auch aus ihm etwas Übernatürliches: als Gott fühlt er sich, er selbst wandelt jetzt so verzückt und erhoben, wie er die Götter im Traume wandeln sah. Der Mensch ist nicht mehr Künstler, er ist Kunstwerk geworden: die Kunstgewalt der ganzen Natur, zur höchsten Wonnebefriedigung des Ur-Einen, offenbart sich hier unter den Schauern des Rausches. Der edelste Ton, der kostbarste Marmor wird hier geknetet und behauen, der Mensch, und zu den Meißelschlägen des dionysischen Weltenkünstlers tönt der eleusinische Mysterienruf: „Ihr stürzt nieder, Millionen? Ahnest du den Schöpfer, Welt?" –

ZWEITER ABSCHNITT

Wir haben bis jetzt das Apollinische und seinen Gegensatz, das Dionysische, als künstlerische Mächte betrachtet, die aus der Natur selbst, *ohne Vermittlung des menschlichen Künstlers*, hervorbrechen, und in denen sich ihre Kunsttriebe zunächst und auf direktem Wege befriedigen: einmal als die Bilderwelt des Traumes, deren Vollkommenheit ohne jeden Zusammenhang mit der intellektuellen Höhe oder künstlerischen Bildung des einzelnen ist, andererseits als rauschvolle Wirklichkeit, die wiederum des einzelnen nicht achtet, sondern sogar das Individuum zu vernichten und durch eine mystische Einheitsempfindung zu erlösen sucht. Diesen unmittelbaren Kunstzuständen der Natur gegenüber ist jeder Künstler „Nachahmer", und zwar entweder apollinischer Traumkünstler oder dionysischer Rauschkünstler oder endlich – wie beispielsweise in der griechischen Tragödie – zugleich Rausch- und Traumkünstler: als welchen wir uns etwa zu denken haben, wie er, in der dionysischen Trunkenheit und mystischen Selbstentäußerung, einsam und abseits von den schwärmenden Chören niedersinkt und wie sich ihm nun, durch apollinische Traumeinwirkung, sein eigener Zustand, das heißt seine Einheit mit dem innersten Grunde der Welt *in einem gleichnisartigen Traumbilde* offenbart.

Nach diesen allgemeinen Voraussetzungen und Gegenüberstellungen nahen wir uns jetzt den *Griechen*, um zu erkennen, in welchem Grade und bis zu welcher Höhe jene *Kunsttriebe der Natur* in ihnen entwickelt gewesen sind: wodurch wir in den Stand gesetzt werden, das Verhältnis des griechischen Künstlers zu seinen Urbildern, oder, nach dem Aristotelischen Ausdrucke, „die Nachahmung der Natur" tiefer zu verstehn und zu würdigen. Von den *Träumen* der Griechen ist trotz aller Traumliteratur derselben und zahlreichen Traumanekdoten nur vermutungsweise, aber doch mit ziemlicher Sicherheit zu sprechen: bei der unglaublich bestimmten und sicheren plastischen Befähigung ihres Auges, samt ihrer hellen und aufrichtigen Farbenlust, wird man sich nicht entbrechen können, zur Beschämung aller Spätergeborenen, auch für ihre Träume eine logische Kausalität der Linien und Umrisse, Farben und Gruppen, eine ihren besten Reliefs ähnelnde Folge der Szenen vorauszusetzen, deren Vollkommenheit uns, wenn eine Vergleichung möglich wäre, gewiß berechtigen würde, die träumenden Griechen als Homere und Homer als einen träumenden Griechen zu bezeichnen: in einem tieferen Sinne, als wenn der moderne Mensch sich hinsichtlich seines Traumes mit Shakespeare zu vergleichen wagt.

Dagegen brauchen wir nicht nur vermutungsweise zu sprechen, wenn die ungeheure Kluft aufgedeckt werden soll, welche die *dionysischen Griechen* von den dionysischen Barbaren trennt. Aus allen Enden der alten Welt – um die neuere hier beiseite zu lassen –, von Rom bis Babylon können wir die Existenz dionysischer Feste nachweisen, deren Typus sich, bestenfalls, zu dem Typus der griechischen verhält wie der bärtige Satyr, dem der Bock Namen und Attribute verlieh, zu Dionysus selbst. Fast überall lag das Zentrum dieser Feste in einer überschwenglichen geschlechtlichen Zuchtlosigkeit, deren Wellen über jedes Familientum und dessen ehrwürdige Satzungen hinwegfluteten; gerade die wildesten

Bestien der Natur wurden hier entfesselt, bis zu jener abscheulichen Mischung von Wollust und Grausamkeit, die mir immer als der eigentliche „Hexentrank" erschienen ist. Gegen die fieberhaften Regungen jener Feste, deren Kenntnis auf allen Land- und Seewegen zu den Griechen drang, waren sie, scheint es, eine Zeitlang völlig gesichert und geschützt durch die hier in seinem ganzen Stolz sich aufrichtende Gestalt des Apollo, der das Medusenhaupt keiner gefährlicheren Macht entgegenhalten konnte als dieser fratzenhaft ungeschlachten dionysischen. Es ist die dorische Kunst, in der sich jene majestätisch-ablehnende Haltung des Apollo verewigt hat. Bedenklicher und sogar unmöglich wurde dieser Widerstand, als endlich aus der tiefsten Wurzel des Hellenischen heraus sich ähnliche Triebe Bahn brachen: jetzt beschränkte sich das Wirken des delphischen Gottes darauf, dem gewaltigen Gegner durch eine zur rechten Zeit abgeschlossene Versöhnung die vernichtenden Waffen aus der Hand zu nehmen. Diese Versöhnung ist der wichtigste Moment in der Geschichte des griechischen Kultus: wohin man blickt, sind die Umwälzungen dieses Ereignisses sichtbar. Es war die Versöhnung zweier Gegner, mit scharfer Bestimmung ihrer von jetzt ab einzuhaltenden Grenzlinien und mit periodischer Übersendung von Ehrengeschenken; im Grunde war die Kluft nicht überbrückt. Sehen wir aber, wie sich unter dem Drucke jenes Friedensschlusses die dionysische Macht offenbarte, so erkennen wir jetzt, im Vergleiche mit jenen babylonischen Sakäen und ihrem Rückschritte des Menschen zum Tiger und Affen, in den dionysischen Orgien der Griechen die Bedeutung von Welterlösungsfesten und Verklärungstagen. Erst bei ihnen erreicht die Natur ihren künstlerischen Jubel, erst bei ihnen wird die Zerreißung des *principii individuationis* ein künstlerisches Phänomen. Jener scheußliche Hexentrank aus Wollust und Grausamkeit war hier ohne Kraft: nur die wundersame Mischung und Doppelheit in den Affekten der dionysischen Schwärmer erinnert an ihn – wie Heilmittel an tödliche Gifte erinnern –, jene Erscheinung, daß Schmerzen Lust erwecken, daß der Jubel der Brust qualvolle Töne entreißt. Aus der höchsten Freude tönt der Schrei des Entsetzens oder der sehnende Klagelaut über einen unersetzlichen Verlust. In jenen griechischen Festen bricht gleichsam ein sentimentalischer Zug der Natur hervor, als ob sie über ihre Zerstücklung in Individuen zu seufzen habe. Der Gesang und die Gebärdensprache solcher zwiefach gestimmter Schwärmer war für die homerisch-griechische Welt etwas Neues und Unerhörtes: und insbesondere erregte ihr die dionysische *Musik* Schrecken und Grausen. Wenn die Musik scheinbar bereits als eine apollinische Kunst bekannt war, so war sie dies doch nur, genaugenommen, als Wellenschlag des Rhythmus, dessen bildnerische Kraft zur Darstellung apollinischer Zustände entwickelt wurde. Die Musik des Apollo war dorische Architektonik in Tönen, aber in nur angedeuteten Tönen, wie sie der Kithara zu eigen sind. Behutsam ist gerade das Element, als unapollinisch, ferngehalten, das den Charakter der dionysischen Musik und damit der Musik überhaupt ausmacht, die erschütternde Gewalt des Tones, der einheitliche Strom des Melos und die durchaus unvergleichliche Welt der Harmonie. Im dionysischen Dithyrambus wird der Mensch zur höchsten Steigerung aller seiner symbolischen Fähigkeiten gereizt; etwas Nieempfundenes drängt sich zur Äußerung, die Vernichtung des Schleiers der Maja, das Einssein als Genius der Gattung, ja der Natur. Jetzt soll sich das Wesen der Natur symbolisch ausdrücken; eine neue Welt der Symbole ist nötig, einmal die ganze leibliche Symbolik, nicht nur die Symbolik des Mundes, des Gesichts, des Wortes, sondern die volle, alle Glieder rhythmisch bewegende Tanzgebärde. Sodann wachsen die andren symbolischen Kräfte, die der Musik, in Rhythmik, Dynamik und Harmonie plötzlich ungestüm. Um diese Gesamtentfesselung aller symbolischen Kräfte zu fassen, muß der Mensch bereits auf jener Höhe der Selbstentäußerung angelangt sein, die in jenen Kräften sich symbolisch aussprechen will: der dithyrambische Dionysusdiener wird somit nur von seinesgleichen verstanden! Mit welchem Erstaunen mußte der apollinische Grieche auf ihn blicken! Mit einem Erstaunen, das um so größer war, als sich ihm das Grausen beimischte, daß ihm jenes alles doch eigentlich so fremd nicht sei, ja daß sein apollinisches Bewußtsein nur wie ein Schleier diese dionysische Welt vor ihm verdecke.

DRITTER ABSCHNITT

Um dies zu begreifen, müssen wir jenes kunstvolle Gebäude der *apollinischen Kultur* gleichsam Stein um Stein abtragen, bis wir die Fundamente erblicken, auf die es begründet ist. Hier gewahren wir nun zuerst die herrlichen *olympischen* Göttergestalten, die auf den Giebeln dieses Gebäudes stehen und deren Taten, in weithin leuchtenden Reliefs dargestellt, seine Friese zieren. Wenn unter ihnen auch Apollo steht, als eine einzelne Gottheit neben anderen und ohne den Anspruch einer ersten Stellung, so dürfen wir uns dadurch nicht beirren lassen. Derselbe Trieb, der sich in Apollo versinnlichte, hat überhaupt jene ganze olympische Welt geboren, und in diesem Sinne darf uns Apollo als Vater derselben gelten. Welches war das ungeheure Bedürfnis, aus dem eine so leuchtende Gesellschaft olympischer Wesen entsprang?

Wer, mit einer anderen Religion im Herzen, an diese Olympier herantritt und nun nach sittlicher Höhe, ja Heiligkeit, nach unleiblicher Vergeistigung, nach erbarmungsvollen Liebesblicken bei ihnen sucht, der wird unmutig und enttäuscht ihnen bald den Rücken kehren müssen. Hier erinnert nichts an Askese, Geistigkeit und Pflicht: hier redet nur ein üppiges, ja triumphierendes Dasein zu uns, in dem alles Vorhandene vergöttlicht ist, gleichviel ob es gut oder böse ist. Und so mag der Beschauer recht betroffen vor diesem phantastischen Überschwang des Lebens stehn, um sich zu fragen, mit welchem Zaubertrank im Leibe diese übermütigen Menschen das Leben genossen haben mögen, daß, wohin sie sehen, Helena, das „in süßer Sinnlichkeit schwebende" Idealbild ihrer eigenen Existenz, ihnen entgegenlacht. Diesem bereits rückwärts gewandten Beschauer müssen wir aber zurufen: Geh nicht von dannen, sondern höre erst, was die griechische Volksweisheit von diesem selben Leben aussagt, das sich hier mit so unerklärlicher Heiterkeit vor dir ausbreitet. Es geht die alte Sage, daß König Midas lange Zeit nach dem weisen *Silen*, dem Begleiter des Dionysus, im Walde gejagt habe, ohne ihn zu fangen. Als er ihm endlich in die Hände gefallen ist, fragt der König, was für den Menschen das Allerbeste und Allervorzüglichste sei. Starr und unbeweglich schweigt der Dämon; bis er, durch den König gezwungen, endlich unter grellem Lachen in diese Worte ausbricht:

„Elendes Eintagsgeschlecht, des Zufalls Kinder und der Mühsal, was zwingst du mich dir zu sagen, was nicht zu hören für das Ersprießlichste ist? Das Allerbeste ist für dich gänzlich unerreichbar: nicht geboren zu sein, nicht zu *sein*, *nichts* zu sein. Das Zweitbeste aber ist für dich – bald zu sterben."

Wie verhält sich zu dieser Volksweisheit die olympische Götterwelt? Wie die entzückungsreiche Vision des gefolterten Märtyrers zu seinen Peinigungen.

Jetzt öffnet sich uns gleichsam der olympische Zauberberg und zeigt uns seine Wurzeln. Der Grieche kannte und empfand die Schrecken und Entsetzlichkeiten des Daseins: um überhaupt leben zu können, mußte er vor sie hin die glänzende Traumgeburt der Olympischen stellen. Jenes ungeheure Mißtrauen gegen die titanischen Mächte der Natur, jene über allen Erkenntnissen erbarmungslos thronende Moira, jener Geier des großen Menschenfreundes Prometheus, jenes Schreckenslos des weisen Ödipus, jener Geschlechtsfluch der Atriden, der Orest zum Muttermorde zwingt, kurz jene ganze Philosophie des Waldgottes, samt ihren mythischen Exempeln, an der die schwermütigen Etrurier zugrunde gegangen sind – wurde von den Griechen durch jene künstlerische *Mittelwelt* der Olympier fortwährend von neuem überwunden, jedenfalls verhüllt und dem Anblick entzogen. Um leben zu können, mußten die Griechen diese Götter, aus tiefster Nötigung, schaffen: welchen Hergang wir uns wohl so vorzustellen haben, daß aus der ursprünglichen titanischen Götterordnung des Schreckens durch jenen apollinischen Schönheitstrieb in langsamen Übergängen die olympische Götterordnung der Freude entwickelt wurde: wie Rosen aus dornigem Gebüsch hervorbrechen. Wie anders hätte jenes so reizbar empfindende, so ungestüm begehrende, zum *Leiden* so einzig befähigte Volk das Dasein ertragen können, wenn ihm nicht dasselbe, von einer höheren Glorie umflossen, in seinen Göttern gezeigt worden wäre. Derselbe Trieb, der die Kunst ins Leben ruft, als die zum Weiterleben verführende Ergänzung und Vollendung des Daseins, ließ auch die olympische Welt entstehn, in der sich der hellenische „Wille" einen verklärenden Spiegel vorhielt. So rechtfertigen die Götter das Menschenleben, indem sie es selbst leben – die allein genügende Theodizee! Das Dasein unter dem hellen Sonnenscheine solcher Götter wird als das an sich Erstrebenswerte empfunden, und der eigentliche *Schmerz* der homerischen Menschen bezieht sich auf das Abscheiden aus ihm, vor allem auf das baldige Abscheiden: so daß man jetzt von ihnen, mit Umkehrung der silenischen Weisheit, sagen könnte, „das Allerschlimmste sei für sie, bald zu sterben, das Zweitschlimmste, überhaupt einmal zu sterben". Wenn die Klage einmal ertönt, so klingt sie wieder vom kurzlebenden Achilles, von dem blättergleichen Wechsel und Wandel des Menschengeschlechts, von dem Untergang der Heroenzeit. Es ist des größten Helden nicht unwürdig, sich nach dem Weiterleben zu sehnen, sei es selbst als Tagelöhner. So ungestüm verlangt, auf der apollinischen Stufe, der „Wille" nach diesem Dasein, so eins fühlt sich der homerische Mensch mit ihm, daß selbst die Klage zu seinem Preisliede wird.

Hier muß nun ausgesprochen werden, daß diese von den neueren Menschen so sehnsüchtig angeschaute Harmonie, ja Einheit des Menschen mit der Natur, für die Schiller das Kunstwort „naiv" in Geltung gebracht hat, keinesfalls ein so einfacher, sich von selbst ergebender, gleichsam unvermeidlicher Zustand ist, dem wir an der Pforte jeder Kultur, als einem Paradies der Menschheit begegnen *müßten*: dies konnte nur eine Zeit glauben, die den „Emil" Rousseaus sich auch als Künstler zu denken suchte und in Homer einen solchen am Herzen der Natur erzogenen Künstler Emil gefunden zu haben wähnte. Wo uns das „Naive" in der Kunst begegnet, haben wir die höchste Wirkung der apollinischen Kultur zu erkennen: welche immer erst ein Titanenreich zu stürzen und Ungetüme zu töten hat und durch kräftige Wahnvorspiegelungen und lustvolle Illusionen über eine schreckliche Tiefe der Weltbetrachtung und reizbarste Leidensfähigkeit Sieger geworden sein muß. Aber wie selten wird das Naive, jenes völlige Verschlungensein in der Schönheit des Scheines, erreicht! Wie unaussprechbar erhaben ist deshalb Homer, der sich, als einzelner, zu jener apollinischen Volkskultur verhält wie der einzelne Traumkünstler zur Traumbefähigung des Volks und der Natur überhaupt. Die homerische „Naivität" ist nur als der vollkommene Sieg der apollinischen Illusion zu begreifen: es ist dies eine solche Illusion, wie sie die Natur, zur Erreichung ihrer Absichten, so häufig verwendet. Das wahre Ziel wird durch ein Wahnbild verdeckt:

nach diesem strecken wir die Hände aus, und jenes erreicht die Natur durch unsre Täuschung. In den Griechen wollte der „Wille" sich selbst, in der Verklärung des Genius und der Kunstwelt, anschauen; um sich zu verherrlichen, mußten seine Geschöpfe sich selbst als verherrlichenswert empfinden, sie mußten sich in einer höheren Sphäre wiedersehn, ohne daß diese vollendete Welt der Anschauung als Imperativ oder als Vorwurf wirkte. Dies ist die Sphäre der Schönheit, in der sie ihre Spiegelbilder, die Olympischen, sahen. Mit dieser Schönheitsspiegelung kämpfte der hellenische „Wille" gegen das dem künstlerischen korrelative Talent zum Leiden und zur Weisheit des Leidens: und als Denkmal seines Sieges steht Homer vor uns, der naive Künstler.

VIERTER ABSCHNITT

Über diesen naiven Künstler gibt uns die Traum-Analogie einige Belehrung. Wenn wir uns den Träumenden vergegenwärtigen, wie er, mitten in der Illusion der Traumwelt und ohne sie zu stören, sich zuruft: „es ist ein Traum, ich will ihn weiter träumen", wenn wir hieraus auf eine tiefe innere Lust des Traumanschauens zu schließen haben, wenn wir andererseits, um überhaupt mit dieser inneren Lust am Schauen träumen zu können, den Tag und seine schreckliche Zudringlichkeit völlig vergessen haben müssen: so dürfen wir uns alle diese Erscheinungen etwa in folgender Weise, unter der Leitung des traumdeutenden Apollo, interpretieren. So gewiß von den beiden Hälften des Lebens, der wachen und der träumenden Hälfte, uns die erstere als die ungleich bevorzugtere, wichtigere, würdigere, lebenswertere, ja allein gelebte dünkt: so möchte ich doch, bei allem Anscheine einer Paradoxie, für jenen geheimnisvollen Grund unseres Wesens, dessen Erscheinung wir sind, gerade die entgegengesetzte Wertschätzung des Traumes behaupten. Je mehr ich nämlich in der Natur jene allgewaltigen Kunsttriebe und in ihnen eine inbrünstige Sehnsucht zum Schein, zum Erlöstwerden durch den Schein gewahr werde, um so mehr fühle ich mich zu der metaphysischen Annahme gedrängt, daß das Wahrhaft-Seiende und Ur-Eine, als das Ewig-Leidende und Widerspruchsvolle, zugleich die entzückende Vision, den lustvollen Schein zu seiner steten Erlösung braucht: welchen Schein wir, völlig in ihm befangen und aus ihm bestehend, als das Wahrhaft-Nichtseiende, das heißt als ein fortwährendes Werden in Zeit, Raum und Kausalität, mit anderen Worten, als empirische Realität zu empfinden genötigt sind. Sehen wir also einmal von unsrer eignen „Realität" für einen Augenblick ab, fassen wir unser empirisches Dasein, wie das der Welt überhaupt, als eine in jedem Moment erzeugte Vorstellung des Ur-Einen, so muß uns jetzt der Traum als der *Schein des Scheins*, somit als eine noch höhere Befriedigung der Urbegierde nach dem Schein hin gelten. Aus diesem selben Grunde hat der innerste Kern der Natur jene unbeschreibliche Lust an dem naiven Künstler und dem naiven Kunstwerke, das gleichfalls nur „Schein des Scheins" ist. Raffael, selbst einer jener unsterblichen „Naiven", hat uns in einem gleichnisartigen Gemälde jenes Depotenzieren des Scheins zum Schein, den Urprozeß des naiven Künstlers und zugleich der apollinischen Kultur, dargestellt. In seiner *Transfiguration* zeigt uns die untere Hälfte, mit dem besessenen Knaben, den verzweifelnden Trägern, den ratlos geängstigten Jüngern, die Widerspiegelung des ewigen Urschmerzes, des einzigen Grundes der Welt: der „Schein" ist hier Widerschein des ewigen Widerspruchs, des Vaters der Dinge. Aus diesem Schein steigt nun, wie ein ambrosischer Duft, eine visionsgleiche neue Scheinwelt empor, von der jene im ersten Schein Befangenen nichts sehen – ein leuchtendes Schweben in reinster Wonne und schmerzlosem, aus weiten Augen strahlendem Anschauen. Hier haben wir, in höchster Kunstsymbolik, jene apollinische Schönheitswelt und ihren Untergrund, die schreckliche Weisheit des Silen, vor unseren Blicken und begreifen, durch Intuition, ihre gegenseitige Notwendigkeit. Apollo aber tritt uns wiederum als die Vergöttlichung des *principii individuationis* entgegen, in dem allein das ewig erreichte Ziel des Ur-Einen, seine Erlösung durch den Schein, sich vollzieht: er zeigt uns, mit erhabenen Gebärden, wie die ganze Welt der Qual nötig ist, damit durch sie der einzelne zur Erzeugung der erlösenden Vision gedrängt werde und dann, ins Anschauen derselben versunken, ruhig auf seinem schwankenden Kahne inmitten des Meeres, sitze.

Diese Vergöttlichung der Individuation kennt, wenn sie überhaupt imperativisch und Vorschriften gebend gedacht wird, nur *ein* Gesetz, das

Individuum, das heißt die Einhaltung der Grenzen des Individuums, das *Maß* im hellenischen Sinne. Apollo, als ethische Gottheit, fordert von den Seinigen das Maß und, um es einhalten zu können, Selbsterkenntnis. Und so läuft neben der ästhetischen Notwendigkeit der Schönheit die Forderung des „Erkenne dich selbst“ und des „Nicht zu viel!“ her, während Selbstüberhebung und Übermaß als die eigentlich feindseligen Dämonen der nicht-apollinischen Sphäre, daher als Eigenschaften der vor-apollinischen Zeit, des Titanenzeitalters, und der außer-apollinischen Welt, das heißt der Barbarenwelt, erachtet wurden. Wegen seiner titanenhaften Liebe zu den Menschen mußte Prometheus von den Geiern zerrissen werden, seiner übermäßigen Weisheit halber, die das Rätsel der Sphinx löste, mußte Ödipus in einen verwirrenden Strudel von Untaten stürzen: so interpretierte der delphische Gott die griechische Vergangenheit.

„Titanenhaft“ und „barbarisch“ dünkte dem apollinischen Griechen auch die Wirkung, die das *Dionysische* erregte: ohne dabei sich verhehlen zu können, daß er selbst doch zugleich auch innerlich mit jenen gestürzten Titanen und Heroen verwandt sei. Ja er mußte noch mehr empfinden: sein ganzes Dasein, mit aller Schönheit und Mäßigung, ruhte auf einem verhüllten Untergrunde des Leidens und der Erkenntnis, der ihm wieder durch jenes Dionysische aufgedeckt wurde. Und siehe! Apollo konnte nicht ohne Dionysus leben! Das „Titanische“ und das „Barbarische“ war zuletzt eine ebensolche Notwendigkeit wie das Apollinische! Und nun denken wir uns, wie in diese auf den Schein und die Mäßigung gebaute und künstlich gedämmte Welt der ekstatische Ton der Dionysusfeier in immer lockenderen Zauberweisen hineinklang, wie in diesen das ganze *Übermaß* der Natur in Lust, Leid und Erkenntnis, bis zum durchdringenden Schrei, laut wurde: denken wir uns, was diesem dämonischen Volksgesange gegenüber der psalmodierende Künstler des Apollo, mit dem gespensterhaften Harfenklange, bedeuten konnte! Die Musen der Künste des „Scheins“ verblaßten vor einer Kunst, die in ihrem Rausche die Wahrheit sprach, die Weisheit des Silen rief Wehe! Wehe! aus gegen die heiteren Olympier. Das Individuum, mit allen seinen Grenzen und Maßen, ging hier in der Selbstvergessenheit der dionysischen Zustände unter und vergaß die apollinischen Satzungen. Das

Übermaß enthüllte sich als Wahrheit, der Widerspruch, die aus Schmerzen geborene Wonne sprach von sich aus dem Herzen der Natur heraus. Und so war, überall dort, wo das Dionysische durchdrang, das Apollinische aufgehoben und vernichtet. Aber ebenso gewiß ist, daß dort, wo der erste Ansturm ausgehalten wurde, das Ansehen und die Majestät des delphischen Gottes starrer und drohender als je sich äußerte. Ich vermag nämlich den *dorischen* Staat und die dorische Kunst mir nur als ein fortgesetztes Kriegslager des Apollinischen zu erklären: nur in einem unausgesetzten Widerstreben gegen das titanisch-barbarische Wesen des Dionysischen konnte eine so trotzig-spröde, mit Bollwerken umschlossene Kunst, eine so kriegsgemäße und herbe Erziehung, ein so grausames und rücksichtsloses Staatswesen von längerer Dauer sein.

Bis zu diesem Punkte ist des weiteren ausgeführt worden, was ich am Eingange dieser Abhandlung bemerkte: wie das Dionysische und Apollinische, in immer neuen aufeinanderfolgenden Geburten und sich gegenseitig steigernd, das hellenische Wesen beherrscht haben: wie aus dem „erzenen" Zeitalter, mit seinen Titanenkämpfen und seiner herben Volksphilosophie, sich unter dem Walten des apollinischen Schönheitstriebes die homerische Welt entwickelt, wie diese „naive" Herrlichkeit wieder von dem einbrechenden Strome des Dionysischen verschlungen wird und wie dieser neuen Macht gegenüber sich das Apollinische zur starren Majestät der dorischen Kunst und Weltbetrachtung erhebt. Wenn auf diese Weise die ältere hellenische Geschichte, im Kampf jener zwei feindseligen Prinzipien, in vier große Kunststufen zerfällt: so sind wir jetzt gedrängt, weiter nach dem letzten Plane dieses Werdens und Treibens zu fragen, falls uns nicht etwa die letzterreichte Periode, die der dorischen Kunst, als die Spitze und Absicht jener Kunsttriebe gelten sollte: und hier bietet sich unseren Blicken das erhabene und hochgepriesene Kunstwerk der *attischen Tragödie* und des dramatischen Dithyrambus, als das gemeinsame Ziel beider Triebe, deren geheimnisvolles Ehebündnis, nach langem vorhergehenden Kampfe, sich in einem solchen Kinde – das zugleich Antigone und Kassandra ist – verherrlicht hat.

FÜNFTER ABSCHNITT

Wir nahen uns jetzt dem eigentlichen Ziele unsrer Untersuchung, die auf die Erkenntnis des dionysisch-apollinischen Genius und seines Kunstwerkes, wenigstens auf das ahnungsvolle Verständnis jenes Einleitungsmysteriums gerichtet ist. Hier fragen wir nun zunächst, wo jener neue Keim sich zuerst in der hellenischen Welt bemerkbar macht, der sich nachher bis zur Tragödie und zum dramatischen Dithyrambus entwickelt. Hierüber gibt uns das Altertum selbst bildlich Aufschluß, wenn es als die Urväter und Fackelträger der griechischen Dichtung *Homer* und *Archilochus* auf Bildwerken, Gemmen usw. nebeneinander stellt, in der sicheren Empfindung, daß nur diese beiden gleich völlig originalen Naturen, von denen aus ein Feuerstrom auf die gesamte griechische Nachwelt fortfließe, zu erachten seien. Homer, der in sich versunkene greise Träumer, der Typus des apollinischen, naiven Künstlers, sieht nun staunend den leidenschaftlichen Kopf des wild durchs Dasein getriebenen kriegerischen Musendieners Archilochus: und die neuere Ästhetik wußte nur deutend hinzuzufügen, daß hier dem „objektiven" Künstler der erste „subjektive" entgegengestellt sei. Uns ist mit dieser Deutung wenig gedient, weil wir den subjektiven Künstler nur als schlechten Künstler kennen und in jeder Art und Höhe der Kunst vor allem und zuerst Besiegung des Subjektiven, Erlösung vom „Ich" und Stillschweigen jedes individuellen Willens und Gelüstens fordern, ja ohne Objektivität, ohne reines interesseloses Anschauen nie an die geringste wahrhaft künstlerische Erzeugung glauben können. Darum muß unsre Ästhetik erst jenes Problem lösen, wie der „Lyriker" als Künstler möglich ist: er, der, nach der Erfahrung aller Zeiten, immer „ich" sagt und die ganze chromatische Tonleiter seiner Leidenschaften und Begehrungen vor uns absingt. Gerade dieser Archilochus erschreckt uns, neben Homer, durch den Schrei seines Hasses und Hohnes, durch die trunknen Ausbrüche seiner Begierde; ist er, der erste subjektiv genannte Künstler, nicht damit der eigentliche Nichtkünstler? Woher aber dann die Verehrung, die ihm, dem Dichter, gerade auch das delphische Orakel, der Herd der „objektiven" Kunst, in sehr merkwürdigen Aussprüchen erwiesen hat?

Über den Prozeß seines Dichtens hat uns *Schiller* durch eine ihm selbst unerklärliche, doch nicht bedenklich scheinende psychologische Beobachtung Licht gebracht; er gesteht nämlich als den vorbereitenden Zustand vor dem Aktus des Dichtens nicht etwa eine Reihe von Bildern, mit geordneter Kausalität der Gedanken, vor sich und in sich gehabt zu haben, sondern vielmehr eine *musikalische Stimmung* („Die Empfindung ist bei mir anfangs ohne bestimmten und klaren Gegenstand; dieser bildet sich erst später. Eine gewisse musikalische Gemütsstimmung geht vorher, und auf diese folgt bei mir erst die poetische Idee"). Nehmen wir jetzt das wichtigste Phänomen der ganzen antiken Lyrik hinzu, die überall als natürlich geltende Vereinigung, ja Identität *des Lyrikers mit dem Musiker* – der gegenüber unsre neuere Lyrik wie ein Götterbild ohne Kopf erscheint –, so können wir jetzt, auf Grund unsrer früher dargestellten ästhetischen Metaphysik, uns in folgender Weise den Lyriker erklären. Er ist zuerst, als dionysischer Künstler, gänzlich mit dem Ur-Einen, seinem Schmerz und Widerspruch, eins geworden und produziert das Abbild dieses Ur-Einen als Musik, wenn anders diese mit Recht eine Wiederholung der Welt und ein zweiter Abguß derselben genannt worden ist; jetzt aber wird diese Musik ihm wieder, wie in einem *gleichnisartigen Traumbilde* unter der apollinischen Traumeinwirkung sichtbar. Jener bild- und begrifflose Widerschein des Urschmerzes in der Musik, mit seiner Erlösung im Scheine, erzeugt jetzt eine zweite Spiegelung, als einzelnes Gleichnis oder Exempel. Seine Subjektivität hat der Künstler bereits in dem dionysischen Prozeß aufgegeben: das Bild, das ihm jetzt seine Einheit mit dem Herzen der Welt zeigt, ist eine Traumszene, die jenen Urwiderspruch und Urschmerz, samt der Urlust des Scheines, versinnlicht. Das „Ich" des Lyrikers tönt also aus dem Abgrunde des Seins; seine „Subjektivität" im Sinne der neueren Ästhetiker ist eine Einbildung. Wenn Archilochus, der erste Lyriker der Griechen, seine rasende Liebe und zugleich seine Verachtung den Töchtern des Lykambes kundgibt, so ist es nicht seine Leidenschaft, die vor uns in orgiastischem Taumel tanzt: wir sehen Dionysus und die Mänaden, wir sehen den berauschten Schwärmer Archilochus zum Schlafe niedergesunken – wie ihn uns Euripides in den Bacchen beschreibt, den Schlaf auf hoher Alpentrift, in der Mittagssonne –: und jetzt tritt Apollo an ihn heran und berührt ihn mit dem Lorbeer. Die dionysisch-musikalische Verzauberung des Schläfers sprüht jetzt gleichsam Bilderfunken um sich, lyrische Gedichte, die in ihrer höchsten Entfaltung Tragödien und dramatische Dithyramben heißen.

Der Plastiker und zugleich der ihm verwandte Epiker ist in das reine Anschauen der Bilder versunken. Der dionysische Musiker ist ohne jedes Bild völlig nur selbst Urschmerz und Urwiderklang desselben. Der lyrische Genius fühlt aus dem mystischen Selbstentäußerungs- und Einheitszustande eine Bilder- und Gleichniswelt hervorwachsen, die eine ganz andere Färbung, Kausalität und Schnelligkeit hat als jene Welt des Plastikers und Epikers. Während der Letztgenannte in diesen Bildern und nur in ihnen mit freudigem Behagen lebt und nicht müde wird, sie bis auf die kleinsten Züge hin liebevoll anzuschauen, während selbst das Bild des zürnenden Achilles für ihn nur ein Bild ist, dessen zürnenden Ausdruck er mit jener Traumlust am Scheine genießt – so daß er, durch diesen Spiegel des Scheines, gegen das Einswerden und Zusammenschmelzen mit seinen Gestalten geschützt ist –, so sind dagegen die Bilder des Lyrikers nicht als *er* selbst und gleichsam nur verschiedene Objektivationen von ihm, weshalb er als bewegender Mittelpunkt jener Welt „ich" sagen darf: nur ist diese Ichheit nicht dieselbe wie die des wachen, empirisch-realen Menschen, sondern die einzige überhaupt wahrhaft seiende und ewige, im Grunde der Dinge ruhende Ichheit, durch deren Abbilder der lyrische Genius bis auf den Grund der Dinge hindurchsieht. Nun denken wir uns einmal, wie er unter diesen Abbildern auch *sich selbst* als Nichtgenius erblickt, das heißt sein „Subjekt", das ganze Gewühl subjektiver, auf ein bestimmtes, ihm real dünkendes Ding gerichteter Leidenschaften und Willensregungen; wenn es jetzt scheint, als ob der lyrische Genius und der mit ihm verbundene Nichtgenius eins wäre und als ob der erstere von sich selbst jenes Wörtchen „ich" spräche, so wird uns jetzt dieser Schein nicht mehr verführen können, wie er allerdings diejenigen verführt hat, die den Lyriker als den subjektiven Dichter bezeichnet haben. In Wahrheit ist Archilochus, der leidenschaftlich entbrannte, liebende und hassende Mensch, nur eine Vision des Genius, der bereits nicht mehr Archilochus, sondern Weltgenius ist und der seinen Urschmerz in jenem Gleichnisse vom Menschen

Archilochus symbolisch ausspricht: während jener subjektiv wollende und begehrende Mensch Archilochus überhaupt nie und nimmer Dichter sein kann. Es ist aber gar nicht nötig, daß der Lyriker gerade nur das Phänomen des Menschen Archilochus vor sich sieht als Widerschein des ewigen Seins; und die Tragödie beweist, wie weit sich die Visionswelt des Lyrikers von jenem allerdings zunächststehenden Phänomen entfernen kann.

Schopenhauer, der sich die Schwierigkeit, die der Lyriker für die philosophische Kunstbetrachtung macht, nicht verhehlt hat, glaubt einen Ausweg gefunden zu haben, den ich nicht mit ihm gehen kann, während ihm allein, in seiner tiefsinnigen Metaphysik der Musik, das Mittel in die Hand gegeben war, mit dem jene Schwierigkeit entscheidend beseitigt werden konnte: wie ich dies, in seinem Geiste und zu seiner Ehre, hier getan zu haben glaube. Dagegen bezeichnet er als das eigentümliche Wesen des Liedes folgendes: „Es ist das Subjekt des Willens, das heißt das eigene Wollen, was das Bewußtsein des Singenden füllt, oft als ein entbundenes, befriedigtes Wollen (Freude), wohl noch öfter aber als ein gehemmtes (Trauer), immer als Affekt, Leidenschaft, bewegter Gemütszustand. Neben diesem jedoch und zugleich damit wird durch den Anblick der umgebenden Natur der Singende sich seiner bewußt als Subjekt des reinen, willenlosen Erkennens, dessen unerschütterliche seelische Ruhe nunmehr in Kontrast tritt mit dem Drange des immer beschränkten, immer noch dürftigen Wollens: die Empfindung dieses Kontrastes, dieses Wechselspieles ist eigentlich, was sich im Ganzen des Liedes ausspricht und was überhaupt den lyrischen Zustand ausmacht. In diesem tritt gleichsam das reine Erkennen zu uns heran, um uns vom Wollen und seinem Drange zu erlösen: wir folgen; doch nur auf Augenblicke: immer von neuem entreißt das Wollen, die Erinnerung an unsere persönlichen Zwecke, uns der ruhigen Beschauung; aber auch immer wieder entlockt uns dem Wollen die nächste schöne Umgebung, in welcher sich die reine willenlose Erkenntnis uns darbietet. Darum geht im Liede und der lyrischen Stimmung das Wollen (das persönliche Interesse der Zwecke) und das reine Anschauen der sich darbietenden Umgebung wundersam gemischt durcheinander: es werden Beziehungen zwischen beiden gesucht und imaginiert; sie subjektive Stimmung, die Affektion des Willens, teilt der angeschauten Umgebung und diese wiederum jener ihre Farbe im Reflex mit: von diesem ganzen so gemischten und geteilten Gemütszustande ist das echte Lied der Abdruck."

Wer vermöchte in dieser Schilderung zu verkennen, daß hier die Lyrik als eine unvollkommen erreichte, gleichsam im Sprunge und selten zum Ziele kommende Kunst charakterisiert wird, ja als eine Halbkunst, deren *Wesen* darin bestehen soll, daß das Wollen und das reine Anschauen, das heißt der unästhetische und der ästhetische Zustand, wundersam durcheinander gemischt seien? Wir behaupten vielmehr, daß der ganze Gegensatz, nach dem wie nach einem Wertmesser auch noch Schopenhauer die Künste einteilt, der des Subjektiven und des Objektiven, überhaupt in der Ästhetik ungehörig ist, da das Subjekt, das wollende und seine egoistischen Zwecke fördernde Individuum nur als Gegner, nicht als Ursprung der Kunst gedacht werden kann. Insofern aber das Subjekt Künstler ist, ist es bereits von seinem individuellen Willen erlöst und gleichsam Medium geworden, durch das hindurch das eine wahrhaft seiende Subjekt seine Erlösung im Scheine feiert. Denn dies muß uns vor allem, zu unserer Erniedrigung *und* Erhöhung, deutlich sein, daß die ganze Kunstkomödie durchaus nicht für uns, etwa unsrer Besserung und Bildung wegen, aufgeführt wird, ja daß wir ebensowenig die eigentlichen Schöpfer jener Kunstwelt sind: wohl aber dürfen wir von uns selbst annehmen, daß wir für den wahren Schöpfer derselben schon Bilder und künstlerische Projektionen sind und in der Bedeutung von Kunstwerken unsre höchste Würde haben – denn nur als *ästhetisches Phänomen* ist das Dasein und die Welt ewig *gerechtfertigt*: – während freilich unser Bewußtsein über diese unsre Bedeutung kaum ein andres ist, als es die auf Leinwand gemalten Krieger von der auf ihr dargestellten Schlacht haben.

Somit ist unser ganzes Kunstwissen im Grunde ein völlig illusorisches, weil wir als Wissende mit jenem Wesen nicht eins und identisch sind, das sich, als einziger Schöpfer und Zuschauer jener Kunstkomödie, einen ewigen Genuß bereitet. Nur soweit der Genius im Aktus der künstlerischen Zeugung mit jenem Urkünstler der Welt verschmilzt, weiß er etwas über das ewige Wesen der Kunst; denn in jenem Zustande ist er wunderbarerweise dem unheimlichen Bild des Märchens gleich, das die

Augen drehn und sich selber anschaun kann; jetzt ist er zugleich Subjekt und Objekt, zugleich Dichter, Schauspieler und Zuschauer.

SECHSTER ABSCHNITT

In betreff des Archilochus hat die gelehrte Forschung entdeckt, daß er das *Volkslied* in die Literatur eingeführt habe und daß ihm, dieser Tat halber, jene einzige Stellung neben Homer in der allgemeinen Schätzung der Griechen zukomme. Was aber ist das Volkslied im Gegensatz zu dem völlig apollinischen Epos? Was anders als das *perpetuum vestigium* einer Vereinigung des Apollinischen und des Dionysischen; seine ungeheure, über alle Völker sich erstreckende und in immer neuen Geburten sich steigernde Verbreitung ist uns ein Zeugnis dafür, wie stark jener künstlerische Doppeltrieb der Natur ist: der in analoger Weise seine Spuren im Volkslied hinterläßt, wie die orgiastischen Bewegungen eines Volkes sich in seiner Musik verewigen. Ja, es müßte auch historisch nachweisbar sein, wie jede an Volksliedern reich produktive Periode zugleich auf das stärkste durch dionysische Strömungen erregt worden ist, welche wir immer als Untergrund und Voraussetzung des Volksliedes zu betrachten haben.

Das Volkslied aber gilt uns zu allernächst als musikalischer Weltspiegel, als ursprüngliche Melodie, die sich jetzt eine parallele Traumerscheinung sucht und diese in der Dichtung ausspricht. *Die Melodie ist also das Erste und Allgemeine*, das deshalb auch mehrere Objektivationen, in mehreren Texten, an sich erleiden kann. Sie ist auch das bei weitem Wichtigere und Notwendigere in der naiven Schätzung des Volkes. Die Melodie gebiert die Dichtung aus sich, und zwar immer wieder von neuem; nichts andres will uns *die Strophenform des Volksliedes* sagen: welches Phänomen ich immer mit Erstaunen betrachtet habe, bis ich endlich diese Erklärung fand. Wer eine Sammlung von Volksliedern, zum Beispiel des Knaben Wunderhorn, auf diese Theorie hin ansieht, der wird unzählige Beispiele finden, wie die fortwährend gebärende Melodie Bilderfunken um sich ausprüht: die in ihrer Buntheit, ihrem jähen Wechsel, ja ihrem tollen Sichüberstürzen eine dem epischen Scheine und seinem ruhigen

Fortströmen wildfremde Kraft offenbaren. Vom Standpunkte des Epos ist diese ungleiche und unregelmäßige Bilderwelt der Lyrik einfach zu verurteilen: und dies haben gewiß die feierlichen epischen Rhapsoden der apollinischen Feste im Zeitalter des Terpander getan.

In der Dichtung des Volksliedes sehen wir also die Sprache auf das nächste angespannt, *die Musik nachzuahmen*: deshalb beginnt mit Archilochus eine neue Welt der Poesie, die der homerischen in ihrem tiefsten Grunde widerspricht. Hiermit haben wir das einzig mögliche Verhältnis zwischen Poesie und Musik, Wort und Ton bezeichnet: das Wort, das Bild, der Begriff sucht nach einen der Musik analogen Ausdruck und erleidet jetzt die Gewalt der Musik an sich. In diesem Sinne dürfen wir in der Sprachgeschichte des griechischen Volkes zwei Hauptströmungen unterscheiden, je nachdem die Sprache die Erscheinungs- und Bilderwelt oder die Musikwelt nachahmte. Man denke nur einmal tiefer über die sprachliche Differenz der Farbe, des syntaktischen Baues, des Wortmaterials bei Homer und Pindar nach, um die Bedeutung dieses Gegensatzes zu begreifen; ja es wird einem dabei handgreiflich deutlich, daß zwischen Homer und Pindar die *orgiastischen Flötenweisen des Olympus* erklungen sein müssen, die noch im Zeitalter des Aristoteles, inmitten einer unendlich entwickelteren Musik, zu trunkner Begeisterung hinrissen und gewiß in ihrer ursprünglichen Wirkung alle dichterischen Ausdrucksmittel der gleichzeitigen Menschen zur Nachahmung aufgereizt haben. Ich erinnere hier an ein bekanntes, unserer Ästhetik nur anstößig dünkendes Phänomen unsrer Tage. Wir erleben es immer wieder, wie eine Beethovensche Symphonie die einzelnen Zuhörer zu einer Bilderrede nötigt, sei es auch, daß eine Zusammenstellung der verschiedenen, durch ein Tonstück erzeugten Bilderwelten sich recht phantastisch bunt, ja widersprechend ausnimmt: an solchen Zusammenstellungen ihren armen Witz zu üben und das doch wahrlich erklärenswerte Phänomen zu übersehen, ist recht in der Art jener Ästhetik. Ja selbst wenn der Tondichter in Bildern über eine Komposition geredet hat, etwa wenn er eine Symphonie als pastorale und einen Satz als „Szene am Bach“, einen anderen als „lustiges Zusammensein der Landleute“ bezeichnet, so sind das ebenfalls nur gleichnisartige, aus der Musik geborne Vorstellungen – und nicht etwa die nachgeahmten Gegenstände der Musik –, Vorstellungen, die über den *dionysischen* Inhalt der Musik uns nach keiner Seite hin belehren können, ja die keinen ausschließlichen Wert neben andern Bildern haben. Diesen Prozeß einer Entladung der Musik in Bildern haben wir uns nun auf eine jugendfrische, sprachlich schöpferische Volksmenge zu übertragen, um zur Ahnung zu kommen, wie das strophische Volkslied entsteht und wie das ganze Sprachvermögen durch das neue Prinzip der Nachahmung der Musik aufgeregt wird.

Dürfen wir also die lyrische Dichtung als die nachahmende Effulguration der Musik in Bildern und Begriffen betrachten, so können wir jetzt fragen: „als was *erscheint* die Musik im Spiegel der Bildlichkeit und der Begriffe?“ *Sie erscheint als Wille,* das Wort im Schopenhauerischen Sinne genommen, das heißt als Gegensatz der ästhetischen, rein beschaulichen willenlosen Stimmung. Hier unterscheide man nun so scharf als möglich den Begriff des Wesens von dem der Erscheinung: denn die Musik kann, ihrem Wesen nach, unmöglich Wille sein, weil sie als solcher gänzlich aus dem Bereich der Kunst zu bannen wäre – denn der Wille ist das an sich Unästhetische –; aber sie erscheint als Wille. Denn um ihre Erscheinung in Bildern auszudrücken, braucht der Lyriker alle Regungen der Leidenschaft, vom Flüstern der Neigung bis zum Grollen des Wahnsinns; unter dem Triebe, in apollinischen Gleichnissen von der Musik zu reden, versteht er die ganze Natur und sich in ihr nur als das ewig Wollende, Begehrende, Sehnende. Insofern er aber die Musik in Bildern deutet, ruht er selbst in der stillen Meeresruhe der apollinischen Betrachtung, so sehr auch alles, was er durch das Medium der Musik anschaut, um ihn herum in drängender und treibender Bewegung ist. Ja wenn er sich selbst durch dasselbe Medium erblickt, so zeigt sich ihm sein eignes Bild im Zustande des unbefriedigten Gefühls: sein eignes Wollen, Sehnen, Stöhnen, Jauchzen ist ihm ein Gleichnis, mit dem er die Musik sich deutet. Dies ist das Phänomen des Lyrikers: als apollinischer Genius interpretiert er die Musik durch das Bild des Willens, während er selbst, völlig losgelöst von der Gier des Willens, reines ungetrübtes Sonnenauge ist.

Diese ganze Erörterung hält daran fest, daß die Lyrik ebenso abhängig ist vom Geiste der Musik, als die Musik selbst, in ihrer völligen Unumschränktheit, das Bild und den Begriff nicht *braucht*, sondern ihn nur neben sich *erträgt*. Die Dichtung des Lyrikers kann nichts aussagen, was nicht in der ungeheuersten Allgemeinheit und Allgültigkeit bereits in der Musik lag, die ihn zur Bilderrede nötigte. Der Weltsymbolik der Musik ist ebendeshalb mit der Sprache auf keine Weise erschöpfend beizukommen, weil sie sich auf den Urwiderspruch und Urschmerz im Herzen des Ur-Einen symbolisch bezieht, somit eine Sphäre symbolisiert, die über alle Erscheinung und vor aller Erscheinung ist. Ihr gegenüber ist vielmehr jede Erscheinung nur Gleichnis: daher kann die *Sprache*, als Organ und Symbol der Erscheinungen, nie und nirgends das tiefste Innere der Musik nach außen kehren, sondern bleibt immer, sobald sie sich auf Nachahmung der Musik einläßt, nur in einer äußerlichen Berührung mit der Musik, während deren tiefster Sinn, durch alle lyrische Beredsamkeit, uns auch keinen Schritt nähergebracht werden kann.

SIEBENTER ABSCHNITT

Alle die bisher erörterten Kunstprinzipien müssen wir jetzt zu Hilfe nehmen, um uns in dem Labyrinth zurechtzufinden, als welches wir *den Ursprung der griechischen Tragödie* bezeichnen müssen. Ich denke nichts Ungereimtes zu behaupten, wenn ich sage, daß das Problem dieses Ursprungs bis jetzt noch nicht einmal ernsthaft aufgestellt, geschweige denn gelöst ist, sooft auch die zerflatternden Fetzen der antiken Überlieferung schon kombinatorisch aneinandergenäht und wieder auseinandergerissen sind. Diese Überlieferung sagt uns mit voller Entschiedenheit, *daß die Tragödie aus dem tragischen Chore entstanden ist* und ursprünglich nur Chor und nichts als Chor war: woher wir die Verpflichtung nehmen, diesem tragischen Chore als dem eigentlichen Urdrama ins Herz zu sehen, ohne uns an den geläufigen Kunstredensarten – daß er der idealische Zuschauer sei oder das Volk gegenüber der fürstlichen Region der Szene zu vertreten habe – irgendwie genügen zu lassen. Jener zuletzt erwähnte, für manchen Politiker erhaben klingende Erläuterungsgedanke – als ob das unwandelbare Sittengesetz von den demokratischen Athenern in dem Volkschore dargestellt sei, der über die leidenschaftlichen Ausschreitungen und Ausschweifungen der Könige hinaus immer recht behalte – mag noch so sehr durch ein Wort des Aristoteles nahegelegt sein: auf die ursprüngliche Formation der Tragödie ist er ohne Einfluß, da von jenen rein religiösen Ursprüngen der ganze Gegensatz von Volk und Fürst, überhaupt jegliche politisch-soziale Sphäre ausgeschlossen ist; aber wir möchten es auch in Hinsicht auf die uns bekannte klassische Form des Chors bei Äschylus und Sophokles für Blasphemie erachten, hier von der Ahnung einer „konstitutionellen Volksvertretung" zu reden, vor welcher Blasphemie andere nicht zurückgeschrocken sind. Eine konstitutionelle Volksvertretung kennen die antiken Staatsverfassungen *in praxi* nicht und haben sie hoffentlich auch in ihrer Tragödie nicht einmal „geahnt".

Viel berühmter als diese politische Erklärung des Chors ist der Gedanke A. W. Schlegels, der uns den Chor gewissermaßen als den Inbegriff und Extrakt der Zuschauermenge, als den „idealischen Zuschauer" zu betrachten anempfiehlt. Diese Ansicht, zusammengehalten mit jener historischen Überlieferung, daß ursprünglich die Tragödie nur Chor war, erweist sich als das, was sie ist, als eine rohe, unwissenschaftliche, doch glänzende Behauptung, die ihren Glanz aber nur durch ihre konzentrierte Form des Ausdrucks, durch die echt germanische Voreingenommenheit für alles, was „idealisch" genannt wird, und durch unser momentanes Erstauntsein erhalten hat. Wir sind nämlich erstaunt, sobald wir das uns gut bekannte Theaterpublikum mit jenem Chore vergleichen und uns fragen, ob es wohl möglich sei, aus diesem Publikum je etwas dem tragischen Chore Analoges herauszuidealisieren. Wir leugnen dies im stillen und wundern uns jetzt ebenso über die Kühnheit der Schlegelschen Behauptung wie über die total verschiedene Natur des griechischen Publikums. Wir hatten nämlich doch immer gemeint, daß der rechte Zuschauer, er sei wer er wolle, sich immer bewußt bleiben müsse, ein Kunstwerk vor sich zu haben, nicht eine empirische Realität: während der tragische Chor der Griechen in den Gestalten der Bühne leibhafte Existenzen zu erkennen genötigt ist. Der Okeanidenchor glaubt wirklich, den Titan Prometheus vor sich zu sehen und hält sich selbst für ebenso real wie den Gott der Szene. Und das sollte die höchste und reinste Art des Zuschauers sein, gleich den Okeaniden den Prometheus für leiblich vorhanden und real zu halten? Und es wäre das Zeichen des idealischen Zuschauers, auf die Bühne zu laufen und den Gott von seinen Martern zu befreien? Wir hatten an ein ästhetisches Publikum geglaubt und den einzelnen Zuschauer für um so befähigter gehalten, je mehr er imstande war, das Kunstwerk als Kunst, das heißt ästhetisch zu nehmen; und jetzt deutete uns der Schlegelsche Ausdruck an, daß der vollkommne idealische Zuschauer die Welt der Szene gar nicht ästhetisch, sondern leibhaft empirisch auf sich wirken lasse. O über diese Griechen! seufzten wir; sie werfen uns unsre Ästhetik um! Daran aber gewöhnt, wiederholten wir den Schlegelschen Spruch, sooft der Chor zur Sprache kam.

Aber jene so ausdrückliche Überlieferung redet hier gegen Schlegel: der Chor an sich, ohne Bühne, also die primitive Gestalt der Tragödie und jener Chor idealischer Zuschauer vertragen sich nicht miteinander. Was wäre das für eine Kunstgattung, die aus dem Begriff des Zuschauers herausgezogen wäre, als deren eigentliche Form der „Zuschauer an sich" zu gelten hätte. Der Zuschauer ohne Schauspiel ist ein widersinniger Begriff. Wir fürchten, daß die Geburt der Tragödie weder aus der Hochachtung vor der sittlichen Intelligenz der Masse noch aus dem Begriff des schauspiellosen Zuschauers zu erklären sei, und halten dies Problem für zu tief, um von so flachen Betrachtungsarten auch nur berührt zu werden.

Eine unendlich wertvollere Einsicht über die Bedeutung des Chors hatte bereits Schiller in der berühmten Vorrede zur „Braut von Messina" verraten, der den Chor als eine lebendige Mauer betrachtete, die die Tragödie um sich herum zieht, um sich von der wirklichen Welt rein abzuschließen und sich ihren idealen Boden und ihre poetische Freiheit zu bewahren.

Schiller kämpft mit dieser seiner Hauptwaffe gegen den gemeinen Begriff des Natürlichen, gegen die bei der dramatischen Poesie gemeinhin geheischte Illusion. Während der Tag selbst auf dem Theater nur ein künstlicher, die Architektur nur eine symbolische sei und die metrische Sprache einen idealen Charakter trage, herrsche immer noch der Irrtum im ganzen: es sei nicht genug, daß man *das* nur als eine poetische Freiheit dulde, was doch das Wesen aller Poesie sei. Die Einführung des Chores sei der entscheidende Schritt, mit dem jedem Naturalismus in der Kunst offen und ehrlich der Krieg erklärt werde. – Eine solche Betrachtungsart ist es, scheint mir, für die unser sich überlegen wähnendes Zeitalter das wegwerfende Schlagwort „Pseudoidealismus" gebraucht. Ich fürchte, wir sind dagegen mit unserer jetzigen Verehrung des Natürlichen und Wirklichen am Gegenpol alles Idealismus angelangt, nämlich in der Region der Wachsfigurenkabinette. Auch in ihnen gibt es keine Kunst, wie bei gewissen beliebten Romanen der Gegenwart: nur quäle man uns nicht mit dem Anspruch, daß mit dieser Kunst der Schiller-Goethesche „Pseudoidealismus" überwunden sei.

Freilich ist es ein „idealer" Boden, auf dem, nach der richtigen Einsicht Schillers, der griechische Satyrchor, der Chor der ursprünglichen Tragödie, zu wandeln pflegt, ein Boden, hoch emporgehoben über die wirkliche Wandelbahn der Sterblichen. Der Grieche hat sich für diesen Chor die Schwebegerüste eines fingierten *Naturzustandes* gezimmert und auf sie hin fingierte *Naturwesen* gestellt. Die Tragödie ist auf diesem Fundamente emporgewachsen und freilich schon deshalb von Anbeginn an einem peinlichen Abkonterfeien der Wirklichkeit enthoben gewesen. Dabei ist es doch keine willkürlich zwischen Himmel und Erde hineinphantasierte Welt; vielmehr eine Welt von gleicher Realität und Glaubwürdigkeit, wie sie der Olymp samt seinen Insassen für den gläubigen Hellenen besaß. Der Satyr als der dionysische Choreut lebt in einer religiös zugestandenen Wirklichkeit unter der Sanktion des Mythus und des Kultus. Daß mit ihm die Tragödie beginnt, daß aus ihm die dionysische Weisheit der Tragödie spricht, ist ein hier uns ebenso befremdendes Phänomen wie überhaupt die Entstehung der Tragödie aus dem Chore. Vielleicht gewinnen wir einen Ausgangspunkt der Betrachtung, wenn ich die Behauptung hinstelle, daß sich der Satyr, das fingierte Naturwesen, zu dem Kulturmenschen in gleicher Weise verhält wie die dionysische Musik zur Zivilisation. Von letzterer sagt Richard Wagner, daß sie von der Musik aufgehoben werde wie der Lampenschein vom Tageslicht. In gleicher Weise, glaube ich, fühlte sich der griechische Kulturmensch im Angesicht des Satyrchors aufgehoben: und dies ist die nächste Wirkung der dionysischen Tragödie, daß der Staat und die Gesellschaft, überhaupt die Klüfte zwischen Mensch und Mensch einem übermächtigen Einheitsgefühle weichen, welches an das Herz der Natur zurückführt. Der metaphysische Trost – mit welchem, wie ich schon hier andeute, uns jede wahre Tragödie entläßt –, daß das Leben im Grunde der Dinge, trotz allem Wechsel der Erscheinungen unzerstörbar mächtig und lustvoll sei, dieser Trost erscheint in leibhafter Deutlichkeit als Satyrchor, als Chor von Naturwesen, die gleichsam hinter aller Zivilisation unvertilgbar leben und trotz allem Wechsel der Generationen und der Völkergeschichte ewig dieselben bleiben.

Mit diesem Chore tröstet sich der tiefsinnige und zum zartesten und schwersten Leiden einzig befähigte Hellene, der mit schneidigem Blicke mitten in das furchtbare Vernichtungstreiben der sogenannten Weltgeschichte ebenso wie in die Grausamkeit der Natur geschaut hat und in Gefahr ist, sich nach einer buddhaistischen Verneinung des Willens zu sehnen. Ihn rettet die Kunst, und durch die Kunst rettet ihn sich – das Leben.

Die Verzückung des dionysischen Zustandes, mit seiner Vernichtung der gewöhnlichen Schranken und Grenzen des Daseins, enthält nämlich während seiner Dauer ein *lethargisches* Element, in das sich alles persönlich in der Vergangenheit Erlebte eintaucht. So scheidet sich durch diese Kluft der Vergessenheit die Welt der alltäglichen und der dionysischen Wirklichkeit voneinander ab. Sobald aber jene alltägliche Wirklichkeit wieder ins Bewußtsein tritt, wird sie mit Ekel als solche empfunden; eine asketische, willenverneinende Stimmung ist die Frucht jener Zustände. In diesem Sinne hat der dionysische Mensch Ähnlichkeit mit Hamlet: beide haben einmal einen wahren Blick in das Wesen der Dinge getan, sie haben *erkannt*, und es ekelt sie zu handeln; denn ihre Handlung kann nichts am ewigen Wesen der Dinge ändern, sie empfinden es als lächerlich oder schmachvoll, daß ihnen zugemutet wird, die Welt, die aus den Fugen ist, wieder einzurichten. Die Erkenntnis tötet das Handeln, zum Handeln gehört das Umschleiertsein durch die Illusion – das ist die Hamletlehre, nicht jene wohlfeile Weisheit von Hans dem Träumer, der aus zuviel Reflexion, gleichsam aus einem Überschuß von Möglichkeiten, nicht zum Handeln kommt; nicht das Reflektieren, nein! – die wahre Erkenntnis, der Einblick in die grauenhafte Wahrheit überwiegt jedes zum Handeln antreibende Motiv, bei Hamlet sowohl als bei dem dionysischen Menschen. Jetzt verfängt kein Trost mehr, die Sehnsucht geht über eine Welt nach dem Tode, über die Götter selbst hinaus, das Dasein wird, samt seiner gleißenden Widerspiegelung in den Göttern oder in einem unsterblichen Jenseits, verneint. In der Bewußtheit der einmal geschauten Wahrheit sieht jetzt der Mensch überall nur das Entsetzliche oder Absurde des Seins, jetzt versteht er das Symbolische im Schicksal der Ophelia, jetzt erkennt er die Weisheit des Waldgottes Silen: es ekelt ihn.

Hier, in dieser höchsten Gefahr des Willens, naht sich, als rettende, heilkundige Zauberin, die *Kunst*; sie allein vermag jene Ekelgedanken über das Entsetzliche oder Absurde des Daseins in Vorstellungen umzubiegen, mit denen sich leben läßt: diese sind das *Erhabene* als die künstlerische Bändigung des Entsetzlichen und das *Komische* als die künstlerische Entladung vom Ekel des Absurden. Der Satyrchor des Dithyrambus ist die rettende Tat der griechischen Kunst; an der Mittelwelt dieser dionysischen Begleiter erschöpften sich jene vorhin beschriebenen Anwandlungen.

ACHTER ABSCHNITT

Der Satyr wie der idyllische Schäfer unserer neueren Zeit sind beide Ausgeburten einer auf das Ursprüngliche und Natürliche gerichteten Sehnsucht; aber mit welchem festen unerschrocknen Griffe faßte der Grieche nach seinem Waldmenschen, wie verschämt und weichlich tändelte der moderne Mensch mit dem Schmeichelbild eines zärtlichen, flötenden, weichgearteten Hirten! Die Natur, an der noch keine Erkenntnis gearbeitet, in der die Riegel der Kultur noch unerbrochen sind – das sah der Grieche in seinem Satyr, der ihm deshalb noch nicht mit dem Affen zusammenfiel. Im Gegenteil: es war das Urbild des Menschen, der Ausdruck seiner höchsten und stärksten Regungen, als begeisterter Schwärmer, den die Nähe des Gottes entzückt, als mitleidender Genosse, in dem sich das Leiden des Gottes wiederholt, als Weisheitsverkünder aus der tiefsten Brust der Natur heraus, als Sinnbild der geschlechtlichen Allgewalt der Natur, die der Grieche gewöhnt ist mit ehrfürchtigem Staunen zu betrachten. Der Satyr war etwas Erhabenes und Göttliches: so mußte er besonders dem schmerzlich gebrochnen

Blick des dionysischen Menschen dünken. Ihn hätte der geputzte, erlogene Schäfer beleidigt: auf den unverhüllten und unverkümmert großartigen Schriftzügen der Natur weilte sein Auge in erhabener Befriedigung; hier war die Illusion der Kultur von dem Urbilde des Menschen weggewischt, hier enthüllte sich der wahre Mensch, der bärtige Satyr, der zu seinem Gotte aufjubelt. Vor ihm schrumpfte der Kulturmensch zur lügenhaften Karikatur zusammen. Auch für diese Anfänge der tragischen Kunst hat Schiller recht: der Chor ist eine lebendige Mauer gegen die anstürmende Wirklichkeit, weil er – der Satyrchor – das Dasein wahrhaftiger, wirklicher, vollständiger abbildet als der gemeinhin sich als einzige Realität achtende Kulturmensch. Die Sphäre der Poesie liegt nicht außerhalb der Welt, als eine phantastische Unmöglichkeit eines Dichterhirns: sie will das gerade Gegenteil sein, der ungeschminkte Ausdruck der Wahrheit, und muß ebendeshalb den lügenhaften Aufputz jener vermeinten Wirklichkeit des Kulturmenschen von sich werfen. Der Kontrast dieser eigentlichen Naturwahrheit und der sich als einzige Realität gebärdenden Kulturlüge ist ein ähnlicher wie zwischen dem ewigen Kern der Dinge, dem Ding an sich, und der gesamten Erscheinungswelt: und wie die Tragödie mit ihrem metaphysischen Troste auf das ewige Leben jenes Daseinskernes, bei dem fortwährenden Untergange der Erscheinungen, hinweist, so spricht bereits die Symbolik des Satyrchors in einem Gleichnis jenes Urverhältnis zwischen Ding an sich und Erscheinung aus. Jener idyllische Schäfer des modernen Menschen ist nur ein Konterfei der ihm als Natur geltenden Summe von Bildungsillusionen; der dionysische Grieche will die Wahrheit und die Natur in ihrer höchsten Kraft – er sieht sich zum Satyr verzaubert.

Unter solchen Stimmungen und Erkenntnissen jubelt die schwärmende Schar der Dionysusdiener: deren Macht sie selbst vor ihren eignen Augen verwandelt, so daß sie sich als wiederhergestellte Naturgenien, als Satyrn, zu erblicken wähnen. Die spätere Konstitution des Tragödienchors ist die künstlerische Nachahmung jenes natürlichen Phänomens; bei der nun allerdings eine Scheidung von dionysischen Zuschauern und dionysischen Verzauberten nötig wurde. Nur muß man sich immer gegenwärtig halten, daß das Publikum der attischen Tragödie sich selbst in dem Chore der Orchestra wiederfand, daß es im Grunde keinen Gegensatz von Publikum und Chor gab: denn alles ist nur ein großer erhabener Chor von tanzenden und singenden Satyrn oder von solchen, welche sich durch diese Satyrn repräsentieren lassen. Das Schlegelsche Wort muß sich uns hier in einem tieferen Sinne erschließen. Der Chor ist der „idealische Zuschauer", insofern er der einzige *Schauer* ist, der Schauer der Visionswelt der Szene. Ein Publikum von Zuschauern, wie wir es kennen, war den Griechen unbekannt: in ihren Theatern war es jedem, bei dem in konzentrischen Bogen sich erhebenden Terrassenbau des Zuschauerraumes, möglich, die gesamte Kulturwelt um sich herum ganz eigentlich zu *übersehen* und in gesättigtem Hinschauen selbst Choreut sich zu wähnen. Nach dieser Einsicht dürfen wir den Chor, auf seiner primitiven Stufe in der Urtragödie, eine Selbstspiegelung des dionysischen Menschen nennen: welches Phänomen am deutlichsten durch den Prozeß des Schauspielers zu machen ist, der, bei wahrhafter Begabung, sein von ihm darzustellendes Rollenbild zum Greifen wahrnehmbar vor seinen Augen schweben sieht. Der Satyrchor ist zuallererst eine Vision der dionysischen Masse, wie wiederum die Welt der Bühne eine Vision dieses Satyrchors ist: die Kraft dieser Vision ist stark genug, um gegen den Eindruck der „Realität", gegen die rings auf den Sitzreihen gelagerten Bildungsmenschen den Blick stumpf und unempfindlich zu machen. Die Form des griechischen Theaters erinnert an ein einsames Gebirgstal: die Architektur der Szene erscheint wie ein leuchtendes Wolkenbild, welches die im Gebirge herumschwärmenden Bacchen von der Höhe aus erblicken, als die herrliche Umrahmung, in deren Mitte ihnen das Bild des Dionysus offenbar wird.

Jene künstlerische Urerscheinung, die wir hier zur Erklärung des Tragödienchors zur Sprache bringen, ist, bei unserer gelehrtenhaften Anschauung über die elementaren künstlerischen Prozesse, fast anstößig; während nichts ausgemachter sein kann, als daß der Dichter nur dadurch Dichter ist, daß er von Gestalten sich umringt sieht, die vor ihm leben und handeln, und in deren innerstes Wesen er hineinblickt. Durch eine eigentümliche Schwäche der modernen Begabung sind wir geneigt, uns das ästhetische Urphänomen zu kompliziert und abstrakt vorzustellen. Die Metapher ist für den echten Dichter nicht eine rhetorische Figur, sondern ein stellvertretendes Bild, das ihm wirklich, an Stelle eines

Begriffes, vorschwebt. Der Charakter ist für ihn nicht etwas aus zusammengesuchten Einzelzügen komponiertes Ganzes, sondern eine vor seinen Augen aufdringlich lebendige Person, die von der gleichen Vision des Malers sich nur durch das fortwährende Weiterleben und Weiterhandeln unterscheidet. Wodurch schildert Homer so viel anschaulicher als alle Dichter? Weil er um so viel mehr anschaut. Wir reden über Poesie so abstrakt, weil wir alle schlechte Dichter zu sein pflegen. Im Grunde ist das ästhetische Phänomen einfach: man habe nur die Fähigkeit, fortwährend ein lebendiges Spiel zu sehen und immerfort von Geisterscharen umringt zu leben, so ist man Dichter; man fühle nur den Trieb, sich selbst zu verwandeln und aus anderen Leibern und Seelen herauszureden, so ist man Dramatiker.

Die dionysische Erregung ist imstande, einer ganzen Masse diese künstlerische Begabung mitzuteilen, sich von einer solchen Geisterschar umringt zu sehen, mit der sie sich innerlich eins weiß. Dieser Prozeß des Tragödienchors ist das *dramatische* Urphänomen: sich selbst vor sich verwandelt zu sehen und jetzt zu handeln, als ob man wirklich in einen andern Leib, in einen andern Charakter eingegangen wäre. Dieser Prozeß steht an dem Anfang der Entwicklung des Dramas. Hier ist etwas anderes als der Rhapsode, der mit seinen Bildern nicht verschmilzt, sondern sie, dem Maler ähnlich, mit betrachtendem Auge außer sich sieht; hier ist bereits ein Aufgeben des Individuums durch Einkehr in eine fremde Natur. Und zwar tritt dieses Phänomen epidemisch auf: eine ganze Schar fühlt sich in dieser Weise verzaubert. Der Dithyramb ist deshalb wesentlich von jedem anderen Chorgesange unterschieden. Die Jungfrauen, die mit Lorbeerzweigen in der Hand feierlich zum Tempel des Apollo ziehn und dabei ein Prozessionslied singen, bleiben, wer sie sind, und behalten ihren bürgerlichen Namen: der dithyrambische Chor ist ein Chor von Verwandelten, bei denen ihre bürgerliche Vergangenheit, ihre soziale Stellung völlig vergessen ist: sie sind die zeitlosen, außerhalb aller Gesellschaftssphären lebenden Diener ihres Gottes geworden. Alle andere Chorlyrik der Hellenen ist nur eine ungeheure Steigerung des apollinischen Einzelsängers; während im Dithyramb eine Gemeinde von unbewußten Schauspielern vor uns steht, die sich selbst untereinander als verwandelt ansehen.

Die Verzauberung ist die Voraussetzung aller dramatischen Kunst. In dieser Verzauberung sieht sich der dionysische Schwärmer als Satyr, *und als Satyr wiederum schaut er den Gott*, das heißt, er sieht in seiner Verwandlung eine neue Vision außer sich, als apollinische Vollendung seines Zustandes. Mit dieser neuen Vision ist das Drama vollständig.

Nach dieser Erkenntnis haben wir die griechische Tragödie als den dionysischen Chor zu verstehen, der sich immer von neuem wieder in einer apollinischen Bilderwelt entladet. Jene Chorpartien, mit denen die Tragödie durchflochten ist, sind also gewissermaßen der Mutterschoß des ganzen sogenannten Dialogs, das heißt der gesamten Bühnenwelt, des eigentlichen Dramas. In mehreren aufeinanderfolgenden Entladungen strahlt dieser Urgrund der Tragödie jene Vision des Dramas aus: die durchaus Traumerscheinung und insofern epischer Natur ist, andrerseits aber, als Objektivation eines dionysischen Zustandes, nicht die apollinische Erlösung im Scheine, sondern im Gegenteil das Zerbrechen des Individuums und sein Einswerden mit dem Ursein darstellt. Somit ist das Drama die apollinische Versinnlichung dionysischer Erkenntnisse und Wirkungen und dadurch wie durch eine ungeheure Kluft vom Epos abgeschieden.

Der *Chor* der griechischen Tragödie, das Symbol der gesamten dionysisch erregten Masse, findet an dieser unserer Auffassung seine volle Erklärung. Während wir, mit der Gewöhnung an die Stellung eines Chors auf der modernen Bühne, zumal eines Opernchors, gar nicht begreifen konnten, wie jener tragische Chor der Griechen älter, ursprünglicher, ja wichtiger sein sollte als die eigentliche „Aktion" – wie dies doch so deutlich überliefert war –, während wir wiederum mit jener überlieferten hohen Wichtigkeit und Ursprünglichkeit nicht reimen konnten, warum er doch nur aus niedrigen dienenden Wesen, ja zuerst nur aus bocksartigen Satyrn zusammengesetzt worden sei, während uns die Orchestra vor der Szene immer ein Rätsel blieb, sind wir jetzt zu der Einsicht gekommen, daß die Szene samt der Aktion im Grunde und ursprünglich nur als *Vision* gedacht wurde, daß die einzige „Realität" eben der Chor ist, der die Vision aus sich erzeugt und von ihr mit der ganzen Symbolik des Tanzes, des Tones und des Wortes redet. Dieser Chor schaut in seiner Vision seinen Herrn und Meister Dionysus und ist darum ewig der *dienende* Chor: er sieht, wie dieser, der Gott, leidet und sich verherrlicht, und *handelt* deshalb selbst nicht. Bei dieser, dem Gotte gegenüber durchaus dienenden Stellung ist er doch der höchste, nämlich dionysische Ausdruck der *Natur* und redet darum wie diese in der Begeisterung Orakel- und Weisheitssprüche: als der *mitleidende* ist er zugleich der *weise*, aus dem Herzen der Welt die Wahrheit verkündende. So entsteht denn jene phantastische und so anstößig scheinende Figur des weisen und begeisterten Satyrs, der zugleich „der tumbe Mensch" im Gegensatz zum Gotte ist: Abbild der Natur und ihrer stärksten Triebe, ja Symbol derselben und zugleich Verkünder ihrer Weisheit und Kunst: Musiker, Dichter, Tänzer, Geisterseher in *einer* Person.

Dionysus, der eigentliche Bühnenheld und Mittelpunkt der Vision, ist gemäß dieser Erkenntnis und gemäß der Überlieferung zuerst, in der allerältesten Periode der Tragödie, nicht wahrhaft vorhanden, sondern wird nur als vorhanden vorgestellt: das heißt, ursprünglich ist die Tragödie nur „Chor" und nicht „Drama". Später wird nun der Versuch gemacht, den Gott als einen realen zu zeigen und die Visionsgestalt samt der verklärenden Umrahmung als jedem Auge sichtbar darzustellen: damit beginnt das „Drama" im engeren Sinne. Jetzt bekommt der dithyrambische Chor die Aufgabe, die Stimmung der Zuhörer bis zu dem Grade dionysisch anzuregen, daß sie, wenn der tragische Held auf der Bühne erscheint, nicht etwa den unförmlich maskierten Menschen sehen, sondern eine gleichsam aus ihrer eignen Verzückung geborene Visionsgestalt. Denken wir uns Admet mit tiefem Sinnen seiner jüngst abgeschiedenen Gattin Alcestis gedenkend und ganz im geistigen Anschauen derselben sich verzehrend – wie ihm nun plötzlich ein ähnlich gestaltetes, ähnlich schreitendes Frauenbild in Verhüllung entgegengeführt wird: denken wir uns seine plötzliche zitternde Unruhe, sein stürmisches Vergleichen, seine instinktive Überzeugung – so haben wir ein Analogon zu der Empfindung, mit der der dionysisch erregte Zuschauer den Gott auf der Bühne heranschreiten sah, mit dessen Leiden er bereits eins geworden ist. Unwillkürlich übertrug er das ganze magisch vor seiner Seele zitternde Bild des Gottes auf jene maskierte Gestalt und löste ihre Realität gleichsam in eine geisterhafte Unwirklichkeit auf. Dies ist der apollinische Traumeszustand, in dem die Welt des Tages sich verschleiert und eine neue Welt, deutlicher, verständlicher, ergreifender als jene und doch schattengleicher, in fortwährendem Wechsel sich unserem Auge neu gebiert. Demgemäß erkennen wir in der Tragödie einen durchgreifenden Stilgegensatz: Sprache, Farbe, Beweglichkeit, Dynamik der Rede treten in der dionysischen Lyrik des Chors und andrerseits in der apollinischen Traumwelt der Szene als völlig gesonderte Sphären des Ausdrucks auseinander. Die apollinischen Erscheinungen, in denen sich Dionysus objektiviert, sind nicht mehr „ein ewiges Meer, ein wechselnd Weben, ein glühend Leben", wie es die Musik des Chors ist, nicht mehr jene nur empfundenen, nicht zum Bilde verdichteten Kräfte, in denen der begeisterte Dionysusdiener die Nähe des Gottes spürt: jetzt spricht, von der Szene aus, die Deutlichkeit und Festigkeit der epischen Gestaltung zu ihm, jetzt redet Dionysus nicht mehr durch Kräfte, sondern als epischer Held, fast mit der Sprache Homers.

NEUNTER ABSCHNITT

Alles, was im apollinischen Teile der griechischen Tragödie, im Dialoge, auf die Oberfläche kommt, sieht einfach, durchsichtig, schön aus. In diesem Sinne ist der Dialog ein Abbild des Hellenen, dessen Natur sich im Tanze offenbart, weil im Tanze die größte Kraft nur potentiell ist, aber sich in der Geschmeidigkeit und Üppigkeit der Bewegung verrät. So überrascht uns die Sprache der sophokleischen Helden durch ihre apollinische Bestimmtheit und Helligkeit, so daß wir sofort bis in den innersten Grund ihres Wesens zu blicken wähnen, mit einigem Erstaunen, daß der Weg bis zu diesem Grunde so kurz ist. Sehen wir aber einmal von dem auf die Oberfläche kommenden und sichtbar werdenden Charakter des Helden ab – der im Grunde nichts mehr ist als das auf eine dunkle Wand geworfene Lichtbild, das heißt Erscheinung durch und durch –, dringen wir vielmehr in den Mythus ein, der in diesen hellen Spiegelungen sich projiziert, so erleben wir plötzlich ein Phänomen, das ein umgekehrtes Verhältnis zu einem bekannten optischen hat. Wenn wir bei einem kräftigen Versuch, die Sonne ins Auge zu fassen, uns geblendet abwenden, so haben wir dunkle farbige Flecken gleichsam als

Heilmittel vor den Augen: umgekehrt sind jene Lichtbilderscheinungen des sophokleischen Helden, kurz das Apollinische der Maske, notwendige Erzeugungen eines Blickes ins Innere und Schreckliche der Natur, gleichsam leuchtende Flecken zur Heilung des von grausiger Nacht versehrten Blickes. Nur in diesem Sinne dürfen wir glauben, den ernsthaften und bedeutenden Begriff der „griechischen Heiterkeit" richtig zu fassen; während wir allerdings den falsch verstandenen Begriff dieser Heiterkeit im Zustande ungefährdeten Behagens auf allen Wegen und Stegen der Gegenwart antreffen.

Die leidvollste Gestalt der griechischen Bühne, der unglückselige *Ödipus*, ist von Sophokles als der edle Mensch verstanden worden, der zum Irrtum und zum Elend trotz seiner Weisheit bestimmt ist, der aber am Ende durch sein ungeheures Leiden eine magische segensreiche Kraft um sich ausübt, die noch über sein Verscheiden hinaus wirksam ist. Der edle Mensch sündigt nicht, will uns der tiefsinnige Dichter sagen: durch sein Handeln mag jedes Gesetz, jede natürliche Ordnung, ja die sittliche Welt zugrunde gehen, eben durch dieses Handeln wird ein höherer magischer Kreis von Wirkungen gezogen, die eine neue Welt auf den Ruinen der umgestürzten alten gründen. Das will uns der Dichter, insofern er zugleich religiöser Denker ist, sagen: als Dichter zeigt er uns zuerst einen wunderbar geschürzten Prozeßknoten, den der Richter langsam, Glied für Glied, zu seinem eigenen Verderben löst; die echt hellenische Freude an dieser dialektischen Lösung ist so groß, daß hierdurch ein Zug von überlegener Heiterkeit über das ganze Werk kommt, der den schauderhaften Voraussetzungen jenes Prozesses überall die Spitze abbricht. Im „Ödipus auf Kolonos" treffen wir diese selbe Heiterkeit, aber in eine unendliche Verklärung emporgehoben: dem vom Übermaße des Elends betroffenen Greise gegenüber, der allem, was ihn betrifft, rein als *Leidender* preisgegeben ist – steht die überirdische Heiterkeit, die aus göttlicher Sphäre herniederkommt und uns andeutet, daß der Held in seinem rein passiven Verhalten seine höchste Aktivität erlangt, die weit über sein Leben hinausgreift, während sein bewußtes Dichten und Trachten im früheren Leben ihn nur zur Passivität geführt hat. So wird der für das sterbliche Auge unauflöslich verschlungene Prozeßknoten der Ödipusfabel langsam entwirrt – und die tiefste menschliche Freude überkommt uns bei diesem göttlichen Gegenstück der Dialektik. Wenn wir mit dieser Erklärung dem Dichter gerecht geworden sind, so kann doch immer noch gefragt werden, ob damit der Inhalt des Mythus erschöpft ist: und hier zeigt sich, daß die ganze Auffassung des Dichters nichts ist als eben jenes Lichtbild, welches uns, nach einem Blick in den Abgrund, die heilende Natur vorhält. Ödipus der Mörder seines Vaters, der Gatte seiner Mutter, Ödipus der Rätsellöser der Sphinx! Was sagt uns die geheimnisvolle Dreiheit dieser Schicksalstaten? Es gibt einen uralten, besonders persischen Volksglauben, daß ein weiser Magier nur aus Inzest geboren werden könne: was wir uns, im Hinblick auf den rätsellösenden und seine Mutter freienden Ödipus, sofort so zu interpretieren haben, daß dort, wo durch weissagende und magische Kräfte der Bann von Gegenwart und Zukunft, das starre Gesetz der Individuation und überhaupt der eigentliche Zauber der Natur gebrochen ist, eine ungeheure Naturwidrigkeit – wie dort der Inzest – als Ursache vorausgegangen sein muß; denn wie könnte man die Natur zum Preisgeben ihrer Geheimnisse zwingen, wenn nicht dadurch, daß man ihr siegreich widerstrebt, das heißt durch das Unnatürliche? Diese Erkenntnis sehe ich in jener entsetzlichen Dreiheit der Ödipusschicksale ausgeprägt: derselbe, der das Rätsel der Natur – jener doppeltgearteten Sphinx – löst, muß auch als Mörder des Vaters und Gatte der Mutter die heiligsten Naturordnungen zerbrechen. Ja der Mythus scheint uns zuraunen zu wollen, daß die Weisheit und gerade die dionysische Weisheit ein naturwidriger Greuel sei, daß der, welcher durch sein Wissen die Natur in den Abgrund der Vernichtung stürzt, auch an sich selbst die Auflösung der Natur zu erfahren habe. „Die Spitze der Weisheit kehrt sich gegen den Weisen; Weisheit ist ein Verbrechen an der Natur“: solche schrecklichen Sätze ruft uns der Mythus zu: der hellenische Dichter aber berührt wie ein Sonnenstrahl die erhabene und furchtbare Memnonssäule des Mythus, so daß er plötzlich zu tönen beginnt – in sophokleischen Melodien!

Der Glorie der Passivität stelle ich jetzt die Glorie der Aktivität gegenüber, welche den *Prometheus* des Äschylus umleuchtet. Was uns hier der Denker Äschylus zu sagen hatte, was er aber als Dichter durch sein gleichnisartiges Bild uns nur ahnen läßt, das hat uns der jugendliche Goethe in den verwegenen Worten seines Prometheus zu enthüllen gewußt:

Hier sitz ich, forme Menschen
Nach meinem Bilde,
Ein Geschlecht, das mir gleich sei,
Zu leiden, zu weinen,
Zu genießen und zu freuen sich,
Und dein nicht zu achten,
Wie ich!

Der Mensch, ins Titanische sich steigernd, erkämpft sich selbst seine Kultur und zwingt die Götter, sich mit ihm zu verbinden, weil er in seiner selbsteignen Weisheit die Existenz und die Schranken derselben in seiner Hand hat. Das Wunderbarste an jenem Prometheusgedicht, das seinem Grundgedanken nach der eigentliche Hymnus der Unfrömmigkeit ist, ist aber der tiefe äschyleische Zug nach *Gerechtigkeit*: das unermeßliche Leid des kühnen „einzelnen" auf der einen Seite, und die göttliche Not, ja Ahnung einer Götterdämmerung auf der andern, die zur Versöhnung, zum metaphysischen Einssein zwingende Macht jener beiden Leidenswelten – dies alles erinnert auf das stärkste an den Mittelpunkt und Hauptsatz der äschyleischen Weltbetrachtung, die über Göttern und Menschen die Moira als ewige Gerechtigkeit thronen sieht. Bei der erstaunlichen Kühnheit, mit der Äschylus die olympische Welt auf seine Gerechtigkeitswaagschalen stellt, müssen wir uns vergegenwärtigen, daß der tiefsinnige Grieche einen unverrückbar festen Untergrund des metaphysischen Denkens in seinen Mysterien hatte und daß sich an den Olympiern alle seine skeptischen Anwandlungen entladen konnten. Der griechische Künstler insbesondere empfand im Hinblick auf diese Gottheiten ein dunkles Gefühl wechselseitiger Abhängigkeit: und gerade im Prometheus des Äschylus ist dieses Gefühl symbolisiert. Der titanische Künstler fand in sich den trotzigen Glauben, Menschen schaffen und olympische Götter wenigstens vernichten zu können: und dies durch seine höhere Weisheit, die er freilich durch ewiges Leiden zu büßen gezwungen war. Das herrliche „Können" des großen Genius, das selbst mit ewigem Leide zu gering bezahlt ist, der herbe Stolz des *Künstlers* – das ist Inhalt und Seele der äschyleischen Dichtung, während Sophokles in seinem Ödipus das Siegeslied des *Heiligen* präludierend anstimmt. Aber auch mit jener Deutung, die Äschylus dem Mythus gegeben hat, ist dessen erstaunliche Schreckenstiefe nicht ausgemessen: vielmehr ist die Werdelust des Künstlers, die jedem Unheil trotzende Heiterkeit des künstlerischen Schaffens nur ein lichtes Wolken- und Himmelsbild, das sich auf einem schwarzen See der Traurigkeit spiegelt. Die Prometheussage ist ein ursprüngliches Eigentum der gesamten arischen Völkergemeinde und ein Dokument für deren Begabung zum Tiefsinnig-Tragischen, ja es möchte nicht ohne Wahrscheinlichkeit sein, daß diesem Mythus für das arische Wesen ebendieselbe charakteristische Bedeutung innewohnt, die der Sündenfallmythus für das semitische hat, und daß zwischen beiden Mythen ein Verwandtschaftsgrad existiert wie zwischen Bruder und Schwester. Die Voraussetzung jenes Prometheusmythus ist der überschwengliche Wert, den eine naive Menschheit dem *Feuer* beilegt als dem wahren Palladium jeder aufsteigenden Kultur: daß aber der Mensch frei über das Feuer waltet und es nicht nur durch ein Geschenk vom Himmel, als zündenden Blitzstrahl oder wärmenden Sonnenbrand empfängt, erschien jenen beschaulichen Ur-Menschen als ein Frevel, als ein Raub an der göttlichen Natur. Und so stellt gleich das erste philosophische Problem einen peinlichen unlösbaren Widerspruch zwischen Mensch und Gott hin und rückt ihn wie einen Felsblock an die Pforte jeder Kultur. Das Beste und Höchste, dessen die Menschheit teilhaftig werden kann, erringt sie durch einen Frevel und muß nun wieder seine Folgen dahinnehmen, nämlich die ganze Flut von Leiden und von Kümmernissen, mit denen die beleidigten Himmlischen das edel emporstrebende Menschengeschlecht heimsuchen – müssen: ein herber Gedanke, der durch die *Würde,* die er dem Frevel erteilt, seltsam gegen den semitischen Sündenfallmythus absticht, in welchem die Neugierde, die lügnerische Vorspiegelung, die Verführbarkeit, die Lüsternheit, kurz eine Reihe vornehmlich weiblicher Affektionen als der Ursprung des Übels angesehen wurde. Das, was die arische Vorstellung auszeichnet, ist die erhabene Ansicht von der *aktiven Sünde* als der eigentlich prometheischen Tugend: womit zugleich der ethische Untergrund der pesssimistischen Tragödie gefunden ist, als die *Rechtfertigung* des menschlichen Übels, und zwar sowohl der menschlichen Schuld als des dadurch verwirkten Leidens. Das Unheil im Wesen der Dinge – das der beschauliche Arier nicht geneigt ist wegzudeuteln –, der Widerspruch im Herzen der Welt offenbart sich ihm als ein Durcheinander verschiedener Welten, zum Beispiel einer göttlichen und einer menschlichen, von denen jede als Individuum im Recht ist, aber als einzelne neben einer andern für ihre Individuation zu leiden hat. Bei dem heroischen Drange des Einzelnen ins Allgemeine, bei dem Versuche, über den Bann der Individuation hinauszuschreiten und das *eine* Weltwesen selbst sein zu wollen, erleidet er an sich den in den Dingen verborgenen Urwiderspruch, das heißt, er frevelt und leidet. So wird von den Ariern der Frevel als Mann, von den Semiten die Sünde als Weib verstanden, so wie auch der Urfrevel vom Manne, die Ursünde vom Weibe begangen wird. Übrigens sagt der Hexenchor:

Wir nehmen das nicht so genau:
Mit tausend Schritten macht's die Frau;
Doch wie sie auch sich eilen kann,
Mit Einem Sprunge macht's der Mann.

Wer jenen innersten Kern der Prometheussage versteht – nämlich die dem titanisch strebenden Individuum gebotene Notwendigkeit des Frevels –, der muß zugleich das Unapollinische dieser pessimistischen Vorstellung empfinden; denn Apollo will die Einzelwesen gerade dadurch zur Ruhe bringen, daß er Grenzlinien zwischen ihnen zieht und daß er immer wieder an diese als an die heiligsten Weltgesetze mit seinen Forderungen der Selbsterkenntnis und des Maßes erinnert. Damit aber bei dieser apollinischen Tendenz die Form nicht zu ägyptischer Steifigkeit und Kälte erstarre, damit nicht unter dem Bemühen, der einzelnen Welle ihre Bahn und ihr Bereich vorzuschreiben, die Bewegung des ganzen Sees ersterbe, zerstörte von Zeit zu Zeit wieder die hohe Flut des Dionysischen alle jene kleinen Zirkel, in die der einseitig apollinische „Wille" das Hellenentum zu bannen suchte. Jene plötzlich anschwellende Flut des Dionysischen nimmt dann die einzelnen kleinen Wellenberge der Individuen auf ihren Rücken, wie der Bruder des Prometheus, der Titan Atlas, die Erde. Dieser titanische Drang, gleichsam der Atlas aller einzelnen zu werden und sie mit breitem Rücken höher und höher, weiter und weiter zu tragen, ist das Gemeinsame zwischen dem Prometheischen und dem Dionysischen. Der äschyleische Prometheus ist in diesem Betracht eine dionysische Maske, während in jenem vorhin erwähnten tiefen Zuge nach Gerechtigkeit Äschylus seine väterliche Abstammung von Apollo, dem Gotte der Individuation und der Gerechtigkeitsgrenzen, dem Einsichtigen verrät. Und so möchte das Doppelwesen des äschyleischen Prometheus, seine zugleich dionysische und apollinische Natur in begrifflicher Formel so ausgedrückt werden können: „Alles Vorhandene ist gerecht und ungerecht und in beidem gleichberechtigt."

Das ist deine Welt! Das heißt eine Welt! –

ZEHNTER ABSCHNITT

Es ist eine unanfechtbare Überlieferung, daß die griechische Tragödie in ihrer ältesten Gestalt nur die Leiden des Dionysus zum Gegenstand hatte und daß der längere Zeit hindurch einzig vorhandene Bühnenheld eben Dionysus war. Aber mit der gleichen Sicherheit darf behauptet werden, daß niemals bis auf Euripides Dionysus aufgehört hat, der tragische Held zu sein, sondern daß alle die berühmten Figuren der griechischen Bühne, Prometheus, Ödipus usw., nur Masken jenes ursprünglichen Helden Dionysus sind. Daß hinter allen diesen Masken eine Gottheit steckt, das ist der eine wesentliche Grund für die so oft angestaunte typische „Idealität" jener berühmten Figuren. Es hat, ich weiß nicht wer, behauptet, daß alle Individuen als Individuen komisch und damit untragisch seien: woraus zu entnehmen wäre, daß die Griechen überhaupt Individuen auf der tragischen Bühne nicht ertragen *konnten*. In der Tat scheinen sie so empfunden zu haben: wie überhaupt jene platonische Unterscheidung und Wertabschätzung der „Idee" im Gegensatze zum „Idol", zum Abbild, tief im hellenischen Wesen begründet liegt. Um uns aber der Terminologie Platos zu bedienen, so wäre von den tragischen Gestalten der hellenischen Bühne etwa so zu reden: der eine wahrhaft reale Dionysus erscheint in einer Vielheit der Gestalten, in der Maske eines kämpfenden Helden und gleichsam in das Netz des Einzelwillens verstrickt. So wie jetzt der erscheinende Gott redet und handelt, ähnelt er einem irrenden, strebenden, leidenden Individuum: und daß er überhaupt mit dieser epischen Bestimmtheit und Deutlichkeit *erscheint*, ist die Wirkung des Traumdeuters Apollo, der dem Chore seinen dionysischen Zustand durch jene gleichnisartige Erscheinung deutet. In Wahrheit aber ist jener Held der leidende Dionysus der Mysterien, jener die Leiden der Individuation an sich erfahrende Gott, von dem wundervolle Mythen erzählen, wie er als Knabe von den Titanen zerstückelt worden sei und nun in diesem Zustande als Zagreus verehrt werde: wobei angedeutet wird, daß diese Zerstückelung, das eigentlich dionysische *Leiden*, gleich einer Umwandlung in Luft, Wasser, Erde und Feuer sei, daß wir also den Zustand der Individuation als den Quell und Urgrund alles Leidens, als etwas an sich Verwerfliches, zu betrachten hätten. Aus dem Lächeln dieses Dionysus sind die olympischen Götter, aus seinen Tränen die Menschen entstanden. In jeder Existenz als zerstückelter Gott hat Dionysus die Doppelnatur eines grausamen, verwilderten Dämons und eines milden, sanftmütigen Herrschers. Die Hoffnung der Epopten ging aber auf eine Wiedergeburt des Dionysus, die wir jetzt als das Ende der Individuation ahnungsvoll zu begreifen haben: diesem kommenden dritten Dionysus erscholl der brausende Jubelgesang der Epopten. Und nur in dieser Hoffnung gibt es einen Strahl von Freude auf dem Antlitze der zerrissenen, in Individuen zertrümmerten Welt: wie es der Mythus durch die in ewige Trauer versenkte Demeter verbildlicht, welche zum ersten Male wieder sich *freut*, als man ihr sagt, sie könne den Dionysus *noch einmal* gebären. In den angeführten Anschauungen haben wir bereits alle Bestandteile einer tiefsinnigen und pessimistischen Weltbetrachtung und zugleich damit *die Mysterienlehre der Tragödie* zusammen: die Grunderkenntnis von der Einheit alles Vorhandenen, die Betrachtung der Individuation als des Urgrundes des Übels, die Kunst als die freudige Hoffnung, daß der Bann der Individuation zu zerbrechen sei, als die Ahnung einer wiederhergestellten Einheit. –

Es ist früher angedeutet worden, daß das Homerische Epos die Dichtung der olympischen Kultur ist, mit der sie ihr eignes Siegeslied über die Schrecken des Titanenkampfes gesungen hat. Jetzt, unter dem übermächtigen Einflusse der tragischen Dichtung, werden die Homerischen Mythen von neuem umgeboren und zeigen in dieser Metempsychose, daß inzwischen auch die olympische Kultur von einer noch tieferen Weltbetrachtung besiegt worden ist. Der trotzige Titan Prometheus hat es seinem olympischen Peiniger angekündigt, daß einst seiner Herrschaft die höchste Gefahr drohe, falls er nicht zur rechten Zeit sich mit ihm verbinden werde. In Äschylus erkennen wir das Bündnis des erschreckten, vor seinem Ende bangenden Zeus mit dem Titanen. So wird das frühere Titanenzeitalter nachträglich wieder aus dem Tartarus ans Licht geholt. Die Philosophie der wilden und nackten Natur schaut die vorübertanzenden Mythen der homerischen Welt mit der unverhüllten Miene der Wahrheit an: sie erbleichen, sie zittern vor dem blitzartigen Auge dieser Göttin – bis sie die mächtige Faust des dionysischen Künstlers in den Dienst der neuen Gottheit zwingt. Die dionysische Wahrheit übernimmt das gesamte Bereich des Mythus als Symbolik *ihrer* Erkenntnisse und spricht diese teils in dem öffentlichen Kultus der Tragödie, teils in den geheimen Begehungen dramatischer Mysterienfeste, aber immer unter der alten mythischen Hülle aus. Welche Kraft war dies, die den Prometheus von seinen Geiern befreite und den Mythus zum Vehikel dionysischer Weisheit umwandelte? Dies ist die heraklesmäßige Kraft der Musik: als welche, in der Tragödie zu ihrer höchsten Erscheinung gekommen, den Mythus mit neuer tiefsinnigster Bedeutsamkeit zu interpretieren weiß; wie wir dies als das mächtigste Vermögen der Musik früher schon zu charakterisieren hatten. Denn es ist das Los jedes Mythus, allmählich in die Enge einer angeblich historischen Wirklichkeit hineinzukriechen und von irgendeiner späteren Zeit als einmaliges Faktum mit historischen Ansprüchen behandelt zu werden: und die Griechen waren bereits völlig auf dem Wege, ihren ganzen mythischen Jugendtraum mit Scharfsinn und Willkür in eine historisch-pragmatische *Jugendgeschichte* umzustempeln. Denn dies ist die Art, wie Religionen abzusterben pflegen: wenn nämlich die mythischen Voraussetzungen einer Religion unter den strengen, verstandesmäßigen Augen eines rechtgläubigen Dogmatismus als eine fertige Summe von historischen Ereignissen systematisiert werden und man anfängt, ängstlich die Glaubwürdigkeit der Mythen zu verteidigen, aber gegen jedes natürliche Weiterleben und Weiterwuchern derselben sich zu sträuben, wenn also das Gefühl für den Mythus abstirbt und an seine Stelle der Anspruch der Religion auf historische Grundlagen tritt. Diesen absterbenden Mythus ergriff jetzt der neugeborne Genius der dionysischen Musik: und in seiner

Hand blühte er noch einmal, mit Farben, wie er sie noch nie gezeigt, mit einem Duft, der eine sehnsüchtige Ahnung einer metaphysischen Welt erregte. Nach diesem letzten Aufglänzen fällt er zusammen, seine Blätter werden welk, und bald haschen die spöttischen Luciane des Altertums nach den von allen Winden fortgetragnen, entfärbten und verwüsteten Blumen. Durch die Tragödie kommt der Mythus zu seinem tiefsten Inhalt, seiner ausdrucksvollsten Form; noch einmal erhebt er sich, wie ein verwundeter Held, und der ganze Überschuß von Kraft, samt der weisheitsvollen Ruhe des Sterbenden, brennt in seinem Auge mit letztem, mächtigem Leuchten.

Was wolltest du, frevelnder Euripides, als du diesen Sterbenden noch einmal zu deinem Frondienste zu zwingen suchtest? Er starb unter deinen gewaltsamen Händen: und jetzt brauchtest du einen nachgemachten, maskierten Mythus, der sich wie der Affe des Herakles mit dem alten Prunke nur noch aufzuputzen wußte. Und wie dir der Mythus starb, so starb dir auch der Genius der Musik: mochtest du auch mit gierigem Zugreifen alle Gärten der Musik plündern, auch so brachtest du es nur zu einer nachgemachten maskierten Musik. Und weil du Dionysus verlassen, so verließ dich auch Apollo; jage alle Leidenschaften von ihrem Lager auf und banne sie in deinen Kreis, spitze und feile dir für die Reden deiner Helden eine sophistische Dialektik zurecht – auch deine Helden haben nur nachgeahmte maskierte Leidenschaften und sprechen nur nachgeahmte maskierte Reden.

ELFTER ABSCHNITT

Die griechische Tragödie ist anders zugrunde gegangen als sämtliche ältere schwesterliche Kunstgattungen: sie starb durch Selbstmord, infolge eines unlösbaren Konfliktes, also tragisch, während jene alle in hohem Alter des schönsten und ruhigsten Todes verblichen sind. Wenn es nämlich einem glücklichen Naturzustande gemäß ist, mit schöner Nachkommenschaft und ohne Krampf vom Leben zu scheiden, so zeigt uns das Ende jener älteren Kunstgattungen einen solchen glücklichen Naturzustand: sie tauchen langsam unter, und vor ihren ersterbenden Blicken steht schon ihr schönerer Nachwuchs und reckt mit mutiger Gebärde ungeduldig das Haupt. Mit dem Tode der griechischen Tragödie dagegen entstand eine ungeheure, überall tief empfundene Leere; wie einmal griechische Schiffer zu Zeiten des Tiberius an einem einsamen Eiland den erschütternden Schrei hörten „der große Pan ist tot": so klang es jetzt wie ein schmerzlicher Klageton durch die hellenische Welt: „Die Tragödie ist tot! Die Poesie selbst ist mit ihr verlorengegangen! Fort, fort mit euch verkümmerten, abgemagerten Epigonen! Fort in den Hades, damit ihr euch dort an den Brosamen der vormaligen Meister einmal satt essen könnt!"

Als aber nun doch noch eine neue Kunstgattung aufblühte, die in der Tragödie ihre Vorgängerin und Meisterin verehrte, da war mit Schrekken wahrzunehmen, daß sie allerdings die Züge ihrer Mutter trage, aber dieselben, die jene in ihrem langen Todeskampfe gezeigt hatte. Diesen Todeskampf der Tragödie kämpfte Euripides; jene spätere Kunstgattung ist als *neuere attische Komödie* bekannt. In ihr lebte die entartete Gestalt der Tragödie fort, zum Denkmale ihres überaus mühseligen und gewaltsamen Hinscheidens.

Bei diesem Zusammenhange ist die leidenschaftliche Zuneigung begreiflich, welche die Dichter der neueren Komödie zu Euripides empfanden; so daß der Wunsch des Philemon nicht weiter befremdet, der sich sogleich aufhängen lassen mochte, nur um den Euripides in der Unterwelt aufsuchen zu können: wenn er nur überhaupt überzeugt sein dürfte, daß der Verstorbene auch jetzt noch bei Verstande sei. Will man aber in aller Kürze und ohne den Anspruch, damit etwas Erschöpfendes zu sagen, dasjenige bezeichnen, was Euripides mit Menander und Philemon gemein hat und was für jene so aufregend vorbildlich wirkte: so genügt es zu sagen, daß *der Zuschauer* von Euripides auf die Bühne gebracht worden ist. Wer erkannt hat, aus welchem Stoffe die prometheischen Tragiker von Euripides ihre Helden formten, und wie ferne ihnen die Absicht lag, die treue Maske der Wirklichkeit auf die Bühne zu bringen, der wird auch über die gänzlich abweichende Tendenz des Euripides im klaren sein. Der Mensch des alltäglichen Lebens drang durch ihn aus den Zuschauerräumen auf die Szene, der Spiegel, in dem früher nur die großen und kühnen Züge zum Ausdruck kamen, zeigte jetzt jene peinliche Treue, die auch die mißlungenen Linien der Natur gewissenhaft wiedergibt. Odysseus, der typische Hellene der älteren Kunst, sank jetzt unter den Händen der neueren Dichter zur Figur des Graeculus herab, der von jetzt ab als gutmütig-verschmitzter Haussklave im Mittelpunkte des dramatischen Interesses steht. Was Euripides sich in den aristophanischen „Fröschen" zum Verdienst anrechnet, daß er die tragische Kunst durch seine Hausmittel von ihrer pomphaften Beleibtheit befreit habe, das ist vor allem an seinen tragischen Helden zu spüren. Im wesentlichen sah und hörte jetzt der Zuschauer seinen Doppelgänger auf der euripideischen Bühne und freute sich, daß jener so gut zu reden verstehe. Bei dieser Freude blieb es aber nicht: man lernte selbst bei Euripides sprechen, und dessen rühmt er sich selbst im Wettkampfe mit Äschylus: wie durch ihn jetzt das Volk kunstmäßig und mit den schlausten Sophistikationen zu beobachten, zu verhandeln und Folgerungen zu ziehen gelernt habe. Durch diesen Umschwung der öffentlichen Sprache hat er überhaupt die neuere Komödie möglich gemacht. Denn von jetzt ab war es kein Geheimnis mehr, wie und mit welchen Sentenzen die Alltäglichkeit sich auf der Bühne vertreten könne. Die bürgerliche Mittelmäßigkeit, auf die Euripides alle seine politischen Hoffnungen aufbaute, kam jetzt zu Wort, nachdem bis dahin in der Tragödie der Halbgott, in der Komödie der betrunkene Satyr oder der Halbmensch den Sprachcharakter bestimmt hatten. Und so hebt der aristophanische Euripides zu seinem Preise hervor, wie er das allgemeine, allbekannte, alltägliche Leben und Treiben dargestellt habe, über das ein jeder zu urteilen befähigt sei. Wenn jetzt die ganze Masse philosophiere, mit unerhörter Klugheit Land und Gut verwalte und ihre Prozesse führe, so sei dies ein Verdienst und der Erfolg der von ihm dem Volke eingeimpften Weisheit.

An eine derartig zubereitete und aufgeklärte Masse durfte sich jetzt die neuere Komödie wenden, für die Euripides gewissermaßen der Chorlehrer geworden ist; nur daß diesmal der Chor der Zuschauer eingeübt werden mußte. Sobald dieser in der euripideischen Tonart zu singen geübt war, erhob sich jene schachspielartige Gattung des Schauspiels, die neuere Komödie, mit ihrem fortwährenden Triumphe der Schlauheit und Verschlagenheit. Euripides aber – der Chorlehrer – wurde unaufhörlich gepriesen: ja man würde sich getötet haben, um noch mehr von ihm zu lernen, wenn man nicht gewußt hätte, daß die tragischen Dichter ebenso tot seien wie die Tragödie. Mit ihr aber hatte der Hellene den Glauben an seine Unsterblichkeit aufgegeben, nicht nur den Glauben an eine ideale Vergangenheit, sondern auch den Glauben an eine ideale Zukunft. Das Wort aus der bekannten Grabschrift „als Greis leichtsinnig und grillig" gilt auch vom greisen Hellenentume. Der Augenblick, der Witz, der Leichtsinn, die Laune sind seine höchsten Gottheiten; der fünfte Stand, der des Sklaven, kommt, wenigstens der Gesinnung nach, jetzt zur Herrschaft: und wenn jetzt überhaupt noch von „griechischer Heiterkeit" die Rede sein darf, so ist es die Heiterkeit des Sklaven, der nichts Schweres zu verantworten, nichts Großes zu erstreben, nichts Vergangenes oder Zukünftiges höher zu schätzen weiß als das Gegenwärtige. Dieser Schein der „griechischen Heiterkeit" war es, der die tiefsinnigen und furchtbaren Naturen der vier ersten Jahrhunderte des Christentums so empörte: ihnen erschien diese weibische Flucht vor dem Ernst und dem Schrecken, dieses feige Sichgenügenlassen am bequemen Genuß nicht nur verächtlich, sondern als die eigentlich antichristliche Gesinnung. Und ihrem Einfluß ist es zuzuschreiben, daß die durch Jahrhunderte fortlebende Anschauung des griechischen Altertums mit fast unüberwindlicher Zähigkeit jene blaßrote Heiterkeitsfarbe festhielt – als ob es nie ein sechstes Jahrhundert mit seiner Geburt der Tragödie, seinen Mysterien, seinen Pythagoras und Heraklit gegeben hätte, ja als ob die Kunstwerke der großen Zeit gar nicht vorhanden wären, die doch – jedes für sich – aus dem Boden einer solchen greisenhaften und sklavenmäßigen Daseinslust und Heiterkeit gar nicht zu erklären sind und auf eine völlig andere Weltbetrachtung als ihren Existenzgrund hinweisen.

Wenn zuletzt behauptet wurde, daß Euripides den Zuschauer auf die Bühne gebracht habe, um zugleich damit den Zuschauer zum Urteil über das Drama erst wahrhaft zu befähigen, so entsteht der Schein, als ob die ältere tragische Kunst aus einem Mißverhältnis zum Zuschauer nicht herausgekommen sei: und man möchte versucht sein, die radikale Tendenz des Euripides, ein entsprechendes Verhältnis zwischen Kunstwerk und Publikum zu erzielen, als einen Fortschritt über Sophokles hinaus zu preisen. Nun aber ist „Publikum" nur ein Wort und durchaus keine gleichartige und in sich verharrende Größe. Woher soll dem Künstler die Verpflichtung kommen, sich einer Kraft zu akkommodieren, die ihre Stärke nur in der Zahl hat? Und wenn er sich, seiner Begabung und seinen Absichten nach, über jeden einzelnen dieser Zuschauer erhaben fühlt, wie dürfte er vor dem gemeinsamen Ausdruck aller dieser ihm untergeordneten Kapazitäten mehr Achtung empfinden als vor dem relativ am höchsten begabten einzelnen Zuschauer? In Wahrheit hat kein griechischer Künstler mit größerer Verwegenheit und Selbstgenügsamkeit sein Publikum durch ein langes Leben hindurch behandelt als gerade Euripides: er, der selbst da noch, als die Masse sich ihm zu Füßen warf, in erhabenem Trotze seiner eigenen Tendenz öffentlich ins Gesicht schlug, derselben Tendenz, mit der er über die Masse gesiegt hatte. Wenn dieser Genius die geringste Ehrfurcht vor dem Pandämonium des Publikums gehabt hätte, so wäre er unter den Keulenschlägen seiner Mißerfolge längst vor der Mitte seiner Laufbahn zusammengebrochen. Wir sehen bei dieser Erwägung, daß unser Ausdruck, Euripides habe den Zuschauer auf die Bühne gebracht, um den Zuschauer wahrhaft urteilsfähig zu machen, nur ein provisorischer war, und daß wir nach einem tieferen Verständnis seiner Tendenz zu suchen haben. Umgekehrt ist es ja allerseits bekannt, wie Äschylus und Sophokles zeit ihres Lebens, ja weit über dasselbe hinaus, im Vollbesitze der Volksgunst standen, wie also bei diesen Vorgängern des Euripides keineswegs von einem Mißverhältnis zwischen Kunstwerk und Publikum die Rede sein kann. Was trieb den reichbegabten und unablässig zum Schaffen gedrängten Künstler so gewaltsam von dem Wege ab, über dem die Sonne der größten Dichternamen und der unbewölkte Himmel der Volksgunst leuchteten? Welche sonderbare Rücksicht auf den Zuschauer führte ihn dem Zuschauer entgegen? Wie konnte er aus zu hoher Achtung vor seinem Publikum – sein Publikum mißachten?

Euripides fühlte sich – das ist die Lösung des eben dargestellten Rätsels – als Dichter wohl über die Masse, nicht aber über zwei seiner Zuschauer erhaben: die Masse brachte er auf die Bühne, jene beiden Zuschauer verehrte er als die allein urteilsfähigen Richter und Meister aller seiner Kunst: ihren Weisungen und Mahnungen folgend, übertrug er die ganze Welt von Empfindungen, Leidenschaften und Erfahrungen, die bis jetzt auf den Zuschauerbänken als unsichtbarer Chor zu jeder Festvorstellung sich einstellten, in die Seelen seiner Bühnenhelden, ihren Forderungen gab er nach, als er für diese neuen Charaktere auch das neue Wort und den neuen Ton suchte, in ihren Stimmen allein hörte er die gültigen Richtersprüche seines Schaffens ebenso wie die siegverheißende Ermutigung, wenn er von der Justiz des Publikums sich wieder einmal verurteilt sah.

Von diesen beiden Zuschauern ist der eine – Euripides selbst, Euripides *als Denker*, nicht als Dichter. Von ihm könnte man sagen, daß die außerordentliche Fülle seines kritischen Talents, ähnlich wie bei Lessing, einen produktiv künstlerischen Nebentrieb wenn nicht erzeugt, so doch fortwährend befruchtet habe. Mit dieser Begabung, mit aller Helligkeit und Behendigkeit seines kritischen Denkens hatte Euripides im Theater gesessen und sich angestrengt, an den Meisterwerken seiner großen Vorgänger wie an dunkelgewordenen Gemälden Zug um Zug, Linie um Linie wiederzuerkennen. Und hier nun war ihm begegnet, was dem in die tieferen Geheimnisse der äschyleischen Tragödie Eingeweihten nicht unerwartet sein darf: er gewahrte etwas Inkommensurables in jedem Zug und in jeder Linie, eine gewisse täuschende Bestimmtheit und zugleich eine rätselhafte Tiefe, ja Unendlichkeit des Hintergrundes. Die klarste Figur hatte immer noch einen Kometenschweif an sich, der ins Ungewisse, Unaufhellbare zu deuten schien. Dasselbe Zwielicht lag über dem Bau des Dramas, zumal über der Bedeutung des Chors. Und wie zweifelhaft blieb ihm die Lösung der ethischen Probleme! Wie fragwürdig die Behandlung der Mythen! Wie ungleichmäßig die Verteilung von Glück und Unglück! Selbst in der Sprache der älteren Tragödie war ihm vieles anstößig, mindestens rätselhaft; besonders fand er zuviel Pomp für einfache Verhältnisse, zuviel Tropen und Ungeheuerlichkeiten für die Schlichtheit der Charaktere. So saß er, unruhig grübelnd, im Theater, und er, der Zuschauer, gestand sich, daß er seine großen Vorgänger nicht verstehe. Galt ihm aber der Verstand als die eigentliche Wurzel alles Genießens und Schaffens, so mußte er fragen und um sich schauen, ob denn niemand so denke wie er und sich gleichfalls jene Inkommensurabilität eingestehe. Aber die Vielen und mit ihnen die besten einzelnen hatten nur ein mißtrauisches Lächeln für ihn; erklären aber konnte ihm keiner, warum seinen Bedenken und Einwendungen gegenüber die großen Meister doch im Rechte seien. Und in diesem qualvollen Zustande fand er *den anderen Zuschauer*, der die Tragödie nicht begriff und deshalb nicht achtete. Mit diesem im Bunde durfte er es wagen, aus seiner Vereinsamung heraus den ungeheuren Kampf gegen die Kunstwerke des Äschylus und Sophokles zu beginnen – nicht mit Streitschriften, sondern als dramatischer Dichter, der *seine* Vorstellung von der Tragödie der überlieferten entgegenstellt. –

ZWÖLFTER ABSCHNITT

Bevor wir diesen andern Zuschauer bei Namen nennen, verharren wir hier einen Augenblick, um uns jenen früher geschilderten Eindruck des Zwiespältigen und Inkommensurablen im Wesen der äschyleischen Tragödie selbst ins Gedächtnis zurückzurufen. Denken wir an unsere eigene Befremdung dem *Chore* und dem *tragischen Helden* jener Tragödie gegenüber, die wir beide mit unseren Gewohnheiten ebensowenig wie mit der Überlieferung zu reimen wußten – bis wir jene Doppelheit selbst als Ursprung und Wesen der griechischen Tragödie wiederfanden, als den Ausdruck zweier ineinandergewobenen Kunsttriebe, des *Apollinischen und des Dionysischen.*

Jenes ursprüngliche und allmächtige dionysische Element aus der Tragödie auszuscheiden und sie rein und neu auf undionysischer Kunst, Sitte und Weltbetrachtung aufzubauen – dies ist die jetzt in heller Beleuchtung sich uns enthüllende Tendenz des Euripides.

Euripides selbst hat am Abend seines Lebens die Frage nach dem Wert und der Bedeutung dieser Tendenz in einem Mythus seinen Zeitgenossen auf das nachdrücklichste vorgelegt. Darf überhaupt das Dionysische bestehn? Ist es nicht mit Gewalt aus dem hellenischen Boden auszurotten? Gewiß, sagt uns der Dichter, wenn es nur möglich wäre: aber der Gott Dionysus ist zu mächtig: der verständigste Gegner – wie Pentheus in den „Bacchen“ – wird unvermutet von ihm bezaubert und läuft nachher mit dieser Verzauberung in sein Verhängnis. Das Urteil der beiden Greise Kadmus und Tiresias scheint auch das Urteil des greisen Dichters zu sein: das Nachdenken der klügsten einzelnen werfe jene alten Volkstraditionen, jene sich ewig fortpflanzende Verehrung des Dionysus nicht um, ja es gezieme sich, solchen wunderbaren Kräften gegenüber mindestens eine diplomatisch vorsichtige Teilnahme zu zeigen: wobei es aber immer noch möglich sei, daß der Gott an einer so lauen Beteiligung Anstoß nehme und den Diplomaten – wie hier den Kadmus – schließlich in einen Drachen verwandle. Dies sagt uns ein Dichter, der mit heroischer Kraft ein langes Leben hindurch dem Dionysus widerstanden hat – um am Ende desselben mit einer Glorifikation seines Gegners und einem Selbstmorde seine Laufbahn zu schließen, einem Schwindelnden gleich, der, um nur dem entsetzlichen, nicht mehr erträglichen Wirbel zu entgehn, sich vom Turme herunterstürzt. Jene Tragödie ist ein Protest gegen die Ausführbarkeit seiner Tendenz; ach, und sie war bereits ausgeführt! Das Wunderbare war geschehn: als der Dichter widerrief, hatte bereits seine Tendenz gesiegt. Dionysus war bereits von der tragischen Bühne verscheucht, und zwar durch eine aus Euripides redende dämonische Macht. Auch Euripides war in gewissem Sinne nur Maske: die Gottheit, die aus ihm redete, war nicht Dionysus, auch nicht Apollo, sondern ein ganz neugeborner Dämon, genannt *Sokrates*. Dies ist der neue Gegensatz: das Dionysische und das Sokratische, und das Kunstwerk der griechischen Tragödie ging an ihm zugrunde. Mag nun auch Euripides uns durch seinen Widerruf zu trösten suchen, es gelingt ihm nicht: der herrlichste Tempel liegt in Trümmern; was nützt uns die Wehklage des Zerstörers und sein Geständnis, daß es der schönste aller Tempel gewesen sei? Und selbst daß Euripides zur Strafe von den Kunstrichtern aller Zeiten in einen Drachen verwandelt worden ist – wen möchte diese erbärmliche Kompensation befriedigen?

Nähern wir uns jetzt jener *sokratischen* Tendenz, mit der Euripides die äschyleische Tragödie bekämpfte und besiegte.

Welches Ziel – so müssen wir uns jetzt fragen – konnte die euripideische Absicht, das Drama allein auf das Undionysische zu gründen, in der höchsten Idealität ihrer Durchführung überhaupt haben? Welche Form des Dramas blieb noch übrig, wenn es nicht aus dem Geburtsschoße der Musik, in jenem geheimnisvollen Zwielicht des Dionysischen geboren werden sollte? Allein *das dramatisierte Epos*: in welchem apollinischen Kunstgebiete nun freilich die *tragische* Wirkung unerreichbar ist. Es kommt hierbei nicht auf den Inhalt der dargestellten Ereignisse an; ja ich möchte behaupten, daß es Goethe in seiner projektierten „Nausikaa" unmöglich gewesen sein würde, den Selbstmord jenes idyllischen Wesens – der den fünften Akt ausfüllen sollte – tragisch ergreifend zu machen; so ungemein ist die Gewalt des Episch-Apollinischen, daß es die schrekkensvollsten Dinge mit jener Lust am Scheine und der Erlösung durch den Schein vor unseren Augen verzaubert. Der Dichter des dramatisierten Epos kann ebensowenig wie der epische Rhapsode mit seinen Bildern völlig verschmelzen: er ist immer noch ruhig unbewegte, aus weiten Augen blickende Anschauung, die die Bilder *vor* sich sieht. Der Schauspieler in seinem dramatisierten Epos bleibt im tiefsten Grunde immer noch Rhapsode; die Weihe des inneren Träumens liegt auf allen seinen Aktionen, so daß er niemals ganz Schauspieler ist.

Wie verhält sich nun diesem Ideal des apollinischen Dramas gegenüber das euripideische Stück? Wie zu dem feierlichen Rhapsoden der alten Zeit jener jüngere, der sein Wesen im platonischen „Jon" also beschreibt: „Wenn ich etwas Trauriges sage, füllen sich meine Augen mit Tränen; ist aber das, was ich sage, schrecklich und entsetzlich, dann stehen die Haare meines Hauptes vor Schauder zu Berge, und mein Herz klopft." Hier merken wir nichts mehr von jenem epischen Verlorensein im Scheine, von der affektlosen Kühle des wahren Schauspielers, der, gerade in seiner höchsten Tätigkeit, ganz Schein und Lust am Scheine ist. Euripides ist der Schauspieler mit dem klopfenden Herzen, mit den zu Berge stehenden Haaren; als sokratischer Denker entwirft er den Plan, als leidenschaftlicher Schauspieler führt er ihn aus. Reiner Künstler ist er weder im Entwerfen noch im Ausführen. So ist das euripideische Drama ein zugleich kühles und feuriges Ding, zum Erstarren und zum Verbrennen gleich befähigt; es ist ihm unmöglich, die apollinische Wirkung des Epos zu erreichen, während es andererseits sich von den dionysischen Elementen möglichst gelöst hat und jetzt, um überhaupt zu wirken, neue Erregungsmittel braucht, die nun nicht mehr innerhalb der beiden einzigen Kunsttriebe, des apollinischen und des dionysischen, liegen können. Diese Erregungsmittel sind kühle paradoxe *Gedanken* – an Stelle der apollinischen Anschauungen – und feurige *Affekte* – an Stelle der dionysischen Entzückungen –, und zwar höchst realistisch nachgemachte, keineswegs in den Äther der Kunst getauchte Gedanken und Affekte.

Haben wir demnach so viel erkannt, daß es Euripides überhaupt nicht gelungen ist, das Drama allein auf das Apollinische zu gründen, daß sich vielmehr seine undionysische Tendenz in eine naturalistische und unkünstlerische verirrt hat, so werden wir jetzt dem Wesen des *ästhetischen Sokratismus* schon nähertreten dürfen, dessen oberstes Gesetz ungefähr so lautet: „alles muß verständig sein, um schön zu sein"; als Parallelsatz zu dem sokratischen „nur der Wissende ist tugendhaft". Mit diesem Kanon in der Hand maß Euripides alles einzelne und rektifizierte es gemäß diesem Prinzip: die Sprache, die Charaktere, den dramaturgischen Aufbau, die Chormusik. Was wir im Vergleich mit der sophokleischen Tragödie so häufig dem Euripides als dichterischen Mangel und Rückschritt anzurechnen pflegen, das ist zumeist das Produkt jenes eindringenden kritischen Prozesses, jener verwegenen Verständigkeit. Der euripideische *Prolog* diene uns als Beispiel für die Produktivität jener rationalistischen Methode. Nichts kann unserer Bühnentechnik widerstrebender sein als der Prolog im Drama des Euripides. Daß eine einzelne auftretende Person am Eingange des Stückes erzählt, wer sie sei, was der Handlung vorangehe, was bis jetzt geschehen, ja was im Verlaufe des Stückes geschehen werde, das würde ein moderner Theaterdichter als ein mutwilliges und nicht zu verzeihendes Verzichtleisten auf den Effekt der Spannung bezeichnen. Man weiß ja alles, was geschehen wird; wer wird abwarten wollen, daß dies wirklich geschieht? – da ja hier keinesfalls das aufregende Verhältnis eines wahrsagenden Traumes zu einer später eintretenden Wirklichkeit stattfindet. Ganz anders reflektierte Euripides. Die Wirkung der Tragödie beruhte niemals auf der epischen Spannung, auf der anreizenden Ungewißheit, was sich jetzt und nachher ereignen werde: vielmehr auf jenen großen rhetorisch-lyrischen Szenen, in denen die Leidenschaft und die Dialektik des Hauptthelden zu einem breiten und mächtigen Strome anschwoll. Zum Pathos, nicht zur Handlung bereitete alles vor: und was nicht zum Pathos vorbereitete, das galt als verwerflich. Das aber, was die genußvolle Hingabe an solche Szenen am stärksten erschwert, ist ein dem Zuhörer fehlendes Glied, eine Lücke im Gewebe der Vorgeschichte; solange der Zuhörer noch ausrechnen muß, was diese und jene Person bedeute, was dieser und jener Konflikt der Neigungen und Absichten für Voraussetzungen habe, ist seine volle Versenkung in das Leiden und Tun der Hauptpersonen, ist das atemlose Mitleiden und Mitfürchten noch nicht möglich. Die äschyleisch-sophokleische Tragödie verwandte die geistreichsten Kunstmittel, um dem Zuschauer in den ersten Szenen gewissermaßen zufällig alle jene zum Verständnis notwendigen Fäden in die Hand zu geben: ein Zug, in dem sich jene edle Künstlerschaft bewährt, die das *notwendige* Formelle gleichsam maskiert und als Zufälliges erscheinen läßt. Immerhin aber glaubte Euripides zu bemerken, daß während jener ersten Szenen der Zuschauer in eigentümlicher Unruhe sei, um das Rechenexempel der Vorgeschichte auszurechnen, so daß die dichterischen Schönheiten und das Pathos der Exposition für ihn verlorengingen. Deshalb stellte er den Prolog noch vor die Exposition und legte ihn einer Person in den Mund, der man Vertrauen schenken durfte: eine Gottheit mußte häufig den Verlauf der Tragödie dem Publikum gewissermaßen garantieren und jeden Zweifel an der Realität des Mythus nehmen: in ähnlicher Weise, wie Descartes die Realität der empirischen Welt nur durch die Appellation an die Wahrhaftigkeit Gottes und seine Unfähigkeit zur Lüge zu beweisen vermochte. Dieselbe göttliche Wahrhaftigkeit braucht Euripides noch einmal am Schlusse seines Dramas, um die Zukunft seiner Helden dem Publikum sicherzustellen: dies ist die Aufgabe des berüchtigten deus ex machina. Zwischen der epischen Vorschau und Hinausschau liegt die dramatisch-lyrische Gegenwart, das eigentliche „Drama“.

So ist Euripides vor allem als Dichter der Widerhall seiner bewußten Erkenntnisse; und gerade dies verleiht ihm eine so denkwürdige Stellung in der Geschichte der griechischen Kunst. Ihm muß im Hinblick auf sein kritisch-produktives Schaffen oft zumute gewesen sein, als sollte er den Anfang der Schrift des Anaxagoras für das Drama lebendig machen, deren erste Worte lauten: „im Anfang war alles beisammen; da kam der Verstand und schuf Ordnung“. Und wenn Anaxagoras mit seinem „νοῦς“ unter den Philosophen wie der erste Nüchterne unter lauter Trunkenen erschien, so mag auch Euripides sein Verhältnis zu den anderen Dichtern der Tragödie unter einem ähnlichen Bilde begriffen haben.

Solange der einzige Ordner und Walter des Alls, der νοῦς, noch vom künstlerischen Schaffen ausgeschlossen war, war noch alles in einem chaotischen Urbrei beisammen; so mußte Euripides urteilen, so mußte er die „trunkenen“ Dichter als der „Nüchterne“ verurteilen. Das, was Sophokles von Äschylus gesagt hat, er tue das Rechte, obschon unbewußt, war gewiß nicht im Sinne des Euripides gesagt: der nur so viel hätte gelten lassen, daß Äschylus, *weil* er unbewußt schaffe, das Unrecht schaffe. Auch der göttliche Plato redet vom schöpferischen Vermögen des Dichters, insofern dies nicht die bewußte Einsicht ist, zuallermeist nur ironisch und stellt es der Begabung des Wahrsagers und Traumdeuters gleich; sei doch der Dichter nicht eher fähig zu dichten, als bis er bewußtlos geworden sei und kein Verstand mehr in ihm wohne. Euripides unternahm es, wie es auch Plato unternommen hat, das Gegenstück des „unverständigen“ Dichters der Welt zu zeigen; sein ästhetischer Grundsatz „alles muß bewußt sein, um schön zu sein“, ist, wie ich sagte, der Parallelsatz zu dem sokratischen „alles muß bewußt sein, um gut zu sein“. Demgemäß darf uns Euripides als der Dichter des ästhetischen Sokratismus gelten. Sokrates aber war jener *zweite Zuschauer*, der die ältere Tragödie nicht begriff und deshalb nicht achtete; mit ihm im Bunde wagte Euripides, der Herold eines neuen Kunstschaffens zu sein. Wenn an diesem die ältere Tragödie zugrunde ging, so ist also der ästhetische Sokratismus das mörderische Prinzip: insofern aber der Kampf gegen das Dionysische der älteren Kunst gerichtet war, erkennen wir in Sokrates den Gegner des Dionysus, den neuen Orpheus, der sich gegen Dionysus erhebt und, obschon bestimmt, von den Mänaden des athenischen Gerichtshofs zerrissen zu werden, doch den übermächtigen Gott selbst zur Flucht nötigt: welcher, wie damals, als er vor dem Edonerkönig Lykurg floh, sich in die Tiefen des Meeres rettete, nämlich in die mystischen Fluten eines die ganze Welt allmählich überziehenden Geheimkultus.

DREIZEHNTER ABSCHNITT

Daß Sokrates eine enge Beziehung der Tendenz zu Euripides habe, entging dem gleichzeitigen Altertume nicht; und der beredteste Ausdruck für diesen glücklichen Spürsinn ist jene in Athen umlaufende Sage, Sokrates pflege dem Euripides im Dichten zu helfen. Beide Namen wurden von den Anhängern der „guten alten Zeit“ in einem Atem genannt, wenn es galt, die Volksverführer der Gegenwart aufzuzählen: von deren Einflusse es herrühre, daß die alte marathonische vierschrötige Tüchtigkeit an Leib und Seele immer mehr einer zweifelhaften Aufklärung, bei fortschreitender Verkümmerung der leiblichen und seelischen Kräfte, zum Opfer falle. In dieser Tonart, halb mit Entrüstung, halb mit Verachtung, pflegt die aristophanische Komödie von jenen Männern zu reden, zum Schrecken der Neueren, welche zwar Euripides gerne preisgeben, aber sich nicht genug darüber wundern können, daß Sokrates als der erste und oberste *Sophist*, als der Spiegel und Inbegriff aller sophistischen Bestrebungen bei Aristophanes erscheine: wobei es einzig einen Trost gewährt, den Aristophanes selbst als einen liederlich lügenhaften Alcibiades der Poesie an den Pranger zu stellen. Ohne an dieser Stelle die tiefen Instinkte des Aristophanes gegen solche Angriffe in Schutz zu nehmen, fahre ich fort, die enge Zusammengehörigkeit des Sokrates und des Euripides aus der antiken Empfindung heraus zu erweisen; in welchem Sinne namentlich daran zu erinnern ist, daß Sokrates als Gegner der tragischen Kunst sich des Besuchs der Tragödie enthielt und nur, wenn ein neues Stück des Euripides aufgeführt wurde, sich unter den Zuschauern einstellte. Am berühmtesten ist aber die nahe Zusammenstellung beider Namen in dem delphischen Orakelspruche, welcher Sokrates als den Weisesten unter den Menschen bezeichnete, zugleich aber das Urteil abgab, daß dem Euripides der zweite Preis im Wettkampfe der Weisheit gebühre.

Als der dritte in dieser Stufenleiter war Sophokles genannt; er, der sich gegen Äschylus rühmen durfte, er tue das Rechte, und zwar, weil er *wisse*, was das Rechte sei. Offenbar ist gerade der Grad der Helligkeit dieses *Wissens* dasjenige, was jene drei Männer gemeinsam als die drei „Wissenden“ ihrer Zeit auszeichnet.

Das schärfste Wort aber für jene neue und unerhörte Hochschätzung des Wissens und der Einsicht sprach Sokrates, als er sich als den einzigen vorfand, der sich eingestehe, *nichts zu wissen*; während er, auf seiner kritischen Wanderung durch Athen, bei den größten Staatsmännern, Rednern, Dichtern und Künstlern vorsprechend, überall die Einbildung des Wissens antraf. Mit Staunen erkannte er, daß alle Berühmtheiten selbst über ihren Beruf ohne richtige und sichere Einsicht seien und denselben nur aus Instinkt trieben. „Nur aus Instinkt": mit diesem Ausdruck berühren wir Herz und Mittelpunkt der sokratischen Tendenz. Mit ihm verurteilt der Sokratismus ebenso die bestehende Kunst wie die bestehende Ethik: wohin er seine prüfenden Blicke richtet, sieht er den Mangel der Einsicht und die Macht des Wahns und schließt aus diesem Mangel auf die innerliche Verkehrtheit und Verwerflichkeit des Vorhandenen. Von diesem einen Punkte aus glaubte Sokrates das Dasein korrigieren zu müssen: er, der einzelne, tritt mit der Miene der Nichtachtung und der Überlegenheit, als der Vorläufer einer ganz anders gearteten Kultur, Kunst und Moral, in eine Welt hinein, deren Zipfel mit Ehrfurcht zu erhaschen wir uns zum größten Glücke rechnen würden.

Dies ist die ungeheure Bedenklichkeit, die uns jedesmal, angesichts des Sokrates, ergreift und die uns immer und immer wieder anreizt, Sinn und Absicht dieser fragwürdigsten Erscheinung des Altertums zu erkennen. Wer ist das, der es wagen darf, als ein einzelner das griechische Wesen zu verneinen, das als Homer, Pindar und Äschylus, als Phidias, als Perikles, als Pythia und Dionysus, als der tiefste Abgrund und die höchste Höhe unserer staunenden Anbetung gewiß ist? Welche dämonische Kraft ist es, die diesen Zaubertrank in den Staub zu schütten sich erkühnen darf? Welcher Halbgott ist es, dem der Geisterchor der Edelsten der Menschheit zurufen muß: „Weh! Weh! Du hast sie zerstört, die schöne Welt, mit mächtiger Faust; sie stürzt, sie zerfällt!"

Einen Schlüssel zu dem Wesen des Sokrates bietet uns jene wunderbare Erscheinung, die als „Dämonion des Sokrates" bezeichnet wird. In besonderen Lagen, in denen sein ungeheurer Verstand ins Schwanken geriet, gewann er einen festen Anhalt durch eine in solchen Momenten sich äußernde göttliche Stimme. Diese Stimme *mahnt*, wenn sie kommt, immer ab. Die instinktive Weisheit zeigt sich bei dieser gänzlich abnormen Natur nur, um dem bewußten Erkennen hier und da *hindernd* entgegenzutreten. Während doch bei allen produktiven Menschen der Instinkt gerade die schöpferisch-affirmative Kraft ist und das Bewußtsein kritisch und abmahnend sich gebärdet, wird bei Sokrates der Instinkt zum Kritiker, das Bewußtsein zum Schöpfer – eine wahre Monstrosität *per defectum*! Und zwar nehmen wir hier einen monstrosen *defectus* jeder mystischen Anlage wahr, so daß Sokrates als der spezifische *Nicht-Mystiker* zu bezeichnen wäre, in dem die logische Natur durch eine Superfötation ebenso exzessiv entwickelt ist wie im Mystiker jene instinktive Weisheit. Andrerseits aber war es jenem in Sokrates erscheinenden logischen Triebe völlig versagt, sich gegen sich selbst zu kehren; in diesem fessellosen Dahinströmen zeigt er eine Naturgewalt, wie wir sie nur bei den allergrößten instinktiven Kräften zu unsrer schaudervollen Überraschung antreffen. Wer nur einen Hauch von jener göttlichen Naivität und Sicherheit der sokratischen Lebensrichtung aus den platonischen Schriften gespürt hat, der fühlt auch, wie das ungeheure Triebrad des logischen Sokratismus gleichsam *hinter* Sokrates in Bewegung ist und wie dies durch Sokrates wie durch einen Schatten hindurch angeschaut werden muß. Daß er aber selbst von diesem Verhältnis eine Ahnung hatte, das drückt sich in dem würdevollen Ernste aus, mit dem er seine göttliche Berufung überall und noch vor seinen Richtern geltend machte. Ihn darin zu widerlegen war im Grunde ebenso unmöglich, als seinen die Instinkte auflösenden Einfluß gutzuheißen. Bei diesem unlösbaren Konflikte war, als er einmal vor das Forum des griechischen Staates gezogen war, nur eine einzige Form der Verurteilung geboten, die Verbannung; als etwas durchaus Rätselhaftes, Unrubrizierbares, Unaufklärbares hätte man ihn über die Grenze weisen dürfen, ohne daß irgendeine Nachwelt im Recht gewesen wäre, die Athener einer schmählichen Tat zu zeihen. Daß aber der Tod und nicht nur die Verbannung über ihn ausgesprochen wurde, das scheint Sokrates selbst, mit völliger Klarheit und ohne den natürlichen Schauder vor dem Tode, durchgesetzt zu haben: er ging in den Tod, mit jener Ruhe, mit der er nach Platos Schilderung als der letzte der Zecher im frühen Tagesgrauen das Symposion verläßt, um einen neuen Tag zu beginnen; indes hinter ihm, auf den Bänken und auf der Erde, die verschlafenen Tischgenossen zurückbleiben, um von Sokrates, dem wahrhaften Erotiker, zu träumen. *Der sterbende Sokrates* wurde das neue, noch nie sonst geschaute Ideal der edlen griechischen Jugend: vor allen hat sich der typische hellenische Jüngling, Plato, mit aller inbrünstigen Hingebung seiner Schwärmerseele vor diesem Bilde niedergeworfen.

VIERZEHNTER ABSCHNITT

Denken wir uns jetzt das eine große Zyklopenauge des Sokrates auf die Tragödie gewandt, jenes Auge, in dem nie der holde Wahnsinn künstlerischer Begeisterung geglüht hat – denken wir uns, wie es jenem Auge versagt war, in die dionysischen Abgründe mit Wohlgefallen zu schauen – was eigentlich mußte es in der „erhabenen und hochgepriesenen“ tragischen Kunst, wie sie Plato nennt, erblicken? Etwas recht Unvernünftiges, mit Ursachen, die ohne Wirkungen, und mit Wirkungen, die ohne Ursachen zu sein schienen; dazu das Ganze so bunt und mannigfaltig, daß es einer besonnenen Gemütsart widerstreben müsse, für reizbare und empfindliche Seelen aber ein gefährlicher Zunder sei. Wir wissen, welche einzige Gattung der Dichtkunst von ihm begriffen wurde, die *äsopische Fabel*: und dies geschah gewiß mit jener lächelnden Anbequemung, mit welcher der ehrliche gute Gellert in der Fabel von der Biene und der Henne das Lob der Poesie singt:

„Du siehst an mir, wozu sie nützt,
Dem, der nicht viel Verstand besitzt,
Die Wahrheit durch ein Bild zu sagen.“

Nun aber schien Sokrates die tragische Kunst nicht einmal „die Wahrheit zu sagen“: abgesehen davon, daß sie sich an den wendet, der „nicht viel Verstand besitzt“, also nicht an den Philosophen: ein zweifacher Grund, von ihr fern zu bleiben. Wie Plato, rechnete er sie zu den schmeichlerischen Künsten, die nur das Angenehme, nicht das Nützliche darstellen, und verlangte deshalb bei seinen Jüngern Enthaltsamkeit und strenge Absonderung von solchen unphilosophischen Reizungen; mit solchem Erfolge, daß der jugendliche Tragödiendichter Plato zuallererst seine Dichtungen verbrannte, um Schüler des Sokrates werden zu können. Wo aber unbesiegbare Anlagen gegen die sokratischen Maximen ankämpften, war die Kraft derselben, samt der Wucht jenes ungeheuren Charakters, immer noch groß genug, um die Poesie selbst in neue und bis dahin unbekannte Stellungen zu drängen.

Ein Beispiel dafür ist der eben genannte Plato: er, der in der Verurteilung der Tragödie und der Kunst überhaupt gewiß nicht hinter dem naiven Zynismus seines Meisters zurückgeblieben ist, hat doch aus voller künstlerischer Notwendigkeit eine Kunstform schaffen müssen, die gerade mit den vorhandenen und von ihm abgewiesenen Kunstformen innerlich verwandt ist. Der Hauptvorwurf, den Plato der älteren Kunst zu machen hatte – daß sie Nachahmung eines Scheinbildes sei, also noch einer niedrigeren Sphäre, als die empirische Welt ist, angehöre –, durfte vor allem nicht gegen das neue Kunstwerk gerichtet werden: und so sehen wir denn Plato bestrebt, über die Wirklichkeit hinauszugehn und die jener Pseudo-Wirklichkeit zugrunde liegende Idee darzustellen. Damit aber war der Denker Plato auf einem Umwege ebendahin gelangt, wo er als Dichter stets heimisch gewesen war und von wo aus Sophokles und die ganze ältere Kunst feierlich gegen jenen Vorwurf protestierten. Wenn die Tragödie alle früheren Kunstgattungen in sich aufgesaugt hatte, so darf dasselbe wiederum in einem exzentrischen Sinne vom platonischen Dialoge gelten, der, durch Mischung aller vorhandenen Stile und Formen erzeugt, zwischen Erzählung, Lyrik, Drama, zwischen Prosa und Poesie in der Mitte schwebt und damit auch das strenge ältere Gesetz der einheitlichen sprachlichen Form durchbrochen hat; auf welchem Wege die *zynischen* Schriftsteller noch weiter gegangen sind, die in der größten Buntscheckigkeit des Stils, im Hin- und Herschwanken zwischen prosaischen und metrischen Formen, auch das literarische Bild des „rasenden Sokrates", den sie im Leben darzustellen pflegten, erreicht haben. Der platonische Dialog war gleichsam der Kahn, auf dem sich die schiffbrüchige ältere Poesie samt allen ihren Kindern rettete: auf einen engen Raum zusammendrängt und dem einen Steuermann Sokrates ängstlich untertänig, fuhren sie jetzt in eine neue Welt hinein, die an dem phantastischen Bilde dieses Aufzugs sich nie satt sehen konnte. Wirklich hat für die ganze Nachwelt Plato das Vorbild einer neuen Kunstform gegeben, das Vorbild des *Romans:* der als die unendlich gesteigerte äsopische Fabel zu bezeichnen ist, in der die Poesie in einer ähnlichen Rangordnung zur dialektischen Philosophie lebt, wie viele Jahrhunderte hindurch dieselbe Philosophie zur Theologie: nämlich als *ancilla.* Dies war die neue Stellung der Poesie, in die sie Plato unter dem Drucke des dämonischen Sokrates drängte.

Hier überwächst der *philosophische Gedanke* die Kunst und zwingt sie zu einem engen Sich-Anklammern an den Stamm der Dialektik. In dem logischen Schematismus hat sich die *apollinische* Tendenz verpuppt: wie wir bei Euripides etwas Entsprechendes und außerdem eine Übersetzung des Dionysischen in den naturalistischen Affekt wahrzunehmen hatten. Sokrates, der dialektische Held im platonischen Drama, erinnert uns an die verwandte Natur des euripideischen Helden, der durch Grund und Gegengrund seine Handlungen verteidigen muß und dadurch so oft in Gefahr gerät, unser tragisches Mitleiden einzubüßen: denn wer vermöchte das *optimistische* Element im Wesen der Dialektik zu verkennen, das in jedem Schlusse sein Jubelfest feiert und allein in kühler Helle und Bewußtheit atmen kann: das optimistische Element, das, einmal in die Tragödie eingedrungen, ihre dionysischen Regionen allmählich überwuchern und sie notwendig zur Selbstvernichtung treiben muß – bis zum Todessprunge ins bürgerliche Schauspiel. Man vergegenwärtige sich nur die Konsequenzen der sokratischen Sätze: „Tugend ist Wissen; es wird nur gesündigt aus Unwissenheit; der Tugendhafte ist der Glückliche“: in diesen drei Grundformen des Optimismus liegt der Tod der Tragödie. Denn jetzt muß der tugendhafte Held Dialektiker sein, jetzt muß zwischen Tugend und Wissen, Glaube und Moral ein notwendiger sichtbarer Verband sein, jetzt ist die transzendentale Gerechtigkeitslösung des Äschylus zu dem flachen und frechen Prinzip der „poetischen Gerechtigkeit“ mit seinem üblichen *deus ex machina* erniedrigt.

Wie erscheint dieser neuen sokratisch-optimistischen Bühnenwelt gegenüber jetzt der *Chor* und überhaupt der ganze musikalisch-dionysische Untergrund der Tragödie? Als etwas Zufälliges, als eine auch wohl zu missende Reminiszenz an den Ursprung der Tragödie; während wir doch eingesehen haben, daß der Chor nur als *Ursache* der Tragödie und des Tragischen überhaupt verstanden werden kann. Schon bei Sophokles zeigt sich jene Verlegenheit in betreff des Chors – ein wichtiges Zeichen, daß schon bei ihm der dionysische Boden der Tragödie zu zerbröckeln beginnt. Er wagt es nicht mehr, dem Chor den Hauptanteil der Wirkung anzuvertrauen, sondern schränkt sein Bereich dermaßen ein, daß er jetzt fast den Schauspielern koordiniert erscheint, gleich als ob er aus der Orchestra in die Szene hineingehoben würde; womit freilich sein Wesen völlig zerstört ist, mag auch Aristoteles gerade dieser Auffassung des Chors seine Beistimmung geben. Jene Verrückung der Chorposition, welche Sophokles jedenfalls durch seine Praxis und, der Überlieferung nach, sogar durch eine Schrift anempfohlen hat, ist der erste Schritt zur *Vernichtung* des Chors, deren Phasen in Euripides, Agathon und der neueren Komödie mit erschreckender Schnelligkeit aufeinander folgen. Die optimistische Dialektik treibt mit der Geißel ihrer Syllogismen die *Musik* aus der Tragödie: das heißt, sie zerstört das Wesen der Tragödie, welches sich einzig als eine Manifestation und Verbildlichung dionysischer Zustände, als sichtbare Symbolisierung der Musik, als die Traumwelt eines dionysischen Rausches interpretieren läßt.

Haben wir also sogar eine schon vor Sokrates wirkende antidionysische Tendenz anzunehmen, die nur in ihm einen unerhört großartigen Ausdruck gewinnt: so müssen wir nicht vor der Frage zurückschrecken, wohin denn eine solche Erscheinung wie die des Sokrates deute: die wir doch nicht imstande sind, angesichts der platonischen Dialoge, als eine nur auflösende negative Macht zu begreifen. Und so gewiß die allernächste Wirkung des sokratischen Triebes auf eine Zersetzung der dionysischen Tragödie ausging, so zwingt uns eine tiefsinnige Lebenserfahrung des Sokrates selbst zu der Frage, ob denn zwischen dem Sokratismus und der Kunst *notwendig* nur ein antipodisches Verhältnis bestehe und ob die Geburt eines „künstlerischen Sokrates" überhaupt etwas in sich Widerspruchsvolles sei.

Jener despotische Logiker hatte nämlich hier und da der Kunst gegenüber das Gefühl einer Lücke, einer Leere, eines halben Vorwurfs, einer vielleicht versäumten Pflicht. Öfters kam ihm, wie er im Gefängnis seinen Freunden erzählt, ein und dieselbe Traumerscheinung, die immer dasselbe sagte: „Sokrates, treibe Musik!" Er beruhigt sich bis zu seinen letzten Tagen mit der Meinung, sein Philosophieren sei die höchste

Musenkunst, und glaubt nicht recht, daß eine Gottheit ihn an jene „gemeine, populäre Musik“ erinnern werde. Endlich im Gefängnis versteht er sich, um sein Gewissen gänzlich zu entlasten, auch dazu, jene von ihm gering geachtete Musik zu treiben. Und in dieser Gesinnung dichtet er ein Proömium auf Apollo und bringt einige äsopische Fabeln in Verse. Das war etwas der dämonischen warnenden Stimme Ähnliches, was ihn zu diesen Übungen drängte, es war seine apollinische Einsicht, daß er wie ein Barbarenkönig ein edles Götterbild nicht verstehe und in der Gefahr sei, sich an seiner Gottheit zu versündigen – durch sein Nichtverstehn. Jenes Wort der sokratischen Traumerscheinung ist das einzige Zeichen einer Bedenklichkeit über die Grenzen der logischen Natur: vielleicht – so mußte er sich fragen – ist das mir Nichtverständliche doch nicht auch sofort das Unverständige? Vielleicht gibt es ein Reich der Weisheit, aus dem der Logiker verbannt ist? Vielleicht ist die Kunst sogar ein notwendiges Korrelativum und Supplement der Wissenschaft?

FÜNFZEHNTER ABSCHNITT

Im Sinne dieser letzten ahnungsvollen Fragen muß nun ausgesprochen werden, wie der Einfluß des Sokrates, bis auf diesen Moment hin, ja in alle Zukunft hinaus, sich, gleich einem in der Abendsonne immer größer werdenden Schatten, über die Nachwelt hin ausgebreitet hat, wie derselbe zur Neuschaffung der *Kunst* – und zwar der Kunst im bereits metaphysischen, weitesten und tiefsten Sinne – immer wieder nötigt und, bei seiner eignen Unendlichkeit, auch deren Unendlichkeit verbürgt.

Bevor dies erkannt werden konnte, bevor die innerste Abhängigkeit jeder Kunst von den Griechen, den Griechen von Homer bis auf Sokrates, überzeugend dargetan war, mußte es uns mit diesen Griechen ergehen wie den Athenern mit Sokrates. Fast jede Zeit und Bildungsstufe hat einmal sich mit tiefem Mißmute von den Griechen zu befreien gesucht, weil angesichts derselben alles Selbstgeleistete, scheinbar völlig Originelle und recht aufrichtig Bewunderte plötzlich Farbe und Leben zu verlieren schien und zur mißlungenen Kopie, ja zur Karikatur zusammenschrumpfte. Und so bricht immer von neuem einmal der herzliche Ingrimm gegen jenes anmaßliche Völkchen hervor, das sich erkühnte, alles Nichteinheimische für alle Zeiten als „barbarisch" zu bezeichnen: wer sind jene, fragt man sich, die, obschon sie nur einen ephemeren historischen Glanz, nur lächerlich engbegrenzte Institutionen, nur eine zweifelhafte Tüchtigkeit der Sitte aufzuweisen haben und sogar mit häßlichen Lastern gekennzeichnet sind, doch die Würde und Sonderstellung unter den Völkern in Anspruch nehmen, die dem Genius unter der Masse zukommt? Leider war man nicht so glücklich, den Schierlingsbecher zu finden, mit dem ein solches Wesen einfach abgetan werden konnte: denn alles Gift, das Neid, Verleumdung und Ingrimm in sich erzeugten, reichte nicht hin, jene selbstgenugsame Herrlichkeit zu vernichten. Und so schämt und fürchtet man sich vor den Griechen; es sei denn, daß einer die Wahrheit über alles achte und so sich auch diese Wahrheit einzugestehen wage, daß die Griechen unsere und jegliche Kultur als Wagenlenker in den Händen haben, daß aber fast immer Wagen und Pferde von zu geringem Stoffe und der Glorie ihrer Führer unangemessen sind, die dann es für einen Scherz erachten, ein solches Gespann in den Abgrund zu jagen: über den sie selbst, mit dem Sprunge des Achilles, hinwegsetzen.

Um die Würde einer solchen Führerstellung auch für Sokrates zu erweisen, genügt es, in ihm den Typus einer vor ihm unerhörten Daseinsform zu erkennen, den Typus des *theoretischen Menschen*, über dessen Bedeutung und Ziel zur Einsicht zu kommen, unsere nächste Aufgabe ist. Auch der theoretische Mensch hat ein unendliches Vergnügen am Vorhandenen, wie der Künstler, und ist wie jener vor der praktischen Ethik des Pessimismus und vor seinen nur im Finsteren leuchtenden Lynkeusaugen durch jenes Genügen geschützt. Wenn nämlich der Künstler bei jeder Enthüllung der Wahrheit immer nur mit verzückten Blicken an dem hängenbleibt, was auch jetzt, nach der Enthüllung, noch Hülle bleibt, genießt und befriedigt sich der theoretische Mensch an der abgeworfenen Hülle und hat sein höchstes Lustziel in dem Prozeß einer immer glücklichen, durch eigene Kraft gelingenden Enthüllung. Es gäbe keine Wissenschaft, wenn ihr nur um jene *eine* nackte Göttin und um nichts anderes zu tun wäre. Denn dann müßte es ihren Jüngern zumute sein wie solchen, die ein Loch gerade durch die Erde graben wollten: von denen ein jeder einsieht, daß er, bei größter und lebenslänglicher Anstrengung, nur ein ganz kleines Stück der ungeheuren Tiefe zu durchgraben imstande sei, welches vor seinen Augen durch die Arbeit des nächsten wieder überschüttet wird, so daß ein dritter wohl daran zu tun scheint, wenn er auf eigne Faust eine neue Stelle für seine Bohrversuche wählt. Wenn jetzt nun einer zur Überzeugung beweist, daß auf diesem direkten Wege das Antipodenziel nicht zu erreichen sei, wer wird noch in den alten Tiefen weiterarbeiten wollen, es sei denn, daß er sich nicht inzwischen genügen lasse, edles Gestein zu finden oder Naturgesetze zu entdecken. Darum hat Lessing, der ehrlichste theoretische Mensch, es auszusprechen gewagt, daß ihm mehr am Suchen der Wahrheit als an ihr selbst gelegen sei: womit das Grundgeheimnis der Wissenschaft, zum Erstaunen, ja Ärger der Wissenschaftlichen, aufgedeckt worden ist. Nun steht freilich neben dieser vereinzelten Erkenntnis, als einem Exzeß der Ehrlichkeit, wenn nicht des Übermutes, eine tiefsinnige *Wahnvorstellung*, welche zuerst in der Person des Sokrates zur Welt kam – jener unerschütterliche Glaube, daß das Denken, an dem Leitfaden der Kausalität, bis in die tiefsten Abgründe des Seins reiche und daß das Denken das Sein nicht nur zu erkennen, sondern sogar zu *korrigieren* imstande sei. Dieser erhabene metaphysische Wahn ist als Instinkt der Wissenschaft beigegeben und führt sie immer und immer wieder zu ihren Grenzen, an denen sie in *Kunst* umschlagen muß: *auf welche es eigentlich, bei diesem Mechanismus, abgesehn ist.*

Schauen wir jetzt, mit der Fackel dieses Gedankens, auf Sokrates hin: so erscheint er uns als der erste, der an der Hand jenes Instinktes der Wissenschaft nicht nur leben, sondern – was bei weitem mehr ist – auch sterben konnte: und deshalb ist das Bild des *sterbenden Sokrates* als des durch Wissen und Gründe der Todesfurcht enthobenen Menschen das Wappenschild, das über dem Eingangstor der Wissenschaft einen jeden an deren Bestimmung erinnert, nämlich das Dasein als begreiflich und damit als gerechtfertigt erscheinen zu machen: wozu freilich, wenn die Gründe nicht reichen, schließlich auch der *Mythus* dienen muß, den ich sogar als notwendige Konsequenz, ja als Absicht der Wissenschaft soeben bezeichnete.

Wer sich einmal anschaulich macht, wie nach Sokrates, dem Mystagogen der Wissenschaft, eine Philosophenschule nach der anderen wie Welle auf Welle sich ablöst, wie eine nie geahnte Universalität der Wissensgier in dem weitesten Bereich der gebildeten Welt und als eigentliche Aufgabe für jeden höher Befähigten die Wissenschaft auf die hohe See führte, von der sie niemals seitdem wieder völlig vertrieben werden konnte, wie durch diese Universalität erst ein gemeinsames Netz des Gedankens über den gesamten Erdball, ja mit Ausblicken auf die Gesetzlichkeit eines ganzen Sonnensystems, gespannt wurde; wer dies alles, samt der erstaunlich hohen Wissenspyramide der Gegenwart, sich vergegenwärtigt, der kann sich nicht entbrechen, in Sokrates den einen Wendepunkt und Wirbel der sogenannten Weltgeschichte zu sehen. Denn dächte man sich einmal diese ganze unbezifferbare Summe von Kraft, die für jene Welttendenz verbraucht worden ist, *nicht* im Dienste des Erkennens, sondern auf die praktischen, das heißt egoistischen Ziele der Individuen und Völker verwendet, so wäre wahrscheinlich in allgemeinen Vernichtungskämpfen und fortdauernden Völkerwanderungen die instinktive Lust zum Leben so abgeschwächt, daß, bei der Gewohnheit des Selbstmordes, der einzelne vielleicht den letzten Rest von Pflichtgefühl empfinden müßte, wenn er, wie der Bewohner der Fidschi-Inseln, als Sohn seine Eltern, als Freund seinen Freund erdrosselt: ein praktischer Pessimismus, der selbst eine grausenhafte Ethik des Völkermordes aus Mitleid erzeugen könnte – der übrigens überall in der Welt vorhanden ist und vorhanden war, wo nicht die Kunst in irgendwelchen Formen, besonders als Religion und Wissenschaft, zum Heilmittel und zur Abwehr jenes Pesthauchs erschienen ist.

Angesichts dieses praktischen Pessimismus ist Sokrates das Urbild des theoretischen Optimisten, der in dem bezeichneten Glauben an die Ergründlichkeit der Natur der Dinge dem Wissen und der Erkenntnis die Kraft einer Universalmedizin beilegt und im Irrtum das Übel an sich begreift. In jene Gründe einzudringen und die wahre Erkenntnis vom Schein und vom Irrtum zu sondern, dünkte dem sokratischen Menschen der edelste, selbst der einzige wahrhaft menschliche Beruf zu sein: so wie jener Mechanismus der Begriffe, Urteile und Schlüsse von Sokrates ab als höchste Betätigung und bewunderungswürdigste Gabe der Natur über alle anderen Fähigkeiten geschätzt wurde. Selbst die erhabensten sittlichen Taten, die Regungen des Mitleids, der Aufopferung, des Heroismus und jene schwer zu erringende Meeresstille der Seele, die der apollinische Grieche Sophrosyne nannte, wurden von Sokrates und seinen gleichgesinnten Nachfolgern bis auf die Gegenwart hin aus der Dialektik des Wissens abgeleitet und demgemäß als lehrbar bezeichnet. Wer die Lust einer sokratischen Erkenntnis an sich erfahren hat und spürt, wie diese, in immer weiteren Ringen, die ganze Welt der Erscheinungen zu umfassen sucht, der wird von da an keinen Stachel, der zum Dasein drängen könnte, heftiger empfinden als die Begierde, jene Eroberung zu vollenden und das Netz undurchdringbar fest zu spinnen. Einem so Gestimmten erscheint dann der platonische Sokrates als der Lehrer einer ganz neuen Form, der „griechischen Heiterkeit" und Daseinsseligkeit, welche sich in Handlungen zu entladen sucht und diese Entladung zumeist in mäeutischen und erziehenden Einwirkungen auf edle Jünglinge, zum Zwecke der endlichen Erzeugung des Genius, finden wird.

Nun aber eilt die Wissenschaft, von ihrem kräftigen Wahne angespornt, unaufhaltsam bis zu ihren Grenzen, an denen ihr im Wesen der Logik verborgener Optimismus scheitert. Denn die Peripherie des Kreises der Wissenschaft hat unendlich viele Punkte, und während noch gar nicht abzusehen ist, wie jemals der Kreis völlig ausgemessen werden könnte, so trifft doch der edle und begabte Mensch, noch vor der Mitte seines Daseins und unvermeidlich, auf solche Grenzpunkte der Peripherie, wo er in das Unaufhellbare starrt. Wenn er hier zu seinem Schrecken sieht, wie die Logik sich an diesen Grenzen um sich selbst ringelt und endlich sich in den Schwanz beißt – da bricht die neue Form der Erkenntnis durch, *die tragische Erkenntnis*, die, um nur ertragen zu werden, als Schutz und Heilmittel die Kunst braucht.

Schauen wir mit gestärkten und an den Griechen erlabten Augen auf die höchsten Sphären derjenigen Welt, die uns umflutet, so gewahren wir die in Sokrates vorbildlich erscheinende Gier der unersättlichen optimistischen Erkenntnis in tragische Resignation und Kunstbedürftigkeit umgeschlagen: während allerdings dieselbe Gier, auf ihren niederen Stufen, sich kunstfeindlich äußern und vornehmlich die dionysisch-tragische Kunst innerlich verabscheuen muß, wie dies an der Bekämpfung der äschyleischen Tragödie durch den Sokratismus beispielsweise dargestellt wurde.

Hier nun klopfen wir, bewegten Gemütes, an die Pforten der Gegenwart und Zukunft: wird jenes „Umschlagen“ zu immer neuen Konfigurationen des Genius und gerade des *musiktreibenden Sokrates* führen? Wird das über das Dasein gebreitete Netz der Kunst, sei es auch unter dem Namen der Religion oder der Wissenschaft, immer fester und zarter geflochten werden, oder ist ihm bestimmt, unter dem ruhelos barbarischen Treiben und Wirbeln, das sich jetzt „die Gegenwart“ nennt, in Fetzen zu reißen? – Besorgt, doch nicht trostlos stehen wir eine kleine Weile beiseite, als die Beschaulichen, denen es erlaubt ist, Zeugen jener ungeheuren Kämpfe und Übergänge zu sein. Ach! Es ist der Zauber dieser Kämpfe, daß, wer sie schaut, sie auch kämpfen muß!

SECHZEHNTER ABSCHNITT

An diesem ausgeführten historischen Beispiel haben wir klarzumachen gesucht, wie die Tragödie an dem Entschwinden des Geistes der Musik ebenso gewiß zugrunde geht, wie sie aus diesem Geiste allein geboren werden kann. Das Ungewöhnliche dieser Behauptung zu mildern und andererseits den Ursprung dieser unserer Erkenntnis aufzuzeigen, müssen wir uns jetzt freien Blicks den analogen Erscheinungen der Gegenwart gegenüberstellen; wir müssen mitten hinein in jene Kämpfe treten, welche, wie ich eben sagte, zwischen der unersättlichen optimistischen Erkenntnis und der tragischen Kunstbedürftigkeit in den höchsten Sphären unserer jetzigen Welt gekämpft werden. Ich will hierbei von allen den anderen gegnerischen Trieben absehen, die zu jeder Zeit der Kunst und gerade der Tragödie entgegenarbeiten und die auch in der Gegenwart in dem Maße siegesgewiß um sich greifen, daß von den theatralischen Künsten zum Beispiel allein die Posse und das Ballett in einem einigermaßen üppigen Wuchern ihre vielleicht nicht für jedermann wohlriechenden Blüten treiben. Ich will nur von der *erlauchtesten Gegnerschaft* der tragischen Weltbetrachtung reden und meine damit die in ihrem tiefsten Wesen optimistische Wissenschaft, mit ihrem Ahnherrn

Sokrates an der Spitze. Alsbald sollen auch die Mächte bei Namen genannt werden, welche mir *eine Wiedergeburt der Tragödie* – und welche andere selige Hoffnungen für das deutsche Wesen! – zu verbürgen scheinen.

Bevor wir uns mitten in jene Kämpfe hineinstürzen, hüllen wir uns in die Rüstung unsrer bisher eroberten Erkenntnisse. Im Gegensatz zu allen denen, welche beflissen sind, die Künste aus einem einzigen Prinzip, als dem notwendigen Lebensquell jedes Kunstwerks, abzuleiten, halte ich den Blick auf jene beiden künstlerischen Gottheiten der Griechen, Apollo und Dionysus, geheftet und erkenne in ihnen die lebendigen und anschaulichen Repräsentanten *zweier* in ihrem tiefsten Wesen und ihren höchsten Zielen verschiedenen Kunstwelten, Apollo steht vor mir als der verklärende Genius des *principii individuationis*, durch den allein die Erlösung im Scheine wahrhaft zu erlangen ist: während unter dem mystischen Jubelruf des Dionysus der Bann der Individuation zersprengt wird und der Weg zu den Müttern des Seins, zu dem innersten Kern der Dinge offen liegt. Dieser ungeheure Gegensatz, der sich zwischen der plastischen Kunst als der apollinischen und der Musik als der dionysischen Kunst klaffend auftut, ist einem einzigen der großen Denker in dem Maße offenbar geworden, daß er, selbst ohne jene Anleitung der hellenischen Göttersymbolik, der Musik einen verschiedenen Charakter und Ursprung vor allen anderen Künsten zuerkannte, weil sie nicht, wie jene alle, Abbild der Erscheinung, sondern unmittelbar Abbild des Willens selbst sei und also zu *allem Physischen der Welt das Metaphysische*, zu aller Erscheinung das Ding an sich darstelle. Auf diese wichtigste Erkenntnis aller Ästhetik, mit der, in einem ernsteren Sinne genommen, die Ästhetik erst beginnt, hat Richard Wagner, zur Bekräftigung ihrer ewigen Wahrheit, seinen Stempel gedrückt, wenn er im „Beethoven“ feststellt, daß die Musik nach ganz anderen ästhetischen Prinzipien als alle bildenden Künste und überhaupt nicht nach der Kategorie der Schönheit zu bemessen sei: obgleich eine irrige Ästhetik, an der Hand einer mißleiteten und entarteten Kunst, von jenem in der bildnerischen Welt geltenden Begriff der Schönheit aus sich gewöhnt habe, von der Musik eine ähnliche Wirkung wie von den Werken der bildenden Kunst zu fordern, nämlich die Erregung *des Gefallens an schönen Formen*. Nach der

Erkenntnis jenes ungeheuren Gegensatzes fühlte ich eine starke Nötigung, mich dem Wesen der griechischen Tragödie und damit der tiefsten Offenbarung des hellenischen Genius zu nahen: denn erst jetzt glaubte ich des Zaubers mächtig zu sein, über die Phraseologie unserer üblichen Ästhetik hinaus, das Urproblem der Tragödie mir leibhaft vor die Seele stellen zu können: wodurch mir ein so befremdlich eigentümlicher Blick in das Hellenische vergönnt war, daß es mir scheinen mußte, als ob unsre so stolz sich gebärdende klassisch-hellenische Wissenschaft in der Hauptsache bis jetzt nur an Schattenspielen und Äußerlichkeiten sich zu weiden gewußt habe.

Jenes Urproblem möchten wir vielleicht mit dieser Frage berühren: welche ästhetische Wirkung entsteht, wenn jene an sich getrennten Kunstmächte des Apollinischen und des Dionysischen nebeneinander in Tätigkeit geraten? Oder in kürzerer Form: wie verhält sich die Musik zu Bild und Begriff? – Schopenhauer, dem Richard Wagner gerade für diesen Punkt eine nicht zu überbietende Deutlichkeit und Durchsichtigkeit der Darstellung nachrühmt, äußert sich hierüber am ausführlichsten in der folgenden Stelle, die ich hier in ihrer ganzen Länge wiedergeben werde: „Diesem allen zufolge können wir die erscheinende Welt, oder die Natur, und die Musik als zwei verschiedene Ausdrücke derselben Sache ansehen, welche selbst daher das allein Vermittelnde der Analogie beider ist, dessen Erkenntnis erfordert wird, um jene Analogie einzusehen. Die Musik ist demnach, wenn als Ausdruck der Welt angesehen, eine im höchsten Grad allgemeine Sprache, die sich sogar zur Allgemeinheit der Begriffe ungefähr verhält wie diese zu den einzelnen Dingen. Ihre Allgemeinheit ist aber keineswegs jene leere Allgemeinheit der Abstraktion, sondern ganz anderer Art, und ist verbunden mit durchgängiger deutlicher Bestimmtheit. Sie gleicht hierin den geometrischen Figuren und den Zahlen, welche als die allgemeinen Formen aller möglichen Objekte der Erfahrung und auf alle *a priori* anwendbar, doch nicht abstrakt, sondern anschaulich und durchgängig bestimmt sind. Alle möglichen Bestrebungen, Erregungen und Äußerungen des Willens, alle jene Vorgänge im Innern des Menschen, welche die Vernunft in den weiten negativen Begriff Gefühl wirft, sind durch die unendlich vielen möglichen Melodien auszudrücken, aber immer in der Allgemeinheit bloßer Form, ohne den

Stoff, immer nur nach dem An-sich, nicht nach der Erscheinung, gleichsam die innerste Seele derselben, ohne Körper. Aus diesem innigen Verhältnis, welches die Musik zum wahren Wesen aller Dinge hat, ist auch dies zu erklären, daß, wenn zu irgendeiner Szene, Handlung, Vorgang, Umgebung eine passende Musik ertönt, diese uns den geheimsten Sinn derselben aufzuschließen scheint und als der richtigste und deutlichste Kommentar dazu auftritt: ingleichen, daß es dem, der sich dem Eindruck einer Symphonie ganz hingibt, ist, als sähe er alle möglichen Vorgänge des Lebens und der Welt an sich vorüberziehen: dennoch kann er, wenn er sich besinnt, keine Ähnlichkeit angeben zwischen jenem Tonspiel und den Dingen, die ihm vorschwebten. Denn die Musik ist, wie gesagt, darin von allen anderen Künsten verschieden, daß sie nicht Abbild der Erscheinung, oder richtiger, der adäquaten Objektivität des Willens, sondern unmittelbar Abbild des Willens selbst ist und also zu allem Physischen der Welt das Metaphysische, zu aller Erscheinung das Ding an sich darstellt. Man könnte demnach die Welt ebensowohl verkörperte Musik als verkörperten Willen nennen: daraus also ist es erklärlich, warum Musik jedes Gemälde, ja jede Szene des wirklichen Lebens und der Welt, sogleich in erhöhter Bedeutsamkeit hervortreten läßt; freilich um so mehr, je analoger ihre Melodie dem innern Geiste der gegebenen Erscheinung ist. Hierauf beruht es, daß man ein Gedicht als Gesang, oder eine anschauliche Darstellung als Pantomime, oder beides als Oper der Musik unterlegen kann. Solche einzelne Bilder des Menschenlebens, der allgemeinen Sprache der Musik untergelegt, sind nie mit durchgängiger Notwendigkeit ihr verbunden oder entsprechend; sondern sie stehen zu ihr nur im Verhältnis eines beliebigen Beispiels zu einem allgemeinen Begriff: sie stellen in der Bestimmtheit der Wirklichkeit dasjenige dar, was die Musik in der Allgemeinheit bloßer Form aussagt. Denn die Melodien sind gewissermaßen, gleich den allgemeinen Begriffen, ein Abstraktum der Wirklichkeit. Diese nämlich, also die Welt der einzelnen Dinge, liefert das Anschauliche, das Besondere und Individuelle, den einzelnen Fall, sowohl zur Allgemeinheit der Begriffe als zur Allgemeinheit der Melodien, welche beide Allgemeinheiten einander aber in gewisser Hinsicht entgegengesetzt sind; indem die Begriffe nur die allererst aus der Anschauung abstrahierten Formen, gleichsam die abgezogene äußere Schale der Dinge enthalten, also ganz eigentlich Abstrakta sind; die Musik hingegen den innersten aller Gestaltung vorhergängigen Kern oder das Herz der Dinge gibt. Dies Verhältnis ließe sich recht gut in der Sprache der Scholastiker ausdrücken, indem man sagte: die Begriffe sind die universalia post rem, die Musik aber gibt die universalia ante rem, und die Wirklichkeit die universalia in re. – Daß aber überhaupt eine Beziehung zwischen einer Komposition und einer anschaulichen Darstellung möglich ist, beruht, wie gesagt, darauf, daß beide nur ganz verschiedene Ausdrücke desselben innern Wesens der Welt sind. Wann nun im einzelnen Fall eine solche Beziehung wirklich vorhanden ist, also der Komponist die Willensregungen, welche den Kern einer Begebenheit ausmachen, in der allgemeinen Sprache der Musik auszusprechen gewußt hat: dann ist die Melodie des Liedes, die Musik der Oper ausdrucksvoll. Die vom Komponisten aufgefundene Analogie zwischen jenen beiden muß aber aus der unmittelbaren Erkenntnis des Wesens der Welt, seiner Vernunft unbewußt, hervorgegangen und darf nicht, mit bewußter Absichtlichkeit, durch Begriffe vermittelte Nachahmung sein: sonst spricht die Musik nicht das innere Wesen, den Willen selbst aus; sondern ahmt nur seine Erscheinung ungenügend nach; wie dies alle eigentlich nachbildende Musik tut." –

Wir verstehen also, nach der Lehre Schopenhauers, die Musik als die Sprache des Willens unmittelbar und fühlen unsere Phantasie angeregt, jene zu uns redende, unsichtbare und doch so lebhaft bewegte Geisterwelt zu gestalten und sie in einem analogen Beispiel uns zu verkörpern. Andrerseits kommt Bild und Begriff, unter der Einwirkung einer wahrhaft entsprechenden Musik, zu einer erhöhten Bedeutsamkeit. Zweierlei Wirkungen pflegt also die dionysische Kunst auf das apollinische Kunstvermögen auszuüben: die Musik reizt zum *gleichnisartigen Anschauen* der dionysischen Allgemeinheit, die Musik läßt sodann das gleichnisartige Bild *in höchster Bedeutsamkeit* hervortreten. Aus diesen an sich verständlichen und keiner tieferen Beobachtung unzugänglichen Tatsachen erschließe ich die Befähigung der Musik, *den Mythus*, das heißt das bedeutsamste Exempel zu gebären und gerade den *tragischen* Mythus: den Mythus, der von der dionysischen Erkenntnis in Gleichnissen redet. An dem Phänomen des Lyrikers habe ich dargestellt, wie die Musik im

Lyriker danach ringt, in apollinischen Bildern über ihr Wesen sich kund zu geben: denken wir uns jetzt, daß die Musik in ihrer höchsten Steigerung auch zu einer höchsten Verbildlichung zu kommen suchen muß, so müssen wir für möglich halten, daß sie auch den symbolischen Ausdruck für ihre eigentliche dionysische Weisheit zu finden wisse; und wo anders werden wir diesen Ausdruck zu suchen haben, wenn nicht in der Tragödie und überhaupt im Begriff des *Tragischen?*

Aus dem Wesen der Kunst, wie sie gemeinhin nach der einzigen Kategorie des Scheines und der Schönheit begriffen wird, ist das Tragische in ehrlicher Weise gar nicht abzuleiten; erst aus dem Geiste der Musik heraus verstehen wir eine Freude an der Vernichtung des Individuums. Denn an den einzelnen Beispielen einer solchen Vernichtung wird uns nur das ewige Phänomen der dionysischen Kunst deutlich gemacht, die den Willen in seiner Allmacht gleichsam hinter dem *principio individuationis,* das ewige Leben jenseits aller Erscheinung und trotz aller Vernichtung zum Ausdruck bringt. Die metaphysische Freude am Tragischen ist eine Übersetzung der instinktiv unbewußten dionysischen Weisheit in die Sprache des Bildes: der Held, die höchste Willenserscheinung, wird zu unserer Lust verneint, weil er doch nur Erscheinung ist und das ewige Leben des Willens durch seine Vernichtung nicht berührt wird. „Wir glauben an das ewige Leben", so ruft die Tragödie; während die Musik die unmittelbare Idee dieses Lebens ist. Ein ganz verschiednes Ziel hat die Kunst des Plastikers: hier überwindet Apollo das Leiden des Individuums durch die leuchtende Verherrlichung der *Ewigkeit der Erscheinung*, hier siegt die Schönheit über das dem Leben inhärierende Leiden, der Schmerz wird in einem gewissen Sinne aus den Zügen der Natur hinweggelogen. In der dionysischen Kunst und in deren tragischer Symbolik redet uns dieselbe Natur mit ihrer wahren, unverstellten Stimme an: „Seid wie ich bin! Unter dem unaufhörlichen Wechsel der Erscheinungen die ewig schöpferische, ewig zum Dasein zwingende, an diesem Erscheinungswechsel sich ewig befriedigende Urmutter!"

SIEBZEHNTER ABSCHNITT

Auch die dionysische Kunst will uns von der ewigen Lust des Daseins überzeugen: nur sollen wir diese Lust nicht in den Erscheinungen, sondern hinter den Erscheinungen suchen. Wir sollen erkennen, wie alles, was entsteht, zum leidvollen Untergange bereit sein muß, wir werden gezwungen, in die Schrecken der Individualexistenz hineinzublicken – und sollen doch nicht erstarren: ein metaphysischer Trost reißt uns momentan aus dem Getriebe der Wandelgestalten heraus. Wir sind wirklich in kurzen Augenblicken das Urwesen selbst und fühlen dessen unbändige Daseinsgier und Daseinslust; der Kampf, die Qual, die Vernichtung der Erscheinungen dünkt uns jetzt wie notwendig, bei dem Übermaß von unzähligen, sich ins Leben drängenden und stoßenden Daseinsformen, bei der überschwenglichen Fruchtbarkeit des Weltwillens; wir werden von dem wütenden Stachel dieser Qualen in demselben Augenblicke durchbohrt, wo wir gleichsam mit der unermeßlichen Urlust am Dasein eins geworden sind und wo wir die Unzerstörbarkeit und Ewigkeit dieser Lust in dionysischer Entzückung ahnen. Trotz Furcht und Mitleid sind wir die glücklich-Lebendigen, nicht als Individuen, sondern als das *eine* Lebendige, mit dessen Zeugungslust wir verschmolzen sind.

Die Entstehungsgeschichte der griechischen Tragödie sagt uns jetzt mit lichtvoller Bestimmtheit, wie das tragische Kunstwerk der Griechen wirklich aus dem Geiste der Musik herausgeboren ist: durch welchen Gedanken wir zum ersten Male dem ursprünglichen und so erstaunlichen Sinne des Chors gerecht geworden zu sein glauben. Zugleich aber müssen wir zugeben, daß die vorhin aufgestellte Bedeutung des tragischen Mythus den griechischen Dichtern, geschweige den griechischen Philosophen, niemals in begrifflicher Deutlichkeit durchsichtig geworden ist; ihre Helden sprechen gewissermaßen oberflächlicher, als sie handeln; der Mythus findet in dem gesprochnen Wort durchaus nicht seine adäquate Objektivation. Das Gefüge der Szenen und die anschaulichen Bilder offenbaren eine tiefere Weisheit, als der Dichter selbst in Worte und Begriffe fassen kann: wie das gleiche auch bei Shakespeare beobachtet wird, dessen Hamlet zum Beispiel in einem ähnlichen Sinne oberflächlicher redet, als er handelt, so daß nicht aus den Worten heraus, sondern aus dem vertieften Anschauen und Überschauen des Ganzen jene früher erwähnte Hamletlehre zu entnehmen ist. In betreff der griechischen Tragödie, die uns freilich nur als Wortdrama entgegentritt, habe ich sogar angedeutet, daß jene Inkongruenz zwischen Mythus und Wort uns leicht verführen könnte, sie für flacher und bedeutungsloser zu halten, als sie ist, und demnach auch eine oberflächlichere Wirkung für sie vorauszusetzen, als sie nach den Zeugnissen der Alten gehabt haben muß: denn wie leicht vergißt man, daß, was dem Wortdichter nicht gelungen war, die höchste Vergeistigung und Idealität des Mythus zu erreichen, ihm als schöpferischem Musiker in jedem Augenblick gelingen konnte! Wir freilich müssen uns die Übermacht der musikalischen Wirkung fast auf gelehrtem Wege rekonstruieren, um etwas von jenem unvergleichlichen Troste zu empfangen, der der wahren Tragödie zu eigen sein muß. Selbst diese musikalische Übermacht aber würden wir nur, wenn wir Griechen wären, als solche empfunden haben: während wir in der ganzen Entfaltung der griechischen Musik – der uns bekannten und vertrauten, so unendlich reicheren gegenüber – nur das in schüchternem Kraftgefühle angestimmte Jünglingslied des musikalischen Genius zu hören glauben. Die Griechen sind, wie die ägyptischen Priester sagen, die ewigen Kinder, und auch in der tragischen Kunst nur die Kinder, welche nicht wissen, welches erhabene Spielzeug unter ihren Händen entstanden ist und – zertrümmert wird.

Jenes Ringen des Geistes der Musik nach bildlicher und mythischer Offenbarung, welches von den Anfängen der Lyrik bis zur attischen Tragödie sich steigert, bricht plötzlich, nach eben erst errungener üppiger Entfaltung, ab und verschwindet gleichsam von der Oberfläche der hellenischen Kunst: während die aus diesem Ringen geborne dionysische Weltbetrachtung in den Mysterien weiterlebt und in den wunderbarsten Metamorphosen und Entartungen nicht aufhört, ernstere Naturen an sich zu ziehen. Ob sie nicht aus ihrer mystischen Tiefe einst wieder als Kunst emporsteigen wird?

Hier beschäftigt uns die Frage, ob die Macht, an deren Entgegenwirken die Tragödie sich brach, für alle Zeit genug Stärke hat, um das künstlerische Wiedererwachen der Tragödie und der tragischen Weltbetrachtung zu verhindern. Wenn die alte Tragödie durch den dialektischen Trieb zum Wissen und zum Optimismus der Wissenschaft aus ihrem Gleise gedrängt wurde, so wäre aus dieser Tatsache auf einen ewigen Kampf zwischen *der theoretischen* und *der tragischen Weltbetrachtung* zu schließen; und erst nachdem der Geist der Wissenschaft bis an seine Grenze geführt ist und sein Anspruch auf universale Gültigkeit durch den Nachweis jener Grenzen vernichtet ist, dürfte auf eine Wiedergeburt der Tragödie zu hoffen sein: für welche Kulturform wir das Symbol *des musiktreibenden Sokrates*, in dem früher erörterten Sinne, hinzustellen hätten. Bei dieser Gegenüberstellung verstehe ich unter dem Geiste der Wissenschaft jenen zuerst in der Person des Sokrates ans Licht gekommenen Glauben an die Ergründlichkeit der Natur und an die Universalheilkraft des Wissens.

Wer sich an die nächsten Folgen dieses rastlos vorwärtsdringenden Geistes der Wissenschaft erinnert, wird sich sofort vergegenwärtigen, wie durch ihn der *Mythus* vernichtet wurde und wie durch diese Vernichtung die Poesie aus ihrem natürlichen idealen Boden, als eine nunmehr heimatlose, verdrängt war. Haben wir mit Recht der Musik die Kraft zugesprochen, den Mythus wieder aus sich gebären zu können, so werden wir den Geist der Wissenschaft auch auf der Bahn zu suchen haben, wo er dieser mythenschaffenden Kraft der Musik feindlich entgegentritt. Dies geschieht in der Entfaltung des *neueren attischen Dithyrambus*, dessen Musik nicht mehr das innere Wesen, den Willen selbst aussprach, sondern nur die Erscheinung ungenügend, in einer durch Begriffe vermittelten Nachahmung wiedergab: von welcher innerlich entarteten Musik sich die wahrhaft musikalischen Naturen mit demselben Widerwillen abwandten, den sie vor der kunstmörderischen Tendenz des Sokrates hatten. Der sicher zugreifende Instinkt des Aristophanes hat gewiß das Rechte erfaßt, wenn er Sokrates selbst, die Tragödie des Euripides und die Musik der neueren Dithyrambiker in dem gleichen Gefühle des Hasses zusammenfaßte und in allen drei Phänomenen die Merkmale einer degenerierten Kultur witterte. Durch jenen neueren Dithyrambus ist die Musik in frevelhafter Weise zum imitatorischen Konterfei der Erscheinung, zum Beispiel einer Schlacht, eines Seesturmes, gemacht und damit allerdings ihrer mythenschaffenden Kraft gänzlich beraubt worden.

Denn wenn sie unsere Ergötzung nur dadurch zu erregen sucht, daß sie uns zwingt, äußerliche Analogien zwischen einem Vorgange des Lebens und der Natur und gewissen rhythmischen Figuren und charakteristischen Klängen der Musik zu suchen, wenn sich unser Verstand an der Erkenntnis dieser Analogien befriedigen soll, so sind wir in eine Stimmung herabgezogen, in der eine Empfängnis des Mythischen unmöglich ist; denn der Mythus will als ein einziges Exempel einer ins Unendliche hineinstarrenden Allgemeinheit und Wahrheit anschaulich empfunden werden. Die wahrhaft dionysische Musik tritt uns als ein solcher allgemeiner Spiegel des Weltwillens gegenüber: jenes anschauliche Ereignis, das sich in diesem Spiegel bricht, erweitert sich sofort für unser Gefühl zum Abbilde einer ewigen Wahrheit. Umgekehrt wird ein solches anschauliches Ereignis durch die Tonmalerei des neueren Dithyrambus sofort jedes mythischen Charakters entkleidet; jetzt ist die Musik zum dürftigen Abbilde der Erscheinung geworden und darum unendlich ärmer als die Erscheinung selbst: durch welche Armut sie für unsere Empfindung die Erscheinung selbst noch herabzieht, so daß jetzt zum Beispiel eine derartig musikalisch imitierte Schlacht sich in Marschlärm, Signalklängen usw. erschöpft und unsere Phantasie gerade bei diesen Oberflächlichkeiten festgehalten wird. Die Tonmalerei ist also in jeder Beziehung das Gegenstück zu der mythenschaffenden Kraft der wahren Musik: durch sie wird die Erscheinung noch ärmer, als sie ist, während durch die dionysische Musik die einzelne Erscheinung sich zum Weltbilde bereichert und erweitert. Es war ein mächtiger Sieg des undionysischen Geistes, als er, in der Entfaltung des neueren Dithyrambus, die Musik sich selbst entfremdet und sie zur Sklavin der Erscheinung herabgedrückt hatte. Euripides, der in einem höheren Sinne eine durchaus unmusikalische Natur genannt werden muß, ist aus eben diesem Grunde leidenschaftlicher Anhänger der neueren dithyrambischen Musik und verwendet mit der Freigebigkeit eines Räubers alle ihre Effektstücke und Manieren.

Nach einer anderen Seite sehen wir die Kraft dieses undionysischen, gegen den Mythus gerichteten Geistes in Tätigkeit, wenn wir unsere Blicke auf das Überhandnehmen der *Charakterdarstellung* und des psychologischen Raffinements in der Tragödie von Sophokles ab richten. Der

Charakter soll sich nicht mehr zum ewigen Typus erweitern lassen, sondern im Gegenteil so durch künstliche Nebenzüge und Schattierungen, durch feinste Bestimmtheit aller Linien individuell wirken, daß der Zuschauer überhaupt nicht mehr den Mythus, sondern die mächtige Naturwahrheit und die Imitationskraft des Künstlers empfindet. Auch hier gewahren wir den Sieg der Erscheinung über das Allgemeine und die Lust an dem einzelnen gleichsam anatomischen Präparat, wir atmen bereits die Luft einer theoretischen Welt, welcher die wissenschaftliche Erkenntnis höher gilt als die künstlerische Widerspiegelung einer Weltregel. Die Bewegung auf der Linie des Charakteristischen geht schnell weiter: während noch Sophokles ganze Charaktere malt und zu ihrer raffinierten Entfaltung den Mythus ins Joch spannt, malt Euripides bereits nur noch große einzelne Charakterzüge, die sich in heftigen Leidenschaften zu äußern wissen; in der neuern attischen Komödie gibt es nur noch Masken mit *einem* Ausdruck, leichtsinnige Alte, geprellte Kuppler, verschmitzte Sklaven in unermüdlicher Wiederholung. Wohin ist jetzt der mythenbildende Geist der Musik? Was jetzt noch von Musik übrig ist, das ist entweder Aufregungs- oder Erinnerungsmusik, das heißt entweder ein Stimulansmittel für stumpfe und verbrauchte Nerven, oder Tonmalerei. Für die erstere kommt es auf den untergelegten Text kaum noch an: schon bei Euripides geht es, wenn seine Helden oder Chöre erst zu singen anfangen, recht liederlich zu; wohin mag es bei seinen frechen Nachfolgern gekommen sein?

Am allerdeutlichsten aber offenbart sich der neue undionysische Geist in den *Schlüssen* der neueren Dramen. In der alten Tragödie war der metaphysische Trost am Ende zu spüren gewesen, ohne den die Lust an der Tragödie überhaupt nicht zu erklären ist; am reinsten tönt vielleicht im Ödipus auf Kolonos der versöhnende Klang aus einer anderen Welt. Jetzt, als der Genius der Musik aus der Tragödie entflohen war, ist, im strengen Sinne, die Tragödie tot: denn woher sollte man jetzt jenen metaphysischen Trost schöpfen können? Man suchte daher nach einer irdischen Lösung der tragischen Dissonanz; der Held, nachdem er durch das Schicksal hinreichend gemartert war, erntete in einer stattlichen Heirat, in göttlichen Ehrenbezeigungen einen wohlverdienten Lohn. Der Held war zum Gladiator geworden, dem man, nachdem er tüchtig geschunden und mit Wunden überdeckt war, gelegentlich die Freiheit schenkte. Der *deus ex machina* ist anstelle des metaphysischen Trostes getreten. Ich will nicht sagen, daß die tragische Weltbetrachtung überall und völlig durch den andrängenden Geist des Undionysischen zerstört wurde: wir wissen nur, daß sie sich aus der Kunst gleichsam in die Unterwelt, in einer Entartung zum Geheimkult, flüchten mußte. Aber auf dem weitesten Gebiete der Oberfläche des hellenischen Wesens wütete der verzehrende Hauch jenes Geistes, welcher sich in jener Form der „griechischen Heiterkeit“ kundgibt, von der bereits früher, als von einer greisenhaft unproduktiven Daseinslust, die Rede war; diese Heiterkeit ist ein Gegenstück zu der herrlichen „Naivität“ der älteren Griechen, wie sie, nach der gegebenen Charakteristik, zu fassen ist als die aus einem düsteren Abgrunde hervorwachsende Blüte der apollinischen Kultur, als der Sieg, den der hellenische Wille durch seine Schönheitsspiegelung über das Leiden und die Weisheit des Leidens davonträgt. Die edelste Form jener anderen Form der „griechischen Heiterkeit“, der alexandrinischen, ist die Heiterkeit des *theoretischen Menschen*: sie zeigt dieselben charakteristischen Merkmale, die ich soeben aus dem Geiste des Undionysischen ableitete – daß sie die dionysische Weisheit und Kunst bekämpft, daß sie den Mythus aufzulösen trachtet, daß sie anstelle eines metaphysischen Trostes eine irdische Konsonanz, ja einen eigenen deus ex machina setzt, nämlich den Gott der Maschinen und Schmelztiegel, das heißt die im Dienste des höheren Egoismus erkannten und verwendeten Kräfte der Naturgeister, daß sie an eine Korrektur der Welt durch das Wissen, an ein durch die Wissenschaft geleitetes Leben glaubt und auch wirklich imstande ist, den einzelnen Menschen in einen allerengsten Kreis von lösbaren Aufgaben zu bannen, innerhalb dessen er hier zum Leben sagt: „Ich will dich: du bist wert, erkannt zu werden.“

ACHTZEHNTER ABSCHNITT

Es ist ein ewiges Phänomen: immer findet der gierige Wille ein Mittel, durch eine über die Dinge gebreitete Illusion seine Geschöpfe im Leben festzuhalten und zum Weiterleben zu zwingen. Diesen fesselt die sokratische Lust des Erkennens und der Wahn, durch dasselbe die ewige Wunde des Daseins heilen zu können, jenen umstrickt der vor seinen Augen wehende verführerische Schönheitsschleier der Kunst, jenen wiederum der metaphysische Trost, daß unter dem Wirbel der Erscheinungen das ewige Leben unzerstörbar weiterfließt: um von den gemeineren und fast noch kräftigeren Illusionen, die der Wille in jedem Augenblick bereit hält, zu schweigen. Jene drei Illusionsstufen sind überhaupt nur für die edler ausgestatteten Naturen, von denen die Last und Schwere des Daseins überhaupt mit tieferer Unlust empfunden wird, und die durch ausgesuchte Reizmittel über diese Unlust hinwegzutäuschen sind. Aus diesen Reizmitteln besteht alles, was wir Kultur nennen: je nach der Proportion der Mischungen haben wir eine vorzugsweise *sokratische* oder *künstlerische* oder *tragische* Kultur; oder wenn man historische Exemplifikationen erlauben will: es gibt entweder eine alexandrinische oder eine hellenische oder eine indische (brahmanische) Kultur.

Unsere ganze moderne Welt ist in dem Netz der alexandrinischen Kultur befangen und kennt als Ideal den mit höchsten Erkenntniskräften ausgerüsteten, im Dienste der Wissenschaft arbeitenden *theoretischen Menschen*, dessen Urbild und Stammvater Sokrates ist. Alle unsere Erziehungsmittel haben ursprünglich dieses Ideal im Auge: jede andere Existenz hat sich mühsam nebenbei emporzuringen, als erlaubte, nicht als beabsichtigte Existenz. In einem fast erschreckenden Sinne ist hier eine lange Zeit der Gebildete allein in der Form des Gelehrten gefunden worden; selbst unsere dichterischen Künste haben sich aus gelehrten Imitationen entwickeln müssen, und in dem Haupteffekt des Reimes erkennen wir noch die Entstehung unserer poetischen Form aus künstlichen Experimenten mit einer nicht heimischen, recht eigentlich gelehrten Sprache. Wie unverständlich müßte einem echten Griechen der an sich verständliche moderne Kulturmensch *Faust* erscheinen, der durch alle

Fakultäten unbefriedigt stürmende, aus Wissenstrieb der Magie und dem Teufel ergebene Faust, den wir nur zur Vergleichung neben Sokrates zu stellen haben, um zu erkennen, daß der moderne Mensch die Grenzen jener sokratischen Erkenntnislust zu ahnen beginnt und aus dem weiten wüsten Wissensmeere nach einer Küste verlangt. Wenn Goethe einmal zu Eckermann, mit Bezug auf Napoleon, äußert: „Ja, mein Guter, es gibt auch eine Produktivität der Taten", so hat er, in anmutig naiver Weise, daran erinnert, daß der nichttheoretische Mensch für den modernen Menschen etwas Unglaubwürdiges und Staunenerregendes ist, so daß es wieder der Weisheit eines Goethe bedarf, um auch eine so befremdende Existenzform begreiflich, ja verzeihlich zu finden.

Und nun soll man sich nicht verbergen, was im Schoße dieser sokratischen Kultur verborgen liegt! Der unumschränkt sich wähnende Optimismus! Nun soll man nicht erschrecken, wenn die Früchte dieses Optimismus reifen, wenn die von einer derartigen Kultur bis in die niedrigsten Schichten hinein durchsäuerte Gesellschaft allmählich unter üppigen Wallungen und Begehrungen erzittert, wenn der Glaube an das Erdenglück aller, wenn der Glaube an die Möglichkeit einer solchen allgemeinen Wissenskultur allmählich in die drohende Forderung eines solchen alexandrinischen Erdenglückes, in die Beschwörung eines euripideischen *deus ex machina* umschlägt! Man soll es merken: die alexandrinische Kultur braucht einen Sklavenstand, um auf die Dauer existieren zu können: aber sie leugnet, in ihrer optimistischen Betrachtung des Daseins, die Notwendigkeit eines solchen Standes und geht deshalb, wenn der Effekt ihrer schönen Verführungs- und Beruhigungsworte von der „Würde des Menschen" und der „Würde der Arbeit" verbraucht ist, allmählich einer grauenvollen Vernichtung entgegen. Es gibt nichts Furchtbareres als einen barbarischen Sklavenstand, der seine Existenz als ein Unrecht zu betrachten gelernt hat und sich anschickt, nicht nur für sich, sondern für alle Generationen Rache zu nehmen. Wer wagt es, solchen drohenden Stürmen entgegen, sicheren Mutes an unsere blassen und ermüdeten Religionen zu appellieren, die selbst in ihren Fundamenten zu Gelehrtenreligionen entartet sind: so daß der Mythus, die notwendige Voraussetzung jeder Religion, bereits überall gelähmt ist, und selbst auf diesem Bereich jener optimistische Geist zur Herrschaft gekommen ist, den wir als den Vernichtungskeim unserer Gesellschaft eben bezeichnet haben.

Während das im Schoße der theoretischen Kultur schlummernde Unheil allmählich den modernen Menschen zu ängstigen beginnt, und er, unruhig, aus dem Schatze seiner Erfahrungen nach Mitteln greift, um die Gefahr abzuwenden, ohne selbst an diese Mittel recht zu glauben; während er also seine eigenen Konsequenzen zu ahnen beginnt: haben große allgemein angelegte Naturen, mit einer unglaublichen Besonnenheit, das Rüstzeug der Wissenschaft selbst zu benutzen gewußt, um die Grenzen und die Bedingtheit des Erkennens überhaupt darzulegen und damit den Anspruch der Wissenschaft auf universale Geltung und universale Zwecke entscheidend zu leugnen: bei welchem Nachweise zum ersten Male jene Wahnvorstellung als solche erkannt wurde, welche, an der Hand der Kausalität, sich anmaßt, das innerste Wesen der Dinge ergründen zu können. Der ungeheuren Tapferkeit und Weisheit *Kants* und *Schopenhauers* ist der schwerste Sieg gelungen, der Sieg über den im Wesen der Logik verborgen liegenden Optimismus, der wiederum der Untergrund unserer Kultur ist. Wenn dieser an die Erkennbarkeit und Ergründlichkeit aller Welträtsel, gestützt auf die ihm unbedenklichen aeternae veritates, geglaubt und Raum, Zeit und Kausalität als gänzlich unbedingte Gesetze von allgemeinster Gültigkeit behandelt hatte, offenbarte Kant, wie diese eigentlich nur dazu dienten, die bloße Erscheinung, das Werk der Maja, zur einzigen und höchsten Realität zu erheben und sie an die Stelle des innersten und wahren Wesens der Dinge zu setzen und die wirkliche Erkenntnis von diesem dadurch unmöglich zu machen, das heißt, nach einem Schopenhauerschen Ausspruche, den Träumer noch fester einzuschläfern. Mit dieser Erkenntnis ist eine Kultur eingeleitet, welche ich als eine tragische zu bezeichnen wage: deren wichtigstes Merkmal ist, daß an die Stelle der Wissenschaft als höchstes Ziel die Weisheit gerückt wird, die sich, ungetäuscht durch die verführerischen Ablenkungen der Wissenschaften, mit unbewegtem Blicke dem Gesamtbilde der Welt zuwendet und in diesem das ewige Leiden mit sympathischer Liebesempfindung als das eigne Leiden zu ergreifen sucht. Denken wir uns eine heranwachsende Generation mit dieser Unerschrockenheit des Blicks, mit diesem heroischen Zug ins Ungeheure, denken wir uns den kühnen Schritt dieser Drachentöter, die stolze Verwegenheit, mit der sie allen den Schwächlichkeitsdoktrinen jenes Optimismus den Rücken kehren, um im Ganzen und Vollen „resolut zu leben“: sollte es nicht nötig sein, daß der tragische Mensch dieser Kultur, bei seiner Selbsterziehung zum Ernst und zum Schrecken, eine neue Kunst, die Kunst des metaphysischen Trostes, die Tragödie als die ihm zugehörige Helena begehren und mit Faust ausrufen muß:

> Und sollt' ich nicht, sehnsüchtigster Gewalt,
> Ins Leben ziehn die einzigste Gestalt?

Nachdem aber die sokratische Kultur von zwei Seiten aus erschüttert ist und das Zepter ihrer Unfehlbarkeit nur noch mit zitternden Händen zu halten vermag, einmal aus Furcht vor ihren eigenen Konsequenzen, die sie nachgerade zu ahnen beginnt, sodann weil sie selbst von der ewigen Gültigkeit ihres Fundamentes nicht mehr mit dem früheren naiven Zutrauen überzeugt ist: so ist es ein trauriges Schauspiel, wie sich der Tanz ihres Denkens sehnsüchtig immer auf neue Gestalten stürzt, um sie zu umarmen, und sie dann plötzlich wieder, wie Mephistopheles die verführerischen Lamien, schaudernd fahrenläßt. Das ist ja das Merkmal jenes „Bruches“, von dem jedermann als von dem Urleiden der modernen Kultur zu reden pflegt, daß der theoretische Mensch vor seinen Konsequenzen erschrickt und unbefriedigt es nicht mehr wagt, sich dem furchtbaren Eisstrome des Daseins anzuvertrauen: ängstlich läuft er am Ufer auf und ab. Er will nichts mehr ganz haben, ganz auch mit aller der natürlichen Grausamkeit der Dinge. So weit hat ihn das optimistische Betrachten verzärtelt. Dazu fühlt er, wie eine Kultur, die auf dem Prinzip der Wissenschaft aufgebaut ist, zugrunde gehen muß, wenn sie anfängt, *unlogisch* zu werden, das heißt vor ihren Konsequenzen zurückzufliehen. Unsere Kunst offenbart diese allgemeine Not: umsonst, daß man sich an alle großen produktiven Perioden und Naturen imitatorisch anlehnt, umsonst, daß man die ganze „Weltliteratur“ zum Troste des modernen Menschen um ihn versammelt und ihn mitten unter die Kunststile und Künstler aller Zeiten hinstellt, damit er ihnen, wie Adam den Tieren, einen Namen gebe: er bleibt doch der ewig Hungernde, der

„Kritiker“ ohne Lust und Kraft, der alexandrinische Mensch, der im Grunde Bibliothekar und Korrektor ist und an Bücherstaub und Druckfehlern elend erblindet.

NEUNZEHNTER ABSCHNITT

Man kann den innersten Gehalt dieser sokratischen Kultur nicht schärfer bezeichnen, als wenn man sie *die Kultur der Oper* nennt: denn auf diesem Gebiete hat sich diese Kultur mit eigener Naivität über ihr Wollen und Erkennen ausgesprochen, zu unserer Verwunderung, wenn wir die Genesis der Oper und die Tatsachen der Opernentwicklung mit den ewigen Wahrheiten des Apollinischen und des Dionysischen zusammenhalten. Ich erinnere zunächst an die Entstehung des *stilo rapprèsentativo* und des Rezitativs. Ist es glaublich, daß diese gänzlich veräußerlichte, der Andacht unfähige Musik der Oper von einer Zeit mit schwärmerischer Gunst, gleichsam als die Wiedergeburt aller wahren Musik, empfangen und gehegt werden konnte, aus der sich soeben die unaussprechbar erhabene und heilige Musik Palestrinas erhoben hatte? Und wer möchte andrerseits nur die zerstreuungssüchtige Üppigkeit jener Florentiner Kreise und die Eitelkeit ihrer dramatischen Sänger für die so ungestüm sich verbreitende Lust an der Oper verantwortlich machen? Daß in derselben Zeit, ja in demselben Volke neben dem Gewölbebau Palestrinascher Harmonien, an dem das gesamte christliche Mittelalter gebaut hatte, jene Leidenschaft für eine halbmusikalische Sprechart erwachte, vermag ich mir nur aus einer im Wesen des Rezitativs mitwirkenden *außerkünstlerischen Tendenz* zu erklären.

Dem Zuhörer, der das Wort unter dem Gesange deutlich vernehmen will, entspricht der Sänger dadurch, daß er mehr spricht als singt und daß er den pathetischen Wortausdruck in diesem Halbgesange verschärft: durch diese Verschärfung des Pathos erleichtert er das Verständnis des Wortes und überwindet jene übriggebliebene Hälfte der Musik. Die eigentliche Gefahr, die ihm jetzt droht, ist die, daß er der Musik einmal zur Unzeit das Übergewicht erteilt, wodurch sofort Pathos der Rede und Deutlichkeit des Wortes zugrunde gehen müßten: während er andrerseits immer den Trieb zu musikalischer Entladung und zu virtuosenhafter Präsentation seiner Stimme fühlt. Hier kommt ihm der „Dichter“ zu Hilfe, der ihm genug Gelegenheiten zu lyrischen Interjektionen, Wort- und Sentenzenwiederholungen usw. zu bieten weiß: an welchen Stellen der Sänger jetzt in dem rein musikalischen Elemente, ohne Rücksicht auf das Wort, ausruhen kann. Dieser Wechsel affektvoll eindringlicher, doch nur halb gesungener Rede und ganz gesungener Interjektion, der im Wesen des *stilo rappresentativo* liegt, dies rasch wechselnde Bemühen, bald auf den Begriff und die Vorstellung, bald auf den musikalischen Grund des Zuhörers zu wirken, ist etwas so gänzlich Unnatürliches und den Kunsttrieben des Dionysischen und des Apollinischen in gleicher Weise so innerlich Widersprechendes, daß man auf einen Ursprung des Rezitativs zu schließen hat, der außerhalb aller künstlerischen Instinkte liegt. Das Rezitativ ist nach dieser Schilderung zu definieren als die Vermischung des epischen und des lyrischen Vortrags, und zwar keinesfalls die innerlich beständige Mischung, die bei so gänzlich disparaten Dingen nicht erreicht werden konnte, sondern die äußerlichste mosaikartige Konglutination, wie etwas Derartiges im Bereich der Natur und der Erfahrung gänzlich vorbildlos ist. *Dies war aber nicht die Meinung jener Erfinder des Rezitativs:* vielmehr glaubten sie selbst und mit ihnen ihr Zeitalter, daß durch jenen *stilo rappresentativo* das Geheimnis der antiken Musik gelöst sei, aus dem sich allein die ungeheure Wirkung eines Orpheus, Amphion, ja auch der griechischen Tragödie erklären lasse. Der neue Stil galt als die Wiedererweckung der wirkungsvollsten Musik, der altgriechischen: ja man durfte sich, bei der allgemeinen und ganz volkstümlichen Auffassung der homerischen Welt *als der Urwelt*, dem Traume überlassen, jetzt wieder in die paradiesischen Anfänge der Menschheit hinabgestiegen zu sein, in der notwendig auch die Musik jene unübertroffene Reinheit, Macht und Unschuld gehabt haben müßte, von der die Dichter in ihren Schäferspielen so rührend zu erzählen wußten. Hier sehen wir in das innerlichste Werden dieser recht eigentlich modernen Kunstgattung, der Oper: ein mächtiges Bedürfnis erzwingt sich hier eine Kunst, aber ein Bedürfnis unästhetischer Art: die Sehnsucht zum Idyll, der Glaube an eine unvorzeitliche Existenz des künstlerischen und guten Menschen. Das Rezitativ galt als die wiederentdeckte Sprache jenes Urmenschen; die Oper als das wiederaufgefundene Land jenes idyllisch oder heroisch guten Wesens, das zugleich in allen seinen Handlungen einem natürlichen Kunsttriebe folgt, das bei allem, was es zu sagen hat, wenigstens etwas singt, um, bei der leisesten Gefühlserregung, sofort mit voller Stimme zu singen. Es ist für uns jetzt gleichgültig, daß mit diesem neugeschaffnen Bilde des paradiesischen Künstlers die damaligen Humanisten gegen die alte kirchliche Vorstellung vom an sich verderbten und verlornen Menschen ankämpften: so daß die Oper als das Oppositionsdogma vom guten Menschen zu verstehen ist, mit dem aber zugleich ein Trostmittel gegen jenen Pessimismus gefunden war, zu dem gerade die Ernstgesinnten jener Zeit, bei der grauenhaften Unsicherheit aller Zustände, am stärksten gereizt waren. Genug, wenn wir erkannt haben, wie der eigentliche Zauber und damit die Genesis dieser neuen Kunstform in der Befriedigung eines gänzlich unästhetischen Bedürfnisses liegt, in der optimistischen Verherrlichung des Menschen an sich, in der Auffassung des Urmenschen als des von Natur guten und künstlerischen Menschen: welches Prinzip der Oper sich allmählich in eine drohende und entsetzliche *Forderung* umgewandelt hat, die wir, im Angesicht der sozialistischen Bewegungen der Gegenwart, nicht mehr überhören können. Der „gute Urmensch“ will seine Rechte: welche paradiesischen Aussichten!

Ich stelle daneben noch eine ebenso deutliche Bestätigung meiner Ansicht, daß die Oper auf den gleichen Prinzipien mit unserer alexandrinischen Kultur aufgebaut ist. Die Oper ist die Geburt des theoretischen Menschen, des kritischen Laien, nicht des Künstlers: eine der befremdlichsten Tatsachen in der Geschichte aller Künste. Es war die Forderung recht eigentlich unmusikalischer Zuhörer, daß man vor allem das Wort verstehen müsse; so daß eine Wiedergeburt der Tonkunst nur zu erwarten sei, wenn man irgendeine Gesangesweise entdecken werde, bei welcher das Textwort über den Kontrapunkt wie der Herr über den Diener herrsche. Denn die Worte seien um so viel edler als das begleitende harmonische System, um wieviel die Seele edler als der Körper sei. Mit der laienhaft unmusikalischen Roheit dieser Ansichten wurde in den Anfängen der Oper die Verbindung von Musik, Bild und Wort behandelt; im Sinne dieser Ästhetik kam es auch in den vornehmen Laienkreisen von Florenz, durch hier patronisierte Dichter und Sänger, zu den ersten Experimenten. Der kunstohnmächtige Mensch erzeugt sich eine Art von Kunst, gerade dadurch, daß er der unkünstlerische Mensch an sich ist. Weil er die dionysische Tiefe der Musik nicht ahnt, verwandelt er sich den Musikgenuß zur verstandesmäßigen Wort- und Tonrhetorik der Leidenschaft im *stilo rapprèsentativo* und zur Wohllust der Gesangeskünste; weil er keine Vision zu schauen vermag, zwingt er den Maschinisten und Dekorationskünstler in seinen Dienst; weil er das wahre Wesen des Künstlers nicht zu erfassen weiß, zaubert er vor sich den „künstlerischen Urmenschen" nach seinem Geschmack hin, das heißt den Menschen, der in der Leidenschaft singt und Verse spricht. Er träumt sich in eine Zeit hinein, in der die Leidenschaft ausreicht, um Gesänge und Dichtungen zu erzeugen: als ob je der Affekt imstande gewesen sei, etwas Künstlerisches zu schaffen. Die Voraussetzung der Oper ist ein falscher Glaube über den künstlerischen Prozeß, und zwar jener idyllische Glaube, daß eigentlich jeder empfindende Mensch Künstler sei. Im Sinne dieses Glaubens ist die Oper der Ausdruck des Laientums in der Kunst, das seine Gesetze mit dem heitern Optimismus des theoretischen Menschen diktiert.

Sollten wir wünschen, die beiden eben geschilderten, bei der Entstehung der Oper wirksamen Vorstellungen unter einen Begriff zu vereinigen, so würde uns nur übrigbleiben, von einer *idyllischen Tendenz der Oper* zu sprechen: wobei wir uns allein der Ausdrucksweise und Erklärung Schillers zu bedienen hätten. Entweder, sagt dieser, ist die Natur und das Ideal ein Gegenstand der Trauer, wenn jene als verloren, dieses als unerreicht dargestellt wird. Oder beide sind ein Gegenstand der Freude, indem sie als wirklich vorgestellt werden. Das erste gibt die Elegie in engerer, das andere die Idylle in weitester Bedeutung. Hier ist nun sofort auf das gemeinsame Merkmal jener beiden Vorstellungen in der Operngenesis aufmerksam zu machen, daß in ihnen das Ideal nicht als unerreicht, die Natur nicht als verloren empfunden wird. Es gab nach dieser Empfindung eine Urzeit des Menschen, in der er am Herzen der Natur lag und bei dieser Natürlichkeit zugleich das Ideal der Menschheit, in einer paradiesischen Güte und Künstlerschaft, erreicht hatte: von welchem vollkommnen Urmenschen wir alle abstammen sollten, ja dessen getreues Ebenbild wir noch wären: nur müßten wir einiges von uns werfen, um uns selbst wieder als diesen Urmenschen zu erkennen, vermöge einer freiwilligen Entäußerung von überflüssiger Gelehrsamkeit, von überreicher Kultur. Der Bildungsmensch der Renaissance ließ sich durch seine opernhafte Imitation der griechischen Tragödie zu einem solchen Zusammenklang von Natur und Ideal, zu einer idyllischen Wirklichkeit zurückgeleiten, er benutzte diese Tragödie wie Dante den Virgil benutzte, um bis an die Pforten des Paradieses geführt zu werden: während er von hier aus selbständig noch weiter schritt und von einer Imitation der höchsten griechischen Kunstform zu einer „Wiederbringung aller Dinge", zu einer Nachbildung der ursprünglichen Kunstwelt des Menschen überging. Welche zuversichtliche Gutmütigkeit dieser verwegenen Bestrebungen, mitten im Schoße der theoretischen Kultur! – einzig nur aus dem tröstenden Glauben zu erklären, daß „der Mensch an sich" der ewig tugendhafte Opernheld, der ewig flötende oder singende Schäfer sei, der sich endlich immer als solchen wiederfinden müsse, falls er sich selbst irgendwann einmal wirklich auf einige Zeit verloren habe, einzig die Frucht jenes Optimismus, der aus der Tiefe der sokratischen Weltbetrachtung hier wie eine süßlich verführerische Duftsäule emporsteigt.

Es liegt also auf den Zügen der Oper keinesfalls jener elegische Schmerz eines ewigen Verlustes, vielmehr die Heiterkeit des ewigen Wiederfindens, die bequeme Lust an einer idyllischen Wirklichkeit, die man wenigstens sich als wirklich in jedem Augenblicke vorstellen kann: wobei man vielleicht einmal ahnt, daß diese vermeinte Wirklichkeit nichts als ein phantastisch läppisches Getändel ist, dem jeder, der es an dem furchtbaren Ernst der wahren Natur zu messen und mit den eigentlichen Urszenen der Menschheitsanfänge zu vergleichen vermöchte, mit Ekel zurufen müßte: Weg mit dem Phantom! Trotzdem würde man sich täuschen, wenn man glaubte, ein solches tändelndes Wesen, wie die Oper ist, einfach durch einen kräftigen Anruf wie ein Gespenst verscheuchen zu können. Wer die Oper vernichten will, muß den Kampf gegen jene alexandrinische Heiterkeit aufnehmen, die sich in ihr so naiv über ihre Lieblingsvorstellung ausspricht, ja deren eigentliche Kunstform sie ist. Was ist aber für die Kunst selbst von dem Wirken einer Kunstform zu erwarten, deren Ursprünge überhaupt nicht im ästhetischen Bereiche liegen, die sich vielmehr aus einer halb moralischen Sphäre auf das künstlerische Gebiet hinübergestohlen hat und über diese hybride Entstehung nur hier und da einmal hinwegzutäuschen vermochte? Von welchen Säften nährt sich dieses parasitische Opernwesen, wenn nicht von denen der wahren Kunst? Wird nicht zu mutmaßen sein, daß, unter seinen idyllischen Verführungen, unter seinen alexandrinischen Schmeichelkünsten, die höchste und wahrhaftig ernst zu nennende Aufgabe der Kunst – das Auge vom Blick ins Grauen der Nacht zu erlösen und das Subjekt durch den heilenden Balsam des Scheins aus dem Krampfe der Willensregungen zu retten – zu einer leeren und zerstreuenden Ergötzlichkeitstendenz entarten werde? Was wird aus den ewigen Wahrheiten des Dionysischen und des Apollinischen, bei einer solchen Stilvermischung, wie ich sie am Wesen des *stilo rappresentativo* dargelegt habe? wo die Musik als Diener, das Textwort als Herr betrachtet, die Musik mit dem Körper, das Textwort mit der Seele verglichen wird? wo das höchste Ziel bestenfalls auf eine umschreibende Tonmalerei gerichtet sein wird, ähnlich wie ehedem im neuen attischen Dithyrambus? wo der Musik ihre wahre Würde, dionysischer Weltspiegel zu sein, völlig entfremdet ist, so daß ihr nur übrigbleibt, als Sklavin der Erscheinung, das Formenwesen der Erscheinung nachzuahmen und in dem Spiele der Linien und Proportionen eine äußerliche Ergötzung zu erregen. Einer strengen Betrachtung fällt dieser verhängnisvolle Einfluß der Oper auf die Musik geradezu mit der gesamten modernen Musikentwicklung zusammen; dem in der Genesis der Oper und im Wesen der durch sie repräsentierten Kultur lauernden Optimismus ist es in beängstigender Schnelligkeit gelungen, die Musik ihrer dionysischen Weltbestimmung zu entkleiden und ihr einen formenspielerischen, vergnüglichen Charakter aufzuprägen: mit welcher Veränderung nur etwa die Metamorphose des äschyleischen Menschen in den alexandrinischen Heiterkeitsmenschen verglichen werden dürfte.

Wenn wir aber mit Recht in der hiermit angedeuteten Exemplifikation das Entschwinden des dionysischen Geistes mit einer höchst auffälligen, aber bisher unerklärten Umwandlung und Degeneration des griechischen Menschen in Zusammenhang gebracht haben – welche Hoffnungen müssen in uns aufleben, wenn uns die allersichersten Auspizien *den umgekehrten Prozeß, das allmähliche Erwachen des dionysischen Geistes* in unserer gegenwärtigen Welt, verbürgen! Es ist nicht möglich, daß die göttliche Kraft des Herakles ewig im üppigen Frondienste der Omphale erschlafft. Aus dem dionysischen Grunde des deutschen Geistes ist eine Macht emporgestiegen, die mit den Urbedingungen der sokratischen Kultur nichts gemein hat und aus ihnen weder zu erklären noch zu entschuldigen ist, vielmehr von dieser Kultur als das Schrecklich-Unerklärliche, als das Übermächtig-Feindselige empfunden wird, *die deutsche Musik*, wie wir sie vornehmlich in ihrem mächtigen Sonnenlaufe von Bach zu Beethoven, von Beethoven zu Wagner zu verstehen haben. Was vermag die erkenntnislüsterne Sokratik unserer Tage günstigstenfalls mit diesem aus unerschöpflichen Tiefen emporsteigenden Dämon zu beginnen? Weder von dem Zacken- und Arabeskenwerk der Opernmelodie aus noch mit Hilfe des arithmetischen Rechenbretts der Fuge und der kontrapunktischen Dialektik will sich die Formel finden lassen, in deren dreimal gewaltigem Licht man jenen Dämon sich unterwürfig zu machen und zum Reden zu zwingen vermöchte. Welches Schauspiel, wenn jetzt unsere Ästhetiker, mit dem Fangnetz einer ihnen eignen „Schönheit“, nach dem vor ihnen mit unbegreiflichem Leben sich tummelnden Musikgenius schlagen und haschen, unter Bewegungen, die nach der ewigen Schönheit ebensowenig als nach dem Erhabenen beurteilt werden wollen. Man mag sich nur diese Musikgönner einmal leibhaft und in der Nähe besehen, wenn sie so unermüdlich Schönheit! Schönheit! rufen, ob sie sich dabei wie die im Schoße des Schönen gebildeten und verwöhnten Lieblingskinder der Natur ausnehmen oder ob sie nicht vielmehr für die eigne Roheit eine lügnerisch verhüllende Form, für die eigne empfindungsarme Nüchternheit einen ästhetischen Vorwand suchen. Vor der deutschen Musik aber mag sich der Lügner und Heuchler in acht nehmen: denn gerade sie ist, inmitten aller unserer Kultur, der einzig reine, lautere und läuternde Feuergeist, von dem aus und zu dem hin, wie in der Lehre des großen Heraklit von Ephesus, sich alle Dinge in doppelter Kreisbahn bewegen: alles, was wir jetzt Kultur, Bildung, Zivilisation nennen, wird einmal vor dem untrüglichen Richter Dionysus erscheinen müssen.

Erinnern wir uns sodann, wie dem aus gleichen Quellen strömenden Geiste *der deutschen Philosophie*, durch Kant und Schopenhauer, es ermöglicht war, die zufriedne Daseinslust der wissenschaftlichen Sokratik, durch den Nachweis ihrer Grenzen, zu vernichten, wie durch diesen Nachweis eine unendlich tiefere und ernstere Betrachtung der ethischen Fragen und der Kunst eingeleitet wurde, die wir geradezu als die in Begriffe gefaßte *dionysische Weisheit* bezeichnen können: wohin weist uns das Mysterium dieser Einheit zwischen der deutschen Musik und der deutschen Philosophie, wenn nicht auf eine neue Daseinsform, über deren Inhalt wir uns nur aus hellenischen Analogien ahnend unterrichten können? Denn diesen unausmeßbaren Wert behält für uns, die wir an der Grenzscheide zweier verschiedener Daseinsformen stehen, das hellenische Vorbild, daß in ihm auch alle jene Übergänge und Kämpfe zu einer klassisch-belehrenden Form ausgeprägt sind: nur daß wir gleichsam in *umgekehrter* Ordnung die großen Hauptepochen des hellenischen Wesens analogisch durcherleben und zum Beispiel jetzt aus dem alexandrinischen Zeitalter rückwärts zur Periode der Tragödie zu schreiten scheinen. Dabei lebt in uns die Empfindung, als ob die Geburt eines tragischen Zeitalters für den deutschen Geist nur eine Rückkehr zu sich selbst, ein seliges Sichwiederfinden zu bedeuten habe, nachdem für eine lange Zeit ungeheure von außen her eindringende Mächte den in hilfloser Barbarei der Form dahinlebenden zu einer Knechtschaft unter ihrer Form gezwungen hatten. Jetzt endlich darf er, nach seiner Heimkehr zum Urquell seines Wesens, vor allen Völkern kühn und frei, ohne das Gängelband einer romanischen Zivilisation, einherzuschreiten wagen: wenn er nur von einem Volke unentwegt zu lernen versteht, von dem überhaupt lernen zu können schon ein hoher Ruhm und eine auszeichnende Seltenheit ist, von den Griechen. Und wann brauchten wir diese allerhöchsten Lehrmeister mehr als jetzt, wo *wir die Wiedergeburt der Tragödie* erleben und in Gefahr sind, weder zu wissen, woher sie kommt, noch uns deuten zu können, wohin sie will?

ZWANZIGSTER ABSCHNITT

Es möchte einmal, unter den Augen eines unbestochenen Richters, abgewogen werden, in welcher Zeit und in welchen Männern bisher der deutsche Geist von den Griechen zu lernen am kräftigsten gerungen hat; und wenn wir mit Zuversicht annehmen, daß dem edelsten Bildungskampfe Goethes, Schillers und Winckelmanns dieses einzige Lob zugesprochen werden müßte, so wäre jedenfalls hinzuzufügen, daß seit jener Zeit und den nächsten Einwirkungen jenes Kampfes, das Streben, auf einer gleichen Bahn zur Bildung und zu den Griechen zu kommen, in unbegreiflicher Weise schwächer und schwächer geworden ist. Sollten wir, um nicht ganz an dem deutschen Geist verzweifeln zu müssen, nicht daraus den Schluß ziehen dürfen, daß in irgendwelchem Hauptpunkte es auch jenen Kämpfern nicht gelungen sein möchte, in den Kern des hellenischen Wesens einzudringen und einen dauernden Liebesbund zwischen der deutschen und der griechischen Kultur herzustellen? – so daß vielleicht ein unbewußtes Erkennen jenes Mangels auch in den ernsteren Naturen den verzagten Zweifel erregte, ob sie, nach solchen Vorgängern, auf diesem Bildungswege noch weiter wie jene und überhaupt zum Ziele kommen würden. Deshalb sehen wir seit jener Zeit das Urteil über den Wert der Griechen für die Bildung in der bedenklichsten Weise entarten; der Ausdruck mitleidiger Überlegenheit ist in den verschiedensten Feldlagern des Geistes und des Ungeistes zu hören; anderwärts tändelt eine gänzlich wirkungslose Schönrednerei mit der „griechischen Harmonie“, der „griechischen Schönheit“, der „griechischen Heiterkeit“. Und gerade in den Kreisen, deren Würde es sein könnte, aus dem griechischen Strombett unermüdet, zum Heile deutscher Bildung, zu schöpfen, in den Kreisen der Lehrer an den höheren Bildungsanstalten, hat man am besten gelernt, sich mit den Griechen zeitig und in bequemer Weise abzufinden, nicht selten bis zu einem skeptischen Preisgeben des hellenischen Ideals und bis zu einer gänzlichen Verkehrung der wahren Absicht aller Altertumsstudien. Wer überhaupt in jenen Kreisen sich nicht völlig in dem Bemühen, ein zuverlässiger Korrektor von alten Texten oder ein naturhistorischer Sprachmikroskopiker zu sein, erschöpft hat, der sucht vielleicht auch das griechische

Altertum, neben anderen Altertümern, sich „historisch" anzueignen, aber jedenfalls nach der Methode und mit den überlegenen Mienen unserer jetzigen gebildeten Geschichtsschreibung. Wenn demnach die eigentliche Bildungskraft der höheren Lehranstalten wohl noch niemals niedriger und schwächlicher gewesen ist wie in der Gegenwart, wenn der „Journalist", der papierne Sklave des Tages, in jeder Rücksicht auf Bildung den Sieg über den höheren Lehrer davongetragen hat, und letzterem nur die bereits oft erlebte Metamorphose übrigbleibt, sich jetzt nun auch in der Sprechweise des Journalisten, mit der „leichten Eleganz" dieser Sphäre, als heiterer gebildeter Schmetterling zu bewegen – in welcher peinlichen Verwirrung müssen die derartig Gebildeten einer solchen Gegenwart jenes Phänomen anstarren, das nur etwa aus dem tiefsten Grunde des bisher unbegriffnen hellenischen Genius analogisch zu begreifen wäre, das Wiedererwachen des dionysischen Geistes und die Wiedergeburt der Tragödie? Es gibt keine andere Kunstperiode, in der sich die sogenannte Bildung und die eigentliche Kunst so befremdet und abgeneigt gegenübergestanden hätten, als wir das in der Gegenwart mit Augen sehn. Wir verstehen es, warum eine so schwächliche Bildung die wahre Kunst haßt; denn sie fürchtet durch sie ihren Untergang. Aber sollte nicht eine ganze Art der Kultur, nämlich jene sokratisch-alexandrinische, sich ausgelebt haben, nachdem sie in eine so zierlich-schmächtige Spitze, wie die gegenwärtige Bildung ist, auslaufen konnte! Wenn es solchen Helden, wie Schiller und Goethe, nicht gelingen durfte, jene verzauberte Pforte zu erbrechen, die in den hellenischen Zauberberg führt, wenn es bei ihrem mutigsten Ringen nicht weiter gekommen ist als bis zu jenem sehnsüchtigen Blick, den die Goethesche Iphigenie vom barbarischen Tauris aus nach der Heimat über das Meer hin sendet, was bliebe den Epigonen solcher Helden zu hoffen, wenn sich ihnen nicht plötzlich, an einer ganz anderen, von allen Bemühungen der bisherigen Kultur unberührten Seite die Pforte von selbst auftäte – unter dem mystischen Klange der wiedererweckten Tragödienmusik.

Möge uns niemand unsern Glauben an eine noch bevorstehende Wiedergeburt des hellenischen Altertums zu verkümmern suchen; denn in ihm finden wir allein unsre Hoffnung für eine Erneuerung und Läuterung des deutschen Geistes durch den Feuerzauber der Musik. Was wüßten wir sonst zu nennen, was in der Verödung und Ermattung der jetzigen Kultur irgendwelche tröstliche Erwartung für die Zukunft erwecken könnte? Vergebens spähen wir nach einer einzigen kräftig geästeten Wurzel, nach einem Fleck fruchtbaren und gesunden Erdbodens: überall Staub, Sand, Erstarrung, Verschmachten. Da möchte sich ein trostlos Vereinsamter kein besseres Symbol wählen können als den Ritter mit Tod und Teufel, wie ihn uns Dürer gezeichnet hat, den geharnischten Ritter mit dem erzenen, harten Blicke, der seinen Schreckensweg, unbeirrt durch seine grausen Gefährten und doch hoffnungslos, allein mit Roß und Hund zu nehmen weiß. Ein solcher Dürerscher Ritter war unser Schopenhauer; ihm fehlte jede Hoffnung, aber er wollte die Wahrheit. Es gibt nicht seinesgleichen. –

Aber wie verändert sich plötzlich jene eben so düster geschilderte Wildnis unserer ermüdeten Kultur, wenn sie der dionysische Zauber berührt! Ein Sturmwind packt alles Abgelebte, Morsche, Zerbrochne, Verkümmerte, hüllt es wirbelnd in eine rote Staubwolke und trägt es wie ein Geier in die Lüfte. Verwirrt suchen unsere Blicke nach dem Entschwundenen: denn was sie sehen, ist wie aus einer Versenkung ans goldne Licht gestiegen, so voll und grün, so üppig lebendig, so sehnsuchtsvoll unermeßlich. Die Tragödie sitzt inmitten dieses Überflusses an Leben, Leid und Lust in erhabener Entzückung, sie horcht einem fernen schwermütigen Gesange – er erzählt von den Müttern des Seins, deren Namen lauten: Wahn, Wille, Wehe. – Ja, meine Freunde, glaubt mit mir an das dionysische Leben und an die Wiedergeburt der Tragödie. Die Zeit des sokratischen Menschen ist vorüber: kränzt euch mit Efeu, nehmt den Thyrusstab zur Hand und wundert euch nicht, wenn Tiger und Panther sich schmeichelnd zu euren Knien niederlegen. Jetzt wagt es nur, tragische Menschen zu sein: denn ihr sollt erlöst werden. Ihr sollt den dionysischen Festzug von Indien nach Griechenland geleiten! Rüstet euch zu hartem Streite, aber glaubt an die Wunder eures Gottes!

EINUNDZWANZIGSTER ABSCHNITT

Von diesen exhortativen Tönen in die Stimmung zurückgleitend, die dem Beschaulichen geziemt, wiederhole ich, daß nur von den Griechen gelernt werden kann, was ein solches wundergleiches plötzliches Aufwachen der Tragödie für den innersten Lebensgrund eines Volkes zu bedeuten hat. Es ist das Volk der tragischen Mysterien, das die Perserschlachten schlägt: und wiederum braucht das Volk, das jene Kriege geführt hat, die Tragödie als notwendigen Genesungstrank. Wer würde gerade bei diesem Volke, nachdem es durch mehrere Generationen von den stärksten Zuckungen des dionysischen Dämon bis ins Innerste erregt wurde, noch einen so gleichmäßig kräftigen Erguß des einfachsten politischen Gefühls, der natürlichsten Heimatinstinkte, der ursprünglichen männlichen Kampflust vermuten? Ist es doch bei jedem bedeutenden Umsichgreifen dionysischer Erregungen immer zu spüren, wie die dionysische Lösung von den Fesseln des Individuums sich am allerersten in einer bis zur Gleichgültigkeit, ja Feindseligkeit gesteigerten Beeinträchtigung der politischen Instinkte fühlbar macht, so gewiß andererseits der staatenbildende Apollo auch der Genius des *principii individuationis* ist und Staat und Heimatsinn nicht ohne Bejahung der individuellen Persönlichkeit leben können. Von dem Orgiasmus aus führt ein Volk nur ein Weg, der Weg zum indischen Buddhaismus, der, um überhaupt mit seiner Sehnsucht ins Nichts ertragen zu werden, jener seltnen ekstatischen Zustände mit ihrer Erhebung über Raum, Zeit und Individuum bedarf: wie diese wiederum eine Philosophie fordern, die es lehrt, die unbeschreibliche Unlust der Zwischenzustände durch eine Vorstellung zu überwinden. Ebenso notwendig gerät ein Volk, von der unbedingten Geltung der politischen Triebe aus, in eine Bahn äußerster Verweltlichung, deren großartigster, aber auch erschrecklichster Ausdruck das römische Imperium ist.

Zwischen Indien und Rom hingestellt und zu verführerischer Wahl gedrängt, ist es den Griechen gelungen, in klassischer Reinheit eine dritte Form hinzuzuerfinden, freilich nicht zu langem eigenem Gebrauche, aber ebendarum für die Unsterblichkeit. Denn daß die Lieblinge der Götter früh sterben, gilt in allen Dingen, aber ebenso gewiß, daß sie mit den Göttern dann ewig leben. Man verlange doch von dem Alleredelsten nicht, daß es die haltbare Zähigkeit des Leders habe; die derbe Dauerhaftigkeit, wie sie zum Beispiel dem römischen Nationaltriebe zu eigen war, gehört wahrscheinlich nicht zu den notwendigen Prädikaten der Vollkommenheit. Wenn wir aber fragen, mit welchem Heilmittel es den Griechen ermöglicht war, in ihrer großen Zeit, bei der außerordentlichen Stärke ihrer dionysischen und politischen Triebe, weder durch ein ekstatisches Brüten noch durch ein verzehrendes Haschen nach Weltmacht und Weltehre sich zu erschöpfen, sondern jene herrliche Mischung zu erreichen, wie sie ein edler, zugleich befeuernder und beschaulich stimmender Wein hat, so müssen wir der ungeheuren, das ganze Volksleben erregenden, reinigenden und entladenden Gewalt der *Tragödie* eingedenk sein; deren höchsten Wert wir erst ahnen werden, wenn sie uns, wie bei den Griechen, als Inbegriff aller prophylaktischen Heilkräfte, als die zwischen den stärksten und an sich verhängnisvollsten Eigenschaften des Volkes waltende Mittlerin entgegentritt.

Die Tragödie saugt den höchsten Musikorgiasmus in sich hinein, so daß sie geradezu die Musik, bei den Griechen wie bei uns, zur Vollendung bringt, stellt dann aber den tragischen Mythus und den tragischen Helden daneben, der dann, einem mächtigen Titanen gleich, die ganze dionysische Welt auf seinen Rücken nimmt und uns davon entlastet: während sie andrerseits durch denselben tragischen Mythus, in der Person des tragischen Helden, von dem gierigen Drange nach diesem Dasein zu erlösen weiß und mit mahnender Hand an ein anderes Sein und an eine höhere Lust erinnert, zu welcher der kämpfende Held durch seinen Untergang, nicht durch seine Siege, sich ahnungsvoll vorbereitet. Die Tragödie stellt zwischen die universale Geltung ihrer Musik und den dionysisch empfänglichen Zuhörer ein erhabenes Gleichnis, den Mythus, und erweckt bei jenem den Schein, als ob die Musik nur ein höchstes Darstellungsmittel zur Belebung der plastischen Welt des Mythus sei. Dieser edeln Täuschung vertrauend darf sie jetzt ihre Glieder zum dithyrambischen Tanze bewegen und sich unbedenklich einem orgiastischen Gefühle der Freiheit hingeben, in welchem sie als Musik an sich, ohne jene Täuschung, nicht zu schwelgen wagen dürfte. Der Mythus schützt uns vor der Musik, wie er ihr andrerseits erst die höchste Freiheit gibt.

Dafür verleiht die Musik, als Gegengeschenk, dem tragischen Mythus eine so eindringliche und überzeugende metaphysische Bedeutsamkeit, wie sie Wort und Bild, ohne jene einzige Hilfe, nie zu erreichen vermögen; und insbesondere überkommt durch sie den tragischen Zuschauer gerade jenes sichere Vorgefühl einer höchsten Lust, zu der der Weg durch Untergang und Verneinung führt, so daß er zu hören meint, als ob der innerste Abgrund der Dinge zu ihm vernehmlich spräche.

Habe ich dieser schwierigen Vorstellung mit den letzten Sätzen vielleicht nur einen vorläufigen, für wenige sofort verständlichen Ausdruck zu geben vermocht, so darf ich gerade an dieser Stelle nicht ablassen, meine Freunde zu einem nochmaligen Versuche anzureizen und sie zu bitten, an einem einzelnen Beispiele unsrer gemeinsamen Erfahrung sich für die Erkenntnis des allgemeinen Satzes vorzubereiten. Bei diesem Beispiele darf ich mich nicht auf jene beziehn, welche die Bilder der szenischen Vorgänge, die Worte und Affekte der handelnden Personen benutzen, um sich mit dieser Hilfe der Musikempfindung anzunähern; denn diese alle reden nicht Musik als Muttersprache und kommen auch, trotz jener Hilfe, nicht weiter als in die Vorhallen der Musikperzeption, ohne je deren innerste Heiligtümer berühren zu dürfen; manche von diesen gelangen auf diesem Wege nicht einmal in die Vorhallen. Sondern nur an diejenigen habe ich mich zu wenden, die, unmittelbar verwandt mit der Musik, in ihr gleichsam ihren Mutterschoß haben und mit den Dingen fast nur durch unbewußte Musikrelationen in Verbindung stehen. An diese echten Musiker richte ich die Frage, ob sie sich einen Menschen denken können, der den dritten Akt von „Tristan und Isolde" ohne alle Beihilfe von Wort und Bild, rein als ungeheuren symphonischen Satz zu perzipieren imstande wäre, ohne unter einem krampfartigen Ausspannen aller Seelenflügel zu veratmen? Ein Mensch, der wie hier das Ohr gleichsam an die Herzkammer des Weltwillens gelegt hat, der das rasende Begehren zum Dasein als donnernden Strom oder als zartesten zerstäubten Bach von hier aus in alle Adern der Welt sich ergießen fühlt, er sollte nicht jählings zerbrechen? Er sollte es ertragen, in der elenden gläsernen Hülle des menschlichen Individuums, den Widerklang zahlloser Lust- und Weherufe aus dem „weiten Raum der Weltennacht" zu vernehmen, ohne bei diesem Hirtenreigen der Metaphysik sich seiner Urheimat unaufhaltsam zuzuflüchten? Wenn aber doch ein solches Werk als Ganzes perzipiert werden kann, ohne Verneinung der Individualexistenz, wenn eine solche Schöpfung geschaffen werden konnte, ohne ihren Schöpfer zu zerschmettern – woher nehmen wir die Lösung eines solchen Widerspruches?

Hier drängt sich zwischen unsre höchste Musikerregung und jene Musik der tragische Mythus und der tragische Held, im Grunde nur als Gleichnis der alleruniversalsten Tatsachen, von denen allein die Musik auf direktem Wege reden kann. Als Gleichnis würde nun aber der Mythus, wenn wir als rein dionysische Wesen empfänden, gänzlich wirkungslos und unbeachtet neben uns stehenbleiben und uns keinen Augenblick abwendig davon machen, unser Ohr dem Widerklang der *universalia ante rem* zu bieten. Hier bricht jedoch die *apollinische* Kraft, auf Wiederherstellung des fast zersprengten Individuums gerichtet, mit dem Heilbalsam einer wonnevollen Täuschung hervor: plötzlich glauben wir nur noch Tristan zu sehen, wie er bewegungslos und dumpf sich fragt: „die alte Weise; was weckt sie mich?“ Und was uns früher wie ein hohles Seufzen aus dem Mittelpunkte des Seins anmutete, das will uns jetzt nur sagen, wie „öd und leer das Meer“. Und wo wir atemlos zu erlöschen wähnten, im krampfartigen Sichausrecken aller Gefühle, und nur ein Weniges uns mit dieser Existenz zusammenknüpfte, hören und sehen wir jetzt nur den zum Tode verwundeten und doch nicht sterbenden Helden, mit seinem verzweiflungsvollen Rufe: „Sehnen! Sehnen! Im Sterben mich zu sehnen, vor Sehnsucht nicht zu sterben!“ Und wenn früher der Jubel des Horns nach solchem Übermaß und solcher Überzahl verzehrender Qualen fast wie der Qualen höchste uns das Herz zerschnitt, so steht jetzt zwischen uns und diesem „Jubel an sich“ der jauchzende Kurwenal, dem Schiffe, das Isolden trägt, zugewandt. So gewaltig auch das Mitleiden in uns hineingreift, in einem gewissen Sinne rettet uns doch das Mitleiden vor dem Urleiden der Welt, wie das Gleichnisbild des Mythus uns vor dem unmittelbaren Anschauen der höchsten Weltidee, wie der Gedanke und das Wort uns vor dem ungedämmten Ergusse des unbewußten Willens rettet. Durch jene herrliche apollinische Täuschung dünkt es uns, als ob uns selbst das Tonreich wie eine plastische Welt gegenüberträte, als ob auch in ihr nur Tristans und Isoldens Schicksal, wie in einem allerzartesten und ausdrucksfähigsten Stoffe, geformt und bildnerisch ausgeprägt worden sei.

So entreißt uns das Apollinische der dionysischen Allgemeinheit und entzückt uns für die Individuen; an diese fesselt es unsre Mitleidserregung, durch diese befriedigt es den nach großen und erhabenen Formen lechzenden Schönheitssinn; es führt an uns Lebensbilder vorbei und reizt uns zu gedankenhaftem Erfassen des in ihnen enthaltenen Lebenskernes. Mit der ungeheuren Wucht des Bildes, des Begriffs, der ethischen Lehre, der sympathischen Erregung reißt das Apollinische den Menschen aus seiner orgiastischen Selbstvernichtung empor und täuscht ihn über die Allgemeinheit des dionysischen Vorganges hinweg zu dem Wahne, daß er ein einzelnes Weltbild, zum Beispiel Tristan und Isolde, sehe und es, *durch die Musik*, nur noch besser und innerlicher *sehen* solle. Was vermag nicht der heilkundige Zauber des Apollo, wenn er selbst in uns die Täuschung aufregen kann, als ob wirklich das Dionysische, im Dienste des Apollinischen, dessen Wirkungen zu steigern vermöchte, ja als ob die Musik sogar wesentlich Darstellungskunst für einen apollinischen Inhalt sei? – Bei jener prästabilierten Harmonie, die zwischen dem vollendeten Drama und seiner Musik waltet, erreicht das Drama einen höchsten, für das Wortdrama sonst unzugänglichen Grad von Schaubarkeit. Wie alle lebendigen Gestalten der Szene in den selbständig bewegten Melodienlinien sich zur Deutlichkeit der geschwungenen Linie vor uns vereinfachen, ertönt uns das Nebeneinander dieser Linien in dem mit dem bewegten Vorgange auf zarteste Weise sympathisierenden Harmonienwechsel: durch welchen uns die Relationen der Dinge in sinnlich wahrnehmbarer, keinesfalls abstrakter Weise, unmittelbar vernehmbar werden, wie wir gleichfalls durch ihn erkennen, daß erst in diesen Relationen das Wesen eines Charakters und einer Melodienlinie sich rein offenbare. Und während uns so die Musik zwingt, mehr und innerlicher als sonst zu sehen und den Vorgang der Szene wie ein zartes Gespinst vor uns auszubreiten, ist für unser vergeistigtes, ins Innere blickendes Auge die Welt der Bühne ebenso unendlich erweitert als von innen heraus erleuchtet. Was vermöchte der Wortdichter Analoges zu bieten, der mit einem viel unvollkommneren Mechanismus, auf indirektem Wege, vom Wort und vom Begriff aus, jene innerliche Erweiterung der schaubaren Bühnenwelt und ihre innerliche Erleuchtung zu erreichen sich abmüht? Nimmt nun zwar auch die musikalische Tragödie das Wort hinzu, so kann sie doch zugleich den Untergrund und die Geburtsstätte des Wortes danebenstellen und uns das Werden des Wortes, von innen heraus, verdeutlichen.

Aber von diesem geschilderten Vorgang wäre doch ebenso bestimmt zu sagen, daß er nur ein herrlicher Schein, nämlich jene vorhin erwähnte apollinische *Täuschung* sei, durch deren Wirkung wir von dem dionysischen Andrange und Übermaße entlastet werden sollen. Im Grunde ist ja das Verhältnis der Musik zum Drama gerade das umgekehrte: die Musik ist die eigentliche Idee der Welt, das Drama nur ein Abglanz dieser Idee, ein vereinzeltes Schattenbild derselben. Jene Identität zwischen der Melodienlinie und der lebendigen Gestalt, zwischen der Harmonie und den Charakterrelationen jener Gestalt ist in einem entgegengesetzten Sinne wahr, als es uns, beim Anschaun der musikalischen Tragödie, dünken möchte. Wir mögen die Gestalt uns auf das sichtbarste bewegen, beleben und von innen heraus beleuchten, sie bleibt immer nur die Erscheinung, von der es keine Brücke gibt, die in die wahre Realität, ins Herz der Welt führte. Aus diesem Herzen heraus aber redet die Musik; und zahllose Erscheinungen jener Art dürften an der gleichen Musik vorüberziehn, sie würden nie das Wesen derselben erschöpfen, sondern immer nur ihre veräußerlichten Abbilder sein. Mit dem populären und gänzlich falschen Gegensatz von Seele und Körper ist freilich für das schwierige Verhältnis von Musik und Drama nichts zu erklären und alles zu verwirren; aber die unphilosophische Roheit jenes Gegensatzes scheint gerade bei unseren Ästhetikern, wer weiß aus welchen Gründen, zu einem gern bekannten Glaubensartikel geworden zu sein, während sie über einen Gegensatz der Erscheinung und des Dinges an sich nichts gelernt haben oder, aus ebenfalls unbekannten Gründen, nichts lernen mochten.

Sollte es sich bei unserer Analysis ergeben haben, daß das Apollinische in der Tragödie durch seine Täuschung völlig den Sieg über das dionysische Urelement der Musik davongetragen und sich diese zu ihren Absichten, nämlich zu einer höchsten Verdeutlichung des Dramas, nutzbar gemacht habe, so wäre freilich eine sehr wichtige Einschränkung hinzuzufügen: in dem allerwesentlichsten Punkte ist jene apollinische

Täuschung durchbrochen und vernichtet. Das Drama, das in so innerlich erleuchteter Deutlichkeit aller Bewegungen und Gestalten, mit Hilfe der Musik, sich vor uns ausbreitet, als ob wir das Gewebe am Webstuhl im Auf- und Niederzucken entstehen sehen – erreicht als Ganzes eine Wirkung, die *jenseits aller apollinischen Kunstwirkungen* liegt. In der Gesamtwirkung der Tragödie erlangt das Dionysische wieder das Übergewicht; sie schließt mit einem Klange, der niemals von dem Reiche der apollinischen Kunst her tönen könnte. Und damit erweist sich die apollinische Täuschung als das, was sie ist, als die während der Dauer der Tragödie anhaltende Umschleierung der eigentlichen dionysischen Wirkung: die doch so mächtig ist, am Schluß das apollinische Drama selbst in eine Sphäre zu drängen, wo es mit dionysischer Weisheit zu reden beginnt und wo es sich selbst und seine apollinische Sichtbarkeit verneint. So wäre wirklich das schwierige Verhältnis des Apollinischen und des Dionysischen in der Tragödie durch einen Bruderbund beider Gottheiten zu symbolisieren: Dionysus redet die Sprache des Apollo, Apollo aber schließlich die Sprache des Dionysus: womit das höchste Ziel der Tragödie und der Kunst überhaupt erreicht ist.

ZWEIUNDZWANZIGSTER ABSCHNITT

Mag der aufmerksame Freund sich die Wirkung einer wahren musikalischen Tragödie rein und unvermischt, nach seinen Erfahrungen, vergegenwärtigen. Ich denke das Phänomen dieser Wirkung nach beiden Seiten hin so beschrieben zu haben, daß er sich seine eignen Erfahrungen jetzt zu deuten wissen wird. Er wird sich nämlich erinnern, wie er, im Hinblick auf den vor ihm sich bewegenden Mythus, zu einer Art von Allwissenheit sich gesteigert fühlte, als ob jetzt die Sehkraft seiner Augen nicht nur eine Flächenkraft sei, sondern ins Innere zu dringen vermöge und als ob er die Wallungen des Willens, den Kampf der Motive, den anschwellenden Strom der Leidenschaften, jetzt, mit Hilfe der Musik, gleichsam sinnlich sichtbar, wie eine Fülle lebendig bewegter Linien und Figuren vor sich sehe und damit bis in die zartesten Geheimnisse unbewußter Regungen hinabtauchen könne. Während er so einer höchsten Steigerung seiner auf Sichtbarkeit und Verklärung gerichteten Triebe bewußt wird, fühlt er doch ebenso bestimmt, daß diese lange Reihe apollinischer Kunstwirkungen doch *nicht* jenes beglückte Verharren in willenlosem Anschauen erzeugt, das der Plastiker und der epische Dichter, also die eigentlich apollinischen Künstler, durch ihre Kunstwerke bei ihm hervorbringen: das heißt die in jenem Anschauen erreichte Rechtfertigung der Welt der *individuatio*, als welche die Spitze und der Inbegriff der apollinischen Kunst ist. Er schaut die verklärte Welt der Bühne und verneint sie doch. Er sieht den tragischen Helden vor sich in epischer Deutlichkeit und Schönheit und erfreut sich doch an seiner Vernichtung. Er begreift bis ins Innerste den Vorgang der Szene und flüchtet sich gern ins Unbegreifliche. Er fühlt die Handlungen des Helden als gerechtfertigt und ist doch noch mehr erhoben, wenn diese Handlungen den Urheber vernichten. Er schaudert vor den Leiden, die den Helden treffen werden, und ahnt doch bei ihnen eine höhere, viel übermächtigere Lust. Er schaut mehr und tiefer als je und wünscht sich doch erblindet. Woher werden wir diese wunderbare Selbstentzweiung, dies Umbrechen der apollinischen Spitze, abzuleiten haben, wenn nicht aus dem *dionysischen* Zauber, der, zum Schein die apollinischen Regungen aufs höchste reizend, doch noch diesen Überschwang der apollinischen Kraft in seinen Dienst zu zwingen vermag. *Der tragische Mythus* ist nur zu verstehen als eine Verbildlichung dionysischer Weisheit durch apollinische Kunstmittel; er führt die Welt der Erscheinung an die Grenzen, wo sie sich selbst verneint und wieder in den Schoß der wahren und einzigen Realität zurückzuflüchten sucht; wo sie dann, mit Isolden, ihren metaphysischen Schwanengesang also anzustimmen scheint:

In des Wonnemeeres
Wogendem Schwall,
In der Duft-Wellen
Tönendem Schall,
In des Weltatems
Wehendem All –
Ertrinken – versinken –
Unbewußt – höchste Lust!

So vergegenwärtigen wir uns, an den Erfahrungen des wahrhaft ästhetischen Zuhörers, den tragischen Künstler selbst, wie er, gleich einer üppigen Gottheit der *individuatio,* seine Gestalten schafft, in welchem Sinne sein Werk kaum als „Nachahmung der Natur" zu begreifen wäre – wie dann aber sein ungeheurer dionysischer Trieb diese ganze Welt der Erscheinungen verschlingt, um hinter ihr und durch ihre Vernichtung eine höchste künstlerische Urfreude im Schoße des Ur-Einen ahnen zu lassen. Freilich wissen von dieser Rückkehr zur Urheimat, von dem Bruderbunde der beiden Kunstgottheiten in der Tragödie und von der sowohl apollinischen als dionysischen Erregung des Zuhörers unsere Ästhetiker nichts zu berichten, während sie nicht müde werden, den Kampf des Helden mit dem Schicksal, den Sieg der sittlichen Weltordnung oder eine durch die Tragödie bewirkte Entladung von Affekten als das eigentlich Tragische zu charakterisieren: welche Unverdrossenheit mich auf den Gedanken bringt, sie möchten überhaupt keine ästhetisch erregbaren Menschen sein und beim Anhören der Tragödie vielleicht nur als moralische Wesen in Betracht kommen. Noch nie, seit Aristoteles, ist eine Erklärung der tragischen Wirkung gegeben worden, aus der auf künstlerische Zustände, auf eine ästhetische Tätigkeit der Zuhörer geschlossen werden dürfte. Bald soll Mitleid und Furchtsamkeit durch die ernsten Vorgänge zu einer erleichternden Entladung gedrängt werden, bald sollen wir uns bei dem Sieg guter und edler Prinzipien, bei der Aufopferung des Helden im Sinne einer sittlichen Weltbetrachtung erhoben und begeistert fühlen; und so gewiß ich glaube, daß für zahlreiche Menschen gerade das, und nur das, die Wirkung der Tragödie ist, so deutlich ergibt sich daraus, daß diese alle, samt ihren interpretierenden Ästhetikern, von der Tragödie als einer höchsten *Kunst* nichts erfahren haben. Jene pathologische Entladung, die Katharsis des Aristoteles, von der die Philologen nicht recht wissen, ob sie unter die medizinischen oder die moralischen Phänomene zu rechnen sei, erinnert an eine merkwürdige Ahnung Goethes: „Ohne ein lebhaftes pathologisches Interesse", sagt er, „ist es auch mir niemals gelungen, irgendeine tragische Situation zu bearbeiten, und ich habe sie daher lieber vermieden als aufgesucht. Sollte es wohl auch einer von den Vorzügen der Alten gewesen sein, daß das höchste Pathetische auch nur ästhetisches Spiel bei ihnen gewesen wäre, da bei uns die Naturwahrheit mitwirken muß, um ein solches Werk hervorzubringen?" Diese so tiefsinnige letzte Frage dürfen wir jetzt, nach unseren herrlichen Erfahrungen, bejahen, nachdem wir gerade an der musikalischen Tragödie mit Staunen erlebt haben, wie wirklich das höchste Pathetische doch nur ein ästhetisches Spiel sein kann: weshalb wir glauben dürfen, daß erst jetzt das Urphänomen des Tragischen mit einigem Erfolg zu beschreiben ist. Wer jetzt noch nur von jenen stellvertretenden Wirkungen aus außerästhetischen Sphären zu erzählen hat und über den pathologisch-moralischen Prozeß sich nicht hinausgehoben fühlt, mag nur an seiner ästhetischen Natur verzweifeln: wogegen wir ihm die Interpretation Shakespeares nach der Manier des Gervinus und das fleißige Aufspüren der „poetischen Gerechtigkeit" als unschuldigen Ersatz anempfehlen.

So ist mit der Wiedergeburt der Tragödie auch der *ästhetische Zuhörer* wieder geboren, an dessen Stelle bisher in den Theaterräumen ein seltsames *Quidproquo*, mit halb moralischen und halb gelehrten Ansprüchen, zu sitzen pflegte, der „Kritiker". In seiner bisherigen Sphäre war alles künstlich und nur mit einem Scheine des Lebens übertüncht. Der darstellende Künstler wußte in der Tat nicht mehr, was er mit einem solchen, kritisch sich gebärdenden Zuhörer zu beginnen habe, und spähte daher, samt dem ihn inspirierenden Dramatiker oder Opernkomponisten, unruhig nach den letzten Resten des Lebens in diesem anspruchsvoll öden und zum Genießen unfähigen Wesen. Aus derartigen „Kritikern" bestand aber bisher das Publikum; der Student, der Schulknabe, ja selbst das harmloseste weibliche Geschöpf war wider sein Wissen bereits durch Erziehung und Journale zu einer gleichen Perzeption eines Kunstwerks vorbereitet. Die edleren Naturen unter den Künstlern rechneten bei einem solchen Publikum auf die Erregung moralisch-religiöser Kräfte, und der Anruf der „sittlichen Weltordnung" trat vikarierend ein, wo eigentlich ein gewaltiger Kunstzauber den echten Zuhörer entzücken sollte. Oder es wurde vom Dramatiker eine großartigere, mindestens aufregende Tendenz der politischen und sozialen Gegenwart so deutlich vorgetragen, daß der Zuhörer seine kritische Erschöpfung vergessen und sich ähnlichen Affekten überlassen konnte wie in patriotischen oder kriegerischen Momenten oder vor der Rednerbühne des Parlaments oder bei der Verurteilung des Verbrechens und des Lasters: welche Entfremdung der eigentlichen Kunstabsichten hier und da geradezu zu einem Kultus der Tendenz führen mußte. Doch hier trat ein, was bei allen erkünstelten Künsten von jeher eingetreten ist, eine reißend schnelle Depravation jener Tendenzen, so daß zum Beispiel die Tendenz, das Theater als Veranstaltung zur moralischen Volksbildung zu verwenden, die zu Schillers Zeit ernsthaft genommen wurde, bereits unter die unglaubwürdigen Antiquitäten einer überwundenen Bildung gerechnet wird. Während der Kritiker in Theater und Konzert, der Journalist in der Schule, die Presse in der Gesellschaft zur Herrschaft gekommen war, entartete die Kunst zu einem Unterhaltungsobjekt der niedrigsten Art, und die ästhetische Kritik wurde als das Bindemittel einer eitlen, zerstreuten, selbstsüchtigen und überdies ärmlich-unoriginalen Geselligkeit benutzt, deren Sinn jene Schopenhauerische Parabel von den Stachelschweinen zu verstehen gibt; so daß zu keiner Zeit so viel über Kunst geschwatzt und so wenig von der Kunst gehalten worden ist. Kann man aber mit einem Menschen noch verkehren, der imstande ist, sich über Beethoven und Shakespeare zu unterhalten? Mag jeder nach seinem Gefühl diese Frage beantworten: er wird mit der Antwort jedenfalls beweisen, was er sich unter „Bildung" vorstellt, vorausgesetzt, daß er die Frage überhaupt zu beantworten sucht und nicht vor Überraschung bereits verstummt ist.

Dagegen dürfte mancher edler und zarter von der Natur Befähigte, ob er gleich in der geschilderten Weise allmählich zum kritischen Barbaren geworden war, von einer ebenso unerwarteten als gänzlich unverständlichen Wirkung zu erzählen haben, die etwa eine glücklich gelungene Lohengrinaufführung auf ihn ausübte: nur daß ihm vielleicht jede Hand fehlte, die ihn mahnend und deutend anfaßte, so daß auch jene unbegreiflich verschiedenartige und durchaus unvergleichliche Empfindung, die ihn damals erschütterte, vereinzelt blieb und wie ein rätselhaftes Gestirn nach kurzem Leuchten erlosch. Damals hatte er geahnt, was der ästhetische Zuhörer ist.

DREIUNDZWANZIGSTER ABSCHNITT

Wer recht genau sich selber prüfen will, wie sehr er dem wahren ästhetischen Zuhörer verwandt ist oder zur Gemeinschaft der sokratisch-kritischen Menschen gehört, der mag sich nur aufrichtig nach der Empfindung fragen, mit der er das auf der Bühne dargestellte *Wunder* empfängt: ob er etwa dabei seinen historischen, auf strenge psychologische Kausalität gerichteten Sinn beleidigt fühlt, ob er mit einer wohlwollenden Konzession gleichsam das Wunder als ein der Kindheit verständliches, ihm entfremdetes Phänomen zuläßt, oder ob er irgend etwas anderes dabei erleidet. Daran nämlich wird er messen können, wie weit er überhaupt befähigt ist, den *Mythus*, das zusammengezogene Weltbild, zu verstehen, der, als Abbreviatur der Erscheinung, das Wunder nicht entbehren kann. Das Wahrscheinliche ist aber, daß fast jeder, bei strenger Prüfung, sich so durch den kritisch-historischen Geist unserer Bildung zersetzt fühlt, um nur etwa auf gelehrtem Wege, durch vermittelnde Abstraktionen, sich die einstmalige Existenz des Mythus glaublich zu machen. Ohne Mythus aber geht jede Kultur ihrer gesunden schöpferischen Naturkraft verlustig: erst ein mit Mythen umstellter Horizont schließt eine ganze Kulturbewegung zur Einheit ab. Alle Kräfte der Phantasie und des apollinischen Traumes werden erst durch den Mythus aus ihrem wahllosen Herumschweifen gerettet. Die Bilder des Mythus müssen die unbemerkt allgegenwärtigen dämonischen Wächter sein, unter deren Hut die junge Seele heranwächst, an deren Zeichen der Mann sich sein Leben und seine Kämpfe deutet: und selbst der Staat kennt keine mächtigeren ungeschriebnen Gesetze als das mythische Fundament, das seinen Zusammenhang mit der Religion, sein Herauswachsen aus mythischen Vorstellungen verbürgt.

Man stelle jetzt daneben den abstrakten, ohne Mythen geleiteten Menschen, die abstrakte Erziehung, die abstrakte Sitte, das abstrakte Recht, den abstrakten Staat: man vergegenwärtige sich das regellose, von keinem heimischen Mythus gezügelte Schweifen der künstlerischen Phantasie: man denke sich eine Kultur, die keinen festen und heiligen Ursitz hat, sondern alle Möglichkeiten zu erschöpfen und von allen Kulturen sich kümmerlich zu nähren verurteilt ist – das ist die Gegenwart, als das Resultat jenes auf Vernichtung des Mythus gerichteten Sokratismus. Und nun steht der mythenlose Mensch, ewig hungernd, unter allen Vergangenheiten und sucht grabend und wühlend nach Wurzeln, sei es, daß er auch in den entlegensten Altertümern nach ihnen graben müßte. Worauf weist das ungeheure historische Bedürfnis der unbefriedigten modernen Kultur, das Umsichsammeln zahlloser anderer Kulturen, das verzehrende Erkennenwollen, wenn nicht auf den Verlust des Mythus, auf den Verlust der mythischen Heimat, des mythischen Mutterschoßes? Man frage sich, ob das fieberhafte und so unheimliche Sichregen dieser Kultur etwas anderes ist als das gierige Zugreifen und Nach-Nahrung-Haschen des Hungernden – und wer möchte einer solchen Kultur noch etwas geben wollen, die durch alles, was sie verschlingt, nicht zu sättigen ist, und bei deren Berührung sich die kräftigste, heilsamste Nahrung in „Historie und Kritik" zu verwandeln pflegt?

Man müßte auch an unserem deutschen Wesen schmerzlich verzweifeln, wenn es bereits in gleicher Weise mit seiner Kultur unlösbar verstrickt, ja eins geworden wäre, wie wir das an dem zivilisierten Frankreich zu unserem Entsetzen beobachten können; und das, was lange Zeit der große Vorzug Frankreichs und die Ursache seines ungeheuren Übergewichts war, eben jenes Einssein von Volk und Kultur, dürfte uns, bei diesem Anblick, nötigen, darin das Glück zu preisen, daß diese unsere so fragwürdige Kultur bis jetzt mit dem edlen Kerne unseres Volkscharakters nichts gemein hat.

Alle unsere Hoffnungen strecken sich vielmehr sehnsuchtsvoll nach jener Wahrnehmung aus, daß unter diesem unruhig auf und nieder zukkenden Kulturleben und Bildungskrampfe eine herrliche, innerlich gesunde, uralte Kraft verborgen liegt, die freilich nur in ungeheuren Momenten sich gewaltig einmal bewegt und dann wieder einem zukünftigen Erwachen entgegenträumt. Aus diesem Abgrunde ist die deutsche Reformation hervorgewachsen: in deren Choral die Zukunftsweise der deutschen Musik zuerst erklang. So tief, mutig und seelenvoll, so überschwenglich gut und zart tönt dieser Choral Luthers, als der erste dionysische Lockruf, der aus dichtverwachsenem Gebüsch, im Nahen des Frühlings, hervordringt. Ihm antwortete in wetteiferndem Widerhall jener weihevoll übermütige Festzug dionysischer Schwärmer, denen wir die deutsche Musik danken – und denen wir *die Wiedergeburt des deutschen Mythus* danken werden!

Ich weiß, daß ich jetzt den teilnehmend folgenden Freund auf einen hochgelegenen Ort einsamer Betrachtung führen muß, wo er nur wenige Gefährten haben wird, und rufe ihm ermutigend zu, daß wir uns an unseren leuchtenden Führern, den Griechen, festzuhalten haben. Von ihnen haben wir bis jetzt, zur Reinigung unserer ästhetischen Erkenntnis, jene beiden Götterbilder entlehnt, von denen jedes ein gesondertes Kunstreich für sich beherrscht, und über deren gegenseitige Berührung und Steigerung wir durch die griechische Tragödie zu einer Ahnung kamen. Durch ein merkwürdiges Auseinanderreißen beider künstlerischen Urtriebe mußte uns der Untergang der griechischen Tragödie herbeigeführt erscheinen: mit welchem Vorgange eine Degeneration und Umwandlung des griechischen Volkscharakters im Einklang war, uns zu ernstem Nachdenken auffordernd, wie notwendig und eng die Kunst und das Volk, Mythus und Sitte, Tragödie und Staat, in ihren Fundamenten verwachsen sind. Jener Untergang der Tragödie war zugleich der Untergang des Mythus. Bis dahin waren die Griechen unwillkürlich genötigt, alles Erlebte sofort an ihre Mythen anzuknüpfen, ja es nur durch diese Anknüpfung zu begreifen: wodurch auch die nächste Gegenwart ihnen sofort *sub specie aeterni* und in gewissem Sinne als zeitlos erscheinen mußte. In diesen Strom des Zeitlosen aber tauchte sich ebenso der Staat wie die Kunst, um in ihm vor der Last und der Gier des Augenblicks Ruhe zu finden. Und gerade nur so viel ist ein Volk – wie übrigens auch ein Mensch – wert, als es auf seine Erlebnisse den Stempel des Ewigen zu drücken vermag: denn damit ist es gleichsam entweltlicht und zeigt seine unbewußte innerliche Überzeugung von der Relativität der Zeit und von der wahren, das heißt metaphysischen Bedeutung des Lebens. Das Gegenteil davon tritt ein, wenn ein Volk anfängt, sich historisch zu begreifen und die mythischen Bollwerke um sich herum zu zertrümmern: womit gewöhnlich eine entschiedene Verweltlichung, ein Bruch mit der unbewußten Metaphysik seines früheren Daseins, in allen ethischen Konsequenzen, verbunden ist. Die griechische Kunst und vornehmlich die griechische Tragödie hielt vor allem die Vernichtung des Mythus auf: man mußte sie mit vernichten, um, losgelöst von dem heimischen Boden, ungezügelt in der Wildnis des Gedankens, der Sitte und der Tat leben zu können. Auch jetzt noch versucht jener metaphysische Trieb sich eine, wenngleich abgeschwächte Form der Verklärung zu schaffen, in dem zum Leben drängenden Sokratismus der Wissenschaft; aber auf den niederen Stufen führte derselbe Trieb nur zu einem fieberhaften Suchen, das sich allmählich in ein Pandämonium überallher zusammengehäufter Mythen und Superstitionen verlor: in dessen Mitte der Hellene dennoch ungestillten Herzens saß, bis er es verstand, mit griechischer Heiterkeit und griechischem Leichtsinn, als Gräculus, jenes Fieber zu maskieren oder in irgendeinem orientalisch dumpfen Aberglauben sich völlig zu betäuben.

Diesem Zustande haben wir uns, seit der Wiedererweckung des alexandrinisch-römischen Altertums im fünfzehnten Jahrhundert, nach einem langen, schwer zu beschreibenden Zwischenakte, in der auffälligsten Weise angenähert. Auf den Höhen dieselbe überreiche Wissenslust, dasselbe ungesättigte Finderglück, dieselbe ungeheure Verweltlichung, daneben ein heimatloses Herumschweifen, ein gieriges Sichdrängen an fremde Tische, eine leichtsinnige Vergötterung der Gegenwart oder stumpf betäubte Abkehr, alles sub specie saeculi, der „Jetztzeit“: welche gleichen Symptome auf einen gleichen Mangel im Herzen dieser Kultur zu raten geben, auf die Vernichtung des Mythus. Es scheint kaum möglich zu sein, mit dauerndem Erfolge einen fremden Mythus überzupflanzen, ohne den Baum durch dieses Überpflanzen heillos zu beschädigen: welcher vielleicht einmal stark und gesund genug ist, jenes fremde Element mit furchtbarem Kampfe wieder auszuscheiden, für gewöhnlich aber siech und verkümmert oder in krankhaftem Wuchern sich verzehren muß. Wir halten so viel von dem reinen und kräftigen Kerne des deutschen Wesens, daß wir gerade von ihm jene Ausscheidung gewaltsam eingepflanzter fremder Elemente zu erwarten wagen und es für möglich erachten, daß der deutsche Geist sich auf sich selbst zurückbesinnt. Vielleicht wird mancher meinen, jener Geist müsse seinen Kampf mit der Ausscheidung des Romanischen beginnen: wozu er eine äußerliche Vorbereitung und Ermutigung in der siegreichen Tapferkeit und blutigen Glorie des letzten Krieges erkennen dürfte, die innerliche Nötigung aber in dem Wetteifer suchen muß, der erhabenen Vorkämpfer auf dieser

Bahn, Luthers ebensowohl als unserer großen Künstler und Dichter, stets wert zu sein. Aber nie möge er glauben, ähnliche Kämpfe ohne seine Hausgötter, ohne seine mythische Heimat, ohne ein „Wiederbringen" aller deutschen Dinge, kämpfen zu können! Und wenn der Deutsche zagend sich nach einem Führer umblicken sollte, der ihn wieder in die längst verlorne Heimat zurückbringe, deren Wege und Stege er kaum mehr kennt – so mag er nur dem wonnig lockenden Rufe des dionysischen Vogels lauschen, der über ihm sich wiegt und ihm den Weg dahin deuten will.

VIERUNDZWANZIGSTER ABSCHNITT

Wir hatten unter den eigentümlichen Kunstwirkungen der musikalischen Tragödie eine apollinische *Täuschung* hervorzuheben, durch die wir vor dem unmittelbaren Einssein mit der dionysischen Musik gerettet werden sollen, während unsre musikalische Erregung sich auf einem apollinischen Gebiete und an einer dazwischengeschobenen sichtbaren Mittelwelt entladen kann. Dabei glaubten wir beobachtet zu haben, wie eben durch diese Entladung jene Mittelwelt des szenischen Vorgangs, überhaupt das Drama, in einem Grade von innen heraus sichtbar und verständlich wurde, der in aller sonstigen apollinischen Kunst unerreichbar ist: so daß wir hier, wo diese gleichsam durch den Geist der Musik beschwingt und emporgetragen war, die höchste Steigerung ihrer Kräfte und somit in jenem Bruderbunde des Apollo und des Dionysus die Spitze ebensowohl der apollinischen als der dionysischen Kunstabsichten anerkennen mußten.

Freilich erreichte das apollinische Lichtbild gerade bei der inneren Beleuchtung durch die Musik nicht die eigentümliche Wirkung der schwächeren Grade apollinischer Kunst; was das Epos oder der beseelte Stein vermögen, das anschauende Auge zu jenem ruhigen Entzücken an der Welt der *individuatio* zu zwingen, das wollte sich hier, trotz einer höheren Beseeltheit und Deutlichkeit, nicht erreichen lassen. Wir schauten das Drama an und drangen mit bohrendem Blick in seine innere bewegte Welt der Motive – und doch war uns, als ob nur ein Gleichnisbild an uns vorüberzöge, dessen tiefsten Sinn wir fast zu erraten glaubten und das wir wie einen Vorhang fortzuziehen wünschten, um hinter ihm das Urbild zu erblicken. Die hellste Deutlichkeit des Bildes genügte uns nicht: denn dieses schien ebensowohl etwas zu offenbaren als zu verhüllen; und während es mit seiner gleichnisartigen Offenbarung zum Zerreißen des Schleiers, zur Enthüllung des geheimnisvollen Hintergrundes aufzufordern schien, hielt wiederum gerade jene durchleuchtete Allsichtbarkeit das Auge gebannt und wehrte ihm, tiefer zu dringen.

Wer dies nicht erlebt hat, zugleich schauen zu müssen und zugleich über das Schauen hinaus sich zu sehnen, wird sich schwerlich vorstellen, wie bestimmt und klar diese beiden Prozesse bei der Betrachtung des tragischen Mythus nebeneinander bestehen und nebeneinander empfunden werden: während die wahrhaft ästhetischen Zuschauer mir bestätigen werden, daß unter den eigentümlichen Wirkungen der Tragödie jenes Nebeneinander die merkwürdigste sei. Man übertrage sich nun dieses Phänomen des ästhetischen Zuschauers in einen analogen Prozeß im tragischen Künstler, und man wird die Genesis des *tragischen Mythus* verstanden haben. Er teilt mit der apollinischen Kunstsphäre die volle Lust am Schein und am Schauen, und zugleich verneint er diese Lust und hat eine noch höhere Befriedigung an der Vernichtung der sichtbaren Scheinwelt. Der Inhalt des tragischen Mythus ist zunächst ein episches Ereignis mit der Verherrlichung des kämpfenden Helden: woher stammt aber jener an sich rätselhafte Zug, daß das Leiden im Schicksale des Helden, die schmerzlichsten Überwindungen, die qualvollsten Gegensätze der Motive, kurz die Exemplifikation jener Weisheit des Silen, oder, ästhetisch ausgedrückt, das Häßliche und Disharmonische, in so zahllosen Formen, mit solcher Vorliebe immer von neuem dargestellt wird und gerade in dem üppigsten und jugendlichsten Alter eines Volkes, wenn nicht gerade an diesem allen eine höhere Lust perzipiert wird?

Denn daß es im Leben wirklich so tragisch zugeht, würde am wenigsten die Entstehung einer Kunstform erklären; wenn anders die Kunst nicht nur Nachahmung der Naturwirklichkeit, sondern gerade ein metaphysisches Supplement der Naturwirklichkeit ist, zu deren Überwindung neben sie gestellt. Der tragische Mythus, sofern er überhaupt zur Kunst gehört, nimmt auch vollen Anteil an dieser metaphysischen Verklärungsabsicht der Kunst überhaupt: was verklärt er aber, wenn er die Erscheinungswelt unter dem Bilde des leidenden Helden vorführt? Die „Realität“ dieser Erscheinungswelt am wenigsten, denn er sagt uns gerade: „Seht hin! Seht genau hin! Dies ist euer Leben! Dies ist der Stundenzeiger an eurer Daseinsuhr!“

Und dieses Leben zeigte der Mythus, um es vor uns damit zu verklären? Wenn aber nicht, worin liegt dann die ästhetische Lust, mit der wir auch jene Bilder an uns vorüberziehen lassen? Ich frage nach der ästhetischen Lust und weiß recht wohl, daß viele dieser Bilder außerdem mitunter noch eine moralische Ergötzung, etwa unter der Form des Mitleidens oder eines sittlichen Triumphes, erzeugen können. Wer die Wirkung des Tragischen aber allein aus diesen moralischen Quellen ableiten wollte, wie es freilich in der Ästhetik nur allzu lange üblich war, der mag nur nicht glauben, etwas für die Kunst damit getan zu haben: die vor allem Reinheit in ihrem Bereiche verlangen muß. Für die Erklärung des tragischen Mythus ist es gerade die erste Forderung, die ihm eigentümliche Lust in der rein ästhetischen Sphäre zu suchen, ohne in das Gebiet des Mitleids, der Furcht, des Sittlich-Erhabenen überzugreifen. Wie kann das Häßliche und das Disharmonische, der Inhalt des tragischen Mythus, eine ästhetische Lust erregen?

Hier nun wird es nötig, uns mit einem kühnen Anlauf in eine Metaphysik der Kunst hineinzuschwingen, indem ich den früheren Satz wiederhole, daß nur als ein ästhetisches Phänomen das Dasein und die Welt gerechtfertigt erscheint: in welchem Sinne uns gerade der tragische Mythus zu überzeugen hat, daß selbst das Häßliche und Disharmonische ein künstlerisches Spiel ist, welches der Wille, in der ewigen Fülle seiner Lust, mit sich selbst spielt. Dieses schwer zu fassende Urphänomen der dionysischen Kunst wird aber auf direktem Wege einzig verständlich und unmittelbar erfaßt in der wunderbaren Bedeutung der *musikalischen Dissonanz:* wie überhaupt die Musik, neben die Welt hingestellt, allein einen Begriff davon geben kann, was unter der Rechtfertigung der Welt als eines ästhetischen Phänomens zu verstehen ist. Die Lust, die der tragische Mythus erzeugt, hat eine gleiche Heimat wie die lustvolle Empfindung der Dissonanz in der Musik. Das Dionysische, mit seiner selbst am Schmerz perzipierten Urlust, ist der gemeinsame Geburtsschoß der Musik und des tragischen Mythus.

Sollte sich nicht inzwischen dadurch, daß wir die Musikrelation der Dissonanz zu Hilfe nahmen, jenes schwierige Problem der tragischen Wirkung wesentlich erleichtert haben? Verstehen wir doch jetzt, was es heißen will, in der Tragödie zugleich schauen zu wollen und sich über das Schauen hinauszusehnen: welchen Zustand wir in betreff der künstlerisch verwendeten Dissonanz ebenso zu charakterisieren hätten, daß wir hören wollen und über das Hören uns zugleich hinaussehnen. Jenes Streben ins Unendliche, der Flügelschlag der Sehnsucht, bei der höchsten Lust an der deutlich perzipierten Wirklichkeit, erinnern daran, daß wir in beiden Zuständen ein dionysisches Phänomen zu erkennen haben, das uns immer von neuem wieder das spielende Aufbauen und Zertrümmern der Individualwelt als den Ausfluß einer Urlust offenbart, in einer ähnlichen Weise, wie wenn von Heraklit dem Dunklen die weltbildende Kraft einem Kinde verglichen wird, das spielend Steine hin und her setzt und Sandhaufen aufbaut und wieder einwirft.

Um also die dionysische Befähigung eines Volkes richtig abzuschätzen, dürften wir nicht nur an die Musik des Volkes, sondern ebenso notwendig an den tragischen Mythus dieses Volkes als den zweiten Zeugen jener Befähigung zu denken haben. Es ist nun, bei dieser engsten Verwandtschaft zwischen Musik und Mythus, in gleicher Weise zu vermuten, daß mit einer Entartung und Depravation des einen eine Verkümmerung der anderen verbunden sein wird: wenn anders in der Schwächung des Mythus überhaupt eine Abschwächung des dionysischen Vermögens zum Ausdruck kommt. Über beides dürfte uns aber ein Blick auf die Entwicklung des deutschen Wesens nicht im Zweifel lassen: in der Oper wie in dem abstrakten Charakter unseres mythenlosen Daseins, in einer zur Ergötzlichkeit herabgesunkenen Kunst wie in einem vom Begriff geleiteten Leben, hatte sich uns jene gleich unkünstlerische, als am Leben zehrende Natur des sokratischen Optimismus enthüllt. Zu unserem Troste aber gab es Anzeichen dafür, daß trotzdem der deutsche Geist in herrlicher Gesundheit, Tiefe und dionysischer Kraft unzerstört, gleich einem zum Schlummer niedergesunkenen Ritter, in einem unzugänglichen Abgrunde ruhe und träume: aus welchem Abgrunde zu uns das dionysische Lied emporsteigt, um uns zu verstehen zu geben, daß dieser deutsche Ritter auch jetzt noch seinen uralten dionysischen Mythus in selig-ernsten Visionen träumt. Glaube niemand, daß der deutsche Geist seine mythische Heimat auf ewig verloren habe, wenn er so deutlich noch die Vogelstimmen versteht, die von jener Heimat erzählen. Eines Tages wird er sich wach finden, in aller Morgenfrische eines ungeheuren Schlafes: dann wird er Drachen töten, die tückischen Zwerge vernichten und Brünnhilde erwecken – und Wotans Speer selbst wird seinen Weg nicht hemmen können!

Meine Freunde, ihr, die ihr an die dionysische Musik glaubt, ihr wißt auch, was für uns die Tragödie bedeutet. In ihr haben wir, wiedergeboren aus der Musik, den tragischen Mythus – und in ihm dürft ihr alles hoffen und das Schmerzlichste vergessen! Das Schmerzlichste aber ist für uns alle – die lange Entwürdigung, unter der der deutsche Genius, entfremdet von Haus und Heimat, im Dienst tückischer Zwerge lebte. Ihr versteht das Wort – wie ihr auch, zum Schluß, meine Hoffnungen verstehen werdet.

FÜNFUNDZWANZIGSTER ABSCHNITT

Musik und tragischer Mythus sind in gleicher Weise Ausdruck der dionysischen Befähigung eines Volkes und voneinander untrennbar. Beide entstammen einem Kunstbereiche, das jenseits des Apollinischen liegt; beide verklären eine Region, in deren Lustakkorden die Dissonanz ebenso wie das schreckliche Weltbild reizvoll verklingt; beide spielen mit dem Stachel der Unlust, ihren überaus mächtigen Zauberkünsten vertrauend; beide rechtfertigen durch dieses Spiel die Existenz selbst der „schlechtesten Welt". Hier zeigt sich das Dionysische, an dem Apollinischen gemessen, als die ewige und ursprüngliche Kunstgewalt, die überhaupt die ganze Welt der Erscheinung ins Dasein ruft: in deren Mitte ein neuer Verklärungsschein nötig wird, um die belebte Welt der Individuation im Leben festzuhalten. Könnten wir uns eine Menschwerdung der Dissonanz denken – und was ist sonst der Mensch? –, so würde diese Dissonanz, um leben zu können, eine herrliche Illusion brauchen, die ihr einen Schönheitsschleier über ihr eignes Wesen decke. Dies ist die wahre Kunstabsicht des Apollo: in dessen Namen wir alle jene zahllosen Illusionen des schönen Scheins zusammenfassen, die in jedem Augenblick das Dasein überhaupt lebenswert machen und zum Erleben des nächsten Augenblicks drängen.

Dabei darf von jenem Fundamente aller Existenz, von dem dionysischen Untergrunde der Welt, genau nur so viel dem menschlichen Individuum ins Bewußtsein treten, als von jener apollinischen Verklärungskraft wieder überwunden werden kann, so daß diese beiden Kunsttriebe ihre Kräfte in strenger wechselseitiger Proportion, nach dem Gesetze ewiger Gerechtigkeit, zu entfalten genötigt sind. Wo sich die dionysischen Mächte so ungestüm erheben, wie wir dies erleben, da muß auch bereits Apollo, in eine Wolke gehüllt, zu uns herniedergestiegen sein; dessen üppigste Schönheitswirkungen wohl eine nächste Generation schauen wird.

Daß diese Wirkung aber nötig sei, dies würde jeder am sichersten, durch Intuition, nachempfinden, wenn er einmal, sei es auch im Traume, in eine althellenische Existenz sich zurückversetzt fühlte: im Wandeln unter hohen ionischen Säulengängen, aufwärtsblickend zu einem Horizont, der durch reine und edle Linien abgeschnitten ist, neben sich Widerspiegelungen seiner verklärten Gestalt in leuchtendem Marmor, rings um sich feierlich schreitende oder zart bewegte Menschen, mit harmonisch tönenden Lauten und rhythmischer Gebärdensprache – würde er nicht, bei diesem fortwährenden Einströmen der Schönheit, zu Apollo die Hand erhebend ausrufen müssen: „Seliges Volk der Hellenen! Wie groß muß unter euch Dionysus sein, wenn der delische Gott solche Zauber für nötig hält, um euren dithyrambischen Wahnsinn zu heilen!" – Einem so Gestimmten dürfte aber ein greiser Athener, mit dem erhabenen Auge des Äschylus zu ihm aufblickend, entgegnen: „Sage aber auch dies, du wunderlicher Fremdling: wieviel mußte dies Volk leiden, um so schön werden zu können! Jetzt aber folge mir zur Tragödie und opfere mit mir im Tempel beider Gottheiten!"

NACHWORT

Die Welt – ein Tor
zu tausend Wüsten stumm und kalt!
Wer das verlor,
was du verlorst, macht nirgends halt.
(aus *Vereinsamt*, 3. Strophe)

Das Betroffensein von der Kälte dieser Welt – als Mangel an warmherzigen und dauerhaften Liebesbeziehungen –, der Verlust des Glaubens – als Verlust verbindlicher und allgemeingültiger Werte –, diese Erfahrungen kennzeichnen das Leben und Werk Friedrich Nietzsches. Seine Philosophie – die Diagnose der vom Sinn entleerten Welt („Gott ist tot"), sein Aufruf: Richtet euer Leben auf das Diesseits ein! und seine Suche nach neuen sinntragenden Elementen – spiegelt Nietzsches persönliche Not.

Seismographisch hatte Nietzsche die Grundprobleme seiner Zeit erfaßt, in erster Linie die Entfremdung des Menschen von der Natur und von sich selbst in einer von der Industrie beherrschten Umwelt, und das wertlose Fundament dieser Gesellschaft aufgedeckt. Er tat dies vom Standpunkt des betroffenen Individuums aus, nicht, wie Karl Marx, ausgerichtet auf Kollektivinteressen. Seine Philosophie der Härte, des bewußten Leidens, der Überwindung dieses Leidens durch Verachtung, der Aufgabe jeglicher moralischer Ausrichtung des Handelns ist letztlich auf seine eigene persönliche Situation der Einsamkeit zurückzuführen.

Am 15. Oktober 1844 wurde Friedrich Wilhelm Nietzsche als erstes Kind des Pfarrers Carl Ludwig Nietzsche in Röcken bei Lützen (Provinz Sachsen) geboren.

Sein Elternhaus war geprägt von protestantischer Frömmigkeit, seit Generationen vertrat die Familie den lutherischen Glauben und verkörperte in ihrer gottesfürchtigen, rechtschaffen provinziellen Lebensweise alle Tugenden und Überzeugungen des deutschen Pfarrhauses.

Schon zu Lebzeiten seines Vaters wurde das Haus von Frauen dominiert. Neben Friedrichs Mutter lebten die beiden unverheirateten Schwestern des Vaters im Haushalt und führten ihn in altjüngferlicher Manier. Seit dem Jahre 1849 – Nietzsche war noch nicht fünf Jahre alt – wuchs er in einer ausschließlich von Frauen bestimmten häuslichen Umgebung auf.

Neben der Kontaktschwäche, an der Nietzsche ohnehin litt, wirkte sich dies zusätzlich nachteilig auf seine Beziehungen zu Frauen aus. Es schien ihm zeitlebens unmöglich, engere Beziehungen einzugehen und einzuleiten. Sein stets kleiner, wenn auch intensiver Freundeskreis bestand hauptsächlich aus Männern. Bis auf seine Schwester Elisabeth, die ihm bis zum Lebensende mit Rat und Tat zur Seite stand, traten Frauen nur flüchtig und für kürzeste Zeit in sein Leben ein. Ernsthafte Heiratserklärungen ließ er von Freunden vornehmen oder trug sie schriftlich vor.

Nach dem Tod seines Vaters zog die Familie unter dem Einfluß der Großmutter nach Naumburg an der Saale. Schon früh zeigte sich die musische und geistige Begabung Nietzsches. Beeinflußt durch die künstliche und geziert wirkende Atmosphäre im Naumburger Familienkreis mit dessen hohen religiösen und moralischen Ansprüchen hatte Friedrich Schwierigkeiten im Umgang mit dem z. T. rauhen Umgangston seiner Schulkameraden, enthielt sich auch meistenteils der unbefangenen Kinderspiele und vertrieb sich häufig schweigend die Zeit. Mit zehn Jahren komponierte er kleinere Musikstücke und schrieb Gedichte.

Vom Oktober 1858 bis zum September 1864 besuchte Nietzsche die Internatsschule Schulpforta, eine ehemalige Zisterzienserabtei. Auf dieser traditionsreichen Schule erhielt er eine fundierte logische und philologische Schulung, die ihn kaum merklich in eine kritische Distanz zum Christentum brachte. War Nietzsche unter dem Einfluß des Elternhauses noch selbst hochreligiös gewesen, so findet hier mit dem Verlust des Glaubens das entscheidende Ereignis in seinem Leben statt. Ein Sinnvakuum entsteht, das Nietzsche später – nachdem er mit der christlichen Lehre und Moral abgerechnet hat – durch eigene philosophische Sinn-entwürfe aufzufüllen versucht. Tragisch daran ist, daß es ihm nicht gelang, seinem eigenen Leben einen erfüllten Sinn zu geben (gerade in späteren Jahren schwankt er ständig zwischen Euphorie und Depression), daß er zwar mit seiner Diagnose des Christentums und des moralischen Verhaltens seiner Mitmenschen bleibende Werte schuf, aber mit seinen positiven Entwürfen vom Übermenschen und der relativierenden Moral den späteren Adepten seiner Philosophie Rechtfertigungen ihrer politisch kriminellen und inhumanen Handlungen bot. Tragisch deshalb, weil der Ausgangspunkt seines Denkens zutiefst human war – ein Versuch, die Entfremdung des Menschen von der Natur aufzuheben und Sinnhorizonte für ein diesseitig ausgerichtetes Leben zu schaffen. Neben den antiken Autoren galt während der Zeit in Schulpforta Nietzsches höchste Verehrung und Hochachtung dem in dieser Zeit kaum bekannten Hölderlin. Seine Bewunderung weist auf die eigene Geistes- und Wesensverwandtschaft mit diesem Dichter hin. Er lobt das reine, weiche Gemüt Hölderlins, die Sprachkraft und die von glühender Liebe getragene Kritik an den Deutschen, den „Fachmenschen, den Philistern". Hier deuten sich Motive und Aspekte seines eigenen Schaffens an.

Im Oktober 1864 begann Nietzsche das Studium der Theologie und der klassischen Philologie an der Universität Bonn. Im Oktober des nächsten Jahres folgte er seinem Lehrer, Professor Ritschl, unter dessen Führung er sich durch beachtliche Leistungen als Philologe qualifizierte, nach Leipzig. Im Februar 1869 wurde er durch Protektion Ritschls als außerordentlicher Professor der klassischen Philologie nach Basel berufen. Nietzsche hatte zwar sein Studium noch nicht mit dem Doktorexamen abgeschlossen, aber dies wurde ihm ohne weitere Prüfung unter Anerkennung seiner bisher veröffentlichten Arbeiten von der Universität Leipzig zuerkannt. Ähnlich unformell verlief die Habilitation. Mit noch nicht ganz 25 Jahren stand er damit schon weit oben auf der Stufenleiter der beruflichen Karriere.

Bis 1879 hielt Nietzsche zwar Vorlesungen an der Universität Basel im Bereich der klassischen Philologie und wurde auf eigenen Antrag (wegen der Verschlimmerung seiner Krankheit) ehrenvoll verabschiedet und mit einer kleinen Pension ausgestattet, doch sah er seine philologische Arbeit mehr als Broterwerb denn als Passion. Schon am Anfang seiner Baseler Tätigkeit begann er am Sinn der philologischen Studien zu zweifeln. In einem Brief an seinen Studienfreund Rohde schreibt er: „Wir sind doch recht die Narren des Schicksals: noch vorige Woche wollte ich Dir einmal schreiben und vorschlagen, gemeinsam Chemie zu studieren und die Philologie dorthin zu werfen, wohin sie gehört, zum Urväter-Hausrat. Jetzt lockt der Teufel ‚Schicksal' mit einer philologischen Professur."

In dieser Widersprüchlichkeit trat Nietzsche seine Professur an, und es verwundert nicht, daß er einer geordneten bürgerlichen Existenz in diesem Beruf geringeren Rang einräumte gegenüber seiner neuen Passion für Philosophie, hinter der er mit seiner ganzen Persönlichkeit stand. Er ging sogar soweit, die bürgerliche Existenz, den Ruf als Philologe von Rang für seine unorthodoxen philosophischen Ansichten aufs Spiel zu setzen.

Angeregt wurde seine Hinwendung zur Philosophie durch die Beschäftigung mit den griechischen Vorsokratikern, die Kenntnisse vom Werk Schopenhauers und in erster Linie durch die innere Suche nach einer neuen Sinngebung seiner Existenz. Dieser sehr subjektiven Motivation entsprechen die qualitativen und formalen Eigenheiten seiner philosophischen Anschauung: Unabgeschlossenheit, Widersprüchlichkeit des Denkens, bewußtes Einsetzen des Widerspruchs als Denk-Prinzip, Verzicht auf positivistisch-wissenschaftliche Objektivität, aphoristisches Denken, das dem Verweilen auf dem einzelnen den Vorrang vor der Einbettung ins System einräumt, die subjektive, von sprachlichen Neuschöpfungen und Bildern geprägte Sprache. Nicht zufällig verschwimmen, wie z. B. im „Zarathustra", die Grenzen zwischen Philosophie und Dichtung. Nietzsches Diktion ist appellativ, sie bezieht den Leser mit ein, ist durchsetzt mit Anrufen, Interjektionen, Empfindungswörtern. Seine Stimme verlockt zum Rausch, übertönt nüchterne Einwände. Wen wundert es, daß er – der sich bewußt von Inhalt und Form der zeitgenössischen Wissenschaft distanzieren wollte – von seinen Fachkollegen angefeindet und wissenschaftlicher Fehler überführt wurde.

Die antiaufklärerische, pessimistische Weltanschauung Schopenhauers las sich für Nietzsche wie eine Bestätigung seiner eigenen Anschauung und Lebensweise. Es kam seinem Einzelgängertum entgegen, daß

Schopenhauer die Masse des Volkes als „Philister" bezeichnete und genialen Individuen bescheinigte, daß sie aufgrund ihrer Andersartigkeit den Kontakt mit der gesellschaftlichen Realität verlieren müßten.

In Richard Wagner, den er in Leipzig kennenlernte und dessen Musik ihn faszinierte, sah er ein solches Genie. Von 1869 bis 1872 war er gern gesehener Gast in dem unbürgerlichen Haushalt Wagners in Tribschen in der Nähe des Vierwaldstättersees. Durch räumliche Entfernung – Wagner siedelte 1872 nach Bayreuth um –, die Entfernung seiner philosophischen Anschauungen vom Ausgangspunkt Schopenhauer und kleinere persönliche Enttäuschungen wurde das Verhältnis zu Wagner distanzierter, bis es im November 1876 zum vollständigen Bruch kam.

Der Beginn seiner eigenen philosophischen Tätigkeit ist im Jahre 1871 anzusetzen. Nietzsche veröffentlichte in Basel als Privatdruck eine Arbeit mit dem Titel „Sokrates und die griechische Tragödie". Diese Arbeit ging später in dem Traktat „Die Geburt der Tragödie oder Griechentum und Pessimismus" auf, der Anfang 1882 erschien.

Diese Schrift, deren philologisches Vorhaben es war, die Entwicklung der griechischen Tragödie aus dem rituellen Chortanz des Dionysoskults darzustellen, nimmt eine Neubewertung des klassischen Altertums vor. Die sokratische Phase der rationalistischen Aufklärungsphilosophie mit ihrer szientistisch bestimmten Weltauffassung wird als Niedergang der Kultur begriffen. Positiv empfunden wird die vorsokratische Phase der Philosophie und Tragödie, in der das Apollinische (gekennzeichnet durch maßvolle Begrenzung und weisheitsvolle Ruhe) und das Dionysische (Rauschhaft-Subjektive) eine glückliche Verbindung eingehen.

„Unter dem Zauber des Dionysischen schließt sich nicht nur der Bund zwischen Mensch und Mensch wieder zusammen: auch die entfremdete, feindliche oder unterjochte Natur feiert wieder ihr Versöhnungsfest mit ihrem verlorenen Sohne, dem Menschen. Freiwillig baut die Erde ihre Gaben, und friedfertig nahen die Raubtiere der Felsen und der Wüste."

Der subjektive und zeitbezogene Ansatz Nietzsches wird hier deutlich. Seine Kritik an der positivistischen Wissenschaftsgläubigkeit der Gründerjahre, die einen Verlust des Menschlichen zur Folge hat, legt er der Bewertung der griechischen Philosophie unter. Ebenso sieht er eine

Abkehr von diesen negativen Tendenzen seiner Gegenwart nur in einer Hinwendung zur Lebenseinstellung der vorsokratischen Epoche. Die aufklärerische Wissenschaftsgläubigkeit soll von einer neuen Kunst, der Musik (insbesondere Wagners), abgelöst werden. Sie sei imstande, den tragischen Mythos neu zu beleben und die philiströse Selbstgerechtigkeit der Wissenschaften ebenso wie den Aberglauben des Christentums zu überwinden und die Menschen zu neuer Selbsterfüllung zu führen.

Wegen des antiaufklärerischen Inhalts rief diese Schrift massenhafte Kritik der zeitgenössischen Wissenschaftler hervor. Nietzsche wurden überdies philologische Fehler vorgeworfen, seine professorale Reputation war angeschlagen; er sollte sie zeit seines Lebens nicht wiedergewinnen. In den Jahren 1873 bis 1876 entstehen die „Unzeitgemäßen Betrachtungen“, Nietzsche wandelt sich vom klassischen Philologen zum Kritiker seiner Zeit. Angriffe auf das Christentum („David Strauß, der Bekenner und Schriftsteller“) und auf die Geschichtswissenschaft („Vom Nutzen und Nachteil der Historie für das Leben“) werden ergänzt durch die Entgegenstellung positiver Leitbilder („Schopenhauer als Erzieher“, „Richard Wagner in Bayreuth“).

Bis zur Verschlimmerung seiner Krankheit (starke Kopfschmerzen, die sich zur Migräne steigerten, Augen- und Magenleiden), die ihn im Jahre 1879 zur Aufgabe seines Lehramts an der Universität Basel zwang, gab Nietzsche noch den Band „Menschliches Allzumenschliches“ heraus, eine Sammlung von kurzen Aufzeichnungen, Notizen, Aphorismen und fragmentarischen Essays.

In diesen Schriften entwickelte er seine nihilistische Auffassung von der Welt. Sie existiere zwar, habe aber keinen ihr von sich aus innewohnenden Sinn. Demnach seien auch die traditionellen moralphilosophischen Kategorien sinnlos: Gut und Böse existieren an sich nicht. Nietzsche lebte in dieser Zeit – wie auch in den nachfolgenden Jahren – auf steter Wanderschaft, Besuche von Freunden und Kuraufenthalte lösten einander ab. Dieser Art unruhevollen Lebens hatte sich seine Arbeitstechnik anzupassen, es entstanden insbesondere literarische Kurzformen.

In den zehn Jahren nach der Aufgabe seiner Professur wurde sein Werk noch unruhevoller. Er unternahm Reisen nach Venedig, Genua,

Sizilien, Rapallo, Nizza. Bevorzugter Aufenthaltsort aber war ein kleines Dorf im Schweizer Inntal: Sils-Maria. In der romantischen Abgeschiedenheit dieser Gegend entstand ein neues Hochgefühl in ihm, hier wurde er zu „Also sprach Zarathustra" inspiriert. Der erste Teil entstand innerhalb kürzester Zeit im Februar 1883 in Rapallo, die anderen Teile folgten 1884/85 in Nizza und Mentone.

Der „Zarathustra" wird von vielen als Höhepunkt in Nietzsches Schaffen angesehen; seiner Form nach ist es ein neues und einmaliges Werk, inhaltlich aber nimmt es die wesentlichen Gedanken wieder auf und gruppiert sie um zwei neue Leitbilder: die Idee des Übermenschen und die ewige Wiederkehr. Unter philosophischem Aspekt in Angriff genommen, ist es aber ganz und gar Dichtung. Der Text ist durch Gleichnisse verschlüsselt und sehr bildstark.

Das Buch beginnt mit dem Gedanken des Übermenschen: „Ich lehre euch den Übermenschen. Der Mensch ist etwas, das überwunden werden soll. . . . Ich beschwöre euch, meine Brüder, bleibt der Erde treu und glaubt denen nicht, welche euch von überirdischen Hoffnungen reden! Giftmischer sind es, ob sie es wissen oder nicht."

Die Ausrichtung auf das diesseitige Leben wird zum Programm erhoben. Da jegliche metaphysische Autorität fehlt, muß der Mensch selbst die Verantwortung für sein Leben übernehmen. Er muß sich über sich selbst erheben.

Im dritten Teil des Zarathustra entwickelt Nietzsche den Gedanken von der ewigen Wiederkunft des Gleichen. „– Ach, der Mensch kehrt ewig wieder! Der kleine Mensch kehrt ewig wieder!"

Der scheinbare Widerspruch zur Lehre des Übermenschen wird gelöst: In der Wiederkehr liegt die Chance der Vollendung, zum Übergang des Menschen zum neuen Wesen. Das Buch sollte eigentlich mit dem dritten Teil enden. Bald begann Nietzsche aber weitere Teile in Angriff zu nehmen, von denen allerdings nur der vierte ausgeführt wurde, dessen Schlußmotiv „der große Mittag" nicht mehr fertiggestellt wurde.

Der Zarathustra bleibt damit ein unvollendetes Buch.

Im Januar 1889 schließt der geistige Zusammenbruch in Turin die produktive Phase in Nietzsches Leben ab. In den Jahren vorher hatte er sich in mehreren Schriften noch einmal seinem Hauptthema, Kritik der Moral und des Christentums („Jenseits von Gut und Böse", „Genealogie der Moral", „Der Antichrist – Versuch einer Kritik des Christentums") gewidmet und eine Autobiographie („Ecce homo") verfaßt.

Nietzsche siedelte mit seiner Schwester nach Weimar über. Am 25. August des Jahres 1900 starb er. Für ihn hatten sich seine philosophischen Sinn-Entwürfe nicht erfüllt.

Wie sollten wir – hundert Jahre nach der Formulierung seiner wichtigsten Gedanken – mit ihm, mit seinem Werk umgehen?

Zuallererst: Wir sollten sein Leben, das von dem Gefühl der Einsamkeit, der Brüchigkeit und Verlogenheit überkommener Werte, der Suche nach neuen Wert-Setzungen bestimmt war, und sein Werk als Einheit betrachten. Wir sollten seine Einsichten und Anschauungen mehr als feinfühlige Diagnose der Entfremdungserscheinungen der sich stabilisierenden bürgerlichen Gesellschaft betrachten, denn als positiven Wegweiser für neue, gangbare Wertsetzungen und Lebensmöglichkeiten. Dafür ist sein Werk zu sehr aus der subjektiven Not geboren. Wir sollten ihn kritisch lesen, die „Spreu vom Weizen" trennen, seiner Suche nacherlebend folgen. Zuletzt: Wir sollten der Anregung folgen, die er seinen Lesern in der Vorrede zur „Morgenröte" gibt:

„Philologie nämlich ist jene ehrwürdige Kunst, welche von ihrem Verehrer vor allem eins heischt, beiseite gehen, sich Zeit lassen, still werden, langsam werden –, als eine Goldschmiedekunst und Kennerschaft des Wortes, die lauter feine, vorsichtige Arbeit abzutun hat und nichts erreicht, wenn sie es nicht *lento* erreicht. Gerade damit aber ist sie heute nötiger als je, gerade dadurch zieht sie und bezaubert sie uns am stärksten, mitten in einem Zeitalter der ‚Arbeit', will sagen: der Hast, der unanständigen und schwitzenden Eilfertigkeit, das mit allem gleich ‚fertig werden' will, auch mit jedem alten und neuen Buche."

Hans-Dieter Kirst

KAPITELÜBERSICHT ZU „ALSO SPRACH ZARATHUSTRA“

DIE REDEN ZARATHUSTRAS

ZWEITER TEIL

DRITTER TEIL

VIERTER UND LETZTER TEIL